国家哲学社会科学成果文库

NATIONAL ACHIEVEMENTS LIBRARY
OF PHILOSOPHY AND SOCIAL SCIENCES

# 中华文化国际影响力调查研究

关世杰 著

## 作者简介

**关世杰** 1948年11月生,辽宁省沈阳市人。北京大学新闻与传播学院教授、博士生导师。曾在北京大学国际关系学院和新媒体研究院任教。从事跨文化交流、国际传播和中华文化国际影响力研究。发表论文70余篇,撰写和主编7部论著,主要著作有《跨文化交流学》(北京大学出版社1995年版)、《国际传播学》(北京大学出版社2004年版)、《思维方式差异与中美新闻实务》(主编,中国社会科学出版社2011年版),翻译英文著作10部。主持国家社会科学基金和文化部的10余项课题研究,其中2项为国家社会科学基金重大项目,任首席专家。

# 《国家哲学社会科学成果文库》
# 出版说明

　　为充分发挥哲学社会科学研究优秀成果和优秀人才的示范作用，促进我国哲学社会科学繁荣发展，全国哲学社会科学规划领导小组自 2010 年始，设立《国家哲学社会科学成果文库》，每年评审一次。入选成果经过了同行专家严格评审，代表当前相关领域学术研究的前沿水平，体现我国哲学社会科学界的学术创造力，按照"统一标识、统一封面、统一版式、统一标准"的总体要求组织出版。

全国哲学社会科学规划办公室

# 成 果 简 介

　　本书从国际关系视角探讨了冷战结束以来的世界文化格局，借鉴跨文化交流学和国际传播学理论，根据中国国情，针对中华文化国际影响力提出了理论框架，创建了评估体系，设计出包括50多个问题的针对美国、德国、俄罗斯、印度、日本、韩国、越南、印尼的《中华文化印象调查》问卷。通过国际抽样调查公司运用网络"在线可访问样本库"的调查方法于2011年底和2013年底对上述八国进行了大样本问卷调查。对获取的原始数据进行了统计分析：第一次用数据全面展示了中华文化对八国民众的影响力，对比分析了八国间的调查数据；创建了计算中华文化国际影响力指数的方法，实际评价了中华文化在日、韩、越、印尼四国的影响力指数；针对调查结果，提出了增强中华文化对外影响力的对策建议。

# 目 录

序 言 ……………………………………………………………… (1)

## 上编 格局与理论

**第一章 冷战结束后的世界文化格局** ……………………………… (3)
  第一节 冷战结束后的世界格局 ……………………………… (3)
  第二节 信息传播新技术和文化产业化的影响 ……………… (6)
  第三节 《保护和促进文化表现形式多样性公约》问世 ……… (22)
  第四节 美国相对衰退和中国和平复兴 ……………………… (31)

**第二章 国际跨文化交流语境中的文化** …………………………… (43)
  第一节 文化的定义 …………………………………………… (43)
  第二节 文化要素的"珍珠链模型" …………………………… (55)

**第三章 国际传播学视角中的文化软实力** ………………………… (76)
  第一节 软实力 ………………………………………………… (76)
  第二节 文化软实力 …………………………………………… (81)
  第三节 文化影响力 …………………………………………… (104)

第四节　新世界格局中的中华文化 …………………………（121）

**第四章　中华文化国际影响力评估体系及评估实践** ……………（125）
　　第一节　文献中的文化影响力评估指标 ……………………（126）
　　第二节　中华文化国际影响力评估体系 ……………………（143）
　　第三节　中华文化在八国影响力调查过程 …………………（156）
　　第四节　调查数据的信度、效度和可比性 …………………（170）
　　第五节　调查研究结果的呈现 ………………………………（180）

# 下　编　调查与思考

**第五章　中华文化符号在海外** ……………………………………（187）
　　第一节　在美国、德国、俄罗斯、印度的影响 ……………（187）
　　第二节　在日本、韩国、越南、印尼的影响 ………………（224）
　　第三节　调查后的思考 ………………………………………（239）

**第六章　中华文化产品的影响** ……………………………………（245）
　　第一节　在美国、德国、俄罗斯、印度的影响 ……………（245）
　　第二节　在日本、韩国、越南、印尼的影响 ………………（254）
　　第三节　调查后的思考 ………………………………………（272）

**第七章　中华核心价值观在海外的共享性** ………………………（277）
　　第一节　在美国、德国、俄罗斯、印度、日本的调查 ……（277）
　　第二节　在日本、韩国、越南、印尼的调查 ………………（309）
　　第三节　调查后的思考 ………………………………………（339）

**第八章　对中华思维方式的态度** …………………………………（349）
　　第一节　在美国、德国、俄罗斯、印度的调查 ……………（349）

第二节　在日本、韩国、越南、印尼的调查 …………………（357）
　　第三节　调查后的思考 ………………………………………（365）

## 第九章　中华传统信仰在海外 ……………………………………（367）
　　第一节　在美国、德国、俄罗斯、印度的影响 ………………（367）
　　第二节　在日本、韩国、越南、印尼的影响 …………………（376）
　　第三节　调查后的思考 ………………………………………（384）

## 第十章　中国媒体海外传播状况 …………………………………（386）
　　第一节　在美国、德国、俄罗斯、印度、日本的影响 ………（386）
　　第二节　在日本、韩国、越南、印尼的影响 …………………（431）
　　第三节　调查后的思考 ………………………………………（444）

## 第十一章　中国文化团体与企业的对外影响力 …………………（453）
　　第一节　在美国、德国、俄罗斯、印度、日本的调查 ………（453）
　　第二节　在日本、韩国、越南、印尼的影响 …………………（467）
　　第三节　调查后的思考 ………………………………………（486）

## 第十二章　外国人眼里的中国民众与杰出人物 …………………（492）
　　第一节　在美国、德国、俄罗斯、印度、日本的调查 ………（492）
　　第二节　在日本、韩国、越南、印尼的影响 …………………（521）
　　第三节　调查后的思考 ………………………………………（542）

## 第十三章　对中国经济发展的看法 ………………………………（545）
　　第一节　美国、德国、俄罗斯、印度的看法 …………………（545）
　　第二节　日本、韩国、越南、印尼的看法 ……………………（549）
　　第三节　调查后的思考 ………………………………………（558）

## 第十四章　对中国政治制度的印象 ………………………………（563）
　　第一节　在美国、德国、俄罗斯、印度、日本的调查 ………（563）

第二节　在日本、韩国、越南、印尼的调查 …………………（570）
　　第三节　调查后的思考 ……………………………………………（576）

**第十五章　对中国外交的评价** …………………………………………（578）
　　第一节　在美国、德国、俄罗斯、印度、日本的调查 …………（578）
　　第二节　在日本、韩国、越南、印尼的调查 …………………（588）
　　第三节　调查后的思考 ……………………………………………（595）

**第十六章　中国的整体国家形象** ………………………………………（598）
　　第一节　在美国、德国、俄罗斯、印度、日本的调查 …………（598）
　　第二节　在日本、韩国、越南、印尼的调查 …………………（620）
　　第三节　调查后的思考 ……………………………………………（648）

**第十七章　中华文化国际影响力** ………………………………………（654）
　　第一节　在美国、德国、俄罗斯、印度、日本的调查 …………（654）
　　第二节　在日本、韩国、越南、印尼的调查 …………………（670）
　　第三节　创建中华文化影响力指数 ……………………………（688）
　　第四节　调查后的思考 ……………………………………………（711）

**结　语** ………………………………………………………………………（716）

**附录一** ………………………………………………………………………（721）

**附录二** ………………………………………………………………………（739）

**参考文献** ……………………………………………………………………（783）

**索　引** ………………………………………………………………………（791）

# Contents

**Preface** ········································································································· (1)

## Part 1    Pattern and Theory

**Chapter 1    The World Cultural Pattern after the End of the Cold War**
······················································································································· (3)

The World Pattern after the End of the Cold War ······································ (3)
The Effects of New Communication Technology and Developing Cultural Industry ········ (6)
The Convention on the Protection and Promotion of the Diversity of Cultural Expressions
······················································································································ (22)
The Declining of the United States and the Peaceful Arising of China ············· (31)

**Chapter 2    Culture in the Context of International Communication** ········ (43)

The Definition of Culture ······················································································ (43)
"Pearl Diagram" of Cultural Element ································································· (55)

**Chapter 3    Cultural Soft Strength from the Perspective of International**
              **Communication** ···················································································· (76)

Soft Power and Soft Strength ················································································· (76)
Cultural Soft Strength ···························································································· (81)
Effects of Intercultural Communication ······························································ (104)
The Place of Chinese Culture in the New World Pattern ··································· (121)

**Chapter 4  Theory and Practice of Evaluation on the International Influence of Chinese Culture**: ……(125)

Literature Review on the Evaluation of Cultural Influence Abroad ……(126)
Evaluation System of the International Influence of Chinese Culture ……(143)
The Process of Survey about Awareness and Attraction of Chinese Culture in Eight Countries ……(156)
The Reliability, Validity and Comparability of the Survey Data ……(170)
Arrangement of Representation on the Survey Result ……(180)

# Part 2  Survey and Reflection

**Chapter 5  Chinese Cultural Symbols Abroad** ……(187)

The Survey in the U.S.A., Germany, Russia and India ……(187)
The Survey in Japan, R.O.K., Vietnam and Indonesia ……(224)
Reflection on the Findings ……(239)

**Chapter 6  Influence of Chinese Cultural Products** ……(245)

The Survey in the U.S.A., Germany, Russia and India ……(245)
The Survey in Japan, R.O.K., Vietnam and Indonesia ……(254)
Reflection on the Findings ……(272)

**Chapter 7  The Sharing of Chinese Values Abroad** ……(277)

The Survey in the U.S.A., Germany, Russia, India and Japan ……(277)
The Survey in Japan, R.O.K., Vietnam and Indonesia ……(309)
Reflection on the Findings ……(339)

**Chapter 8  Attitudes Towards the Chinese Thinking Patterns** ……(349)

The Survey in the U.S.A., Germany, Russia and India ……(349)
The Survey in Japan, R.O.K., Vietnam and Indonesia ……(357)
Reflection on the Findings ……(365)

**Chapter 9  Chinese Traditional Beliefs Abroad** ……(367)

The Survey in the U.S.A., Germany, Russia and India ……(367)
The Survey in Japan, R.O.K., Vietnam and Indonesia ……(376)
Reflection on the Findings ……(384)

**Chapter 10   The International Communication of Chinese Media** ......... (386)

    The Survey in the U. S. A. , Germany, Russia and India ................................ (386)

    The Survey in Japan, R. O. K. , Vietnam and Indonesia ........................... (431)

    Reflection on the Findings ......................................................................... (444)

**Chapter 11   The Overseas Influence of Chinese Cultural Groups and Business Enterprise** .................................................................................. (453)

    The Survey in the U. S. A. , Germany, Russia India and Japan ..................... (453)

    The Survey in Japan, R. O. K. , Vietnam and Indonesia ........................... (467)

    Reflection on the Findings ......................................................................... (486)

**Chapter 12   Chinese Commoners and Elites in the Eyes of Foreigners**
.................................................................................................. (492)

    The Survey in the U. S. A. , Germany, Russia and India ................................ (492)

    The Survey in Japan, R. O. K. , Vietnam and Indonesia ........................... (521)

    Reflection on the Findings ......................................................................... (542)

**Chapter 13   Opinions on China's Economic Development** ..................... (545)

    The Survey in the U. S. A. , Germany, Russia and India ................................ (545)

    The Survey in Japan, R. O. K. , Vietnam and Indonesia ........................... (549)

    Reflection on the Findings ......................................................................... (558)

**Chapter 14   Impressions on China's Political System** ........................... (563)

    The Survey in the U. S. A. , Germany, Russia, India and Japan ..................... (563)

    The Survey in Japan, R. O. K. , Vietnam and Indonesia ........................... (570)

    Reflection on the Findings ......................................................................... (576)

**Chapter 15   Comments on China's Diplomacy** ..................................... (578)

    The Survey in the U. S. A. , Germany, Russia, India and Japan ..................... (578)

    The Survey in Japan, R. O. K. , Vietnam and Indonesia ........................... (588)

    Reflection on the Findings ......................................................................... (595)

**Chapter 16   The Overall Image of China** ............................................ (598)

    The Survey in the U. S. A. , Germany, Russia, India and Japan ..................... (598)

    The Survey in Japan, R. O. K. , Vietnam and Indonesia ........................... (620)

Reflection on the Findings ········································································ (648)

**Chapter 17  The International Influences of Chinese Culture** ················· (654)

The Survey in the U. S. A., Germany, Russia, India and Japan ······················ (654)

The Survey in Japan, R. O. K., Vietnam and Indonesia ································ (670)

The Index of the International Influence of Chinese Culture ··························· (688)

Reflection on the Findings ········································································ (711)

**Conclusions** ································································································ (716)

**Appendix 1** ································································································· (721)

**Appendix 2** ································································································· (739)

**References** ································································································· (783)

**Index** ·········································································································· (791)

# 序　言

　　20世纪末，苏联解体、东欧剧变使世界格局发生了重大变化，信息传播技术迅猛发展和文化产业化对世界文化交流产生了深刻影响，在世界文化多样性受到空前挑战的形势下，2005年联合国教科文组织通过了《保护和促进文化表现形式多样性公约》，保护和促进世界文化多样性成为全球普遍认同的文化价值观。进入21世纪后，世界格局开始由一超多强向多极演变，非西方世界崛起。在新兴经济体里，中国的和平复兴尤为突出，2010年中国的GDP超过日本，成为世界上第二大经济体，并呈现赶超美国的趋势。在中国不断发展的过程中，改革开放政策逐渐从"经济走出去"发展到"文化走出去"，提高中华文化国际影响力、提升国家形象的国际亲和力、增强文化产业的国际竞争力成为国策。鉴于中国当前的国际地位及重返世界中心位置的前景，中国人应该为建立"人类命运共同体"做一些未雨绸缪的前瞻性思考和准备。我们生活在一个多元化的世界，为了和谐相处、共谋幸福，需要彼此理解、相互尊重；如何与其他文化的民族共生共存，不仅是中国的课题，也是世界的课题。今后的中国应该如何在文化上与世界各文明交流和对话？如何破除海外的"中国威胁论"？如何为人类的和平、发展、合作、共赢做出自己的贡献？这就需要世界人民了解中国文化①，需要中国文化走出去，增强与世界各国的文化交流，这种理解和尊重的前提就是对其他文化的了解和熟悉，搞好交流就需要搞清楚世界各国民众对中国文化的印象是什么。为了搞好与他人的交流，古今中外的智者都明确指出了解交流对象的重要。孔子说："不患人之不己知，患不知人也。"因此，了解各国民

---

① 中国文化与中华文化这两个概念，本书未作区分。

众对中国文化的印象，评估中华文化的国际影响力是我们面临的迫切工作。本书旨在展示当下美国、德国、俄罗斯、印度、日本、韩国、越南、印度尼西亚八国民众如何看待中华文化。

本书是课题组2008年和2014年先后承担的两项国家社科基金重大项目"我国对外传播文化软实力研究"（08&ZD057）、"增强中国对外传播文化软实力深度研究"（14ZDA053）和多项为文化部外联局所做课题的研究成果。对于上述八个国家，课题组的子课题负责人将对通过定量和定性研究方法获得的各国研究结果加以报告。本书有别于国别的研究报告，体现在展示两大方面的内容：一是格局与理论，内容包括冷战结束以来的世界文化格局以及进行中华文化影响力调查的相关理论、评估体系和调查实施总体情况。二是依照中华文化影响力评估体系，从中华文化的物化形式、精神内核、传播渠道、国家发展状况4个一级指标下的13个二级指标在八国的影响力进行比照，进行定量的对比分析。

在以往的文献中，关于国外专家学者或海外媒体如何看待中华文化有过论述，但是通过大样本问卷调查方法，用数据全面呈现一国民众对待中华文化看法的研究尚未见到。把美、德、俄、印、日、韩、越、印尼八国民众对中华文化的看法同时呈现是本书的创新。

调查外国民众对中华文化的看法，需要设计出中华文化国际影响力的调查问卷，而设计出调查问卷需要相应的理论做基础。在本书的上编"格局与理论"中，笔者从国际传播和跨文化传播的视角对中华文化国际影响力进行了理论探索。在文化构成方面，根据国际跨文化传播的语境，提出了文化要素的"珍珠链模型"。文化国际影响力是文化软实力的一个组成部分，文化软实力是个动态的传播过程，由文化资源力（基础变量）→文化传播力（传导变量）→文化影响力（结果变量）构成。在拉斯韦尔五W传播模式的基础上，笔者增加了3W，提出了描述文化软实力跨国传播过程的"八何"模式。根据国际跨文化传播的"八何"模式，对中华文化国际影响力的测量是对如何解码和有何影响的测量。这实质上是国际传播学中的效果研究。本书提出了文化构成的"珍珠链模型"，以传播学的视角对"中华文化国际影响力"进行了界定，即具有中国特色的文化物化形式（文化符号、文化产品），文化的精神内核（价值观、思维方式、信仰），以及文化的传播渠道（民众与杰出人物、文化团体/组织、大众传媒）对外国民众的思想或行动所产生的传播效果。影响力的大小可以从影响力初步阶段的"认知"、影响力中级阶段的"态度"、影响力高级阶段的"行为"三个层次进行测量。本书从具有中华文化特色的各个要素即从微观的角度分析了八国受访者对中华文化的认知、态度和行为。众所周知,文化是很复杂的社会现象,以上的分析中,难免遗漏了一些中华文化国际影响力的文化因素。为此课题组设计了从宏观角度,调查受访者对中华文化的整体印象。文化影响力的方向可以从赞同(正向力)和反对(负向力)得以测量;文化影响力的作用点可以从文化要素的各个方面得以测量;影响力的大小,用0(不知道)和1(知道)测量认知,用等级量表(4、5、7、11等级)测量态度,用0(无行为)和1(有行为)测量行为的有无,用1(从不)、2(偶尔)、3(经常)测量行为的频率,用1、2、3、4、5等自然数或次数段(比如,1代表1—5次、2代表6—10次、3代表11次及以上)测量行为的次数。

  文化国际影响力是国际文化关系的一部分,国际文化关系又是整个国际关系中的一个组成部分。因而,国际文化交流的效果不仅受到文化因素的影响,而且受到国际政治、国际经济、两国关系的历史和现状等多种因素的影响。受访者对于文化信息发出国的经济、外交、政治等的看法,特别是双边关系现状的认知和态度,都会对一国文化的看法和影响力产生影响。文化的影响力是以一国的物质为基础的:一国经济蓬勃发展、人民生活水平高,受访者常会对该国文化产生正面看法;一国经济衰退、人民生活水平低,受访者常会对该国文化产生负面看法。对一国政治制度的认知和态度与受访者的价值观体系密切相关,无疑会对一国文化的评价产生一定的影响。一国的外交政策是处理对外关系、进行外交活动所遵循的基本原则和行动方针,受访者对一国对外政策和双边关系的认知和态度也会影响对该国文化的态度。因而,评估体系中设置了测量受访者对中国经济发展、政治制度、对外政策和双边关系的认知和态度的问题。具有中华文化特色的各要素是中华文化国际影响力评估的基础,整体的国际关系环境要素是中华文化国际影响力评估的必要补充,二者构成了"中华文化国际影响力评估体系"。

  中华文化影响力的核心是中华文化核心价值观在各国的共享性。笔者提出了对外传播中共享价值观(shared values)理论。在对外传播中,价值观存在共享性价值观与不共享性价值观。共享性价值观中包括三种:共同价值观(shared common values)、外来共享价值观(shared foreign values)和本土共享价值观（shared native values）。在中国的语境中，我们将本土共享价值观称为"共享性中华价值观"（shared Chinese values），其中有些是共享性中华核心价值观（shared Chinese core values）。笔者认为，共享价值观有利于跨文化交流双方产生共鸣，共享性中华核心价值观在海外弘扬中华文化中具有关键性。如果中国要担当新的世界体系倡导者的角色，需要超越现有的世界旧体系和秩序，在多种选择中提供一种人类生存与生活的新选择。要超越现有的旧秩序，建立新秩序，需要在人类共享的基本价值观体系中贡献自己的智慧。具有中国特色的价值观若能有助于解决当今世界面临的主要问题，那无疑将是对人类文明发展的贡献。英国前首相撒切尔夫人曾断言，中国不会成为世界超级大国，因为中国出口的是电视机，而不是思想观念。这句话听起来令国人不爽，却值得我们深思。中国有着丰富的符号、多彩的文化表现形式、众多的代表人物和具有特色的传播媒介，但这些都只是承载和体现中国传统文化核心，即价值观、信仰和思维方式的显现部分。因而，调查中华核心价值观在各国的共享性是本次调查的重点。

在下编"调查与思考"中，根据中华文化国际影响力评估体系按照中华文化的物化形式，中华文化的精神内核，中华文化的传播渠道，中国经济、政治、外交和整体形象，以及中华文化国际影响力的顺序，呈现了大型问卷调查的数据分析和对调查结果的思考。调查数据来自三次调查。一是课题组承担的2008年国家社科基金重大项目"我国对外传播文化软实力研究"（08&ZD057）。2011年11月课题组使用自己设计的同一问卷通过国际专业调查公司"国际抽样调查公司"利用"在线可访问样本库"的调查方法，对美国、德国、俄罗斯、印度和日本就中华文化软实力同时进行了第一次大样本（各国超过1000份有效样本）的问卷调查。（2012年底，该课题以优秀等级结项。）二是课题组承担的文化部"新时期中国文化海外影响力评估"（一期）的研究课题。2011年12月同时用自己设计的问卷（对前一问卷的补充和深入），通过同一调查公司和同样的调查方法对美国、德国、俄罗斯、印度就中华文化影响力进行了第二次大样本（各国均超过1000份有效问卷）问卷调查。三是课题组承担的文化部"新时期中国文化海外影响力评估"（二期）的研究课题。2013年12月，在前两次调查的基础上通过同一调查公司和同样的调查方法对日本、韩国、越南、印尼就中华文化影响力进行了第三次大样本问卷调查。这两个课题都圆满结项，获得好评。七年多来，课题组力图对中华文化对外传播问题，从国际传播和跨文化传播的视角，运用多种研究方法，特别是大样本的实证问卷调查方法（目前这类实证性的研究尚属凤毛麟角），进行深层次研究。这三次调查涉及中华文化范围之全面和具体，为研究中华文化对受访国的影响提供了前所未有的可能。课题组用统计分析软件 SPSS 对三次搜集的数据进行了分析，从多角度呈现了八国民众对中华文化的看法。调查数据虽然采集自八个国家，但有很强的代表性。从经济发展程度上看，有发达国家的代表（美国、德国、日本），有金砖国家的代表（俄罗斯、印度），有发展中国家（越南、印尼），有"亚洲四小龙"国家（韩国）；从文化角度看，根据亨廷顿的"文明冲突论"对文化的分类（包括中华文明在内，共有八种主要文明），这八国代表着五种不同的文明：西方文明（美国、德国）、东正教文明（俄罗斯）、印度文明（印度）、日本文明（日本）、伊斯兰文明（印尼）；从地缘政治上看，既有中国的邻国，也有与中国不接壤的国家。

调查结果中有一些调查者意想不到的发现。例如，第一次调查显示，中餐以绝对优势在 24 种中华文化表现形式中成为美国、德国、俄罗斯、印度、日本五国受访者最感兴趣（53.5%）和接触率最高（47.9%）的中华文化成分；11 项中华核心价值观在各国均有不同程度的共享性，五国平均有 6 项（仁、义、孝、礼、恕、天人合一）的赞同率超过 50%。五国的平均调查数据显示，受访者了解中国的信息主要是通过本国的媒体（80.7%），通过中国媒体的只有 8.65%，低于通过在该国的中国人（24.5%）、中餐馆（25.8%）、中国商品（24.6%）；五国受访者使用中国对外六大网站的接触率趋同；五国受访者对中国社会制度回答"不知道"的高居第三位（18.7%），认为中国当今的社会制度是"共产主义"的为 36.5%，比认为是"社会主义"的高出 13.8%；对于"当今中国的快速经济发展是对世界和平的威胁吗？"这一问题，日本受访者认为是威胁的比例最高，为 71.6%（包括最大威胁 22.2%，部分威胁 49.4%），以下依次是德国（31.8%）、美国（29.2%）、印度（24.7%）、俄罗斯（22.5%）；用来形容中华文化的 10 对形容词（每对包括一正一反两个形容词）中，有 9 对正面词得分高于负面词，得分最高的形容词为"有吸引力的"（60.7%）。在与美国、德国、俄罗斯、印度、日本的横向对比中，中华文化在五国受访者中平均名列第一。第二次调查显示，美国、德国、俄罗斯、印度四国 62.5%（四国的平均数据）的受访者认为中医能治病；24种中华文化符号中，长城在认知度和喜好度上遥遥领先，84.2%的受访者认为长城是最能代表中国的文化符号，63.3%的受访者将长城作为他们最喜欢的中国文化符号。在美国、德国、俄罗斯、印度的受访者没有观看中国艺术家演出和中国文化展的10种原因中，没有获得演出信息和展出信息成为最主要的原因（55.3%和57.3%）；20位中国古今名人中，成龙的知名度（95.5%）和美誉度（五级量表得分4.19）最高。在中国经济、政治、外交和整体形象方面，美国、德国、俄罗斯、印度受访者对中国近三十年来的社会和经济状况不了解的占51.5%，了解的占48.5%，了解者中，对中国社会和经济的发展道路表示赞赏的占63.6%（其中欣赏的为48.6%，很欣赏的为15.0%）；在中国的整体形象方面，调查结果与雷默所著的《淡色中国》引用的2004—2006年BAV的调查数据相比有很大提高，美国、俄罗斯、德国、印度四国八项指标的均值（67.5分）与《淡色中国》中使用的BAV调查18国均值（约31分）差距很大。第三次调查显示，四国的中华文化影响力指数由高到低为：印尼、越南、韩国、日本。这些都验证了中国文化的影响力，使我们对中华文化充满自信，也增强了我们进一步发展文化软实力的信心。对调查的结果，笔者提出了一些初步的思考，以期抛砖引玉。

本书提出的理论和中华文化国际影响力评估体系是否全面准确？调查过程及数据分析是否科学？欢迎读者批评指正，使之进一步完善。

本书的研究成果与上述各课题组成员的共同努力密不可分。他们中有北京大学新闻与传播学院、北京大学国际关系学院、北京大学外国语学院的领导和同事、博士后、博士生、硕士生、本科生，有文化部外联局的朋友，要列出具体名单的话，可能有近百人。他们对评估体系的完善、问卷的撰写、各国调查数据的清洗和计算分析等方面都贡献了智慧和劳动，他们的姓名会在文中提及。大型问卷调查需要大量的经费，这些调查的开展得益于国家社会科学基金、文化部外联局、北京大学新闻与传播学院对研究的资助。本书能得以出版，与北京大学出版社的大力支持和徐少燕编辑的积极工作密不可分。在此，对这些领导、同事、学生、友人和机构表示衷心的感谢！

关世杰<br>2015年7月于北京大学

# 上 编

# 格局与理论

上编分为四章：第一章叙述了冷战结束以来的世界文化交流的格局，指出了中华文化在当今世界文化格局中的历史地位。第二章论述了国际跨文化交流语境中的文化内涵及其与相关概念的关系，提出了文化要素的"珍珠链模型"。第三章探讨了国际传播学视角中的文化软实力，对软实力、软权力、文化软实力和文化影响力等基本概念进行了辨析，提出了国际跨文化传播的"八何"传播模式、价值观范畴的共享价值观理论。第四章介绍了中华文化国际影响力评估体系、中华文化在八国的调查过程、调查数据的质量和调查研究结果的呈现方式。

# 第 一 章

# 冷战结束后的世界文化格局

## 第一节 冷战结束后的世界格局

格局的含义是结构。世界格局和国际格局几乎可以通用。所谓世界格局，是指国际舞台上的主要政治力量在一定历史时期内所形成的一种相对稳定的结构状态。世界格局包括政治格局、经济格局、军事格局和文化格局。世界文化格局是指无政府状态下国际文化关系的结构，其基本内核是世界主要文化之间的力量对比（能力分配）。文化格局与建立在各国综合国力对比基础上的国际总格局关系密切。因此，要了解冷战结束后的世界文化格局，有必要首先明确这一时期的世界总格局。

### 一、两极格局的结束

20世纪80年代末90年代初，国际格局发生重大变化。国际格局是国家之间的实力分配和大国之间的战略关系。所谓战略关系，是指对国际格局有战略影响的大国之间的同盟、敌对或非敌非友等几种情况。[①] 国家实力的对比和大国战略关系两个变量结合的结果，是对国际格局形态作出判断的依据。以1989年11月9日柏林墙倒塌为标志，东欧发生剧变。1990年民主德

---

① 阎学通、阎梁：《国际关系分析》，北京大学出版社2008年版，第28页。

国并入联邦德国，德国实现统一。原社会主义国家波兰、捷克斯洛伐克、匈牙利、保加利亚、罗马尼亚、阿尔巴尼亚、南斯拉夫等国发生了政权更迭，由苏联式的社会主义制度演变为西方欧美资本主义制度。同年，南斯拉夫开始分裂，最终分成七个国家。1991年7月1日，以苏联为首的华沙条约组织正式解散。1991年12月25日，由15个加盟共和国组成的苏联解体，分裂出15个国家。1993年1月1日，捷克斯洛伐克分裂为捷克和斯洛伐克两个国家。苏联解体，东欧剧变，使得1947年开始的冷战（即以美国、北约为主的资本主义集团与苏联、华约为主的社会主义集团之间的政治斗争）两极格局中的一极轰然倒塌，两极格局瓦解，冷战结束。

## 二、"一超多强"的世界新格局

冷战结束后，美国成为世界上唯一的一极，呈现出"一超多强"的世界格局。"一超"是指美国，主要依据是美国在全球政治、经济、军事等领域的绝对优势。在政治上，美国的影响力首屈一指，它与主要发达国家都有同盟关系，在重要的国际组织如联合国、北约、八国集团中，都有支配性的影响。经济上，其经济实力世界排名第一，比排名第二的竞争对手高出40%左右。例如，1995年美国的GDP为7.4005万亿美元，占世界GDP的25%，比第二名的日本（5.2929万亿美元）高39.82%。[①] 军事上，它的防卫开支超过排在其后的四个国家的总和。例如，1998年美国军费开支为3286亿美元，占世界军费的39.4%，比排名第二到第五的法、英、日、德的总和1823亿美元多出1463亿美元。[②] 技术上，全球的互联网共有13个根域名服务器，全部在美国，如果发生网络战，美国将".cn"的域名全部删去，中国以cn为根域名的网络就全部瘫痪。"多强"是指综合国力在美国之后排名世界前列的国家和地区组织，通常包括中国、俄罗斯、欧盟和日本。进入21世纪后，印度被国际社会公认为多强之一。

---

① 根据宏略咨询公司的研究报告《历年世界主要国家GDP排名1970—2008》，参见http://www/cnhlzx.cn/?a=view&p=23&r=1222. 转引自刘建飞、秦治来：《"非极化"的挑战：世界格局走势及其对大国关系的影响》，国家行政学院出版社2013年版，第79页。

② 根据斯德哥尔摩国际和平研究所（SIPRI）公布的《1998—2007年世界军费开支》（SIPRI研究报告）。转引自刘建飞、秦治来：《"非极化"的挑战：世界格局走势及其对大国关系的影响》，第77页。

冷战后，大国战略关系也发生了重大的变化，最突出的是欧盟一体化深入发展。1993年1月1日，欧洲统一大市场正式启动，实行商品、劳务、人员和资本自由流通。同年11月，欧洲联盟诞生。2002年1月，欧元正式进入流通，欧盟成为世界上最大的区域一体化组织。欧盟不断扩大，到2012年有28个成员国和5.037亿人口。西方大国内部分歧增大，法、德两个欧盟领导国和其他许多欧盟成员国与美国的离心倾向增强。科索沃战争使欧洲大国担心美国的霸权，从1998年起，欧洲国家开始发展欧洲独立的防务力量，公开批评美国在冷战后奉行单边主义的霸权政策。2003年美国发动伊拉克战争，法、德予以公开谴责。欧洲大国先后与中国结成全面伙伴关系和战略伙伴关系。

在东亚地区，冷战结束后十年中，随着俄罗斯国力的衰退和中国国力的增长，美国开始逐渐将中国视为未来可能挑战其领导地位的竞争对手。因此，美国加强了与日本的安全保障同盟关系，将台湾纳入该同盟的保护范围，目标指向中国。自2000年以来，美国国防部每年都向国会提交中国军力情况年度报告，这种"待遇"是冷战时期苏联才享受过的。进入21世纪，中日两国关系由于彼此的实力地位接近，政治关系日趋紧张，出现了"政冷经热"的局面。

冷战结束初期，俄罗斯希望加入北约，中俄关系一度停滞不前。进入21世纪，俄罗斯加入西方阵营的努力无果而终，中俄开始结成战略伙伴关系。2001年6月，中国、俄罗斯、哈萨克斯坦、吉尔吉斯斯坦、塔吉克斯坦和乌兹别克斯坦建立了上海合作组织。另有五个观察员国：伊朗、巴基斯坦、阿富汗、蒙古和印度。成员国总面积3018.9万平方公里，即欧亚大陆总面积的3/5，人口约16亿，占世界总人口的1/4。中俄的战略伙伴关系得到扩展。冷战结束后，印度经济快速发展，成为各大国竞相拉拢的对象。

伴随国际政治格局的变化，全球的经济格局发生重大变化。冷战结束后，原来的社会主义国家纷纷进入市场经济，经济全球化迅猛发展，这体现在国际贸易迅速增长、跨国公司迅猛发展和资本金融市场急剧膨胀。全球化浪潮推动许多国家进行了经济体制改革、发展市场经济并实行对外开放的经济政策，从而进一步加快了全球化的进程。

冷战结束前后，数字化技术和互联网领域的科学技术快速发展，1992

年美国副总统阿尔·戈尔提出了美国信息高速公路法案，引发了全球性建设信息高速公路的热潮。交通技术的进步，特别是航空和高铁技术的发展，使得跨境的人员往来日益便捷、人数日益增加。这些变化使国际文化交流日益频繁，人类进入信息社会。上述的国际政治、经济、军事和科技领域出现的新格局，对世界文化格局的发展产生了重大影响。

## 第二节 信息传播新技术和文化产业化的影响

### 一、信息传播新技术对世界文化交流的影响

冷战结束后，通信技术的进步，特别是卫星直播电视、数字化技术及国际互联网的迅猛发展进一步促进了信息跨国传播，信息传播技术的发展对文化传播的形态造成了重大影响，呈现出以下特点：

**（一）传播主体：由政府扩展到跨国公司、非政府组织和平民**

新媒体使得跨越国界的信息传播变得越来越难以从技术上加以控制，由此导致了政府之外的行为主体在跨国文化传播领域的作用增强。这些主体包括跨国公司、政府间和非政府间国际组织、国内民间组织、小团体和公民个人。

1. 跨国公司与非政府组织

20 世纪末，一些全球性的经济组织很是醒目。[1] 1994 年，有 3.7 万家跨国公司，它们有 20.7 万个分支机构，控制了 1/3 私人企业的财产，在全球的销售额为 5.5 万亿美元。[2] 到 1999 年，跨国公司的数量已经超过 6 万家。[3]

20 世纪是国际组织爆炸性发展的世纪。据国际协会联盟（Union of International Associations, UIA）统计，1909 年，全球各类国际组织有 213 个，其中重要的政府间国际组织有 37 个；二战结束后，国际组织迅猛增加；20

---

[1] 邱巍：《全球化经济中的跨国公司》，北京大学博士学位论文，2000 年 5 月。
[2] *The Economist*, July 30, 1994, p. 57.
[3] UNCTAD, *World Investment Report*, 1999, p. 175.

世纪90年代后,国际组织数量依然保持快速增长的势头。① 1992年,各类国际组织总计32,068个,其中,政府间国际组织有4878个,非政府国际组织有27,190个;1994年,各类国际组织达到36,486个。② 到2002年,政府间组织和非政府组织共有55,282个,其中,政府间组织有7080个,占12.80%,非政府组织有48,202个,占87.20%。③ 根据美国霍布金斯大学公民社会研究中心的一项研究结果,不少发达国家都把一部分官方的对外援助资金拨给国内的非政府组织,由它们实施对外援助。瑞典将其对外援助的80%交给非政府组织,从1981年起,美国国际开发署要求国会把至少10%的对外援助资金由非政府组织去实施,到1995年该数字上升到30%。④

2. 公民个人

20世纪90年代以来,随着数字化革命和国际互联网的发展,进入国际互联网的门槛降低,公民个人可以用它进行跨境信息交流。一些情投意合的个人可以组成各类的小团体。公民个人和小团体都可以利用网络上的自媒体和社交媒体进行跨国传播。2001年恐怖分子袭击美国的"9·11"事件之后,一位巴西大学生造的谣言很快通过国际互联网传遍了全世界。这位学生9月13日在一个没有多少人知道的网上新闻组贴了个帖子,声称从一名教授那里获悉,CNN播放的巴勒斯坦人在街上欢庆美国被恐怖分子袭击的镜头其实是巴勒斯坦人欢庆伊拉克入侵科威特的镜头。尽管这条谣言编得漏洞百出,尽管造谣者在第二天就收回了自己的话,尽管CNN和该录像的提供者英国广播公司等都发表声明澄清,但这条谣言还是传遍了全世界。⑤ 非政府组织和公民个人在跨国文化传播中的作用上升,导致了各界对"全球公民社会"这个新兴的跨国文化传播场域的讨论和参与。个人作为国际传播中的行为者,其地位日益提高。2013年,国际游客人数再度刷新了历史记

---

① Lolin Cherry, *World Communication: Threat or Promise?* Revised Edition, John Wiley & Sons, Chichester, 1978, p. 124.

② 转引自程晓霞主编:《国际法》,中国人民大学出版社1999年版,第210—211页。

③ Union of International Association, *Yearbook of International Organization*, edition 39, Published by K. G. Saumünchen, 2002/2003 Vol. 2, p. 1607.

④ 蔡拓:《NGO:评判美国国际影响力的一个新向度》,《现代国际关系》2004年第3期,第25页。

⑤ 方舟子:《灾难之后是谣言》,《环球》2001年第21期,第47页。

录,达到了 10 亿多人次,较 2012 年增长 5%。[①]

这些情况改变了以前基本由单一政府机构作为传播主体的局面,国际传播转变为跨国传播。尽管跨国公司、国际组织和个人在国际传播中的作用在增加,但在可见的将来,跨国文化传播的基本格局还是以国家政府为主导力量。

### (二)政府控制:掌控国际信息传播权被削弱

国家主权是国际关系(国际文化交流是国际关系的一部分)的核心,历来是发达国家和发展中国家在国际关系问题中角力的焦点。国际互联网作为新传媒,又一次获得了越境权,信息接受者可以越过国界到境外的网站上去获取信息(图 1-1),严重地削弱了发展中国家保护本国文化的最重要的屏障。政府对文化交流的"越境"控制权削弱,国界的"消失"使外宣和内宣的界线模糊,有利于使用世界通用语言(英语)的国家如美、英等国的文化在全球传播。政府对外国文化入境的部分管理权、对外文化交流的主权逐渐转让给本国国民、国内各种组织机构、跨国公司、国际组织。

图 1-1 国际互联网交流方式示意图

### (三)传播渠道:网络成为国际文化交流的主渠道

中外文化交流历史显示,中外文化交流的渠道随着交通和通信技术的发展而转变。在汉唐时期,人们利用马和骆驼运载书籍和文化产品,陆路的丝绸之路成为主渠道;宋明以后,航海业发达了,海路取代陆路,成为主渠道;20 世纪,电影、广播和电视等媒介成为大众对外文化交流的主渠道。冷战结束后,电子网络特别是移动无线网络取代电影、广播和传统电视的主导作用,成为大众进行国际文化交流的主渠道。2011 年 2 月,美国 VOA 停

---

① 《2013 年国际游客人数再创新高 达 10 亿多人次》,国际在线,http://gb.cri.cn/42071/2014/01/21/6071s4398434.htm。

止了汉语的对外广播,直接原因是美国受经济危机影响,削减了对 VOA 的财政拨款,但深层的原因与 VOA 广播同新媒体竞争失利有密切关系。

### (四)传播内容:海量的文化信息

国际跨界信息的内容多种多样,可分为政治、经济、军事、社会、文化、科技等多种信息。冷战结束后,随着国际开放度的扩大,信息的传播、接收和储存技术不断迅速发展,各类信息都是海量的,文化的信息更是如此。通过各种渠道,特别是通过网络上提供的各国的电影、电视节目、音乐、文艺演出、绘画、图书、广播节目、教学、体育赛事等文化信息无所不有。冷战结束前,一国公民接收到的国外文化信息是很有限的;冷战结束后,这种有限的信息很快成为海量的文化信息。

### (五)传播形式:文化产品成为大众的日常消费品

随着生产力的不断发展,人们的文化消费和文化生活逐渐增加,文化行业逐渐发展成文化产业。冷战结束以来,文化产业由地区性产业成为一种全球性的产业。文化产业信息传播技术,特别是数字化技术、卫星通信技术、网络化技术和多媒体技术促进了文化产品的生产,便捷了文化产品的跨国传播,使文化产品日益成为大众的日常消费品。1995 年,二战后成立的关贸总协定发展成世界贸易组织。世界贸易组织与关贸总协定相比,所发生的一个重大变化是由前者的货物贸易扩大到服务贸易,这就使一部分文化产品作为商品进入国际贸易领域。从发展趋势上看,国际文化交流中文化产业产品的交流日益成为国际文化交流的主要形式。传播的形式由过去的花钱去传播文化日益变为赚钱去传播文化。

### (六)传播的受众:普及到平民大众

卫星通信和网络通信,形成了覆盖全球的信息交流的天罗地网。跨国信息交流延伸到地球的每个角落。人们从世界上的任何地方发送和接收信息成为可能。天涯海角的人都可以进行国际文化交流,这使得国际文化交流日趋深入,不再仅仅是城市人的事,城乡差别逐渐缩小。电视和个人计算机的普及,国际旅游的发展,国际信息交流费用大幅度下降,国民经济收入水平的不断提高,这些都使得跨国交流不再是富人的专利而日趋平民化。

### （七）传播速度：文化涵化的速度加快

涵化指的是向异文化学习和调整的发展过程。传播新媒介的出现，使人们通过大众传播媒介接受异文化更加便捷。卫星和光缆在上空、陆地和海底传送几百个电视频道，国内信息网与国际互联网的连通，国家对信息越过其边界日益失去控制力，思想、价值观、道德观等文化成分不可阻挡地传播。过去让一种文化渗入另一种文化要用几十年或几百年时间，要通过多种中介物和文化网筛（政府部门、专家学者、教师、家长）；而今天，卫星电视、国际互联网可以在几秒钟之内传播持久的图像，不经任何文化网筛，直接抵达大众。电子文化与印刷文化对人类文化的形成有不同的影响。电子传媒使人类文化的变异性增强、速度增快，大大地强于印刷媒介文化。加之，随着人们生活水平的提高和航空业的发展，交通日益便利，人们通过旅游、留学、婚姻、探亲等越境的人际交流日益频繁，使人们有机会直接面对面地与异文化交流。因而，人们接收外国文化信息后的涵化进程加快。

### （八）传播的效果：增加国内文化多元性

由于个人文化发展的自由度增强，网民可以在国际互联网中不经任何人批准，自由自在地在信息的海洋中漫游，吸收自己感兴趣的文化信息。这样，一方面，外来移民和侨民与母国联系的加强，形成了网络社区，使同化于所在国文化的速度减缓，保持了原有文化的特征。历史上流落世界各地的犹太民族千百年来保留本民族文化特征的现象可能会普遍化。另一方面，本国居民中的青少年和一些迷恋外国文化的人，在国内通过与外国文化密切交流，同化于外国文化的速度比以前加快。因而，原有的文化群体成员的文化共享性被削弱，形成一个文化群体内文化分化和多种文化共存的态势（如同中国的香港和澳门那样的华洋杂处的社会），利于形成文化的飞地。文化冲突增多，使以前两极格局中掩盖的种族、文化冲突凸显出来。

### （九）社会作用：文化对社会发展和进步的重要性增大

以信息高速公路为标志的信息革命与历史上的产业革命不同：历史上的产业革命首先是生产力的飞跃和经济结构的革新，间接地引起了社会精神生活的变革。而信息革命则从一开始就直接作用于文化、教育、娱乐、服务业，直接进入家家户户；它开拓的电子消费市场，反过来又刺激信息经济中文化产业的发展。历史唯物主义认为，在物质生产和文化生产中，物质是第一性的，文化属于精神文明，是第二性的，然而，精神的反作用是巨大的，是无法估量的。

## 二、文化产业化对世界文化多样性的挑战

探讨国际传播视角下的中国文化软实力，有必要了解当今世界的文化格局。世纪之交的世界文化格局大致有以下几个突出特点。

### （一）文化成为全球性产业

20世纪80年代末90年代初，苏联解体，东欧剧变，先前的以苏联为首的经互会国家由计划经济体制转变为市场经济体制，中国实行社会主义市场经济，市场经济在全球得到了发展和扩大。在冷战结束前，文化产业只存在于西方国家，文化在社会主义国家是事业单位。冷战结束后，文化产业由地区性产业成为全球性的产业。在少数发达国家，文化发展成为一种主导产业，文化产品成为大宗的出口产品。例如，在美国，文化特别是影视产品的生产和销售占到国内生产总值的6%，解决了130万人的就业，这个数字超过了采矿、警察和林业等部门的就业人数。[①] 2000年美国的出口产品中，文化和传媒产品的出口额第一次超过航空航天产品的出口额，成为第一大出口产业。文化是当今经济中的一种主导产业，这是当前世界文化形势最显著的特点。法国学者说，20世纪末我们经历了两个突出的发展变化：一是文化的产业成为新兴产业，一是全球进入世界经济。[②]《世界文化报告1998》的副标题"文化、创新与市场"以及报告中第一、三部分的标题也体现了这种思想。进入21世纪以来，文化产业的产值在GDP中的比例在上升。根据《文化软实力蓝皮书：中国文化软实力研究报告（2011）》的数据，2010年美国文化产业的产值占GDP的21%，日本为18.5%。1949年中华人民共和国成立后，一直把文化部门当作一个事业单位来建设，直至1995年文化部才成立文化产业司，2000年10月中共十五届五中全会上提出了"文化产

---

[①] 联合国教科文组织编：《世界文化报告1998》，关世杰译，北京大学出版社2000年版，第139页。

[②] 同上书，第28页。

业"的概念，2002年中国首次出版文化产业的蓝皮书《2001—2002年：中国文化产业发展报告》。① 2010年，中国文化产业产值1.11万亿人民币，占GDP的2.78%。

在国际舞台上，随着文化成为产业，文化交流的问题变为世界贸易组织内讨论的问题，1995年世界贸易组织成立后，文化产品和服务贸易成为国际自由贸易的一部分。

### （二）文化在国际关系中的地位提升

国际文化传播历来是一些大国实施国际战略和外交政策的四大手段之一。第二次世界大战结束以来，美、英、法、日、苏等世界经济强国一直进行着文化外交。② 冷战结束后，随着经济全球化和文化产业化的增强，文化交流日益密切，文化在国际关系中的重要性增加，文化外交进一步引起超级大国的重视。这突出地反映在国际关系理论界和外交策略中。

在国际关系理论界，出现了"软权力""文明冲突论""建构主义"等新理论。1990年，哈佛大学政治学院院长约瑟夫·奈在讨论了冷战后的国际关系格局后，提出了"软权力"（soft power）的理论观点。他认为，当今美国试图称霸世界的国力资源中，信息力和文化力是重要的权力资源。美国可以利用国际传播扩散它的理想、意识形态、文化、经济模式和政治制度。美国软权力的优势中，美国文化（尤其是大众文化、民间文化和学术交流）是重要组成部分。这个理论得到了多国政府的重视。

1992年，美国总统乔治·布什说："美国政治和经济联系由于美国文化对世界的吸引力而得到补充，这是一种新的我们可以利用的'软权力'，在国外促进民主和人权不仅是一种道义与迫切履行的义务，而且是一种支持美国国家安全的战略方式。"2000年11月28日，美国政府第一次在白宫举行了主题为"文化与外交"的研讨会。该研讨会由美国白宫、第一夫人希拉里办公室、国务院和国家安全委员会联合赞助。出席会议的有美国艺术家、

---

① 江蓝生、谢绳武主编：《2001—2002年：中国文化产业发展报告》，社会科学文献出版社2002年版。
② 关世杰：《国际文化传播》，载刘继南主编：《大众传播与国际关系》，北京广播学院出版社1999年，第250—254页。

艺术赞助人、基金会负责人、企业界首脑和外交官等250人。当时的总统克林顿、国务卿奥尔布赖特在会上致辞。重新统一后的德国高度重视文化发展和对外文化交往，在其《对外文化政策报告》中，德国政府将对外文化交流和对外政治、经贸关系列为德国对外政策的三大支柱。其总体目标是：通过积极开展对外文化交流、德语教学及其他"公共外交"行动，增强德国文化和教育的国际地位，改善自身国际形象，促进欧洲一体化进程，通过价值观对话预防冲突，为德国赢得合作伙伴，提高德国"软实力"。① 2001年11月，日本国会通过了纲领性的《文化艺术振兴基本法》，明确指出要在世界传播日本的文化艺术。2005年，俄罗斯斥巨资开播"今日俄罗斯"卫星英语新闻频道。在印度的大国梦中，文化软实力扮演着重要角色。2002年印度政府组织三十多位专家学者起草的《展望2020》报告，提出了要发挥印度"文化和精神的力量"，要"重新发现印度丰富的文化和精神价值"。② "软权力"的概念一经提出，就引起了我国学者的重视和并被广泛引用。1993年，复旦大学国际关系学院教授王沪宁撰文指出，把发展"软权力"置于战略的高度，是21世纪国际社会发展的趋势。

1993年，哈佛大学教授塞缪尔·亨廷顿提出了"文明冲突论"。他在该年夏季号《外交》（*Foreign Affairs*）季刊上发表了《文明的冲突？》（The Clash of Civilization?）一文。1996年，他出版了《文明的冲突与世界秩序的重建》一书。他提出，冷战后文化问题在国际关系中发挥着重要的作用，导致未来冲突的根本原因是"文明的差异，文明之间的分界线将成为未来的战线。人类在经历了君主冲突、民族国家冲突和意识形态冲突之后，将进入文明冲突的阶段"。世界将由八种主要文明相互作用而形成，它们包括西方文明、中华文明、日本文明、伊斯兰文明、印度文明、东正教文明、拉丁美洲文明及非洲文明。未来的冲突将在把这些文明分隔开的文明交界处爆发。（参见图1-2）

---

① 窦小文：《德国重塑国家形象的经验与启示》，《对外传播》2008年第12期，第54页。
② 转引自石俊杰：《浅论印度的软实力》，《南亚研究季刊》2008年第4期，第79页。

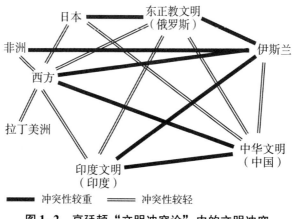

**图1-2 亨廷顿"文明冲突论"中的文明冲突**

"文明冲突论"提出后，一些西方舆论和西方政要认为，"文明冲突论"将使人们对国际事务的理解发生革命性的变革，为理解21世纪全球政治现实提供了一个极具挑战性的分析框架。特别是"9·11"事件后，美国更有人认为，这一事件凸显了亨廷顿"文明冲突论"的"不幸有效"。

然而，大多数政治家和学者对亨廷顿的"文明冲突论"持否定态度。他们认为，因权力、财富、分配不公以及大国不尊重小国引起的冲突大大超过基督教、儒教与伊斯兰教之间的文明冲突。"文明冲突论"把各种"文明"割裂开来，只注意到它们之间的差异，而没有看到各种文明历史上发生过的相互重叠和渗透，忽视了不同文明之间的共性。伊朗前总统哈塔米指出，人类文明是多样化与平等的，一种文明不应排斥另一种文明或凌驾于其上，人们应该了解西方文明，但伊斯兰文明的价值和属性应当得到尊重。哈塔米向世界发出"文明对话"的呼吁得到联合国的赞同。2001年被联合国确定为"不同文明对话年"。尽管人们对"文明冲突论"褒贬不一，还是应该看到，文化和文明确已成为影响国际关系发展的一个重要因素，甚至可能导致冲突，对此应予高度重视。

1999年美国芝加哥大学政治学教授亚历山大·温特的专著《国际政治的社会理论》出版，较完整地提出了以"文化、规范、共有知识、认同"为核心概念的建构主义国际关系理论，成为以"权力"为核心概念的现实主义理论和以"制度"为核心概念的自由主义理论之外的第三种主流国际关系理论。① 关于文化在国际关系中的作用，现实主义理论认为，文化的作用可以忽略不计；自由主义理论认为文化是一个因素，但不如权力重要，是对权力的补充；建构主义理论认为，文化在国际关系中的作用是很重要的，文化决定行为体的身份、利益和行为。建构主义学者重视文化在国际关系中的作用，强调一种文化使人成为一类人，人们生活于一定的文化之中，不理解文化就不可能真正理解人的生存，也无法理解整个人类社会。国际关系是人类社会的一个组成部分，当然受到文化的影响。国家作为社会行为体，根植于各种社会的世界观、价值观、社会规范和传统等文化要素之中，这些文化要素构建了国家的认同和行为的利益根源。离开文化，人们无法理解国家行为的根本原因和深层动机。

软权力理论、文明冲突论和建构主义理论的出现都显示文化在国家关系中的重要性明显增加。

### (三) 美国文化的渗透力迅猛增强

世界文化五彩缤纷，不同种族、肤色的人类生活在不同文化和不同社会制度所组成的国家，世界上有200多个国家和地区、2500多个民族以及多种宗教。各国各民族在历史发展过程中，创造了具有特色的文化。对全球的上千种文化，有多种分类法。可从地理、宗教、语言等角度加以划分。在国际传播的视角下，从综合的角度，可把世界分成八大文化集团：盎格鲁－撒克逊文化（简称美英文化，主要有英国、美国、加拿大、澳大利亚、新西兰等国）、拉丁文化（主要有法国、西班牙、葡萄牙、意大利以及拉丁美洲国家）、德意志—斯堪的那维亚文化（简称德意志文化，德国、丹麦、挪威、瑞典等国）、斯拉夫文化（以俄罗斯文化为主，包括乌克兰、白俄罗斯、波兰、捷克、塞尔维亚等国）、穆斯林文化、非洲文化、印度文化和中华文化。冷战结束后，八大文化集团的实力发生改变。随着苏联解体，俄罗斯政治和经济地位的衰退，斯拉夫文化在世界格局中的地位下降。"一超多强"的世界格局使美国为首的美英文化的地位上升，美国文化的主导地位

---

① 〔美〕亚历山大·温特：《国际政治的社会理论》，秦亚青译，上海人民出版社2000年版。

得到进一步增强。由冷战结束前美苏两国对峙的格局变成了冷战后美英文化独霸全球的格局。

美英文化势力的增长与文化产业化和经济全球化的加速密切相关。随着世界各国纷纷进入市场经济体制,世界经济全球化加深,信息技术特别是国际互联网的发展,在全球市场经济中形成了规模生产的文化产品会得到较好的生存和发展空间。一种文化的文化产品的客户越多,产品销售量就越大,就越赚钱,竞争力就越高。反之,行不成规模生产的文化产品的生存空间就受到挤压或被淘汰出局。在经济全球化、文化产品商业化的形势下,文化产品出口多,自然会使其文化得到传播和弘扬。这加剧了全球文化发展的马太效应(越强的越得到增强,越弱的越得到削弱)。

美国基于自己的经济实力,加之英语在世界上起到国际语言的作用,3亿人口,有广阔的国内市场,资金雄厚,有多年来实行市场经济的经验,政府对内及时调整文化产业政策,对外掌握制定游戏规则的话语权。其他文化大国如法国、西班牙、德国、俄罗斯、中国、日本、印度、埃及、巴西等国都先天或暂时不具备上述全部条件。20世纪末,美国在世界文化格局中占据了主导地位,出现了美国文化势力独霸全球的局面。这表现在文化产品的出口贸易额和文化要素广泛传播两个方面。

文化产品的出口贸易额在全球居主导地位。美国在电影、电视节目、音乐、广告、图书、报刊等文化产业都高居榜首。[1] 以电影为例,1980年好莱坞年收入的30%来自国外,1999年上升到50%;美国迪斯尼公司1997年出品的《侏罗纪公园》(*Jurassic Park*)的国内收入3.57亿美元,国外收入5.56亿美元,其生产费用是0.9亿美元。美国的电影业提供的录像带和光盘,1996年占据了70%的欧洲录像带和光盘市场,83%的拉丁美洲录像带和光盘市场。[2] 俄罗斯主要电影制品厂莫斯科制片厂,在20世纪七八十年代年产50多部影片的厂家,1997年只生产了3部影片。[3] 在电视节目方面,美国电视节目对世界的主导体现在以下两方面:一是美国成为电视节目的

---

[1] 详见关世杰:《国际传播学》,北京大学出版社2004年版,第203—234页。
[2] Daya Kishan Thussu, *International Communication: Continuity and Change*, ARNOLD, 2002, p. 140.
[3] 〔俄〕尼古拉·阿纳斯塔西耶夫:《苏联之后的俄罗斯的文化政策》,载联合国教科文组织编:《世界文化报告1998》,第124页。

"世界提供商"。① 在美国以外的绝大多数国家，进口美国节目是电视节目的主要来源。二是通过卫星直播电视传播美国电视节目。1998年全世界接收节目用户数量最多的前八名全球性电视网都是美国的电视网。1989年，欧洲从美国进口电视节目 6.14 亿美元，欧洲向美国出口电视节目 1.39 亿美元，逆差 4.75 亿美元；1993年，欧洲从美国进口电视节目 15.59 亿美元，欧洲向美国出口电视节目 0.9 亿美元，逆差 14.69 亿美元。②

英语和美国的价值观在全球继续扩张。从文化娱乐产品贸易可以看出，美英文化集团在世界文化产业的格局中处于超强的地位，这不仅给它们带来了巨额的经济收入，而且在全球弘扬了英语和美国价值观。

英语在世界语言中的主导地位加强。1980—1996 年间，英语著作被翻译成其他出版物的数量猛增：1980 年，英语著作被翻译成其他文字出版物的数量为 22,415 种，其他 90 种语言著作翻译成其他文字出版物的数量总共为 29,515 种，两者之比是 76%；1994 年，前者为 28,642 种，后者为 21,725 种，两者之比是 131.8%；1996 年，前者为 36,528 种，后者为 20,153 种，两者之比是 181.2%。汉语在三次统计中分别是 187、187、247。各国作品中被译成 25 种以上文字的作者名单：1980 年，美英作者有 72 名，占总共 150 名的 48%；1994 年，美英作者有 92 名，占总共 142 名的 64.8%；1996 年，美英作者有 78 名，占总共 133 名的 58.6%。1980 年，苏联仅次于美国和英国，名列第三。1994 年，苏联解体后的俄罗斯排名急速下降到法国和德国之后，名列第五，而且呈现一直下降的趋势，1996 年比 1994 年又下降了 1.2%。③ 在这三年的统计中，中国均为 0。

这一时期世界学习英语的人数大增。以中国为例，改革开放以来，国民学习英语的热情不减，全中国约有 3 亿多人在学英语，其中，在大、中、小学学习英语人数超过 1 亿人。中国中小学英语教师约有 70 万，大学英语教师有 6 万。这与美国人学习汉语的情形形成鲜明的对比。根据美国外语教学

---

① P. Dunnett, *The World Television Industry: An Economic Analysis*, London: Routledge, 1990.
② 基于 *Screen Digest*, July 1995。转引自 Daya Kishan Thussu, *International Communication: Continuity and Change*, ARNOLD, 2002, p. 175。
③ 资料来源：联合国教科文组织编：《世界文化报告 1998》，第 407—409 页；联合国教科文组织编：《世界文化报告 2000》，第 377—379 页。

协会在美国中小学生中进行的一项调查，2000年想学中文的人数仅5000人，2007年上升到50,000人。美国目前有十所大学提供"教授中文为第二外国语"的硕士学位。在中国，英语是大学本科、硕士、博士入学考试必考的语言。2013年，中国13亿人口中有2亿中小学生学习英语，美国3亿多人口中有6万中小学生学汉语，前者是后者的3471倍。

美国主流价值观和发展道路在全球得到广泛传播。冷战一结束，日裔哈佛大学教授福山便抛出了"历史终结论"，乐观地认为以美国为代表的西方自由民主是人类历史进化的终点，各国要实现现代化只能以西方为标杆，只能有一元现代性。美国解释的自由、民主、人权具有普世性。美国依仗丰富的信息资源和发达的信息技术，使其隐含价值理念的大量信息从美国流向发展中国家，控制着全球的话语权，影响着发展中国家的文化发展，侵蚀着各民族本土文化中的价值理念。联合国社会发展研究所在1995年的一份报告中指出："传播媒介革命和消费主义——国际传播媒介现在是如此能言善辩、无孔不入以致侵蚀了各民族文化和传统价值观念；新闻节目不仅报道事件而且还帮助决定事件的发展方向。"[①] "电视可以帮助传播知识和增进理解，而电视节目在各处的制作又可以倡导和保持当地的语言和文化。但是也出现了无情的'媒体帝国主义'现象，少数几个国家制作节目不断向世界各地播送。美国每年仅向欧洲便出口12万小时以上的电视节目，而全世界制作电视节目的贸易额每年增长15%以上。电视广播具有的提倡消费主义和侵蚀传统文化的潜在作用已经在许多国家引起强烈的反对。"[②] 20世纪开始发生在东欧独联体国家、中亚、中东的"颜色革命"中的参与者，拥护他们所认为的民主、自由以及美国式的价值观，就是美国式价值观和发展道路在全球得到广泛传播的体现。

### （四）世界文化多元性受到前所未有的威胁

冷战结束以来，信息和传播技术飞速发展所推动的全球化进程为加强各种文化互动创造了前所未有的条件，但同时也对文化多样性构成挑战，尤其

---

① 联合国社会发展研究所编著：《全球化背景下的社会问题》，蔡庆年、沈浦娜译，北京大学出版社1997年版，第4页。
② 同上书，第19页。

是在富国与穷国之间造成种种失衡，经济的全球化和文化的产业化加剧了文化交流的不平等。全球一体化的市场不可能期望对弱势经济和强势经济产生对等的收益。世界上现存的强势经济集团和文化产业集团，造成了并维持着在各国国内和各国之间的不平等发展。

在国际市场上，不同重量级的文化企业的竞争，加剧了文化交流方面的不平等。随着大量外国文化产品的进口，受众正在成为非本土化信息的受众，特别是年青的一代，他们成长在新文化环境中，接收着与本土政治、宗教或民族环境相脱离的信息和文化，教育他们的不仅仅是父母、教师，电视等大众媒介也发挥着重要作用。好莱坞的影星、流行音乐的歌星、著名画家的作品、体育明星和不同国家的政治家，构成了他们的符号库。[1] 文化弱国和社会群体对自己文化的不安全感增大，保证本国本民族的文化安全成为文化发展和建设的中心任务。弱小文化群体产生了危机感和不安全感：在向完全的市场经济和全球化迈进中，丧失自身文化价值的问题不断地被提出来。联合国教科文组织遗产部国际标准司司长林德尔·V.普罗特说，在文化的产业化模式中，"出版业与娱乐界的效率使音乐和电影深入到世界的每个角落，巨大的以英语为通用语言的市场保证了那些低成本的产品可以倾销到海外。而那些小语种社会的电影业如果没有政府的支持可能很难维系，它们感到自己的文化倍受威胁"[2]。有的专家说，地球上现有六七千种语言，根据推测，其中90%—95%将在21世纪灭绝或者正在走向灭绝。语言的灭绝在速度和程度上远远高于生物物种。一种语言从地球上消失，就等于失去一座卢浮宫。[3] 联合国教科文组织在2001年的一份报告中说："为数不多的几种文化与语言的方法和内容通过新老传媒的有效传播具有了优势地位，因而文化多样性已经四面楚歌，岌岌可危。土著居民与文化，以及地方经验，所受的影响最为严重。"[4]

美国在全球信息高速公路中的影响迅猛发展，使得许多国家对民族文化

---

[1] 联合国教科文组织编：《世界文化报告1998》，第123—124页。
[2] 联合国教科文组织编：《世界文化报告2000》，第184页。
[3] 〔日〕宫冈伯人：《世界上有九成语言濒临灭绝危机》，日本《读卖新闻》2003年3月10日。转引自《参考消息》2003年3月24日。
[4] 联合国教科文组织编：《2002—2007年中期战略》，巴黎，2001年，第4页。

安全日益关切。1994年3月，美国副总统戈尔在阿根廷首都布宜诺斯艾利斯召开的国际电信联盟（ITU）大会上，宣布建立"全球信息基础设施"（GII，俗称"全球信息高速公路"）的倡议，并把美国"国内信息高速公路"的五条基本原则（鼓励私人投资、推动竞争、开放式进入、灵活性的管理规范、保证普遍服务）作为全球信息高速公路的基本原则。1995年2月，西方七国在欧盟的邀请下，在比利时的布鲁塞尔就全球信息社会的问题召开了部长会议，制定了信息社会发展纲领。这种抛开发展中国家，只由少数发达国家制定全球信息社会发展计划的做法，引起了发展中国家的不满。在南非前总统曼德拉的倡议下，1996年5月13—15日，"信息社会与发展"部长级国际会议在南非米德兰召开，来自发展中国家和发达国家的40个政府代表团以及欧盟、西方七国和联合国教科文组织等18个国际组织参加了会议。会议的议题之一，就是全球信息社会的问题。与会者提出的主要问题中涉及了一系列的原则，如普遍服务、精确规范的网络、世界层次上的长期的社会经济发展、合作与竞争、文化和语言的多样性、技术领域的合作、私人投资和竞争以及保护知识产权等问题，戈尔重申了实施"全球信息高速公路"的五条基本原则。在这次会议上，发展中国家普遍关注的两个问题之一，就是保持文化多样化的问题。许多国家担心发达国家借助技术和资金的优势，通过信息化进一步扩大其文化影响，有的发展中国家的代表提出全球信息化不应变成"全球西方化""全球美国化"。① 一些发达国家如法国、加拿大都强调了保持语言和文化的多样性。中国代表团团长胡启立指出，尊重民族文化和语言的多样性，应成为实现全球信息化的一项基本原则。②

法国是西方发达国家中的一个文化大国，是推行文化外交最早的国家。冷战后，法国也感到美国文化对本国文化生存的威胁，作为电影诞生地的法国，美国电影却占据着主导地位（参见表1-1）。法国总统希拉克说："当今世界正面临着单一文化的威胁。"法国文化部提出，如果"全球信息高速公路"缺乏适当的规范管理，就有可能造成国家文化的丧失。③ 法国面临美

---

① 桂文庄：《关于"信息社会与发展"的思考》，《中国科学报》1996年12月25日，第2版。
② 《促进全球信息化建设共同发展》，《人民日报》1996年5月15日，第7版。
③ 转引自金吾伦：《信息高速公路与文化发展》，《中国社会科学》1971年第1期，第12页。

国英语文化的大量进入,英语词汇开始大举侵入法语,产生了母语的危机意识。面对这种形势,1992年6月,法国密特朗政府推动"语言入宪"成功,在《宪法》中增加"法国官方语言为法语"的附加条款;1994年,《法语使用法》(杜邦法)通过,规定:公共场所标语、公告等必须用法语,如果是引进的广告,原文旁必须附加字体不小于原文的法语;召开国际会议,主办者需提供所有文件的法语概要;法国公民、法人签订合同必须有法语文本,任何个人违反此法令将罚款5000法郎,法人则罚款25,000法郎。学者西门·芒迪一语道破了法国这一前殖民国家这种立场的转变:"现在最强烈地鼓吹文化多元主义的国家是法国、英国、西班牙和荷兰。具有讽刺意义的是,在50年前正是它们的那些当今退休养老的国家官员们,曾从事着最恶毒的根除少数民族语言的活动。"① 这些话虽有些刻薄,但这是实情,也反映了世界文化格局的巨大变化。

表1-1 1996年美国电影和欧洲电影占电影市场的份额

|  | 美国电影 | 英国电影 | 法国电影 | 德国电影 |
| --- | --- | --- | --- | --- |
| 在欧洲 | 63.5% | 6.4% | 9.4% | 3.3% |
| 票房收入(百万美元) | 2818 | 283.4 | 418.2 | 145.8 |
| 在美国 | 96% | 1.5% | 0.5% | 0.0% |
| 票房收入(百万美元) | 5675 | 88.7 | 29.6 | 0.6 |

资料来源:*Screen Digest*, August 1997. Daya Kishan Thussu, *International Communication: Continuity and Change*, ARNOLD, 2000, p. 177.

受到美国文化威胁的国家扩及全球。冷战结束以来,从第三世界到第一世界,抱怨经常是相同的:那些能表明当地或国家特征和连接当地或国家的文化价值观,似乎处于被全球市场的冷酷力量打垮的危险之中。② 甚至在美英文化集团内部,一些英语国家对美国文化产品大量输入本国从而影响自己的商业利益也不满意。例如,加拿大对美国文化产业对加拿大文化产业的威胁十分不满。加拿大的95%的电影、93%的电视剧、75%的英语节目和

---

① Simon Mundy, "Requirements for Sustainable Cultural Policy", *European Perspectives on Cultural Policy*, UNESCO Publishing, 2001, p. 69.
② 联合国教科文组织编.《世界文化报告2000》,第120页。

80%的书刊市场主要被美国文化产品所控制。加拿大政府和学者对此深感不安,因此,加拿大采取了一系列措施保护本国文化。[①] 这种形势正如一位以色列的记者在1996年所说:"在欧洲、亚洲、非洲,实际上是整个世界,都正防守着美国在虚拟空间里势不可挡的影响。""世界的政策制定者们都在控告美国的'文化帝国主义'。"[②] 世界文化多元性受到前所未有的威胁。

# 第三节 《保护和促进文化表现形式多样性公约》问世

## 一、《世界文化多样性宣言》的诞生

### (一) 背景

早在20世纪70—80年代,发展中国家在国际舞台上就开展了争取建立"世界信息和传播新秩序"(New World Information and Communication Order)的斗争,以期改变第二次世界大战后的国际传播不平衡状况。1976年10月,发展中国家向第31届联合国大会和第19届联合国教科文组织大会提交了旨在建立国际信息交流新秩序的议案。第二年11月联合国教科文组织成立了国际交流问题研究委员会,该委员会以爱尔兰人肖恩·麦克布赖德(Seán MacBride)为主席,由来自16个国家的成员组成。

1980年,国际交流问题研究委员会向联合国教科文组织第21届大会提交了一份准备三年的名为《多种声音,一个世界:交流与社会,今天与明天》(Many Voices, One World)的报告,该报告是第一份对世界传播问题提供了一个真实的全球视角的文件,集中反映了发展中国家的基本要求。"建立世界信息和传播新秩序"的口号一经提出,得到第三世界国家的拥护和社会主义国家的支持,遭到了以美国为首的西方发达国家的反对。这次斗争集中体现在:(1) 尊重国家主权与自由传播信息之争。(2) 是否建立国际传播新闻法与新闻道德问题。美国在种种反对新秩序的手段未能奏效后,以联合

---

① 苏北:《美加文化战祭出新法宝》,《中华读书报》1998年8月5日,第13版。
② Miriam Herschlag, "Cultural Imperialism on the Net: Policymakers from around the World Express Concern over U. S. Role," in The Harvard Conference on the Internet & Society (May 29-June 3, 1996), Panel of Cultural Imperialism on the Net, http://www.harvnet.harvard.edu/online.

国教科文组织管理混乱和过于政治化为由，在 1984 年 12 月 31 日退出了该组织。美国反对麦克布赖德委员会的报告，认为它试图把大众媒体的控制权交给发展中国家的政府。英国的撒切尔政府紧随其后，于 1985 年 12 月 31 日也退出了联合国教科文组织（1997 年 7 月重新加入）。1990 年冷战结束，国际格局发生重大变化。此后，以发展中国家为主力的争取世界信息与传播新秩序的斗争淡出了国际政治舞台。但这场斗争是《世界文化多样性宣言》通过的前奏。

以发展中国家主导的争取世界信息与传播新秩序的斗争未能取得预期的目标，但是世界信息传播特别是文化信息传播不平衡的状况却有增无减。在西方集团内部，法国、加拿大等国与美国之间的信息交流不平衡的状况加剧，法国、加拿大等西方国家感受到美国文化的威胁，反抗美国文化帝国主义的呼声日渐高涨。从某种意义上说，法国等西方国家加入了争取建立世界文化信息传播新秩序的斗争。维护世界文化多样性成为世界大多数国家的共同呼声。

面对全球化进程的迅速发展，世界文化多元性受到前所未有的威胁，法国、加拿大等西方国家担起引领维护世界文化多样性的主角，在联合国教科文组织内开展了一系列保护世界文化多样性的立法工作，试图以国际法的形式保护世界文化的多样性。

1995 年，联合国教科文组织通过了世界文化和发展委员会的报告《我们具有创造力的多样性》等文件，倡导保护世界文化多样性。为延缓弱小文化的消失，联合国教科文组织采取了相应措施，不仅加强了对物质文化遗产的保护，而且加强了对非物质文化遗产的保护。

1998 年 10 月，联合国教科文组织第 155 届执行局会议上，正式审议和通过了关于人类口头和非物质遗产的条例，使保护非物质文化遗产工作走上了可操作的轨道。1998 年 6 月，加拿大在渥太华组织了首届"文化政策国际网络"（International Network for Cultural Policy，INCP）部长级年会，商议如何应对美国文化统治地位，法国、英国、巴西、墨西哥等 19 个国家参加了会议，而美国被明令排除在外。会议着重讨论在贸易壁垒降低的情况下，抵御外来文化入侵。在此次会议上，成立了"国际文化政策论坛：文化政策国际网络"，旨在为各国文化部长创建一个论坛，针对世界全球化趋势和不断出现的新形势，探讨制定相应的文化政策，创造有利于文化多样性保护和发展的国际环境。这个论坛后来发展到47个成员国。该年联合国教科文组织发表了《世界文化报告1998》通报全球的文化情况，并决心以制定准则的行动来加以回应，提出在全球化加速过程中，保持文化多元性。总干事长马约尔在序言中讲："在这个相互交往日益频繁、经历着急速变化的世界上，各种文化的前程是什么？一体化常被看作是给20世纪末打下深刻印记的全球化过程不可避免的结果。但是，我们也正在看到一种把人们分开的分散化（fragmentation）的趋势。所能肯定的东西是：我们不能允许失去世界众多文化中的任何一种文化；各种文化的生存取决于它们和平的和创新的共存。"[①] 该年联合国教科文组织开始起草《世界文化多样性宣言》。1999年组成"文化多样性国际联盟"（International Network for Cultural Diversity，INCD），同年举办了第一次年会，配合起草和通过《世界文化多样性宣言》工作。

在上述紧张和充分的准备之后，在2001年11月联合国教科文组织第31届大会上，与会国一致通过了旨在保护世界文化多样性的《世界文化多样性宣言》。

**（二）《宣言》的基本内容**

《宣言》总计3000字左右，主要内容包括前言和正文两大部分。

1. 前言

在前言中，对文化等基本概念进行了界定，明确了制定《宣言》的目的，追溯了制定宣言的国际法法理渊源。

《宣言》的前言指出："应把文化视为某个社会或某个社会群体特有的精神与物质，智力与情感方面的不同特点之总和；除了文学和艺术外，文化还包括生活方式、共处的方式、价值观体系、传统和信仰。"对文化多样性（cultural diversity）和文化多元化（cultural pluralism）的含义进行了界定，文化多元化是与文化多样性这一客观现实相应的一套政策。

制定宣言的目的，一为"如同保护物种多样性一样，保持文化多样

---

① 联合国教科文组织编：《世界文化报告2000》，序言。

性";二为反对原教旨主义和分离主义。

《宣言》的法理渊源主要来自三个方面:(1)国际人权文件,即《国际人权宪章》,包括1948年发表的《世界人权宣言》,以及1966年订立的《公民权利和政治权利国际公约》和《经济、社会、文化权利国际公约》中关于人权和基本自由的条款;(2)教科文组织的《组织法》,该法第一条特别规定教科文组织的宗旨之一是,建议"订立必要之国际协定,以便于运用文字与图像促进思想之自由交流";(3)教科文组织颁布的国际文件中涉及文化多样性和行使文化权利的各项条款,这些国际文件主要有:1950年的《佛罗伦萨协定》,1952年的《世界著作权公约》,1966年的《国家文化合作宣言》,1970年的《关于采取措施禁止并防止文化财产非法进出口和所有权非法转让公约》,1972年的《保护世界文化和自然遗产公约》,1976年的《内罗毕议定书》,1980年的《关于艺术家地位的建议》,以及1989年的《关于保护传统文化和民间文化的建议》。

2. 正文

《宣言》的正文部分通过了关于文化多样性的原则,分为四部分:特性、多样性和多元化,文化多样性与人权,文化多样性与创作,文化多样性与国际团结。每部分各有三项条款,共12条,简明扼要。其主要原则是:

(1)世界文化多样性是"人类的共同遗产"。《宣言》的第一条为"文化多样性,人类的共同遗产"。这份对会员国有道义约束力的文件,有史以来第一次承认文化多样性是"人类的共同遗产"。

(2)捍卫文化多样性是与尊重人的尊严密不可分的应尽义务。

(3)文化物品和文化服务不同于一般的商品。这是《宣言》中最引人注目的最关键的新原则。第三部分"文化多样性与创作"的第八条中,明确规定:"面对目前为创作和革新开辟了广阔前景的经济和技术的发展变化,应当特别注意创作意愿的多样性,公正地考虑作者和艺术家的权利,以及文化物品和文化服务的特殊性,因为它们体现的是特性、价值观和观念,不应被视为一般的商品或消费品。"

(4)市场经济不能保证文化多样性,国家的宏观调控具有首要作用。在第四部分"文化多样性与国际团结"中,明确表明"目前世界上文化物品的流通和交换存在着失衡的现象",申明"单靠市场的作用是做不到保护和促进文化多样性这一可持续发展之保证的。为此，必须重申政府的政策在私营部门和民间社会合作具有首要作用"。这是对市场经济不能保护文化多样性的首次表述。

## 二、《保护和促进文化表现形式多样性公约》

### （一）《公约》的通过与生效

在国际法体系中，各国联合发表的宣言只有道德的约束力，没有法律的约束力，因而2003年联合国教科文大会通过决议，决定起草具有法律约束力的《世界文化多样性公约》。中国积极支持该公约的起草工作，文化部外联局的官员曾担任过该公约起草委员会的主席。美国得知要起草《世界文化多样性公约》，为获得起草公约时的话语权，该年美国重新加入联合国教科文组织。在起草过程中，将《世界文化多样性公约》的名称更鲜明地称为《保护和促进文化表现形式多样性公约》。

2005年10月20日晚7：00（巴黎时间）在联合国教科文组织第33届大会上，与会的154个国家中，148国赞成，2国反对（美国和以色列），4国弃权（澳大利亚、洪都拉斯、利比里亚和尼加拉瓜），通过了《保护和促进文化表现形式多样性公约》。值得注意的是，欧洲国家一致投了赞成票，可见美国在与欧盟之间在保护文化多样性上的分歧。

2007年3月18日，在第30个国家递交批准书的三个月之后，根据相应规定，《保护和促进文化表现形式多样性公约》开始生效。截至这一天，共有52个国家批准了这项《公约》。首先批准《公约》的是作为区域经济一体化组织的欧洲联盟。2006年12月29日，中国第十届全国人民代表大会常务委员会第25次会议批准了该公约。

历史上，联合国成员国从1948年通过《世界人权宣言》到1966年通过《公民权利与政治权利国际公约》及《经济、社会与文化权利国际公约》两个公约，用了18年。联合国教科文组织从2001年通过《世界文化多样性宣言》到2005年10月通过《保护和促进文化表现形式多样性公约》，只用了4年。《公约》2007年2月生效。我们从中可以看到当前世界各国对抵御美国文化入侵以保护文化多样性的急切。

### (二)《公约》的内容

《公约》是《宣言》的具体化和法律化。《公约》由序言、正文、附件等部分构成，正文共计七章三十五条，约1.5万字。

序言用二十一条的篇幅全面地陈述了订立公约的原因，再次阐述了《宣言》中的重要思想：确认文化多样性是人类的一项基本特性；认识到文化多样性是人类的共同遗产，应当为了全人类的利益对其加以珍爱和维护；意识到文化多样性创造了一个多姿多彩的世界，它使人类有了更多的选择，得以提高自己的能力和形成价值观，并因此成为各社区、各民族和各国可持续发展的一股主要推动力；确信传递着文化特征、价值观和意义的文化活动、产品与服务具有经济和文化双重性质，故不应视为仅具商业价值。

第一章为目标与指导原则。第一条约定《公约》的目标有九条。其中最重要的是以下五条：保护和促进文化表现形式的多样性；以互利的方式为各种文化的繁荣发展和自由互动创造条件；鼓励不同文化间的对话，以保证世界上的文化交流更广泛和均衡，促进不同文化间的相互尊重与和平文化建设；承认文化活动、产品与服务具有传递文化特征、价值观和意义的特殊性；重申各国拥有在其领土上维持、采取和实施他们认为合适的保护和促进文化表现形式多样性的政策和措施的主权。

《公约》第二条约定的八项指导原则如下：一、尊重人权和基本自由原则；二、主权原则；三、所有文化同等尊严和尊重原则；四、国际团结与合作原则；五、经济和文化发展互补原则；六、可持续发展原则；七、平等享有原则；八、开放和平衡原则。

第二章为适用范围。第三条规定了公约适用于缔约方采取的有关保护和促进文化表现形式多样性的政策和措施。

第三章为定义。第四条对本公约中的八个概念——文化多样性，文化内容，文化表现形式，文化活动、产品与服务，文化产业，文化政策和措施，保护，文化间性进行了定义。"文化间性"指不同文化的存在与平等互动，以及通过对话和相互尊重产生共同文化表现形式的可能性。

第四章为缔约方的权利和义务。这一章是公约的实质性内容，规定了权利和义务的一般规则及具体规定。

第五条规定的权利的一般原则是："缔约方根据《联合国宪章》、国际法原则及国际公认的人权文书，重申拥有为实现本公约的宗旨而制定和实施其文化政策、采取措施以保护和促进文化表现形式多样性及加强国际合作的主权。"规定的义务的一般原则是："当缔约方在其境内实施政策和采取措施以保护和促进文化表现形式的多样性时，这些政策和措施应与本公约的规定相符。"

具体的权利和义务分别在第六条"缔约方在本国的权利"，第七条"促进文化表现形式的措施"，第八条"保护文化表现形式的措施"，第九条"信息共享和透明度"，第十条"教育和公众认知"，第十一条"公民社会的参与"，第十二条"促进国际合作"，第十三条"将文化纳入可持续发展"，第十四条"为发展而合作"，第十五条"协作安排"，第十六条"对发展中国家的优惠待遇"，第十七条"在文化表现形式受到严重威胁情况下的国际合作"，第十八条"文化多样性国际基金"，以及第十九条"信息交流、分析和传播"中做了规定。

第五章为与其他法律文书的关系。第二十条"与其他条约的关系：相互支持，互为补充和不隶属"和第二十一条"国际磋商与协调"确认《公约》与任何已存在协定之间的不相隶属性及互为补充性，鼓励各方在处理本公约与其他条约（主要是世界贸易组织公约）的关系时，做出更有利于保护文化多样性的安排。

第六章为公约的机构，在第二十二条至第二十四条分别对缔约方大会、政府间委员会、联合国教科文组织秘书处的组成和活动做出了规定。

第七章为最后条款。第二十五条至第三十五条分别对争端的解决，会员国批准、接受、核准或加入，加入公约，联络点，公约生效，联邦制或非单一立宪制，退约，公约保管职责，公约修正，公约的有效文本，以及公约登记作出规定。

虽然公约内容丰富，但是其核心内容是：承认了文化活动、产品与服务具有传递文化特征、价值观和意义的特殊性，它们不同于其他产品。不认同世界贸易组织将文化活动、产品与服务混同于其他产品的约定；各国拥有在其领土上维持、采取和实施它们认为合适的保护和促进文化表现形式多样性的政策和措施的主权，保护和促进世界文化的多样性。其中，各国拥有在其领土上维持、采取和实施它们认为合适的保护和促进文化表现形式多样性的政策和措施的主权，这一条最为关键。它实际上，在某种程度上（文化信息方面）是对"世界信息和传播新秩序"中关于尊重国家主权与自由传播信息之争的一个结论，部分地完成了"世界信息和传播新秩序"斗争的遗嘱。文化信息的自由流通是国家主权指导下的文化信息的自由流通，有利于发展中国家保护自己的文化特色，有利于维护世界文化多样性。

（三）美国反对《公约》的理由

通过《宣言》时，美国尚未重返联合国教科文组织，也没有投票权。2003 年美国申请重新加入教科文组织，美国作为成员国参加了《公约》后期的起草工作，并参加了 2005 年 11 月教科文组织大会最后的投票。只有美国和以色列对《公约》投了反对票，美国在大会的会场上很孤立也很尴尬。美国出于什么原因投了反对票呢？查阅教科文组织起草《公约》的讨论会议记录，显示反对意见主要有三条：反对文化活动、产品和服务的双重属性，美国不承认这种双重属性，认为文化活动、产品和服务与其他商品没有什么两样，它们只有商业属性；反对主权国家有权在本国境内为保护和促进文化多样性采取保护性措施；反对《公约》对世界贸易组织的制约作用。《公约》规定它不隶属于其他国际条约，也就是说，文化活动、产品和服务具有特殊性，不能像其他商品一样完全的自由流通。美国反对《公约》的理由中，核心是反对各国为保护自己的文化采取文化政策的合理性，即反对在国际法的领域确认主权国家采取保护和促进文化表现形式多样性相关政策的合法性。

（四）《宣言》和《公约》的历史意义

《宣言》的通过和《公约》的生效具有重大的历史意义。联合国教科文组织总干事松浦晃一郎在《宣言》获得通过时宣布："这是国际社会第一次设立了一个如此综合的标准和手段，将文化多样性提高到了'人类遗产'的高度，其对于人类的必要性正如生物的多样性之于自然的必要性。同时，文化权利的保护也成为一种道德强制力量，同人类尊严密切联系，不可分割。"① 它在 20 世纪末和 21 世纪初人类文化多样性受到严重挑战的时刻，从伦理和国际法上阻止了美国文化独霸全球的发展趋势，在人类文化发展上，它阻止了文化"单一主义"，并首次建立了可以用国际法来保护多种弱小文化的世界性制度。如果说 1948 年以来《人权宪章》的制定和为越来越多的国家所签署，昭示了人类社会构成的基本准则为人类普遍接受，使人权最终成为一种公认的普世性价值，那么《公约》的生效意味着关于文化间关系准则的新的理解并成为普世性的价值，意味着从地理大发现以来持续了五个多世纪的西方文化中心论在国际社会中从国际法上丧失了合法性，西方中心论被国际社会所唾弃，成为文化偏见。因此，《公约》是人类文化发展史上最重要的文献之一。

从文化理论上讲，文化人类学中的文化相对论受到了除美国之外的全世界政府的认同。19 世纪后期，受到查尔斯·达尔文生物进化论的影响，文化人类学界出现了文化进化论。美国人类学家路易斯·亨利·摩尔根（Lewis Henry Morgan）1877 年发表的根据自己 40 年的研究、观察和搜集的材料，写出的著作《古代社会》就是代表作之一。该书发展了文化进化的理论，是对文明的起源和进化所做的最早的、重大的论述。书中重视文化的进化性质，提出社会变化的革命性质，人类经历了蒙昧时代（savagery）→野蛮时代（barbarism）→文明时代（civilization）的演进；预言了社会制度向比较公平化发展。作者认为，文化的所有方面，包括家庭结构、婚姻、亲属范畴、政府形式、技术、食物生产策略都会随着社会的研究而变迁。

认为人类社会是发展前进的这种观点是正确的，但不同文化间的进步不是单一模式的。认为人类都是以一种模式向前发展的文化进化论为欧洲国家试图通过殖民来支配世界提供了理论上的合法性。这成为文化帝国主义或文化中心论的理论基础，西方国家已经走过了前两阶段，以其价值观为标准来评价其他文化价值观的优劣，并以此站在全球政治、经济、文化和媒介的制高点上，评判他人的行为。

---

① 塞斯·J. 汉弥林克：《"地球村"中的文化权利》，载〔新加坡〕阿努拉·古纳锡克拉等主编：《全球化背景下的文化权利》，张毓强等译，中国传媒大学出版社 2006 年，第 12 页。

19世纪末，美国文化人类学者弗朗茨·博厄斯（Franz Boas）提出"文化相对论"，对文化进化论提出了批评，认为将文化与一个认定的文明绝对标准（被西方人类学家所定义）相比较是不正确的，殖民主义者运用这个理论来支持自身文化的优越性，这是民族中心主义。他认为文化只能在其自身环境中被理解，任何社会的文化都必须被看作是由这个社会独特的历史所造就的，各民族文化没有高低之分，不能用自身判断是非善恶的标准去判断另一种文化，不能用一己诠释的框架去套用或解释其他文化现象。这被称为文化相对论。《公约》序言中指出，"确认文化多样性是人类的一项基本特性"；第一章"目标与指导原则"中的八项原则之一是："所有文化同等尊严和尊重原则：保护和促进文化表现形式多样性的前提是承认所有文化，包括少数民族和原住民的文化在内，具有同等尊严，并应受到同等尊重。"这实际上是对文化相对论的肯定，对文化民族中心论的否定。

## 第四节　美国相对衰退和中国和平复兴

### 一、一超走弱，多强易位

国际格局变化主要取决于实力分配与大国战略关系的变化。大国战略关系变化频繁，一般5—20年就发生变化，大国间的实力分配（世界范围内的大国实力排序情况）则可能需要30—50年才会发生显著改变。战略关系变化与大国实力分配变化相结合，使得国际格局在数十年内就可能发生质变。①

进入21世纪后，美国的综合实力开始从巅峰走向相对衰退。2001年发生了极端恐怖分子驾驶飞机冲撞美国纽约世界贸易大楼的"9·11"事件。2001年10月7日起以美国为首的联军发动了针对基地组织和塔利班的阿富汗战争。2003年3月20日美国以伊拉克藏有大规模杀伤性武器并暗中支持恐怖分子为由，未经联合国安理会授权，发动了入侵伊拉克的战争。这两场战争延续了10年，耗费掉1.6万亿美元。斯蒂格里茨和比尔米斯合写了一

---

① 阎学通、阎梁：《国际关系分析》，第32页。

本书《三万亿美元的战争》。他们认为，单对伊拉克战争，截至2008年年底，美国的直接战争费用超过8000亿美元，加上间接的费用，这场战争起码要消耗美国3万亿美元。2008年美国引发了国际金融危机，西方发达国家的经济受到很大冲击。美国的硬权力和软权力受挫，从冷战结束后的巅峰走上下坡路，开始衰退。在这一时期，以巴西、俄罗斯、印度、中国、南非"金砖五国"为代表的"新兴经济体"兴旺发展，金砖五国的国土面积占世界陆地面积近30%，人口占世界总人口的42%。2012年"金砖五国"的GDP约占世界总量的21%，贸易额占世界的15.5%，对全球的经济贡献率超过50%。从2001年到2010年，五国之间的贸易年均增长28%。[①] "新兴经济体"在世界经济中发挥着日益重要的作用，使得世界向多极格局演变的速度加快。国际关系的中心开始从大西洋向太平洋转移，拉动这个转移的主要因素是亚洲在崛起。20世纪60年代，亚洲的GDP占全球10%，2013年占25%，再过20年有望占到50%。美国《新闻周刊》前总编辑法里德·扎卡里亚在2008年出版的《后美国世界》探讨了世界历史变化的大趋势。他认为，当前的转折是过去500年来人类历史第三个重要的结构性转移。第一个是西方世界的崛起，主要是指西欧；第二个是美国的崛起；第三个是非西方世界的崛起。[②]

世界格局开始由"一超多强"向多极的路径演变。在经济实力上，表1-2显示了1990年到2014年世界各国GDP前五名排名易位的情况。2005年之前，排在前五名的都是西方国家，美、日、德始终位居前三名；2006年中国跃居第四；2007—2009年中国赶超德国，位居第三；2010年中国以0.354万亿美元的优势超过日本，成为世界第二大经济体；2014年中国仍位居第二，但比日本高出了5.764万亿美元。

---

[①]《金砖国家领导人即将在华会晤 中方望取得四方面积极成果》，《浙江日报》2011年4月3日，第3版。

[②] Fareed Zakaria, *The Post-American World*, New York: W. W. Norton, 2008.

表1-2 世界各国GDP前五名排名及所占比重（1990—2014）①

单位：万亿美元

| 年份 | 第一名 | 第二名 | 第三名 | 第四名 | 第五名 | 世界GDP | 五国比重 |
|---|---|---|---|---|---|---|---|
| 1990 | 美，5.8033 | 日，3.0522 | 西德，1.5470 | 法，1.2198 | 意，1.1045 | 22.8 | 55.8% |
| 1995 | 美，7.4005 | 日，5.2929 | 德，2.4166 | 法，1.5257 | 英，1.1032 | 29.6 | 59.8% |
| 2000 | 美，9.8247 | 日，4.7661 | 德，1.8752 | 英，1.4409 | 法，1.3133 | 32.8 | 59.8% |
| 2005 | 美，12.4867 | 日，4.6638 | 德，2.7301 | 英，2.2276 | 法，2.0549 | 45.4 | 53.4% |
| 2006 | 美，12.955 | 日，4.5905 | 德，2.7901 | 中，2.329 | 英，2.202 | 49.1 | 50.7% |
| 2007 | 美，13.980 | 日，5.290 | 中，3.370 | 德，3.280 | 法，2.570 | 55.4 | 51.6% |
| 2008 | 美，14.330 | 日，4.844 | 中，4.222 | 德，3.818 | 法，2.978 | 61.2 | 49.0% |
| 2009 | 美，14.256 | 日，5.068 | 中，4.908 | 德，3.353 | 法，2.676 | 57.9 | 52.3% |
| 2010 | 美，14.624 | 中，5.745 | 日，5.391 | 德，3.306 | 法，2.555 | 61.8 | 51.1% |
| 2014 | 美，17.419 | 中，10.380 | 日，4.616 | 德，3.860 | 英，2.945 | 77.3 | 50.7% |

经济实力对军事实力有重大影响。随着世界各强国经济实力的变化，各国军事实力也发生了变化。军费开支是各国军事实力发展变化的一个指标，从世界军费开支前五名国家的排名变化，可以洞察各强国军事实力多强易位的情况。2003年之前，排名前五名的美、英、法、日、德都是西方国家；2004年中国取代德国排名第五；2005年中国取代日本排名第四；2007年中国取代法国排名第三；2008—2010年中国取代英国排名第二，俄罗斯取代日本排名第五。见表1-3。

---

① 根据宏略咨询公司的研究报告《历年世界主要国家GDP排名1970—2008》、国际货币基金组织2011年发布的《世界经济展望》提供的信息整理而成。转引自刘建飞、秦治来：《"非极化"的挑战：世界格局走势及其对大国关系的影响》，第79页。2014年的数据根据国际货币基金组织公布的数据，参见《IMF世界经济展望2015：2014年IMF成员GDP排行榜》，百度贴吧，http://tieba.baidu.com/p/3704985571。

表 1-3 世界军费开支前五名国家及所占比重（1998—2010）①

单位：10 亿美元

| 年份 | 第一名 | 第二名 | 第三名 | 第四名 | 第五名 | 世界军费 | 五国比重 |
|---|---|---|---|---|---|---|---|
| 1998 | 美，328.6 | 法，50.3 | 英，47.7 | 日，43.4 | 德，40.9 | 834 | 61.3% |
| 2000 | 美，342.1 | 法，50.2 | 英，47.8 | 日，43.8 | 德，41.4 | 875 | 60.1% |
| 2002 | 美，387.3 | 法，51.1 | 英，50.9 | 日，44.7 | 德，40.6 | 947 | 60.7% |
| 2004 | 美，480.4 | 英，60.0 | 法，54.1 | 日，44.5 | 中，40.3 | 1071 | 63.4% |
| 2005 | 美，503.3 | 英，60.0 | 法，52.9 | 中，44.3 | 日，44.1 | 1113 | 63.3% |
| 2007 | 美，546.8 | 英，59.7 | 中，58.3 | 法，53.6 | 日，43.6 | 1214 | 61.4% |
| 2008 | 美，607 | 中，84.9 | 法，65.7 | 英，65.3 | 俄，58.6 | 1464 | 60.2% |
| 2010 | 美，698 | 中，119 | 英，59.6 | 法，59.3 | 俄，58.7 | 1630 | 61.1% |

总之，21世纪以来美国对外的一系列战争和2008年的金融危机对世界格局变化产生了巨大影响，它们不仅冲击了美国的金融和经济领域，也削弱了美国和西方国家的综合国力，美国相对衰落，形成了一超走弱、多强易位的国际格局走向。

## 二、中国经济总量追赶美国

在新兴经济体中，中国的发展尤其迅猛。在世界GDP的排名榜上，美国自20世初以来一直位居第一，但21世纪以来中国追赶美国的步伐加快。1970年中国排名第十三（除苏联外），为272亿美元，美国为10,255亿美元，中国的GDP只是美国的2.65%；2001年，即发表《世界文化多样性宣言》这一年，中国GDP在世界排名第六位，为11,590亿美元，美国为101,714亿美元，中国的GDP是美国的11.39%；2010年，中国的GDP超过日本，成为世界上第二大经济体；2013年，中国排名第二位，为903,866亿美元，美国为1,619,796亿美元，中国的GDP是美国的55.8%。这是新中国在1972年恢复了在联合国的合法席位（成为五大常任理事国之一）成

---

① 根据斯德哥尔摩国际和平研究所（SIPRI）公布的《1998—2007世界军费开支》（SIPRI研究报告）。转引自刘建飞、秦治来：《"非极化"的挑战：世界格局走势及其对大国关系的影响》，第77页。

为世界性的政治大国之后,在 21 世纪初成为一个世界性的经济大国。

2000 年与 2010 年中美主要经济数据对比显示,11 年中,中国经济与美国经济在各项指标上的差距在迅速缩小,呈现追上美国的趋势,见表 1-4。

表 1-4  2000 年、2010 年中美主要经济数据对比①

单位:美元

| 项目名称 | 中国 | | 美国 | | 中美之比 | |
| --- | --- | --- | --- | --- | --- | --- |
| | 2000 年 | 2010 年 | 2000 年 | 2010 年 | 2000 年 | 2010 年 |
| 经济规模(GDP) | 1.2 万亿 | 5.88 万亿 | 9.95 万亿 | 14.65 万亿 | 12% | 40% |
| 人均 GDP | 949 | 4382 | 35,081 | 47,284 | 2.7% | 9.2% |
| 贸易总额 | 4743 亿 | 2.97 万亿 | 20,443.9 亿 | 4.16 万亿 | 23.2% | 71.4% |
| 吸引外资 | 407 亿 | 1060 亿 | 3131 亿 | 2280 亿 | 13% | 46.5% |
| 对外直接投资 | 10 亿 | 688.1 亿 | 1000 亿 | 26,589 亿 | 1% | 2.5% |

1998 年,著名的世界经济史学家安格斯·麦迪森(1926—2010)在他的《中国经济的长期表现》(Chinese Economic Performance in the Long Run, OECD Development Centre, Paris, 1998)一书中,从世界现代经济发展历史长河和未来趋势的角度大胆预言:中国可能会在未来数十年中继续其追赶发达国家的过程。他首次采用购买力平价(PPP)方法,预测 1995—2015 年间中国 GDP 年平均增长率为 5.5%,美国为 2.1%,到 2015 年时中国 GDP 将达到并超过美国,相当于美国 GDP 的 100.7%。自 2010 年以来,世界上越来越多的主流经济学家倾向于认为:"少则十年,多则二十年,中国将成为全球第一大经济体。"② 2011 年,位于华盛顿的彼得森国际经济研究所资深研究员阿文德·萨勃拉曼尼亚(Arvind Subramanian)在《黯然失色:生活在中国经济主导的阴影下》一书中,基于全球经济格局的变化,包括各国的 GDP、贸易和资本进出口占全球的比重等不同指标,提出中国现阶段已经处于取代美国成为全球经济引导地位的关键时刻。他预测,2030 年前

---

① 转引自刘建飞、秦治来:《"非极化"的挑战:世界格局走势及其对大国关系的影响》,第 193 页。

② 张维为:《中国震撼:一个文明型国家的崛起》,上海人民出版社 2010 年版,第 29 页。

后，中国在全球经济的主导地位将非常类似于20世纪70年代的美国和19世纪70年代的英国。人民币作为全球主要的储备货币，它来临的时间和速度将比我们想象得要快。分水岭时间为2030年，甚至还可能提前。[1] 迄今为止，少有人对2020年中国经济赶超美国的预测持反对意见，这是一个大概率事件。[2]

2004年11月，美国前国务卿基辛格在美国《国际先驱论坛报》上撰文说："在我们这个时代，中国作为一个潜在的超级大国的崛起具有更加重大的历史意义，实际上这标志着世界事务的中心由大西洋地区向太平洋的转移。"中国的和平崛起是仅次于美国和平衰落的影响世界格局演变的重要因素之一。2014年4月底，世界银行根据2011年国际比较项目（International Comparison Program）的结果推算，按购买力平价，2014年中国GDP将超过美国。同年10月8日，国际货币基金组织（IMF）正式公布，中国按购买力平价算法的GDP为17.632万亿美元，美国为17.416万亿美元，中国GDP相当于美国的101.1%。

胡鞍钢等著的《中国国家治理现代化》[3] 不仅引用了世界银行GDP的最新数据，而且首次采用发电量作为衡量一国的现代化因素，并以美国发电量100%作为基数。1950年，中国的发电量仅相当于美国的1.2%；1980年，中国的发电量相当于美国的12%，美国的现代化因素相当于中国的8倍之多；2010年，中国的发电量就已经相当于美国的97.2%；2013年更是超过了美国，达到了美国的126.5%。这就验证了中国不仅是在GDP（价值量）上超过美国，而且在现代化因素发电量（实物量）上也已经超过了美国，前者可以用不同的方法计算出来，后者则是实实在在地测定出来的，不过两者之间呈同方向上升，并不断趋同，都反映了中国如何快速追赶美国并

---

[1] Arvind Subramanian, *Eclipse: Living in the Shadow of China's Economic Dominance*, Peterson Institute for International Economics, 2011.

[2] 张军：《中国经济还能再增长多久？》，载北京大学中国与世界研究中心主办：《观察与交流》第119期，2013年1月15日，第11页。

[3] 胡鞍钢等：《中国国家治理现代化》，中国人民大学出版社2014年版。

超过美国。①

2014年12月7日,美国著名经济学家、诺贝尔经济学奖得主约瑟夫·斯蒂格利茨在《名利场》(*Vanity Fair*)上发表了题为《中国世纪》(Chinese Century)的文章,根据世界银行"国际比较项目"(International Comparison Program),按照购买力平价方法计算的最新GDP数据显示,中国的经济规模已经超过美国,成为世界第一大经济体。

英国《每日电讯报》网站2014年1月3日发表的英国经济学家利亚姆·哈利根的文章《标志着回归世界旧秩序的一年》中写道:"2014年最重要的地缘政治事件是什么?这取决于你的视角。作为一名经济学学痴和长期研究东方新兴市场的人,我将因为统计学上的一个重要里程碑而记住2014年。正是在2014年,中国超过美国,成为世界最大经济体。如今,在欧洲和美国先后主宰世界两百多年之后,不论我们喜不喜欢,东方注定将再一次主宰全球商业。"2015年12月1日,国际货币基金组织宣布,2016年10月1日人民币将纳入特别提款权(SDR)货币篮子,将人民币视为仅次于美元、欧元的第三大货币,起地位超过居第四、第五位的日元、英镑。中国成为世界经济强国的地位得到西方大国的承认。

新中国用了六十多年的时间,成功地走完了美国花了几百年时间的现代化过程,完成了现代化追赶的第一步目标,即在主要现代化指标的总量方面超过美国。与此同时,又开始了现代化追赶的第二步目标,即在主要现代化指标的人均方面继续追赶美国,并在构建共同富裕社会、创新绿色现代化、促进人类和平与发展等方面超越美国。

### 三、中国实施"中华文化走出去"战略

#### (一)从经济"走出去"到文化"走出去"

1978年中国实行改革开放,在对外政策上实行韬光养晦,最初在经济领域实施招商引资,将国外的资金和企业"引进来",随着中国经济的发展

---

① 胡鞍钢:《中国经济规模超越美国 开启新时代》,2015年1月5日,清华大学网站,http://news.tsinghua.edu.cn/publish/news/4215/2015/20150106140153613795838/20150106140153613795838_.html。

壮大，逐渐发展到实施中国的资金和企业"走出去"战略。1992年党的十四大报告中提出："积极开拓国际市场，促进对外贸易多元化，发展外向型经济"，"积极扩大中国企业的对外投资和跨国经营"。2000年10月，党的十五届五中全会第一次明确提出要实施"走出去"战略，在此次全会上通过的《中共中央关于制定国民经济和社会发展的第十个五年计划的建议》中指出："实施'走出去'战略，努力在利用国内外两种资源、两个市场方面有新的突破。"

随着在经济领域实施中国经济"走出去"战略，从中逐步延伸出文化"走出去"战略。20世纪末以来，全球文化产业以一年平均7%的速度增长，文化产业逐渐成为各国重要的经济增长点。2000年全球文化产业产值达到了1.3万亿美元，占全球国民生产总值的7%。与此同时，文化产业进出口贸易也以较高的速度增长。1994年至2002年，全球文化产品贸易的年平均增长速度为5.3%。随着世界经济的发展，文化产品进出口对各国经济的贡献日益增大，一些国家尤其是发达国家的文化产品进出口总额占商品进出口总额和占国内生产总值的比例日益扩大，而中国的文化产品进出口总额占商品进出口总额和占国内生产总值的比例却大大低于世界发达国家的水平。2002年，中国核心文化商品的进出口总额为63.8亿美元，只相当于英国的2/3，而当年中国的货物进出口总额比英国多50.3亿美元。中国核心文化商品的进出口总额占货物进出口总额的比重不仅低于美国、英国、加拿大等国民生产总值占世界比重较高的国家，还低于瑞士、西班牙等国。从中国文化产品进出口占国内生产总值比重的比较来看也明显偏低，2002年，中国这一比重为0.5%，而瑞士、英国、加拿大分别达到1.4%、1.1%和0.8%。因此，加大中国文化产业发展步伐，扩大文化产品的进出口规模，不仅是当前世界经济发展的趋势，也是拉动中国经济增长的重要环节。[①]

2003年12月，胡锦涛在全国宣传思想工作会议上指出："大力发展涉外文化产业，积极参与国际文化竞争。""走出去"战略首次出现在文化产业领域。党的十六大明确将发展文化产业作为新时期建设中国特色社会主义

---

① 杨京英、王金萍：《中国与世界主要国家文化产品进出口统计比较研究》，《统计研究》2007年第1期。

文化的重要战略任务。

**（二）从文化"走出去"到提高中华文化国际影响力**

正如《宣言》所指出的，"文化物品和文化服务的特殊性，因为它们体现的是特性、价值观和观念，不应被视为一般的商品或消费品。"中国文化"走出去"，必然体现其特征、价值观和观念，必然会在文化"走出去"的过程中带去中华文化影响力。

2004年9月，党的十六届四中全会通过的《中共中央关于加强党的执政能力建设的决定》提出："推动中华文化更好地走向世界，提高国际影响力。"将文化"走出去"与提高中华文化影响力紧密联系起来。中国文化"走出去"，提高国际影响力，语言是重要的交流桥梁，为适合海外民众学习汉语的需求，2004年11月21日，中国第一所海外孔子学院在韩国首都首尔挂牌，教授汉语和中华文化。截至2014年9月，中国国家汉办已在全球123个国家合作开办了465所孔子学院和713个孔子课堂，成为汉语教学推广与中国文化传播的全球品牌和平台。孔子学院成立和迅速发展，成为中国文化"走出去"，提高中华文化国际影响力的重要标志。

2006年9月，《国家"十一五"时期文化发展规划纲要》指出，"十一五"时期文化发展的重点之一是：抓好文化"走出去"重大工程、项目的实施，充分利用国际国内两个市场、两种资源，主动参与国际合作和竞争，加强对外文化交流，扩大对外文化贸易，初步改变中国文化产品贸易逆差较大的被动局面，形成以民族文化为主体、吸收外来有益文化、推动中华文化走向世界的文化开放格局。

**（三）从提高中华文化国际影响力到提高国家文化软实力**

进入21世纪以来，综合国力竞争的一个显著特点，就是文化的地位和作用更加凸显，经济较量中的文化因素日益突出，越来越多的国家把提高文化软实力作为重要发展战略。中国经济实力、军事实力等硬实力的不断增强，为中国提高软实力奠定了基础。在软实力的要素中，相对于政治观念、对外政策两项要素，中国文化软实力有着明显的优势。中国文化"走出去"有着其他国家不具备的、得天独厚的优势。首先，中国拥有丰富多彩的文化资源。这些资源包括旅游观光、文物珍宝、民俗风情、表演艺术，尤其是具有普适性的价值理念。其次，拥有巨大的潜在国内市场。经过二十多年的持续发展，中国居民收入水平大幅增长，需求结构由温饱型向小康型转变，将给中国文化产业发展提供巨大的需求拉力。最后，海外华人对中国文化的认同感。海外华人总量接近8000万人，他们对中国文化都保持着一定的认同感，本身存在着巨大的对中国文化产品的需求；同时，他们既了解国外文化市场的特点，又与国内保持着联系，可以带动非华人对中国文化产品的消费。因而，提高国家文化软实力逐渐成为中国的国策。

2007年10月15日，"国家文化软实力"的概念正式进入党的十七大报告。在论及今后推动社会主义文化大发展大繁荣的工作时，表述了这个概念："当今时代，文化越来越成为民族凝聚力和创造力的重要源泉、越来越成为综合国力竞争的重要因素，丰富精神文化生活越来越成为中国人民的热切愿望。要坚持社会主义先进文化前进方向，兴起社会主义文化建设新高潮，激发全民族文化创造活力，提高国家文化软实力，使人民基本文化权益得到更好保障，使社会文化生活更加丰富多彩，使人民精神风貌更加昂扬向上。"十七大报告在提出国家文化软实力时，其内涵不仅包括国内文化软实力，而且包括对外文化软实力。对外文化软实力就是"加强对外文化交流，吸收各国优秀文明成果，增强中华文化国际影响力"[①]。国家文化软实力包括对内和对外两个部分，在2008年1月22日胡锦涛在全国宣传思想工作会议上的讲话中得到更明确的表述："加强国家文化软实力建设，对内增强民族凝聚力和向心力，对外增强国家亲和力和影响力，是全面增强中国综合国力的必然要求，也是实现中国和平发展的战略之举。"2011年10月15日至18日，党的十七届六中全会通过了《中共中央关于深化文化体制改革、推动社会主义文化大发展大繁荣若干重大问题的决定》，进一步明确提高国家文化软实力对外部分（推动中华文化走向世界）的目标主要涉及三个方面，即扩大中华文化的国际影响力、提升国家形象的国际亲和力、增强文化产业的国际竞争力。

扩大中华文化的国际影响力。增强中华文化的国际影响力的一个基础性

---

① 《胡锦涛在党的十七大上的报告》，新华网，http://news.xinhuanet.com/newscenter/2007-10/24/content_6938568_11.htm。

工作就是弘扬中华文化。中华传统文化源远流长、博大精深，不仅具有历史文献和文明遗产的价值，也是中华民族生生不息、团结奋进的不竭动力，并以包容性的特征彰显其全球性价值。增强中华文化的国际影响力的一项迫切任务，是认真总结现代化建设的"中国经验"中所包含的文化因素。开展多渠道多形式多层次对外文化交流，广泛参与世界文明对话，促进文化相互借鉴，增强中华文化在世界上的感召力和影响力，共同维护文化多样性。

提升国家形象的国际亲和力。国家形象的国际亲和力是一个国家的文化软实力的直接体现。中国在经济全球化条件下全方位参与国际经济合作和竞争，和平的国际环境是国内现代化建设的必要条件。中国在1978年开始改革开放后，经济高速发展，政治影响力大大上升，军事力量持续增强。面对中国力量不断上升的趋势，20世纪90年代出现了"中国威胁论"。美国费城外交政策研究所亚洲项目主任芒罗发表了《正在觉醒的巨龙：亚洲真正的威胁来自中国》，从此以美国为首的西方国家和中国周边一些国家，不断宣扬"中国威胁论"。就其实质内容而言，既包括"军事威胁论""意识形态威胁论"，又包括"经济威胁论""文明威胁论""生态威胁论"等。害怕中国的发展强大将挑战其既有的国际地位，借"中国威胁论"来制约中国的崛起发展。提高中国国家文化软实力要求通过对外文化交流工作和对外宣传工作创新对外宣传方式方法，增强国际话语权，妥善回应外部关切，增进国际社会对中国基本国情、价值观念、发展道路、内外政策的了解和认识，展现中国文明、民主、开放、进步的形象。把始终不渝走和平发展道路的国策，准确有效地传递给外部世界，充分表达中国人民同世界各国人民一道努力建设一个持久和平、共同繁荣的和谐世界的美好心愿，消释"中国威胁论"。

增强文化产业的国际竞争力。大力发展文化产业，不断提高中国文化的总体实力和国际竞争力，不仅是经济全球化条件下增强国家经济实力的重要任务，也是文化多样化背景下提高国家文化软实力的工作重点。数据显示，2006年，中国实现文化产品和服务出口47.9亿美元，仅占当年全国出口总额9601亿美元的0.49%。中国文化产品出口额与中国文化大国的地位极不相符。2010年《文化软实力研究蓝皮书》指出，中国文化产业占世界文化市场比重不足4%（美国43%、欧盟34%、日本10%、澳大利亚5%、中国及其他亚太国家4%、其他4%),与国内生产总值、外汇储备等硬实力相比,中国的文化软实力较为落后。因而,需要实施文化走出去工程,完善支持文化产品和服务走出去政策措施,支持重点主流媒体在海外设立分支机构,培育一批具有国际竞争力的外向型文化企业和中介机构,完善译制、推介、咨询等方面扶持机制,开拓国际文化市场。① 增强文化产业的国际竞争力有助于实现提高硬实力和提高软实力的双重目标。

**(四)提高国家文化软实力与建立"人类命运共同体"密切相连**

2012年11月8日中共十八大报告提出,"文化软实力显著增强"是确保到2020年实现全面建成小康社会宏伟目标的新的要求。其中对外文化软实力的新要求是,"中华文化走出去迈出更大步伐","开创中华文化国际影响力不断增强的新局面"。② 十八大报告还提出"人类命运共同体"的概念:"这个世界,各国相互联系、相互依存的程度空前加深,人类生活在同一个地球村里,生活在历史和现实交汇的同一个时空里,越来越成为你中有我、我中有你的命运共同体。"2013年3月,中国国家主席习近平在莫斯科国际关系学院演讲,第一次向世界传递对人类文明走向的中国判断。两年多来,习近平62次谈到"命运共同体"。习近平对命运共同体的不断阐释,把握人类利益和价值的通约性,在国与国关系中寻找最大公约数。从国与国的命运共同体、区域内命运共同体,到人类命运共同体。"这一超越民族国家和意识形态的'全球观',表达了中国追求和平发展的愿望,体现了中国与各国合作共赢的理念,提交出一份思考人类未来的'中国方略'。"③ 中国文化走出去与建立人类命运共同体密切结合起来,中国文化走出去将服务于建立人类命运共同体的伟大目标。

---

① 《中央关于文化体制改革若干重大问题的决定》,中国网,http://www.china.com.cn/policy/txt/2011-10/26/content_ 23726299.htm。
② 《十八大报告》,新华网,http://www.xj.xinhuanet.com/2012-11/19/c_ 113722546.htm。
③ 国纪平:《为世界许诺一个更好的未来——论迈向人类共同体》,《人民日报》2015年5月18日,第1版。

# 第 二 章

# 国际跨文化交流语境中的文化

在中国国际跨文化传播的语境中，对外文化软实力就是加强对外文化交流，吸收各国优秀文明成果，增强中华文化国际影响力。进行对外文化软实力研究，首先需要明确其核心概念——文化。

## 第一节 文化的定义

当前关于文化的定义众多，我们需要定义国际传播语境中的文化。

### 一、"文化"词义的演变

#### （一）"文化"的词源

在中华文明中，"文化"一词出现很早。西周（前1046—前771）成书的《周易》有"观乎人文，以化成天下"的语句。其中，"文"既指文字、文章、文采，又指礼乐制度、法律条文等；"化"是动词，是"教化"的意思。短语表示以"文""教化"人的含义。文与化结合成"文化"一起使用，最早出现在汉代刘向（前77—前6）所著的《说苑》中："凡武之兴，为不服也，文化不改，然后加诛。""文化"延续了以文教化人的含义。汉唐时期，中日文化交流日渐频繁，汉字传入日本，"文化"这一名词与动词一起使用的做法，也传入了日本。自汉代到清朝末年，"文化"一词在汉语口语和书面语言中不常使用。

英文中名词"culture"（文化）出现在中世纪，源于法文或拉丁文的"cultura"，原义是指农耕以及对植物的培育。18世纪中期出版的塞缪尔·约翰逊的《英语大辞典》是举世公认的早期最有影响力的英语词典，对当时英语语言做了最为全面的描述。1818年再版时，对文化的定义依然为："①培养活动；耕地活动，犁地。②提高和改进的艺术。"① 1866年罗存德编辑出版的《英汉字典》对"culture"的解释为："种植之事、耕作之事，种禾者、修德者、修文者。"②

从15世纪以来，文化的培养和种植的本义在欧洲逐渐引申为对人的品德和能力的培养。培育好农作物和培育出好的人才具有共同之处。将培育人与培养植物相比，在中国也有"十年树木，百年树人"的说法。19世纪，欧洲上层阶级用文化来指称高雅的品位、学养的训练以及与上流社会有关的礼俗。1871年，文化人类学的创始人英国学者泰勒（E. B. Tylor）首次从文化人类学的视角，对文化的引申意义赋予了新的定义："文化是一个复杂的整体，其中包括知识、信仰、艺术、道德、法律、风俗以及人作为社会成员获得的任何其他的能力和习惯。"③ 文化的引申意义日益被人们广泛使用，泰勒定义的文化含义占据了"culture"的主要含义，而种植、培育农作物的含义则退居二线，成为次要的意义。日本明治维新之后，学者们大量地翻译西方的著作，在这个过程中，英文的"culture"被翻译成日文汉字"文化"。20世纪初，中国大量留学生到日本留学，将大量日文著作译成中文。在这个过程中，译自英文"culture"的文化（bunka）连同经济、社会、环境等一百多个我们今天常用的人文和社会科学领域的词汇传回中国，当今我们使用的"文化"是源自日语的外来词。④ "文化"一词的中西两个来源，殊途同归。在现代汉语里，文明与文化的含义基本相同，《现代汉语词典》

---

① Sammuel Johnson, *A dictionary of English Language*, London: Printed for Longman, Hurst, Rees, Orme and Brown, 1818. 英文原文：culture：1. The act of cultivation; the act of tilling the ground; tillage. 2. Art of improvement and melioration.

② 罗存德主编：《英汉字典》，part I，第1866页。

③ E. B. Tylor, "The Science of Culture," in Gloria B. Levitas, ed., *Culture and Consciousness: Perspectives in the Social Sciences*, New York: George Braziller, 1967, p. 47.

④ 刘正埮等编：《汉语外来词词典》，上海辞书出版社1984年版，第358页。

对文明的解释，文明在作为名词使用的时候，就是指文化。①

### (二) 当今"文化"一词的含义

同社会科学领域中的其他核心概念一样，文化的含义有着演变的历史。自泰勒从文化人类学的视角对文化进行定义以来，至今这种历史尚未结束。泰勒的文化定义中，文化是个"复杂的整体"，这为不同的文化定义打开了方便之门。不同学科的学者（甚至同一学科的不同学者）和不同国家根据自己的国情都对文化概念进行了界定。

在英语文献中，学者们对文化的定义很多。文化是当今英语口语中最常见的2000个词汇之一，书面语中最常用的1000个词汇之一。R.威廉曾指出："文化是英语中两三个最复杂的词之一。之所以如此，部分是因为它在几种语言中的盘根错节的历史发展，但主要是因为，它现在已被一些不同学科和一些不同且不兼容的思想体系用作重要概念。"② 同为文化人类学家的美国学者A.L.克罗伯和C.克鲁克洪1952年发表了《文化：一个概念定义的考评》，在分析考察了160多个文化定义后，把文化定义为：文化存在于各种内隐和外显的模式之中，借助于符号的运用得以学习与传播，并构成人类群体的特殊成就，这些就包括他们制造物品的各种具体式样，文化的基本要素是传统（通过历史衍生和由选择得到的）思想观念和价值，其中尤以价值观最为重要。③ 此后，依然有新的定义出现。例如，美国跨文化传播学者对文化的定义："文化是人类群体在代代相传的过程中，通过个体和集体努力而获得的知识、经验、信仰、价值观、态度、意义、社会等级、宗教、时间观念、角色、空间关系、宇宙观以及实物和物质财富等所有一切的积淀。"④ 文化社会心理学对文化的定义："我们将文化定义为一套共享知识的

---

① 中国社会科学院语言研究所词典编辑室编：《现代汉语词典》（第6版），商务印书馆2012年版，第1364页。
② 联合国教科文组织编：《世界文化报告1998》，第37页。
③ A. L. Kroeber and C. Kluckhohn, *Culture*: *A Critical Review of Concepts and Definitions*, Cambridge, MA: Harvard university Press, 1952.
④ 〔美〕拉里·A.萨默瓦、理查德·E.波特主编：《文化模式与传播方式：跨文化交流文集》，麻争旗等译，北京广播学院出版社2003版，第7页。

网络，这些共享知识在一个相互关联的个体中被生产、散布和再生产。"①提出软权力学说的约瑟夫·奈"几乎从未正面阐释过自己的文化定义或文化理念，而是一语掠过"，"对文化一词的使用显然是比较随意的、肤浅的，没有做过什么科学的界定"②。不同学科的学者们对文化有不同的定义，有益于我们从不同学科的角度深入和全面地认识文化。

词典是解释词语的意义、概念、用法的工具书。在"当代英语活词典"《朗文当代高级英语辞典：英英·英汉双解》中，"culture"有六种词义，前三种为：①IN A SOCIETY the beliefs, way of life, art, and customs that are shared and accepted by people in a particular society.（在社会中，被一个特定社会中人们所共享和接受的信仰、生活方式、艺术和风俗习惯。）②IN A GROUP the attitudes and beliefs about something that by a particular group of people or in a particular organization.（在团体中，特定团体或组织中对一些事情所共享的态度和信仰。）③ART/MUSIC/LITERATURE activities that are related art, music, literature, etc.（艺术/音乐/文学 与艺术、音乐、文学等领域的活动。）③《简明不列颠百科全书》（第11卷，1991年增补）将文化定义为："人类知识、信仰和行为的整体。在这一定义下，文化包括语言、思想、信仰、风俗习惯、禁忌、法规、制度、工具、技术、艺术品、礼仪、仪式及其他有关成分。"当今英语词典中，尽管对1871年泰勒的文化定义进行了补充和完善，但两者的定义大同小异。尽管学者们众说纷纭，标新立异，从不同的学科视角给出了关于文化的定义，但是140多年来，文化在主流英语中的含义没有本质变化。

查阅《现代汉语词典》，可知当今"文化"在我国的含义。当今中国，文化的含义基本与泰勒的定义类似：文化是"人类在社会历史发展过程中所创造的物质财富和精神财富的总和，特指精神财富，如文学、艺术、教

---

① 〔美〕赵志裕、康萤仪：《文化社会心理学》，刘爽译，中国人民大学出版社2011年版，第19—20页。
② 郭小聪：《守夜人与夜莺》，北京大学出版社2014年版，第153、161页。
③ 英国培生教育出版亚洲有限公司编：《朗文当代高级英语辞典：英英·英汉双解》，第530—531页。

育、科学等"①。《中国大百科全书·社会学卷》（1991年版）将文化定义为："广义的文化是指人类创造的一切物质产品和精神产品的总和。狭义的文化专指语言、文学、艺术及一切意识形态在内的精神产品。"

## 二、国际社会和各国政府对文化的定义

学者们和词典编辑对文化的定义与国家政府主管文化部门对文化的定义还是有一定的区别。我们研究的课题是国际传播中的中国文化软实力问题，涉及国家之间的文化关系问题，有必要了解国际社会和各国政府部门对文化的界定。

### （一）联合国教科文组织

1946年成立的联合国教科文组织是促进教育、科学、文化和传播领域进行国际合作的国际组织。该组织根据1982年世界文化政策会议（墨西哥会议）、1995年世界文化和发展委员会报告《我们具有创造力的多样性》和1998年在斯德哥尔摩召开的政府间文化政策促进发展会议的结论，于2001年11月召开的教科文大会上，与会185国全体通过的《世界文化多样性宣言》"重申应把文化视为某个社会或某个社会群体特有的精神与物质、理智与情感方面的不同特点之总和；除了文学和艺术外，文化还包括生活方式、共处的方式、价值观体系、传统和信仰"②。该文化定义中强调"文化是某个社会特有的精神与物质、理智与情感的不同特点之总和"。

这一定义中，"不同特点（distinctive）之总和（set）"尤为引起我们的重视。这是对文化的一个宏观的和开放性的定义，其一是强调不同特点，而不是泛泛而谈文化。文化具有生物学的根基，不同的人群，都要处理吃、穿、住等生存和繁衍后代的问题，不同的地理环境、周边环境、生产力发展状况等因素决定了吃、穿、住的内容和形式，决定了家庭、社会、国家的组织形式，影响了文学、艺术、知识、信仰等的形成，产生了不同的语言和非

---

① 中国社会科学院语言研究所词典编辑室编：《现代汉语词典》（第6版），第1363页。
② 《世界文化多样性宣言》，联合国教科文组织，2001年11月。英文为：Reaffirming that culture should be regarded as the set of distinctive spiritual, material, intellectual and emotional features of society or a social group, and that it encompasses, in addition to art and literature, lifestyles, ways of living together, value systems, traditions and beliefs。

语言符号系统，由于历史上彼此的相对隔绝，形成了不同文化的特点。联合国教科文组织关于文化的定义强调的是不同特点之总和，强调的是个性，而不是共性。

其二是尽管《宣言》对文化的定义中具体说明了文化要素包括文学、艺术、生活方式、共处的方式、价值观体系、传统和信仰，但其宏观开放性的定义，可以添加新的文化要素，这也为各国政府根据自己的特殊国情和对文化的理解打开了方便之门。《宣言》通过已经十多年了，当今各国政府的文化管理部门根据不同的国情，对文化的定义依然莫衷一是。根据世界文化政策数据库①网站（www. worldcp. org，以下简称 WCP 网站），有资料的 11 个成员国在"2.2 国家对文化的定义"中对文化定义的表述就显示了这种情况。

### （二）欧洲国家

南欧的意大利是文化古国，2012 年 8 月 8 日该国在 WCP 网站发布信息说，该国政府既没有对"文化"的正式定义，也没有对文化领域的清楚界定。事实上，在单一部门下的大多数文化竞争力的合理化过程都是长期经验性过程的结果。另一方面，意大利一直积极参与国际组织进行的文化理论的研究，该研究旨在为文化提出一个共同的定义，为各国家文化统计上的协调性和可比性提供先决条件（该研究活动最先是由联合国教科文组织文化统计框架工作组发起，随后由欧盟统计局文化统计工作组继续研究）。目前由欧盟统计局提出的文化领域的定义，已经得到了意大利政府和其他欧盟国家政府的认可。该定义涵盖了以下方面：文化遗产、档案、图书馆、视觉艺术和建筑、表演艺术、图书和报刊、电影和视听部门。

北欧的芬兰 2011 年 7 月 20 日在 WCP 网站上发布信息，表明该国没有在其文化政策中对文化进行正式的定义。尽管如此，在官方的文化统计中，

---

① 世界文化政策数据库是一个以网络为平台并不断更新的介绍各国文化政策的中心数据库。目前 WCP 网站上显示它有 15 个成员国：阿尔及利亚、澳大利亚、奥地利、加拿大、捷克、埃及、芬兰、意大利、马耳他、塞尔维亚、津巴布韦、突尼斯、蒙古、韩国、越南。其中，在 WCP 上公布文化政策的有 11 个国家：阿尔及利亚、澳大利亚、奥地利、加拿大、捷克、埃及、芬兰、意大利、马耳他、塞尔维亚、津巴布韦。这些国家的文化政策介绍中，除了加拿大、澳大利亚和欧洲国家外，其他国家的介绍仅用于演示，内容尚需要核实和更新。文化政策未上网的有 4 个国家：突尼斯、蒙古、韩国、越南。

文化兼指广义和狭义两层意义。狭义的"文化"首先涵盖了艺术,包括创造性和表演性艺术、艺术家个人的作品和相关文化产业的分支(小说出版、电影制作、古典音乐录音及唱片业、广播、视频和多媒体制作),具有足够高层次的文化内涵。其次,这种狭义的定义包含了文化服务(公共图书馆和成人教育机构的文化项目)、文化遗产(历史古迹和建筑、文化遗址、历史和艺术博物馆)以及国际文化合作等的主要领域。一般的艺术教育(儿童、青少年)通常包括在内,但专业的艺术教育则通常因为行政原因不包括在内(它们归属高等教育和科学管辖,像国家图书馆、科学研究图书馆、档案馆和相关信息服务也一样)。广义的定义包括不考虑内容的整个文化产业、专业艺术和文化教育、所有博物馆以及科技图书馆和档案馆。

中欧的奥地利2012年1月25日在WCP网站上表示,该国"对文化并无官方定义——文化以及文化推广措施都没有以诸如法律的形式固定下来,但文化的概念却被整合进联邦艺术促进法中。在个别地区的艺术推广法中可以找到文化的多样性定义,该定义通常强调那些即将推广的文化活动的地区性特征"。

### (三)非洲国家

非洲的埃及是世界文明古国,2011年9月29日在WCP网站上表明政府对文化的定义为:"狭义上讲,是指人的具有创造性和艺术性的智力活动,主要是文学和艺术,还有某些其他形式的知识劳动。"[①] 20世纪70年代中期,埃及的文化概念开始与经济有关联。文化转化为商品,取决于一系列文化产业(如博物馆、戏院业、工艺品,包括纺织品、地毯、陶器、陶瓷、玻璃和金属的手工艺品等)。这种艺术的重要性在于,它们代表着一种人的历史和文化的概念:他的身份。埃及民族文化的定义可以与宗教认同联系到一起。

西北非的阿尔及利亚2011年9月29日在WCP网站上发布信息说,其文化的原则源自于1962年《的黎波里纲领》。作为阿尔及利亚国家法律之一的文献,《的黎波里纲领》用一整章的篇幅描述文化的定义(一种关于文

---

① Ahmad Khalifah (supervisor), "The Arabic Social Sciences Dictionary," *UNESCO and the Regional Arabic Centre for Research and Documentation of Social Sciences*, 1st edition, Cairo, 1994, subject: culture.

化的新定义)。其中陈述道,阿尔及利亚文化是民族的(基于伊斯兰和阿拉伯国家的属性)、革命的(根除殖民遗留情结)和科学的(基于技术和理性主义)文化。因此,该文献提供了一个关于文化的纯粹的意识形态的定义,并将文化与阿尔及利亚人民争取自由的斗争相联系。胡阿里·布迈丁1969年曾说,文化是一个经济体、生活方式和人类生活特定时间内具体社会关系的体现,人们将一定的方法、途径、情感应用于此,如适应既定的社会规则一样适应所面临的生存条件。当前,同样的意识形态定义标准和官方关于文化的解释,尤其是现任文化部长和共和国总统的解读,都涉及文化的革命性方面,这一点也在不断提醒阿尔及利亚人铭记曾经那段受殖民奴役的历史。

南部非洲的内陆国津巴布韦2011年9月28日在WCP网站上发布的信息说,其文化政策对文化有两种定义。第一种定义与联合国教科文组织在1982年所采用的定义有关,即一个民族全体的生活方式、全部复杂的独特的精神财富,展示一个社会或社会团体智力和情感特征,不仅包括艺术、文学,还包括生活方式、基本人权、价值体系以及传统、信仰等。第二种定义是,一个社会可以提供的生活方式的总和,包括物质工具和财产、智力和教育水平上的发展、生活水平和生活方式、价值和价值体系、社会成员之间的社会关系、艺术与技术、宗教信仰等。

### (四) 北美国家

北美洲的加拿大是积极推动《世界文化多样性公约》的国家。2008年11月24日该国在WCP网站上表示,其议会文化遗产常务委员会(the Parliamentary Standing Committee on Heritage,成立于1999年)经过两年的努力,也没有得出一个对文化的统一定义,这证明在加拿大,对文化没有一个单一的涵盖一切的定义。最古老且最狭义的定义只包括了高度专业化的艺术和传统学科,而现代加拿大对文化的定义不仅包括艺术和文化遗产,还包括广播、文化产业和新媒体,最近又扩展到生活方式、公民和身份认同。这个不断发展的定义的某些特定要素与欧洲委员会(the Council of Europe)所提出的四条准则相同:推动身份认同、推动多样化发展、支持创新和参与文化生活。

### (五) 大洋洲国家

澳大利亚建国只有114年的时间。2011年9月20日该国在WCP网站上发布信息表明,在澳大利亚公共政策话语中,并没有真正的国家的文化定义。最接近这种定义的可能是在"创新型国家"中找到这样的表述:澳大利亚文化就是认识我们共同的文化遗产。这就是说我们分享观点、价值观、情感和传统,以及我们所看到的所有不同的文化表现形式都是澳大利亚的……"文化"是我们过去的名字,是我们所生活的房子。文化就是给我们一种我们自己的感觉。

### (六) 我国对文化的定义

虽然我国没有加入世界文化政策数据库,但在我国政府文件中可以看到文化的含义,文化常是相对于经济、政治而言。2002年中国共产党第十六次全国代表大会报告的第六部分是"文化建设与文化体制改革",其中关于文化建设涉及的实际部门有:新闻出版、广播影视、互联网、教育和科学事业、卫生体育、文化公益事业和文化产业、新闻媒体、社会科学研究机构、文化项目和艺术院团等;涉及精神领域的文化主要有:民族精神、思想道德体系、理想、世界观、人生观和价值观。2011年10月党的十七届六中全会通过《中共中央关于深化文化体制改革推动社会主义文化大发展大繁荣若干重大问题的决定》对文化的界定为:"文化是民族的血脉,是人民的精神家园。"这个定义过于宏观,难以在研究中进行实际操作。

将2001年联合国教科文组织通过的《世界文化多样性宣言》对文化的定义和上述各国政府对文化的定义相对照,可以看出一个突出的差异是许多国家,特别是欧美国家,将大众传播媒体纳入文化的范畴。

我们要探讨的问题是中华文化国际影响力,因而我们采用的是联合国教科文组织2001年通过的《世界文化多样性宣言》中对文化的定义。

## 三、文化、文明与意识形态

在现实生活中,与文化相关的概念有文明和意识形态,有必要明确文化与文明、文化与意识形态的关系。

## (一) 文明与文化

现代汉语中的"文明"同"文化"一样,也是近代来自日语的外来词。汉语中的"文明"源自日语中的"文明",日语"文明"译自英文的"civilization"。从"文化"和"文明"这两个英文单词的词源上,我们就可以清楚地看出两者的区别。"culture"这个单词的词根"cult-"的原始意义是"耕作",这很清楚地表明了"文化"这个概念的本义是属于与"农耕"相联系的原始部落时代的范畴的;而"civilization"这个单词的词根"civ-"的原始意义是"市民",这也同样清晰地表明了"文明"这个概念的本义是属于与伴随着"市民"的出现而产生的"城市"及工商业相联系的青铜时代的范畴的。(城市"city"这个单词就是从词根"civ-"的变体"cit-"演化而来的。) 人猿揖别之后,人类就开始创造文化,经过石器时代漫长的岁月,逐渐进入了青铜时代,出现了文字、城市国家(城邦)、宗教礼仪而进入"文明"(civilization)时代。因而我们可以说,北京周口店山顶洞人创造的是文化(山顶洞人时期为旧石器时代晚期,距今约10万至2万多年前),而不可以说山顶洞人创造了文明。中国历史到了商代(有争议,有学者认为是夏代,但目前世界公认的是商代),出现了甲骨文、城市、青铜器和宗教礼仪,中国历史才进入文明时代。我们可以说商代文明,也可以说商代文化。简单说来,人类从猿人时期就开始创造"文化",一直到今。"文明"是指人类进入青铜时代以来的创造的文化。文化与文明的关系见图2-1。在当代汉语中,名词"文明"就是"文化"。①

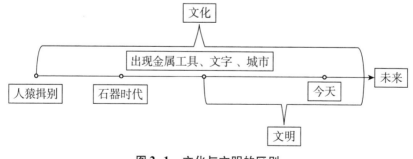

图2-1 文化与文明的区别

---

① 中国社会科学院语言研究所词典编辑室编:《现代汉语词典》(第6版),第1365页。

## (二) 意识形态与文化

意识形态也是译自英文（ideology）的外来词。《现代汉语词典》对意识形态的定义为："在一定的经济基础上形成的，人对于世界和社会的有系统的看法和见解，哲学、政治、法律、艺术、宗教、道德等是它的具体表现。意识形态是上层建筑的组成部分，在阶级社会里具有阶级性。"与文化的定义（人类在社会历史发展过程中所创造的物质财富和精神财富的总和，特指精神财富，如文学、艺术、教育、科学等）相对比，可以看出，广义的文化包括物质财富和精神财富，而意识形态只涉及精神财富。狭义的文化指精神财富，包括语言文字、文学、艺术、教育、科学、哲学、宗教、道德等，而意识形态具体包括哲学、政治、法律、艺术、宗教、道德等，意识形态包括的内容比文化狭隘，不包括科学（自然科学和人体科学）和语言文字。简言之，意识形态是文化中的精神文化中的一部分，见图2-2。

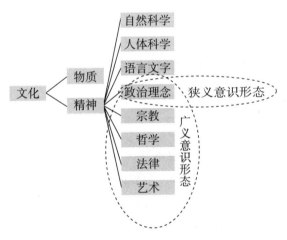

图2-2 文化与意识形态的区别

当今英文《柯林斯高阶英汉词典》对意识形态的定义为："An ideology is a set of beliefs, especially the political beliefs on which people, parties, or countries base their actions."译为汉语为："意识形态是系统的信仰，特指政治信仰，这种信仰构成人民、政党或国家行为的基础。""政治"在西方文化中具有贬义，使得政治信仰也具有贬义，因而"意识形态"在西方文化中具有贬义。有学者论证，马克思认为，意识形态是统治阶级使自己的利益和特权合法化的理论思想，因此也是一种政治统治工具。马克思也是在否定的意义上使用意识形态。列宁将意识形态由贬义变成中性词汇。① 在国际关系中,学者们通常把意识形态限定于政府官方的政治思想观念,以便与非官方的政治思想观念相区别。学术界也经常把一个社会的非官方思想观念称为政治文化,而被政府支持的思想观念成为意识形态。长期以来,在西方国际关系学界,长期占主流地位的现实主义学派对意识形态持否定态度,如汉斯·摩根索把意识形态看作是决策者为了追求权力与利益的合法化而使用的一种伪装的工具。② 在汉语中,意识形态是个中性词。这是中国在对西方国家进行跨文化交流时,需要慎重使用该词。而通过《世界文化多样性宣言》可以看到,文化在世界各国中都是中性词。

## 四、文化与政治和经济

在现实生活中,文化常与政治、经济并列出现,因而有必要明确文化与政治、文化与经济的关系。

### (一)政治与文化

现代汉语中的"政治"的含义为"政府、政党、社会团体和个人在内政及国际关系方面的活动"③。文化与政治是相互影响的。一方面,政治活动的来源不仅受到相关利益的影响,无疑也受到意识形态的影响,意识形态是文化中的一部分,因而从广义上说也受到了文化的影响。例如,中国文化中"和"的哲学理念对中国实施"和谐世界"的政策产生了影响,"己所不欲,勿施于人"的哲学理念对中国政府承诺永远"不称霸"的对外政策产生了影响。从长远来看,文化是政治体制之母。另一方面,政治促进了体制的变革,对社会发展和文化的发展产生了显著影响。例如,汉武帝实施"废黜百家,独尊儒术"的政策对中国社会和文化的发展产生了重大影响。

---

① 参阅尹大贻为《宗教与意识形态》(鲍柯克、汤普森编,龚方震等译,四川人民出版社1992年版)一书写的"中译本序",序中概述了意识形态词意的变化过程。
② 邢悦:《文化如何影响对外政策》,北京大学出版社2011年版,第13页。
③ 中国社会科学院语言研究所词典编辑室:《现代汉语词典》(第6版),第1664页。

## (二) 经济与文化

现代汉语中的"经济"的含义为"社会物质生产和再生产的活动"。[①]当今文化在全球已经成为一种产业,展示了文化与经济的密切关系。文化与经济相互影响。一方面,经济影响文化。首先,经济发展促进了国内文化的发展,例如汉唐盛世,经济发展,促进了汉唐文化的繁荣。其次,国内经济发达会增强该国文化对海外民众的吸引力。经济发展与物质生活水准对人们精神向往的影响巨大。"物质上的成就会使一种文化和意识形态具有吸引力,而军事和经济上的落后则会导致自我表现怀疑和认同危机。"[②]冷战胜负的结果表明:"对于最广大人群而言,国际关系领域的竞争基础,永远在于社会经济发展和物质生活水平本身,而并非是由于某一种意识形态或精神价值观的先天优越。"[③]另一方面,文化的特色也对经济的发展产生了影响。例如,马克斯·韦伯认为,欧洲的新教伦理促进了西方近代资本主义的发展。20世纪80年代亚洲"四小龙"经济的突飞猛进和亚洲价值观(勤奋、节俭、注重教育、团队精神)有一定联系。这些都说明文化是影响经济发展的原因之一。

## 第二节 文化要素的"珍珠链模型"

前文已述,联合国教科文组织提出:"应把文化视为某个社会或某个社会群体特有的精神与物质,理智与情感的不同特点之总和。"这一表述对文化包含哪些要素,凸显了两个特点:一是具有开放性,可以根据不同的研究对象、不同的语境和国情,对该定义具体列举了七个要素——文学、艺术、生活方式、共处的方式、价值观体系、传统和信仰加以增减。二是指精神与物质、理智与情感的"不同特点",因而,国际传播中的文化要素要体现本国的特点。《公约》约定:"文化多样性"指各群体和社会借以表现其文化的多种不同形式。这些表现形式在它们内部及其间传承。文化多样性不仅体

---

[①] 中国社会科学院语言研究所词典编辑室:《现代汉语词典》(第6版),第628页。
[②] 〔美〕罗伯特·基欧汉、约瑟夫·奈:《权力与相互依赖》(第三版),第264页。
[③] 郭小聪:《守夜人与夜莺》,第234页。

现在人类文化遗产通过丰富多彩的文化表现形式来表达、弘扬和传承的多种方式,也体现在借助各种方式和技术进行的艺术创造、生产、传播、销售和消费的多种方式。①

### 一、葱头模型

文化由多种成分组成,主要成分有哪些?各成分之间的关系如何?在跨文化交流学(intercultural communication,又译为跨文化交际学)领域中,荷兰学者 G. 霍夫斯泰德(G. Hofstede)将文化成分图解为"葱头模型"的比喻很有知名度,被广泛引用。他认为文化主要有四大成分,符号(symbols)、代表人物(heroes)、礼仪(rituals)、价值观(values);并将四大成分划分为不同层次,犹如葱头:从最外层到核心层依次为符号、代表人物、礼仪、价值观。符号、代表人物、礼仪是显性元素,价值观本身是隐性的,它在行为中才会显现。② 第一个层次是符号,"指的是承载着特定含义且仅仅能被这种文化的共享者们理解的词汇、手势、图画或者物体"。第二个层次是英雄,"是一些人物,无论他们是在世的还是故去的,无论他们是真实的还是虚构的,他们都具有某一文化高度赞扬的品格,因此被视为行为的楷模"。第三个层次是仪式,"是一些集体活动,虽然从技术层面看,这些行为对达到预期结果而言是多余的,但在一种文化当中,这些仪式被视为具有重要的社会意义"。第四个层次是价值观。"文化的核心由价值观构成。价值观是一种普遍性的倾向,表现为更喜欢事物的某些特定状态而非其他状态。"③

"葱头模型"适用于解释人与人之间的跨文化交流,运用在国与国之间的文化交流中,有两方面不适合。其一,国际文化交流需要通过各种表现形式,例如音乐、舞蹈、绘画、戏剧等文化表现的艺术形式来实现,而不是人际交流中的礼仪,礼仪不足以涵盖音乐、舞蹈等文化表现的艺术形式。其

---

① 文化部外联局编:《联合国教科文组织保护世界文化公约选编》,法律出版社 2006 年版。
② G. Hofstede, *Cultures Consequences*, Thousand Oaks, California, Sage Publication, Inc., 2001.
③ 〔荷兰〕吉尔特·霍夫斯泰德、格特·扬·霍夫斯泰德:《文化与组织:心理软件的力量》(第二版),李原等译,中国人民大学出版社 2010 年版,第 6-8 页。

二,人际交流基本上是通过面对面的人际交流进行,常无须借助媒体,而国家之间的文化交流,广大民众不仅通过人际交流,而且主要是通过商品和媒体,特别是电视、广播、书籍、报纸、杂志、网络、电影等传播媒体进行的。相对而言,国与国之间人们通过大众传媒的交流远多于人与人之间的交流。传播媒体贯穿在文化符号、文化表现形式、代表人物向另一国传播的整个过程之中。跨文化交流学的奠基者爱德华·霍尔(Edward Hall)说,文化即传播,传播即文化。[①]

有了再好的文化资源,没有媒体等传播渠道,文化依然难以越过千山万水来到异国他乡被人知晓。被人知晓后,才有可能被人喜好,产生吸引。因而,媒介是载体和渠道,承载着符号、文化表现形式、代表人物、价值观、信仰、思维方式等文化成分向海外传播。当今人员、物品和大众传媒这三类媒介是文化跨国传播的重要组成部分。由此可见,"葱头模型"为我们提供了理解文化要素的启示,但是它不适合于国际文化交流语境。

## 二、珍珠链模型

参照《世界文化多样性宣言》对文化的定义,《公约》对文化内容和文化表现形式做出如下定义:"'文化内容'指源于文化特征或表现文化特征的象征意义、艺术特色和文化价值。""'文化表现形式'指个人、群体和社会创造的具有文化内容的表现形式。"《宣言》对文化做出了宏观的和开放性的定义:"应把文化视为某个社会或某个社会群体特有的精神与物质,理智与情感的不同特点之总和。除了文学和艺术外,文化还包括生活方式、共处的方式、价值观体系、传统和信仰。"该定义有鲜明的特征,其一是突出了文化为"不同特点之总和",强调了各国文化个性,而不仅仅是共性。因而,"影响力"评估体系中的文化,无论是文化的物化形式还是文化的精神内核,都要有中国特色。其二,文化的要素具有开放性。尽管该定义中具体列举了文化包括的要素,如文学、艺术、生活方式、共处的方式、价值观体系、传统和信仰,但其开放性的定义为各国政府根据自己的国情对文化的理

---

① 〔美〕爱德华·T. 霍尔:《无声的语言》,何道宽译,北京大学出版社2010年版,第75页。

解提供了方便，可以在文化中添加新的要素。因而，"影响力"评估体系中的文化要素要体现中国的国情。2002年中国共产党第十六次全国代表大会报告在论述"文化建设与文化体制改革"时，涉及从事文化工作的部门有：新闻出版、广播影视、互联网、教育和科学事业、卫生体育、文化公益事业和文化产业、新闻媒体、社会科学研究机构、文化项目和艺术院团等；涉及的精神文明方面主要有：民族精神、思想道德体系、理想、世界观、人生观和价值观。2009年开始我国成立了对外文化工作部际联席会议，目前包括的单位有：文化部、商务部、外交部、教育部、国家民族事务委员会、财政部、国家新闻出版广电总局、国家体育总局、国家旅游局、国务院侨办、国家文物局等。因而，评估体系中的文化要素应包括上述从事文化工作部门的工作和中华文化的精神内核。

根据国际社会对文化的理解和我国的国情，在国际文化传播的语境下，形成了新时期"影响力"评估体系的文化八要素：文化符号、文化产品、民众与杰出人物、文化团体/企业、大众传媒、价值观、思维方式、信仰。这八个文化要素按其可见性来分类，文化符号、文化产品、民众与杰出人物、文化团体/企业、大众传媒等五要素为显现性成分，价值观、思维方式、信仰等三要素为隐性成分。用个形象的比喻，在国际传播语境中，文化成分是一串珍珠。文化符号、文化产品、民众与杰出人物、文化团体/企业、大众传媒这五部分都是显现部分。把这五部分穿在一起的是信仰、价值观、思维方式三要素，它们是文化的核心、文化的隐性部分，它像三股拧在一起的线，把各粒珍珠串在一起。人们看到一串珍珠时，往往不注意或看不见把每粒珍珠连在一起的线，只有用心才能发现它。与人际传播中霍夫斯泰德的"葱头模型"相对照，将国际传播中文化要素的上述形象比喻称之为"珍珠链模型"（见图2-3）。对上述八个文化要素，从文化的传播过程来看，它可分成文化的物化形式（包括文化符号、文化产品）、文化的精神内核（价值观、思维方式、信仰）、文化的传播渠道（民众与杰出人物、文化团体/企业、大众传媒）三大部分。

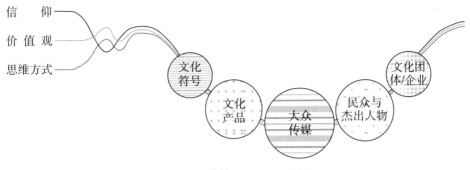

图 2-3 珍珠链模型（刘晨绘制）

## （一）文化的物化形式

### 1. 文化符号

文化符号是指具有某种特殊内涵或者特殊意义的标识。文化符号具有很强的抽象性，内涵丰富。文化符号是一个企业、一个地域、一个民族或一个国家独特文化的抽象体现，是文化内涵的重要载体和形式。从传播学的视角来看，符号是传播者和接受者之间的中介物，它承载着交流双方向对方发出的讯息，是人类意义世界的一部分，它的实质是其象征性或代表性。符号总是显示着某种意义，总与意义形影不离。换言之，没有无意义的符号，也没有不寓于符号的意义。正因如此，传播学研究通常把符号称为传播的基本要素。

文化符号包括语言符号和非言语符号。这是区别文化最明显的标志之一，在传承文明中发挥着无可比拟的作用。人们只有借助语言符号和非言语符号才能沟通，只有沟通和相互活动才能创造文化。一种文化群体的语言还是文化积淀和储存的手段。文化符号内容丰富。例如，语言符号可分为语言和文学符号，非言语符号可分为象征性符号、艺术符号、生活符号、哲学思想符号、教育符号。语言和非语言符号都体现着鲜明的文化特色。

语言文字是一种文化特征的突出体现。听到汉语看到方块汉字就会联想起中华文化，中国的书法更是中国语言符号的特色。不同语言对客观现实的感知是有细微差异的。这一沃尔夫假说已经被科学研究所证实。例如，"蝙蝠"的"蝠"在汉语中由于和"福"谐音，其引申义是幸福，而在英文中蝙蝠（bat）的引申义却是吸血鬼。文学中的中国诗词不同于日本的俳句，也不同于英国诗。

非言语符号中，龙、长城、大熊猫、故宫等是象征性符号；京剧、书法、中国画、中国园林、民乐属于艺术符号；中国烹饪、中国功夫、中国医药、旗袍、春节是生活符号；儒家思想、道教是哲学思想符号；北京大学、清华大学是教育符号。它们都是代表中国文化的非语言符号，蕴涵着深厚的内涵，体现着中华文化的特色。艺术、音乐都是文化非语言符号的概括，但在国际文化传播语境中，具体到一种文化一个国家，这些符号体现为具有特色的文化表现形式。以中西文化为例，艺术中的中国水墨画不同于西方的油画，中国的京剧不同于西方的歌剧。在音乐中，中国的琵琶曲不同于西方的爵士乐。中国的丝质旗袍不同于俄罗斯的毛质布拉吉（连衣裙）。中餐不同于西餐，中医不同于西医。中国的四合院不同于德国的城堡。中国的轿子不同于法国的马车。中国的武术不同于西方的拳击，中国的春节不同于西方的圣诞节。以中美为例，中国的孙悟空不同于美国的米老鼠，长城不同于自由女神像。饺子不同于麦当劳，茉莉花茶不同于可口可乐，道教不同于新教，北京大学不同于哈佛大学。符号是国际文化传播中一种文化要素，也常成为国际的跨文化传播中最明显的障碍。

2. 文化产品

联合国教科文组织在 2005 年公布的《1994—2003 年文化商品和文化服务的国际流动》里对文化产品进行了界定。文化活动能产生产品。当今文化已经形成产业，因而，文化产业活动所提供的产品称为文化产品（cultural products）。文化产品分为文化商品（cultural goods）和文化服务（cultural services）两大类。

文化商品指的是那些能够传达生活理念、表现生活方式的消费品，它具有传递信息或娱乐的作用，有助于建立集体认同感，并能影响文化实践活动。在取得版权后，文化商品能够通过工业过程大量生产并能在全球广泛传播。文化产品包括艺术产品（具体包括时尚设计产品、手工艺品、绘画作品等）、娱乐产品（具体包括电子游戏、音像制品等）、书刊产品（书籍、杂志、报纸等）、影视产品（电影、纪录片、动漫、电视剧等）。文化商品包括核心产品和相关产品。二者的区别在于，核心文化产品是更多地产自一些传统文化产业，具有有形的组成部分，并且具有文化的内容的产品，核心文化产品是本质上体现文化特色的文化产品；而相关文化产品是指设备、器材和材料，是不具文化特色的产品。比如，一张刻上了民乐《茉莉花》音乐的 CD 被定义为"核心文化产品"，而一张空 CD 或 CD 播放机就被定义为"相关文化产品"，它们不具有文化特征。文化商品主要以有偿形式提供。

文化服务指的是政府、私人、半公立机构或公司取得文化利益或满足文化需求的活动。文化服务只包括艺术表演、文化展览和其他文化活动，以及为提供和保存文化信息而进行的活动（包括博物馆、图书馆、档案馆等机构的活动），不包括服务所借助的物质形态。文化服务包括核心文化服务和相关文化服务两大类。以一场中国昆曲《桃花扇》在海外的演出为例，其艺术表演为"核心文化服务"，这部分活动具有文化特征，而为演出进行的前期市场调查和演出后的民意测验则为"相关文化服务"，不具备文化特征。文化服务以有偿服务或免费服务的形式提供。文化珍珠模型中的文化产品特指核心文化商品和核心文化服务。

**（二）文化的精神内核**

1. 信仰

信仰是指"相信并奉为准则或指南的某种主张、主义、宗教等"[①]。从世界文化的视角看，宗教是许多国家或民族信仰中的核心问题。西方文化受基督教的影响，伊斯兰国家受伊斯兰教的影响，印度教对印度文化的影响极大。在中国传统文化儒、释、道中，儒家文化对中国文化影响最深，而宗教对中国文化影响远不如对其他文化的影响那么大。根据联合国教科文组织的《世界文化报告2000》的统计，158 个国家和地区中，只有中国、蒙古、朝鲜、捷克、古巴、海地、土库曼斯坦等 7 国不信教的居民占多数。中国文化中，虽然佛教传入后对中国文化有很大影响，但是主流的儒家文化是敬鬼神而远之，中华文化在世界五大文化中是宗教信仰最淡薄的文化。有中国学者认为中国的儒家思想是中国的宗教。[②] 在汉语中，宗教"是对客观世界的一种虚幻的反映，相信在现实世界中外存在着超自然、超人间的力量，要求人

---

[①] 中国社会科学院语言研究所词典编辑室编：《现代汉语词典》（第6版），第1453页。
[②] 邢悦：《文化如何影响对外政策》，第63页。任继愈主编：《儒教问题争论集》，宗教文化出版社2000年版。

们信仰上帝、神道、精灵、因果报应等,把希望寄托在所谓天国或来世"①。根据这一关于宗教的定义,儒家思想不信神,"子不语怪力乱神",且注重现世而不是来世。因而,笔者认为儒家思想是一种信仰但不是一种宗教。当今中国人中无神论者或非宗教教徒的人占绝大多数。2007年中国13亿人口中,有1730万佛教徒、1300万基督徒、4000多万穆斯林,约占总人口的5.4%。这种情况与美国宗教信仰浓厚形成鲜明的对比。美国的国歌中有"上帝保佑美国"的词句,美元纸币上有"我们信仰上帝",宣誓效忠美国的誓词中称美国是"上帝庇护下的国家",美国总统就职要手按《圣经》宣誓,美国总统演讲的最后一句话总是"愿上帝保佑美国"。美国学者塞缪尔·亨廷顿说,一项关于17个工业国家的宗教信仰虔诚度的对比调查显示,美国毫无争议地排在首位。美国是个笃信宗教的国家,欧洲则被说成是世俗国家。美国的宗教色彩比二三十年前浓厚好多倍。大多数美国人对上帝和国家有着强烈的感情,欧洲人却和这两者保持距离。美国人喜欢更多地用善恶标准去讨论问题,这种倾向在美国政府中无疑达到了极致。② 美国人共同信仰的"上帝"是美国文化的灵魂。

宗教是信教民族的精神支柱,是能够安顿心灵的地方,对一种文化的世界观、人生观、价值观有着重大的影响。它对世界的形成(包括人类本身在内),有一套完整的看法。从某种角度看,所谓世界观,是人对神这些超自然的存在以及对人间和对自然的地位、功能和关系所抱有的看法和态度。不同世界观的特征是由神、人、自然这三个要素之间的相互关系组成的,不同的世界观对这三要素中关系的侧重点不同就形成了世界观的特点。各宗教都认为世界上的万事万物都是上帝(或真主、造物主)创造和支配的。我国学者于歌认为:"美国人所热衷推行和维护的自由、人权、民主的价值观和制度,看起来是世俗的价值观和制度,但实际上起源于基督新教的价值观和宗教改革,体现着基督新教的信念。这些价值观与新教教义一起,构成了延续200年的美国式价值观和社会体系,构成了美国的国家和社会的

---

① 中国社会科学院语言研究所词典编辑室编:《现代汉语词典》(第6版),第1731页。
② 德国《星期日世界报》2004年2月29日。转引自《西方的分裂源于文化?》,《参考消息》2004年3月29日。

本质。"①

信仰对一种文化的世界观、人生观有着重大的影响。世界观是一个人对于整个世界普遍本质的理解，是对世界的根本观点，它属于哲学范畴。世界观中一些重大问题上的差异，例如精神与物质的关系、人与自然的关系、人的本性都受到信仰的影响，特别是受到宗教的影响。

人生观是个人在其人生体验中对于人类生存的价值和意义的根本看法和根本态度。它是世界观的一个侧面。人生观的内容主要有三个方面。人生的目的：人为什么活着，这是人生观的核心；人生的态度：怎样做人，怎样度过自己的一生；人生的评价：如何看待人生的价值、人生的意义。这些方面无疑受到信仰和世界观的影响。例如，信仰马列主义的人世界观和人生观与信教人士的世界观和人生观有重大区别。基督徒的人生观较注重来世，相信由于人类的始祖犯了原罪，人生的目的在于按照上帝的意旨去赎罪，以便得救，死后经过末日审判，进入天堂与上帝同享永福，人的物质生命是暂时的，只有灵魂得到拯救，升入天堂同上帝结合，才能得到永远不死的真正永恒的生命。虔诚的穆斯林强调在人们生活中所发生的一切都是唯一神阿拉的旨意的表现。人的成功和失败都是真主的计划和意旨。人们应该尽可能了解真主的意愿，人生的目的是按真主的教导去生活。

宗教信仰不仅影响了信徒的世界观、人生观，支配人们的思想感情，宗教组织和礼俗还支配或影响着人们的日常生活，包括社会政治、伦理道德、文学艺术、家庭婚姻、人际往来和生老病死。因而，宗教作为一种信仰是文化成分中的要素，对于许多民族来说，宗教信仰是神圣的、崇高的、不可亵渎的，必要时可以拿生命来保卫它。在虔诚信教的民族那里，宗教信仰是其最敏感最容易触动的精神感应器，一旦受到外界的刺激就会做出强烈的反应，它敏感而又难以改变。

2. 价值观

价值观是 70 年来学者们一直热衷研究的问题。什么是价值观？1951 年，克鲁克洪认为："价值观是一个人或一群人所持有的令人满意的明确的

---

① 于歌：《美国的本质》，当代中国出版社 2006 年版，序论。

或隐含的独特观念，这一观念影响了人们对可用的行动之方式、手段和目的的选择。"① 美国社会心理学家罗基切（Milton Rokeach）研究价值观多年，他认为，价值观是人们关于什么是最好行为的一套持久的信念，或是依重要性程度而排列的一种信念体系。通俗来讲，它是关于什么是重要的，什么是不重要的；什么是值得做的，什么是不值得做的一套信念。《现代汉语词典》对价值观的定义是"对经济、政治、道德、金钱等所持有的总的看法"②。与信仰、世界观、人生观相比，价值观涵盖的内容更为具体，比较容易改变。价值观受到信仰、世界观和人生观的影响，但这些只是影响价值观的一部分因素，价值观还受到知识、利益等其他因素的影响。

价值观渗透到社会规范，即人们行为的准则，即英美人所说的风俗习惯、禁忌、法规、礼仪、仪式。其实，规范可以分为两种：一是明文规定的准则，如法律条文和群体组织的规章制度等。不同文化有差异，例如，美国规定21岁之前不允许购买酒，中国则无这方面的法律。二是约定俗成的准则，如风俗习惯。不同文化也有差异，例如，俄罗斯禁忌吃狗肉，韩国则视狗肉为美味。各种规范之间互相联系、互相渗透、互为补充，共同调整着人们的各种社会关系。规范规定了一种文化群体成员的活动方向、方法和式样。简言之，规范是一个文化的群体为了满足需要而设立或自然形成的，是价值观的具体化。在一种文化群体的日常的社会生活中，充满着各式各样的社会规范。这些规范构成了一个国家或一个更小的社区文化的特点。规范体系有外显性，在国际传播中，规范体系的差异是引起误解和冲突的最外在的文化要素。

价值观具体包括哪些方面呢？不同学科的学者见仁见智。美国人格心理学家、现代个性心理学创始人之一奥尔波特（Gordon W. Allport, 1897—1967）等人，1931年编制，1951年、1960年两次修订了奥尔波特-弗农-林德西量表（Allport-Vernon-Lindzey scale）价值观量表，以德国哲学家E. 斯普兰格的六种理想价值类型（理论的、经济的、政治的、社会的、审美的和宗教的）为理论依据，测评个人人格中的价值观。在用调查方法分析人

---

① 转引自 Michael Harris Bond, "Chinese Values", in Michael Harris Bond, ed., *The Handbook of Chinese Psychology*, Oxford University Press, 1996, p. 207。
② 中国社会科学院语言研究所词典编辑室编：《现代汉语词典》（第6版），第625页。

类价值观的努力中，美国学者罗基切20世纪60—70年代的研究很有影响力，他将价值观分为行为方式与终极状态两大类：终极性价值观（terminal values）由18个具体价值观构成：舒适的生活、兴奋的生活、有所作为、世界和平、美好的世界、平等、家庭安全、自由、幸福、内心平静、成熟的爱、国家安全、享受生活、灵魂得救、自尊、得到社会承认、真正的友谊、富有才智。工具性价值观（instrumental values）也由18个具体价值观构成：有抱负、胸怀宽广、有能力、令人愉快、整洁、勇敢、宽恕、助人、诚实、富于想象、独立、聪明、逻辑性、投入、服从、有教养、负责任、自我控制。罗基切的价值观具体构成受到学者的质疑，我国台湾学者杨国枢认为这是美国公民的价值观，其分类法是美国本土化的心理学分类。其他文化的价值观，比如中国的孝、贞洁等，没有包括在内。

霍夫斯泰德在IBM任职期间的1968年和1972年借用克鲁克洪提出的文化差异的维度设计了问卷，在20世纪80年代初对IBM公司的50种职业、66种国籍的雇员所回答的11.6万份的问卷（每份问卷大约有50个问题，涉及价值观、知觉和满足），通过因子分析和聚类分析，归纳出比较不同文化价值观的四个方面。它们分别是个人主义—集体主义（individualism-collectivism，衡量个人与集体联系是松散还是紧密的一个尺度）、权力差距（power distance，衡量人们接受权力不平等状况的程度）、回避不确定性（uncertainty avoidance，又译为愿意承担风险的程度，衡量人们将来情形的不确定性态度）、男性化—女性化（masculinity-feminity，衡量社会体现阳刚还是阴柔的特点程度）。香港中文大学加拿大籍心理学者彭迈克（Michael Harris Bond）等学者撰文对上述四种价值观的普适性提出了质疑，指出这四个维度并未完全摆脱"种族中心主义"的藩篱。他用40项儒家价值观进行了跨文化的实证研究，指出中国文化的价值观与霍夫斯泰德的四个方面中的三个（个人主义—集体主义、男性化—女性化、权力距离）兼容，认为它们是衡量人类各种文化的普遍适用的维度，而避免不确定性不是普遍适用的维度。儒家的与工作有关的价值观（包括尊卑有序、节俭、毅力、知耻、礼尚往来、慎重、要面子、尊重传统）与霍夫斯泰德的维度无法兼容。① 霍夫斯泰德接受了上述批评意见，补充了第五个维度：长期观—短期观（Long-term versus short-term orientation，人们对时间的态度）。此后，在2010年出版的新书《文化与组织——心理软件的力量》中，他采用了明科夫（Michael Minkov）运用"世界价值观调查"（World Values Survey，WVS）的数据提出的三个维度中的一个维度——"放纵倾向"与"约束倾向"（Indulgence versus Restraint）作为其不同文化价值观的第六个维度。在跨文化交流学（人际交流）和跨文化管理学领域，霍氏的价值观分类法被广泛应用。但在笔者看来，其源于企业调查的价值观分类也有局限性，它适用于跨国企业的跨文化管理，其价值观内容不涉及企业外的国家的价值观，因而不十分适用于国际传播视角下的价值观分类。

"世界价值观调查"是一项非营利性的调查项目。它起源于1981—1984年在欧洲学者的主持下，执行的针对西欧国家进行的"欧洲价值观调查"（European Values Survey，EVS）。在美国密歇根大学政治学教授英格尔哈特（Ronald Inglehart）的建议下，将EVS延伸到了西欧以外的世界各国，成为"世界价值观调查"，旨在通过调查发现全球价值观的变化与其对政治社会生活的影响。在1981—1984年、1989—1993年、1994—1998年、1999—2004年、2005—2008年、2010—2014年滚动式地进行了六波调查。2005—2008年的第五波调查包括57个国家和地区，问卷涉及250多个问题。2010—2014年完成了第六波调查，调查了57国，共85,000人。调查后的原始数据在网上向公众开放免费使用。其问卷设计的初衷是对人类关注的主要领域进行综合的测试，包括环境、经济、教育、情感、家庭、性别和性观念、政府与政治、健康、个人自身、休闲和朋友、道德、宗教、社会与国家、工作。② 他通过对世界价值观调查数据的因子分析，得出了描述文化的两个维度：传统权威与世俗理性权威的维度和生存价值观与幸福价值观的维度。随着社会经济的发展，人们的物质生活资料不断改善，人们的价值观在发生变

---

① Chinese Culture Connection, "Chinese Values and the Search for Culture-free Dimensions of Culture," *Journal of Cross-Cultural Psychology*, 1987, No. 18, pp. 143-164.
② 任钊逸、范徵、李妍：《霍夫斯坦特国家文化模型与世界价值观调查的比较研究》，《上海管理科学》2014年第5期。

化。在笔者看来，这种价值观分类方法比较具体全面，但不够深入。虽然涉及了霍夫斯泰德的六维度中的权力差距和男性化—女性化，但缺乏哲学上的高度概括，与世界观的核心问题如处理个人与社会、个人与集体、人与自然、集体与集体等方面调查得不足；该价值观分类涉及了文化以外的许多方面，开阔了跨文化交流学者的视野，但在文化的价值观方面，不自觉地依然以西方文化的价值观为中心，涉及中华核心价值观的问题几乎没有。

1992年，以色列学者沙洛·施瓦茨（Shalom Schwartz）领导的团队在罗基切量表的基础上，在个体层面测试了56种（后修订为57种）价值观。其分类依据了三条标准：（1）价值观可以是工具性的或终极性的目标；（2）价值观的中心可以是个人的、集体的或二者兼而有之；（3）这57种价值观可归纳为十种基本价值观，它们存在于任何一种文化之中，因为它们源于十种普遍的人类需求，即个人的生物需要、社会交往的需要、群体生存与福利的需要。这十种基本价值观是权力（power）、成就（achievement）、享乐主义（hedonism）、鼓舞（stimulation）、自我引导（self-direction）、普世主义（universalism）、仁慈（benevolence）、传统（tradition）、遵从一致（conformity）、安全（security）。1994年，施瓦茨将文化层次的价值观分为守旧（conservatism）、和谐（harmony）、平等义务（egalitarian commitment）、知识自主（intellectual autonomy）、情感自主（affective autonomy）、控制（mastery）、阶序（hierarchy）七类。① 总之，施瓦茨的价值观强调不同文化价值观具有一定的共性。

综观跨文化传播领域里关于价值观具体内容的学术发展史，可见中华文化中具有中华特色的价值观没有得到西方跨文化传播学界的充分认识。因而在论述中华文化国际影响力的语境中，我们需要强调具有中国特色的价值观，例如天人合一、和而不同、己所不欲勿施于人、人民为本（比"以人为本"更准确，因为人在翻译成英文时可以是单数也可以是复数）、共同富裕等。

---

① Michael Harris Bond, "Chinese Values", in Michael Harris Bond, eds., *The Handbook of Chinese Psychology*, Oxford University Press, 1996, pp. 215-217.

### 3. 思维方式

思维方式指头脑对进入大脑的种种信息加以编排处理的加工过程中反复出现的、相对稳定的思维程序。它不包括价值观方面的判断。西方跨文化交流学者在文化对比中忽视了中西思维方法的差异。

思维方式与文化密切相关，是文化心理诸特征的集中体现，思维方式又对文化心理诸要素产生制约作用。思维方式是文化的基因之一。所谓文化基因即文化系统中携带和传递文化特征信息的基本单位。季羡林说："东西文化有同有异。其间之异，无论如何是否认不了的。我对中西文化的看法究竟是什么呢？想起来似乎很复杂，说起来其实很简单。我认为，东西文化差异之根本原因在于东西方思维模式之不同，东方的思维模式是综合的，而西方则是分析的。"① 以中美主流文化为例，在思维方式上，中国偏好形象思维（using image）与类比思维（analogous），与之对应，美国偏好抽象概念思维（abstract concept）与逻辑思维（logical）；中国偏好综合思维（synthetic）与整体思维（holistic），与之对应，美国偏好分析思维（analytic）与部分思维（partial）；中国偏好辩证思维（dialectical），与之对应，美国偏好二元对立思维（dichotomy）。②

思维方式体现于民族文化的所有领域，包括物质文化、制度文化、价值观体系，尤其体现于哲学、语言、科技、美学、文学、艺术、医学、宗教以及政治、经济、法律、教育、外交、军事、生产和日常生活实践之中。当然也体现在交流和传播过程中。思维方式的差异是造成文化差异的一个重要原因。

### （三）文化的传播渠道

在跨国的文化交流中，无论是物化形式，还是文化的精神内核，都需要媒介将它们从甲国传递到乙国。媒介中最重要的是民众与杰出人物、文化团体/企业、大众传媒。

---

① 乐黛云：《比较文学原理新编》，北京大学出版社1998年版，序。
② 关世杰：《论思维方式差异是中美跨文化传播研究的核心维度》，载关世杰主编：《思维方式差异与中美新闻实务》，中国社会科学出版社2011年版，第13页。

1. 民众与杰出人物

文化是人创造的，在一个民族、一个国家民众创造文化的过程中，杰出人物做出了突出贡献，无论是思想家、文学家、音乐家、雕塑家、画家，都常会成为一种文化的代表。从长远的历史视角看，历史上的文化名人常是一国文化的代表。例如，思想家孔子是中华文化的代表，文学家莎士比亚是英国文化的代表，音乐家贝多芬是德国文化的代表，雕塑家米开朗基罗是意大利文化的代表，画家凡·高是荷兰文化的代表，军事天才拿破仑是法国文化的代表，主持创造了韩文的世宗是韩国文化的代表，政治家曼德拉是南非文化的代表，创立了完整代数学的穆罕默德·伊本·穆萨（约780—850）成为阿拉伯文化的代表。从短期来看，一些影视明星和体育明星也是一国文化的代表。例如，影星成龙是中国武术文化的代表，玛丽莲·梦露是美国文化的代表，足球明星贝利是巴西文化的代表。英国女歌手莎拉·布莱曼（Sarah Brightman）在北京第二十九届奥林匹克运动会上深情演唱主题歌《我和你》的天籁之音，使全世界感受到英国声乐文化的魅力。在国际文化传播中，代表人物是一种文化的象征，发挥着重要作用。

人是传播文化的主体，同时也是文化的载体，人的一举一动无不体现着文化的影响。普通民众也是中国文化的传播者。随着经济的富裕、假日的增多、健康水平的提高，出国人员日益增多。2013年我国仅出境旅游的人就达到9819万人次。[①] 普通民众的素质和文化修养对中华文化的国际影响发挥着重大的作用。

2. 文化团体/企业

文化团体是从事文化交流的集体。团体是有共同目的、志趣的人所组成的集体。从国际文化交流的视角看，从事艺术、体育活动的集体通常称为文化团体。一些生产文化产品的企业，从某种意义上说，也是生产和传播文化的组织。文化团体和企业都是国际文化交流的使者或桥梁。

---

[①] 《中国2013年近亿人次出境游　创历史新高》，人民网，http://finance.people.com.cn/BIG5/n/2014/0117/c70846-24155029.html。

(1) 艺术团体。

各类艺术团体是艺术的创造者、传播者，包括戏剧团、歌剧团、民族音乐团、摇滚乐团、交响乐团、马戏团、魔术杂技团、话剧团、舞剧团、芭蕾舞团、少儿剧团等。以我国为例，2013年全国国有文艺表演团体1422家，民营文艺表演团体10,953家[①]，著名的有国家京剧院、国家话剧院、中国歌剧舞剧院、中国东方歌舞团、中国交响乐团、中国儿童艺术剧院、中央歌剧院、中央芭蕾舞团、中央民族乐团。2014年，这些文化团体参与了海外"欢乐春节"活动，在112个国家和地区的321个城市举办了570多项大型文化活动，成为展示中国文化的重要品牌。[②] 在北京，我们也能观看莫斯科大剧院芭蕾舞团的天鹅湖、爱尔兰"跨时代之舞舞蹈团"的踢踏舞、加拿大太阳马戏团的马戏，欣赏柏林爱乐乐团的交响乐，聆听帕瓦罗蒂等三大男高音的歌声。

(2) 体育团体。

体育团体是跨国文化交流的重要团体。国际赛事目不暇接，奥运会和足球世界杯是最引人瞩目的大型赛事。全球体育交流的盛会首屈一指是奥运会，在其历史上，共出现了35个大项、53个分项和超过400个小项。其中夏季奥运会包括28个大项和38个分项，冬季奥运会包括7个大项和15个分项。奥运会成为展示主办者文化进行文化交流的平台。2008年北京主办的第二十九届夏季奥林匹克运动会，参赛国家及地区204个，参赛运动员11,438人，设302项（28种）运动，共有60,000多名运动员、教练员和官员参加北京奥运会。精妙绝伦的开幕式展示了中国灿烂的文化，在全球提升了中华文化的魅力。

(3) 海外文化中心。

一些大国相继在海外开设文化中心，文化中心在文化交流、文化外交上起着桥梁和窗口作用，是进行文化交流的机构。中美建交后，美国在北京设立的北京美国中心（简称BAC）是旨在协调与支持中美教育交流、举办文

---

[①] 李嘉珊：《改革开放背景下中国演艺对外贸易发展研究报告》，载张国祚主编：《中国文化软实力发展报告2014》，北京大学出版社2015年版，第297页。

[②] 《文化部召开驻外文化处（组）及文化中心负责人工作研讨会》，中华人民共和国文化部网站，2015年1月7日，http://www.mcprc.gov.cn/whzx/whyw/201501/t20150107_438329.html。

化活动、提供图书资源的中心。该中心举办各种各样的文化活动，包括演讲、电影之夜、艺术展览等。从某种意义上讲，也是一种文化交流中心。北京俄罗斯文化中心成立于2010年9月，是目前中国国内第一家由俄罗斯官方开设的文化中心。中心内设有电子图书馆、小型电影放映厅以及小型礼堂等。中心将定期举办图片展、图书展、影展、演出等文化活动，为中国人民了解俄罗斯提供了一个便捷的多媒体窗口，进而促进两国民间文化交流与合作。文化中心的活动宗旨是开展人文领域的合作，向中国民众介绍俄罗斯丰富的精神和文化遗产，展示文化、科学、体育等各领域取得的巨大成就。

与日本、法国、意大利、俄罗斯等国的海外文化中心相比，中国建立海外中心比较晚。20世纪80年代后期，中国政府根据毛里求斯政府的要求，在其首都路易港设立了中国文化中心，于1988年7月对外开放，成为海外的第一个中国文化中心。进入21世纪之后，我国增大了在海外建立文化中心的力度。2014年，海外中国文化中心总数达到20个（毛里求斯、贝宁、埃及、法国、马耳他、韩国、德国、日本、蒙古、俄罗斯、泰国、西班牙、墨西哥、尼日利亚、丹麦、斯里兰卡、澳大利亚、老挝、尼泊尔、巴基斯坦）。[1] 海外中国文化中心在保持常态化文化交流节奏的同时，不断创新工作方法，统筹国内外各方资源，面向驻在国民众举办了丰富多彩的活动。2014年，海外中国文化中心开展各类文化活动超过1000场，直接受众逾200万人次。

（4）海外语言文化教育组织。

为了在海外推广本国语言文化，一些国家建立了海外语言教育组织。最早设立这类机构的是1883年法国创建的法语联盟（Alliance Française），它是一个语言文化推广机构，是一个非营利性的组织，旨在传播法语及法国文化，所有的法国总统都自动成为其名誉主席。法语联盟以其各级法语课程的高质量闻名于世。目前全球有1100多个机构分布于130多个国家和地区，每年接收超过50万学员学习语言，并吸引超过600万人参与文化活动。[2]

1934年成立的英国文化协会是英国促进文化教育和国际关系的重要组

---

[1] "海外中国文化中心"网站，http://www.chinaculture.org/focus/node_50003919.htm。
[2] "中国法语联盟"网站，http://www.afchine.org/spip.php?article152。

织，作为一个在英国注册的非营利性组织，在全球100多个国家的200多个城市设有办事处。① 英国文化协会的工作涉及多个方面，即艺术、英语、教育和社会，同时也包括科学与体育领域。1943年在中国建立了第一个办公室，现在在中国共有五个办公室。在北京作为英国大使馆文化教育处开展工作。在上海、广州和重庆作为英国总领事馆文化教育处开展工作。在香港，仍作为英国文化协会运作。

1951年德意志联邦共和国在海外建立了歌德学院，在世界范围内积极从事文化活动。该学院目前已遍布78个国家和地区，共有分支机构144个。它的工作是促进国外的德语语言教学并从事国际文化合作。除此之外，通过介绍有关德国文化、社会、政治以及生活等方面的信息，展现一个丰富多彩的德国。②

1991年西班牙创办了塞万提斯学院（Instituto Cervantes），它是个非营利性官方机构，以西班牙文豪、名著《堂吉诃德》的作者塞万提斯的名字命名，其宗旨是与以西班牙语为官方语言的二十几个国家合作，共同推动全世界的西班牙语教学和西班牙其他官方语言的教学，传播西班牙语文化。塞万提斯学院目前在世界四大洲拥有70多所分院，隶属于西班牙外交与合作部。③

进入21世纪后，随着中国经济的发展和国际交往的日益广泛，世界各国对汉语学习的需求急剧增长。中国在借鉴英、法、德、西等国推广本民族语言经验的基础上，2004年在韩国首尔建立了海外第一所孔子学院，截至2014年12月7日，在全球126个国家（地区）建立了475所孔子学院和851个孔子课堂。孔子学院是中外合作建立的非营利性教育机构，致力于适应世界各国（地区）人民对汉语学习的需要，增进世界各国（地区）人民对中国语言文化的了解，加强中国与世界各国教育文化交流合作，发展中国与外国的友好关系，促进世界多元文化发展，构建和谐世界。

2007年韩国开始建立"世宗学堂"，首所课堂落地中国。它是由韩国文

---

① "英国文化协会"网站，http://www.britishcouncil.org/organisation。
② "歌德学院（中国）"网站，http://www.goethe.de/ins/cn/pek/lrn/sprachlernzentrum/zhindex.htm。
③ "北京塞万提斯学院"网站，http://pekin.cervantes.es/cn/about_us_centre_spanisl.htm。

化观光部出资建设、由韩国国立国语院统筹管理的海外培训机构,面向对韩语学习有兴趣的外国人和在海外侨居的韩国人提供实用韩语课程和韩国文化体验课程,旨在通过文化交流扩大韩国和各国间的协作,实现语言文化的多样性。2013年7月韩国文化体育观光部表示,在海外传播韩语与韩国文化的教育机构世宗学堂目前已扩大至全球51个国家的117所,新设地区包括上海。为了应对不断扩大的韩语教育需求,将于2013年年底增设世宗学堂至120所,到2017年将增设至200所。①

(5) 传递文化的企业。

企业特别是跨国企业是传播文化的媒介。例如,美国的麦当劳传递着美国的快餐文化。我国联想公司在海外设立的分公司,传递着中国管理文化的理念。它们都是传递文化的媒介。传递文化的企业充分体现在世博会上,世博会被誉为世界经济、科技、文化的"奥林匹克"盛会。自1851年伦敦的"万国工业博览会"开始,它已经历了百余年的历史,最初以美术品和传统工艺品的展示为主,后来逐渐变为荟萃科学技术与产业技术的展览会。它成为一项由主办国政府组织或政府委托有关部门举办的有较大影响的国际性博览活动,成为人类文明的一次精彩对话、跨文化的碰撞和融合的平台。2010年上海第41届世博会,作为首届以"城市"为主题的世界博览会,参与的国家地区组织有240个。在184天的展期里,参观者达到7308.44万人。上海世博会有利于世界各国更加详细全面地了解中国文化,为弘扬中国文化提供了很好的契机。同时,也为国人展现了世界其他文化的缤纷异彩,让国人不用出国门就能了解国外文化、风土人情,增强国人的见识和眼界,成为人类文明的一次精彩对话。各个企业生产的出口产品也是传播文化的媒介。例如中国工艺美术品、玩具等文化产品,甚至景德镇的瓷器和苏杭的丝绸这样的商品,出口到国外也可以成为在海外传播中国文化的媒介。

3. 大众传媒

在国际传播中,除了邻国外,多数国际信息传播都要越过千山万水。在国与国之间的文化传播和交流过程中,除了前面论述的人际交流和组织传播

---

① 《韩语教育机构世宗学堂在全球突破100所》,人民网,http://korea.people.com.cn/205155/205551/8312022.html。

外，大众传媒是一个非常重要的传输渠道。它的直观性和易接触性赋予其在文化传播中的重要角色地位，它承载着该国的文化符号、文化产品、代表人物、价值观、信仰、思维方式等文化成分向海外传播的重任。随着科技的进步，大众传媒的种类和形式也发生着革命性的变化。目前，我国在文化对外传播中常用的媒体为电视、广播、报纸、期刊、书籍、网络、手机和通讯社，其中既有传统媒体，也有新媒体，各类媒体正在融合之中。它们成为国际文化交流的主要渠道，是国际话语权的重要平台。从目前的媒体形态上，大众传播媒介分为两种：传统的大众传媒体和网络媒介。尽管各种媒体在融合，向全媒体发展，但是至今传统大众传媒与网络媒介还是有着区分。从媒体的所有制上，可以大致分为三种：政府媒体、公共媒体、商业媒体。

传统大众传媒主要包括：书籍、报纸、杂志、广播、电影、电视等。电影和电视节目在大众中传递文化信息中发挥着突出作用。

网络媒介主要包括互联网和手机无线网，根据 Netcraft 调查的结果，截至 2013 年底，全球网站数量突破 1 亿大关，达到 101,435,253 个。也就是说，全球平均 10 个网民就有一个网站，地球上平均大约 60 个人就有一个网站。[①] 美国调研公司 Forrester Research 公布的数据显示，2013 年全球网民数量将达到 22 亿，其中 17% 来自中国。根据 CNNIC 的最新数据显示，截至 2013 年 1 月 1 日，中国网民人数达到 3.89 亿，其中手机网民规模一年内增加了 1.2 亿，达到 2.34 亿，占到整体网民的 60.8%。[②] 2013 年，全球网民最多的五个国家分别为中国、美国、印度、日本和巴西。当今，刷手机寻找信息、读书看报、看电视成为新的时尚。

### （四）"珍珠链模型"与《宣言》中的文化要素

"珍珠链模型"中的文化八要素（文化符号、文化产品、价值观、思维方式、信仰、民众与杰出人物、文化团体/企业、大众传媒）与联合国教科文组织在《世界文化多样性宣言》的文化定义中所列举的文化要素（文学、

---

[①] 参见百度知道"全球网站究竟有多少？"，http://zhidao.baidu.com/question/21375960195193160 68.html。

[②] 《2013 全球网民的数量最多的国家排行》，中国排行榜网，http://www.phbang.cn/general/11370.html。

艺术、生活方式、共处的方式、价值观体系、传统和信仰）相比，没有提共处方式和传统。中文定义中"生活方式"和"共处方式"分别译自英文lifestyle 和 ways of living together，在汉语中"生活方式"涵盖了 lifestyle 和 ways of living together，因而只提"生活方式"就足矣。我们在文化符号中包含了生活符号，因而"珍珠链模型"中不缺少《宣言》中所提及的文化要素的"生活方式"和"共处的方式"。"传统"（tradition①）在《新华词典》中定义为："过去传下来的具有一定特点的某种思想、作风、信仰、风俗、习惯等。"其涵盖的内容已经基本包括在信仰、价值观、符号、生活方式等要素之中，因而未将其作为一个单独的要素。"珍珠链模型"的文化要素与《宣言》中具体提及的文化要素相比，增添了文化产品、思维方式和媒介（具体细分为：民众与杰出人物、文化团体/企业、大众传媒）。

"珍珠链模型"列举的八个文化要素中，其核心是语言、思维方法、信仰和价值观。在国际文化传播语境中，它们构成了认知体系的核心。所谓认知体系，指的是认识论和知识体系，认知体系是由感知、思维方式、宗教、信仰、世界观、人生观、价值观、伦理、道德、艺术观、审美观以及其他具体科学（包括自然科学）等构成。不同文化中信仰、价值观、思维方式的差异是各文化中深层次和隐蔽性的差异。它们是一个文化群体的成员评价行为和事物的标准，是从各种可能的目标中选择中意目标的标准。这个标准存在于人的内心中，影响了人们的感知、态度和行为。它们决定了一个国家的人们赞赏什么，追求什么，选择什么样的生活目标和生活方式，并表现在他们所选择的政治制度、法律规范等方面，体现在人类创造的一切物质的和非物质的产品之中，影响了产品的种类、用途和式样。国际文化传播中，语言、思维方法、价值观和信仰是文化要素中最有活力的部分，也常是造成文化折扣、文化误解和冲突的根源。

---

① 《牛津现代英汉双解词典》将 tradition 的基本含义界定为："a custom, opinion, or belief hand down to posterity esp. orally or by practice 传统（尤指口头或通过实践传给后代的习俗、观点或信仰）。"见 Della Thompson 主编：《牛津现代英汉双解词典》，外语教学与研究出版社 2005 年版，第 2202 页。

# 第 三 章

# 国际传播学视角中的文化软实力

在中国国际跨文化传播的语境中,进行对外文化软实力研究,还需要明确三个核心概念——软实力、文化软实力和文化影响力,才能了解新世界格局中的中华文化历史地位。

## 第一节 软实力

要理解什么是文化软实力,首先要明确什么是软实力。

### 一、"软实力"概念的发展

#### (一)"软实力"与"软权力"

"软实力"并不是现代才被意识到并加以使用,而是古已有之。我国春秋时代的孔子就强调"以德服人";宋代范仲淹在《奏上时务书》中写道:"臣闻以德服人,天下欣戴,以力服人,天下怨望",其中的以德服人就是指治理天下的软实力。对"软权力",古人也有论及。孙子提出"不战而屈人之兵",就是一例。然而,"软实力"和"软权力"作为国际关系领域中的概念被系统地提出并研究是20世纪90年代的事。1990年当世界各国学者辩论美国是否正在衰落时,美国哈佛大学肯尼迪政府学院院长约瑟夫·奈(曾任克林顿政府国家情报委员会主席和助理国防部长)在美国的《外交》杂志秋季号上发表的《软权力》一文中提出了"软权力"的概念。[①] 之后

---

① Joseph S. Nye, Jr., "Soft Power," *Foreign Policy*, Fall 1990.

他又不断加以补充完善。奈否定了以历史学家保罗·肯尼迪的《大国的兴衰》为代表的"美国衰落论",他认为国家权力不只是军事和经济等看得见的力量,还包括文化、价值观和社会制度等无形权力资源所带来的力量,前者是硬权力,后者是软权力。"软权力"概念提出二十多年来,在国际社会产生了很大反响,得到多国学术界和政府当局的积极回应。一个国家的综合国力=硬权力+软权力。硬权力可以用于"诱惑"(胡萝卜)或"威胁"(大棒),从而改变他者的行为;而软权力则是改变他者偏好的能力,它主要是一种吸引力(ability to attract)。[1] 软权力的最大特点是其非强制性,它是一种吸引力,也是同化和感召力。

值得一提的是,约瑟夫·奈所提出"soft power"的含义更接近"软权力",与中文的"软实力"有着重要差别。实力是"实在的力量",而"权力"是指"政治上的强制力量,职权范围内的支配力量"[2]。在国际关系学者看来,"实力是指一国自己做事的能力,是个绝对概念,权力则是一国促使别国做事的能力,是一个相对概念"[3]。在英文中,"power"的意思有五种,在奈论述的国际关系语境中,应为第一种含义"the ability to influence or control what people do or think"[4](影响或控制人们行为和思考的能力),即"权力"。在《汉英词典》中,将"权力"翻译成英文时对应的是"power"和"authority",这也进一步说明"power"的基本含义是"权力"。"soft power"传到中国后,误译成"软实力",其含义发生了改变,"'软实力'一词内涵、外延的迅速扩展,已经从一个国际政治术语,成为中国社会内部一地区、一个行业,甚至一个单位或村落都经常使用的日常话语"[5]。软实力是软性的实际力量。将"实力"翻译成英文时对应的是"actual strength"[6]。可见,"软权力"变成"软实力"在含义上已经中国化。软实

---

[1] Joseph S. Nye, Jr., *Soft Power: The Means to Success in World Politics*, New York: Public Affairs, 2004, pp. 5-6.
[2] 中国社会科学院语言研究所词典编辑室编:《现代汉语词典》(第6版),第1179、1075页。
[3] 阎学通、阎梁:《国际关系分析》,第86页。
[4] 《麦克米伦高阶英汉双解词典》,外语教学与研究出版社2005年,第1617页。
[5] 郭小聪:《守夜人与夜莺:国际关系领域的文化思考》,第274页。
[6] 姚小平主编:《汉英词典》(第三版),外语教学与研究出版社2010年版,第1131、1255页。

力包括"影响"不包括"控制"他人行为和思考的能力。当今"中国威胁论"在一些国家大有市场，在这种形势下，中国在对外传播中谈及提高中国软实力时，不宜简单地将软实力翻译成英文"soft power"，因为这样的误译容易给英语受众造成误解，中国要提高软性的"影响或控制人们行为和思考的能力"，这只能加大他们对"中国威胁论"的恐慌。如何将"软实力"翻译成英文值得探讨。笔者认为可以将软实力译为"soft strength"。

总之，实力不等于权力，文化软实力不等于文化软权力。增强中国对外传播文化软实力，是增强中国与各国平等交流互鉴的能力，不是增强中国通过文化交流控制他国的能力。

### （二）"软权力"词义的褒贬

外国民众如何理解"软权力"的含义？本课题就这个问题对美国和印度的受访者进行了调查，在问卷中设计了这样的问题："您认为国际关系领域里使用的'软权力'一词的含义是贬义的还是褒义的？"[To the best of your knowledge, is the meaning of "soft power" negative or positive? (When it is used in the field of international relations.)] 2011年11月，课题组从美国国际抽样调查公司（Survey Sampling International，SSI）获得美国、印度的受访者有效样本1175份和1039份，样本有效率分别为96.5%、97.7%。调查的数据显示：美、印受访者选择"不知道"的分别占40.7%、21.3%。明确表态者分别占59.3%、78.7%，其中认为是褒义的分别占18.8%、27.3%，中立的分别占29.1%、37.6%，认为是贬义的分别占11.4%、13.8%。（见表3-1）

表3-1 对"软权力"一词的含义是贬是褒的认知

单位:%

| | 贬义 | 中立 | 褒义 | 表态 | 不知道 |
|---|---|---|---|---|---|
| 美国 | 11.4 | 29.1 | 18.8 | 59.3 | 40.7 |
| 印度 | 13.8 | 37.6 | 27.3 | 78.7 | 21.3 |
| 平均 | 12.6 | 33.35 | 23.05 | 69.0 | 31.0 |

## 二、硬实力和软实力之间的关系

在定义"软实力"时,一个很重要的概念就是"硬实力"。一言以蔽之,软实力就是相对于硬实力而存在的力量。在国际关系理论中,综合国力(即一个国家可以用于实现国家利益的有形和无形的国力资源总和)由硬实力与软实力构成。硬实力由经济实力和军事实力构成,而软实力由文化实力和政治实力构成。从资源性实力和操作性实力的视角看,军事实力、经济实力、文化实力构成了资源性实力,政治实力为操作性实力。(见图3-1)①

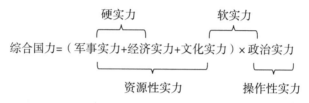

图3-1 综合国力构成图

关于硬实力与软实力的关系,可以参考学者们关于硬权力和软权力的关系的看法:

对于软权力和硬权力的关系,奈是这样描述的:硬权力和软权力相辅相成,因为它们都是以影响他人行为达到自身目的的能力,但软权力并不依赖于硬权力。

软硬权力互相影响。张小明指出,软力量反过来可能有助于增强硬力量,但其方式不是直接增加硬力量,而是通过降低推行硬力量的成本而使硬力量变得更易为人们所接受。俞新天对两者的关系作了进一步梳理,提出硬力量是软力量的基础,软力量是硬力量的导向,两者之间相互影响。已故的哈佛大学亨廷顿教授就曾明确指出,硬权力是软权力的基础,硬权力决定软权力。他认为,物质上的成功使文化和意识形态具有吸引力,而经济和军事上的失败则导致自我怀疑和认同危机。②

软硬兼施形成巧权力。美国学者苏珊尼·诺瑟2004年在《外交》杂志

---

① 阎学通、阎梁:《国际关系分析》,第91页。
② 转引自张小明:《约瑟夫·奈的"软权力"思想分析》,《美国研究》2005年第1期,第31页。

上发表的《巧权力》（Smart Power）一文中强调综合运用硬权力和软权力来实现美国外交目标。2006年1月，约瑟夫·奈在《外交》杂志上发表题为《重新思考软权力》的文章，文章称："单独依靠硬权力或软权力都是错误的。将它们有效结合起来可以称作巧权力。"2007年，美国前副国务卿阿米蒂奇和约瑟夫·奈发表了题为《巧权力战略》的研究报告，明确提出运用"巧权力"进行对外战略转型，帮助美国摆脱当前困境，重振全球领导地位。2009年1月，美国国务卿希拉里提出，美国将采取"巧权力"战略来处理国际关系。

### 三、软实力的成分及文化在软实力中的地位

软实力由哪些成分构成？在不同的语境中有不同的回答。在国际关系领域，提出"软权力"概念的约瑟夫·奈认为，一个国家的软权力由三个部分构成："对他国有吸引力的文化、在国内和国际上都能得到遵循的政治价值观、被视为合法和享有道德权威的外交政策。"[1]"软权力"这个概念传入中国后，演变成"软实力"，特别是2007年党的十七大报告中提出要"提高国家文化软实力"之后，国内关于软实力的研究成果纷纷涌现，"软实力"概念在中国化的过程中，其内涵已经超出了国际关系领域，延伸到国内的国家治理，甚至延伸到一个城市、一个企业、一家公司的管理领域。[2]

---

[1] 〔美〕约瑟夫·奈：《"软权力"再思索》，《国外社会科学》2006年第4期，第90页。

[2] Jonathan McClory, "The New Persuaders II, A 2011 Global Ranking of Soft Power," institute for Government Website (Institute for Government), http://www.instituteforgovernment.org.uk, 2012-01-29; Joshua Kurlantzick, *Charm offensive*: *How China's Soft Power is Transforming the World*, New Haven: Yale University Press, 2007; Christopher B. Whitney and David Shambaugh, *Soft Power in Asia*: *Results of A 2008 Multinational Survey of Public Opinion*, Chicago: The Chicago Council on Global Affairs, 2009, http://www.thechicagocouncil.org; 郭洁敏：《当前我国软力量研究中若干难点问题及其思考》，载张国祚主编：《中国文化软实力研究报告（2010）》，社会科学文献出版社2011年版，第231—236页；朱英璜：《中国软实力发展战略》，载李希光、李珮主编：《软实力要素》，法律出版社2010年版，第1页；Bonnie S. Glaser and Melissa E. Murphy, "Soft Power with Chinese Characteristics: The Ongoing Debate," *Chinese Soft Power and Its Implications for the United States*: *Competition and cooperation in the Developing World*, A Report of CSIS, Smart Power Initiative, March, 2009, McGiffert; 张国祚主编：《中国文化软实力研究要论选》，社会科学文献出版社2011年版，第37页；吴桂韩：《中共十七大以来国家文化软实力研究述评》，《中共党史研究》2012年第2期。

对于研究对象为"中华文化国际影响力"而言,研究的问题属于国际文化交流领域,因而国际传播的语境下的软实力包括三要素:政治观念、对外政策和文化。

文化塑造了人,人是按照自己的意志进行社会实践来改变客观世界的。文化中的信仰、世界观、价值观决定了一个国家的政治价值观,是影响外交政策的因素之一。在软实力构成的三个要素中,文化是深层因素,也是最重要的因素,是一个国家软实力的基础。

## 第二节 文化软实力

### 一、文化软实力的构成

在国际社会中,各国间的文化差异是客观存在的。甲国文化要对乙国人民产生吸引力,必须要跨越国境走出国门到乙国去,也就是说,文化要"走出去",只有"走出去",来到乙国人民面前,乙国人民接触到了甲国文化,才有可能了解甲国文化,形成态度(正面、中立、负面),才有可能导致行为,最终形成正面或负面的影响,形成了正面的影响就是形成了甲国的文化国际影响力。从上面逻辑分析看出,文化软实力包涵了整个动态传递过程,既与本国的基础国力和文化实力(基础变量)有关,也与本国文化的传递能力(传导变量)有关,还与本国文化在他国所产生的影响力大小(结果变量)有关。中国文化国际影响力是中国文化软实力的一个组成部分。我们认为文化软实力是个动态的过程,由文化资源力(基础变量)、文化传播力(传导变量)、文化影响力(结果变量)构成。三者的关系如图3-2所示。

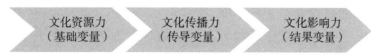

图3-2 文化软实力结构图

文化软实力的实现,是一国的基础文化实力在该国文化传播力作用下产生文化影响力的过程。三者不能相互替代。

文化软实力的实现过程,在传播学看来,是国际跨文化传播的过程,它不仅与国际传播密切相关,而且与传播学中20世纪60年代诞生的分支——跨文化交流学(国内也译作跨文化交际学、跨文化传播学)密切相关。在美国,跨文化传播学主要是研究来自不同文化背景的个人之间的交流问题,从跨文化传播学的视角研究国家软实力问题的文献尚未见到。在国内的跨文化传播学研究中,虽然有文章谈及文化的影响、国家形象、文化帝国主义的问题,但鲜有涉及对外传播文化软实力的研究性文献。因而,课题组试图用新的视角,以传播学中的国际跨文化传播学的视角探讨对外文化软实力实现的过程。

## 二、文化软实力跨国传播过程

### (一)"传播"的概念

传播学中的"传播"译自英文的"communication"。英文"communicate"源自拉丁文"communis",汉语中没有十分恰当的对等的词汇,译成中文时有传播、交流、交际、沟通、交通、通信等多种翻译。传播学中对传播的定义有多种,其基本含义是:人类社会中,信息发送者与信息接收者通过符号系统传递信息的过程。传播是一个从传播者到受传者的信息流通过程。

在传播学研究史上,不少学者采用建构模式的方法,对传播过程的结构和性质做了各种各样的说明。1948年,美国学者拉斯韦尔明确提出了解释传播过程的第一个模式以及传播中的五个基本构成要素,我国传播学界常表述为:谁(who),说了什么(says what),通过什么渠道(in which channel),对谁说(to whom),什么效果(what effects)。

"什么效果"译自英文"what effects","effects"也可译为"影响",例如,《柯林斯高阶英汉双解学习词典》将其译为"影响;效果;结果"[1]。释义常用度上,译作"影响"的为52%,"效果"为31%。[2] 在汉语中,"影响"与"效果"意思也相近。影响的含义为"对人或事物所起的作用",效果的含义为"由某种力量、做法或因素产生的结果(多指好的)"。[3]

---

[1] 词霸,http://www.iciba.com/effect。
[2] 海词,http://dict.cn/effect。
[3] 中国社会科学院语言研究所词典编辑室编:《现代汉语词典》(第6版),第1563、1438页。

因而，在国际跨文化传播语境中，效果实际等于有何影响。

用学术的语言表述，信息的传播过程即发出者→将信息→通过传播渠道→传递给信息接收者→产生了影响的过程。这一模式奠定了传播学研究的五大基本内容：控制分析、内容分析、媒介分析、受众分析以及效果分析。（见图 3-3）这个传播模式的五个要素中都有以英文"w"开头的英语单词，因而被称为传播过程的"五 W 模式"。① 这个模式简明而清晰，是传播过程模式中的经典。在"五 W 模式"之后，美国学者香农-韦弗在其传播模式中提出了传播中的"噪音"要素。美国学者施拉姆在其模式中提出了传播中的"反馈""编码""解码"要素。后来很多学者都对此进行过各种修订、补充和发展，但大都保留了它的本质特点。在传播学发展的不同阶段、不同模式中，可以体现出从传播者到受传者之间关系所发生的变化。在传播学发展史中，传播学者构想和提出了许多传播模式，从早期的传播模式建立直至网络传播模式出现以前的传播模式，虽然数量不下百余种，但是都未摆脱线性传播的基本特征，即传播学的基本模式——拉斯韦尔"五 W 模式"。

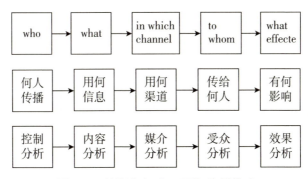

图 3-3 拉斯韦尔"五 W"传播模式

该模式的优点在于它具有构造功能，能揭示各系统之间的次序及其相互关系，能使我们对事物有一个很难从其他方法中获得的整体形象。该模式也有缺点：由于它过分简化，往往会遗漏了传播过程中的其他因素，不够完整。

---

① 林之达：《新的传播学理论框架研究——兼评拉斯韦尔的五 W 传播模式的功绩与局限》，《新闻大学》1996 年秋季号。

现有的上百种模式中，有一些解释国际传播和跨文化传播的模式，但国际跨文化传播模式尚未见到。① 在国际跨文化传播的语境中，需要在五W的基础上，添加适合国际跨文化传播语境的要素。

### （二）国际跨文化传播"八何模式"

国际跨文化传播的语境下，在原有"五W模式"的基础上，需要增加三个传播要素：为何目的（why）、用何编码（encoding within culture A）、如何解码（decoding within culture B）。为了使表述中国化和通俗化，将其意译为：为何目的→使用何人→用何信息→用何编码→用何渠道→抵达何人→如何解码→有何效果。由于每个要素中都有个"何"，我们称之为"八何模式"（见图3-4）。

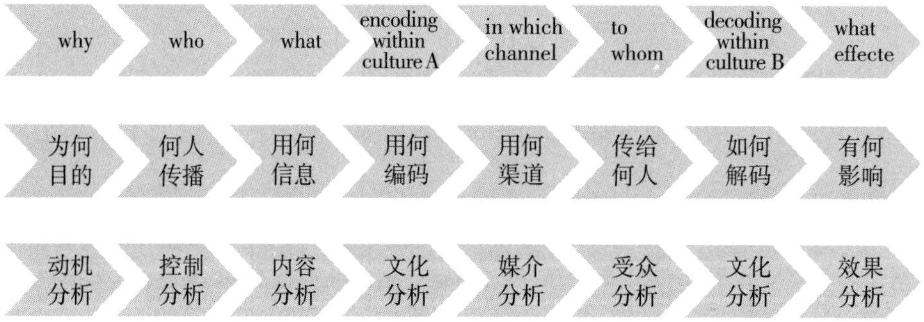

| why | who | what | encoding within culture A | in which channel | to whom | decoding within culture B | what effecte |
|---|---|---|---|---|---|---|---|
| 为何目的 | 何人传播 | 用何信息 | 用何编码 | 用何渠道 | 传给何人 | 如何解码 | 有何影响 |
| 动机分析 | 控制分析 | 内容分析 | 文化分析 | 媒介分析 | 受众分析 | 文化分析 | 效果分析 |

**图3-4 国际跨文化传播"八何模式"**

实际上，还有其他因素影响国际跨文化传播，例如国际环境（包括双边关系）、国际法、反馈等因素，但是都不如以上要素重要。下面是添加三要素的原因，原有的五W要素在此不做赘述。

**1. 为何目的**

国家行为体要实践国际跨文化传播，首先要解决为什么要进行传播的问题。一个国家在全球进行国际跨文化传播要有整体战略，对不同的国家，如盟友国家、伙伴国家、敌对国家有不同的传播目的。没有目的，则无法确定传播内容、传播渠道，也无法检验最终的传播效果。因此，"为何目的"属

---

① 〔英〕丹尼斯·麦奎尔：《大众传播模式论》（第2版），祝建华译，上海译文出版社2008年版。

于传播动机分析。

2. 用何编码

所谓编码，就是用预先规定的方法将信息（话语、文字、数字或其他对象）编成代码，对信息编码结束后形成一个意义结构。在国内同文化传播中，只需要用传播者所熟悉的本民族语言文字将信息编码，无须用外文编码。例如，韩国在国内传播中，甲在信息社会交流时，只需要将信息用韩文编码就可以了，信息的接收者也是韩国人，不仅编码一样（韩文），而且话语中的意义结构大致相同。而在国际跨文化传播中，必须要用自己并不十分熟悉的外文将信息编码，才能在外国传播。例如，我们要把中国始终不渝地坚持走和平发展道路，永远不称霸，实施"韬光养晦"外交战略的信息传播到海外，必须要对已有的中文信息进行编译，编码为英文、俄文、法文、西班牙文、阿拉伯文、德文等这些中国人难以熟练掌握的外国语言文字进行传播。在《汉英词典》中，"韬光养晦"译为"hide one's capabilities and bide one's time"。我们若按此翻译，在英文读者看来，"韬光养晦"的意思是"掩盖自己的能力，等待时机东山再起"。这无疑是给"中国威胁论"提供了证据。邓小平提出的"韬光养晦"的真实意思应该是："keep a low profile"（低调做事）。这个例子说明，在国际跨文化传播中，将已编好码的信息翻译成另一种编码并非易事，"用何编码"是个要素，属于文化分析。

3. 如何解码

解码指人们理解话语、文字、数字或其他对象等代码的过程。人们在理解信息时有自己的主观能动性。同样的信息，不同读者会有部分的共同解读，但是由于来自不同的社会环境，所受到的影响各不相同，所以，每个人的思想都有所不同，对同样的信息会有部分不同的解读。英国文学家莎士比亚说："一千个读者眼里有一千个哈姆雷特。"中国文学家鲁迅说："一部红楼梦，道学家看到了淫，经学家看到了易，才子佳人看到了缠绵，革命家看到了排满，流言家看到了宫闱秘事。"英国传播学者伯明翰学派的代表斯图亚特·霍尔（Stuart Hall）认为，传者和受众的关系是平等的，信息符号与某种价值体系或意义体系（meaning system）相结合，传者有自己的知识体系，受众有自己的知识体系，两者是不同的。（见图3-5）受众在信息解码的过程中具有主观能动性。受众的解读模式可能有偏好解读、协商解读、对抗解读,这三种模式绝对不是分离的,它们之间是互相联结的,就像标尺上可滑动的游标刻度。受众在解码的过程中依赖于文化、政治倾向以及权力框架。斯图亚特·霍尔提醒研究者,研究的目的不仅要了解电视新闻是如何被生产出来的,更重要的是去了解受众意义构建的方式,调查这些信息是如何被解码的。①

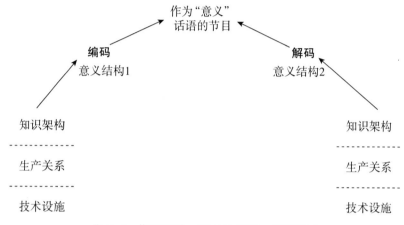

图 3-5　斯图亚特·霍尔的编码、解码模式

在跨国或跨文化传播中,跨文化误读、文化折扣比在同文化交流中更容易出现,矛盾会更尖锐。中华文化中象征吉祥的"龙"被翻译成英语文化中"dragon",而在英语文化中"dragon"是罪恶的象征。两者的意义不仅是不对等的,甚至是冲突的。

丹麦《日德兰邮报》的穆罕默德漫画事件就是突出的文化冲突的例子。该事件是 2005 年至 2006 年由讽刺伊斯兰教先知穆罕默德的 12 幅漫画引起。这些漫画最初于 2005 年 9 月 30 日在丹麦销量最大的日报《日德兰邮报》上刊出,引起伊斯兰世界的强烈不满。然而,丹麦人和穆斯林对这些漫画有不同解读。在丹麦人看来,这些漫画体现了民主与言论自由。随后,德国、瑞典、挪威、比利时、法国、冰岛及其他部分欧洲国家及美国的报纸也陆续刊

---

①　斯图亚特·霍尔:《编码,解码》,载罗钢、刘象愚主编:《文化研究读本》,中国社会科学出版社 2000 年版,第 348 页。

登这些漫画，立场同样是捍卫言论自由。在伊斯兰世界的民众看来，刊登先知图像已是亵渎先知，导致穆斯林民众的抗议，最终引发了穆斯林世界的暴力抗议活动。2006 年法国讽刺漫画杂志《查理周刊》转载了这些饱受争议的漫画，可谓火上浇油，之后仍然我行我素。2012 年 9 月 19 日，《查理周刊》刊登了半裸的穆罕默德漫画。2014 年，《查理周刊》遭到穆斯林库阿奇兄弟的恐怖袭击，制造了致死 12 人的恐怖事件，库阿奇兄弟被警方击毙。公布的库阿奇兄弟的部分通话记录显示，他们认为《查理周刊》讽刺伊斯兰先知的记者不是平民，而是侮辱穆斯林信仰的仇人，他们要为"先知"复仇。① 这一事件典型地显示了不同文化背景的人对同一编码解读的差异及带来的影响。在国际跨文化传播中，"如何解码"是个要素，属于文化分析。

通过"八何模式"，我们更清楚地看到了文化软实力的形成过程，哪一个环节出了问题，效果都会受到影响。效果即"影响力"，是在前面七个要素的共同作用下得到的结果变量。

### 三、中美国际跨文化传播的异同

"八何模式"只是国际跨文化传播过程的八要素次序及其相互关系的整体描述，八个要素的具体内容会根据各国的国情而有所不同，形成不同国家的国际跨文化传播模式实质内容。从国际关系学的视角，一国文化对该国的对外战略产生影响。并非国际关系理论中的"结构现实主义"范式所认为的那样，一国的战略选择不受文化因素的影响。该范式假定国家是功能相似的单位，都追求效用最大化。效用通常被定义为权力、实力和资源。因此只要有资源和机会，国家就会扩张其实力。战略选择的范围主要是由所谓的结构变量来解释，例如国家间权力分配的特点。决策一般由对国家利益的测算决定，肯定不涉及文化内容，任何处于相似情形中的决策者都会做出相似的选择。正如建构主义学者江忆恩教授所主张的战略文化理论认为的那样，国家并不是一个普遍的、非历史的、单一的理性行为体的概念，战略环境以及

---

① 《法国巴黎"查理周刊血案"人质开口：这个杀手不太冷》，http://www.guancha.cn/europe/2015_01_12_306002.shtml。

对其做出的反应都是历史建构和社会学习的结果。"在同样的情形中，被不同战略文化社会化的掌权者会做出不同的战略选择。""不同的战略文化决定了不同国家对于战争与和平、冲突与合作等国际关系主题的认识，塑造了不同国家的身份认同和战略偏好，进而决定了国家之间不同的战略选择，也就是国家的战略行为。"① 受文化差异的影响，中美国际跨文化传播在战略文化上是有差异的。此外，从传播学的视角看，要发挥国的文化作用，必须根据自己的国情和传播对象国的具体国情制定相应的策略。下面以中美为例，说明在八个要素上的差别。

### （一）为何目的

1. 美国增强文化软权力是为了控制他国

约瑟夫·奈是一位国际政治学学者，他的软权力理论属于国际政治理论。"权力"历来是国际政治最重要的概念之一，也是各派学说思考的起点。在国际政治学领域，权力的基本含义是一种"控制"。正如摩根索所说："我们在讲到权力时，是指人支配他人的意志和行动的控制力。至于政治权力，我们指的是公共权威的掌控者之间以及他们与一般公众之间的控制关系。"② 约瑟夫·奈关于"文化软权力"的观点具有国际政治色彩，包含利用文化"控制"他国的含义。奈在《权力大未来》一书中，综合运用软、硬权力之道的巧权力，明确了软权力的作用过程，提出了软权力的直接和间接因果模型：

模型一：直接影响
资源→政府精英→吸引→精英决策和结果
模型二：间接影响
资源→公众→吸引/厌恶→有利或不利的环境→精英决策③

这一过程明显地展示了奈所说的文化交流的最终目的是精英决策，是控

---

① 秦亚青主编：《文化与国际社会：建构主义国际关系理论研究》，世界知识出版社2006年版，第141—142页。

② 〔美〕汉斯·摩根索：《国家间政治：权力斗争与和平》，徐昕、郝望、李保平译，北京大学出版社2006年版，第56页。

③ 〔美〕约瑟夫·奈：《权力大未来》，王吉美译，中信出版社2012年版，第135页。

制精英决策,而不是推动文明交流互鉴,丰富人类文明的色彩,让各国人民享受更富内涵的精神生活,开创更有选择的未来。

把文化交流当作控制对方的手段,这有悖于当今在主张世界文化多元共存的时代潮流。约瑟夫·奈的文化软权力理论中"控制"的含义,引起了一些人文学科的学者的批评。他们认为,约瑟夫·奈主张软权力与硬权力的软硬兼施,终究只是从国际政治的立场出发,是作为美国世界战略理论而构建的东西,只是为了试图维护和增强美国世界霸权的政治理论。曾任哈佛大学东亚系主任、现为北京大学高等人文研究院院长的杜维明教授说:"软实力的提法我也不太赞成,因为它是侵略性的。美国要影响世界,只靠经济、军事不够,还得有文化输出。但这样的文化不是一种内在的价值,而是一种宰制或影响全球的策略。"① "我基本上不接受'软权力'的观念,或者说我对'软权力'的观念很敏感。什么原因呢?因为'soft power'是哈佛肯尼迪政府学院院长约瑟夫·奈提出的,我跟他还蛮熟的。他提出这个观点基本上是考虑美国如何能够在国际上维持其超级大国地位,除了军事、政治、经济以外,还要有文化。而这个文化力量,就是软权力。软权力观念提出来以后,欧洲、日本和东南亚各方面都有种受到威胁的感觉。现在中国经济也起来了,政治也起来了,现在还有一种力量软权力没发挥,应发挥我们的软权力。这种提法容易为'中国威胁论'制造者提供借口。我不同意软权力的观点,我认为有另外一种观点,现在应该是时机成熟了——一种真正核心价值的平等互惠对话。"② 北京大学乐黛云教授认为:"约瑟夫·奈将'软实力'定义为'一个国家通过内在吸引力在国际上获得其渴望的利益的能力',而文化吸引力是其中最重要的一个组成部分。从这个定义出发,他们极力膨胀自己的文化'软实力',压制其他文化可能产生的吸引力,以获得自身利益的最大化。其结果就是精神殖民,实现对全球文化的单边统治,最后导致全球文化生态的毁灭和文化的枯竭。中国文化面向世界的出发点与

---

① 杜维明、乐黛云:《主题访谈:是多元现代性,还是一元现代性有多元发展?》,载乐黛云:《涅槃与再生——在多元重构中复兴》,中央编译出版社 2015 年版,第 347 页。按笔者的理解,杜先生所说的"软实力"是指"soft power",即"软权力"。

② 2009 年 11 月 1 日杜维明在"多元视角下的公民身份与共同体国际学术研讨会"中国哈佛—燕京学者第四届北京年会上回答贾文山教授的提问时的讲话。

此不同，不是单方面地向世界灌输中国文化，更不是只着眼宣扬中国文化的'软实力'，这些都是题中应有之意，但不应是我们的出发点。我们不能沿用美国的模式，走他们的老路。我们的出发点与此不同，我们的最大利益就是与世界文化多元共生，参与到正在形成的新的世界多元文化的格局中来，探究中国文化作为重要的一元，如何参与解决世界难题，如何反对单边统治，抵制精神殖民，开创新的精神世界。"[1]

美国利用大众传播媒介实施文化帝国主义，早已受到了美国左派传播学者的揭露和批评。1969 年，美国学者 H. 席勒在《大众传播与美利坚帝国》(Mass Communication and American Empire) 中明确地指出，现代传播媒介成为美国实施全球政策的工具；美国媒介在全球引起了多米诺效应，各国文化纷纷受到美国文化的侵袭；其结果是使世界文化同质于美国文化。美国对中国实施的文化软权力，实际上是实施"西化、分化"图谋的一部分。从 20 世纪 50 年代美国国务卿杜勒斯提出要"和平演变"中国，到美国中央情报局"十条诫令"的制定，到美国智库兰德公司建议美国开展网络空间战提出的五项政策建议，再到美国前任国务卿希拉里·克林顿在乔治·华盛顿大学关于"互联网自由"的演讲，美国贯穿始终的对华战略，就是要用美国的"自由、民主、人权"价值观对中国进行意识形态渗透，以期颠覆中国的社会主义制度。[2] 综上所述，美国增强文化软权力是提高其控制他国的能力。

2. 中国提高文化软实力是为各种文化平等互鉴提供动力

中国政府一再申明，中国不发达的时候不称霸，将来即使发达了，也不称霸，永远不称霸。中国的国际文化交流不是想在文化上控制对方，而是通过文化交流增进各国人民的了解和友谊、相互借鉴，携手解决人类共同面临的各种挑战。2013 年 3 月 27 日，中国国家主席习近平在巴黎联合国教科文组织总部发表演讲，阐明了中国政府对国际文化交流的态度和原则。中国的

---

[1] 乐黛云：《中国文化面向世界的几点思考》，载乐黛云：《涅槃与再生——在多元重构中复兴》，第 140 页。按笔者的理解，乐老师文中的"软实力"是指"soft power"，即"软权力"。

[2] 张国祚：《提升我国文化软实力的战略思考》，《红旗文稿》2011 年第 8 期，http://www.qstheory.cn/hqwg/2011/201108/201104/t20110427_78521.htm。

基本态度是：第一，文明是多彩的。人类文明因多样才有交流互鉴的价值。第二，文明是平等的，人类文明因平等才有交流互鉴的前提。第三，文明是包容的，人类文明因包容才有交流互鉴的动力。习近平明确表示文化交流的目的："我们应该推动不同文明相互尊重、和谐共处，让文明交流互鉴成为增进各国人民友谊的桥梁、推动人类社会进步的动力、维护世界和平的纽带。我们应该从不同文明中寻求智慧、汲取营养，为人们提供精神支撑和心灵慰藉，携手解决人类共同面临的各种挑战。"他明确表示了中国梦的目的，是"让中华文明同世界各国人民创造的丰富多彩的文明一道，为人类提供正确的精神指引和强大的精神动力"。中国党和政府关于提高文化软实力的工作是在文化建设部分论述的，不是在对外政策部分谈的。这也表明中国提高文化影响力是为各种文化平等互鉴提供动力，而不是在外交上控制对方。

因而，提高中国对外传播文化软实力的目的，是遵循《世界文化多样性宣言》和《保护和促进文化表现形式多样性公约》规定的原则，促进与世界各国的文化交流，提升中国文化的吸引力和魅力，而不是对他国的控制力，为构建多元文化的和谐世界而努力，促进人类社会的和平与发展，而不是想在文化上称霸世界。正如费孝通先生所说，中国与各国在文化上是"各美其美，美人之美，美美与共，天下大同"。综上所述，中国增强文化软实力是增加自身的与各种文化平等互鉴的能力。这是我们提出提高中国对外传播文化软实力与奈提出提高美国文化软权力的本质区别。

3. 美国将文化交流作为控制对方的手段有着文化根源

美国是个笃信基督教的国家，以基督新教为核心的美国文化中，上帝选择了美国和美国人来拯救世界，美国的事业就是在完成上帝赋予的神圣使命，有强烈的"替天行道"的意识。认为宇宙间存在着上帝的善与魔鬼的恶两种力量的较量，善与恶尖锐对立，不可调和，善必定战胜恶，美国人这种二元对立思维方式非常突出。基督教要求人们要"爱"，主动地给予别人爱，而不是等待别人提出要求。这就是《圣经》中的金律（Golden Rule）"Do unto others, as you would have them do unto you"。向世界派出传教士就是美国向世界传播其文化理念的一种体现。基督教的这些思想体现在美国的对外行为上，是要把自己认为好的东西传播到全世界，让世界共享。这种外

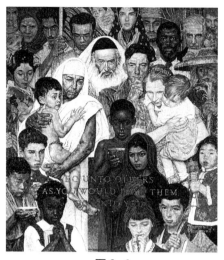

图 3-6

交理念体现在美国送给联合国的一件礼物上。1985 年在联合国成立 40 周年之际,当时的美国第一夫人南希·里根代表美国赠送给联合国一幅镶嵌画《金律》(图 3-6)。①

美国人认为自己的文化价值观和制度是好的,自己信奉的价值观不是自己特有的,而是普世的,它不仅最适合于美国,而且也适合于全世界,它不仅给美国带来好处,而且也给全世界所有的人带来好处,因此全世界都应该接受美国的价值观。如果有些国家还没有,它们也一定希望有;如果它们不希望有,那一定是它们还不明白这些价值对它们的好处。这个时候,美国有责任去说服和诱导它们采纳美国倡导的普世价值观。②

4. 中国进行文化交流的目的是为了平等互鉴也有着深层的文化渊源

当今中华价值观由三部分构成,即由传统价值观、外来价值观和五四以来新创造的价值观构成。传统价值观中儒家思想占有重要地位。儒家思想博大精深,但其核心价值观一目了然。"仁"是孔子思想体系的理论核心,是中国儒家道德规范的最高原则。在孔子学说中,"忠恕"是实行"仁"的方法,是贯穿孔子全部伦理学说("吾道一以贯之")的重要思想。"忠"要求积极为人,如"为人谋而不忠乎"(《论语·学而》),"己欲立而立人,己欲达而达人"(《论语·雍也》)。"恕"要求推己及人,"己所不欲,勿施于人"(《论语·卫灵公》)。"恕"的理念在当今全球社会有着重要的伦理

---

① 该画是根据美国艺术家诺曼·洛克威尔(Norman Rockwell)的一幅名为《金律》(1961 年画)的肖像画,由专门从事镶嵌艺术的意大利威尼斯艺术家用 25,000 块马赛克拼贴放大完成,放置在联合国总部三楼走廊的右端。画的内容为一群面容端庄、目光清澈的不同年龄、性别、肤色、人种的人。诺曼·洛克威尔在上面写了一句圣经中的引言"Do unto others, as you would have them do unto you"。

② 邢悦:《文化如何影响对外政策》,第 181 页。

价值,1993年9月4日在芝加哥宗教会议上宣读的《世界伦理宣言》中,"推己及人的黄金原则,'己所不欲,勿施于人'"成为世界伦理的两大基本原则之一。① 2004年8月在吉隆坡举行的第一届"儒学国际学术研讨会"上,各国学者们一致认为,"'忠恕之道'是促进世界和平、物我相谐的基石","'己所不欲,勿施于人'是适合全人类的道德规范"。②

儒家的忠恕与基督教的金律有重大区别。③ 有人误将儒家的忠恕理念与基督教的金律相提并论。金律来自《新约全书·马太福音》第七章十二节,中文翻译为:"你们愿意人怎样待你们,你们也要怎样待人。"今人用"己之所欲,施之于人"与之匹配,意义相当。而《论语》中的忠恕的一种表达"己所不欲,勿施于人"是其否定式。二者的重要区别是:"《新约全书》的金律只有肯定式表达,因为基督教的博爱来自上帝,上帝是无限的,上帝的爱也要无限地向外推出去;《论语》的忠恕思想既有肯定式,也有否定式表达,由于儒家的博爱来自人自身,人是有限的,故人类之爱既要向外推出去,又要向内加以限制。这就是金律与忠恕思想最根本差异之所在。"④(见图3-7)世界史中,基督教教会延绵不断地派遣传教士向世界非基督教国家和地区传教,就是"己之所欲,施之于人"理念的一种体现。而中国历史上不曾发生过由大儒派遣儒士到世界各地传播儒家思想的情况,这与"己所不欲,勿施于人"不无关系。所以,忠恕之道不可作积极表述"己之所欲,施之于人","儒家的忠恕原则强调的是个性差异实现或限制性前提下的沟通,它体

金律与忠恕思想的差异

图3-7

---

① 孔汉思:《世界伦理手册》,邓建华、廖恒译,生活·读书·新知三联书店2012年版,第2页。
② 舒大刚、彭华:《忠恕与礼让》,四川大学出版社2008年版,第261页。
③ 《世界伦理宣言》中曾经将二者等同(见孔汉思:《世界伦理手册》,第138页)。笔者曾向杜维明教授请教,询问二者是否有重大区别。杜教授认为二者有重大区别。我国大多数学者都认为二者有重大区别。
④ 蒋重跃:《〈新约〉金规则与〈论语〉忠恕思想之比较》,《河北学刊》2008年第2期,第103页。

现了一种价值平等性的精神。而对这一原则的'积极表述',则易于导向对其差异和限制性规定的忽略,从而助长对现代社会业已造成很大危害的自我中心的态度。"① 因而,"恕"与基督教的金律有重大区别,"恕"是具有中国特色的价值观,更适应当今《世界文化多样性宣言》中倡导的文化相互尊重原则的时代潮流。1988年1月,在巴黎召开的主题为"面向21世纪"的第一届诺贝尔奖获得者国际大会上,经过四天的讨论,75位诺贝尔获奖者所得出的16个结论之一是:"人类要生存下去,就必须回到25个世纪以前,去汲取孔子的智慧。"② 这种价值观一直延续至今。中国自1840年鸦片战争之后,受到帝国主义侵略,陷入积贫积弱任人宰割的悲惨状况。这段历史悲剧绝不能重演。"中国已经发展起来了,我们不认可'国强必霸'的逻辑,坚持走和平发展道路。""己所不欲,勿施于人"警示我们不要称霸世界,宰割其他弱小国家。习近平主席在纪念抗战胜利70周年大会上的讲话中说:"为了和平,中国将始终坚持走和平发展道路。中华民族历来爱好和平。无论发展到哪一步,中国都永远不称霸、永远不搞扩张,永远不会把自身曾经经历过的悲惨遭遇强加给其他民族。"③ 这就体现了"己所不欲,勿施于人"的价值观。

### (二)何人传播

为了达到预设的目的,用什么人去实施完成任务呢?这涉及三个层次:上层为决策和管理层,中层为组织实施层,基层为具体个人操作实施层。在对外文化交流的决策和管理方面,中国和美国有很大区别。

中国实行的是多部门交叉管理的行政模式,对外文化传播工作由几个部委共同管理:(1)文化部主管文学艺术界对外文化交流。④ (2)国家新闻

---

① 李景林:《忠恕之道不可作积极表述论》,《清华大学学报(哲学社会科学版)》2003年第3期,第4页。
② 〔英〕帕特里克·曼汉姆:《诺贝尔奖获得者说要汲取孔子的智慧》,《堪培拉时报》(Canberra Times)1988年1月24日。参看顾犇:《关于诺贝尔与孔夫子的一些说明》,http://www.bengu.cn/homepage/paper/paper66b.htm。
③ 《习近平在纪念抗战胜利70周年大会上的讲话(全文)》,中国新闻网,http://www.chinanews.com/mil/2015/09-03/7504548.shtml。
④ 《文化部主要职责》,中华人民共和国文化部网站,http://www.mcprc.gov.cn/gywhb/zyzz/201111/t20111121_278085.htm。

出版广电总局主管书籍、报纸、杂志、电影、广播、电视的对外文化交流。(3) 国家工业和信息产业部主管对外网络及通信等业务。(4) 国家文物总局主管博物馆对外文化交流。(5) 中共中央宣传部不直接管理任何一块业务，但却是所有与新闻、文化及宣传有关的都管，可谓是"全管"。但中宣部的"管"只限于政策层面的把握，并不干预各分管部门的具体业务。中国政府部门职能存在交叉问题，为了解决这个问题，2009 年成立了对外文化工作部际联席会议，协调各部门之间的对外文化交流工作。目前包括的单位有：文化部、商务部、外交部、教育部、国家民族事务委员会、财政部、国家新闻出版广电总局、国家体育总局、国家旅游局、国务院侨办、国家文物局等。

美国政府通过多种方法管理对外文化传播，主要有三种。第一种是美国联邦政府公开直接操纵和组织对外文化宣传活动，旨在树立美国的正面形象，大力宣传美国的价值观，达到美国控制他国的目的。"美国之音"是其直接操纵的组织。"美国之音"对外广播宣传活动开始于二战期间的 1941 年，1953 年划归美国新闻署管理。1999 年美国新闻署撤销后，"美国之音"置于联邦政府的独立机构广播理事会的领导之下。"美国之音"一直是美国联邦政府的一个对外宣传机构，它的经费完全由美国联邦政府提供。现在，"美国之音"自称是提供 45 种语言服务的动态的国际多媒体广播电台。它通过电台、互联网、手机和社交媒体提供新闻、资讯和文化节目，每周服务全球 1 亿多的民众。但是，它在中国日益衰落。自 1941 年 12 月 28 日开播汉语普通话节目起，"美国之音"这个历经了长达半个多世纪的对华广播电波，终于在不情愿中走到历史的终点——"美国之音"官方宣布，自 2014 年 10 月起，全面停止汉语普通话短波、中波及卫星电视广播，仅保留在线播出内容。[①]

第二种是由中央情报局 (CIA) 秘密进行的操纵。冷战初期，美国外交家乔治·坎南很直率地说："美国没有文化部，中央情报局有责任来填补这个空缺。"中央情报局事实上是美国的对外文化宣传部，在第二次世界大战

---

① 《美国之音 从肆意狂奔到穷途末路》，《每日新报》（天津）2014 年 9 月 14 日，http://news.163.com/14/0914/07/A63BIOK700014Q4P.html。

结束后,"马歇尔计划"动用了两亿美元的资金来搞文化宣传"心理战",通过"法弗德基金会""亚洲基金会""福特基金会""洛克菲勒基金会""卡内基基金会"大量收买本地文化人士,以秘密的手法扩大美国文化的霸权主义和文化殖民空间。英国学者弗朗西丝·斯托纳·桑德斯在《文化冷战与中央情报局》中,详尽地揭露了中央情报局在文化领域展开了长达半个多世纪的文化输出活动:从冷战一开始,1950年中央情报局就暗地组织策划成立一个"文化自由大会"。在其鼎盛时期,它在35个国家设有分支机构(包括"文化自由美国委员会"),雇有几十位全职工作人员,拥有自己的新闻社,出版二十多种显赫刊物,经常举办艺术展览,组织高规格的国际会议,并为音乐家、艺术家颁奖。举办讲座和研讨会,创办学术刊物,开设图书馆,资助学者互访,捐助讲座教授位置等。[①] "在国外,中央情报局主要依靠当地的知识分子,他们从内部的进攻有利于掩盖美国的黑手,制造出一切源于本地的假象。""所有的知识领域,我们都有兴趣,从人类学到艺术创作,从社会学到科学方法论,无一例外。"美国中央情报局在世界各地的确发挥了其强大的作用,世界各地的好多政府就是他们给颠覆的。近来美国《混合语》(Lingua Franca)杂志不断曝料:在第三世界推进"现代性"的幌子下,美国中央情报局在1996年后加紧了对第三世界学术界的渗透,出巨款让一些人宣传推进全盘美国化,豢养一批打手专门打压那些为自己民族文化崛起做贡献的人。[②] 其中包括国家顶层的决策机关、执行部门、执行人员。美国争取打手的所在国家有三类:本国的、对象国的、第三国的。具体部门和人员包括:政府机构、非政府组织、民间组织、企业、明星、精英、普通百姓。冷战结束后,这种方法在暴露后受到广泛批评,此后做得更隐蔽。

第三种管理是通过税收减免鼓励资助民间文化机构发展繁荣和扩大对外文化交流。法国社会学家、记者马特尔在《论美国的文化》一书中揭示了

---

[①] 〔英〕弗朗西丝·斯托纳·桑德斯:《文化冷战与中央情报局》,曹大鹏译,国际文化出版公司2004年版。〔澳〕彼得·科尔曼:《自由派的阴谋:文化自由同盟与战后欧洲人心的争夺》,黄家宁等译,东方出版社1993年版。

[②] 王岳川:《大国文化安全与新世纪中国文化的世界化》,载唐晋编:《大国软实力》,华文出版社2009年版。

美国慈善机构、基金会、艺术赞助人的运作机制,全面阐释了虽然美国政府的直接补贴非常有限,但联邦政府与各州政府都通过税收减免的手段对一些非营利性的文化机构进行间接补贴,慈善捐款与各基金会在文化资助中也扮演着重要角色。① 文化艺术在美国并不是被当作一般的商品,而是在公益的逻辑基础上,设想出了一个庞大的体系来保护艺术。很大程度上,舞蹈、歌剧、古典音乐、有影响力的戏剧、造型艺术以及今天的爵士乐、少部分的电影、出版和流行音乐是存在于市场经济之外的。这一体制所赖以运行的庞大的非营利机构享受政府给予的重大税收减免。税收缺口的很大部分由联邦和地方政府予以间接的公共补贴。数百条法令以及说不出名目的"保留款项"为联邦政府、各州和各城市提供了相当多的扶助文化的手段,而这些扶助手段都不必签署任何支票。通过上述杠杆,美国联邦政府介入文化,但它是被动的,国家在任何情况下都不能决定应该帮助哪些机构和艺术家。文化资助的这种彻底的隐身性是美国文化体制的标志。在美国,这种对艺术预算的掩盖与欧洲的张扬截然不同。与此同时,此机制还积极鼓励和促进美国文化产品进入国际市场。

(三)用何信息

明确了传播目的,有了传播者,要传播什么文化信息呢?所谓信息,一般指音信、消息。在信息论中,信息指用符号传送的报道。在当今的信息社会,信息异常丰富。由于文化包含着一种文化的精神内核,各类信息往往多多少少渗透有文化的信息。使用什么文化信息与文化资源密切相关,而在文化资源上中美两国有巨大区别。

中国文化资源的丰富性远远胜过美国。约170万年前就有早期人类"元谋人"在中华大地上活动,用石器创造了远古的文化。位于辽宁西部、内蒙古东部的红山文化是公元五千多年前创造的农业文明,是中国已知出现最早的文明曙光。公元前17世纪商朝建立,中华民族创造了文字、金属工具,创建了城市,进入文明社会。这种文明延续至今,是人类历史上唯一没有中断的古代文明,在中华大地上创造了光辉灿烂的文化。截至2015年,中国

---

① 〔法〕弗雷德里克·马特尔:《论美国的文化:在本土与全球之间双向运行的文化体制》,周莽译,商务印书馆2013年版。

共有48个项目（其中文化遗产34项，自然与文化遗产4项，自然遗产10项）列入联合国教科文组织的世界遗产名录，居世界第二，仅次于意大利（51项）；有38个项目入选联合国教科文组织的人类非物质文化遗产名录，项目总数居世界第一。考古界认为，大约1.5万年前亚洲人从亚洲千辛万苦到达美洲，成为美洲大陆的原住民。1620年9月一艘载运清教徒移民的船只"五月花"号离开英国，12月到达北美普利茅斯，美国文明从此诞生，距今只有约400年的历史。美国共计有23项（10项文化遗产，12项自然遗产，1项文化与自然双重遗产）列入联合国教科文组织的世界遗产名录，数量名列世界第10位。美国目前不是《非物质文化遗产保护公约》缔约国，所以美国目前没有在联合国申报非物质文化遗产项目。中国文化与美国文化各有特色。在生活符号上，中国烹饪、中国功夫、中华医药是美国文化中没有的。在艺术符号上，中国的书法、京剧、中国画、中国园林、民族乐器也都是美国没有的。在文学上，中国的诗词远比美国诗词发达。在精神内核上，信仰和核心价值观是文化的核心。中国有传统的儒、释、道思想，五四运动以来，马克思主义与中国传统价值观相结合，形成了以历史唯物主义和集体主义为核心的社会主义核心价值观。美国则形成了以基督新教和注重个人主义价值观为核心的资本主义核心价值观，在全球宣扬美国版的"自由""民主""人权"。

文化资源不等于吸引力。不是所有中华文化的资源都对美国民众有吸引力，只有使中华文化在美国具有影响力，才可以将其转化为中国的文化软实力。比如，由于汉语与英语语言上的差别，中国的诗词翻译成英文很难对美国大众有吸引力。同样，美国的文化资源也不是都对中国有吸引力，例如美国强调个人主义至上，私人可以拥有枪支，这对多数中国人没有吸引力。

### （四）用何编码

上文所述文化资源，首先需要在本国文化的知识体系中进行一次编码，若对外国人传播，还必须进行第二次编码，转变成对象国的语言，形成话语（discourse）。例如，中国对美国传播就必须将汉语转变为英语，这样才能使美国大众理解。把汉语转变成英语，需要使用汉英词典，但汉英词典对汉语词汇的英语解释，使得中国在传播中华文化处于不利地位。中英中美文化交流的初始时期，没有汉英词典，从英国来华的传教士马礼逊（Robert

Marrison）为了便于传教，于 1815—1823 年出版了由他独自编纂的《华英字典》（共六大本）。这是中国历史上出现的第一部英汉、汉英字典巨著，成为中国英汉、汉英字典的嚆矢，被以后来华传教士奉为"圭臬"。《华英字典》中的《五车韵府》1819 年出版，是第一部汉英字典。《华英字典》的出版对中英文化交流功不可没，但也有不足之处：马礼逊对中国文化的了解有限，有些词句的汉译不准确甚至有错误。自 1819 年该字典问世以来，有影响的三次编纂工作都由英美学者（多为传教士）负责，为了利于传教等多种因素的考虑，他们对中国词语的英语解释或多或少带有西方文化中心论的痕迹。在翻译策略上，特别是在有关中华文化特色词语的翻译方法上，更多地采取了归化策略而不是异化策略①，是"求同"而不是"存异"。因此，一些具有中国文化特色的词汇在该词典中黯然失色。

一直到 1978 年中国大陆才出版了由北京外国语学院编辑、由商务印书馆发行的《汉英词典》。由于历史上的约定俗成等多种原因，尽管编纂词典的学者们付出了艰苦努力，但在编纂具有中国文化特色方面仍有不足。例如，2010 年出版的第三版《汉英词典》依然将"龙"译为"dragon"。事实上，中国"龙"和英文的"dragon"是完全不同的两种想象中的动物。在中国，龙是中华文化的图腾，是中华民族的象征，具有祥瑞的寓意。而"dragon"在西方基督教文化中是罪恶的象征。由于这种误译，龙的中国特色不见了。2008 年的北京奥运会和 2010 年的上海世博会都没有中国龙的形象出现，就是为了避免西方人的误解。又如，将"京剧"翻译成"Beijing opera"。事实上，京剧不是北京歌剧，中国的京剧是集歌唱、舞蹈、朗诵、武术等多种艺术为一体的艺术，而西方的歌剧（opera）是专门展示歌唱的艺术。将京剧翻译成"Beijing opera"，在讲英语的读者看来，京剧就是北京

---

① 归化和异化这对翻译术语是由美国著名翻译理论学家劳伦斯·韦努蒂（Lawrence Venuti）于 1995 年在《译者的隐身》中提出来的。归化：是要把源语本土化，以目标语或译文读者为归宿，采取目标语读者所习惯的表达方式来传达原文的内容。归化翻译要求译者向目的语的读者靠拢，译者必须像本国作者那样说话，原作者要想和读者直接对话，译作必须变成地道的本国语言。归化翻译有助于读者更好地理解译文，增强译文的可读性和欣赏性。异化："译者尽可能不去打扰作者，让读者向作者靠拢"。在翻译上就是迁就外来文化的语言特点，吸纳外语的表达方式，要求译者向作者靠拢，采取相应于作者所使用的源语表达方式，来传达原文的内容，即以目的语文化为归宿。使用异化策略的目的在于，考虑民族文化的差异性、保存和反映异域民族特征和语言风格特色，为译文读者保留异国情调。

的歌剧，其包括舞蹈、朗诵、武术等中国特色的艺术不见了。再如，儒家思想是中国传统文化中重要的精神内核，儒家文化中的"恕"是儒家思想的核心概念。恕的定义是"己所不欲，勿施于人"，而《汉英词典》将"恕"翻译成"consideration for others; forbearance"，再转译为中文是"考虑他人；忍耐，克制，宽容"，儒家思想的精髓荡然无存。"集体主义"是新中国诞生后在全国人民中提倡的一种核心价值观，《汉英词典》沿用西方的观点将"集体主义"翻译成"collectivism; community spirit"，而"collectivism"在当今的英文中是个贬义词。如果用这样的码本去转换具有特色的中华文化，结果很可能是南辕北辙。词典的主编已经意识到这方面的问题："本词典已收录不少关于中国文化的词目，接下来我们或许可以在已有的基础上提炼和扩充，编纂一部更具中国文化特色的词典。"①

在二次编码中，从一种语言转换为另一种语言，不仅词汇的转换，而且语句的转换、篇章的转换，都会受到文化因素特别是思维方式的影响。

另一方面，美国使用的语言是英语，英语是世界上的通用语言，在对外传播中，特别是对海外的精英传播无须转变编码。这与中国有巨大的区别。

### （五）用何渠道

渠道就是途径。将编好码的信息传递给邻国或远隔千山万水的远邦，就需要使用不同的传播渠道。个人、组织（团体、企业）、大众传媒是最主要的国际跨文化传播渠道。人员流动是传播文化的一个重要渠道。中国人口有13亿，美国人口3亿，2013年中国有近1亿人次出境旅游，出国旅游人数已经位居世界第一，美国位居第二。留学生在海外既吸收外国文化，同时也在传播本国文化。（截至2014年7月8日，在所有国际学生中，中国国籍的国际学生人数最多，达到创纪录的27.596万人，在美国大学国际生所占比例也最高，达28%。在2011—2012学年有14,887名美国学生在中国学习，增长了2%。）因而在人际传播渠道上，中国在人数上多于美国。在大众传播媒体方面，中国电影出口到美国与美国电影出口到中国相比较，美国占有优势。中国的图书出口到美国与从美国进口有很大的逆差。在这些方面，中

---

① 姚小平主编：《汉英词典》（第三版），序"《汉英词典》的过去、现在和未来"。

美有所不同。中国的对外传播媒体如中央电视台、新华社等多是执政党和政府直接领导下的媒体，它们是对外传播的中坚力量。而美国的对外媒体除了"美国之音"外，像CNN和美联社等都不是政府领导下的媒体，其中坚力量是非政府组织、民间组织、垄断性的媒体企业。由于文化差异，中国民众对美国的媒体不反感，不影响美国对华的传播效果，而美国民众对中国政府领导下的媒体常抱有偏见，影响中国对美的传播效果。近年来，国际互联网已成为书籍、报纸、广播、电影、电视之后最重要的国际文化传播媒介。中美在国际互联网方面，起步时间相差不大，为中国在"弯道"赶超提供了机遇。

### （六）传给何人

中国与美国的国情不同，对外传播的国际受众有较大差别。中国人口众多，人口密度大，历史上华侨就散布在世界多个国家，但从未在海外建立殖民地。自中国改革开放以来，海外移民增多，中国新闻社2009年发布的《2008年世界华商发展报告》对中国改革开放30年来新华侨华人状况进行了整体研究。报告称，2000年海外华侨华人约为4000万人，2008年约为4400万人。最新统计可能已达4800万人，增速惊人。初步统计，直接从中国大陆移居海外的新华侨华人共达600万人，这些新移民也使世界华商结构发生重大变化，他们陆续移居，将企业经营范围拓展至北美、西欧、澳大利亚、日本等发达国家和地区。例如，2000年美国华人华侨约为200万人；根据美国人口普查局2006年的美国社区调查，2006年美国的华裔人口总数为349.7万人，占美国人口总数的1.2%；如今已达400万人。日本也从原有的17万人增加到70万人、法国从30万人增加到70多万人。中国的富裕阶层和知识精英正成为新时期移民潮的主力军。华人有几个与众不同的显著特点：第一，人数多，分布在从非洲到欧洲、从东亚到美洲的全球各地。第二，由于历史和文化的原因，他们与中华文化保持着一定的认同感，因而比外国人有更强的了解中华文化的需求。第三，这些华人的后裔中的一部分人慢慢地放弃了汉语，将所在国语言当作第一语言。中国对外文化交流针对的对象不仅是外国人，而且包括海外华人和华侨。海外华人本身有着巨大的对中国文化产品的需求，同时他们也将带动非华人对中国文化产品的消费。另外，海外华人既了解国外文化市场的特点，又与国内保持着联系，可以通过他们建立与外国市场的联系,以促进中国文化产品走出去。这些是有利方面。不利方面,从受众使用的语言角度看,中国对外传播的受众中,只有华人可以使用汉语,而世界上除中国外,以汉语为官方语言的国家只有新加坡,因此对其他国家受众的传播必须转换成对象国的语言或者英语,这增大了中国对外传播的成本和难度。

美国本身是个移民国家,是由英属 13 个殖民地发展而形成的国家。至今依然是地广人稀,接收大量的移民。由于历史上是英国的殖民地,美国与英国在文化上有着千丝万缕的联系。英国曾号称"日不落帝国",殖民地遍布世界,英语成为这些殖民地国家的官方语言,并逐渐成为世界性语言。目前英联邦有 53 个成员国,21 亿人口(2005 年),英语成为其 47 个成员国的官方语言之一,还是 10 个国家和地区的官方语言,包括我国香港特别行政区。目前英语是香港各大学主要的教学语言。美国用英语进行对外传播,在加拿大、英国、澳大利亚、新西兰、南非基本没有语言障碍,在印度、新加坡、尼日利亚等英语为官方语言国家的精英中传播语言障碍较小。因而,从受众使用的语言角度看,美国对外传播的英语受众遍布全球,减少了美国对外传播的成本和难度。

（七）如何解码

外国受众与信息发出国的知识体系和意义体系有差异,这种差异因国别不同而不同。以中美为例,当今中美民众的知识结构和意义结构有着较大的区别。当今中国主流民众宗教信仰淡薄,而美国民众是当今西方国家中宗教信仰最浓厚的;中国主流价值观是集体主义,而美国的主流价值观是个体主义;在政治观念上,中国是大政府小社会,美国是小政府大社会;中国人的主流思维方式是综合思维和辩证思维,美国主流社会流行的是分析思维和二元对立思维。美国和加拿大之间的知识体系和意义体系差异就比较小。信息接收国受众对来自外国的语言符号和非语言符号,要根据自己的知识结构和意义结果进行解码,进行偏好解读、协商解读、对抗解读,因而在国际跨文化传播中会出现文化折扣。中国对外传播中,中国传播者的文化码本与传播对象国受众的文化码本不一样,受众对来自中国的信息在解码过程中误读率较高。特别是近代以来西方对东方文化以不平等的俯视眼光,持偏见态度看待中国文化,形成的"东方主义"影响依然存在,所以受众对来自中国的信息在解码过程中误读率就更大了。美国对外传播中，美国传播者的文化码本与英国以及加拿大、澳大利亚、新西兰等原英国移民殖民地国家传播对象国受众的码本基本一样，与南非、印度、新加坡、尼日利亚等原英属殖民地国家精英的码本相同部分多，这些国家的受众对来自美国的信息在解码过程中产生的误读率小。

### （八）有何影响

影响是指对人或事物所起的作用。国际跨文化传播的影响与最初制定的目标密切相关。国际跨文化传播的影响是个潜移默化的过程，是一个由量变逐渐发生质变的过程，需要一段时间才能显现其结果。影响有短期效果和长期效果。国际跨文化交流有民间主导的，也有政府主导的。无论是中国人民还是美国人民与其他国家人民之间的文化交流，无疑促进了相互学习和借鉴，促进了文明的发展。但是，中美政府主导的国际跨文化传播的目的不一样，传播的效果不同。

美国政府的国际文化传播所要达到的目的并不是不同文化之间的相互吸引、共同发展，而是作为干涉他国内政称霸世界的工具。第二次世界大战结束以来的历史就是明证。美国在西欧设立的大型广播电台"自由欧洲电台"和"自由电台"，其主要任务和目的通过向苏联、东欧国家的人民特别是青年传播西方价值观，实行和平演变。这是苏联解体和东欧剧变的外部原因之一。冷战结束后，西方国家正在打一场没有硝烟的第三次世界大战。所谓没有硝烟，就是要社会主义国家和平演变。① 冷战结束以来，美国利用文化交流干涉他国内政的事情屡见不鲜。中国政府主导的对外文化交流虽然也作为外交工作的一部分，但是并不干涉他国内政。文化交流互鉴成为增进各国人民友谊的桥梁、维护世界和平的纽带；文化交流是为了从不同文化中寻求智慧、汲取营养，携手解决人类共同面临的各种挑战。新中国成立后，中国向非洲等第三世界国家提供援助，不提任何政治条件，不干涉他国内政，没有利用文化交流干涉他国内政的记录。1953年周恩来总理提出的和平共处五项原则，得到印度和缅甸的共同倡导。半个世纪以来，和平共处五项原则不

---

① 《邓小平文选》第3卷，人民出版社2001年版，第344页。

仅成为中国奉行独立自主和平外交政策的基础，而且也被世界上绝大多数国家接受，成为规范国际关系的重要准则。孔子学院被誉为21世纪传播中华文化的"新丝绸之路"，创造了平等合作、互利双赢的办学模式，成为深入中外文化交流的品牌。近年来，中国文化部在世界各地举办的"欢乐春节"活动已经成为又一个中外文化交流品牌。例如，2014年中国春节期间，我国在全球112个国家和地区的321座城市举办了570多项内容丰富、形式多样的春节活动。"欢乐、和谐、对话、同庆"成为活动的鲜明主题，"大自然的节日""家庭的节日""世界的节日"等节日理念受到各国民众的喜爱。

## 第三节　文化影响力

### 一、什么是文化影响力

《现代汉语词典》没有将"影响力"作为一个词条，因此也没有该词的解释。"影响力"是"影响"和"力"组成的组合词。"影响"是对别人的思想或行动所起的作用；"力"是指力量、能力，力有三个要素，即力的大小、方向和作用点。"影响力"在文化交流的语境中含义是：对别人的思想或行为所起作用的力量，展开说就是"对别人的思想或行动所起的作用的大小、方向和作用点"。

文化影响力就是文化各要素对别人的思想或行动所起作用的大小、方向和作用点。在国际跨文化传播的语境中，展开来说，就是"珍珠链模型"中的八个要素——文化符号、文化产品、民众与杰出人物、文化团体/企业、大众传媒、价值观、思维方式、信仰，对别人的思想或行为所起作用的大小、方向和作用点。

### 二、文化为什么有影响力

甲文化为什么会对乙文化民众有影响力？因为不同文化之间具有一定的共享性。文化是由人创造的，其功能是为人服务的，以满足人的各种需要，不同种族、肤色、国籍的人都是人，文化可以为各国人民服务，可以满足各国人民的需要。人有共同的本性，中国古人曾说："人之初，性本善，性相近，习相远。"美国心理学家马斯洛提出了人的需求层次理论，个人的七种需求由低到高依次是：生理需求、安全需求、归属与爱的需求、尊重需求、认知需求、审美需求、自我实现需求。这七种需求可分为生理性需求和非生理性需求。虽然"马斯洛需求层次理论中的非生理性需求部分，并不具有普适性，而是依文化而定"①，例如，自我实现的需求在一些文化中不排在最高等级。但是事实显示，一种文化创造的东西可以满足另一文化人们的七种需求。

在生理需求上，中国培育出来的茶叶能满足人们饮食的需求，流传世界；外国的咖啡能提神，受到很多中国人的喜爱；在安全需求上，西医能治病，中国人对它有需求，中医也能治病，外国人也能接受；在归属和爱的需求上，各国的民众都热爱自己的家庭，都需要爱情，英国的罗密欧与朱丽叶的爱情故事能感动中国人，中国的梁山伯与祝英台的故事也能打动外国人；在尊重的需求上，世界上几乎所有人都需要别人尊重自己；在认知的需求上，人们都有满足好奇心，寻求了解、解释和理解的需要，中国人在崇山峻岭中修造了万里长城，引起外国人的好奇心，想来中国看一看，法国人用钢铁建造了高耸云天的埃菲尔铁塔，中国人也想一睹为快；在审美的需求上，中国的琵琶曲《春江花月夜》给人以愉悦，德国贝多芬的钢琴曲《命运交响曲》也能给人以愉悦，所以它们没有国界；在自我实现上，各国民众都想梦想成真，都期望过上幸福生活。因此，文化能满足人类各个层面的需求。

文化是后天学来的，人人皆有容纳新文化的空间。文化不是先天就具有的，婴儿呱呱落地的时候，头脑里没有文化，后来有了文化是父母传授、环境影响等社会化的学习结果。人的头脑是开放性的，特别是青少年，有足够的空间接受新鲜事物。一个人可以学习和运用多种语言，就说明人人都有接受异文化的能力和空间，因此人类有接受各种需求的可能。

从国际传播语境中的文化要素来看，文化的各个要素都有能满足异国民众需求的部分。中国获得诺贝尔文学奖的文学家莫言说："每个阶级、每个

---

① 〔美〕罗纳德·英格尔哈特：《发达工业社会的文化转型》，张秀琴译，社会科学文献出版社2013年版，第157页。

阶层的人都有自己的一些想法，但是，人性中诸如父母之爱、儿女之爱、男女之爱，以及荣辱、羞耻、愤怒、梦想等，这些关乎人的最基本的感情方式，不管哪个阶级、哪个阶层的人都是相通的。这也是我们文学能够走向世界的最重要的依据，也是我们能够把外国文学拿过来译成中文出版，感动中国读者的重要基础。比如我们读列夫·托尔斯泰的《战争与和平》，写的并不是我们中国人所熟悉的群体，但我们依然会被里面的很多真情打动，就是因为里面描写了人的这种相通的感情，写了人的共性。对此毛泽东同志的《矛盾论》《实践论》表述得非常清楚。文学创作也是一种共性与个性的统一，普遍与特殊性的统一。"① 在当今世界，不仅是文学，国际传播中文化的各因素——符号、文化表现形式、代表人物、生活方式、媒介、信仰、价值观、思维方式，都具有一定的共享性。在符号方面，迪斯尼动画片中米老鼠的形象受到全球儿童的喜好，中国的书法受到各国的青睐；文化表现形式方面，贝多芬谱写的交响乐受到广泛喜爱，法国卢浮宫的艺术品吸引了来自世界各地的游客，中国的杂技誉满全球；在代表人物方面，孔子受到了外国民众的尊重，古希腊的亚里士多德在中国也享有盛誉；在生活方式方面，中国的美食誉满全球，美国的肯德基在中国也颇受欢迎；在媒介方面，手机受到世界各国人民的喜好；信仰是文化差异最大的方面，最不容易改变，但是无论信仰何种宗教或是无神论者，己所不欲，勿施于人，都是被接受的道德底线；在思维方式方面，虽然亚里士多德的形式逻辑在中国古代是陌生的，但随着文化交流，中国人也接受了它；在价值观方面，价值观是文化中的核心之一，诚实守信的价值观为各民族所尊崇，一国的价值观也可以为另一国人民所借鉴，俄国十月革命之后，从西方传来的马克思列宁主义就被中国人民所借鉴，它满足了中国先进分子改造半封建半殖民地的旧中国的需求。

不是甲国所有的文化要素对乙国民众都有吸引力和影响力，也不是甲国对乙国有吸引力和影响力的文化要素必定适合于丙国。例如，中国菜"焦溜肥肠"对美国民众没有吸引力，而"鱼香肉丝"对美国食客有吸引力，但是"鱼香肉丝"却会被穆斯林断然拒绝。美国的个人主义也许在拉美大

---

① 莫言：《文学创作漫谈》，载中央国家机关工委宣传部主办：《大讲堂》2013年第9期，第73页。

行其道,而在某些中东国家却被视为放荡不羁。一种文化对另一种文化的兴趣起始于内部的需要。在国际关系领域,一种文化若要有吸引力,并不完全取决于自己是否有意推动,而在于他国社会缺什么,要什么,怎么看。

不同文化之间有可以共享的部分,这部分能满足人们的各种需要,因而具有影响力。

### 三、共享价值观

#### (一)价值观分为共享性和不共享性两大类

在跨文化交流中,交流双方在价值观方面存在着两类价值观:共享类(共享价值观和基本共享价值观)和不共享类(基本不共享价值观、不共享价值观)。对这两类价值观还可以进一步细分。共享类价值观中包括三种:共同价值观、外来共享价值观和本土共享价值观。在中国的语境中,我们将本土共享价值观称为"共享性中华价值观"(shared Chinese values)。不共享类价值观(unshared values)可分成两种:外来不共享价值观(unshared foreign values)和本土不共享价值观(unshared native values)。所谓外来不共享价值观,是指在跨文化交往中,外国的价值观与本国的价值观有冲突,不被本国所接受。例如,美国主流社会的个人主义价值观传到中国来,与中国主流社会的集体主义价值观是冲突的,美国传来的个人主义价值观与中国主流社会是不共享的。所谓本土不共享价值观,是指在跨文化交流中,本国的价值观不被外国所接受。例如,中国的一些社会主义价值观或无神论的价值观在美国也难以被接受,是冲突的不共享的价值观。在美国跨文化交流学的价值观研究中,主要是对不共享价值观的研究,而忽略了共享性价值观研究。美国跨文化传播学价值观理论缺少共享价值观的理念。通览美国和欧洲学者著述的跨文化传播教科书,可以看到其中主要是强调不同文化间价值观的差异(different values),呈现出"求异疏同"的倾向。美国学者从跨文化交流学诞生初期就十分侧重文化差异对跨文化交流的影响,爱德华·C.斯图尔特在《美国文化模式》中强调说:"没有文化差异和评论,跨文化交流学就没有存在的基础。"① 直至今日，这种思想一直影响着美国学者价值观理论的研究。美国跨文化交流学的教科书中强调的是不同文化间价值观的差异，只有少数著述提及价值观结构和内容上的共性（universals in the content and structure of values）或人类基本价值观（basic human values）。② 虽然有的著作中提到共享文化（shared culture），但是没有细化到共享文化价值观。有学者提出跨文化交流中的普世伦理（universal ethics）问题③，虽然价值观与伦理之间有联系，但也有区别。价值观不等同于伦理，价值观关注什么是好的、重要的和有意义的行为准则，伦理则涉及什么是正确的和什么是错误的道德规范；价值观所包含的范围大于伦理，伦理是价值观中的一部分。在美国跨文化交流学的主流著述中，尚未见到提及不同文化间的共享价值观（shared values）的概念。例如，萨默瓦和波特主编的《跨文化交流》（第 7 版）④、米尔顿·贝内特主编的《跨文化传播学基本概念》（修订版）⑤、古迪孔斯特和莫迪主编的《国际传播与跨文化交流指南》⑥、丹·兰迪斯等主编的《跨文化培训手册》⑦ 等著作中的主题索引里均没有出现"共享价值观"或"普世价值观"。《跨文化交流》（第 4 版）中提到："我们在本书中已经花费了大量时间来谈跨文化情况下重要的差异，而我们即将要讨论的是，真正为成功的交流做出贡献的，往往是我们的相似性而不是差别。"⑧ 但遗憾的是，该观点并没有得到重视。我国对近些年西方跨文化传

---

① Edward C. Stewart, *American Cultural Patterns: Across-Cultural Perspective*, Intercultural Press, INC, 1972.

② Shalom H. Schwartz, "Universals in the Content and Structure of Values: Theoretical Advances and Empirical Tests in 20 Countries," *Advances in Experimental Social Psychology* 25: 1-65.

③ Larry A. Samovar and Richard E. Porter, *Intercultural Communication: A Reader*, 10th edition, Wadsworth, 2003, p. 467.

④ Larry A. Samovar et al., eds., *Communication Between Cultures*, 7th edition, Wadsworth, 2010.

⑤ Milton Bennett, ed., *Basic Concepts of Intercultural Communication*, Intercultural Press INC., 1998, revised edition, 2013.

⑥ William Gudykunst and Bella Mody, eds., *Handbook of International and Intercultural Communication*, Sage Publications, 2001.

⑦ Dan Landis et al., eds., *Handbook of Intercultural Training*, Thousand Oaks: Sage Publishing, 2004.

⑧ Larry A. Samovar et al., *Communication Between Cultures*, 4th edition, Wadsworth, 2001, pp. 298-299.

播研究进展的述评中，尚未看到关于共享价值观的论述。①

　　受美国学者影响，目前中国跨文化交流的教科书也忽略了不同文化中的共享价值观。例如，2010年美国华裔学者和中国学者共同编撰的《跨文化传播学关键术语解读》出版，书中收录有120多条关键词，这些词条是编者"在美国罗得岛大学传播学系教了二十余年跨文化传播学这门课的过程中陆陆续续整理出来的"，但其中没有词条"共享价值观"和"普世价值观"。②跨文化交流学的产生就是发现不同文化之间存在差异，会产生交流障碍，所以一开始重视差异，这无可厚非。但在跨文化交流中注意双方价值观相同部分的意义不亚于了解其差异部分。中国文化讲究在人际交流中求同存异，在跨文化交流中也是如此，不仅要存异，而且要求同。对话中了解彼此差异，可以避开暗礁；对话中找到共享的价值观，有利于产生共鸣，提高交流质量。

　　社会心理学的研究显示："双方在态度、信仰和价值观上的相似性，会极大地增进一方对另一方的喜欢。相似导致喜欢；对立则很少能产生吸引。""相似性产生喜爱，这不仅对于大学生，而且对于儿童和老人，对于不同职业以及不同文化的人也都适用。"③ 因而，在跨文化传播中，我们不仅要了解彼此之间的文化差异，也要了解彼此间的共同点，了解彼此的共同价值观，相似产生吸引和喜欢，有助于顺畅的交流。文化诸要素中，价值观体系是文化的核心之一。在国际跨文化传播中，一些具有民族特色的价值观能够有影响力，是因为它们在其他文化中具有共享性。国际传播中，无论哪个国家，价值观的认同都是以不损害本国国家利益为基本前提的。增强中国文化影响力是中华特色价值观是否具有共享性的关键问题。

---

　　① 单波、肖珺、杨丹：《西方跨文化传播研究进展述评》，载武汉大学中国高校哲学社会科学发展与评价研究中心组编：《海外人文社会科学发展年度报告》，2008年，2010年，2011年，2013年，武汉大学出版社。

　　② 陈国明、安然编著：《跨文化传播学关键术语解读》，中国社会科学出版社2010年版，目录及后记。该书在第45页介绍施瓦兹模式时提到了普遍性价值，但是没有将普遍性价值列为条目。

　　③〔美〕戴维·迈尔斯：《社会心理学》，侯玉波等译，人民邮电出版社2008年版，第332、324页。

## （二）国际跨文化交流中的共享价值观

笔者从跨文化交流学视角，提出了国际跨文化交流语境中的共享价值观概念，此前在国内跨文化交流学领域尚未见到有人使用这一概念。① 作为一种新的概念，有必要将其界定，并指出它与普世价值、共同价值观、共享美德等概念的差异。

### 1. 共享价值观的定义

不同的学科对价值观有不同的定义。从跨文化交流学的视角来看，"价值观是关于真善美的共识，它包含于文化模式之中，通过与自然和社会的互动来指导社会"②，通俗地说，价值观是指一个人对周围的客观事物（包括人、事、物）的意义、重要性的总评价和总看法。所谓价值观体系，是指对诸事物的看法和评价在心目中的主次、轻重的排列次序。价值观和价值观体系是决定人的行为的心理基础。笔者提出的"共享价值观"的特定含义为：在当今两种文化或两国民众中都接受或追求的价值观，就是使大家在精神上都得到满足的原则和信念。不共享价值观就是当今两种文化或两国民众中互不接受或不追求的价值观。根据这种定义，在对比两种文化或两个国家的价值观时，可将价值观分为两大类：共享性价值观（共享价值观和基本共享价值观）和不共享性价值观（基本不共享价值观和不共享价值观）。从共享性到不共享性可以依次为：共享价值观→基本共享价值观→基本不共享价值观→不共享价值观。

### 2. 相关概念的提出及研究状况

第二次世界大战结束以来，国际社会通过联合国等全球性国际组织签署的《世界人权宣言》等国际法文件，公示当今各国应遵循的共同原则和价值观。检索和查阅相关文献显示，国外学术界在 20 世纪 50 年代开始注意不同文化中价值观的共同点问题。专家们提出了多种概念：1950 年，阿伯尔

---

① 笔者用"共享价值观"为书名检索词，在中国国家图书馆和北京大学图书馆未检索到专著和文献。

② S. Nanda and R. L. Warms, *Cultural Anthropology*, 6th ed., Belmont, CA: Wadsworth, 1998, p. 49. 转引自〔美〕拉里·A. 萨默瓦、理查德·E. 波特：《跨文化传播》，闵惠泉等译，中国人民大学出版社 2004 年版，第 64 页。

(David Friend Aberle)在《复杂社会中的共享价值观》中,提出了共享价值观的概念。① 1985年,欧洲跨文化学习联盟(European Federation for Intercultural Learning)举办了人类共同价值观的研讨会(Common values for humankind),提出了共同价值观的概念。② 20世纪80年代末,新加坡在政府主导下,在学术界进行了新加坡国内共享价值观研究。1991年,新加坡通过白皮书将国人"共同价值观"确定为:"国家先于群体,社会高于个人;家庭是社会的基础单位;个人应受到重视和得到群体的支持;重视共识而不是斗争;种族和宗教和谐。"③ 1992年,沙洛·施瓦茨提出人类基本价值理论(theory of basic human values)。④ 1993年,德国神学家孔汉思(Hans Kung)召集了美国芝加哥世界宗教大会,世界各地的神学家和哲学家们在《世界宗教议会走向全球伦理宣言》中,提出全球伦理(global ethic)的概念。刘述先教授对20世纪90年代以来国外各界寻求共同价值观的努力有专门的论述。⑤ 这些努力包括:(1)发表了一些国际性的调查报告。例如,1995年全球治理委员会的报告《天涯若比邻》出版,呼吁建立"全球公民伦理"(global civil ethic),以此为基础,促使不同社会、文化合作来面对共同的问题;提出的核心价值有:对生命的尊重、自由、正义与公平、互相尊重、关注与正直,这些价值观多由金律导出。(2)创办了宗教、政治与文化团体。吉德(Rushworth M. Kidder)创办了"全球伦理研究所"(Institute for global

---

① 以"shared values"为检索词在不列颠图书馆(http://explore.bl.uk)检索,有12本著作,其中关于价值观的四本,关于社会价值观的三本。最早的一本为:David Friend Aberle, *Shared Values in Complex Societies*, Menasha, 1950. 因而,"shared values"一词在英文中是已经出现的词汇。吉德在《受困扰的世界中之共同价值》(*Shared Values for A Troubled World*, San Francisco, Jossey-Bass, 1994)一书中,肯定了下列跨文化的核心价值:爱、真、公平、自由、团结、宽容、责任与对生命的尊敬。他通过面晤有影响力而富感受性的人物,找到了上述的八项价值。

② European Federation for Intercultural Learning, World Future Studies Federation, *Common Values for Humankind: Colloquium: Papers and Programme*, Strasburg: European Federation for International Learning, 1985.

③ Government of Singapore, *Shared Values*, 2 January, 1991, pp. 2-10.

④ Shalom H. Schwartz, "Universals in the Content and Structure of Values: Theoretical Advances and Empirical Tests in 20 countries", in M. Zanna, ed., *Advances in Experimental Social Psychology*, 1992, Vol. 25, pp. 1-65, Orlando, FL: Academic; Shalom H. Schwartz, "Are There Universal Aspects in the Structure and Contents of Human Values?", *Journal of Social Issues*, 1994, Vol. 50, No. 4, pp. 19-45.

⑤ 刘述先:《全球伦理与宗教对话》,河北人民出版社2006年版,第133—153页。

ethics),把伦理问题看成决定人类是否能够持续生存的一个重要因素,把它与核武器威胁、环境污染、人口危机、贫富悬殊、教育改革看成同样迫切的问题。(3)国际组织运作中的全球共同价值观。联合国通过的《联合国宪章》和《人权宣言》宣示了人类的核心价值。1997年联合国教科文组织实施"普遍伦理计划"(Universal Ethics Project),为期三年。第一次会议于当年3月底在巴黎召开,全世界有12位哲学家参加,讨论起草《世界伦理宣言》相关事宜。第二次会议于1997年底在拿波里召开,全世界有30位左右哲学家参加,但未能达成协议。此后教科文组织放弃了通过《世界伦理宣言》的努力,转而支持区域性推动普遍伦理计划。

进入21世纪以来,这种探索不断。2001年,我国学者万俊人提出"普世伦理"的概念。① 2005年,美国心理学者凯瑟琳·达尔斯伽德(Katherine Dahlsgaard)等人提出了共享美德(shared virtue)的概念。② 2005年前后,我国工商管理学界提出了企业管理中的基本共享价值观问题。③ 2008年,国内有人提出"普世价值",引起了广泛的争论。2010年我国学者俞新天提出"人类共创共享价值论"。④

### 3. 相关概念的辨析

下面就共享价值观与主要相关概念的差异作说明,这些相关概念是普世价值观、共享美德、共同价值观。

(1)共享价值观与普世价值不是同一个概念。

关于普世价值(universal values),中英文的百科全书没有收录该词条,目前尚缺乏一个权威的定义。维基百科认为,普世价值有两重含义⑤:第一,

---

① 万俊人:《寻求普世伦理》,商务印书馆2001年版。
② Katherine Dahlsgaard et al., "Shared Virtue: The Convergence of Valued Human Strengths Across Culture and History," *Review of General Psychology*, Vol. 9, No. 3, 2005, pp. 203-213.
③ 陈徽:《论管理中的基本共享价值观及其意义》,《华东交通大学学报》2005年第6期。张国有:《构建共享价值观 构建和谐企业》,2006年11月19日在北京人民大会堂新闻厅举行第五届全国企业文化年会开幕大会上的讲话。这届企业年会的主题是构建共享价值观,构建和谐企业。http://finance.sina.com.cn/hy/20061119/16033090782.shtml。
④ 俞新天:《掌握国际关系密钥——文化、软实力与中国对外战略》,上海人民出版社2010年版,序言。
⑤ 参见维基百科"普世价值"词条。

为大家所"发现"的普世价值。以赛亚·柏林的定义是"普世价值……是那些被很多人在绝大多数地方和情况下、在几乎所有的时间里、实际上共同认可的、无论是否在他们的行为中明确表现出来的价值……"[①] 第二，为所有人有"理由"相信的普世价值。

阿马蒂亚·森提出的有"理由"相信的普世价值的含义为：这种价值具有普遍适用性，即不仅适用于个别人、少数人甚至大多数人，而且应适用于"所有人"。以赛亚·柏林提出的"发现"的普世价值，这种价值具有普遍的永恒性，不仅适用于一时一地，而且适用于"几乎所有时间、所有地点"。笔者认为，从哲学的角度来审视，上述的定义把普世价值看作世世代代世界各个民族各种文化都追求或接受的价值观，这种普世价值是否存在是值得商榷的。因为价值观具有历史性，人类在远古的蒙昧时代的价值观会随着社会生产力和生产关系的进步而改变，这类普世价值的观点违背了辩证唯物主义和历史唯物主义。目前，我国学界在普世价值是否存在、普世价值的存在基础及内涵等问题上有争议。从当前国际意识形态斗争的视角看，现在西方国家从其文化中心主义的立场出发，宣扬"普世价值"并不是什么纯粹的学术问题，而是有着鲜明的政治目的，其意图是把西方发达资本主义国家的民主、自由、平等、人权等封为"普世价值"，按照西方的战略意图改造中国，要求彻底西化。[②]

共享价值观本质上不同于普世价值，体现在以下方面：首先，共享价值观不是世世代代都信奉的价值观，而是指当今两种/多种文化或两国/多国民众间都接受的价值观。当今一个国家的民众，其价值观既有阶级性也有民族性，但还是有各阶级都可以接受的价值观。这一点可以在恩格斯对道德共性的论述中得到支持。价值观与道德有密切的关系。价值观是人们对人、事、物进行真善美判定的共识；道德是以善恶评价的方式调整人与人之间及人与社会之间关系的行为规范的总和，因而道德是价值观的一部分。恩格斯关于道德具有阶级性和不同阶级的道德论中的共性思想适合于价值观。恩格斯指

---

① Jahanbegloo Ramin, *Conversations With Isaiah Berlin*, McArthur & Co., 1991, Reprinted 2007, Halban Publishers, p. 37.
② 教育部邓小平理论和"三个代表"重要思想研究中心：《关于"普世价值"的若干问题》，《求是》2008 年第 22 期。

出:"人们自觉地或不自觉地,归根到底总是从他们阶级地位所依据的实际关系中——从他们进行生产和交换的经济关系中,获得自己的伦理观念。"①因此,不存在超阶级的、对各阶级都"绝对适用"的道德。与此同时,恩格斯还分析了不同阶级的道德论中的某种共性和不同社会形态中某种共同的道德戒律的问题,指出由于"有共同的历史背景",不同阶级的道德论还是有一些共同的东西的。② 以此推论,在价值观方面,不同阶级有不同的价值观,同时也有一些共享的价值观。例如,当今中国共产党是无产阶级的政党,美国共和党是资产阶级的政党,其价值观特别是政治价值观有很多差异,但在交往中讲诚信,这是双方都接受的价值观。

其次,共享价值观不是世界各个民族或各个国家都信奉的价值观,而是两种/多种文化或两国/多国民众都接受的价值观。从思维方式的角度看,主张普世价值者,其思维方式是演绎式的和整体优先的思维。主张者常以西方的价值观为放之四海而皆准的普世价值,认为世界其他各国应该照单接受。而主张共享价值观者的思维方式是归纳式的和分析式的思维,从个别到一般,先从一对文化或两个国家中寻找共享价值观,然后从多对文化或多个国家间的共享价值观中归纳整理,找出多国以至于世界各种文化或世界各国的共享价值观。如果中美、中德、中日、中印、中俄等双边的共享价值观都找到了,那么在此基础上归纳同类项,可以找出六国都共享的价值观。

最后,共享价值观的来源是多元的。共享价值观主张的是非西方文化中心主义,既有来自西方文化的,也有来自包括中国在内的东方文化的。各国、各民族都可以对共享价值观有所贡献,而不是某一国、某些民族独创的专利。例如,中国、印度和缅甸共同倡导的和平共处五项原则,是亚洲国家原创的价值观;中国在与美国建交时,中国提出的和平共处五项原则被美国政府所认可,这就是共享价值观。中国已经为世界贡献了"己所不欲,勿施于人""和平共处""和谐"等价值观,今后还应发掘和提升更多中华文化的优秀价值观,成为人类共享的价值观。

---

① 《马克思恩格斯选集》第 3 卷,人民出版社 1995 年版,第 434 页。
② 冯虞章:《怎样认识所谓"普世价值"》,《马克思主义研究》2008 年第 7 期。

(2) 共享价值观与共享美德有区别。

共享美德与共享价值观的含义比较接近,但两者也有区别。美德(virtue)的意思是"美好的品德",在英文中,"virtue"的意思是:moral goodness; good quality of habit that a person has, especially a moral one such as honesty or loyalty。① 美德基本上是限于道德,主要涉及人与人之间及个人同社会关系的行为规范。而价值观要比美德的意义更宽,英文中"values"的含义为: the moral principles and beliefs of a person or group; the principles and beliefs that influence the behavior and way of life of a particular group or community。② 价值观包括道德和信仰,即不仅涉及人与人之间及个人同社会关系的行为规范,而且涉及人与自然、政治、经济、社会、军事、群体与群体、民族与民族、国家与国家关系等多方面的价值判断。例如,英格尔哈特从1981年开始进行的"世界价值观调查",内容是各类价值的调查,而不是关于美德的调查。

(3) 共享价值观不同于共同价值观。

共享价值观与共同价值观(common values)意思相似,在英文中时常混用,都常被译为"共同价值观"。20世纪80年代,西欧国家开始探讨共同价值观问题。瑞典学者博克(Sissela Bok)探讨了文化的多样性和共同价值观问题。③ 但是,他们未把共同价值观与共享价值观明确加以区分。

共同价值观是指,在甲文化或甲国民众中持有的价值观,在乙文化或乙国民众也持有同样的价值观。笔者认为,共享价值观与共同价值观相似但有差异,区别在于共享价值观的含义要比共同价值观广泛,共同价值观是共享价值观的一部分。

前面谈到,在跨文化交流中,交流双方存在着两类价值观:共享类(共享价值观和基本共享价值观)和不共享类(基本不共享价值观、不共享价值观)。对这两类价值观的成分还可以进一步细分,见图3-8。

---

① 《柯林斯最新英语词典》,北京大学出版社2000年版,第880页。麦克米伦出版公司编:《麦克米伦高阶英汉双解词典》,第2337页。
② 麦克米伦出版公司编:《麦克米伦高阶英汉双解词典》,第2322页。
③ Sissela Bok, *Common Values*, Columbia, Mo.: University of Missouri Press, 1995.

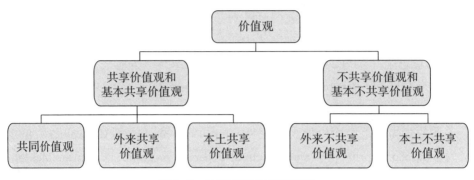

图 3-8 两国间的价值观状况

共享类价值观中包括三种：共同价值观、外来共享价值观和本土共享价值观。在中国的语境中，我们将本土共享价值观称为"共享性中华价值观"。共同价值观包括为多国共有的共同价值观和两国共有的共同价值观。在多国共有的价值观方面，许多学者进行了探讨。

联合国等国际组织通过《人权宣言》《联合国宪章》等国际法文献昭示国际社会应遵循的共同价值观。例如，《联合国宪章》中的"和平""发展""人权"成为会员国共同价值观。再如，2000年9月召开的联合国大会上，189个国家签署了《联合国千年宣言》，在该宣言第一部分"价值和原则"中说，我们认为某些基本价值（fundamental values）对21世纪的国际关系是必不可少的。这包括：自由（freedom）、平等（equality）、团结（solidarity）、容忍（tolerance）、尊重大自然（respect for nature）和共同承担责任（shared responsibility）。①

具体到两种文化或两国间的共同价值观，学术界的研究还不够。例如，当今中美的共同价值观有哪些？目前用科学方法做的实证研究很少。在跨文化传播学和跨文化管理学界，荷兰学者霍夫斯泰德的价值观分类法（Hofstede's Value Dimensions）被广泛使用。对其价值观六个维度中的数值进行对比，可以获得两国间是否有共同价值观的一些信息。例如，对中美数值进行比较，结果显示中国和美国在个体主义—集体主义、权力差距、长期观—短期观三方面差距最大：66个国家及地区中，在个体主义—集体主义

---

① 参见百度百科"联合国千年宣言"词条。

上，美国排名第1，中国第49；在权力差距上，美国排名第38，中国第7；在25个国家中，在长期观—短期观上，美国排名第17，中国第1。而在回避不确定性和男性化—女性化两个维度上差异不大：66个国家及地区中，在回避不确定性上，美国排名第54，中国第56；在男性化—女性化上，美国排名第18，中国第10。可见，回避不确定性是中美共同的价值观，男性化—女性化是中美基本共同的价值观。

随着国际文化交流的开展，各国的文化包括价值观也是相互借鉴和吸收的。乙文化或乙国所特有的价值观，在甲文化或甲国中原本没有，传播到甲文化或甲国后被认可或接受，我们称之为外来共享价值观。当然，也存在着甲文化或甲国不认可外来价值观的情况。以中国与西方国家为例，随着中西文化交流，西方文化中的一些价值观传到中国，其中一些被中国人所接受。例如，五四运动时期，西方的民主和科学的价值观，即"德先生"和"赛先生"传播到中国，被中国民众所接受。这部分价值观为外来共享价值观。

当然，随着历史的发展，外来的一些价值观可以本土化，成为具有本土特色的价值观。比如，十月革命后马克思列宁主义传入中国，与中国革命的具体实践相结合，被中国本土化，马克思主义主张的价值观成为当今中华文化的一部分。当今中华价值观由三部分构成：传统价值观、外来价值观和五四以来新创造的价值观。

在国际文化交流中，价值观不仅可以输入，也可以输出。甲文化或甲国具有特色的价值观，传播到乙文化或乙国，被认可或接受，这就是本土共享价值观。以中国和西方文化为例，中国儒家中的"己所不欲，勿施于人"，是具有中国特色的价值观，尽管西方的基督教有"己之所欲，施之于人"的价值观，但两者还是有区别的。"己之所欲，施之于人"往往暗中包含着"强加于人"。正是在这个意义上，很多哲学家认为，基督教的"己之所欲，施之于人"不如孔子的"己所不欲，勿施于人"接近自由的真谛。中国的"己所不欲，勿施于人"价值观被西方人接受。2009年9月29日美国众议院通过决议，纪念孔子诞辰2560周年，表彰他在哲学、社会和政治思想上的非凡贡献。[1] 美国精英对孔子倡导的一些价值观表示认可，说明它们是可

---

[1] 参见 http://www.gpo.gov/fdsys/pkg/BILLS-111hres784ih/pdf/BILLS-111hres784ih.pdf。

以与美国民众共享的中华核心价值观。

不共享类价值观可分成两种：外来不共享价值观和本土不共享价值观。外来不共享价值观是指交往中，外国的价值观与本国的价值观有冲突，不被本国所接受。例如，美国传来的个人主义价值观与中国主流社会是不共享的。本土不共享价值观是指本国的价值观不被外国所接受。例如，中国的社会主义价值观或无神论的价值观，在美国也难以被接受。

### （三）对共享价值观的实证研究

我们利用英格尔哈特组织进行的"世界价值观调查"第五波的数据进行了三项共享价值观的研究。① 选择 WVS 的数据作为本研究的分析基础的原因有两个。首先，就数据本身而言，WVS 是目前世界上进行的价值观调查中最专业、最完善、最详尽的调查。WVS 覆盖范围广，样本量大，代表性强。问卷和调研方法经过三十多年的改进和完善，所得数据较为翔实可靠。其次，目前跨文化研究学界仍将霍夫斯泰德的理论奉为圭臬，广泛引用他在对 IBM 员工调查基础上得出的国家文化的结论。然而，霍夫斯泰德的研究角度是不同国家社会生活和组织管理的诸多差异，其落脚点还是在组织管理上，侧重组织中的人际传播。若将视角放大到国家之间的跨文化交流，英格尔哈特的调查提供了一个更全面的视角。霍夫斯泰德的调查对象是 IBM 在各国的员工，而英格尔哈特的调查涉及全球不同国家、不同职业、不同年龄的人群，对研究作为一个整体的国家的价值观更有参照性。

笔者使用 WVS 第五次全球价值观调查中美两国的数据对中美文化价值观进行对比研究。WVS 第五次调查由 2005 年开始，至 2009 年结束。其中，中国调查由北京大学当代中国国情研究中心承担，沈明明教授负责。该项调查对中国大陆地区 31 个省、市、自治区 18 岁至 70 岁的人群进行抽象调查。② 为保证样本对整体的代表性，当代中国国情研究中心使用了"GPS/

---

① 从 1981 年到 2011 年，WVS 协同 EVS（欧洲价值观调查）共完成了六波调查工作，第六波调查于 2014 年完成。对 97 个社会做了具有全民代表性的问卷调查，范围广及全球 90% 的人口，几乎包括了全球所有的主要文化区。

② "The target population covers adults between the ages of 18 and 70 (born between April 1, 1936 and March 31, 1989), who reside in all 31 provinces of the Chinese Mainland (Hong Kong, Macao and Taiwan are not included)." *World Values Survey*, *China* 2007 *Sampling Report*: 1.

GIS Assistant Area Sampling"① 进行抽样。2007 年 3 月 25 日至 5 月 10 日在中国使用汉语进行面对面的调查，最终选择 2873 个样本，完成一对一访问的样本量为 2534，回收完整有效问卷 1991 份，应答率 78.6%。

美国的调查由英格尔哈特负责，具体工作由 Knowledge Networks 代表密歇根大学完成。该调查选取了 1710 个样本，2006 年 9 月 19 日至 29 日在美国使用英语进行面对面的调查，最终完成对 1249 受访者的一对一访问，回收完整有效问卷 1201 份，应答率为 70.2%。②

两份问卷的问题相同，个别问题由于两国国情不同，进行了技术性的微调，中国的问卷包括 253 个问题。美国的问卷包括 258 个问题。

方法：价值观上有无差异？若有差异，是程度上的差异，还是性质上的差异？

用 SPSS 统计软件对 WVS 提供的原始数据进行 T 检验，当 $P<0.05$ 时认为有差异，$P>0.05$ 时并不证明有差异。然而，数据上不证明有差异，尚不能证明价值观上无差异或共享，要想证明无差异或共享，还需要考察数据的分布情况。如果 $P>0.05$，而且数值分布状况相似，没有出现畸形不相似状况，笔者认为该项价值观为中美两国民众当前共享价值观。

分析结果为：在 WVS 的所有问题中，在政治价值观、社会价值观、环境保护价值观和文化价值观方面，不仅存在不共享、基本不共享的价值观，而且也都存在共享、基本共享价值观。笔者找到了 10 多种共享的价值观或看法。在中美价值观方面，笔者初步判断，共享和不共享的是少数，基本共享和基本不共享是多数。③

冯丽萍在硕士学位论文中利用第五波 WVS 调查中中国和印度的数据，在英格尔哈特的理论框架下，比较了中国和印度的价值观。④

研究表明，中国和印度文化都是基本生存取向的文化。这种取向表现在

---

① "To meet the requirement of overall coverage of Chinese adults including migrant population, 'GPS/GIS Assistant Area Sampling' was used in this survey." *World Values Survey*, *China* 2007 *Sampling Report*: 1.
② 参见 *US Values Survey*, 2006 *Sampling Report*: 1。
③ 关世杰：《从"世界价值观调查"看中美共享价值观——浅谈美国跨文化传播学价值观理论的一个缺陷》，载关世杰主编：《跨文化交流与国际传播研究》，中国社会科学出版社 2011 年版。
④ 冯丽萍：《英格尔哈特维度下的中印价值观比较研究》，北京大学硕士学位论文，2012 年 6 月。

生活中，都赋予家庭很高的价值，并且喜欢传统稳定的家庭结构；在工作上，都更多地考虑收入和稳定，而不是成就感和工作氛围；在道德上，都有很强的道德意识，对违反道德规范的行为的接受度低；在政治上，都愿意本国拥有一个强有力的领袖，对政治的参与度都不高；在国家认同上，都有较强的国家和民族意识。这些可以算作中国和印度的共享价值观。若从程度上看，中国的基本生存取向略高于印度。

吴为在硕士学位论文中利用WVS第五波调查中中、韩、日、越和印尼的数据，在英格尔哈特的理论框架下，比较了中韩、中日、中越、中印尼共享价值观情况。[①] 他发现，在同一个问题的价值观比较中，既有日本与中国呈共享价值观的状况，又有印尼、韩国、越南与中国呈现共享的状况。多国共享价值观的情况见表3-2。

表3-2 中、韩、日、越、印尼三国及三国以上共享价值观一览表

| 项目 | | 中国 | 韩国 | 日本 | 印尼 | 越南 |
|---|---|---|---|---|---|---|
| 政治方面 | 生活在一个民主的国家很重要 | √ | √ | √ | √ | |
| | "人民可以通过公决修改法律"是民主要素 | √ | √ | √ | | |
| | 参加过联合抵制活动 | √ | | √ | √ | |
| 生活方面 | 对生活感到满意 | √ | | | √ | √ |
| | 为不劳而获而羞耻 | √ | √ | | √ | |
| 信仰、道德和国家认同方面 | 男人比女人能成为更好的经理人 | √ | √ | | | √ |
| | 我把自己看作是一个自主的个体 | √ | √ | | | √ |
| | 个人可以掌握自己的命运 | √ | | √ | | √ |
| | 多民族国家丰富了人生的经历 | √ | | | √ | √ |

综上所述，两国之间存在着共享价值观，两国间的共享价值观少于不共享价值观，各国共享价值观情况不同，多国之间存在共享价值观，多国间共享价值观大大小于两国之间的共享价值观。

---

① 吴为：《从第五波"世界价值观调查"看中、韩、日、越、印尼共享价值观》，北京大学硕士学位论文，2013年6月。

## 第四节　新世界格局中的中华文化

### 一、中华文化对世界的新贡献

进入 21 世纪之后，世界经济格局的巨大变化就是中国经济的崛起，中国经济总量很可能在 20 年左右超过美国，跃居世界第一。这不仅将对世界的经济格局而且将对世界政治和文化格局产生重大影响。在国际关系上，中国的成功重新改写了地缘政治格局。纵观亚洲、非洲和拉丁美洲，那些曾经公开表示要成为西方式社会的国家越来越对"中国模式"留下深刻印象。从世界发展道路的角度看，西方人士所熟悉的一元现代性历史格局正在消失。在冷战刚刚结束时提出"历史终结论"而名声大噪的美国哈佛大学日裔教授福山，主动修正自己的看法，认为"中国模式"的有效性证明，西方自由民主并非人类历史进化的终点。人类思想宝库要为中国传统留有一席之地。西方学者开始跳出以西方为中心的思维，超越单一现代性的坐标，适应多元现代性的格局。虽然将经济实力转化为文化影响力和国际地位还是需要时间的，而且这个转化过程也并非一帆风顺，但这是难以阻挡的发展趋势。

中国经济上的成功将促进中华文化在世界的影响。中国是个有五千年文明的古国，是世界上四大文明古国中唯一文化发展没有中断的国家，其文化渊源和传统有别于西方文化。新中国是有着世界排名第一的 13 亿人口（占世界五分之一）和世界排名第三国土面积的社会主义的大国，其崛起与世界历史上自 18 世纪西方工业革命以来，英、法、德、美、日等发达国家靠殖民掠夺、奴隶贸易、侵略战争等模式而崛起的发展模式不同，是"文明型国家"和平崛起。这是人类发展史中的一件大事。中国崛起不仅仅是经济的崛起和在国际政治格局中的崛起，更深层次的是中华文化的复兴。

中国的经济崛起和国际政治地位提升的背后，有着深刻的文化渊源。文化与政治、经济是相互影响的。这需要我们研究改革开放以来我国的社会主义现代化建设的文化背景和文化资源，提炼中华民族在思考和处理人与自然关系、群己关系、公私关系、义利关系、理欲关系、仁智关系等问题上的传统智慧和价值观，总结传统文化与当代社会相适应、与现代文明相协调的途径和经验，探索以爱国主义为核心的民族精神与社会主义核心价值体系之间的内在联系。比如，中华文化强调"民为邦本""天人合一""和而不同"，强调"天行健，君子以自强不息""大道之行也，天下为公"；强调"天下兴亡，匹夫有责"，主张以德治国、以文化人；强调"君子喻于义""君子坦荡荡""君子义以为质"；强调"言必信，行必果""人而无信，不知其可也"；强调"德不孤，必有邻""仁者爱人""与人为善""己所不欲，勿施于人""出入相友，守望相助""老吾老以及人之老，幼吾幼以及人之幼""扶贫济困""不患寡而患不均"，等等。像这样的思想和理念，不论过去还是现在，都有鲜明的民族特色，都有永不褪色的时代价值，有一些会得到其他国家民众的认可。

中华文化历史上对世界有过突出的贡献，不仅对东亚是如此，对西方国家也是如此。尤其中世纪以来，中国哲学、思想、审美方式、价值观等对西方近代世界的形成产生了巨大影响。中国文化不仅促发了西方资本主义的形成、文艺复兴运动的兴起，至启蒙时代更成了西方崇拜的偶像，"中国几乎成为西方文化向往的乌托邦"，但是近代以来这种贡献少了。1956年毛泽东曾说："再过四十五年，就是二千零一年，也就是进到二十一世纪的时候，中国的面目更要大变。中国将变为一个强大的社会主义工业国。中国应当这样。因为中国是一个具有九百六十万平方公里土地和六万万人口的国家，中国应当对人类有较大的贡献。而这种贡献，在过去一个长时期内，则是太少了。这使我们感到惭愧。"[①] 这个预言在21世纪基本成为现实，1978年实行改革开放政策以来，中国经济年均增速近10%。6亿多人口摆脱了贫困，人均国内生产总值超过7000美元。中国用几十年时间走完了发达国家几百年走过的发展历程。[②] 根据世界银行计算，中国对世界GDP增量的贡献率，2003年是4.6%，2009年增长到14.5%，成为第一大贡献国，2015年接近30%。中国和平崛起丰富了世界发展模式的多样性，改变了世界经济格局。

---

① 《毛泽东选集》第5卷，人民出版社1977年版，第311—312页。
② 习近平：《共倡开放包容 共促和平发展》，2015年10月21日在伦敦金融城的演讲，http://www.gov.cn/xinwen/2015-10/22/content_ 2951822.htm。

无论各国对中国崛起持有多么不同的态度，但大多认为中国实力增长的根本原因在于不断进行制度和体制改革，很少有人认为中国实力的增长源于技术创新。中国和平崛起对世界格局演进带来深刻的影响，其理论和实践受到中华文化的影响。中国的和平发展道路能够从容规避一些传统强国之路的局限性，是对人类社会发展规律的新探索，具有鲜明的时代特色和世界意义。哲学家张岱年认为："21世纪将是中国文化复兴的世纪，中国文化必将赶上西方的步伐，而且独放异彩。"[1] 当今我们应当以"人类命运共同体"的新视角，寻求人类的共同利益和共同价值，使21世纪成为中华文化对人类有较大贡献的历史新时期。

### 二、搞好交流的前提是对世界民众的深入了解

鉴于中国当前的国际地位及重返世界中心位置的前景，我们应该做一些未雨绸缪的前瞻性思考和准备。我们生活在一个多元化的世界，为了和谐相处、共谋幸福，我们需要彼此理解、相互尊重；如何与其他文化的民族共生共存，不仅是中国的课题，也是世界的课题。今后的中国应该在文化上与世界各文明进行交流和对话，破除"中国威胁论"，为人类的和平与发展做出自己的贡献。要担当新的世界体系倡导者的角色，需要超越现有的世界旧体系和秩序，在多种选择中提供一种人类生存与生活的新选择。要超越现有的旧秩序，建立新秩序，则需要在人类共享的基本价值观体系提出自己的智慧。英国前首相撒切尔夫人曾断言，中国不会成为世界超级大国，因为中国出口的是电视机，而不是思想观念。这句话听起来令人不爽，却值得我们深思。的确，中国有着丰富的符号、多彩的文化表现形式、众多的代表人物和具有特色的传播媒介，但这些都只是承载和体现中国传统文化核心，即价值观、信仰和思维方式的显现部分。

具有中国特色的价值观若能有助于解决当今世界面临的主要问题，那无疑将是对人类文明发展的贡献。人类当今面临哪些主要问题呢？联合国秘书长潘基文在2013年的一篇文章中写道："要把准世界的脉搏，再没有比利用联合国所独有的召集力更好的方式了。在过去一段时间里，在68届联大开

---

[1] 张岱年：《文化与价值》，新华出版社2004年版，第252页。

幕所特有的旋风式会议和演讲过程中，我会见了代表全世界99%人口的国家和集团的领导人或外交部部长。人类大家庭的心脏里跳动着什么？首先，是渴望消除冲突、偏见、不平等、正在变暖的气候和失业所带来的失落。第二，让人感到兴奋的是，这个时代有巨大的机遇，我们能成为结束极端贫困的第一代人。"[1] 中国文化价值观是否有助于解决人类面临的问题呢？

要使世界人民了解中国文化，需要中国文化走出去，增强与世界各国的文化交流，这种理解和尊重的前提就是对其他文化的了解和熟悉，搞好交流就需要搞清楚世界各国民众对中国文化的印象是什么。搞好与他人的交流，古今中外的智者都明确指出了解交流对象的重要。两千五百年前，孔子说："不患人之不己知，患不知人也。"了解各国民众对中国文化的印象、评估中华文化的国际影响力是我们面临的迫切工作。

---

[1] 潘基文：《联合国的作用非同小可》，《人民日报（海外版）》2013年10月12日，第1版。

# 第 四 章

# 中华文化国际影响力评估体系及评估实践

国际跨文化传播的语境下,软实力由文化软实力、政治制度软实力和对外政策软实力三部分构成。文化软实力是个动态的过程,由文化资源力(基础变量)、文化传播力(传导变量)和文化影响力(结果变量)构成。甲国文化在乙国的影响力究竟有多大?这需要评估。实际上,文化影响力评估是文化软实力评估中的一部分,文化软实力评估是软实力评估中的一部分。

"软权力"和"软实力"的概念一提出,人们就开始了对软权力和软实力的评估,例如,约瑟夫·奈在1990年的著作中曾评估了美国的软权力。在此后的十多年的时间里,这类评估基本上是定性分析式的评估。2007年中国学者门洪华评估了中国软实力,并指出:"定性分析有助于我们认识问题的本质,定量分析则更有利于我们将问题讲清楚。源于定量分析的难度,目前软实力的研究均采用定性方法。"① 保尔·拉法格在《忆马克思》中谈到,马克思认为:"任何一门科学,只有在成功地运用了数学之后,才算达到完善的地步。"② 从2007年开始,陆续有使用定量分析方法的评估研究结果发表。由于我们的研究是定量研究,下面主要综述使用定量方法的研究。

对"实力"的评估不外乎两个方面。一是对作为"实力"基础资源的衡

---

① 门洪华:《中国软实力评估报告(上)》,《国际观察》2007年第2期,第15—26页;《中国软实力评估报告(下)》,《国际观察》2007年第3期,第37—47页。

② 〔法〕保尔·拉法格等:《回忆马克思、恩格斯》,人民出版社1957年版,第72—73页。

量，二是对其所产生效果的衡量。文化软实力的定量研究中，可以分为主观性影响力和客观性影响力评估。一般而言，主观性文化软实力评估，实际上是文化影响力评估，是指外国民众对一国文化主观感知、态度和行为之影响总和，可以通过社会调查获得基本数据，然后进行评价，简称民意调查类评估。客观性文化实力评估是一国对另一国文化贸易和服务市场产生的客观之影响总和，可以通过客观的文化贸易和文化服务的权威统计数据进行评价，简称资源类评估。

无论是民意调查类还是资源类评估都分别体现在两类文献中：一类是对软实力的评估中所包含的对文化软实力的评估；另一类是单独对文化软实力的评估。

# 第一节　文献中的文化影响力评估指标

## 一、软实力评估中的文化影响力评估指标

### （一）民意调查类评估

这类是对外国民众主观印象的调查评估，主要是通过民意问卷调查的方法获得数据，对数据进行统计分析，进行软实力或软权力评估。

2007年东京大学经济学博士王京滨发表《中日软实力实证分析》一文，他使用问卷对日本一所大学的中日大学生进行了"中日两国魅力度比较调查"，从人性、个人能力、生活态度、集体意识、文化传统、国家力量、文明礼貌、强韧、遵守纪律、稳重沉稳等方面做了数据对比分析。其中关于文化软实力的问题并没有对文化的要素进行系统分类，文化的要素散落在各个调查方面。这项研究只调查了一所日本大学的学生，其中包括中国学生58人、日本学生106人；问卷设计方面，从文化软实力角度看，理论支持不强，并没有涉及国家跨文化传播中的文化影响力问题。

2008年1—2月，美国芝加哥全球事务委员会和韩国东亚学社进行了关于美国、中国、日本、韩国、印度尼西亚、越南的海外软权力民意调查（以下简称"芝加哥调查"）。其研究报告称"该项研究是第一次用民意调查的方式评估亚洲地区软权力的研究"；"所谓的中国软权力从来没有用实验

调查数据的方式进行认真的详细审查"。① 该调查采用多种方式：中、日为电话采访；韩、越、印尼为面谈；美国为电脑网络调查。样本是大样本：例如，印尼的有效问卷为811份，中国的为1237份。这是对美、中、日、韩、越、印尼各国间的文化软权力现状进行的首次全国性民意调查。该调查把软权力分为经济、文化、人力资本、政治和外交五大类，共40个问题。其中，有关文化软权力的只有七个因素②：一国文化影响的扩散是好是坏；大众文化影响的程度；一国文化的影响是积极还是消极；看外国电影、电视和听外国音乐的频次；一国大众文化的魅力；一国文化遗产的丰富性；一国作为旅游目的地的吸引力。其中一国文化遗产的丰富性涉及的是文化资源力，其余六个涉及的是文化的影响力，是评估文化影响力的指标。以文化的"珍珠链模型"来看，该问卷中的人力资本类中有六个问题与文化有关，也与文化影响力有关，它们是：让孩子到国外接受高等教育的选择、语言学习、受教育人口、先进的科技、宗教影响、优秀大学的情况。这些在设计文化影响力指标时应予以考虑。此外，问卷中包括一道单独问题：您听说过中国主张

---

① Christopher B. Whitney and David Shambaugh, *Soft Power in Asia: Results of a 2008 Multinational Survey of Public Opinion*, p. 7.

② 相关的七个问题为：问题680：Now, for each of the following countries, tell me whether you think the spreading of the cultural influence in Asia is mainly a good thing or mainly a bad thing. (Mainly a good thing, mainly a bad thing, not sure) 问题681：I would like you to think about how much influence the popular culture of [country] has had on [survey country's] popular culture. By popular culture I mean such things as movies, music, clothing and cuisine. Please use a scale of 0–10, where 0 is no influence at all and 10 is tremendous influence. 问题685：Now please indicate whether you think the influence of [country's] popular culture on [survey country] popular culture is mainly positive or mainly negative. (Very positive, Somewhat positive, Somewhat negative, Very negative, No effect, Not sure) 问题790：How often do you watch movies and television, or listen to music from [country]? Would say you do so: (Every day, More than once a week, More than once a month, Rarely, Never, Not sure) 问题(D, E, F)：Using a scale between 0 and 10 where 0 means not at all and 10 means extremely well, please tell me how each of the following statements describes each of China, Japan, the USA and South Korea. 795/D. The country has an appealing popular culture. 795/E. The country has a rich cultural heritage. 795/F. The country is an attractive destination for international tourism. THE CHICAGO COUNCIL ON GLOBAL AFFAIRS: SOFT POWER IN ASIA, COMPARATIVE TOPLINE REPORTS, April 2008. http://www.thechicagocouncil.org/UserFiles/File/POS_Topline%20Reports/Asia%20Soft%20Power%202008/AsiaSoftPower%20-%20Master%20Topline%202008%20final.pdf (2014年4月18日).

的"和谐世界"概念的情况如何?① 这是中国的核心价值观,价值观是文化影响力的评估指标。

表 4-1 芝加哥软权力调查中有关文化软权力的指标和问题

| 二级指标 | 三级指标 | 具体问题 | 影响层次 |
|---|---|---|---|
| 文化软权力 | 文化影响的扩散是好是坏 | 您认为该国文化在亚洲传播并产生影响是件好事还是坏事?(好事、坏事、不确定) | 态度 |
| | 大众文化影响的程度 | 某国的大众文化在贵国的影响有多大(大众文化是指电影、音乐、服装和饮食)?(请用0—10分回答,0是没有任何影响,10是有非常大的影响) | 认知 |
| | 文化影响是积极还是消极 | 您认为某国大众文化对贵国大众文化的影响是积极的还是消极的?(非常积极、有些积极、有些消极、很消极、没有影响、不确定) | 态度 |
| | 看外国电影、电视和听外国音乐的频次 | 您经常看某国电影和电视或听该国音乐吗?你的情况是:(每天、每周超过一次、一个月超过一次、很少、从未、不确定) | 行为 |
| | 大众文化的魅力 | 请用0—10的数字(0表示根本不赞同,10表示非常赞同),表达对以下三个关于中国、日本、美国和韩国的陈述:<br>1. 该国拥有富有魅力的大众文化。 | 态度 |

---

① 它们是:问题 750:If you were to send your children to receive their higher education in another country, which country would be your first choice? What about your second choice? 问题 780:Please tell me how important, if at all, it is for children to learn the following languages in order to succeed in the future. For each one, tell me if it is:(Very important, Somewhat important, Slightly important, Not at all important, Not sure) Question 795 (B, C, I, L):Using a scale between 0 and 10 where 0 means not at all and 10 means extremely well, please tell me how each of the following statements describes each of China, Japan, the USA and South Korea. 795/B. The country has a highly educated population. 795/C. The country possesses advanced science and technology. 795/I. The country has developed religious traditions that have been influential in other parts of the world. 795/L. The country has high quality universities. Question 860:How much have you heard about China's concept of "Harmonious World" (A lot, some, not very much, nothing at all, not sure)? 出处同上。

续表

| 二级指标 | 三级指标 | 具体问题 | 影响层次 |
|---|---|---|---|
| 文化软权力 | 文化遗产的丰富性 | 2. 该国拥有丰富的文化遗产。 | 认知 |
| | 旅游的吸引力 | 3. 该国是个具有吸引力的国际旅游目的地。 | 态度 |
| 人力资本 | 让孩子到国外接受高等教育的选择 | 如果您想送孩子去另一国接受高等教育，哪国会是第一选择？哪国是第二选择？ | 态度 |
| | 语言学习 | 为了未来取得成功，儿童要学习以下语言的重要性：（非常重要、比较重要、不太重要、不重要、不确定） | 态度 |
| | 受教育人口 | 请用0—10的数字（0表示根本不赞同，10表示非常赞同），表达对以下四个关于中国、日本、美国和韩国的陈述：<br>1. 该国有较高受过教育的人口。 | 认知 |
| | 先进的科技 | 2. 该国拥有先进的科学技术。 | 认知 |
| | 宗教影响 | 3. 该国有先进的宗教传统，在世界其他地区具有影响。 | 认知 |
| | 优秀大学状况 | 4. 该国有高质量的大学。 | 认知 |
| | 中国核心价值观 | 您听说过中国主张的"和谐世界"这一概念的情况如何？（很多、有些、不多、没有、不确定） | 认知 |

有中国学者对该调查评价为："整个民意调查仍旧处于国际政治、国际关系理论的视域之下，没有厘清软实力与硬实力（经济、军事）之间的关系。"[①] 从文化软实力的视角看，有两个不足：一是该问卷关于文化的问题比较笼统，除了"和谐世界"这一中国特色价值观外，基本没有涉及亚洲各国具有特色的文化。二是缺少了"珍珠链模型"中的文化要素，特别是文化的精神内核，没有涉及具有各国特色的处理人与自然、集体与个人、人与人之间关系等核心价值观要素。在宗教问题上，测量的是认知，而不是

---

① 钟新、黄超：《软实力的三种评估框架及其方法》，《湖南师范大学社会科学学报》2013年第3期，第95页。

态度。

三年后，韩国学者 Jhee 和 Lee 利用芝加哥调查的结果重新建立了软权力框架，将软权力分为情感（affective）和规范（normative）两个维度。从芝加哥问卷中，选取了八个情感指标：文化丰富性、经济竞争力、教育质量、科技进步等；四个规范指标：人道主义、经济救援等。以平均赋权的方式，测算了软权力的情感指数和规范指数。在其软权力框架中，文化软权力只包括文化丰富性。[①]

**（二）资源统计类评估**

这类评估是通过各相关权威机构发布的相关文化方面数据，例如文化内容产品外贸出口额、国内留学生人数、入境外国旅游者人次、学习本国语言人数等客观数据指标来综合评估。

2008年阎学通、徐进以资源统计的方法对中美软实力进行了定量比较。[②] 他们认为，软实力包括三个维度：国内动员力、国际动员力、国际吸引力。其中国际吸引力包括两个方面：国家模式吸引力和文化吸引力。文化吸引力的计算方式中包括的因素有：相同民族文化国家数量比、电影出口额比和留学生人数比。这种评估指标的优点是：方便计算；方便比较；不仅关注到资源，也关注到文化传播过程。但是，评估指标只有电影和留学生，没有文化的精神内核，这样的文化软实力的要素过于单薄。从文化影响力评估指标上看，国家模式、电影、留学生是需要考虑的因素。

2010年，英国的政府治理研究协会（Institute for Government，IfG）组织了一次世界范围内的软权力调查，并在 Monocle 杂志上发表了《新的说服者：国际软权力排名》的排行榜报告，以后每年度都发表，指标略有修改。IfG-Monocle 软权力指数以约瑟夫·奈的软权力三要素为基础，将软权力拓展为五个维度：政府（government）、文化（culture）、外交（diplomacy）、教育（education）、商业/创新（business/innovation）。[③] 该指数由客观性评估

---

① Byong-Ruen Jhee, et al., "Measuring Soft Power in East Asia: An Overview of Soft Power in East Asia on Affective and Normative Dimensions," in S. J. Lee and J. Melissen, eds., *Public Diplomacy and Soft Power in East Asia*, New York: Palgarave MacMillan, 2011, pp. 51-64.
② 阎学通、徐进：《中美软实力比较》，《现代国际关系》2008年第1期，第24—29页。
③ Jonathan McClory, "The New Persuaders II," *A 2011 Global Ranking of Soft Power*, pp. 31-32.

和主观性评估（专家打分，即德尔菲法）两部分组成。在其客观性评估指标中，五个维度都有二级指标。2012年颁布的文化维度包括12个方面的内容：入境旅游人数、入境旅客花费、国家支持的媒体在全球覆盖情况、国内的外国记者数量、本国语言在世界的传播情况、在奥运会上的表现、音乐在国际市场的排名、全球唱片销售量、参观艺术展人数、世界文化和自然遗产数量、足球在世界上的排名、在国际电影节的获奖情况。（见表4-2）教育维度有四个方面，与广义的文化密切相关。（见表4-3）IfG评估组设计了七个主观指标：设计/建筑、文化输出、国际领导力、烹饪水平、软权力偶像、国家航空公司/主要机场、商业品牌。IfG组建了专家组，给这些指标打分。最后，客观指标占70%，主观指标占30%，形成软权力指数。

表4-2 IfG-Monocle 软权力指数中的文化维度

| 评估指标 | 定义 | 数据来源 |
|---|---|---|
| 旅游 | 每年1000万人口中外国游客的数量 | 联合国世界旅游组织 |
| 旅游消费 | 以美元计算外国游客的消费额 | 联合国世界旅游组织 |
| 国家主办媒体的对外传播抵达率 | 每周观看、收听该国国家主办媒体的受众数量 | *Monocle* 调查研究，多个来源 |
| 外国记者 | 驻该国的外国记者总数 | 美联社及其他通讯社 |
| 语言 | 本国语言的全球实力指数（基于人口、经济、非母语使用者数量、以该语言创造的知识产权） | G. Weiber, "The World's 10 Most Influence Languages", in *Language Monthly*, 3: 12-18, 1997. |
| 奥运会表现 | 最近夏、冬奥运会金牌数量 | 国际奥委会数据库 |
| 音乐国外市场 | 该国音乐在国际市场的排名 | 国际音乐产业联盟：《2012唱片业数据》。 |
| 全球唱片销售 | 本国最畅销唱片在国外的销售总量 | 国际音乐产业联盟：《2012唱片业数据》。 |
| 艺术展览参观人数 | 世界100家参观人数最多的博物馆的年度累计参观人数 | 《展览与博物馆入场人数2010》，《艺术新闻》2011年4月，第223期，第24页。 |

续表

| 评估指标 | 定义 | 数据来源 |
|---|---|---|
| 世界文化遗产 | 一国拥有的联合国教科文组织评定的世界文化遗产数量 | 联合国教科文组织世界遗产名单，http://whc.unesco.org/en/list。 |
| 足球在国际上排名 | 国家足球队的国际足联排名 | 国际足联 |
| 国际电影节获奖 | 该国在戛纳、多伦多、圣丹斯电影节入选影片的总数 | 各电影节的数据 |

表 4-3　IfG-Monocle 软权力指数中的教育维度

| 评估指标 | 定义 | 数据来源 |
|---|---|---|
| 中小学教育质量 | PISA 得分 | OECD：《教育概览》。 |
| 大学质量 | 入选泰晤士高等教育全球顶尖 200 所大学的数量 | 《世界大学排名 2011—2012》，载《泰晤士高等教育》，汤森路透。 |
| 留学生 | 国内外国留学生人数，占全球出国留学生总数的比例 | 联合国教科文组织统计研究所：《全球教育文摘 2011》；OECD：《教育概览 2011》。 |
| 学术出版 | 该国人为第一作者在国际学术期刊上的论文数量 | 汤姆逊路透社研究评估 |

IfG 评估将客观性指标和专家的主观性指标相结合，评估了世界主要国家在全球的软权力。这是方法上的创新。从评估文化软权力的角度看，该评估运用权威国际机构发表的统计数据，数据可靠，对这些数据进行综合计算得出数据，评估成本低。

中国学者认为，从方法论上讲，该评估也有其不足。[①] 从文化软实力评估的视角来看，它只是评估了各国软实力的来源，评估了文化软实力的表面现象，没有直接展示文化中的信仰、价值观和思维方式等深层要素的吸引力和影响。再有，文化软实力最终是体现为民众对一国的看法，该调查在方法

---

① 钟新、黄超：《软实力的三种评估框架及其方法》，《湖南师范大学社会科学学报》2013 年第 3 期，第 97 页。

上没有用大型问卷调查了解民众的态度。从应用方面,该评估只总体地评估了一国文化软权力在全球的强弱情况,没有评估一国文化在某个国家影响力的具体情况。

## 二、文化软实力评估中的文化影响力评估指标

与软实力评估的文献对比,单独对文化软实力进行评估的文献有两个特点:一是尚未见到英文的文献;二是中文资料比较多。中文资料可分为两类:一类不仅提出了方法,而且实施了实际评估;另一类只是提出评估方法,未进行实际评估。提出评估方式的文献要多于进行实际评估的文献,主要原因是2007年党的十七大报告中指出要"提高国家文化软实力",国内研究文化软实力的学者增多。然而,进行实际评估困难多,需要花费的研究经费很大,特别是进行民意调查类的评估需要有更多的资金支持。

### (一) 综合现有统计数据类评估

1. 提出并实测的评估指标

目前有四项研究,下面按发表时间的先后介绍这些研究中涉及文化影响力评估指标的情况。

2009年,中国科学院中国现代化研究中心中国现代化战略研究课题组对文化现代化的影响力进行了评价。课题组将文化现代化的影响力简称为文化影响力。课题组认为,文化影响力既是一个国家通过国际文化互动对国际环境施加的实际影响的大小,也是一个国家的国际影响力在文化领域的一种表现。在一定程度上,文化影响力评价可以作为国际"软实力"的一种衡量方法。文化影响力的评价指标包括3个二级指标:文化市场影响力、文化资源影响力和文化环境影响力;二级指标下有15个三级指标。(见表4-4)他们利用世界银行和联合国有关机构的统计数据,开展了世界主要国家文化影响力指数和中国的文化影响力指数的研究。[①] 根据这个体系,他们测算出1990、1995、2000、2005年中国文化影响力的排名。

---

① 中国现代化战略研究课题组、中国科学院中国现代化研究中心:《中国现代化报告——2009文化现代化研究》,北京大学出版社2009年版,第277—283页。

表 4-4　中国现代化战略研究课题组文化影响力评估指标体系

| 二级指标 | 权重 | 三级指标 | 指标含义 | 单位 | 2005年标杆值 |
|---|---|---|---|---|---|
| 文化市场影响力 | 60 | 文化贸易份额 | 文化贸易/世界文化贸易 | % | 14.9 |
| | | 文化商品贸易份额 | 文化商品贸易/世界文化商品贸易 | % | 17.4 |
| | | 文化服务贸易份额 | 文化服务贸易/世界文化服务贸易 | % | 23.1 |
| | | 国际旅游收支份额 | 国际旅游收支/国际旅游收支总和 | % | 15.4 |
| | | 国际旅游人次份额 | 出入境旅游人次/出入境旅游总人次 | % | 7.39 |
| 文化资源影响力 | 20 | 世界文化遗产份额 | 国家的世界文化遗产/文化遗产总数 | % | 4.65 |
| | | 图书种类份额 | 图书出版种类/世界图书出版种类 | % | 18.6 |
| | | 电影产量份额 | 电影产量/世界电影产量 | % | 19.4 |
| | | 宽带网普及率 | 宽带网用户/1000人 | 用户/1000人 | 252 |
| | | 电视普及率 | 电视家庭用户数/100户家庭 | % | 100 |
| 文化环境影响力 | 20 | 民主化程度 | 政治环境，民主化指数 | | 3.51 |
| | | 劳动生产率 | 经济环境，GDP/劳动力 | 美元 | 101921 |
| | | 国际移民份额 | 社会环境，国际移民/世界移民总数 | % | 20.2 |
| | | 森林覆盖率 | 生态环境，森林面积/国土面积 | % | 73.9 |
| | | 国民文化素质 | 教育环境，大学普及率 | % | 90 |

该指标体系中的指标的数据均是资源类指标。文化环境影响力中的三级指标"森林覆盖率"是否属于文化环境影响力指标，值得商榷。与英国 IfG-Monocle 软权力指数中的文化维度相比，虽然都是通过综合现有统计数据评估文化软实力，但选择的指标有较大差别。从文化影响力指标来看，该评估体系涉及的因素有：文化商品贸易、文化服务贸易、国际旅游收支、国际旅游人次、世界文化遗产、图书、电影、宽带网、电视、民主化程度、移民、国民文化素质。

2010年，林丹、洪晓楠提出了文化软实力综合评价体系的理论模型，是将国内文化软实力和海外文化软实力混合在一起的评估模型。他们将文化软实力分为五个组成部分：激励中华民族形成强大向心力的文化凝聚力；获得国外仿效的文化吸引力；推动发展、追求领先的文化创新力；将文化要素组织成效能最大有机整体的文化整合力；向外界正确表达意图的文化辐射力。其中，文化凝聚力是内核要素，文化吸引力是基础要素，文化创造力是倍增要素，文化整合力是集成要素，文化辐射力是表象要素。① 2014年，洪晓楠领衔的国家社会科学基金项目"提高国家文化软实力的哲学研究"课题组提出了自己的文化软实力评估体系：文化软实力评估体系由基本指标和特色指标两部分构成，总分值为100分。基本指标占90分，反映了一个国家文化软实力资源的基本情况，设置了吸引力、创新力和辐射力三个方面的测评项目，每项占30分。特色指标采用了加分的方法，最高分值为10分，是反映文化软实力创建和管理中的个性和特色的指标，也反映了一国文化获得世界认可的情况。② 该评估体系以资源统计为主，对传播过程终点的传播效果即文化影响力未提出评估指标。他们提出了与影响力相近的文化吸引力评估方式，见表4-5。

表4-5 洪晓楠课题组评估文化吸引力的方式

| 测评项目 | 指标名称 | 测评内容 | 测评标准 A（30分） | 测评标准 B（20分） | 测评标准 C（10分） | 测评方法 | 权重 |
|---|---|---|---|---|---|---|---|
| 文化吸引力（30分） | 科研能力（9分） | 资金投入 | 高于世界同类国家平均水平 | 等于世界同类国家平均水平 | 低于世界同类国家评价水平 | 材料审核 | 0.2 |
| | | 科学普及 | 成熟 | 一般 | 不成熟 | 材料审核 | 0.1 |
| | 文学荣誉（12分） | 国家荣誉制度 | （1）设立国家文学荣誉制度；（2）表彰有杰出贡献的文化工作者；（3）为各类文化人才创造展示舞台、实现空间。符合上述三项标准为A；符合两项标准为B；其余情形为C。 | | | 材料审核 | 0.1 |
| | | 获诺贝尔文学奖项 | 高于世界同类国家平均水平 | 等于世界同类国家平均水平 | 低于世界同类国家评价水平 | 材料审核 | 0.3 |

---

① 林丹、洪晓楠：《中国文化软实力综合评价体系研究》，《大连理工大学学报（社会科学版）》2010年第4期。

② 洪晓楠等：《提高国家文化软实力的哲学研究》，人民出版社2014年版。

续表

| 测评项目 | 指标名称 | 测评内容 | 测评标准 | | | 测评方法 | 权重 |
|---|---|---|---|---|---|---|---|
| | | | A（30分） | B（20分） | C（10分） | | |
| 文化吸引力（30分） | 接受留学生（9分） | 人数 | 高于世界同类国家平均水平 | 等于世界同类国家平均水平 | 低于世界同类国家评价水平 | 材料审核 | 0.2 |
| | | 来源国家 | （1）来源于世界发达国家；（2）来源于发展中国家；（3）来源于周边国家。符合上述三项标准为A；符合两项标准为B；其余情形为C。 | | | 材料审核 | 0.1 |

2012年，凌炼、龙海明提出了中外"文化软实力建设绩效评价体系"，把文化软实力分为投入和产出两个维度，在产出的指标中与国际文化影响力的指标相关的涉及留学生人数和国际旅游收入占国际收支比重。①

2013年，上海社科院花建领衔承担的国家社科基金重点项目"全球化背景下的中国文化软实力战略及对策研究"课题组提出文化软实力评估指标体系（见表4-6），把文化软实力分为六个方面，采取德尔菲法给一、二级指标赋予权重，对缺失的数据自行补充。他们得出了2009年和2010年10个国家的文化软实力得分和排名。②

表4-6 花建课题组文化软实力评估指标体系

| 一级指标 | 二级指标 |
|---|---|
| 1. 认同性——文化动员力指标 | 1.1 本国国民对本国所持的好感 |
| | 1.2 人文发展指数 |
| | 1.3 全球化指数 |
| | 1.4 和平指数 |
| | 1.5 暴力行为控制指数 |
| 2. 培养性——文化环境力指标 | 2.1 世界遗产的数量（个） |
| | 2.2 国家产权保护制度指数 |
| | 2.3 文化融合性指数 |

① 凌炼、龙海明：《基于AHP法的中外文化软实力建设绩效评价》，《湖南大学学报（社会科学版）》2012年第7期，第81—86页。
② 花建：《文化软实力——全球化背景下的强国之道》，上海人民出版社2013年版。

续表

| 一级指标 | 二级指标 |
|---|---|
| 2. 培养性——文化环境力指标 | 2.4 中央政府社会保障支出在各项支出中的比重 |
| | 2.5 政府腐败/清廉指数 |
| | 2.6 教育发展指数 |
| 3. 创新性——文化贡献力指标 | 3.1 创新指数 |
| | 3.2 专利申请数量（件） |
| | 3.3 企业经营环境排名 |
| | 3.4 全球创意城市的数量 |
| | 3.5 拥有世界排名前100位的著名大学的数量（个） |
| | 3.6 文化产业对GDP的贡献率（%） |
| 4. 规模性——文化生产力指标 | 4.1 电影票房（亿美元） |
| | 4.2 创意产品出口额（百万美元） |
| | 4.3 创意服务出口额（百万美元） |
| | 4.4 个人、文化和休闲服务出口额（百万美元） |
| | 4.5 拥有全球营业额最大的视听企业（个） |
| 5. 扩散性——文化传播力指标 | 5.1 该国家拥有的世界名牌500强的数量 |
| | 5.2 版税和许可证费的出口额（亿美元） |
| | 5.3 其他国家国民认为这个国家具有正面影响的比例（%） |
| | 5.4 其他国家国民认为这个国家具有负面影响的比例（%） |
| | 5.5 新媒体出口额占全球比重 |
| 6. 民生性——文化消费力指标 | 6.1 百万人中的互联网服务商数量（个） |
| | 6.2 居民休闲与文化支出占消费支出的比重（%） |
| | 6.3 出国旅游人数（万人） |
| | 6.4 1000个居民中的国际互联网用户（个） |
| | 6.5 国外旅客到达人数占人口的比重（%） |

该体系中的指标基本是资源类指标。只有三项（1.1、5.3、5.4）是来自民意调查的主观指标，其数据不是来自课题组的调查，而是来自BBC的调查报告。其指标体系是对国内和国际文化软实力的综合评估，重心放在国内软实力评估上。例如，一级指标中的1、2、3多是国内文化软实力指标；

4、6中国内和国外软实力指标都有,例如4.1电影票房等无疑是国内文化软实力的指标;5扩散性指标中的五个指标都是国际文化软实力的指标。该指标体系中没有国际跨文化传播语境中的文化国际影响力指标。

2. 仅提出未实测的评估指标体系

2008年,孙亮宏观地提出了文化软实力指标建构应遵循的原则:深层性、生成性和民族性原则。文化软实力指标构成有六大要素:发展模式软实力;核心价值观软实力;国家形象软实力;文化生态软实力;外交软实力;传播软实力。① 他只提出体系但未提出具体指标。

2009年,罗能生、谢里撰文将国家文化软实力评估指标体系分为目标层、准则层、指标层三个层次。这三个层次可以看作3个一级指标。3个一级标下有二级指标6个:文化生产力、文化传播力、文化影响力、文化保障力、文化创新力、文化核心力。二级指标下有三级评估指标31个。② 这个指标体系试图融合国内文化软实力和国际文化软实力。文化影响力有4个三级指标:文化商品和服务出口比例、国际旅游收支总额及留学生人数、国际文化交流次数、国家形象。

2011年,贾海涛提出了文化软实力的计算公式:文化软实力=政治制度的效率与国内外认同程度×[外交艺术×(价值观的影响度+国际形象与国际威望+对外宣传能力与效果+体育水平与国际比赛的成绩)+(文化的创新能力+战略决策水平+政策效能)×(科技实力+教育水平+人才储备或人力资本+文化产品与文化遗产的国际影响力+国民道德水准)]。③ 这个公式将文化软实力混同于软实力,指标数值难以获取,无法实际量化计算。在文化影响力方面提及了文化产品与文化遗产的国际影响力。

2012年,陈开和分析了约瑟夫·奈在论述美国、欧洲及亚洲国家软权力时所用的指标,发现指标尽管有同有异,但从中大致可以看出约瑟夫·奈心目中软权力所包含的要素。总体上看,这些指标可以分为三大类:一是国家内部的指标,如网站数量、专利数量、平均寿命、诺贝尔奖获得者数量

---

① 孙亮:《"文化软实力"指标体系的建构原则与构成要素》,《理论月刊》2009年第5期。
② 罗能生、谢里:《国家文化软实力评估指标体系与模型构建》,《求索》2010年第9期。
③ 贾海涛:《文化软实力的构成及测评公式》,《学术研究》2011年第3期。

等；二是与国家之间相互交往有关的指标，如吸收外来移民数量、吸收外国游客数量、吸收外国留学生数量、出口影视作品数量、公共外交经费占 GDP 的比重、海外援助经费占 GDP 的比重等；三是全球范围的民意调查数据指标，如外国（或某一具体国家或地区）受众对本国的总体好感程度、对本国文化价值和外交政策的认同程度、对本国具体文化产品的喜爱程度等。陈开和认为奈对软权力三类指标的设定是合理的，这三类指标可以看作是国家内部指标、国际互动指标和民意调查指标。其中，民意调查指标是对前两类指标的进一步检验和印证，是他国受众对本国形象的基本认知，因此也可以称之为国家形象指标。根据这三类指标，大致可以对国家的文化软权力进行量化衡量，并可以进行横向比较。陈开和认为，在文化软实力具体的指标设定中，应该剔除奈所提指标中与硬实力关系过于密切的不合理因素，设定有助于衡量文化软实力本身的具体指标。按照这样的思路，提出衡量国家文化软实力的三类一级指标，一级指标之下又分出 12 个二级指标和 41 个三级指标，见表 4-7。①

表 4-7　衡量国家文化软实力的指标体系

| 一级指标 | 二级指标 | 三级指标 |
| --- | --- | --- |
| 国家内部指标 | 文化核心价值的国内吸引力 | 本国核心价值表述的清晰度 |
| | | 本国文化经典的普及程度 |
| | | 国民对本国核心价值的接受度 |
| | 国家制度的国内吸引力 | 国民对本国政治制度的认可度 |
| | | 国民对本国经济制度的认可度 |
| | | 本国政府与社会互动的和谐度 |
| | 本国学术界的理论创新力 | 本国发展经验和模式的总结推广 |
| | | 原创性理论文章的数量和影响 |
| | | 在国际获奖的科研人员的数量 |
| | 国内社会的文化传播力 | 本国各类媒体的规模和数量 |
| | | 本国网民的规模和数量 |
| | | 本国手机用户的规模和数量 |

---

① 陈开和：国际社科基金重大项目"中国对外传播文化软实力"子课题结题报告《国际文化传播软实力的格局结题报告》，2012 年 6 月。

续表

| 一级指标 | 二级指标 | 三级指标 |
| --- | --- | --- |
| 国际互动指标 | 吸引外国人到访本国的能力 | 吸收外国留学生的数量及专业分布 |
| | | 吸收外国学者的数量及专业分布 |
| | | 到访外国游客的数量及地区分布 |
| | | 吸收外来移民的数量及地区分布 |
| | 本国文化产品的国际竞争力 | 出口图书等印刷品的数量 |
| | | 出口影视和音乐作品的数量 |
| | | 对外演出的数量及观众人数 |
| | | 本国重要网站的国外访问人数 |
| | | 本国重要外宣媒体的国际覆盖率 |
| | | 本国语言在国外受众中的普及率 |
| | 本国外交政策的本国吸引力 | 政府对国际事务立场的清晰度 |
| | | 本国民众对外交政策的认可程度 |
| | | 本国在政府间国际组织中的地位和作用 |
| | | 本国在非政府间国际组织的地位和作用 |
| 国家形象指标 | 本国核心价值的国际吸引力 | 外国精英阶层对本国核心价值的评价 |
| | | 外国社会大众对本国核心价值的评价 |
| | | 外国游客对本国核心价值的评价 |
| | 本国文化产品的国际吸引力 | 外国公众对本国影视作品的喜爱程度 |
| | | 外国公众对本国音乐作品的喜爱程度 |
| | | 外国公众对本国文学作品等的喜爱程度 |
| | 本国公民和公司的国际吸引力 | 外国公众对本国出国游客的评价 |
| | | 外国公众对本国留学生的评价 |
| | | 外国公众对本国跨国企业的评价 |
| | 本国国家制度的国际吸引力 | 外国公众对本国政治制度的认可度 |
| | | 外国公众对本国经济制度的认可度 |
| | | 外国公众对本国社会制度的认可度 |
| | 本国外交政策的国际吸引力 | 外国公众对本国外交战略的认知 |
| | | 外国公众对本国承担国际责任的评价 |
| | | 外国公众对本国外交决策合理性的评价 |

该指标体系是基于对约瑟夫·奈原著文本分析得出的，基本的思路是对文化资源力（即国家内部指标）→文化传播力（即国际互动指标）→文化影响力（即国际形象指标）的全面评估。获得数据的方法既需要资源统计法，也需要民意调查法。例如，第一个一级指标国家内部指标的三级指标中，既有需要资源统计法获得的指标（如本国各类媒体的规模和数量、本国网民的规模和数量、本国手机用户的规模和数量），也有需要通过民意调查方法获得的指标（国民对本国核心价值的接受度、国民对本国政治制度的认可度、国民对本国经济制度的认可度）。第二个一级指标国际互动指标下属的三级指标中，既有资源统计类指标（如吸收外国留学生的数量及专业分布、吸收外国学者的数量及专业分布、到访外国游客的数量及地区分布、吸收外来移民的数量及地区分布），也有需要通过民意调查方法获得的指标（如本国民众对外交政策的认可度、本国语言在国外受众中的普及率）。第三个一级指标国家形象指标下的所有15个三级指标都需要通过民意调查来衡量，它是对国家文化软实力基本要素的进一步确认和检验。这个评估体系需要获取国内和国外的资源数据，而且需要在国内国外分别进行民意调查，对这个指标体系进行实际测量难度较大。

这一指标体系从新的视角解读了文化软实力。可取之处是它同时兼顾了文化资源、传播过程和影响效果。其中第三个一级指标国家形象指标就是文化影响力的指标。它所包括的5个二级指标（本国核心价值的国际吸引力、本国文化产品的国际吸引力、本国公民和公司的国际吸引力、本国国家制度的国际吸引力、本国外交政策的国际吸引力）及下属的15个三级指标为我们确定文化影响力的评估指标提供了具体且有益的启示。这个评估指标有待进一步完善和细化。

### （二）民意调查类评估

2012年上海外国语大学吴瑛副教授发表了对美国、日本、俄罗斯、泰国、黎巴嫩5国16所孔子学院（包括孔子学堂）进行的中国文化对外传播效果的研究结果。此项研究运用了社会学中的实证调查研究方法：通过问卷调查，在16所孔子学院回收问卷565份；进行深度访谈，以马里兰大学孔子学院为代表，组织了两场焦点组访；此外，对十余名外派美国、泰国、法国孔子学院的对外汉语教师进行了个别访谈。这一研究历时三年（2008—2011年）。该研究将义化分解为物质文化、行为文化和精神文化。在问卷设计中，物质文化包括茶叶、中国菜、长城、兵马俑、饺子等五项；行为文化包括太极拳、中医、中国功夫、舞龙舞狮、中国书法、中国诗词等六项；精神文化借鉴彭迈德中国文化价值观向度来设计，既包括文学艺术，也包括孝、俭、礼、勤、恭、慎、谦、面子这八种价值观。问卷分别从对三个层面文化的认知、态度、行为角度来测量。[①] 这一调查的突出特点是对中华特色的文化成分，特别是价值观进行了调查。从国际跨文化传播视角看，文化影响力评估指标包括：茶叶、中国菜、长城、兵马俑、饺子、太极拳、中医、中国功夫、舞龙舞狮、中国书法、中国诗词、孝、俭、礼、勤、恭、慎、谦、面子等19项。

### （三）各种评估比较

1990年约瑟夫·奈提出了"软权力"这个概念，2007年开始文化软权力和文化软实力的量化评估。目前，民意调查类的主观性影响力评估和资源统计类的客观性影响力都没有统一定义，理论基础比较薄弱，缺乏一致认可的文化评价指标体系、标准的计算方法，还没有产生国内外受到公认的成果。从文化软实力的视角看，不管是否进行了实际测量，从研究思路上可以分为三种：进行软实力资源统计、进行传播能力统计、进行受众影响力调查。

资源统计评估，测量的基本是国际文化影响力的基础，但基础不能代表实际在人们心目中的文化吸引力。进行资源性评估是必要的，但是归根到底不能有效地测量软实力，也难以有政策上的启发意义。从文化软实力是个动态的过程看，它测量的基本是文化资源力（基础变量）→文化传播力（传导变量）→文化影响力（结果变量）中的文化资源力和文化传播力。从国际跨文化传播学"八何模式"的要素看，它评估的是何人传播、用何信息、用何编码、用何渠道、传给何人。

民意调查评估，是从受众效果出发测量文化软实力，是"八何"传播模式要素中的如何解码和有何影响。衡量文化软实力的人心向背，评估如何解码和有何影响更有意义。民意调查评估比资源统计评估更有效。

---

[①] 吴瑛：《中国文化对外传播效果研究——对5国16所孔子学院的调查》，《浙江社会科学》2012年第4期。吴瑛：《基于5国孔子学院文化传播效果的考察》，《中国社会科学报》2012年第358期。吴瑛：《孔子学院与中国文化的国际传播》，浙江大学出版社2012年版。

理想的文化软实力评估应该既包括资源统计评估，又包括民意调查评估。因为两类评估都包括的评估才是对文化资源力（基础变量）→文化传播力（传导变量）→文化影响力（结果变量）的全面评估，或者说是对"八何模式"中八个因素的完整评估。但是若在二者中选其一，进行民意调查性的对文化影响力的评估更有意义。

对一个国家在外国的文化软实力进行评估，需要明确该国文化的特色，不宜用统一的调查标准，不宜用笼统的文化来进行文化影响力的评估。《世界文化多样性宣言》将文化定义为："某个社会或某个社会群体特有的精神与物质，理智与情感的不同特点之总和。"因而调查一国文化的影响力需要突出该国文化的特色。例如评估戏剧艺术的影响力，中国调查时，应调查的是京剧在海外的影响；日本调查时，应调查的是能、狂言在海外的影响；意大利调查时，应调查的是歌剧在海外的影响。文化除了文学和艺术外，还包括生活方式、共处的方式、价值观体系、传统和信仰，在调查本国在这些要素中的影响力时，也应突出本国的特色。如何评估或测量中华文化在外国的影响力？首先需要建立符合中国国情的评估指标体系。在依据这个体系进行多国调查数据的基础上，若能建立一个统一的中华文化国际影响力指数，将更有利于进行跨国的和历时的比较研究，更有政策上的启发意义。

## 第二节　中华文化国际影响力评估体系

### 一、形成过程

提出中华文化国际影响力评估体系的过程与国家的需要密切相关。中国2011—2015年实施的《"十二五"规划纲要（草案）》提出，要传承优秀民族文化，创新文化"走出去"模式，增强中华文化的国际竞争力和影响力。党的十八大报告强调要开创"中华文化国际影响力不断增强的新局面"。要清晰知道中华文化国际影响力（简称"影响力"）是否在不断增强，需要对当前的影响力现状和今后的发展状况进行评估，获得影响力指数，经过对比才有可能知道我们所做的工作是否使得影响力得到了增强。正如GDP可以衡量各国经济状况，综合发展指数（CDI）可以综合、全面地反映中国地区发展的状况，影响力指数可以衡量中国文化在世界各国的影响力状况。因而，设计出中华文化国际影响力评估体系,并以此体系设计出调查问卷,在世界主要国家进行实地调查是目前迫切的问题。

2009年4月,北京大学的新闻与传播学院、国际关系学院、外国语学院及中央电视台等单位组成的跨学科团队(以下简称"北大课题组")承担了2008年国家社科基金重大项目"我国对外传播文化软实力"(08&ZD057)的研究。在研究过程中,北大课题组借鉴当时的研究成果,拟出了中华文化国际影响力评估体系第一稿,并据此设计了调查问卷《中华文化印象调查》(Survey on Awareness of Chinese Culture),通过美国国际抽样调查公司,2011年11月在美国、俄罗斯、德国、日本、印度等五国进行了历史上首次关于中国文化软实力在五国状况的全国性网上调查,以了解当今中华文化在五国的影响力。①

2011年,文化部外联局和北京大学新闻与传播学院合作,以美国、德国、俄罗斯和印度为研究对象,展开了题为"新时期中国文化海外影响力评估"的课题研究。课题组对中华文化国际影响力评估体系第一稿进行了补充,并据此修订了调查问卷,2011年11月在美国、俄罗斯、德国、印度等四国用修改后的问卷进行了中华文化软实力在四国状况的全国性网上调查。②

2013年,文化部与北京大学新闻与传播学院再次合作,以日本、韩国、越南和印尼为研究对象,展开了题为"新时期中国文化国际影响力评估(第二期)"的课题研究。课题组对中华文化国际影响力评估体系进行了修改完善,对调查问卷也进行了修改,2013年12月在日本、韩国、越南和印尼用新修订的问卷,进行了中华文化软实力在四国状况的全国性网上

---

① 体系由关世杰主持制定,在问卷的形成过程中,课题组12名成员(除笔者外,他们是徐泓教授、肖东发教授、杨伯溆教授、尚会鹏教授、李玮教授、梁云祥教授、王异虹副教授、胡泳副教授、陈开和副教授、李宇博士、何明智博士)及参与课题的历届博士生和硕士生参与讨论。此外,还得到了许多学者和友人的帮助,他们是:杜维明教授、贾文山教授、林文刚教授、姚说助理教授、俞南助理教授、何悝讲师以及不知名的志愿者,在此致谢。

② 北大新闻与传播学院组成了15人的研究团队:组长:关世杰教授,副组长:刘德寰教授,组员:王异虹副教授、王丽雅副教授(博士后),博士生刘澜、尹博、古俊伟,硕士生杨蕊、李赛、李凤娟、冯丽萍、刘薇、马丹宁、龙新蔚、李克。在课题研究过程中,文化部外联局的项晓玮副局长、政法处的李立言、周勇、蔡山帝等同志对课题开展提出了很多的建议,特在此表示感谢。

调查。①

在这三次课题的研究过程中逐步形成和完善了中华文化国际影响力评估体系。

## 二、评估体系的内容设计

根据国际跨文化传播"八何模式",对中华文化国际影响力的测量是对传播过程中如何解码和有何影响的测量。

### (一)对文化因素影响力的测量

根据文化构成的"珍珠链模型"和对影响力的定义,中华文化国际影响力指的是具有中国特色的文化要素,即具有中国特色的文化符号、文化产品、民众与杰出人物、文化团体/企业、大众传媒、价值观、思维方式、信仰,对外国民众的思想或行动所起的作用。作用的大小可以从认知、态度、行为三个层次进行测量,认知是影响力的初步阶段,态度是影响力的中级阶段,行为是影响力的高级阶段。我们从文化的各个要素即从微观的角度分析了受访者对中华文化的认知、态度和行为。然而,文化是复杂的社会现象,以上的分析中可能遗漏了中国文化国际影响力的一些文化因素。为此,我们设计了从宏观角度探测受访者对中国文化的整体印象。作用的方向可以从赞同(正向力)和反对(负向力)得以测量;作用点可以从文化要素的各个方面得以测量;作用力的大小,用 0(不知道)和 1(知道)测量认知;用 4、5、7、11 等多种等级量表测量态度,用 0(无行为)和 1(有行为)测量有无行为,用 1(从不)、2(偶尔)、3(经常)测量行为的频率,用自然数 1、2、3、4、5 等或次数段(例如,1 代表 1—5 次、2 代表 6—10 次、3 代表 11—20 次、4 代表 21—30 次、5 代表 31 次及以上)测量行为的次数。

### (二)对影响中华文化海外传播整体社会环境的测量

在对外国际文化交流中,影响交流效果的不仅是文化因素,交流效果还

---

① 体系由关世杰主持修改,参与修改的课题组成员有:刘德寰教授、许静副教授、徐金灿副教授、王丽雅副教授(博士后)、博士生权玹廷、刘澜,硕士生韩晓梅、徐畅、倪天歌等人。2013 年 1 月 29 日,北京大学新闻与传播学院与文化部外联局联合在北京大学召开了"新时期中华文化国际影响力评估专家研讨会",与会的中国社会科学院新闻与传播研究所明安香研究员、北京大学政府管理学院杨明教授、北京大学心理系侯玉波教授以及外联局政策法规处周勇处长、文化贸易处郑文处长以及传播处、亚洲处、文化中心处、翻译处等相关处室负责人,对评估体系和问卷提出了宝贵的修改意见。课题研究后期,外联局政法处朱琦处长和欧阳安副处长对课题研究给予了积极的帮助。

要受到两国关系现状以及受访者对该国的经济、外交、政治等看法的影响。双边关系现状会使受访者对一国文化的态度产生不小的影响。关系好时，会增加对一国文化的好感度；关系不好时，会减少对一国文化的好感度。受访者对于文化信息发出国的经济、外交、政治等的看法会与其对一国文化的看法产生相互影响，特别是对一国经济发展的认知与态度会对该国文化的评价有较大的影响。文化的影响力是以一国的物质为基础的：一国经济状况好，常会对受访者对该国文化的影响产生正面效果；一国经济状况不好，常会对受访者对该国文化的影响产生负面效果。对中国政治制度的认知与态度对中华文化的评价有一定的影响，特别是对政治制度的评价与本人所持价值观有密切联系。受访者对一国外交政策的态度与对该国文化对外传播的态度有一定的影响。因而，评估体系中加入了测量受访者对中国经济发展、政治制度的认知和态度的测量，增加了对中国对外政策和双边关系的态度的测量，用0（不知道）和1（知道）及用等级量表（例如，1为非常不了解，7为非常了解）测量认知；用4、5、7、11等多种等级量表测量态度。

以上从经济、政治、外交、双边关系等主要方面分析了受访者对中国的认知和评价。然而，对中国的认识是个复杂的心理现象，以上的分析中，可能遗漏了一些对中国整体印象因素。为此我们设计了从宏观角度，探测受访者对中国的整体印象，表明受访者的态度，并用5级和11级量表测量其态度。

### （三）评估体系的细化

对文化因素影响力的测量和对影响中华文化对外传播整体社会环境的测量构成了影响力的两大基本评估内容。

概要地讲，影响力评估体系内容包括两大方面：

首先是中华文化各个要素本身对外国民众的影响。我们将文化要素的概念分成三个一级指标：一是文化的物化形式，包括两个二级指标：1. 文化符号、2. 文化产品；二是文化精神内核，包括三个二级指标：3. 价值观、4. 思维方式、5. 信仰；三是文化传播渠道，包括三个二级指标：6. 民众与杰出人物、7. 文化团体/企业、8. 大众传媒。

其次是中国整体社会环境对外国民众的影响，这一因素作为一个一级指标，包括四个二级指标：9. 经济、10. 政治、11. 外交、12. 国家形象。

中华文化各个要素和中国整体社会环境对外国民众的影响，形成了他们对中华文化的整体印象：13. 中华文化形象。

总之，评估体系包括 4 个一级指标、13 个二级指标和 49 个三级指标，详见表 4-8。

表 4-8　中华文化国际影响力评估体系（2013 年版）

√表示测量，—表示未测量

| 目标 | 中华文化国际影响力要素 | | | | 影响力 | | |
|---|---|---|---|---|---|---|---|
| | 概念的分解 | | | | 认知 | 态度 | 行为 |
| | 一级指标 | 二级指标 | 三级指标 | 测量点 | 知道吗 | 好感度 | 有无/程度/次数 |
| 中华文化国际影响力 | 一、文化的物化形式 | 1.文化符号 | （1）象征性符号 | 长城 | √ | √ | — |
| | | | | 龙 | √ | √ | — |
| | | | | 大熊猫 | √ | √ | — |
| | | | | 北京故宫 | √ | √ | — |
| | | | | 国家体育馆（鸟巢） | √ | √ | — |
| | | | | 兵马俑 | √ | √ | — |
| | | | | 北京天坛 | √ | √ | — |
| | | | （2）艺术符号 | 书法 | √ | √ | — |
| | | | | 京剧 | √ | √ | — |
| | | | | 中国画 | √ | √ | — |
| | | | | 中国园林 | √ | √ | — |
| | | | | 青花瓷 | √ | √ | — |
| | | | | 民歌《茉莉花》 | √ | √ | — |
| | | | （3）生活符号 | 中国烹饪 | √ | √ | √ |
| | | | | 中国功夫 | √ | √ | √ |
| | | | | 中华医药 | √ | √ | — |
| | | | | 春节 | √ | √ | √ |
| | | | | 清明节 | √ | √ | — |
| | | | | 端午节 | √ | √ | — |
| | | | | 风水 | √ | √ | — |
| | | | | 中国丝绸 | √ | √ | — |
| | | | | 唐装/旗袍 | √ | √ | — |

续表

| 目标 | 中华文化国际影响力要素 ||||影响力|||
|---|---|---|---|---|---|---|---|
| | 概念的分解 |||| 认知 | 态度 | 行为 |
| | 一级指标 | 二级指标 | 三级指标 | 测量点 | 知道吗 | 好感度 | 有无/程度/次数 |
| 中华文化国际影响力 | 一、文化的物化形式 | 1. 文化符号 | （4）哲学思想符号 | 儒家思想 | √ | √ | √ |
| | | | | 道教 | √ | √ | √ |
| | | | | 太极阴阳图 | √ | √ | — |
| | | | （5）教育符号 | 北京大学 | √ | √ | — |
| | | | | 清华大学 | √ | √ | — |
| | | | （6）语言文学符号 | 汉字/汉语 | √ | √ | — |
| | | | | 诗词 | √ | √ | √ |
| | | 2. 文化产品 | （7）艺术商品 | 时尚设计产品 | √ | √ | √ |
| | | | | 书法作品 | √ | √ | √ |
| | | | | 绘画作品 | √ | √ | √ |
| | | | | 手工艺品 | √ | √ | √ |
| | | | （8）娱乐商品 | 电子游戏 | √ | √ | √ |
| | | | | 音像制品 | √ | √ | √ |
| | | | （9）书刊商品 | 图书 | √ | √ | √ |
| | | | | 期刊 | √ | √ | √ |
| | | | （10）影视商品 | 电影 | √ | √ | √ |
| | | | | 纪录片 | √ | √ | √ |
| | | | | 动漫 | √ | √ | √ |
| | | | | 电视剧 | √ | √ | √ |
| | | | （11）文化品牌 | 欢乐春节 | √ | √ | √ |
| | | | | 中国文化年/月/周 | √ | √ | — |
| | | | | 少林雄风 | √ | √ | — |
| | | | | 云南印象 | √ | √ | — |
| | | | | 北京故宫博物院 | √ | √ | — |

续表

| 目标 | 中华文化国际影响力要素 | | | | 影响力 | | |
|---|---|---|---|---|---|---|---|
| | 概念的分解 | | | | 认知 | 态度 | 行为 |
| | 一级指标 | 二级指标 | 三级指标 | 测量点 | 知道吗 | 好感度 | 有无/程度/次数 |
| 中华文化国际影响力 | 一、文化的物化形式 | 2.文化产品 | （11）文化品牌 | 京剧 | √ | √ | — |
| | | | | 北京全聚德烤鸭 | √ | √ | — |
| | | | | 茅台酒 | √ | √ | — |
| | | | | 北京同仁堂 | | | |
| | 二、文化精神内核 | 3.价值观 | （12）中华核心价值观 | 仁 | — | √ | — |
| | | | | 恕 | — | √ | — |
| | | | | 孝 | — | √ | — |
| | | | | 礼 | — | √ | — |
| | | | | 义 | — | √ | — |
| | | | | 和而不同 | — | √ | — |
| | | | | 天人合一 | — | √ | — |
| | | | | 共同富裕 | — | √ | — |
| | | | | 和谐世界 | — | √ | — |
| | | | | 集体主义 | — | √ | — |
| | | | | 以人为本 | — | √ | — |
| | | | | 人类责任 | — | √ | — |
| | | | （13）中国社会主义核心价值观 | 富强 | — | √ | — |
| | | | | 民主 | — | √ | — |
| | | | | 文明 | — | √ | — |
| | | | | 和谐 | — | √ | — |
| | | | | 自由 | — | √ | — |
| | | | | 平等 | — | √ | — |
| | | | | 公正 | — | √ | — |
| | | | | 法治 | — | √ | — |

续表

| 目标 | 中华文化国际影响力要素 | | | | 影响力 | | |
|---|---|---|---|---|---|---|---|
| | 概念的分解 | | | | 认知 | 态度 | 行为 |
| | 一级指标 | 二级指标 | 三级指标 | 测量点 | 知道吗 | 好感度 | 有无/程度/次数 |
| 中华文化国际影响力 | 二、文化精神内核 | 3.价值观 | （13）中国社会主义核心价值观 | 爱国 | — | √ | — |
| | | | | 敬业 | — | √ | — |
| | | | | 诚信 | — | √ | — |
| | | | | 友善 | — | √ | — |
| | | | （14）中国梦 | 国家富强 | — | √ | — |
| | | | | 民族振兴 | — | √ | — |
| | | | | 人民幸福 | — | √ | — |
| | | 4.思维方式 | （15）辩证思维 | — | — | √ | — |
| | | | （16）综合思维 | — | — | √ | — |
| | | 5.信仰 | （17）儒家 | — | √ | √ | √ |
| | | | （18）道家 | — | √ | √ | √ |
| | | | （19）佛教 | — | — | — | √ |
| | | | （20）中国式社会主义 | — | √ | √ | — |
| | 三、文化传播渠道 | 6.民众与杰出人物 | | 杰出人物 | | | |
| | | | （21）当今明星 | 成龙 | √ | √ | — |
| | | | | 章子怡 | √ | √ | — |
| | | | | 姚明 | √ | √ | — |
| | | | （22）当代和当今文学家、艺术家 | 莫言 | √ | √ | √ |
| | | | | 郎朗 | √ | √ | — |
| | | | | 宋祖英 | √ | √ | — |
| | | | | 梅兰芳 | √ | √ | — |

续表

| 目标 | 中华文化国际影响力要素 | | | | 影响力 | | |
|---|---|---|---|---|---|---|---|
| | 概念的分解 | | | | 认知 | 态度 | 行为 |
| | 一级指标 | 二级指标 | 三级指标 | 测量点 | 知道吗 | 好感度 | 有无/程度/次数 |
| 中华文化国际影响力 | 三、文化传播渠道 | 6.民众与杰出人物 | (23)古代文学家 | 李白 | √ | √ | — |
| | | | | 罗贯中 | √ | √ | √ |
| | | | (24)当今科学家 | 袁隆平 | √ | √ | — |
| | | | (25)当今航天员 | 杨利伟 | √ | √ | — |
| | | | (26)古代医学家 | 张仲景 | √ | √ | √ |
| | | | (27)古代哲学家 | 孔子 | √ | √ | √ |
| | | | | 老子 | √ | √ | √ |
| | | | (28)当代政治家 | 毛泽东 | √ | √ | √ |
| | | | | 邓小平 | √ | √ | √ |
| | | | | 孙中山 | √ | √ | √ |
| | | | (29)当今企业家 | 李嘉诚 | √ | √ | — |
| | | | 民众 | | | | |
| | | | (30)对中国人持中华传统价值观的看法 | 仁 | — | √ | — |
| | | | | 恕 | — | √ | — |
| | | | | 孝 | — | √ | — |
| | | | | 礼 | — | √ | — |
| | | | | 义 | — | √ | — |
| | | | | 和而不同 | — | √ | — |
| | | | | 天人合一 | — | √ | — |
| | | | | 共同富裕 | — | √ | — |

续表

| 目标 | 中华文化国际影响力要素 ||||  影响力 |||
|---|---|---|---|---|---|---|---|
| | 概念的分解 |||| 认知 | 态度 | 行为 |
| | 一级指标 | 二级指标 | 三级指标 | 测量点 | 知道吗 | 好感度 | 有无/程度/次数 |
| 中华文化国际影响力 | 三、文化传播渠道 | 6.民众与杰出人物 | （30）对中国人持中华传统价值观的看法 | 和谐世界 | — | √ | — |
| | | | | 集体主义 | — | √ | — |
| | | | | 以人为本 | — | √ | — |
| | | | | 人类责任 | — | √ | — |
| | | | （31）对中国人思维方式的看法 | 辩证思维 | — | √ | — |
| | | | | 综合思维 | — | √ | — |
| | | | （32）对中国人的亲近感 | 博加德斯量表 | — | √ | — |
| | | | （33）与中国人的接触 | 中国朋友的个数 | — | — | √ |
| | | | | 来过中国的情况 | — | — | √ |
| | | 7.文化团体/企业 | （34）文化团体 | 文化交流活动 | √ | √ | √ |
| | | | | 文化演出 | √ | √ | √ |
| | | | | 文化主题展览 | √ | √ | √ |
| | | | （35）对外文化机构 | 中国文化中心 | √ | √ | — |
| | | | （36）教育团体 | 孔子学院 | √ | √ | — |
| | | | （37）体育团体 | 体育表现 | — | √ | — |
| | | | （38）企业 | 中国企业 | √ | √ | √ |
| | | | | 中国制造产品 | √ | √ | √ |
| | | | | 中国产品广告 | √ | √ | √ |

续表

| 目标 | 中华文化国际影响力要素 | | | | 影响力 | | |
|---|---|---|---|---|---|---|---|
| | 概念的分解 | | | | 认知 | 态度 | 行为 |
| | 一级指标 | 二级指标 | 三级指标 | 测量点 | 知道吗 | 好感度 | 有无/程度/次数 |
| 中华文化国际影响力 | 三、文化传播渠道 | 8.大众传媒 | （39）传统大众传媒体 | 图书 | — | √ | √ |
| | | | | 电影 | — | √ | √ |
| | | | | 电视台节目 | — | √ | √ |
| | | | | 广播节目 | — | √ | √ |
| | | | | 广告 | — | √ | √ |
| | | | （40）网络媒介 | 百度 | — | √ | √ |
| | | | | 中国网 | — | √ | √ |
| | | | | 新华网 | — | √ | √ |
| | | | | 人民网 | — | √ | √ |
| | | | | 中国日报网 | — | √ | √ |
| | | | | 中国网络电视台 | — | √ | √ |
| | | | | 中国文化产业网 | — | √ | √ |
| | | | | 中国文化网 | — | √ | √ |
| | | | | 针对各国的其他网络 | — | √ | √ |
| | | | （41）对中国媒介的信任度 | 新闻出版业 | — | √ | — |
| | | | | 电视台 | — | √ | — |
| | | | | 互联网 | — | √ | — |
| | | | | 政府媒体 | — | √ | — |
| | | | | 公共媒体 | — | √ | — |
| | | | | 商业媒体 | — | √ | — |
| | 四、国家发展状况 | 9.经济 | （42）中国经济影响力 | 经济发展道路 | √ | √ | — |
| | | | | 经济发展前景 | — | √ | — |
| | | 10.政治 | （43）中国政治影响力 | 中国政治制度 | √ | √ | — |

续表

| 目标 | 中华文化国际影响力要素 | | | | 影响力 | | |
|---|---|---|---|---|---|---|---|
| | 概念的分解 | | | | 认知 | 态度 | 行为 |
| | 一级指标 | 二级指标 | 三级指标 | 测量点 | 知道吗 | 好感度 | 有无/程度/次数 |
| 中华文化国际影响力 | 四、国家发展状况 | 11.外交 | (44) 中国外交影响力 | 对世界和平发展的影响 | — | √ | — |
| | | | (45) 两国整体关系好坏 | 对与本国关系的判断 | — | √ | — |
| | | 12.国家形象 | (46) 对中国的整体评价 | 对中国可靠可信、令人愉悦、有领导力、充满活力、颇具魅力、坚定不移、不断发展和有创新力等八方面整体评价 | — | √ | — |
| | | | | 在14个国家中的排名 | — | √ | — |
| | | | | 喜欢中国的原因 | — | √ | — |
| | | | (47) 对中国的亲近度 | 对是否愿意到中国旅游、经商、学习、工作、移民的态度进行测量 | — | √ | — |
| | | 13.文化形象 | (48) 对中华文化的总体评价 | 对有吸引力、包容、有活力、灿烂、多元、爱好和平、有价值、创新性、和谐性等九方面的评价 | — | √ | — |
| | | | (49) 全球排名 | 在14个国家中的排名 | — | √ | — |

影响力的测量分成三个层次：认知、态度、行为。认知是指是否知道；态度是指好感度；行为分成三种情况：有无、程度、次数。对认知、态度、行为，运用定类变量、定序变量和定比变量进行测量。具体内容请看表4-9。

**表4-9 影响力的测量方法表**

| 影响力的三个维度 | 变量类型 | 测量方法 | 表示含义 | 测量值 |
| --- | --- | --- | --- | --- |
| 认知 | 定类变量 | 知道与否 | 不知道 | 0 |
| | | | 知道 | 1 |
| 态度 | 定序变量 | 用4、5、7、11等各种等级量表测量（右栏的内容以5级量表为例） | 很不喜欢 | 1 |
| | | | 较不喜欢 | 2 |
| | | | 中立 | 3 |
| | | | 较喜欢 | 4 |
| | | | 很喜欢 | 5 |
| 行为 | 定类变量 | 有无行为 | 无行为 | 0 |
| | | | 有行为 | 1 |
| | 定序变量 | 行为频率 | 从不 | 1 |
| | | | 偶尔/很少 | 2 |
| | | | 经常 | 3 |
| | 近似定比变量（需转化为定序变量处理） | 行为次数 | 1、2、3、4、5……次 | 1、2、3、4、5…… |
| | | | 次数段（例如，1代表1—5次、2代表6—10次、3代表11—20次、4代表21—30次、5代表31次及以上） | 1、2、3、4、5 |

因而，影响力可以通过调查中华文化各要素和文化传播的整体环境对外国民众的思想或行为的作用获得，具体将通过设计调查问卷对外国民众的大样本的抽样调查加以测量，获得基本数据，然后进行评估，计算出中华文化影响力指数。

### (四）评估体系转变成调查问卷

课题组根据上述的评估体系，就中国文化影响力问题查阅了大量文献，借鉴了世界著名调查公司相关调查问卷的经验，在广泛征求意见和充分研讨的基础上，设计出《中华文化印象调查》问卷，并依据美国、德国、俄罗斯、印度、日本、韩国、越南和印尼各自的国情进行微调。一共进行了三次调查，后面的调查问卷都对前面的问卷做了修改。问卷的最后加上了受访者人口统计特征（年龄、性别、收入、民族、居住地、婚姻状况、受教育程度、职业、政党倾向）的问题。这些问卷分别译成英文、德文、俄文、日文、韩文、越南文和印尼文。课题组对问卷进行了多次研讨和预调查，并做了多次修改。这是当时国内外第一份针对中国文化在海外影响力的调查问卷。

将中华文化国际影响力评估体系转变成《中华文化印象调查》问卷，通过问卷调查收集数据，用数据来测量和分析中华文化在各国的影响力，通过量化分析计算出中华文化在八国的影响力指数。

这个评估体系是否符合系统性原则、典型性原则、动态性原则、简明科学性原则、可比可操作可量化原则、综合性原则，《中华文化印象调查》问卷的设计是否妥当，都值得深入探讨。这个体系及问卷只是引玉之砖。

## 第三节 中华文化在八国影响力调查过程

中华文化在八国影响力由三年间进行的三个课题的研究成果构成。三个课题均使用了文献综述法、问卷调查法、访谈法和内容分析法等研究方法，以问卷调查法为主，对中华文化国际影响力进行全面调查。整个研究过程的路径见图4-1。

前两个课题在问卷调查前使用了深度访谈，问卷调查后没有使用。第三个课题在问卷调查前运用了访谈法，在问卷数据分析报告完成后，又使用了结构性访谈法，对课题进行了进一步分析。

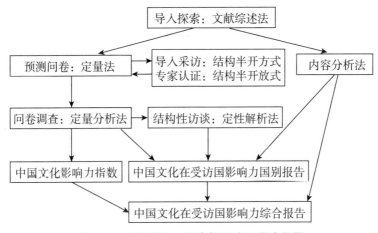

图 4-1 研究路径：混合校正法运用流程图

## 一、选择八国作为调查对象的原因

中华文化国际影响力评估体系设计出来后，调查的对象国是哪些呢？能在尽可能多的国家进行调查当然最好，但实际上受到研究经费、研究力量、被调查国是否可以用"在线可访问样本库"（Online Panel）方式进行调查等多种条件的限制，只能精选少数国家作为调查对象。课题组根据"一超多强"的世界格局，调查了"一超"的美国和"多强"各国（德国、俄罗斯、日本、印度）以及中国周边的重要国家。欧盟有28个国家，我们只选择了其领导国德国。

选择这八个国家具有一定的代表性。从文明的代表性来看，亨廷顿在"文明冲突论"中将世界主要文明分成八种（西方文明、东正教文明、中华文明、印度文明、伊斯兰文明、日本文明、非洲文明、拉美文明），除去中华文明外，被调查的八国代表了七种文明中的五种，即西方文明、东正教文明、印度文明、伊斯兰文明和日本文明。越南和韩国不在八大文明之中，历史上受中华文化影响较大，本书称之为东亚文明。这些国家中既有东方国家（印、日），也有西方国家（美、德）；从陆地领土上看，被调查国来自三大洲占世界总面积（不包括中国）的21.6%；从地缘意义上看，有中国的邻国（俄、印、日、韩、越）和非邻国（美、德、印尼）；从人口上看，被调查的八国占世界总人口（不包括中国，下同）的40.6%；从陆地面积上看，八国的陆地面积占世界的 23.3%；从经济实力上看，八国占世界 GDP 的 48.2%。参看表 4-9。从综合国力上看，既有世界上最强的国家（其中既有西方发达国家，也有金砖国家），又有新兴地区大国印尼和越南以及地区强国韩国。这八个国家合在一起，从人口总数、GDP 总量、政治影响力和文化影响力等多项指标来看，都可以说占据了世界上 1/3 以上的影响力。代表性和影响力两个因素合在一起，我们可以说：中国文化在这八个国家的影响力，在很大程度上体现了总的国际影响力。

当然，被调查八国的代表性还是有所欠缺：从文明上看，没有非洲文明、拉美文明的代表；中小的发展中国家的代表不充分；没有调查法国、英国等世界强国。

表 4-9 被调查国的基本国情（排名为世界排名）①

| 国家/文明 | | 陆地领土 | | 人口 | | GDP | |
| --- | --- | --- | --- | --- | --- | --- | --- |
| 国家 | 文明 | 面积 平方公里 | 排名 | 数量 亿 | 排名 | 万亿 $，2011 年 | 排名 |
| 美国 | 西方 | 9,372,614 | 4 | 3.1（2010） | 3 | 15.06 | 1 |
| 俄罗斯 | 东正教 | 17,075,400 | 1 | 1.4（2010） | 9 | 1.88 | 9 |
| 德国 | 西方 | 357,021 | 62 | 0.8（2011） | 16 | 3.63 | 4 |
| 印度 | 印度 | 2,980,000 | 7 | 12.1（2011） | 2 | 1.84 | 10 |
| 日本 | 日本 | 377,800 | 61 | 1.3（2011） | 10 | 5.86 | 3 |
| 韩国 | 东亚 | 100,210 | 109 | 0.5 | 25 | 1.16 | 15 |
| 越南 | 东亚 | 329,556 | 67 | 0.9 | 13 | 0.10 | 58 |
| 印尼 | 伊斯兰 | 1,904,569 | 15 | 2.4 | 4 | 0.83 | 17 |
| 八国之和 | 5 | 32,497,170 | | 22.5 | | 30.36 | |
| 世界总额（不含中国） | 7 | 139,400,000 | | 55.39 | | 63.02 | |
| 所占比例 | 5/7 | 23.3% | | 40.6% | | 48.2% | |

---

① 2011 年八国的 GDP 数据来自 http://www.imf.org/external/np/sec/aiv/index.htm；2010 年八国军费开支的数据来自 http://www.sipri.org/yearbook/2011/04/04A。

## 二、2011 年 11 月调查

本次调查是为完成"我国对外传播文化软实力"课题进行的调查。本次调查对象选取了美国、俄罗斯、德国、印度、日本五个国家,主要是因为其较全面的代表性和较大的影响力:这五个国家代表了传统意义上的发达国家(美、俄、德、日)和发展中国家(印),文化意义上的东方国家(印、日)和西方国家(俄、美、德),地缘意义上的中国邻国(俄、印、日)和非邻国(美、德),等等;这五个国家从人口总数、GDP 总量、政治影响力和文化影响力等多项指标来看,在世界各国的排名中都位居前列。

### (一)问卷设计的调研工作

参与和部分参与本课题研究的有教授 7 名、副教授 4 名、媒体界专家 9 名、博士生 13 名、硕士生 46 名。对五国的中国文化软实力进行调查是 14 个子课题中第 2、3、4、5、6 子课题的研究内容。课题研究前期,首席专家关世杰主持召集了多次有全体子课题负责人参加的学术研讨会,以研讨会的形式推动课题的研究。其中主要研讨会有:2009 年 9 月 11 日召开的"软实力概念分析研讨会"、2009 年 11 月 5 日课题组以北大新闻与传播学院的名义联合北京大学高等人文研究院召开了"中外文化中的共同价值观"学术研讨会、2010 年组织了关于中国文化跨国传播情况调查问卷设计的研讨会。

各子课题根据自己的计划进行相应的研究:俄罗斯子课题在俄罗斯通过莫斯科调查公司,在红场进行了街头随机社会调查,获得有效问卷 500 份;日本子课题组通过友人和课题组成员到日本讲学的机会,2010 年 9—10 月在北京和东京进行了方便抽样的问卷调查,主要面向在北京学习和工作的日本留学生和公司职员,以及东京的日本大学生及普通民众,总计发放问卷 300 份,获得有效问卷 225 份;德国子课题通过友人进行了访问式的问卷前期调查。[①]

2011 年 10 月最终形成了《中华文化印象调查》问卷,包括中文版、英文版、俄文版、德文版、日文版。

---

① 美国子课题组通过美国同行使用《中华文化印象调查》问卷,2011 年 11 月在美国多所大学运用课堂填答问卷的调查方式,获得了有效问卷 538 份。

问卷内容包括：人口学方面的问题、政治思想吸引力（调查被试对中国政治制度、政党制度、中国发展模式的认知和态度）、对外政策吸引力（调查被试对"中国威胁论"、中国对世界和平与发展的贡献、中外关系的态度）、文化吸引力（调查被试对中国文化的符号、中国文化的表现形式、中国文化的代表人物、中国文化的核心价值观和思维方式、传播媒介等方面的认知和态度）、中国的整体形象的吸引力（调查受访者对中国人、中国的评价）。关于价值观的设计，我们运用了共享价值观、中华价值观、中华本土共享核心价值观的概念。

具体来说，本次调查的问卷由以下几部分构成：

第一部分是对国际关系中软实力含义的认知。

第二部分是对中国政治思想的软实力的认知和态度，主要包括对中国政治制度的认知、对中国政党制度的认知、对中国政治制度的态度。

第三部分是对中国外交软实力的态度，主要包括对"中国威胁论"的态度、对中国对外政策的评价、对双边关系的评价。

第四部分是对中国文化表现形式的认知、态度和行为，主要包括感兴趣的中国文化表现形式、能接触到的中国文化表现形式。

第五部分是与中国人进行人际交流的状况，主要包括是否来过中国、是否有中国朋友和熟人、是否懂中文、对中国人的看法、孔子学院是否是理解中国文化的好渠道。

第六部分是接触中国传播媒体的情况，主要包括使用各类媒体的概况、偏好的大众媒体、使用中国大陆外文（相应为英文、俄文、德文、日文）媒体的情况、使用中国大陆中文媒体的情况、使用中国大陆外文媒体网站的情况、使用网站的情况。

第七部分是对中国媒体的评价，主要包括对中国媒体报道的评估、对整个媒体的信任度、对新华通讯社的信任度、中国媒体是否有助于理解中国以及五国媒体是否有助于理解中国。

第八部分是对中国核心价值观的认知和态度，主要包括是否认同中国核心价值观、是否认为中国人认同中国核心价值观。

第九部分是对中国文化的整体看法，主要包括对中国文化的总体看法及与之相关的对中国形象的看法。

第十部分是个人背景资料，包括年龄、性别、收入水平、受教育程度、职业、所在区域、民族/种族、政治态度、宗教信仰的情况等。

(二) 问卷调查

1. 获取数据

中国在五国的文化影响力调查采用了委托国际专业调查公司美国国际抽样调查公司[①]利用在线可访问样本库的大样本问卷调查方法，获取数据。在整理和分析调查数据的基础上，结合其他相关资料的分析，得出研究结论。采取此种方法的理由在于：第一，国际抽样调查公司是运用在线可访问样本库进行国际调查的三大国际民意调查公司之一，自1977年成立以来，曾经给2000家客户提供过市场调查服务，现有网上数据资源为：美国有892,511个客户样本、印度有112,946个样本、俄罗斯有150,752个样本、德国有103,338个样本，日本有456,980个样本。调查公司的可访问客户涵盖了上述五国全国的地理范围，可以尽可能精确地推论调查总体，从而全面地反映出五国公众对中国文化软实力的认知、态度和行为。第二，在线可访问样本库调查方法是当今市场研究调查方法中使用最多的定量调查方法。据ESOMAR的统计，在定量的研究方法中，在线可访问样本库调查的份额由2007年的16%增长到2011年的22%；2011年市场研究调查方法营业额百分比已经超过电话访问（15%）、面访（12%）和函访（4%）等六种调查方法，成为运用最多的定量调查方法。在线可访问样本库调查应用最好的是日本（使用该方法占所有问卷调查的40%），其次是德国（35%）、英国（23%）、美国（20%），中国最低（5%），仅占营业额的5%。第三，相比其他定量问卷调查方法，在线可访问样本库调查的费用较为便宜。互联网调查快捷且成本相对低廉。第四，国际公认，运用在线样本库调查方法得出的数据，代表了所在国使用互联网用户的基本态度。在代表全国人口方面，在互联网普及率高的国家（2010年德国为80%，美国为75%，俄罗斯为

---

① 该公司于1977年开创了现代调查抽样行业，拥有市场调查样本方案的专业经验，是业界样本方案的引领者，在15个国家设有18个办事处，拥有来自50个国家精通36种语言的400多名专业人员，服务于1800多家市场调研客户，其中包括75%顶级调研公司。它管理的会员库覆盖50多个国家及地区，占市场需求的85%，拥有丰富的会员库/社区建立、管理、维护经验。

43%），数据代表性比较好，在互联网普及率低的国家（2010年印度为12%），代表性偏弱，上网的人群中，青年、精英、经济条件好的人上网率偏高。我们研究的目的是调查中国文化在外国的影响力，注重调查青年、受教育程度较高和经济收入中高层人群，因为他们是舆论领袖且代表未来，上网人群与我们注重调查的对象相符合。因而，我们的这项调查具有科学性、有效性和时效性。

采用这种调查方法的原因还在于它具有以下优势：（1）以多媒体形式呈现，具有较强的互动性。网络调查具有强大的逻辑跳转功能，可有效降低受访者在填写问卷时的认知负担，减少填写错误。（2）突破时空控制，调查时间短、范围广、反馈快、回收迅速。（3）互联网的匿名特点可降低社会期待效应，提高数据质量。（4）网络调查省去了传统调查的数据录入环节，从而减少了数据录入过程中易产生的遗漏、编误等问题，保证了网络调查结果的可靠性。

2011年11月，我们与北京益派市场咨询调查有限公司联系，通过该公司请国际抽样调查公司利用在线可访问样本库进行大样本调查，获取数据。11月21日至12月2日，美国国际抽样调查公司用《中华文化印象调查》问卷同时在美国、德国、印度、日本、俄罗斯五国进行了全国性的问卷调查，抽样设计与执行由该公司进行。为控制样本质量，调查公司通过设置IP控制、电脑物理地址识别等，避免同一账号、同一电脑、同一IP的重复作答。12月底我们获得了经由北京益派市场咨询调查有限公司交付的由SSI调查获得的五国相关数据。

2. 建立数据库

2011年12月底，我们对从SSI获取的五国数据进行了清理。①

课题组成员对美国受访者填写的1217份问卷的SPSS格式的原始数据进行了严格的逻辑检验，清理了有严重逻辑问题的样本42个，样本有效率96.5%，形成了有1175份样本的数据库。

课题组成员对俄罗斯受访者填写的1089份问卷的SPSS格式的原始数据

---

① 课题组王丽雅副教授（博士后）主持了问卷的复核和数据库的建立工作。参与数据清理工作的有博士生权玹廷和硕士生冯丽萍、安晓静、刘薇。

进行了严格的逻辑检验，清理了有严重逻辑问题的样本 28 个，样本有效率 97.4%，形成了有 1061 份样本的数据库。

课题组成员对德国受访者填写的 1952 份问卷的 SPSS 格式的原始数据进行了严格的逻辑检验，清理了有严重逻辑问题的样本 44 个，样本有效率 96.5%，形成了有 1175 份样本的数据库。

课题组成员对日本受访者填写的 1051 份问卷的 SPSS 格式的原始数据进行了严格的逻辑检验，清理了有严重逻辑问题的样本 13 个，样本有效率 98.8%，形成了有 1038 份样本的数据库。

课题组成员对印度受访者填写的 1064 份问卷的 SPSS 格式的原始数据进行了严格的逻辑检验，清理了有严重逻辑问题的样本 25 个，样本有效率 97.7%，形成了有 1039 份样本的数据库。

3. 撰写调查数据报告

2012 年 3 月，课题组成员分头开始用 SPSS 数据分析软件进行数据分析，撰写数据报告，数据报告在课题组首席专家的领导下，由博士生和硕士生们负责起草，由各子课题负责人审定，11 月报告完成。12 月将调查报告上交国家社科基金办公室。[①]

### 三、2011 年 12 月调查

#### （一）问卷设计的调研工作

2011 年 6—10 月，问卷设计与翻译。问卷设计除了在人口学指标上相同外，其他内容不与前一次调查的内容重复，问卷设计基本是针对文化的具体工作增加一些问题，进一步完善中华文化国际影响力评估体系。通过进一步查阅相关文献和访谈，课题组拟出了问卷初稿。经过反复研究，2011 年 11 月底形成了第二版《中华文化印象调查》问卷。

---

① 下列人员承担了数据分析和撰写的工作。美国部分由硕士生撰写，关世杰审定。俄罗斯部分由博士生尹博和硕士生安晓静撰写，李玮教授提出了修改意见。德国部分由博士生权玹廷和硕士生马丹宁、龙新蔚、江小川撰写，王昇虹副教授审定。日本部分由硕士生耿引弟撰写，梁云祥教授、王秀丽副教授审定。印度部分由硕士生冯丽萍撰写，尚会鹏教授和博士生余忠剑审定。关世杰教授、王丽雅副教授、权玹廷博士承担了数据报告的校对和统稿工作。

这一版问卷由63个问题组成（针对不同国家略有改动），主要分为六部分：

第一部分：对中国文化符号的认知和喜好，主要包括对中国文化符号的总体认知和态度以及对重点文化符号（龙、汉语、中餐、中医）的认知和态度。

第二部分：对中国文化产品的态度，主要包括对中国的文化产品、电影、图书、演出、展览、交流活动的认知、态度和行为。

第三部分：对中国名人的认知和喜好。

第四部分：传递中国文化的大众传媒，包括使用媒体的概况，对中国中央电视台、中国国际广播电台、中国文化网站的态度和使用情况，以及对媒体的信任度。

第五部分：当代中国核心价值观（"八荣八耻"）。

第六部分：对中国的整体看法，主要包括对中国文化的整体描述、对中国发展道路的认知与态度、对中国人的亲密度、对中国国家整体形象的看法。

对照第一版问卷和两年后最终形成的评估体系（即表4-8）提出的4个一级指标13个二级指标49个三级指标，这一版问卷补充了前一次五国调查中二级指标中没有调查一个指标：2文化产品。在49个三级指标中，补充调查了上次未调查的24个指标中的16个：（5）教育符号、（7）艺术商品、（8）娱乐商品、（9）书刊商品、（10）影视商品、（21）当今明星、（22）当代和当今文学家和艺术家、（23）古代文学家、（24）当今科学家、（25）当今航天员、（26）古代医学家、（27）古代哲学家、（28）当代政治家、（29）当今企业家、（32）对中国人的亲近感、（34）文化团体。此外，对一些三级指标的测量点进行了调整。例如，在中国文化符号中，将人和物分开，将中国文化代表人物在中国杰出人物中单独调查，增加了对龙、大熊猫、太极阴阳图的调查；在网络媒介中，增添了文化部介绍中国文化的中国文化产业网、中国文化网等；对中国的整体评价中，增加了对中国在可靠可信、令人愉快、有领导力、充满活力、颇具魅力、坚定不移、不断发展、有创新力等八方面的认同情况的调查；在对中国文化整体评价的方面，增加了对有吸引力、包容、有活力、灿烂、多元、爱好和平、有价值、创新性、和谐性等九方面的具体评价内容。在价值观方面，设置了对"八荣八耻"是否赞同的调查，这在前面的表4-8的评估体系中是没有的。

### （二）问卷调查

1. 获取数据

这次调查与前面一次调查相隔时间不到一个月，2011年11月底，我们继续与北京益派市场咨询调查有限公司联系，通过该公司请国际抽样调查公司利用在线可访问样本库进行大样本调查，获取数据。12月20—24日美国国际抽样调查公司用第二版《中华文化印象调查》问卷同时在美国、德国、印度、俄罗斯四国进行了全国性的问卷调查，抽样设计与执行由该公司进行。在调查实施过程中，我们使用了分层配额抽样，照顾到受访者的年龄、收入、地理区域、教育程度、职业等各项人口的代表性，较全面地覆盖了各个阶层，具有较好的代表性。为控制样本质量，调查公司通过设置IP控制、电脑物理地址识别等，避免同一账号、同一电脑、同一IP的重复作答。2012年1月，我们获得了经由北京益派市场咨询调查有限公司交付的由SSI公司调查获得的四国相关数据。

2. 建立数据库

2012年1月初，我们对从SSI获取的四国数据进行了清理。[①]

课题组成员对美国受访者填写的1088份问卷的SPSS格式的原始数据进行了严格的逻辑检验，清理了有严重逻辑问题的样本132个。经与北京益派市场咨询调查有限公司联系，补充调查样本108份，美国共收问卷1196份，经过清理最终获得有效问卷1047份。合格率为87.5%，调查的抽样误差±5%。

课题组成员对印度受访者填写的1046份问卷的SPSS格式的原始数据进行了严格的逻辑检验，清理了有严重逻辑问题的样本137个。经与北京益派市场咨询调查有限公司联系，补充调查样本129份，印度共收问卷1175份，经过清理最终获得有效问卷1023份。合格率为87.0%，调查的抽样误

---

① 2012年1—2月，课题组刘德寰教授主持了问卷的复核和数据库的建立工作。参与数据清理工作的有硕士生杨蕊。

差±5%。

课题组成员对俄罗斯受访者填写的 1094 份问卷的 SPSS 格式的原始数据进行了严格的逻辑检验，清理了有严重逻辑问题的样本 118 个。经与北京益派市场咨询调查有限公司联系，补充调查样本 59 份，俄罗斯共收问卷 1153 份，经过清理最终获得有效问卷 1035 份。合格率为 89.8%，调查的抽样误差±5%。

课题组成员对德国受访者填写的 1115 份问卷的 SPSS 格式的原始数据进行了严格的逻辑检验，清理了有严重逻辑问题的样本 176 个，最终获得有效问卷 939 份。合格率为 84.2%，调查的抽样误差±6%。

3. 撰写调查数据报告

2012 年 2 月，课题组成员分头开始用 SPSS 数据分析软件进行数据分析，撰写数据报告，2 月 28 报告完成。

2012 年 3 月 15 日上午，文化部外联局在文化部举行了专家评审会。与会专家对课题组提交的研究报告给予了高度评价，提出了修改意见，并建议在有条件的时候开展动态追踪研究。课题组根据专家的修改建议对研究报告进行了修改，于 5 月上交了修改报告。至此，该课题研究顺利结项。

## 四、2013 年 12 月调查

为了不断深化和完善对中国文化海外影响力评估，2012 年 11 月开展了"新时期中国文化国际影响力评估"（第二期）的课题研究，评估的对象国为中国的四个邻国日本、韩国、越南和印尼。此次课题研究要达到的目标：在第一期调研的基础上，进一步完善中国文化国际影响力的评估体系和分析模型，为科学分析、准确评估新时期中国文化国际影响力提供方法；以量化数据形式为主，适当运用定性的访谈方法评估当今中国文化在日本、韩国、越南和印尼的影响力；根据本次研究建立的评估体系和分析模型，初步提出中国文化影响力评估指数；根据对现状的评估，为提高中国文化在四国的影响力提供实际操作建议。

## （一）定量调查

### 1. 问卷设计

2012年11月开始，课题组通过查阅文献、访谈等方法，在参阅了2011年11月和12月的《中华文化印象调查》问卷的基础上，拟出了问卷初稿。同年12月课题组通过外联局征求我驻日、韩、越、印尼使馆文化处就问卷提出修改意见，并于2013年1月29日召开了"新时期中国文化国际影响力评估专家研讨会"，对评估体系和问卷提出了宝贵的修改意见。课题组对进一步修改的问卷进行了预调查。在此之后，课题组对问卷进行修改，形成了第三版《中华文化印象调查》问卷，然后请专家翻译成日文、韩文、越南文和印尼文。

这一版的问卷实际上是前两版的综合修改版。按照评估体系（表4-8）提出的4个一级指标13个二级指标49个三级指标设计，由50个大问题组成，主要分为13个部分：

第一部分：中国文化符号（对中国文化符号的总体认知和态度，对重点文化符号龙、汉语、中餐、中医、武术、春节的认知、态度和行为）。

第二部分：中国文化产品（对文化产品感兴趣、接触、购买、购买渠道、购买意愿、对中国文化产品品牌的认知和态度）。

第三部分：中华价值观（对中华核心价值观、中国社会主义核心价值观、中国梦的态度）。

第四部分：中华思维方式（对辩证思维、综合思维的态度）。

第五部分：中华传统信仰（对儒家思想、道教的态度，宗教信仰情况）。

第六部分：中国民众与杰出人物（对中国人持有中华传统价值观、中国人思维方式的看法，与中国人的心理距离，与中国人的接触，中国名人的知晓度、美誉度和名人著作的阅读情况）。

第七部分：中国文艺团体等组织的传播影响力（文化艺术交流活动、中国企业影响力、其他涉及对外文化交流的组织和团体）。

第八部分：中国大众传媒影响力（使用各类传播渠道了解中国文化信息的概况、中国传统大众媒体使用情况及态度、接触中国对外网站的情况、对媒体和对中国媒体的信任度）。

第九部分：对中国经济发展道路看法的认知和态度。

第十部分：对中国政治制度的认知和评价。

第十一部分：对中国外交的评价。

第十二部分：中国国家形象（对中国整体形象的评价、中国受喜爱度在世界主要国家中的排名、受访者对中国的亲近度）。

第十三部分：对中国文化整体的印象（对中国文化的整体看法、中国文化在世界主要文化中的排名）。

对照评估体系，补充了前两版《中华文化印象调查》问卷中没有调查的八个三级指标：（11）文化品牌、（13）中国社会主义核心价值观、（14）中国梦、（16）综合思维、（35）对外文化机构、（37）体育团体、（38）对外企业、（47）对中国的亲近度。此外，对一些三级指标的测量点进行了调整，主要有：第一，在中华核心价值观里增加了"人类责任"一项。第二，对文化符号进行了新的设计。第三，对杰出人物的名单进行了微调。在预调查中，了解到《三国演义》在日本、韩国和越南的名气高于《红楼梦》，因而古代文学家的代表由罗贯中取代了曹雪芹。当代文化名人中，当代作家莫言获得了诺贝尔文学奖，因而入选。精简了当今文艺界的代表，吴宇森、吴冠中和杨丽萍未入选。最后的名单包含了两位古代文学家：李白、罗贯中；两位古代哲学家：孔子、老子；一位古代医学家张仲景；三位当今影视和体育明星：成龙、章子怡、姚明；四位当代和当今文学家和艺术家：梅兰芳、莫言、宋祖英、郎朗；一位当代科学家：袁隆平；一位航天员：杨利伟；三位当代政治家：孙中山、毛泽东、邓小平；一位当代企业家：李嘉诚。

2. 抽样设计与执行

课题组继续委托北京益派市场咨询调查有限公司为中介，通过美国国际抽样调查公司，使用在线可访问样本库调查法，在网上邮递《中华文化印象调查》问卷（在日、韩、越、印尼分别使用日文、韩文、越文和印尼文问卷）收取数据。在代表全国人口方面，互联网普及率高的日、韩（2011年韩国为82.7%，日本为80%），其数据代表性比较好；在互联网普及率低的印尼、越南（2011年印尼为16%，2013年越南为35.6%），代表性偏弱，两国的情况与第一次对印度的调查情况相同。

2013年12月，SSI对四国进行了第一次全国性网上问卷调查，针对的对象为SSI公司的在线样本库中的成员，其中日本有235,145个客户样本、韩国有140,829个客户样本、越南有141,624个客户样本、印尼有118,446个客户样本，涵盖了四国全国的地理范围。

这个调查在四国全国按照年龄、性别、收入、居住地区、受教育程度、职业筛选，在印尼增加了华侨比例，按比例随机抽样，发送邮件邀请，收到邮件者自愿作答。

调查公司使用SSI Verify的平台，从技术上控制样本质量，主要功能有IP控制、电脑物理地址识别，避免同一账号、同一电脑、同一IP重复作答。

2013年12月，北京益派市场咨询有限公司返回了SSI分别在日本、韩国、越南、印尼获取的第一批问卷调查数据。课题组通过全面逻辑检测对数据进行了严格的清洗，剔出了不合格样本。这批数据经课题组严格的清洗后，一次在越南回收问卷1096份，有效问卷1023份，合格率为93.3%。但在日、韩、印尼三国的有效样本未超过1000份，因而在2014年1月又通过北京益派市场咨询有限公司让SSI进行了补充调查。经过两次调查数据的严格清理后，在日本共回收问卷1497份，获得有效问卷1225份，合格率为81.8%。在韩国共回收问卷1423份，有效问卷1038份，合格率为73.0%。在印尼共回收问卷1398份，有效问卷1024份，合格率为73.2%。

调查问卷回收后，问卷公司提供了已完成录入和编码工作的数据，课题组在对数据进行全面清洗后对其中的年龄、收入、学历等进行了重新编码，建立了完整的、标准化的数据库。数据库包括年龄、性别、地区、教育程度、职业、收入、党派、宗教、种族等社会经济指标的大量信息。2014年3—6月对返回数据进行了清理并建立数据库，对日、韩、越、印尼的数据进行国别数据统计分析，撰写数据统计报告。

课题组分别对四国有效问卷的数据利用SPSS数据分析软件进行了统计分析，研究了当今中国文化在四国的影响。2014年4月，课题组完成了中国文化在日本、韩国、越南和印尼影响力调查报告的问卷调查的数据统计分析部分。

### （二）结构性访谈的定性调查

在完成调查数据统计的定量分析之后，课题组根据数据分析呈现的疑问，尝试运用结构性访谈的方法，对四国定量数据分析中出现的疑难问题进行了定性调查分析，对中国文化在四国的影响力进行深入探讨。课题组在2014年4月针对数据调查中反映的疑问，通过集体研究，设计了针对学者、官员、留学生、媒体人士的访谈提纲。2014年5—7月，课题组在北京分别访谈了日本、韩国、越南、印尼各十名左右的受访者；7月，整理和撰写了访谈报告。

### （三）撰写调查报告

2014年7—8月，课题组在整理和分析调查数据和访谈报告的基础上，结合对其他相关材料的分析，完成了四国的国别综合报告。

2014年10月24日上午，举行了专家评审会。与会专家对课题组提交的研究报告给予了高度评价，认为"报告实现了预定研究目标，数据可靠，方法得当，论证严谨，指标体系比较科学，实现了学术和理论上的突破，对应用具有指导意义"，并建议在有条件的时候开展动态追踪研究。至此，该课题研究顺利结项。

## 第四节　调查数据的信度、效度和可比性

国际抽样调查公司利用在线可访问样本库进行大样本调查，所获得有效问卷的数据是否可靠可信？这些数据是否给了我们关于各国民众整体的真实准确的描绘？每次调查获取的数据是否具有可比性？这是在进行数据分析之前必须要回答或验证其信度、效度和可比性的问题。为了解决这些疑问，课题组进行了信度和效度验证。

### 一、信度

信度（reliability）即可靠性，指的是采取同样的方法对同一对象重复进行测量时，其所得结果相一致的程度。从另一方面来说，信度就是指测量数据的可靠程度。

### （一）保证信度的措施

美国国际抽样调查公司于2011年11月用《中华文化印象调查》问卷对五国民众进行了网上问卷调查，为了控制样本质量，调查公司通过设置IP

控制、电脑物理地址识别等，避免同一账号、同一电脑、同一 IP 的重复作答。

由于是通过网上填答，几天内交卷，受访者在答卷过程中感到疲倦时，可以休息一段时间再回答，因而也减少了为了赶时间（例如在 20 分钟内）而不负责地胡乱填答的现象。

在问卷设计过程中，我们设计了一些逻辑陷阱，以便对答题敷衍的受访者的问卷进行清除。对回收到的问卷，我们经过清理，剔除了逻辑上有问题的问卷，样本具有信度。例如，调查公司在美国 89 万多客户样本中，随机回收回答问卷 1217 份，获得有效问卷 1181 份，样本合格率 97.0%。

### （二）信度的数值

克隆巴赫系数（Cronbach's Alpha）是目前社会科学研究最常使用的信度分析方法。一般来说，该系数愈高，工具的信度愈高。在基础研究中，信度至少应达到 0.80 才可接受，在探索性研究中，信度只要达到 0.70 就可接受，介于 0.70 和 0.98 之间的均属高信度，而低于 0.35 则为低信度，必须予以拒绝。经过计算，两次问卷调查的九份有效问卷的信度除了 2011 年 12 月德国问卷的为 0.745 外，其余都超过 0.80。具体数据如下[①]：

1. 2011 年 11 月五国调查数据的信度

美国问卷总的信度：Cronbach's Alpha 为 0.847。

**可靠性统计量**

| Cronbach's Alpha | 基于标准化项的 Cronbachs Alpha | 项数 |
| --- | --- | --- |
| 0.847 | 0.938 | 201 |

德国问卷总的信度：Cronbach's Alpha 为 0.823。

**可靠性统计量**

| Cronbach's Alpha | 基于标准化项的 Cronbachs Alpha | 项数 |
| --- | --- | --- |
| 0.823 | 0.898 | 189 |

---

① 两次调查共九份问卷的信度及效度均由北京益派市场咨询调查有限公司张东辉研究副总监计算提供。

俄罗斯问卷总的信度：Cronbach's Alpha 为 0.845。

**可靠性统计量**

| Cronbach's Alpha | 基于标准化项的 Cronbachs Alpha | 项数 |
| --- | --- | --- |
| 0.845 | 0.914 | 186 |

印度问卷总的信度：Cronbach's Alpha 为 0.887。

**可靠性统计量**

| Cronbach's Alpha | 基于标准化项的 Cronbachs Alpha | 项数 |
| --- | --- | --- |
| 0.887 | 0.939 | 199 |

日本问卷总的信度：Cronbach's Alpha 为 0.883。

**可靠性统计量**

| Cronbach's Alpha | 基于标准化项的 Cronbachs Alpha | 项数 |
| --- | --- | --- |
| 0.883 | 0.932 | 194 |

2. 2011 年 12 月四国调查数据的信度

美国问卷总的信度：Cronbach's Alpha 为 0.860。

**可靠性统计量**

| Cronbach's Alpha | 基于标准化项的 Cronbachs Alpha | 项数 |
| --- | --- | --- |
| 0.860 | 0.941 | 293 |

德国问卷总的信度：Cronbach's Alpha 为 0.745。

**可靠性统计量**

| Cronbach's Alpha | 基于标准化项的 Cronbachs Alpha | 项数 |
| --- | --- | --- |
| 0.745 | 0.843 | 336 |

俄罗斯问卷总的信度：Cronbach's Alpha 为 0.812。

**可靠性统计量**

| Cronbach's Alpha | 基于标准化项的 Cronbachs Alpha | 项数 |
| --- | --- | --- |
| 0.812 | 0.911 | 299 |

印度问卷总的信度：Cronbach's Alpha 为 0.845。

**可靠性统计量**

| Cronbach's Alpha | 基于标准化项的 Cronbachs Alpha | 项数 |
| --- | --- | --- |
| 0.845 | 0.923 | 299 |

## 二、效度

效度（validity）即有效性，是指测量工具或手段能够准确测出所需测量的事物的程度。效度是指所测量到的结果反映所想要考察内容的程度。测量结果与要考察的内容越吻合，则效度越高；反之，则效度越低。

我们使用了多种方法对问卷调查的效度进行了验证。以 2011 年 11 月对美国的调查为例，方法如下：

### （一）受访者人口与全国人口状况对比

有效问卷中，各项受访者的比例与该类人占全国人口的比例对比如下：
年龄：18—24 岁（问卷 19.8%，人口普查 13%），25—34 岁（25.0%，13%），35—44 岁（23.9%，15%），45—54 岁（24.8%，15%），55—64 岁（4.4%，10%），65 岁以上（2.1%，12%）。

性别：男性（48.2%，51%），女性（51.8%，49%）。

2011 年家庭的税前年收入：0—23,000 美元（21.3%，24%），23,001—46,000 美元（31.2%，26%），46,001—69,000 美元（20.8%，17%）69,001—115,000 美元（17.7%，15%），115,001—161,000 美元（6.8%，4%），161,001 美元以上（2.3%，2%）。

民族：白人（72.5%，72%），黑人（9.9%，13%），西班牙裔美国人（6.1%，16%），华裔美国人（5.8%，1.2%），其他亚裔美国人（3.4%，3.8%），其他民族（2.3%，6%）。

地区：东北部（31.3%，18%），中西部（25.9%，22%），南部（30.1%，37%），西部（12.6%，23%）。

受教育程度：不足 9 年教育（20.1%①，6.4%），9—12 年教育（7.9%，9.1%），高中毕业（15.9%，29.3%），大学肄业（20.8%，27.4%），获学士学位（25.8%，17.4%），获硕士以上学位（9.3%，10.1%）。

以上数据表明，受访者除在个别指标的比例与人口普查比例有较大差距外，各项指标大致相似，受访者基本上包括当今美国各类民众，具有 95% 的效度。2011 年 6 月 30 日，美国有网民 2.72 亿，互联网普及率为 78.3%②，因而本调查的数据基本代表了整体美国人的看法。

### （二）与 WVS 调查和美国百人会调查相关数据对比

为了进一步验证数据效度，我们将课题组第一次对美调查（简称"课题组调查"）的数据与两份著名对美问卷调查中相同问题的数据进行了对比验证。一是与 WVS 调查数据对比。课题组调查中有这样一个问题："您对下面这些组织（新闻出版业、电视台）的信任程度如何？（选项有 1 很信任、2 信任、3 不太信任、4 根本不信任、5 不知道）"这个问题是课题组调查设计者有意原封不动地取自美国英格尔哈特教授主持的"世界价值观调查"，以便对比。③ 同样的问题都用英语进行调查，样本量大致相同，所不同的是课题组调查使用的是网络问卷调查法在 2011 年 11 月进行调查，WVS 使用的是面访调查法在 2006 年 9 月进行，数据具有可比性。民众对媒体的态度根深蒂固，五年内不应有质的变化。排除回答"不知道"的数据，将"很信任"赋值 1，"信任"赋值 2，"不太信任"赋值 3，"根本不信任"赋值 4，可得到回答该问题的均值。经过计算，WVS 和课题组调查对新闻出版业和电视台是否信任的数据见表 4-10。对新闻出版业的信任均值对比显示：WVS 的比课题组调查大 0.369，数据的分布走向大体一致；两项调查的数据没有实质上的差别。对电视台的信任均值对比显示：WVS 比课题组调查大 0.456，数据的分布走向大体一致；两项调查的数据没有实质差别。以上的

---

① 《问卷》中包括：无学历者 2.3%、小学肄业者 2.6%、小学毕业者 15.2%。
② Internet World Stats, http://www.internetworldstats.com/america.htm, 2012 年 1 月 26 日。
③ 从 1983 年开始到 2006 年，英格尔哈特主持过五次"世界价值观调查"。2006 年对美国受访者的调查由知识网络公司（Knowledge Networks）承担，于 2006 年 9 月 19 至 29 日对选取的 1710 份 18 岁以上样本使用英语进行面访调查，最终完成 1249 名受访问者的一对一面访，回收有效样本 1201 份，面访完成率 70.2%。该调查的抽样误差为 ±2.9%。

对比从一个侧面说明，课题组调查的数据是可靠的。

表 4-10　WVS 和课题组调查对新闻出版业、电视台是否信任的数据对比

| | | 1 很信任 % | 2 信任 % | 3 不太信任 % | 4 根本不信任 % | 均值 |
|---|---|---|---|---|---|---|
| 新闻出版业 | WVS | 2.4 | 21.5 | 61.3 | 14.8 | 2.885 |
| | 课题组调查 | 12.6 | 32.5 | 45.5 | 9.4 | 2.516 |
| 电视台 | WVS | 2.4 | 23.0 | 60.3 | 14.4 | 2.869 |
| | 课题组调查 | 15.9 | 33.8 | 43.8 | 6.6 | 2.413 |

二是同一调查问题与百人会调查的数据对比。课题组调查中有这样一个问题："您是否到过中国？"回答为："是"和"否"。百人会 2012 年"中国人和美国人对彼此的态度"（以下简称"百人会调查"）的调查中有一个问题："请问您是否去过中国大陆？"回答为："是"和"否"。[①] 在美国人看来，中国基本上指中国大陆，因而可以说，这个问题与课题组调查的问题相同。"百人会调查"的美国调查由哈里斯互动调查公司（Harris Interactive）完成。对美国普通公众的调查于 2011 年 12 月 14 日至 2012 年 1 月 31 日对美国全国范围内的 1000 名美国成年人（18 岁及以上）进行了电话调查。两份问卷中调查的问题相同，都用英语进行，样本量相同，调查时间相同，两者具有可比性。"百人会调查"和课题组调查的调查结果中，来过中国的分别为 6%、6.2%。数据没有实质上的差别。以上的对比从一个侧面说明，课题组调查的数据是可靠的。

### （三）与同期美国大学生调查对比

2011 年 11 月，课题组在对美、德、俄、印、日五国用《中华文化印象调查》问卷请 SSI 公司利用在线可访问样本库方法进行网络调查的同时，笔者通过美国高校任课教师在课堂上向美国大学生发放英文版问卷，获取信息。做这项调查的目的就是为了验证 SSI 公司利用在线可访问样本库方法进

---

① 美国百人会：《希望与疑虑：中国人和美国人对彼此的态度》，《百人会民意调查报告》2012 年，第 26 页。http://www.Committee100.org, 2012 年 5 月 26 日。

行网络调查的可信度。

美国大学课堂上发放问卷 722 份，问卷投放地点涉及北达科他州迭戈、弗吉尼亚州罗阿诺克、纽约、芝加哥、波特兰等多地。本次调查主要通过教师在课堂上发放的纸质和电子版问卷，且发放问卷的课堂为全校通选课，包括文科、理科、工科专业的各类大学生，共回收问卷 672 份。由于研究对象为美国大学生，因此在去掉非美国籍大学生后，通过人工筛除其中有明显逻辑错误以及回答不完整比例在 15% 及以上的问卷，共回收美国大学生有效问卷 538 份。人口统计学变量基本情况如下：197 名女性（36.6%），341 名男性（63.4%）。年龄分布为：18—24 岁，348 名（64.9%）；25—34 岁，174 名（32.5%）；35—44 岁，8 名（1.5%）；45—54 岁，3 名（0.6%）；55—64 岁，2 名（0.4%）；65 岁以上，1 名（0.2%）；两份问卷该项缺失。可以看出，由于问卷全部在美国大学课堂上发放，受访者均为美国大学生，年龄分布上以 18—24 岁和 25—34 岁的年轻人为主。同时，在更高的年龄段中仍有部分样本分布，但数量较少，这一情况在我国较为少见，但符合美国大学招生制度中对于年龄限制的要求。样本的其他情况显示基本代表了美国大学生。

对美国民众利用在线可访问样本库进行调查获得的 1181 份有效问卷中，在回答"您的职业是什么？"时，受访者回答为"大学生"的共有 130 样本。在这些样本中，18—24 岁，99 名（76.2%）；25—34 岁，18 名（13.8%）；35—44 岁，11 名（8.5%）；45—54 岁，2 名（1.5%）。女性 69 名（53.1%）；男性 61 名（46.9%）。在地区方面，来自东北部的占 30%，中西部的占 21.5%，南部的占 28.5%，西部的占 20%。样本的其他情况显示基本代表了美国大学生。

两份调查样本使用的调查问卷一样，调查的时间在同一月份，样本的人口统计变量尽管有些差异，但都基本代表了美国大学生。两份样本具有可比性。

对比显示，两份问卷的统计结果均相吻合或趋势一致。两次调查结果相对应的关于中国文化表现形式、中华核心价值观、制度文化、获取中国信息的渠道、对中国对外媒体的使用情况、对中国文化整体的评价及对中国人的整体评价方面所获结果均相吻合或趋势一致。因此，SSI 进行的问卷调查所获数据具有可信度，在今后的研究工作中可推广使用。

### （四）效度的数值

KMO（Kaiser-Meyer-Olkin）检验统计量是用于比较变量间简单相关系数和偏相关系数的指标，主要应用于多元统计的因子分析。KMO 统计量取值在 0 和 1 之间：0.9 以上表示非常适合；0.8 表示适合；0.7 表示一般；0.6 表示不太适合；0.5 以下表示极不适合。经过计算，两次问卷调查的 9 份有效问卷的效度，除了 2011 年 12 月德国问卷的为 0.793 外，其余都超过 0.80。具体数据如下：

1. 2011 年 11 月五国调查数据的效度

美国：在置信区间 99.9% 的范围内，KMO 检测效度 0.917。

**KMO 和 Bartlett 的检验**

| 取样足够度的 Kaiser-Meyer-Olkin 度量。 | | 0.917 |
|---|---|---|
| Bartlett 的球形度检验 | 近似卡方 | 116,821.827 |
|  | df | 18528 |
|  | Sig. | 0.000 |

德国：在置信区间 99.9% 的范围内，KMO 检测效度 0.909。

**KMO 和 Bartlett 的检验**

| 取样足够度的 Kaiser-Meyer-Olkin 度量。 | | 0.909 |
|---|---|---|
| Bartlett 的球形度检验 | 近似卡方 | 137,418.518 |
|  | df | 16836 |
|  | Sig. | 0.000 |

俄罗斯：在置信区间 99.9% 的范围内，KMO 检测效度 0.876。

**KMO 和 Bartlett 的检验**

| 取样足够度的 Kaiser-Meyer-Olkin 度量。 | | 0.876 |
|---|---|---|
| Bartlett 的球形度检验 | 近似卡方 | 80,836.194 |
|  | df | 16110 |
|  | Sig. | 0.000 |

印度：在置信区间 99.9% 的范围内，KMO 检测效度 0.907。

**KMO 和 Bartlett 的检验**

| 取样足够度的 Kaiser-Meyer-Olkin 度量。 | | 0.907 |
|---|---|---|
| Bartlett 的球形度检验 | 近似卡方 | 92,024.327 |
| | df | 18,336 |
| | Sig. | 0.000 |

日本：在置信区间 99.9% 的范围内，KMO 检测效度 0.879。

**KMO 和 Bartlett 的检验**

| 取样足够度的 Kaiser-Meyer-Olkin 度量。 | | 0.879 |
|---|---|---|
| Bartlett 的球形度检验 | 近似卡方 | 94,597.729 |
| | df | 17,391 |
| | Sig. | 0.000 |

2. 2011 年 12 月四国调查数据的效度

美国：在置信区间 99.9% 的范围内，KMO 检测效度 0.841。

**KMO 和 Bartlett 的检验**

| 取样足够度的 Kaiser-Meyer-Olkin 度量。 | | 0.841 |
|---|---|---|
| Bartlett 的球形度检验 | 近似卡方 | 158,457.330 |
| | df | 42,486 |
| | Sig. | 0.000 |

德国：在置信区间 99.9% 的范围内，KMO 检测效度 0.793。

**KMO 和 Bartlett 的检验**

| 取样足够度的 Kaiser-Meyer-Olkin 度量。 | | 0.793 |
|---|---|---|
| Bartlett 的球形度检验 | 近似卡方 | 164,142.414 |
| | df | 46665 |
| | Sig. | 0.000 |

俄罗斯：在置信区间99.9%的范围内，KMO检测效度0.819。

**KMO 和 Bartlett 的检验**

| 取样足够度的 Kaiser-Meyer-Olkin 度量。 | | 0.819 |
|---|---|---|
| Bartlett 的球形度检验 | 近似卡方 | 135,057.562 |
| | df | 43,660 |
| | Sig. | 0.000 |

印度：在置信区间99.9%的范围内，KMO检测效度0.875。

**KMO 和 Bartlett 的检验**

| 取样足够度的 Kaiser-Meyer-Olkin 度量。 | | 0.875 |
|---|---|---|
| Bartlett 的球形度检验 | 近似卡方 | 167,840.529 |
| | df | 43,956 |
| | Sig. | 0.000 |

### 三、可比性

将美、德、俄、印、日五国受访者之间和将日、韩、越、印尼四国受访者对中华文化看法的数据进行对比，必须说明五国数据和四国数据之间具有等值性，具有可比性。

首先，就访问情境而言，在时间点上，第一次调查在2011年11月进行，对美、德、俄、印、日五个国家的调查是同一时间进行，保证了在这五个国家访问情境的一致性；第二次调查在2011年12月进行，对美、德、俄、印四个国家的调查是同一时间进行，保证了在这四个国家访问情境的一致性。第一与第二次调查的时间相差不到一个月，保证了两次调查访问情境的一致性。对日、韩、越、印尼四国受访者的调查在2013年12月进行，保证了在这四个国家访问情境的一致性。

其次，各国受访者对问卷调查形式的熟悉程度相同。八国受访问者都是在线可访问样本库中的成员，他们对在线可访问样本库的问卷调查形式的熟悉程度相同。从大的国家环境来说，这些国家每逢选举前夕都会有各种各样的民意调查，还经常有商业产品和服务的问卷调查，因此受访者不存在进行问卷调查形式的障碍。《中华文化印象调查》问卷是关于对中华文化看法的问卷，问卷中没有请受访者对敏感问题发表看法，不存在受访者出于种种顾虑而不愿意回答问题的心理障碍。

最后，八国的问卷基本是在同一份中文问卷的基础上，分别通过语言专家翻译成英文、德文、俄文、日文、韩文、越南文和印尼文等受访者本国文字，翻译中使用了"回译"（back translation）的方法（即首先从甲种语言翻译成乙种语言，再由乙种语言翻回甲种语言，然后把翻回的甲种语言与原文进行对照，两者之间的差异越小，则译文越精确）。翻译后的各国问卷的意思之间具有可比性。

因而，我们可以说，2011年的五国数据和2013年的四国数据具有可比性。然而，需要说明的是，在一些具有中华特色的文化概念，特别是中华核心价值观的翻译上，由于两种语言的差异，很难做到把中文的意思十分准确地翻译成外文。例如，如何将"恕"翻译成英文？翻译成"consideration for others"或"forbearance"都不准确。在这类数据上，没有使五国的数据100%的等值。

## 第五节 调查研究结果的呈现

### 一、呈现的意义

课题组为进行这八国的调查，前后花费了六年时间，约有六十余专家、教授、博士生、硕士生参与了研究工作，由于大型的问卷调查需要花费很高的调查费用，三项课题花费了大量的经费，三次调查获得研究成果来之不易，因此有必要将研究成果呈现出来，使更多的读者受益。呈现研究成果的意义可以归纳为以下四个方面：

第一，填补学术空白。中国学术界近年来非常关注这一课题，以文献法、文本分析、内容分析等定性研究方法对中国在八国的文化软实力状况进行过学术探讨，而运用科学、严谨的全国性问卷调查的实证性定量研究尚未看到。该项研究关注现阶段八国公众对中国文化软实力的认知、态度和行为的状况，问卷的题目设计建立在前沿文献的基础之上，可为学者们进一步探讨和研究提供详实和可靠的数据。

尝试突破国际传播中受众研究这一薄弱环节。在学术界，尽管传播学著述中论述受众的著述不少，但通常都是对国内传播受众的研究，专门论述国际传播受众的著述很少。西方较系统论述国际传播的教科书都没有把受众列为一章进行论述。国际传播学中的受众研究是薄弱环节。

第二，积累利用网络群组进行数据搜集的经验。发展中国家的国际传播研究中，传播主体国面向对象国的受众（主要是国界外的受众）的调查与研究一直是个难点和瓶颈。由于这部分受众远居国外，社会和文化环境与信息发出国有很大的差异，成本高、可控性差，发展中国家的传播主体难以用国内普遍适用的测评方法，对其心理需求和阅读、收视习惯以及满意度等做出准确的评估与测量。外国受众研究和传播效果研究限于政治和研究经费的限制，难以进行。例如，即使解决了样本的抽样工作，利用传统的电话调查，调查的问题难以深入；利用入户面访式调查方法，费用昂贵；利用函寄等方式填写问卷的方法，可控性差、回收率低。因此，在国际传播的受众和效果调查时，传播主体国往往将这一业务委托给权威的国际调查公司，通过它来实施问卷的数据搜集工作。在互联网普及之前，调查的费用昂贵，发展中国家一般难以承受。中国没有进行过这类的调查。随着社会的发展，这些方法（入户访问、街头拦截访问、电话访问等）面临越来越多的问题，如样本代表性降低、访问员作弊（样本真实性疑虑）、数据采集周期变长、访问成本增加、质量控制难以进行，最终导致数据质量下降。

为了解决传统调查所面临的这些问题，人们做出了许多努力，寻找各种方法，其中，在线调查是一种比较理想的解决方法。在线样组调查作为一种全新的数据采集方式，伴随着互联网的产生而产生，伴随着互联网的发展而发展。然而，随着网络的发展，调查公司利用网络群组（利用互联网手段，基于样组的调查）不仅解决了传统调查面临的问题，而且调查的费用也大为降低。这使得像中国这样的发展中国家可以承担得起。这三次调查试图通过专业国际调查公司使用在线样组的调查方法，进一步积累在国外进行在线样组调查的经验，为国际传播的科学研究提供适时的、有用的工具。

第三，提供学术交流平台。该项研究可以成为研究中国文化在八国的软实力的数据共享平台，可以成为国内外学术交流的桥梁。课题组不久会将这三次调查的数据库放到中国调查数据资料库（China Survey Data Archive，CSDA）① 向社会开放，为有意研究相关主题的学者们提供第一手的数据。除了数据库和数据报告外，本调查的问卷设计方案同样可以为实证研究方法提供理论和实践上的参考。"新时期中国文化国际影响力评估"（第二期）提出的中国文化国际影响力指数的两种计算方法都是初创，尚有不完善的地方，都需要汇集国内相关领域的专家进行论证和完善。在研究成果向社会公布后，可在适当时候召开高端学术会议，就完善评估体系和文化影响力指数计算方法，请学者专家提出建议和意见，使建构文化影响力指数的理论、问卷设计、计算方法更加科学。

第四，文化影响力评估体系和调查问卷中涉及的问题显示文化影响力的调研工作不仅涉及文化部，还涉及文化部以外相关部委的工作，今后将进一步发挥文化部对外文化工作部际联席会议的平台，协调文化部以外相关部委、机构、专家、专业人士和工作人员参与到课题中来，集中各方智慧，将文化影响力评估体系和文化影响力指数的研究引向深入，使课题有广阔的影响性和专业性，为政府文化机构、文化团体、中国企业、民间机构和国际组织提供了解和分析当代中国在八国文化软实力的可靠的参考材料。

## 二、呈现的方法

本书将对中华文化在八国影响力的调研结果放在一起，进行综合对比式报告。

对调研成果呈现的顺序，本书按照中华文化国际影响力评估体系中的13个二级指标的顺序进行论述，即依照1. 中华文化符号、2. 中国文化产品、3. 中华价值观、4. 中华思维方式、5. 中华信仰、6. 民众与杰出人物、7. 文化团体/企业、8. 大众传媒、9. 中国经济、10. 中国政治、11. 中国外交、12. 中国国家形象、13. 中国文化形象的顺序，每个二级指标各作为一章进行呈现。

---

① 该资料库是国家自然科学基金和北京大学管理科学数据中心设立的。该项目致力于收录整合国内优质调查科研数据资源，通过专业的数据管理与监护，实现便捷的数据共享，为科学研究和决策管理提供高水平的数据服务。2015年12月25日，中国调查数据资料库依托北京大学开放研究数据平台（http://opendata.pku.edu.cn/dataverse/CSDA）试行上线。

由于 2011 年 11 月实施调查的对象是美国、德国、俄罗斯、印度、日本，2011 年 12 月实施调查的对象是美国、德国、俄罗斯、印度，两次调查的时间和调查对象国基本重合，所以两项调查结果放在一起，在各二级指标的调查结果报告中，作为一章的第一部分的内容呈现。2013 年 12 月实施调查的对象是日本、韩国、越南、印尼，调查结果在各二级指标中调查结果报告中，作为一章的第二部分的内容，以问卷设计、数据分析、思考笔记的顺序呈现。

在 2011 年对美、德、俄、印、日的分析中，青年指 24 岁及以下的受访者，精英指获得硕士学位以上的受访者。在 2013 年对日、韩、越、印尼的分析中，高中生指 15—18 岁的受访者，青年指 19-28 岁的受访者。日本的精英指年个人税前收入在 600 万日元以上，大学以上学历的雇主、专业技术人员、会计、教师、律师、办公室中层管理人员以及公务员；韩国的精英指年个人税前收入在 300 万韩元以上，大学以上学历的公司职员、专业人士、公务员和教师；越南的精英指年个人税前收入在 12,000 万越南盾以上，大学以上学历的公司职员、专业职员和公务员；印尼的精英指年个人税前收入在 5000 万印尼盾以上，大学及以上学历的公司职员、专业职员、技术人员、公务员和教师。

# 下 编

## 调查与思考

本部分内容基于三次问卷调研结果：2011年11月"软实力"课题调查美国、德国、俄罗斯、印度、日本的结果；2011年12月"文化部"课题调查美国、德国、俄罗斯、印度的结果；2013年12月"文化部"课题调查日本、韩国、越南、印尼的结果。这三次调查涉及三份问卷，分别用问卷(Ⅰ)、(Ⅱ)、(Ⅲ)来表示。

本部分叙述方式是依照中华文化国际影响力评估体系的13个二级指标（文化符号、文化产品、价值观、思维方式、信仰、民众与杰出人物、文化团体/企业、大众传媒、经济、政治、外交、国家形象、文化形象）的顺序，通过问卷设计、各国调查数据描述性分析、各国调查数据横向对比和调查后的思考四个方面，用13章叙述了三次问卷调查的研究结果。

# 第 五 章

# 中华文化符号在海外

## 第一节 在美国、德国、俄罗斯、印度的影响

### 一、问卷设计

文化符号指能代表一国文化的突出而具高度影响力的象征形式系统。文化影响可以通过文化符号表现出来。中华文化符号指能代表中国文化的突出而具高度影响力的象征形式系统。通过调查外国受访者对中国文化符号的认知和喜爱，检测到中华文化符号对受访者的影响力。

中国五千多年的历史发展过程中，产生了很多具有中华特色的符号，如汉字、中国画、龙、长城、孔子等等。如何在众多的符号中确定最具特色的中华文化符号？本课题组参阅了：2008 年秋美国《新闻周刊》根据美国、加拿大、英国等国的网民投票，评选出 12 个国家文化的二十大形象符号中的中国符号[①]；2011 年 1 月北京师范大学国家社科基金重大项目"中国文化软实力发展战略研究"研究者提出的中国文化符号名单[②]。本课题组将文化

---

[①] 中国文化符号为：汉语、北京故宫、长城、苏州园林、孔子、道教、孙子兵法、兵马俑、莫高窟、唐帝国、丝绸、瓷器、京剧、少林寺、功夫、西游记、天坛、毛主席、针灸、中国烹饪。

[②] 该课题组根据对全国大学生的调查，在 270 项候选中国文化符号中选出的最具代表性的前 20 项是：汉语、汉字、孔子、书法、长城、五星红旗、中医、毛泽东、故宫、邓小平、兵马俑、黄河、《论语》、圆明园、文房四宝、敦煌莫高窟、《史记》、造纸术、古典诗词和京剧。其研究将文化符号分为四个层面：第一层为核心价值系统的吸引力；第二层为社会行为模式的凝聚力；第三层为传统典范及遗产的影响力；第四层为文化传播机制的感染力。从得分最高的前 50 项来看，最多的是第三层即传统典范和遗产的符号，如汉字、书法、长城；其次是第一层，即核心价值系统符号，如毛泽东、邓小平等。另外两层均无进入前 50 名的选项。

符号进行了新的设计：（1）将人和物分开，中国文化代表人物在中国名人部分单独调查。（2）在以往对中国文化符号只调查认知的基础上，增加喜爱的调查。不仅调查认知，还调查态度，并分开调查。（3）将调查分为对文化符号的总体调查和对重点文化符号（龙、汉语、中餐）的详细调查。（4）将被调查的中国文化符号分为六个类型：中国文化象征性符号（长城、天坛、龙、北京故宫、兵马俑、大熊猫）；中国文化生活符号（中国烹饪、丝绸、中国园林、中华医药、瓷器、唐装/旗袍、春节、中国功夫、太极拳）；中国艺术符号（中国水墨画、中国音乐、京剧）；中国思想符号（儒家、道教、太极阴阳图）；中国教育符号（北京大学、清华大学）、语言文学符号（汉语、诗歌）。

## 二、知道和喜欢哪些中华文化符号

### （一）问卷内容

问卷设置了24种中国文化符号，调查四国受访者心目中最能代表中国的符号和最喜欢的中国符号，以了解四国受访者对这些符号的认知和好感度。

(Ⅱ) V2. 您认为以下各项中哪些文化符号最能代表中国？（可多选，请在所选项目前打√。以下简称"可多选"）

1. 长城　　　　2. 北京故宫　　3. 天坛　　　　4. 中国园林
5. 兵马俑　　　6. 中国烹饪　　7. 中华医药　　8. 丝绸
9. 唐装/旗袍　 10. 瓷器　　　 11. 汉语　　　 12. 中国诗歌
13. 中国水墨画 14. 中国音乐　 15. 京剧　　　 16. 中国功夫
17. 道教　　　 18. 儒家思想　 19. 春节　　　 20. 北京大学
21. 清华大学　 22. 大熊猫　　 23. 龙　　　　 24. ☯
25. 以上都不是

(Ⅱ) V3. 您喜欢下列文化符号吗？（可多选）

选项同上，略。

## (二)数据分析

### 1. 最能代表中国的文化符号

调查数据显示(表5-1):

美国绝大多数的受访者(85.8%)认为长城是最能代表中国的文化符号,在24个符号中排名第1;排名第2到第5的为:中国烹饪(53.0%)、阴阳图(47.0%)、汉语(44.3%)、龙(44.1%);倒数第1到第5为:清华大学(2.0%)、春节(5.0%)、京剧(6.0%)、北京大学(7.9%)、天坛(8.3%)。24个中华文化符号平均认可度为27.6%。

德国受访者对长城的认可度最高(84.9%),远远高于其他选项;阴阳图排在第2位(51.3%),中国烹饪(47.1%)、北京故宫(40.9%)和龙(38.6%)居于其后;倒数第1到第5为:清华大学(1.1%)、北京大学(4.0%)、诗歌(6.0%)、京剧(7.0%)、春节(7.9%)。平均认可度为25.4%。

俄罗斯受访者对于长城的代表性最认可(92.6%),阴阳图(57.7%)、龙(51.8%)、中国烹饪(49.3%)、中国功夫(46.7%)分列第2至第5;倒数第1到第5为:清华大学(2.7%)、北京大学(4.8%)、京剧(5.5%)、春节(6.2%)、北京故宫(6.4%)。平均认可度为27.9%。

印度大多数受访者(73.3%)选择长城最能代表中国,位列第2至第5的为:中国烹饪(35.1%)、龙(28.0%)、中国功夫(27.6%)、北京故宫(26.9%);倒数第1到第5为:清华大学(3.1%)、道教(5.1%)、儒家思想(5.8%)、北京大学(6.0%)、中国音乐(7.1%)。平均认可度为18.4%。

综合比较来看,四国绝大多数的受访者(84.2%)认为长城是最能代表中国的文化符号,在24个符号中排名第1;排名第2到第5的为:中国烹饪(46.1%)、阴阳图(43.2%)、龙(40.7%)、中国功夫(34.1%);倒数第1到第5为:清华大学(2.2%)、北京大学(5.7%)、春节(6.6%)、京剧(6.7%)、中国音乐(9.4%)。24个中华文化符号平均认可度为24.8%。值得注意的是,被中国学者称为文化国粹的排名:京剧倒数第4,水墨画排在第16位,中华医药第7,中国功夫第5,中国烹饪第2,太极阴阳图名列第3,四国平均有43.2%的受访者认为它是中华文化的代表性符号。

表5-1 您认为以下各项中哪些文化符号最能代表中国?

单位:%,括号内数字为排名

|  | 美国 | 德国 | 俄罗斯 | 印度 | 四国平均 |
| --- | --- | --- | --- | --- | --- |
| 长城 | 85.8 (1) | 84.9 (1) | 92.6 (1) | 73.3 (1) | 84.2 (1) |
| 中国烹饪 | 53.0 (2) | 47.1 (3) | 49.3 (4) | 35.1 (2) | 46.1 (2) |
| ☯ | 47.0 (3) | 51.3 (2) | 57.7 (2) | 16.8 (12) | 43.2 (3) |
| 龙 | 44.1 (5) | 38.6 (5) | 51.8 (3) | 28.0 (3) | 40.7 (4) |
| 中国功夫 | 31.1 (9) | 30.8 (10) | 46.7 (5) | 27.6 (4) | 34.1 (5) |
| 汉语 | 44.3 (4) | 25.1 (12) | 35.9 (8) | 19.8 (9) | 31.3 (6) |
| 中华医药 | 28.3 (12) | 38.5 (6) | 38.0 (7) | 19.5 (10) | 31.1 (7) |
| 大熊猫 | 43.5 (6) | 31.8 (9) | 29.1 (10) | 16.2 (13) | 30.2 (8) |
| 丝绸 | 33.7 (7) | 27.6 (11) | 33.8 (9) | 20.6 (8) | 28.9 (9) |
| 瓷器 | 20.2 (16) | 33.3 (7) | 42.7 (6) | 12.4 (16) | 27.2 (10) |
| 北京故宫 | 32.2 (8) | 40.9 (4) | 6.4 (20) | 26.9 (5) | 26.6 (11) |
| 中国园林 | 28.6 (11) | 23.0 (13) | 28.5 (11) | 23.7 (7) | 26.0 (12) |
| 唐装/旗袍 | 30.3 (10) | 21.7 (14) | 18.3 (16) | 18.7 (11) | 22.3 (13) |
| 兵马俑 | 22.8 (14) | 32.4 (8) | 19.9 (14) | 13.8 (14) | 22.2 (14) |
| 儒家思想 | 23.6 (13) | 16.5 (15) | 23.0 (12) | 5.8 (22) | 17.2 (15) |
| 中国水墨画 | 22.4 (15) | 11.5 (17) | 21.0 (14) | 13.1 (15) | 17.0 (16) |
| 天坛 | 8.3 (20) | 12.6 (16) | 18.6 (15) | 23.8 (6) | 15.8 (17) |
| 道教 | 17.7 (17) | 8.2 (19) | 11.1 (18) | 5.1 (23) | 10.5 (18) |
| 中国诗歌 | 10.5 (19) | 6.0 (22) | 16.2 (17) | 8.9 (17) | 10.4 (19) |
| 中国音乐 | 13.0 (18) | 8.5 (18) | 9.1 (19) | 7.1 (20) | 9.4 (20) |
| 京剧 | 6.0 (22) | 7.0 (21) | 5.5 (22) | 8.1 (18) | 6.7 (21) |
| 春节 | 5.0 (23) | 7.9 (20) | 6.2 (21) | 7.3 (19) | 6.6 (22) |
| 北京大学 | 7.9 (21) | 4.0 (23) | 4.8 (23) | 6.0 (21) | 5.7 (23) |
| 清华大学 | 2.0 (25) | 1.1 (25) | 2.7 (24) | 3.1 (24) | 2.2 (24) |
| 平均 | 27.6 | 25.4 | 27.9 | 18.4 | 24.8 |
| 以上都不是 | 2.6 (24) | 2.1 (24) | 0.48 (25) | 0.7 (25) | 1.5 (25) |

## 2. 最受喜爱的中华文化符号

数据显示各国情况和四国总体情况如下（表5-2）：

美国大多数受访者（63.4%）认为长城是他们最喜欢的中国的文化符号，在24个符号中排名第1；排名第2到第5为：中国烹饪（47.3%）、大熊猫（45.4%）、阴阳图（42.2%）、龙（39.4%）；倒数第1到第5为：清华大学（1.1%）、北京大学（2.2%）、京剧（3.4%）、春节（3.8%）、天坛（8.3%）。24个中华文化符号平均喜爱度为21.5%。

德国受访者对长城的喜爱度最高（60.9%），远高于其他选项；中国烹饪（50.0%）排第2位，阴阳图（44.1%）、大熊猫（36.6%）和龙（29.2%）居于其后；倒数第1到第5为：清华大学（1.2%）、北京大学（1.9%）、京剧（2.3%）、道教（4.8%）、中国音乐（5.6%）。平均喜爱度为19.4%。

俄罗斯受访者对长城最喜爱（61.5%），阴阳图（43.3%）、龙（40.2%）、中国烹饪（39.4%）、瓷器（36.2%）分列第2至第5；倒数第1到第5的为：清华大学（1.7%）、北京大学（2.5%）、京剧（3.4%）、北京故宫（5.1%）、道教（5.2%）。平均喜爱度为19.5%。

印度大多数受访者（67.2%）选择长城为最喜欢的中华文化符号，位列第2至第5的为：中国烹饪（28.5%）、龙（26.5%）、天坛（23.5%）、中国园林（23.2%）；倒数第1到第5为：清华大学（1.9%）、道教（2.8%）、儒家思想（3.2%）、北京大学（3.2%）、春节（4.6%）。平均喜爱度为15.2%。

综合比较来看，四国大多数的受访者（63.3%）将长城看作是最受喜爱的中国的文化符号，24个符号中排名第1；排名第2到第5的为：中国烹饪（41.3%）、阴阳图（36.5%）、龙（33.8%）、大熊猫（32.5%）；倒数第1到第5为：清华大学（1.5%）、北京大学（2.5%）、京剧（3.5%）、春节（5.5%）、道教（5.6%）。24个中华文化符号四国平均喜爱度为18.9%。值得注意的是，被中国学者称为文化国粹的排名：京剧倒数第3，水墨画位居第14位，中华医药第11，中国功夫第7，中国烹饪第2，国人所不喜爱的太极阴阳图名列第3，平均有36.5%的受访者喜爱它。

表 5-2 您喜欢下列文化符号吗？

单位:%，括号内数字为排名

| | 美国 | 德国 | 俄罗斯 | 印度 | 四国平均 |
|---|---|---|---|---|---|
| 长城 | 63.4（1） | 60.9（1） | 61.5（1） | 67.2（1） | 63.3（1） |
| 中国烹饪 | 47.3（2） | 50.0（2） | 39.4（4） | 28.5（2） | 41.3（2） |
| ☯ | 42.2（4） | 44.1（3） | 43.3（2） | 16.6（10） | 36.5（3） |
| 龙 | 39.4（5） | 29.2（5） | 40.2（3） | 26.5（3） | 33.8（4） |
| 大熊猫 | 45.4（3） | 36.6（4） | 30.2（7） | 17.6（9） | 32.5（5） |
| 丝绸 | 32.6（6） | 26.4（5） | 32.0（6） | 17.9（8） | 27.2（6） |
| 中国功夫 | 22.6（8） | 20.7（11） | 26.4（8） | 23.0（6） | 23.2（7） |
| 中国园林 | 27.6（7） | 22.6（9） | 18.5（10） | 23.2（5） | 23.0（8） |
| 瓷器 | 20.0（11） | 19.2（12） | 36.2（5） | 9.2（16） | 21.2（9） |
| 北京故宫 | 22.6（9） | 24.5（8） | 5.1（21） | 19.3（7） | 17.9（10） |
| 中华医药 | 16.0（15） | 24.8（7） | 17.7（12） | 12.3（13） | 17.7（11） |
| 天坛 | 8.3（20） | 14.8（13） | 18.8（9） | 23.5（4） | 16.4（12） |
| 兵马俑 | 19.1（13） | 22.3（10） | 12.2（14） | 11.1（14） | 16.2（13） |
| 中国水墨画 | 22.5（10） | 11.3（15） | 18.2（11） | 10.1（15） | 15.5（14） |
| 唐装/旗袍 | 19.8（12） | 12.1（14） | 13.9（13） | 13.1（12） | 14.7（15） |
| 汉语 | 16.5（14） | 10.9（16） | 8.8（17） | 13.4（11） | 12.4（16） |
| 儒家思想 | 11.7（16） | 7.14（17） | 9.6（16） | 3.2（21） | 7.9（17） |
| 中国诗歌 | 9.2（19） | 6.5（18） | 9.7（15） | 5.3（18） | 7.7（18） |
| 中国音乐 | 10.5（17） | 5.6（20） | 6.3（19） | 7.3（17） | 7.4（19） |
| 道教 | 9.5（18） | 4.8（21） | 5.2（20） | 2.8（23） | 5.6（20） |
| 春节 | 3.8（21） | 6.3（19） | 7.4（18） | 4.6（20） | 5.5（21） |
| 京剧 | 3.4（23） | 2.3（23） | 3.4（22） | 4.7（19） | 3.5（22） |
| 北京大学 | 2.2（24） | 1.9（24） | 2.5（23） | 3.2（21） | 2.5（23） |
| 清华大学 | 1.1（25） | 1.2（25） | 1.7（24） | 1.9（24） | 1.5（24） |
| 平均 | 21.5 | 19.4 | 19.5 | 15.2 | 18.9 |
| 以上都不喜欢 | 3.8（21） | 3.7（22） | 1.4（25） | 0.3（25） | 2.3（24） |

3. 最能代表中国的文化符号与最受喜爱的文化符号对比

将受访者所认为的最能代表中国的文化符号与最受喜爱的文化符号作一对比,有利于分析受访者认知与态度之间的关系,了解受访者的需求。对比后的数据见表5-3、图5-1、图5-2、图5-3、图5-4。数据显示各国情况和四国总体情况如下:

美国21个文化符号的认知度高于其所受到的喜爱度,相差最大的是汉语,有44.3%的受访者认为其最能代表中国,但是喜欢汉语的却只占16.5%,两者相差27.8%。其次是长城,有22.4%的差值。1个符号持平,天坛的认知度和喜爱度都是8.3%。2个符号的喜爱度高于认知度,它们是大熊猫和中国水墨画,有43.5%的受访者认为大熊猫最能代表中国,而喜欢大熊猫的为45.4%,超过认知度1.9%。中国水墨画的喜爱度超过认知度0.1%。24个符号的认知度高于喜爱度的平均值为6.1。

德国19个文化符号的认知度高于其所受到的喜爱度,相差最大的是长城,有84.9%的受访者认为其最能代表中国,但是喜欢的却只占60.9%,两者相差24.0%。其次是北京故宫,有16.4%的差值。5个符号喜爱度高于认知度,它们是大熊猫、中国烹饪、天坛、中国诗歌、清华大学,差值分别为4.8%、2.9%、2.2%、0.5%、0.1%。24个符号的认知度高于喜爱度的平均值为6.0。

俄罗斯21个文化符号的认知度高于其所受到的喜爱度,相差最大的是长城,有92.6%的受访者认为其最能代表中国,但是喜欢的却只占61.5%,两者相差31.1%。其次是汉语、中华医药、中国功夫,分别有27.1%、20.3、20.3%的差值。3个符号的喜爱度高于认知度,它们是春节、大熊猫、天坛,差值分别为1.2%、1.1%、0.2%。24个符号的认知度高于喜爱度的平均值为8.4。

印度22个文化符号的认知度高于其所受到的喜爱度,相差最大的是北京故宫,有26.9%的受访者认为其最能代表中国,但是喜欢的却只占19.3%,两者相差7.6%。其次是中华医药、中国烹饪、汉语、长城,分别有7.2%、6.6%、6.4%、6.1%的差值。2个符号的喜爱度高于认知度,它们是大熊猫、中国音乐,差值分别为1.4%、0.2%。24个符号的认知度高于喜爱度的平均值为3.2。

综合比较来看，22个文化符号的认知度高于其所受到的喜爱度，相差最大的是长城，四国有84.2%的受访者认为其最能代表中国，但是喜欢的却只占63.3%，两者相差20.9%。第2至第5的是汉语、中华医药、中国功夫、儒家思想，分别有18.9%、13.4%、10.9%、9.3%的差值。2个符号的喜爱度高于认知度，它们是大熊猫、天坛，差值分别为2.3%、0.6%。24个符号的认知度高于喜爱度的平均值为5.9。

表5-3 最能代表中国的与最喜欢的文化符号对比

单位:%，括号内数字为排名

| 中华符号 | 美国 | | | 德国 | | | 俄罗斯 | | |
| --- | --- | --- | --- | --- | --- | --- | --- | --- | --- |
| | 认知 | 喜欢 | 差 | 认知 | 喜欢 | 差 | 认知 | 喜欢 | 差 |
| 长城 | 85.8 | 63.4 | 22.4 (2) | 84.9 | 60.9 | 24.0 (1) | 92.6 | 61.5 | 31.1 (1) |
| 汉语 | 44.3 | 16.5 | 27.8 (1) | 25.1 | 10.9 | 14.2 (3) | 35.9 | 8.8 | 27.1 (2) |
| 中华医药 | 28.3 | 16.0 | 12.3 (3) | 38.5 | 24.8 | 13.7 (5) | 38.0 | 17.7 | 20.3 (3) |
| 中国功夫 | 31.1 | 22.6 | 8.5 (7) | 30.8 | 20.7 | 10.1 (6) | 46.7 | 26.4 | 20.3 (3) |
| 儒家思想 | 23.6 | 11.7 | 11.9 (4) | 16.5 | 7.14 | 9.36 (10) | 23.0 | 9.6 | 13.4 (6) |
| 北京故宫 | 32.2 | 22.6 | 9.6 (6) | 40.9 | 24.5 | 16.4 (2) | 6.4 | 5.1 | 1.3 (20) |
| 唐装旗袍 | 30.3 | 19.8 | 10.5 (5) | 21.7 | 12.1 | 9.6 (8) | 18.3 | 13.9 | 4.4 (14) |
| 龙 | 44.1 | 39.4 | 4.7 (12) | 38.6 | 29.2 | 9.4 (9) | 51.8 | 40.2 | 11.6 (7) |
| ☯ | 47.0 | 42.2 | 4.8 (11) | 51.3 | 44.1 | 7.2 (11) | 57.7 | 43.3 | 14.4 (5) |
| 兵马俑 | 22.8 | 19.1 | 3.7 (13) | 32.4 | 22.3 | 10.1 (6) | 19.9 | 12.2 | 7.7 (10) |
| 瓷器 | 20.2 | 20.0 | 0.2 (21) | 33.3 | 19.2 | 14.1 (4) | 42.7 | 36.2 | 6.5 (11) |
| 道教 | 17.7 | 9.5 | 8.2 (8) | 8.2 | 4.8 | 3.4 (13) | 11.1 | 5.2 | 5.9 (13) |
| 中国烹饪 | 53.0 | 47.3 | 5.7 (9) | 47.1 | 50.0 | -2.9 (24) | 49.3 | 39.4 | 9.9 (9) |
| 京剧 | 6.0 | 3.4 | 2.6 (14) | 7.0 | 2.3 | 4.7 (12) | 5.5 | 3.4 | 2.1 (18) |
| 北京大学 | 7.9 | 2.2 | 5.7 (9) | 4.0 | 1.9 | 2.1 (15) | 4.8 | 2.5 | 2.3 (17) |
| 中国园林 | 28.6 | 27.6 | 1 (19) | 23.0 | 22.6 | 0.4 (18) | 28.5 | 18.5 | 10 (8) |
| 中国诗歌 | 10.5 | 9.2 | 1.3 (16) | 6.0 | 6.5 | -0.5 (21) | 16.2 | 9.7 | 6.5 (11) |
| 中国音乐 | 13.0 | 10.5 | 2.5 (15) | 8.5 | 5.6 | 2.9 (14) | 9.1 | 6.3 | 2.8 (15) |

续表

| 中华符号 | 美国 | | | 德国 | | | 俄罗斯 | | |
| --- | --- | --- | --- | --- | --- | --- | --- | --- | --- |
| | 认知 | 喜欢 | 差 | 认知 | 喜欢 | 差 | 认知 | 喜欢 | 差 |
| 丝绸 | 33.7 | 32.6 | 1.1（18） | 27.6 | 26.4 | 1.2（17） | 33.8 | 32.0 | 1.8（19） |
| 水墨画 | 22.4 | 22.5 | -0.1（23） | 11.5 | 11.3 | 0.2（19） | 21.0 | 18.2 | 2.8（15） |
| 春节 | 5.0 | 3.8 | 1.2（17） | 7.9 | 6.3 | 1.6（16） | 6.2 | 7.4 | -1.2（25） |
| 清华大学 | 2.0 | 1.1 | 0.9（20） | 1.1 | 1.2 | -0.1（20） | 2.7 | 1.7 | 1（21） |
| 天坛 | 8.3 | 8.3 | 0（22） | 12.6 | 14.8 | -2.2（23） | 18.6 | 18.8 | -0.2（22） |
| 大熊猫 | 43.5 | 45.4 | -1.9（25） | 31.8 | 36.6 | -4.8（25） | 29.1 | 30.2 | -1.1（24） |
| 平均 | 27.6 | 21.5 | 6.1 | 25.4 | 19.4 | 6.0 | 27.9 | 19.5 | 8.4 |
| 都不是 | 2.6 | 3.8 | -1.2（24） | 2.1 | 3.7 | -1.6（22） | 0.48 | 1.4 | -0.92（23） |

| 中华符号 | 印度 | | | 四国平均 | | |
| --- | --- | --- | --- | --- | --- | --- |
| | 认知 | 喜欢 | 差 | 认知 | 喜欢 | 差 |
| 长城 | 73.3 | 67.2 | 6.1（5） | 84.2 | 63.3 | 20.9（1） |
| 汉语 | 19.8 | 13.4 | 6.4（4） | 31.3 | 12.4 | 18.9（2） |
| 中华医药 | 19.5 | 12.3 | 7.2（2） | 31.1 | 17.7 | 13.4（3） |
| 中国功夫 | 27.6 | 23.0 | 4.6（7） | 34.1 | 23.2 | 10.9（4） |
| 儒家思想 | 5.8 | 3.2 | 2.6（16） | 17.2 | 7.9 | 9.3（5） |
| 北京故宫 | 26.9 | 19.3 | 7.6（1） | 26.6 | 17.9 | 8.7（6） |
| 唐装旗袍 | 18.7 | 13.1 | 5.6（6） | 22.3 | 14.7 | 7.6（7） |
| 龙 | 28.0 | 26.5 | 1.5（18） | 40.7 | 33.8 | 6.9（8） |
| ☯ | 16.8 | 16.6 | 0.2（23） | 43.2 | 36.5 | 6.7（9） |
| 兵马俑 | 13.8 | 11.1 | 2.7（13） | 22.2 | 16.2 | 6.0（10） |
| 瓷器 | 12.4 | 9.2 | 3.2（10） | 27.2 | 21.2 | 6.0（11） |
| 道教 | 5.1 | 2.8 | 2.3（17） | 10.5 | 5.6 | 4.9（12） |
| 中国烹饪 | 35.1 | 28.5 | 6.6（3） | 46.1 | 41.3 | 4.8（13） |
| 京剧 | 8.1 | 4.7 | 3.4（9） | 6.7 | 3.5 | 3.2（14） |

续表

| 中华符号 | 印度 | | | 四国平均 | | |
|---|---|---|---|---|---|---|
| | 认知 | 喜欢 | 差 | 认知 | 喜欢 | 差 |
| 北京大学 | 6.0 | 3.2 | 2.8（12） | 5.7 | 2.5 | 3.2（15） |
| 中国园林 | 23.7 | 23.2 | 0.5（20） | 26.0 | 23.0 | 3.0（16） |
| 中国诗歌 | 8.9 | 5.3 | 3.6（8） | 10.4 | 7.7 | 2.7（17） |
| 中国音乐 | 7.1 | 7.3 | −0.2（24） | 9.4 | 7.4 | 2.0（18） |
| 丝绸 | 20.6 | 17.9 | 2.7（13） | 28.9 | 27.2 | 1.7（19） |
| 水墨画 | 13.1 | 10.1 | 3（11） | 17.0 | 15.5 | 1.5（20） |
| 春节 | 7.3 | 4.6 | 2.7（13） | 6.6 | 5.5 | 1.1（21） |
| 清华大学 | 3.1 | 1.9 | 1.2（19） | 2.2 | 1.5 | 0.7（22） |
| 天坛 | 23.8 | 23.5 | 0.3（22） | 15.8 | 16.4 | −0.6（23） |
| 大熊猫 | 16.2 | 17.6 | −1.4（25） | 30.2 | 32.5 | −2.3（24） |
| 平均 | 18.4 | 15.2 | 3.2 | 24.8 | 18.9 | 5.9 |
| 都不是 | 0.7 | 0.3 | 0.4（21） | 1.5 | 2.3 | −0.8（25） |

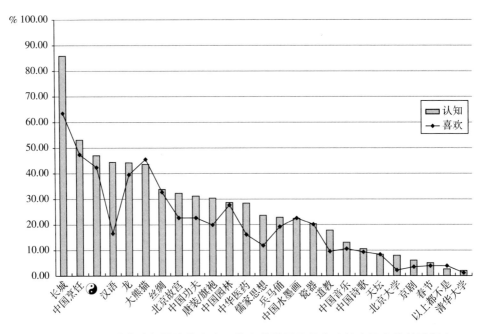

图 5-1 美国受访者选择最能代表中国的文化符号及最喜欢的中国文化符号频率

第五章 中华文化符号在海外 197

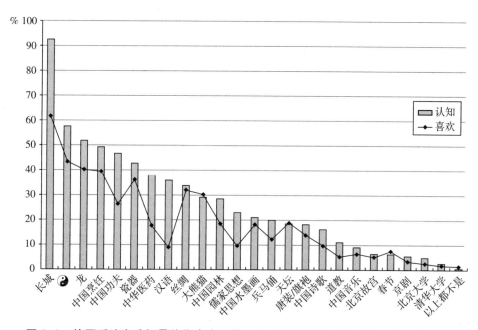

图 5-2 德国受访者选择最能代表中国的文化符号及最喜欢的中国文化符号频率

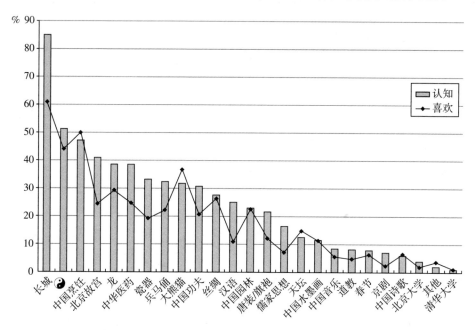

图 5-3 俄罗斯受访者选择最能代表中国的文化符号及最喜欢的中国文化符号频率

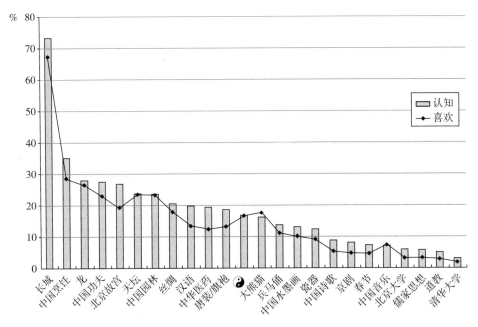

图 5-4 印度受访者选择最能代表中国的文化符号及最喜欢的中国文化符号频率

## （三）比较与结论

调查显示四国受访者对这些文化符号的态度呈明显特征：

**1. 长城在四国以绝对优势成为最能代表和最受喜欢的中国文化符号**

与排在第 2 的中国烹饪相比，在认知度上长城高出 42.1%，在喜爱度上长城高出 22.0%。（表 5-4）

表 5-4 四国受访者对长城的态度

单位：%

|  |  | 美国 | 德国 | 俄罗斯 | 印度 | 四国平均 | 长城对比中国烹饪 |
|---|---|---|---|---|---|---|---|
| 代表中国的符号 | 长城 | 85.8（1） | 84.9（1） | 92.6（1） | 73.3（1） | 84.2（1） | 42.1 |
|  | 中国烹饪 | 53.0（2） | 47.1（3） | 49.3（4） | 35.1（2） | 46.1（2） |  |
| 最喜欢的中国符号 | 长城 | 63.4（1） | 60.9（1） | 61.5（1） | 67.2（1） | 63.3（1） | 22.0 |
|  | 中国烹饪 | 47.3（2） | 50.0（2） | 39.4（4） | 28.5（2） | 41.3（2） |  |

（1）各类人群选择"长城"的频率最高。调查将受访者按照年龄、学历、收入细分后发现，在四国各类人群中"长城"的入选率都是最高的，这说明该符号具有普及性。

（2）对长城的认知度和喜爱度四国均存在落差，四国平均20.9%。（图5-5）这说明在四国受访者心目中虽然已接受长城作为代表中国的符号，但是要让1/5的受访者从心里喜欢还要做更多工作。

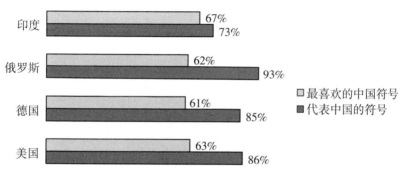

图5-5 四国受访者对"长城"的态度

2. 四国受访者心目中最能代表中国的符号和最喜欢的符号有趋同特征

将四国排名前十位的中国文化符号相对照，无论是在认知还是喜爱方面，四国有趋同的特征。（表5-5）

表5-5 四国受访者选出的十大中国符号（从高至低排序）

| 排名 | 最能代表中国的文化符号 | | | | 最喜欢的中国文化符号 | | | |
|---|---|---|---|---|---|---|---|---|
| | 美国 | 德国 | 俄罗斯 | 印度 | 美国 | 德国 | 俄罗斯 | 印度 |
| 1 | 长城 | 长城 | 长城 | 长城 | 长城 | 长城 | 长城 | 长城 |
| 2 | 中国烹饪 | ☯ | ☯ | 中国烹饪 | 中国烹饪 | 中国烹饪 | ☯ | 中国烹饪 |
| 3 | ☯ | 中国烹饪 | 龙 | 龙 | 大熊猫 | ☯ | 龙 | 龙 |
| 4 | 汉语 | 北京故宫 | 中国烹饪 | 中国功夫 | ☯ | 大熊猫 | 中国烹饪 | 天坛 |
| 5 | 龙 | 龙 | 中国功夫 | 北京故宫 | 龙 | 龙 | 瓷器 | 中国园林 |
| 6 | 大熊猫 | 中华医药 | 瓷器 | 天坛 | 丝绸 | 丝绸 | 丝绸 | 中国功夫 |
| 7 | 丝绸 | 瓷器 | 中华医药 | 中国园林 | 中国园林 | 中华医药 | 大熊猫 | 北京故宫 |

续表

| 排名 | 最能代表中国的文化符号 | | | | 最喜欢的中国文化符号 | | | |
|---|---|---|---|---|---|---|---|---|
| | 美国 | 德国 | 俄罗斯 | 印度 | 美国 | 德国 | 俄罗斯 | 印度 |
| 8 | 北京故宫 | 兵马俑 | 汉语 | 丝绸 | 北京故宫 | 北京故宫 | 中国功夫 | 丝绸 |
| 9 | 中国功夫 | 大熊猫 | 丝绸 | 汉语 | 中国功夫 | 中国园林 | 天坛 | 大熊猫 |
| 10 | 唐装/旗袍 | 中国功夫 | 大熊猫 | 中华医药 | 水墨画 | 兵马俑 | 中国园林 | ☯ |

长城、中国烹饪、龙、中国功夫是四国都认同的中国文化符号。长城、中国烹饪、大熊猫、阴阳图、龙、丝绸、中国园林是四国受访者都喜欢的中国文化符号。四国受访者选择的中国文化符号集中在象征性符号和生活符号两类。大熊猫在四国受访者心目中好感度均超过认同度。

虽然四国受访者选出了一些心目中最代表中国和最喜欢的中国文化符号,但除了长城以外,其他各项选择频率并不高,各国入选率超过50%的文化符号较少。俄罗斯受访者选出3项,美国和德国受访者选出2项,印度受访者选出1项。(表5-6)

表5-6 四国受访者选择率超过50%的文化符号

| 美国 | | 德国 | | 俄罗斯 | | 印度 | |
|---|---|---|---|---|---|---|---|
| 最能代表中国 | 最喜欢 | 最能代表中国 | 最喜欢 | 最能代表中国 | 最喜欢 | 最能代表中国 | 最喜欢 |
| 长城(86%) | 长城(63%) | 长城(85%) | 长城(61%) | 长城(93%) | 长城(62%) | 长城(73%) | 长城(67%) |
| 中国烹饪(53%) | — | ☯(51%) | 中国烹饪(50%) | ☯(58%) | — | — | — |
| — | — | — | — | 龙(52%) | — | — | — |

**3. 入选率较低的代表中国的和受喜欢的文化符号同样具有趋同特征**

入选率低于10%的文化符号四国情况基本一致,主要有京剧、春节、北京大学、清华大学。此外,道教、中国诗歌、中国音乐也是入选率较低的文化符号。这些符号多是艺术、教育类文化符号。四国受访者心目中最能代表中国和最喜欢的中国文化符号入选率最低的都是清华大学、北京大学,说

明中国教育符号大多数外国受访者还不认可。（表5-7）

表5-7 入选率低于10%的文化符号（从高至低排序）

| 美国 | | 德国 | | 俄罗斯 | | 印度 | |
|---|---|---|---|---|---|---|---|
| 最能代表中国 | 最喜欢 | 最能代表中国 | 最喜欢 | 最能代表中国 | 最喜欢 | 最能代表中国 | 最喜欢 |
| 天坛 | 中国诗歌 | 中国音乐 | 儒家思想 | 中国音乐 | 汉语 | 中国诗歌 | 瓷器 |
| 北京大学 | 道教 | 道教 | 中国诗歌 | 北京故宫 | 春节 | 京剧 | 中国音乐 |
| 京剧 | 天坛 | 春节 | 春节 | 春节 | 中国音乐 | 春节 | 中国诗歌 |
| 春节 | 春节 | 京剧 | 中国音乐 | 京剧 | 道教 | 中国音乐 | 京剧 |
| 清华大学 | 京剧 | 中国诗歌 | 道教 | 北京大学 | 北京故宫 | 北京大学 | 春节 |
| — | 北京大学 | 北京大学 | 京剧 | 清华大学 | 京剧 | 儒家思想 | 儒家思想 |
| — | 清华大学 | 清华大学 | 北京大学 | — | 北京大学 | 道教 | 北京大学 |
| — | — | — | 清华大学 | — | 清华大学 | 清华大学 | 道教 |
| — | — | — | — | — | — | — | 清华大学 |

**4. 各国对中国文化符号的态度仍有特点**

北京故宫在美国、德国、印度受访者心目中都是排名在前十的最能代表中国和最喜欢的中国文化符号，但是在俄罗斯认知率（6%）和喜爱率（5%）却都很低，排名倒数第3。阴阳图的认知率和喜欢度在美、德、俄排名靠前，但在印度排名靠后。儒家思想和道家思想在印度的入选率很低。中国水墨画成为美国受访者最喜欢的中国文化符号的第10名，比在其他三国的排名都靠前。对中国文化符号的认知和喜爱上四国整体、青年、精英的态度较为一致，但也有一些差异。例如，德国青年选择中华医药最能代表中国的文化的比率明显低于整体和精英；美国精英选择中国园林和中国诗歌作为最能代表中国的文化符号的比例分别为16%和5%，明显低于美国受访者整体（29%和11%）和青年（30%和14%）。

**5. 知名度不等于好感度**

四国受访者对中国文化符号的认知与喜爱度之间四国普遍存在落差，说明四国受访者虽然已接受一些代表中国的文化符号，但是要让他们从心里喜欢还要做更多的工作。

### 三、对龙、汉语、中餐的认知和态度

问卷（Ⅱ）调查了四国受访者对龙、汉语、中餐三个重点文化符号的认知和态度。

#### （一）龙

1. 问卷内容

中国人自称是龙的传人，龙也是中国的代表符号。然而，"龙"被错误地译成英文"dragon"（欧洲其他文字类似）。"龙"和"dragon"有着完全不同的含义。"dragon"有邪恶的含义，近年来中国时有修改误译的呼声。尽管有文章进行过探讨，但依然没有在调查基础上来做定论。问卷调查了龙在四国代表的含义，包括正反两方面的寓意。正面的含义：天使、善良、吉祥；负面的含义：魔鬼、邪恶、凶险。

（Ⅱ）V4. 您认为龙在贵国代表着什么？（选一项）
1. 天使　　　2. 善良　　　3. 吉祥　　　4. 魔鬼
5. 邪恶　　　6. 凶险　　　7. 其他

2. 数据分析

调查数据显示（表5-8）：

美国认为龙是邪恶的象征的受访者所占的比例（42.5%）最大，再加上认为龙是魔鬼（6.6%）和凶险（3.3%）的代名词的受访者的比例，共有52.4%的受访者认为龙在美国的寓意是负面的。28.7%的受访者认为龙的象征意义是正面的，18.9%的受访者选择了其他。青年及精英与整体情况一致。

德国43.3%的受访者认为龙的象征意义是负面的（选择"凶险"的占30.8%，"邪恶"占11.3%，"魔鬼"占1.3%），42.0%的受访者认为龙的象征意义是正面的（"吉祥"占30.7%，"善良"占8.5%，"天使"占2.8%），14.7%的人选择了其他。青年与整体情况类似，精英中选择负面含义的明显多于正面含义。

俄罗斯认为龙的象征意义是负面的占45.5%（选择"凶险"的占31.9%，"邪恶"占12.0%，"魔鬼"占1.6%）；认为是正面的占44.9%（选择"吉祥"的占27.5%，"善良"占15.2%，"天使"占2.2%）；9.6%的人选择了其他。青年与整体情况类似。精英中选择负面含义的明显多于正面含义。

印度认为龙的寓意是"魔鬼"的受访者所占的比例最高，选择"魔鬼"（32.0%）、"邪恶"（14.3%）、"凶险"（2.7%）的比例为49.0%；认为龙的寓意是"天使""善良""吉祥"的受访者数比例占46.1%；4.9%的人选择了其他。青年与整体情况差别较大，选择负面含义的青年受访者是选择正面含义受访者的两倍多，精英中选择负面含义的明显多于正面含义。

整体来看，四国受访者中认为龙为负面含义的平均数据为47.6%，比正面含义40.4%高出7.2%。美持负面寓意明显高于正面，德、俄、印持负面寓意略多于正面。青年人中，美、俄、德与整体情况一致，印持负面寓意是正面的两倍多。精英人群中，德、俄、印持负面寓意明显多于正面，美与整体持平。总之，龙译为"dragon"在美国、德国、俄罗斯和印度负面的寓意都高于正面的寓意。

表5-8 您认为龙在贵国代表着什么？

单位:%

|      | 美国 | 德国 | 俄罗斯 | 印度 | 四国平均 |
| --- | --- | --- | --- | --- | --- |
| 正面含义 | 28.7 | 42.0 | 44.9 | 46.1 | 40.4 |
| 负面含义 | 52.4 | 43.3 | 45.5 | 49.0 | 47.6 |

## （二）汉语

1. 问卷内容

汉语是中国符号系统中最重要的符号，是传播中华文化的主要符号和主要的传播媒介。外国人要深入了解中国文化，需要学习汉语，否则深入了解中国文化只是一句空话。问卷中用两个问题询问受访者学习汉语的情况，特别是将来是否学习汉语。

(Ⅱ) V14. 您学习过汉语吗?
1. 学习过　　　　2. 没学过, 但将来想学 (跳到 V15)
3. 没学过 (跳到 V15)

(Ⅱ) V14-1. 若学习过汉语, 您通过何种途径学习? (可多选)
1. 孔子学院　　　2. 本国其他学校　　　3. 家教
4. 教学软件　　　5. 阅读中文书籍/报刊　6. 收听中文广播
7. 收看中文电视　8. 网络教学　　　　　9. 来华留学
10. 中国朋友　　11. 手机　　　　　　　12. 其他

2. 数据分析

调查数据显示(表5-9):

美国受访者中未学过汉语的人占91%, 其中将来不会学的占65%, 将来可能学的占26%。学过汉语的受访者占9%, 其学习渠道主要是通过中国朋友(33%)、网络教学(28%)、收看中文电视(24%)、本国其他学校(20%)。通过孔子学院来学习汉语的人所占的比重仅为8%。

德国未学过汉语的人占97%, 其中将来不会学的占81%, 将来可能学的占16%。学过汉语的受访者占3%, 最多的是通过家教来学习(30%), 其次是通过"本国其他学校"(27%)和"孔子学院"(27%)。没有人通过"来华留学"或"收看中文电视"来学习汉语。

俄罗斯没学过汉语者占94%, 其中将来想学的为24%。学过者为6%, 主要是通过网络教学(45%)、家教(38%)、本国其他学校(25%)学习。

印度受访者没学过汉语者占75%, 其中60%将来想学。学过的25%中, 主要是通过家教(35%)、本国其他学校(31%)、网络教学(30%)和教学软件(26%)学习。

表5-9　您学习过汉语吗? 若学习过汉语, 通过何种途径学习?

单位:%, 括号内数字为排序

|  | 美国 | 德国 | 俄罗斯 | 印度 | 四国平均 |
| --- | --- | --- | --- | --- | --- |
| 学习过汉语 | 9 | 3 | 6 | 25 | 10.8 |
| 没学过, 但将来想学 | 26 | 16 | 24 | 60 | 31.5 |

续表

| | | 美国 | 德国 | 俄罗斯 | 印度 | 四国平均 |
|---|---|---|---|---|---|---|
| 没学过，将来不想学 | | 65 | 81 | 70 | 15 | 57.8 |
| 想学与不想学之比 | | 40 | 20 | 34 | 40 | 54.0 |
| 学习中文的途径 | 网络教学 | 28 | 21 | 45 | 30 | 31.0（1） |
| | 家教 | 16 | 30 | 38 | 35 | 29.8（2） |
| | 本国其他学校 | 20 | 27 | 25 | 31 | 25.8（3） |
| | 中国朋友 | 33 | 3 | 23 | 22 | 20.3（4） |
| | 孔子学院 | 8 | 27 | 20 | 45* | 18.3（5） |
| | 阅读中文书籍/报刊 | 13 | 9 | 22 | 22 | 16.5（6） |
| | 教学软件 | 14 | 9 | 13 | 26 | 15.5（7） |
| | 收看中文电视 | 24 | 0 | 8 | 17 | 12.3（8） |
| | 其他 | 17 | 6 | 8 | 2 | 8.3（9） |
| | 移动设备 | 10 | 12 | 5 | 3 | 7.5（10） |
| | 收听中文广播 | 10 | 3 | 3 | 13 | 7.3（11） |
| | 来华留学 | 5 | 0 | 8 | 13 | 6.5（12） |

*2011年中国在印度尚未设立孔子学院，印度问卷误设了这个问题。此数据值得质疑，可能只是反映了受访者笼统的对孔子学院的态度。因此，在计算孔子学院平均值时省略了该数值，孔子学院的平均值为美、德、俄三国的平均值。

从四国整体学习汉语的情况（见图5-6）来看，学习过汉语的人数多少依次为：印（25.2%）、美（8.9%）、俄（5.8%）、德（3.5%）。四国平均有10.8%的受访者学过；31.5%没学过，但将来想学；57.8%没学过，将来不想学。美、俄、德、印有学习意愿者分别是学过汉语者的2.9、4.1、4.5、2.4倍，说明四国有较强的学习汉语的需求。

从四国整体学习汉语的途径来看，在美国，通过人际交往学习汉语的人数最多，其次是网络教学方式，中国在美设立的孔子学院最多，但在四国中提及率最低；在德国，家教、孔子学院、本国其他学校排在前三位；在俄罗斯，网络教学、家教和本国其他学校排在前三；在印度，家教和本国其他学校排在前两位。四国平均，排在前五位的途径是网络教学（31.0%）、家教（29.8%）、本国其他学校（25.8%）、中国朋友（20.3%）、孔子学院（18.3%）。

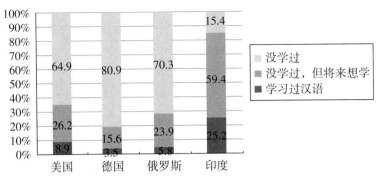

图 5-6 四国受访者学习汉语情况

美、德、俄青年中学习过汉语的比率略高于整体情况。印度青年学习过汉语的比率（11%）明显低于整体情况（25%）。四国青年学习汉语的兴趣都高于受访者整体情况。

美、德、俄精英中只有少数人学习过汉语，德精英中学习过汉语的只有1%。印受访者约1/3学习过汉语，其比例高于印度受访者整体和青年。

### (三) 中餐

#### 1. 问卷内容

中国烹饪在最能代表中国和最喜欢的中国文化符号中都排在第二位，表明了对中餐的认知和态度，其行为如何？问卷设置了问题调查了受访者的行为，并进一步调查了其对中餐的态度。

(Ⅱ) V12. 在过去一年中，您吃过中餐吗？

1. 没吃过　　　2. 1—5 次　　　3. 6—9 次　　　4. 10 次以上

(Ⅱ) V12-1—V12-3. 您对中餐的印象是什么？

V12-1. 是否有利于健康？　　1. 有利　　2. 中立　　3. 不利
V12-2. 味道如何？　　　　　1. 好　　　2. 中立　　3. 不好
V12-3. 价格如何？　　　　　1. 便宜　　2. 中立　　3. 昂贵

#### 2. 数据分析

调查数据显示（表 5-10）：

表 5-10　在过去一年中，您吃过中餐吗？您对中餐的印象是什么？

单位：%

| | | 美国 | 德国 | 俄罗斯 | 印度 | 四国平均 |
|---|---|---|---|---|---|---|
| 没吃过 | | 13 | 15 | 28 | 15 | 17.8 |
| 1—5 次 | | 29 | 44 | 38 | 21 | 33.0 |
| 6—9 次 | | 20 | 19 | 14 | 17 | 17.5 |
| 10 次及以上 | | 38 | 22 | 20 | 47 | 31.8 |
| 健康 | 有利于健康 | 50 | 65 | 56 | 59 | 57.5 |
| | 中立 | 44 | 32 | 40 | 37 | 38.3 |
| | 不利于健康 | 6 | 3 | 4 | 4 | 4.3 |
| 味道 | 好 | 85 | 81 | 69 | 76 | 77.8 |
| | 中立 | 13 | 16 | 28 | 22 | 19.8 |
| | 不好 | 2 | 3 | 3 | 2 | 2.5 |
| 价格 | 便宜 | 24 | 34 | 10 | 20 | 22.0 |
| | 中立 | 70 | 61 | 73 | 73 | 69.3 |
| | 贵 | 6 | 5 | 17 | 7 | 8.5 |

美国受访者中吃过中餐的人占 87%，其中吃过 10 次及以上的人所占的比例是最大（38%）。有一半的受访者认为中餐有利于健康，44% 持中立态度，认为中餐不利于健康者占 6%；85% 的受访者认为中餐味道好，持相反意见者占 2%；24% 受访者认为中餐价格便宜，6% 认为中餐价格贵。

德国吃过中餐者占 85%，吃过 10 次及以上者占 22%。65% 的受访者认为中餐有利于健康，81% 的受访者认为中餐味道好，但对于中餐的价格，61% 的受访者持中立态度，34% 的人认为便宜。

俄罗斯大多数受访者都吃过中餐（72%），经常吃中餐的人有 20%。受访者大多认为中餐有利于健康（56%），并且味道好（69%），但是对于中餐的价格，则多持中立态度（73%），17% 的人认为贵。

印度绝大多数（85%）受访者吃过中餐，且有接近半数（47%）的受访者吃过 10 次及以上。在中餐是否有利于健康这个问题上，59% 的受访者持肯定态度，只有 4% 的人认为它不利于健康；绝大多数（76%）认为中餐的味道好，认为中餐不好者只有2%；在中餐的价格上，大多数受访者（73%）持中立态度，有20%受访者认为中餐便宜，有7%的受访者认为中餐贵。

综合来看，四国82.3%的受访者在过去一年中吃过中餐。过去一年中没有吃过中餐者，美国占13%，德国占15%，俄罗斯占28%，印度占15%。在过去的一年中吃过10次及以上中餐者，美国为38%，德国为22%，俄罗斯为20%，印度为47%，四国平均为31.8%，说明中餐在四国广受欢迎。

对于中餐是否有利于健康，四国受访者认为有利于健康的平均值为57.5%，不利于健康的为4.3%，中立的为38.3%。

对于中餐的味道，四国受访者普遍认同认为味道好的平均值为77.8%，味道不好的为2.5%，中立的为19.8%。

对于中餐的价格，绝大多数受访者采取了中立的态度。美国、德国、印度认为中餐价格贵的受访者不多，比例没有超过7%。其中，德国认为便宜的比例（34%）大大超过贵的比例（5%）。而俄罗斯受访者中认为中餐价格贵的比例（17%）超过了认为中餐价格便宜的人（10%）。四国平均，认为中餐价格便宜的为22.0%，中立的为69.3%，贵的为8.5%。

受访者的青年中，接触中餐情况和对中餐的评价与四国整体情况一致。精英中，俄受访者吃过10次及以上者明显多于该国整体和青年；其他三国与整体情况一致。

四国受访者对于中餐的食用和评价与对中餐作为中国文化符号的态度一致。四国调查中，中华烹饪在最能代表中国和最喜欢的中国文化符号中排名都在第二位。

总之，四国受访者认为中餐味道好，有利于健康，价格适中，广受欢迎，对中餐的认知、态度和行为均显示中餐是发挥中国文化影响力的要素。

### 四、感兴趣和能接触到的中华文化表现形式

问卷（I）是首次进行问卷调查，在问卷中尚未用"中华文化符号"这个概念，而是用中华文化的表现形式。将这部分调查的内容列在下面，以补充我们了解中华文化符号在海外的影响。

## (一) 问卷内容

问卷设置了 24 种中国文化表现形式,调查了美国、德国、俄罗斯、印度、日本五国受访者心目中对这些文化形式的兴趣,以及受访者日常生活中能否接触到这些文化表现形式的情况。

(Ⅰ) V2. 您对下面中国文化中的哪些部分感兴趣?(可多选)

1. 中国历史　　2. 中国哲学　　3. 中国宗教　　4. 中国文学
5. 汉字　　　　6. 中国名胜古迹　　　　7. 中国建筑与园林
8. 中医　　　　9. 中国工艺品　10. 中国式服装　11. 中餐
12. 中国春节　　13. 功夫　　　　14. 中国影视明星
15. 中国体育明星　　　　16. 中国电影　　17. 电视剧
18. 戏剧　　　　19. 音乐　　　　20. 中国杂技　21. 舞蹈
22. 中国绘画　　23. 中国图书　　24. 动漫
25. 对以上都不感兴趣

(Ⅱ) V3. 在您的生活中可以接触到哪些中国文化表现形式?(可多选)

1—24 个选项同上,略。　　25. 以上都接触不到

## (二) 数据分析

1. 对中国文化感兴趣的情况

调查数据显示(表5-10):

美国受访者最感兴趣的中国文化表现形式前 7 名是中餐(64.9%)、中国历史(43.0%)、中国的名胜古迹(32.9%)、功夫(32.5%)、中医(29.4%)、中国哲学(26.4%)、中国建筑与园林(26.2%),倒数第 1 至 5 的是戏剧(3.8%)、电视剧(7.7%)、中国体育明星(7.7%)、中国图书(9.1%)、中国动漫(11.3%)。13.8% 的受访者表示,他们对所列出的中国文化表现形式都不感兴趣,排在第 17 位。

德国受访者最感兴趣的中国文化表现形式前 7 名是中餐(53.6%)、中国历史(36.6%)、中医(36.0%)、中国的名胜古迹(28.7%)、汉字(24.4%)、中国建筑与园林(23.4%)、中国哲学(21.9%),倒数第 1 至 5

的是戏剧（3.4%）、电视剧（3.5%）、中国体育明星（5.3%）、中国图书（6.2%）、中国春节（7.8%）。14.0%的受访者表示，他们对所列出的中国文化表现形式都不感兴趣，排在第11位。

俄罗斯受访者最感兴趣的中国文化表现形式前7名是中餐（44.9%）、中国哲学（31.7%）、中医（28.9%）、中国历史（27.9%）、中国的名胜古迹（25.5%）、中国建筑与园林（24.3%）、中国电影（19.6%），倒数第1至5的是戏剧（0.9%）、中国音乐（2.4%）、电视剧（3.0%）、中国春节（5.0%）、中国体育明星（5.3%）。15.1%的受访者表示，他们对所列出的中国文化表现形式都不感兴趣，排在第11位。

印度受访者最感兴趣的中国文化表现形式前7名是功夫（52.0%）、中餐（47.5%）、中国历史（44.9%）、中国宗教（28.1%）、中国电影（24.5%）、中国的名胜古迹（24.0%）、中国哲学（22.7%），倒数第1至5的是戏剧（4.8%）、电视剧（6.5%）、中国杂技（7.7%）、中国图书（7.9%）、中国音乐（10.6%）。4.5%的受访者表示，他们对所列出的中国文化表现形式都不感兴趣，排在第25位。

日本受访者最感兴趣的中国文化表现形式前7名是中餐（56.6%）、中国历史（53.5%）、中国的名胜古迹（36.3%）、中国功夫（23.6%）、中国建筑与园林（16.1%）、中国电影（15.9%）、汉字（15.2%），倒数第1至5的是中国舞蹈（2.6%）、戏剧（4.3%）、动漫（4.4%）、中国春节（4.4%）、中国图书（5.0%）。14%的受访者表示，他们对所列出的中国文化表现形式都不感兴趣，排在第9位。

综合来看，五国大多数的受访者（53.5%）最感兴趣的中国文化表现形式是中餐，24种表现形式中排名第1，排名第2到第5的为：中国历史（41.2%）、中国名胜古迹（29.5%）、功夫（27.5%）、中医（25.2%），倒数第1到第5为：戏剧（3.4%）、电视剧（5.4%）、中国图书（6.9%）、中国体育明星（7.2%）、春节（8.4%）。12.3%的受访者表示，他们对所列出的中国文化表现形式都不感兴趣，排在第14位。24种中国文化表现形式四国平均感兴趣的为17.2%。

表 5-10　受访者对中国文化感兴趣的比例

单位:%，括号里的数字为排名

| | 美国 | 德国 | 俄罗斯 | 印度 | 日本 | 平均 |
|---|---|---|---|---|---|---|
| 中餐 | 64.9（1） | 53.6（1） | 44.9（1） | 47.5（2） | 56.6（1） | 53.5（1） |
| 中国历史 | 43.0（2） | 36.6（2） | 27.9（4） | 44.9（3） | 53.5（2） | 41.2（2） |
| 中国的名胜古迹 | 32.9（3） | 28.7（4） | 25.5（5） | 24.0（6） | 36.3（3） | 29.5（3） |
| 功夫 | 32.5（4） | 21.3（8） | 8.0（18） | 52.0（1） | 23.6（4） | 27.5（4） |
| 中医 | 29.4（5） | 36.0（3） | 28.9（3） | 18.8（10） | 12.7（12） | 25.2（5） |
| 中国哲学 | 26.4（6） | 21.9（7） | 31.7（2） | 22.7（7） | 13.0（11） | 23.1（6） |
| 中国建筑与园林 | 26.2（7） | 23.4（6） | 24.3（6） | 15.8（12） | 16.1（5） | 21.2（7） |
| 中国宗教 | 20.6（8） | 18.2（9） | 14.5（12） | 28.1（4） | 10.4（15） | 18.4（8） |
| 中国电影 | 14.6（15） | 13.8（12） | 19.6（7） | 24.5（5） | 15.9（6） | 17.7（9） |
| 汉字 | 18.0（11） | 24.4（5） | 17.8（8） | 11.7（17） | 15.2（7） | 17.4（10） |
| 中国工艺品 | 18.9（10） | 15.4（10） | 11.1（14） | 21.1（9） | 13.5（10） | 16.0（11） |
| 中国影视明星 | 15.9（12） | 7.9（20） | 8.5（16） | 21.2（8） | 11.5（13） | 13.0（12） |
| 中国绘画 | 20.5（9） | 9.5（16） | 15.8（10） | 13.6（14） | 5.4（20） | 13.0（12） |
| 对以上都不感兴趣 | 13.8（17） | 14.0（11） | 15.1（11） | 4.5（25） | 14.0（9） | 12.3（14） |
| 中式服装 | 15.8（13） | 10.0（15） | 10.7（15） | 14.2（13） | 9.4（16） | 12.0（15） |
| 中国杂技 | 11.6（20） | 11.1（13） | 14.4（13） | 7.7（22） | 15.0（8） | 12.0（15） |
| 中国文学 | 12.5（19） | 8.4（18） | 8.3（17） | 17.2（11） | 11.5（13） | 11.6（17） |
| 中国动漫 | 11.3（21） | 10.6（14） | 16.1（9） | 13.4（15） | 4.4（22） | 11.2（18） |
| 中国音乐 | 13.3（18） | 9.0（17） | 2.4（24） | 10.6（19） | 9.3（17） | 8.9（19） |
| 舞蹈 | 15.2（14） | 8.3（19） | 6.8（19） | 10.6（19） | 2.6（25） | 8.7（20） |
| 中国春节 | 13.8（16） | 7.8（21） | 5.0（22） | 10.9（18） | 4.4（22） | 8.4（21） |
| 中国体育明星 | 7.7（23） | 5.3（23） | 5.3（21） | 11.8（16） | 5.7（19） | 7.2（22） |
| 中国图书 | 9.1（22） | 6.2（22） | 6.1（20） | 7.9（21） | 5.0（21） | 6.9（23） |
| 电视剧 | 7.7（23） | 3.5（24） | 3.0（23） | 6.5（23） | 6.2（18） | 5.4（24） |
| 戏剧 | 3.8（25） | 3.4（25） | 0.9（25） | 4.8（24） | 4.3（24） | 3.4（25） |
| 24 种形式平均 | 20.2 | 16.4 | 14.9 | 19.2 | 15.1 | 17.2 |
| 中国经济 | — | 8.9 | — | — | — | — |

2. 能接触到的中国文化的情况

受访者能接触到的中国文化的情况的数据见表 5-11。

美国受访者能接触到的中国文化表现形式前 7 名是中餐（47.2%）、功夫（11.4%）、中国历史（10.0%）、中医（8.2%）、中国哲学（7.8%）、中国电影（7.8%）、中国影视明星（7.0%），倒数第 1 至 5 是戏剧（0.9%）、中国服装（1.3%）、中国杂技（1.3%）、舞蹈（1.8%）、中国春节（1.8%）。39.1% 的受访者对所列出的全部中国文化表现形式都接触不到，值得注意的是它排在第 2 位。

德国受访者能接触到的中国文化表现形式前 7 名是中餐（41.2%）、中医（11.7%）、功夫（9.2%）、中国历史（9.0%）、汉字（8.5%）、中国电影（8.3%）、中国哲学（7.4%），倒数第 1 至 5 是中国春节（0.9%）戏剧（1.7%）、舞蹈（1.7%）、中国图书（1.9%）、中国杂技（2.0%）。35.1% 的受访者对所列出的全部中国文化表现形式都接触不到，值得注意的是它排在第 2 位。

俄罗斯受访者能接触到的中国文化表现形式前 7 名是中餐（42.3%）、中国哲学（22.3%）、中医（20.6%）、中国电影（19.5%）、动漫（16.8%）、中国历史（16.0%）、汉字（11.3%），倒数第 1 至 5 是戏剧（1.4%）、中国春节（1.9%）、电视剧（2.8%）、舞蹈（3.8%）、中国体育明星（3.9%）。17.1% 的受访者对所列出的全部中国文化表现形式都接触不到，排在第 5 位。

印度受访者能接触到的中国文化表现形式比例前 7 名是中餐（48.3%）、功夫（39.0%）、中国历史（26.8%）、中国电影（26.4%）、中国影视明星（18.1%）、中国哲学（16.6%）、中国宗教（15.5%），倒数第 1 至 5 是戏剧（4.5%）、中国春节（5.2%）、中国图书（5.5%）、中国杂技（5.6%）、中式服装（5.9%）。6.8% 的受访者对所列出的全部中国文化表现形式都接触不到，排在第 19 位。

日本受访者能接触到的中国文化表现形式比例前 7 名是中餐（60.5%）、中国历史（27.9%），汉字（21.5%）、中国电影（17.4%）、中国影视明星（9.2%）、中国名胜古迹（7.8%）、中国文学（6.3%），倒数第 1 至 5 是舞蹈（1.1%）、戏剧（1.5%）、中国春节（2.0%）、中国绘画（2.1%）、中式服装（2.2%）、动漫（2.3%）。18.1%的受访者表示，他们对所列出的中国文化表现形式都接触不到，值得注意的是它排在第4位。

综合来看，将五国受访者能接触到的中国文化表现形式的比例加以平均，排在前7名是中餐（47.9%）、中国历史（18.0%）、中国电影（15.9%）、功夫（14.0%）、中国哲学（11.9%）、中医（11.3%）、汉字（10.5%），倒数第1至5是戏剧（2.0%）、中国春节（2.4%）、舞蹈（3.1%）、中式服装（3.5%）、中国图书（3.6%）。23.2%的受访者对所列出的中国文化表现形式都接触不到，值得注意的是它排在第2位。

表5-11 受访者可接触到中国文化表现形式的比例

单位:%，括号里的数字为排名

| | 美国 | 德国 | 俄罗斯 | 印度 | 日本 | 平均 |
|---|---|---|---|---|---|---|
| 中餐 | 47.2（1） | 41.2（1） | 42.3（1） | 48.3（1） | 60.5（1） | 47.9（1） |
| 以上都接触不到 | 39.1（2） | 35.1（2） | 17.1（5） | 6.8（19） | 18.1（4） | 23.2（2） |
| 中国历史 | 10.0（4） | 9.0（5） | 16.0（7） | 26.8（3） | 27.9（2） | 18.0（3） |
| 中国电影 | 7.8（6） | 8.3（7） | 19.5（4） | 26.4（4） | 17.4（4） | 15.9（4） |
| 功夫 | 11.4（3） | 9.2（4） | 4.2（20） | 39.0（2） | 6.1（10） | 14.0（5） |
| 中国哲学 | 7.8（6） | 7.4（8） | 22.3（2） | 16.6（6） | 5.3（14） | 11.9（6） |
| 中医 | 8.2（5） | 11.7（3） | 20.6（3） | 9.8（11） | 6.2（9） | 11.3（7） |
| 汉字 | 4.4（11） | 8.5（6） | 11.3（8） | 6.8（19） | 21.5（3） | 10.5（8） |
| 中国影视明星 | 7.0（8） | 3.8（12） | 8.2（13） | 18.1（5） | 9.2（8） | 9.3（9） |
| 动漫 | 5.1（9） | 6.3（9） | 16.8（6） | 9.5（12） | 2.3（20） | 8.0（10） |
| 中国名胜古迹 | 3.9（13） | 3.2（14） | 8.7（11） | 13.7（8） | 7.8（7） | 7.5（11） |
| 中国宗教 | 3.4（15） | 5.7（10） | 7.6（14） | 15.5（7） | 3.2（17） | 7.1（12） |
| 中国文学 | 3.4（15） | 3.2（14） | 7.5（15） | 12.5（9） | 6.3（8） | 6.6（13） |
| 中国工艺品 | 3.0（19） | 2.7（17） | 8.5（12） | 12.7（10） | 5.4（13） | 6.4（14） |
| 中国建筑与园林 | 3.6（14） | 4.3（11） | 9.8（9） | 8.1（14） | 2.8（18） | 5.7（15） |
| 音乐 | 5.1（9） | 3.7（13） | 5.7（17） | 8.1（14） | 5.3（14） | 5.6（16） |
| 中国体育明星 | 3.2（18） | 2.9（16） | 3.9（21） | 9.2（13） | 6.1（10） | 5.1（17） |
| 中国绘画 | 3.4（15） | 2.5（18） | 9.1（10） | 7.1（17） | 2.1（22） | 4.8（18） |

续表

|  | 美国 | 德国 | 俄罗斯 | 印度 | 日本 | 平均 |
|---|---|---|---|---|---|---|
| 电视剧 | 4.2（12） | 2.2（20） | 2.8（23） | 7.9（16） | 5.5（12） | 4.5（19） |
| 中国杂技 | 1.3（23） | 2.0（21） | 6.9（16） | 5.6（22） | 4.5（16） | 4.1（20） |
| 中国图书 | 2.4（20） | 1.9（22） | 5.6（18） | 5.5（23） | 2.4（19） | 3.6（21） |
| 中式服装 | 1.3（23） | 2.3（19） | 5.6（18） | 5.9（21） | 2.2（21） | 3.5（22） |
| 舞蹈 | 1.8（21） | 1.7（23） | 3.8（22） | 7.1（17） | 1.1（25） | 3.1（23） |
| 中国春节 | 1.8（21） | 0.9（25） | 1.9（24） | 5.2（24） | 2.0（23） | 2.4（24） |
| 戏剧 | 0.9（25） | 1.7（23） | 1.4（25） | 4.5（25） | 1.5（24） | 2.0（25） |
| 24种表现形式平均 | 6.3 | 6.1 | 10.4 | 13.7 | 8.9 | 9.1 |
| 中国经济 | — | 4.7 | — | — | — | — |

**3. 感兴趣的和能接触到的中国文化表现形式的对比**

将受访者对某文化形式感兴趣的百分比减去能接触的百分比简称为差值，将某文化形式能接触的百分比除以感兴趣的百分比简称为比值。例如，受访者对中餐感兴趣的百分比为90%，能接触到的百分比为60%，差值为30%，说明（100位中）有90位对中餐感兴趣的受访者里面有30位接触不到中餐。差值大表明将来拓展中餐食客数量的潜力大。比值为2/3（60/90），说明有90位对中餐感兴趣的受访者里面只有2/3能接触到中餐。比值小表明将来拓展中餐食客比例的潜力大。问卷中有"对以上所有文化形式都不感兴趣"的选项和"以上所有文化形式都接触不到"的选项，这可以换算出"对以上所有文化形式感兴趣"的百分比和"对以上所有文化形式能接触到"的百分比，也可以计算出差值和比值。差值和比值在一定程度上体现了受访者对中国文化的需求与供给之间的关系。将文化的不同内容之间的差值和比值加以对比，有利于分析受访者对中国文化各部分的市场需求和市场供给的状况。数据见表5-12。

（1）美国。

美国受访者对中国文化表现形式感兴趣的比例都大于可接触到的比例。差值最大的是中国历史，感兴趣的比例为43.0%，可接触到的比例为10.0%，差值为33.0%。其次是中国的名胜古迹，感兴趣的为32.9%，可接触到的为3.9%,差值为29.0%。对中国建筑和园林感兴趣的为26.2%,可接触到的为3.6%,差值为22.6%。受访者对这三项感兴趣的程度和能接触的情况相差较大的原因较客观:受访者只有亲自去中国,才能对中国的名胜古迹和建筑园林有实际的接触;中国的历史是比较抽象的,受访者只能通过一些影像或文字资料来接触。差值最小的倒数第1到第3的选项是:戏剧(2.9%)、电视剧(3.5%)、体育明星(4.5%)。

比值最小的是中式服装(8.2%)、中国杂技(11.2%)、舞蹈(11.8%)、名胜古迹(11.9%)中国春节(13.0%),多为人际传播的模式。比值最大的是中餐(72.7%)、电视剧(54.5%)、图书(53.4%)、动漫(45.1%)、影视明星(44.0%),多为大众传播的模式。

24个选项平均感兴趣的比例为20.2%,可接触到的比例为6.3%,差值为13.9%,比值为31.2%。对24个选项感兴趣的比例为86.2%,可接触到的比例为60.9%,差值为25.3%,比值为70.6%。

(2)德国。

德国差值最大的是中国历史,感兴趣的比例为36.6%,可接触到的比例为9.0%,差值为27.6%。其次是中国的名胜古迹,感兴趣的为28.7%,可接触到的为3.2%,差值为25.5%。对中医感兴趣的为36.0%,可接触到的为11.7%,差值为24.3%。差值最小的倒数第1到第3的选项是:电视剧(1.3%)、戏剧(1.7%)、体育明星(2.4%)。德国问卷增添了一个对中国经济感兴趣和是否能接触到的问题。数据显示,对中国经济感兴趣的为8.9%,可接触到的为4.7%,差值为4.2%,比值为52.8%。中国经济发展世界瞩目,对中国经济感兴趣的程度和可接触到的程度,从一个方面反映出对中国文化和对中国经济关注度的对比。

比值最小的是名胜古迹(11.1%)、中国春节(11.5%)、中国工艺品(17.5%)、中国杂技(18.0%)、建筑与园林(18.4%),多为人际传播的模式。比值最大的是中餐(76.9%)、电视剧(62.9%)、中国电影(60.1%)、动漫(59.4%)、体育明星(54.7%),多为大众传播的模式。

24项平均感兴趣的比例为16.4%,可接触到的比例6.1%,差值为10.3%,比值为37.2%。对24项整体感兴趣的比例为86.0%,可接触到的比例为64.9%,差值21.1%,比值75.5%。

（3）俄罗斯。

俄罗斯差值最大的是名胜古迹，感兴趣的比例为25.5%，可接触到的比例为8.7%，差值为16.8%。其次是建筑与园林，感兴趣的为24.3%，可接触到的为9.8%，差值为14.5%。第三是中国历史，感兴趣的为27.9%，可接触到的为16.0%，差值为11.9%。差值最小的倒数第1到第3的选项是：音乐（-3.3%）、动漫（-0.7%）、戏剧（-0.5%）。这三项出现负数，说明不但对这三项感兴趣的受访者能接触到它们，不感兴趣的3.3%、0.7%、0.5%的受访者也能接触到它们。

比值最小的是名胜古迹（34.1%）、中国春节（38.0%）、建筑与园林（40.3%）、中国杂技（47.9%）。比值最大的是音乐（237.5%）、戏剧（155.6%）、中国动漫（104.3%）、电影（99.5%）、影视明星（96.5%），前三项比值大于1，说明不但感兴趣者接触到了它们，一部分不感兴趣者也接触到了它们。

24项平均感兴趣的比例为14.9，可接触到的比例10.4%，差值为4.5%，比值为69.8%。对24项整体感兴趣的比例为84.9%，可接触到的比例为82.9%，差值2.0%，比值97.6%。

（4）印度。

印度差值最大的是中国历史，感兴趣的比例为44.9%，可接触到的比例为26.8%，差值为18.1%。其次是功夫，感兴趣的为52.0%，可接触到的为39.0%，差值为13.0%。第三是中国宗教，感兴趣的为28.1%，可接触到的为15.5%，差值为12.6%。差值最小的倒数第1到第3的选项是：中国电影（-1.9%）、电视剧（-1.4%）、中餐（-0.8%）。这三项出现负数，说明对这三项感兴趣者接触到了它们，不感兴趣的1.9%、1.4%、0.8%的受访者也接触到了它们。

比值最小的是中式服装（41.5%）、中国春节（47.7%）、建筑与园林（51.3%）、中医（52.1%）。比值最大的是电视剧（121.5%）、中国电影（107.8%）、中餐（101.7%）、戏剧（93.8%）、影视明星（85.4%），前三项比值大于1，表明感兴趣者接触到了它们，一部分不感兴趣者也接触到了它们。

24项平均感兴趣的比例19.2%，可接触的比例13.7%，差值为5.5%，比值为71.4%。对24项总体感兴趣的比例为95.5%，可接触到的比例为93.2%，差值2.3%，比值97.6%。

（5）日本。

日本差值最大的是名胜古迹，感兴趣的比例为36.3%，可接触到的比例为7.8%，差值为28.5%。其次是中国历史，感兴趣的为53.5%，可接触到的为27.9%，差值25.6%。第三是中国功夫，感兴趣的为23.6%，可接触到的为6.1%，差值为17.5%。差值最小的倒数第1到第4的选项是：汉字（−6.3%）、中餐（−3.9%）、电影（1.5%）、体育明星（−0.4%）。这四项出现负数，说明对这四项感兴趣者接触到了它们，不感兴趣的6.3%、3.9%、1.5%、0.4%的受访者也接触到了它们。由于日本文字使用汉字，汉字接触率高是很自然的。音乐（4%）、中国绘画（3.3%）、戏剧（2.8%）、中国图书（2.6%）、中国春节（2.4%）、中国影视明星（2.3%）、动漫（2.1%）、舞蹈（1.5%）、电视剧（0.7%）等差值不是很大，不足5%，中国工艺品、中国哲学、中国宗教、中国式服装、中医、中国文学等的差值在5%到10%之间，感兴趣的程度要大于能接触的程度。

比值最小的是建筑与园林（17.4%）、名胜古迹（21.5%）、中国式服装（23.4%）、功夫（25.8%）。比值最大的是汉字（141.4%）、中国电影（109.4%）、体育明星（107.0%）、中餐（106.9%）、电视剧（88.7%），前四项比值大于1，表明不但感兴趣的受访者，都接触到了它们，甚至一部分不感兴趣的受访者也接触到了它们。

24项平均感兴趣的比例为15.1%，可接触的比例为8.9%，差值为6.1%，比值为58.9%。对24项整体感兴趣的比例为96.0%，可接触到的比例为91.9%，差值为4.1%，比值为95.7%。

（6）五国比较。

综合来看，五国平均差值最大的是中国历史，感兴趣的比例为41.2%，可接触到的比例为17.9%，差值为23.2%。其次是名胜古迹，感兴趣的为29.5%，可接触到的为7.5%，差值为22.0%。第三是建筑与园林，感兴趣的为21.2%，可接触到的为5.7%，差值为15.4%。第四是中医，感兴趣的为25.2%，可接触到的为11.3%，差值为13.9%。第五是功夫，感兴趣的为27.5%，可接触到的为14.0%，差值为13.5%。这说明，在五国，中国的旅游业、中医药、功夫的供给不能满足需求。差值最小的倒数第1到第3的选项是：电视剧（0.9%）、戏剧（1.4%）、中国电影（1.8%）。

比值最小的是名胜古迹（25.4%）、建筑与园林（26.9%）、中国春节（28.6%）、中国式服装（29.2%）。比值最大的是中餐（89.5%）、中国电影（89.2%）、电视剧（83.3%）、影视明星（71.5%）、动漫（71.4%）。

24项平均感兴趣的比例为17.2%，可接触的比例为9.1%，差值为8.1%，比值为52.9%。对24项总体感兴趣的比例为87.7%，可接触到的比例为76.8%，差值9.0%，比值为87.6%。

表5-12（1） 受访者感兴趣和能接触到的中国文化形式的情况对比

单位:%，括号内数字为排名

| | 美国 | | | | 德国 | | | |
|---|---|---|---|---|---|---|---|---|
| | 感兴趣 | 能接触 | 差值 | 比值 | 感兴趣 | 能接触 | 差值 | 比值 |
| 中国历史 | 43.0 | 10.0 | 33.0（1） | 23.3（15） | 36.6 | 9.0 | 27.6（1） | 24.6（17） |
| 名胜古迹 | 32.9 | 3.9 | 29.0（2） | 11.9（21） | 28.7 | 3.2 | 25.5（2） | 11.1（24） |
| 建筑与园林 | 26.2 | 3.6 | 22.6（3） | 13.7（19） | 23.4 | 4.3 | 19.1（4） | 18.4（20） |
| 中医 | 29.4 | 8.2 | 21.2（4） | 27.9（10） | 36.0 | 11.7 | 24.3（3） | 32.5（13） |
| 功夫 | 32.5 | 11.4 | 21.1（5） | 35.1（8） | 21.3 | 9.2 | 12.1（10） | 43.2（8） |
| 中国哲学 | 26.4 | 7.8 | 18.6（6） | 29.5（9） | 21.9 | 7.4 | 14.5（6） | 33.8（12） |
| 中国宗教 | 20.6 | 3.4 | 17.2（8） | 16.5（17） | 18.2 | 5.7 | 12.5（8） | 31.3（14） |
| 中国工艺品 | 18.9 | 3.0 | 15.9（10） | 15.9（18） | 15.4 | 2.7 | 12.7（7） | 17.5（22） |
| 中国式服装 | 15.8 | 1.3 | 14.5（11） | 8.2（24） | 10.0 | 2.3 | 7.7（12） | 23.0（18） |
| 中国绘画 | 20.5 | 3.4 | 17.1（9） | 16.6（16） | 9.5 | 2.5 | 7.0（13） | 26.3（16） |
| 中国杂技 | 11.6 | 1.3 | 10.3（15） | 11.2（23） | 11.1 | 2.0 | 9.1（11） | 18.0（21） |
| 汉字 | 18.0 | 4.4 | 13.6（12） | 24.4（13） | 24.4 | 8.5 | 15.9（5） | 34.8（11） |
| 中国春节 | 13.8 | 1.8 | 12.0（14） | 13.0（20） | 7.8 | 0.9 | 6.9（14） | 11.5（23） |
| 中餐 | 64.9 | 47.2 | 17.7（7） | 72.7（1） | 53.6 | 41.2 | 12.4（9） | 76.9（1） |
| 舞蹈 | 15.2 | 1.8 | 13.4（13） | 11.8（22） | 8.3 | 1.7 | 6.6（15） | 20.5（19） |
| 中国文学 | 12.5 | 3.4 | 9.1（16） | 27.2（11） | 8.4 | 3.2 | 5.2（18） | 38.1（10） |
| 影视明星 | 15.9 | 7.0 | 8.9（17） | 44.0（5） | 7.9 | 3.8 | 4.1（21） | 48.1（7） |
| 音乐 | 13.3 | 5.1 | 8.2（18） | 38.3（7） | 9.0 | 3.7 | 5.3（17） | 41.1（9） |

第五章　中华文化符号在海外　219

续表

|  | 美国 | | | | 德国 | | | |
|---|---|---|---|---|---|---|---|---|
|  | 感兴趣 | 能接触 | 差值 | 比值 | 感兴趣 | 能接触 | 差值 | 比值 |
| 中国图书 | 14.6 | 7.8 | 6.8 (19) | 53.4 (3) | 6.2 | 1.9 | 4.3 (19) | 30.6 (15) |
| 动漫 | 11.3 | 5.1 | 6.2 (21) | 45.1 (4) | 10.6 | 6.3 | 4.3 (19) | 59.4 (4) |
| 体育明星 | 7.7 | 3.2 | 4.5 (22) | 41.6 (6) | 5.3 | 2.9 | 2.4 (22) | 54.7 (5) |
| 中国电影 | 9.1 | 2.4 | 6.7 (20) | 26.4 (12) | 13.8 | 8.3 | 5.5 (16) | 60.1 (3) |
| 戏剧 | 3.8 | 0.9 | 2.9 (24) | 23.7 (14) | 3.4 | 1.7 | 1.7 (23) | 50.0 (6) |
| 电视剧 | 7.7 | 4.2 | 3.5 (23) | 54.5 (2) | 3.5 | 2.2 | 1.3 (24) | 62.9 (2) |
| 24项平均 | 20.2 | 6.3 | 13.9 | 31.2 | 16.4 | 6.1 | 10.3 | 37.2 |
| 中国经济 | — | — | — | — | 8.9 | 4.7 | 4.2 | 52.8 |
| 总体感兴趣与能接触到之比 | 86.2 | 60.9 | 25.3 | 70.6 | 86.0 | 64.9 | 21.1 | 75.5 |

表 5-12（2）　受访者感兴趣和能接触到的中国文化形式的各部分对比

单位:%，括号内数字为排名

|  | 俄罗斯 | | | | 印度 | | | |
|---|---|---|---|---|---|---|---|---|
|  | 感兴趣 | 能接触 | 差值 | 比值 | 感兴趣 | 能接触 | 差值 | 比值 |
| 中国历史 | 27.9 | 16.0 | 11.9 (3) | 57.3 (16) | 44.9 | 26.8 | 18.1 (1) | 59.7 (15) |
| 名胜古迹 | 25.5 | 8.7 | 16.8 (1) | 34.1 (24) | 24.0 | 13.8 | 10.2 (4) | 57.5 (18) |
| 建筑与园林 | 24.3 | 9.8 | 14.5 (2) | 40.3 (22) | 15.8 | 8.1 | 7.7 (8) | 51.3 (22) |
| 中医 | 28.9 | 20.6 | 8.3 (5) | 71.3 (12) | 18.8 | 9.8 | 9.0 (5) | 52.1 (21) |
| 功夫 | 8.0 | 4.2 | 3.8 (11) | 52.5 (18) | 52.0 | 39.0 | 13.0 (2) | 75.0 (8) |
| 中国哲学 | 31.7 | 22.3 | 9.4 (4) | 70.3 (13) | 22.7 | 16.6 | 6.1 (10) | 73.1 (9) |
| 中国宗教 | 14.5 | 7.6 | 6.9 (7) | 52.4 (19) | 28.1 | 15.5 | 12.6 (3) | 55.2 (19) |
| 中国工艺品 | 11.1 | 8.5 | 2.6 (14) | 76.6 (10) | 21.1 | 12.2 | 8.9 (6) | 57.8 (17) |
| 中国式服装 | 10.7 | 5.6 | 5.1 (10) | 52.3 (20) | 14.2 | 5.9 | 8.3 (7) | 41.5 (24) |
| 中国绘画 | 15.8 | 9.1 | 6.7 (8) | 57.6 (15) | 13.6 | 7.1 | 6.5 (9) | 52.2 (20) |
| 中国杂技 | 14.4 | 6.9 | 7.5 (6) | 47.9 (21) | 7.7 | 5.6 | 2.1 (20) | 72.7 (10) |
| 汉字 | 17.8 | 11.3 | 6.5 (9) | 63.5 (14) | 11.7 | 6.8 | 4.9 (12) | 58.1 (16) |

续表

|  | 俄罗斯 | | | | 印度 | | | |
|---|---|---|---|---|---|---|---|---|
|  | 感兴趣 | 能接触 | 差值 | 比值 | 感兴趣 | 能接触 | 差值 | 比值 |
| 中国春节 | 5.0 | 1.9 | 3.1 (12) | 38.0 (23) | 10.9 | 5.2 | 5.7 (11) | 47.7 (23) |
| 中餐 | 44.8 | 42.3 | 2.5 (15) | 94.4 (6) | 47.5 | 48.3 | -0.8 (22) | 101.7 (3) |
| 舞蹈 | 6.8 | 3.8 | 3.0 (13) | 55.9 (17) | 10.6 | 7.1 | 3.5 (15) | 67.0 (14) |
| 中国文学 | 8.3 | 7.5 | 0.8 (17) | 90.4 (9) | 17.2 | 12.5 | 4.7 (13) | 72.7 (10) |
| 影视明星 | 8.5 | 8.2 | 0.3 (19) | 96.5 (5) | 21.2 | 18.1 | 3.1 (16) | 85.4 (5) |
| 音乐 | 2.4 | 5.7 | -3.3 (24) | 237.5 (1) | 10.6 | 8.1 | 2.5 (18) | 76.4 (7) |
| 中国图书 | 6.1 | 5.6 | 0.5 (18) | 91.8 (8) | 7.9 | 5.5 | 2.4 (19) | 69.6 (13) |
| 动漫 | 16.1 | 16.8 | -0.7 (23) | 104.3 (3) | 13.4 | 9.5 | 3.9 (14) | 70.9 (12) |
| 体育明星 | 5.3 | 3.9 | 1.4 (16) | 73.6 (11) | 11.8 | 9.2 | 2.6 (17) | 78.0 (6) |
| 中国电影 | 19.6 | 19.5 | 0.1 (21) | 99.5 (4) | 24.5 | 26.4 | -1.9 (24) | 107.8 (2) |
| 戏剧 | 0.9 | 1.4 | -0.5 (22) | 155.6 (2) | 4.8 | 4.5 | 0.3 (21) | 93.8 (4) |
| 电视剧 | 3.0 | 2.8 | 0.2 (20) | 93.3 (7) | 6.5 | 7.9 | -1.4 (23) | 121.5 (1) |
| 24 项平均 | 14.9 | 10.4 | 4.5 | 69.8 | 19.2 | 13.7 | 5.5 | 71.4 |
| 中国经济 | — | — | — | — | — | — | — | — |
| 总体感兴趣与能接触到之比 | 84.9 | 82.9 | 2.0 | 97.6 | 95.5 | 93.2 | 2.3 | 97.6 |

表 5-12（3）  受访者感兴趣和能接触到的中国文化形式的各部分对比

单位:%，括号内数字为排名

|  | 日本 | | | | 五国平均 | | | |
|---|---|---|---|---|---|---|---|---|
|  | 感兴趣 | 能接触 | 差值 | 比值 | 感兴趣 | 能接触 | 差值 | 比值 |
| 中国历史 | 53.5 | 27.9 | 25.6 (2) | 52.1 (10) | 41.2 | 17.9 | 23.2 (1) | 43.4 (15) |
| 名胜古迹 | 36.3 | 7.8 | 28.5 (1) | 21.5 (23) | 29.5 | 7.5 | 22.0 (2) | 25.4 (24) |
| 建筑与园林 | 16.1 | 2.8 | 13.3 (4) | 17.4 (24) | 21.1 | 5.7 | 15.4 (3) | 26.9 (23) |
| 中医 | 12.7 | 6.2 | 6.5 (10) | 48.8 (11) | 25.2 | 11.3 | 13.9 (4) | 44.8 (14) |
| 功夫 | 23.6 | 6.1 | 17.5 (3) | 25.8 (21) | 27.5 | 14.0 | 13.5 (5) | 50.9 (13) |
| 中国哲学 | 13.0 | 5.3 | 7.7 (7) | 40.8 (15) | 23.1 | 11.9 | 11.3 (6) | 51.5 (12) |
| 中国宗教 | 10.4 | 3.2 | 7.2 (8) | 30.7 (19) | 18.4 | 7.1 | 11.3 (7) | 38.6 (17) |

续表

|  | 日本 | | | | 五国平均 | | | |
| --- | --- | --- | --- | --- | --- | --- | --- | --- |
|  | 感兴趣 | 能接触 | 差值 | 比值 | 感兴趣 | 能接触 | 差值 | 比值 |
| 中国工艺品 | 13.5 | 5.4 | 8.1 (6) | 40.0 (16) | 16.0 | 6.4 | 9.6 (8) | 40.0 (16) |
| 中国式服装 | 9.4 | 2.2 | 7.2 (8) | 23.4 (22) | 12.0 | 3.5 | 8.6 (9) | 29.2 (21) |
| 中国绘画 | 5.4 | 2.1 | 3.3 (13) | 38.9 (17) | 13.0 | 4.8 | 8.1 (10) | 36.9 (18) |
| 中国杂技 | 15.0 | 4.5 | 10.5 (5) | 30.0 (20) | 12.0 | 4.1 | 7.9 (11) | 34.2 (20) |
| 汉字 | 15.2 | 21.5 | −6.3 (24) | 141.4 (1) | 17.4 | 10.5 | 6.9 (12) | 60.3 (8) |
| 中国春节 | 4.4 | 2.0 | 2.4 (16) | 45.5 (13) | 8.4 | 2.4 | 6.0 (13) | 28.6 (22) |
| 中餐 | 56.6 | 60.5 | −3.9 (23) | 106.9 (4) | 53.5 | 47.9 | 5.6 (14) | 89.5 (1) |
| 舞蹈 | 2.6 | 1.1 | 1.5 (19) | 42.3 (14) | 8.7 | 3.1 | 5.6 (14) | 35.6 (19) |
| 中国文学 | 11.5 | 6.3 | 5.2 (11) | 54.8 (8) | 11.6 | 6.6 | 5.0 (16) | 56.9 (11) |
| 影视明星 | 11.5 | 9.2 | 2.3 (17) | 80.0 (6) | 13.0 | 9.3 | 3.7 (17) | 71.5 (4) |
| 音乐 | 9.3 | 5.3 | 4.0 (12) | 57.0 (7) | 8.9 | 5.6 | 3.3 (18) | 62.9 (7) |
| 中国图书 | 5.0 | 2.4 | 2.6 (15) | 48.0 (12) | 8.0 | 4.6 | 3.3 (18) | 57.5 (10) |
| 动漫 | 4.4 | 2.3 | 2.1 (18) | 52.3 (9) | 11.2 | 8.0 | 3.2 (20) | 71.4 (5) |
| 体育明星 | 5.7 | 6.1 | −0.4 (21) | 107.0 (3) | 7.2 | 5.1 | 2.1 (21) | 70.8 (6) |
| 中国电影 | 15.9 | 17.4 | −1.5 (22) | 109.4 (2) | 16.6 | 14.8 | 1.8 (22) | 89.2 (2) |
| 戏剧 | 4.3 | 1.5 | 2.8 (14) | 34.9 (18) | 3.4 | 2.0 | 1.4 (23) | 58.8 (9) |
| 电视剧 | 6.2 | 5.5 | 0.7 (20) | 88.7 (5) | 5.4 | 4.5 | 0.9 (24) | 83.3 (3) |
| 24 项平均 | 15.1 | 8.9 | 6.1 | 58.9 | 17.2 | 9.1 | 8.1 | 52.9 |
| 中国经济 | — | — | — | — | — | — | — | — |
| 总体感兴趣与能接触到之比 | 96.0 | 91.9 | 4.1 | 95.7 | 87.7 | 76.8 | 9.0 | 87.6 |

## （三）比较与结论

调查显示五国受访者对这些文化符号的态度呈明显特征：

1. 中餐是受访者最感兴趣和最能接触到的文化成分

24个选项中，中餐以绝对优势成为五国受访者最感兴趣和接触率最高的中国文化成分。在感兴趣率上，中餐（53.5%）比第二名中国历史（41.2%）高12.1%；在可接触率上，中餐（47.9%）比第二名中国历史（18.0%）高29.9%。

2. 五国受访者最感兴趣的成分和能接触到的成分有趋同特征

将五国排名前十位的中国文化成分相对照，感兴趣和能接触到这两个方面，五国有趋同的特征。（表5-13）

表5-13 五国受访者选出的十大中国文化成分（从高至低排序）

| 排名 | 最感兴趣的中国的文化成分 | | | | | 最能接触到的中国文化成分 | | | | |
|---|---|---|---|---|---|---|---|---|---|---|
| | 美国 | 德国 | 俄罗斯 | 印度 | 日本 | 美国 | 德国 | 俄罗斯 | 印度 | 日本 |
| 1 | 中餐 | 中餐 | 中餐 | 中餐 | 中餐 | 中餐 | 中餐 | 中餐 | 中餐 | 中餐 |
| 2 | 历史 | 历史 | 哲学 | 功夫 | 历史 | 功夫 | 中医 | 哲学 | 功夫 | 历史 |
| 3 | 名胜古迹 | 中医 | 中医 | 历史 | 名胜古迹 | 历史 | 功夫 | 中医 | 历史 | 汉字 |
| 4 | 功夫 | 名胜古迹 | 历史 | 宗教 | 功夫 | 中医 | 历史 | 电影 | 电影 | 电影 |
| 5 | 中医 | 汉字 | 名胜古迹 | 电影 | 建筑与园林 | 电影 | 汉字 | 动漫 | 影视明星 | 影视明星 |
| 6 | 哲学 | 建筑与园林 | 建筑与园林 | 名胜古迹 | 电影 | 哲学 | 电影 | 历史 | 哲学 | 名胜古迹 |
| 7 | 建筑与园林 | 哲学 | 电影 | 哲学 | 汉字 | 影视明星 | 哲学 | 汉字 | 宗教 | 文学 |
| 8 | 宗教 | 功夫 | 汉字 | 影视明星 | 杂技 | 动漫 | 动漫 | 建筑与园林 | 名胜古迹 | 中医 |
| 9 | 绘画 | 宗教 | 动漫 | 工艺品 | 工艺品 | 汉字 | 宗教 | 绘画 | 文学 | 功夫 |
| 10 | 工艺品 | 工艺品 | 绘画 | 中医 | 哲学 | 电视剧 | 建筑与园林 | 名胜古迹 | 工艺品 | 体育明星 |

中餐、历史、名胜古迹、哲学成为五国都最感兴趣前10位的文化成分。中餐、历史、电影是五国受访者都最能接触到的前10位中国文化成分。

虽然五国受访者选出了最感兴趣的和能接触到的中国文化成分，但除了"中餐"以外，其他各项选择频率并不高，各国感兴趣率超过25%的文化成分较少。美国为7项，德国有4项，俄罗斯有5项，印度有4项，日本有3项。能接触率超过20%的，美国为1项，德国有1项，俄罗斯有3项，印度有4项，日本有3项。（表5-14）

表5-14 五国受访者感兴趣率超过25%和能接触率超过20%的文化成分

| | | 美国 | 德国 | 俄罗斯 | 印度 | 日本 |
|---|---|---|---|---|---|---|
| 中餐 | 感兴趣 | 64.9（1） | 53.6（1） | 44.9（1） | 47.5（1） | 56.6（1） |
| | 接触到 | 47.2（1） | 41.2（1） | 42.3（1） | 48.3（1） | 60.5（1） |
| 中国历史 | 感兴趣 | 43.0（2） | 36.6（2） | 27.9（4） | 44.9（3） | 53.5（2） |
| | 接触到 | 10.0（4） | 9.0（5） | 16.0（7） | 26.8（3） | 27.9（2） |
| 中国的名胜古迹 | 感兴趣 | 32.9（3） | 28.7（4） | 25.5（5） | 24.0（6） | 36.3（3） |
| | 接触到 | 3.9（13） | 3.2（14） | 8.7（11） | 13.7（8） | 7.8（7） |
| 功夫 | 感兴趣 | 32.5（4） | 21.3（8） | 8.0（18） | 52.0（2） | 23.6（4） |
| | 接触到 | 11.4（3） | 9.2（4） | 4.2（20） | 39.0（2） | 6.1（10） |
| 中医 | 感兴趣 | 29.4（5） | 36.0（3） | 28.9（3） | 18.8（10） | 12.7（12） |
| | 接触到 | 8.2（5） | 11.7（3） | 20.6（3） | 9.8（11） | 6.2（9） |
| 中国哲学 | 感兴趣 | 26.4（6） | 21.9（7） | 31.7（2） | 22.7（7） | 13.0（11） |
| | 接触到 | 7.8（6） | 7.4（8） | 22.3（2） | 16.6（6） | 5.3（14） |
| 中国建筑与园林 | 感兴趣 | 26.2（7） | 23.4（6） | 24.3（6） | 15.8（12） | 16.1（5） |
| | 接触到 | 3.6（14） | 4.3（11） | 9.8（9） | 8.1（14） | 2.8（18） |
| 中国宗教 | 感兴趣 | 20.6（8） | 18.2（9） | 14.5（12） | 28.1（4） | 10.4（15） |
| | 接触到 | 3.4（15） | 5.7（10） | 7.6（14） | 15.5（7） | 3.2（17） |
| 中国电影 | 感兴趣 | 14.6（15） | 13.8（12） | 19.6（7） | 24.5（5） | 15.9（6） |
| | 接触到 | 7.8（6） | 8.3（7） | 19.5（4） | 26.4（4） | 17.4（5） |

3. 各国对中国文化符号的态度仍有特点

中医在德国（36.0%）、美国（29.4%）、俄罗斯（28.9%）受访者心目中都是排名在前5的最感兴趣的中国文化成分，但是在日本的兴趣率排名第12位（12.7%）。

### 4. 感兴趣率不等于可接触率

五国受访者对中国文化成分感兴趣率与接触率之间普遍存在落差，在询问受访者在生活中能接触到哪些中国文化成分时，在 25 个选项中，选择 24 个文化成分都接触不到的，美国有 39.1%，德国有 35.1%，排名在中餐之后，位居第二。各国 24 项成分平均计算，接触率都低于感兴趣率，五国平均，接触率（9.1%）低于感兴趣率（17.2%）达 8.1%。（表 5-15）这说明五国受访者虽然对中国文化成分感兴趣，但是要让他们能接触到还要做更多的工作。

表 5-15　五国 24 项文化成分感兴趣率与可接触率对比

单位:%

|  | 美国 | 德国 | 俄罗斯 | 印度 | 日本 | 五国平均 |
|---|---|---|---|---|---|---|
| 感兴趣 | 20.2 | 16.4 | 14.9 | 19.2 | 15.1 | 17.2 |
| 能接触 | 6.3 | 6.1 | 10.4 | 13.7 | 8.9 | 9.1 |
| 差值 | 13.9 | 10.3 | 4.5 | 5.5 | 6.2 | 8.1 |

## 第二节　在日本、韩国、越南、印尼的影响

### 一、问卷修订

2013 年对日、韩、越、印尼调查的问卷设计，课题组在 2011 年调研问卷的基础上对符号选项进行了调整：（1）将瓷器改为青花瓷，中国诗歌改为诗词，中国水墨画改为中国画，中国音乐改为民歌《茉莉花》；增加了鸟巢、书法、端午节、清明节等选项；鉴于已经有中国功夫，删除了太极拳，避免重复。不仅调查认知，还调查态度，并分开调查。（2）将调查分为对文化符号总体调查（只调查认知和态度）和对重点文化符号调查，在原有龙、汉语、中餐、中医的基础上，增加了对春节、武术的详细调查。不仅调查认知和态度，还调查了参与行为。（3）将被调查的 28 种中国文化符号分类进行了调整，分为六个类型：中国文化象征性符号（长城、北京故宫、北京天坛、鸟巢、龙、兵马俑、大熊猫）；中国文化生活符号（中国烹饪、中国功夫、中华医药、风水、春节、端午节、清明节、丝绸、唐装/旗袍）；

中国艺术符号（书法、青花瓷、京剧、中国画、中国园林、民歌《茉莉花》）；哲学思想符号（儒家思想、道教、太极阴阳图）；中国教育符号（北京大学、清华大学）；中国语言文学符号（汉语/汉字、诗词）。

## 二、知道和喜欢哪些中华文化符号

### （一）问卷内容

问卷设置了28种中国文化符号，调查了四国受访者心目中最能代表中国的符号和最喜欢的中国符号，以了解四国受访者对这些符号的认知和好感度。

（Ⅲ）V2. 以下都是中国文化符号，您知道吗？若知道，喜欢它们吗？

没听说过：0

听说过，我对它：1. 很不喜欢；2. 较不喜欢；3. 中立；4. 较喜欢；5. 很喜欢

| 中国文化符号 | 0 没听说过 | 听说过 | | | | |
|---|---|---|---|---|---|---|
| | | 1. 很不喜欢 | 2. 较不喜欢 | 3. 中立 | 4. 较喜欢 | 5. 很喜欢 |
| 长城 | | | | | | |
| 北京故宫 | | | | | | |
| 北京天坛 | | | | | | |
| 唐装/旗袍 | | | | | | |
| 儒家思想 | | | | | | |
| 道教 | | | | | | |
| 春节 | | | | | | |
| 端午节 | | | | | | |
| 清明节 | | | | | | |
| 北京大学 | | | | | | |
| 清华大学 | | | | | | |
| 大熊猫 | | | | | | |
| ☯ | | | | | | |
| 兵马俑 | | | | | | |

续表

| 中国<br>文化符号 | 0<br>没听说过 | 听说过 | | | | |
|---|---|---|---|---|---|---|
| | | 1.<br>很不喜欢 | 2.<br>较不喜欢 | 3.<br>中立 | 4.<br>较喜欢 | 5.<br>很喜欢 |
| 鸟巢（国家体育场） | | | | | | |
| 中国烹饪 | | | | | | |
| 中华医药 | | | | | | |
| 中国丝绸 | | | | | | |
| 青花瓷 | | | | | | |
| 中国功夫 | | | | | | |
| 诗词 | | | | | | |
| 中国画 | | | | | | |
| 民歌《茉莉花》 | | | | | | |
| 京剧 | | | | | | |
| 中国园林 | | | | | | |
| 风水 | | | | | | |
| 汉字 | | | | | | |
| 书法 | | | | | | |

## （二）数据分析

相关数据见表5-16。

1. 所有符号中，长城、大熊猫、中国烹饪名列前茅

日、韩、越三国受访者中长城的认知度达99.4%以上，名列榜首，日、韩、越、印尼四国平均为96.9%，名列第三。大熊猫在印尼的认知度名列榜首，四国平均为98.8%，名列第一。中国烹饪四国平均为98.4%，名列第二。好感度上，四国平均排前三名的为：大熊猫（4.06）、中国烹饪（4.00）、长城（3.97）。

认知度上，四国平均最低的是天坛（62.4%）、《茉莉花》（63.2%）、清明节（70.5%）；好感度上，最低的是《茉莉花》（3.01）、京剧（3.02）、道教（3.05）。

对于 28 个中国文化符号的认知度，除了日本对天坛、民歌《茉莉花》、清明节未超过 50%，韩国对天坛为 55.1% 之外，其余符号在四国都超过 60%。四国对中国文化符号认知率由高到低的排序为越南、韩国、印尼、日本。

日本和韩国在对长城的认知度和喜爱度之间均存在落差，说明在两国受访者心目中虽然已接受长城作为代表中国的符号，但是要让他们从心里喜欢还要做更多工作。

2. 以符号类别看在四国的平均排名

六类文化符号中的认知度和好感度情况如下：

象征性符号：在六种符号中，大熊猫、长城、北京故宫排名前三位。天坛认知度最低，鸟巢好感度最低。

艺术类符号：六种符号中，认知度书法最高（95.2%），中国园林最低（75.3%）；好感度青花瓷最高（3.54），民歌《茉莉花》最低（3.01）。

生活类符号：九种符号中，认知度最高的前三位为中国烹饪、中国功夫、中华医药，最低的是清明节（70.5%）；好感度最高前三位是中国烹饪（4.00）、中国功夫（3.74）、中国丝绸（3.62），清明节最低（3.28）。

哲学思想类符号：三种符号中，认知度先后为儒家思想（92.1%）、☯（90.9%）、道教（88.5%）。好感度☯最高（3.43），接着是儒家思想（3.07）、道教（3.05）。

教育类符号：两种符号中，认知度和好感度北大（88.7%、3.26）略高于清华（72.1%、3.19）。

语言文学符号：两种符号中，认知度和好感度汉字（95.8%、3.35）高于诗词（87.2%、3.23）。

3. 各国对中国文化符号的认知和态度的特点

长城、中国烹饪、中华医药、大熊猫、汉字及书法的知名度在日本排在前五位，倒数第一到第五为：北京天坛、清明节、民歌《茉莉花》、清华大学、北京故宫。认知与好感度排在前四位的文化符号比较一致，但仍有多种符号出现了认知与态度不一致的情况。认知度排名明显低于好感度排名的有北京故宫、北京天坛、兵马俑、青花瓷等；认知度排名明显高于好感度排名的文化符号的有儒家思想、风水、北京大学、春节、道教、鸟巢和京剧。作为中国教育文化符号，北京大学在认知度上高于清华大学，但在好感度上两者差异不大。

长城、中国烹饪、大熊猫、汉字、中国功夫在韩国的知名度排在前五位，倒数第一到第五为：北京天坛、兵马俑、清明节、清华大学、民歌《茉莉花》。认知率最高的三个选项也是好感度最高的三个选项，好感度较低的情况也是如此，但仍有较多符号出现了认知与态度不一致的情况。认知排名明显低于好感度排名的有儒家思想、汉语、道教、中华医药、中国画和京剧；好感度排名明显高于其认知度排名的有唐装/旗袍、清华大学、兵马俑、中国园林、中国丝绸、太极阴阳图和北京天坛。作为中国教育文化符号，北京大学在认知与好感度两项上均明显高于清华大学。

春节、长城、书法、中国功夫、中华医药在越南的知名度排在前五位，倒数第一到第五为：民歌《茉莉花》、北京天坛、中国园林、清华大学、北京故宫。认知率最高的三个选项也是好感度最高的三个选项，好感度较低的情况也是如此，但仍有较多符号出现了认知与态度不一致的情况。认知排名明显低于好感度排名的有鸟巢、中国烹饪、北京天坛和北京故宫。认知度排名明显高于其好感度排名的有汉字、儒家思想、道教、诗词等。作为中国教育文化符号，北京大学在认知与好感度上均明显高于清华大学。

大熊猫、中国烹饪、中国功夫、春节、中华医药在印尼的知名度排在前五位，倒数第一到第五为：北京天坛、鸟巢、清华大学、清明节、民歌《茉莉花》。大熊猫、中国功夫、长城、中国烹饪、中国丝绸的好感度排在前五位，倒数第一到第五的为：道教、民歌《茉莉花》、诗词、儒家思想、京剧。认知度明显高于美誉度的有风水、道教、诗词、春节、汉字，美誉度明显高于认知度的中国文化符号有北京天坛、故宫、鸟巢、中国园林、长城、兵马俑。

4. 知名度不等于好感度

四国受访者对中国文化符号的认知与喜爱度之间普遍存在落差，说明四国受访者心目中虽然已接受一些中国文化符号，但是要让他们从心里喜欢还要做更多的工作。

表 5-16　四国受访者对文化符号认知度（%）与好感度（5 级量表）

| 符号分类 | 文化符号 | 日本 认知 | 日本 好感 | 韩国 认知 | 韩国 好感 | 越南 认知 | 越南 好感 | 印尼 认知 | 印尼 好感 | 四国平均 认知 | 四国平均 好感 |
|---|---|---|---|---|---|---|---|---|---|---|---|
| 象征性 | 长城 | 99.9 | 3.57 | 99.4 | 3.57 | 99.4 | 4.48 | 88.7 | 4.25 | 96.9 | 3.97 |
| | 大熊猫 | 99.5 | 3.79 | 98.2 | 3.89 | 98.8 | 4.12 | 98.5 | 4.45 | 98.8 | 4.06 |
| | 故宫 | 71.2 | 3.38 | 94.8 | 3.43 | 84.0 | 3.94 | 85.6 | 3.98 | 83.9 | 3.68 |
| | 鸟巢 | 77.2 | 2.66 | 78.6 | 2.94 | 86.5 | 3.66 | 75.7 | 3.82 | 79.5 | 3.27 |
| | 兵马俑 | 75.8 | 3.31 | 63.1 | 3.00 | 92.5 | 3.67 | 78.2 | 3.80 | 77.4 | 3.45 |
| | 天坛 | 44.8 | 3.02 | 55.1 | 2.91 | 72.4 | 3.54 | 77.3 | 4.01 | 62.4 | 3.37 |
| 艺术 | 书法 | 99.1 | 3.36 | 96.9 | 3.06 | 99.4 | 3.82 | 85.5 | 3.76 | 95.2 | 3.50 |
| | 青花瓷 | 89.6 | 3.45 | 93.6 | 3.06 | 88.8 | 3.61 | 92.8 | 4.02 | 91.2 | 3.54 |
| | 京剧 | 78.8 | 2.83 | 92.2 | 2.91 | 87.8 | 2.82 | 80.5 | 3.52 | 84.8 | 3.02 |
| | 中国画 | 89.6 | 2.96 | 87.8 | 2.80 | 97.6 | 3.61 | 90.2 | 3.82 | 91.3 | 3.30 |
| | 园林 | 74.5 | 2.98 | 73.7 | 3.04 | 73.1 | 3.10 | 80.0 | 3.84 | 75.3 | 3.24 |
| | 民歌《茉莉花》 | 47.2 | 2.88 | 71.3 | 2.68 | 62.6 | 3.08 | 71.6 | 3.46 | 63.2 | 3.01 |
| 生活 | 烹饪 | 99.7 | 4.26 | 99.3 | 3.72 | 96.3 | 3.95 | 98.1 | 4.05 | 98.4 | 4.00 |
| | 功夫 | 95.8 | 3.14 | 98.0 | 3.28 | 99.2 | 4.23 | 97.6 | 4.30 | 97.7 | 3.74 |
| | 中华医药 | 99.7 | 3.44 | 94.3 | 2.95 | 99.1 | 3.84 | 97.1 | 4.03 | 97.6 | 3.57 |
| | 风水 | 97.2 | 3.00 | 90.3 | 3.01 | 98.4 | 3.72 | 92.7 | 3.73 | 94.7 | 3.37 |
| | 丝绸 | 94.3 | 3.41 | 90.0 | 3.15 | 97.5 | 3.88 | 91.2 | 4.03 | 93.3 | 3.62 |
| | 春节 | 92.9 | 2.95 | 88.7 | 2.96 | 99.8 | 4.40 | 97.6 | 3.86 | 94.8 | 3.54 |
| | 端午节 | 90.9 | 3.10 | 88.7 | 2.96 | 99.1 | 4.03 | 91.2 | 4.02 | 92.5 | 3.53 |
| | 唐装/旗袍 | 98.5 | 3.38 | 78.0 | 3.17 | 92.0 | 3.48 | 86.6 | 3.83 | 88.8 | 3.47 |
| | 清明节 | 47.1 | 2.90 | 63.4 | 2.80 | 98.0 | 3.85 | 73.6 | 3.56 | 70.5 | 3.28 |
| 哲学思想 | 儒家 | 95.3 | 2.88 | 97.4 | 2.88 | 95.2 | 3.05 | 80.3 | 3.48 | 92.1 | 3.07 |
| | 道教 | 83.0 | 2.85 | 92.6 | 2.83 | 94.6 | 3.06 | 83.7 | 3.44 | 88.5 | 3.05 |
| | ☯ | 78.6 | 3.03 | 91.9 | 3.16 | 97.2 | 3.53 | 95.7 | 4.00 | 90.9 | 3.43 |
| 教育 | 北大 | 88.8 | 2.84 | 94.7 | 3.18 | 91.0 | 3.31 | 80.1 | 3.70 | 88.7 | 3.26 |
| | 清华 | 64.9 | 2.82 | 69.6 | 3.05 | 78.3 | 3.21 | 75.6 | 3.66 | 72.1 | 3.19 |
| 语言文学 | 汉字 | 99.2 | 3.47 | 98.1 | 2.96 | 98.2 | 3.28 | 87.5 | 3.70 | 95.8 | 3.35 |
| | 诗词 | 93.1 | 3.01 | 72.0 | 2.85 | 98.3 | 3.59 | 85.3 | 3.47 | 87.2 | 3.23 |

### 三、对龙、汉语、中餐、武术、春节的认知和态度

调查将五个文化符号作为重点，调查了对龙的认知和态度，对汉语、中餐、武术、春节的认知、态度和行为。

#### （一）龙

1. 问卷内容

中国人自称是龙的传人，龙也是中国的代表符号。然而，"龙"被西方错误译成"dragon"。"dragon"有邪恶的含义。随着近代以来西方文化在东亚的传播，日、韩、越等历史上受到中华文化影响的国家，目前对龙的印象如何？印尼是个信仰伊斯兰教的国家，在该国龙的寓意是什么？目前都没有根据实证调查给予说明。问卷首先调查了龙在四国的寓意，然后调查了受访者对龙的态度。

（Ⅲ）V4. 龙在贵国的寓意是什么？
邪恶　1　2　3　4　5　6　7　吉祥　88 不知道
（Ⅲ）V4-1. 您喜欢龙吗？
1. 很不喜欢　2. 较不喜欢　3. 中立　4. 较喜欢　5. 很喜欢

2. 数据分析

为了更清楚地分析青少年的情况，在整体、精英、青年外，又细分出高中生群体进行分析，他们是指年龄在 18 岁以下的受访者。调查数据显示（表 5-17）：

日本受访者在认知方面，认为龙在日本的含义为较正面，整体为 5.60。精英（5.61）高于高中生（5.15）。在喜爱度方面，整体得分为 3.61，处于中立和较喜欢中间。精英喜欢的程度（3.73）要高于高中生（3.26）。

韩国受访者在认知方面，认为龙在韩的含义为正面，整体为 6.21，青年（6.24）高于精英（6.01）。在喜爱度方面，整体得分为 3.73，处于中立和较喜欢中间。精英喜欢的程度（3.78）高于高中生（3.49），各群体之间差异不大。

越南受访者在认知方面，认为龙在越的含义为很正面，整体为 6.39，精英（6.63）高于高中生（6.19）。在喜爱度方面，整体得分为 4.26，处于

较喜欢和很喜欢中间。精英喜欢的程度（4.32）高于高中生（4.26），各群体之间差异不大。

印尼受访者在认知方面，认为龙的含义为正面，整体为5.85，精英认为正面的程度（6.00）要高于高中生（5.68）。在喜爱度方面，整体得分为3.83，处于中立和较喜欢中间，倾向于较喜欢。精英、青年、高中生三群体之间差异微乎其微。

整体上，四国相比，认为龙的含义为正面的排名为：越南、韩国、印尼、日本；喜爱度的排名为：越南、印尼、韩国、日本。各个群体相比，从四国平均数据来看，精英认为龙的含义更正面（6.06），更喜欢龙（3.92），高中生在认知和喜爱度上都得分最低。

表5-17　龙在受访国的含义（7级量表）和受访者对龙的喜爱度（5级量表）

| 受访者群体 | 日本（均值） | | 韩国（均值） | | 越南（均值） | | 印尼（均值） | | 四国平均 | |
| --- | --- | --- | --- | --- | --- | --- | --- | --- | --- | --- |
| | 含义 | 喜爱度 | 含义 | 喜爱度 | 含义 | 喜爱度 | 含义 | 喜爱度 | 含义 | 喜爱度 |
| 整体 | 5.60 | 3.61 | 6.21 | 3.73 | 6.39 | 4.26 | 5.89 | 3.83 | 6.02 | 3.86 |
| 高中生 | 5.15 | 3.26 | 6.13 | 3.49 | 6.19 | 4.26 | 5.68 | 3.88 | 5.79 | 3.72 |
| 青年 | 5.39 | 3.66 | 6.24 | 3.71 | 6.47 | 4.29 | 5.82 | 3.83 | 5.98 | 3.87 |
| 精英 | 5.61 | 3.73 | 6.01 | 3.78 | 6.63 | 4.32 | 6.00 | 3.86 | 6.06 | 3.92 |

## （二）汉语

1. 问卷内容

（Ⅲ）V2. 以下都是中国文化符号，您知道吗？若知道，喜欢它们吗？

没听说过：0

听说过，我对它：1. 很不喜欢；2. 较不喜欢；3. 中立；4. 较喜欢；5. 很喜欢

| | 0 没听说过 | 听说过 | | | | |
| --- | --- | --- | --- | --- | --- | --- |
| | | 1. 很不喜欢 | 2. 较不喜欢 | 3. 中立 | 4. 较喜欢 | 5. 很喜欢 |
| 汉字 | | | | | | |

（Ⅲ）V5. 您学习过汉语吗？

1. 没学过，不想学

2. 没学过，但将来想学

3. 学过

（Ⅲ）V5-1. 若学习过，您使用汉语的情况是：

1. 不使用　　2. 偶尔使用　　3. 经常使用

2. 数据分析

（1）对汉字的认知和好感度。

日、韩、越对中国使用汉字的认知率均在98%以上，几乎人人皆知。印尼的认知率为87.5%。四国好感度平均为3.35，介于中立和较喜欢之间。四国由高到低为：印尼3.70，介于中立和较喜欢之间，倾向于较喜欢；越南3.28，介于中立和较喜欢之间，倾向于中立；韩国2.96，基本为中立；日本3.47，介于中立和较喜欢之间。

（2）四国学习汉语情况。

调查数据显示（表5-18）：

四国学习过汉语的人数从多到少排列依次为：韩（29.9%）、印尼（29.3%）、越（25.5%）、日（14.3%）。在没有学习过汉语的受访者中，一部分将来想学，一部分不想学，想学汉语的受访者在印尼、越、韩、日分别占总体的63.3%、54.9%、48.8%、21.4%，印尼、越、韩想学习汉语的积极性很高。想学的与不想学的比例从高到低为：印尼（8.55∶1）、越（2.80∶1）、韩（2.28∶1）、日（0.33∶1）。

高中生、青年、精英与整体相比，学过汉语的人中，只有韩国青年和高中生学过汉语的人明显高于精英，其余三国均精英学过的比率略高于青年和高中生。将来不想学汉语的人中，日本高中生比例最高。高中生中，日本不想学的（73.5%）与想学的（14.7%）之比约为5∶1，相应的百分比和比例，韩国为33.3%、33.3%、1∶1，越南为23.1%、53.8%、1∶2.2，印尼为20.4%、53.8%、1∶2.6。

学习过汉语的人中，四国使用汉语比例（包括偶尔用和经常用）从高到低依次为：印尼（74.7%）、越（74.7%）、韩（35.5%）、日（28.6%）。

在使用者中,经常用者在印尼、越、日、韩分别占学过汉语者的13.7%、7.3%、4.6%、3.2%。使用汉语的人中,四国均精英使用的比率略高于青年和高中生;不使用汉语的人中,日本高中生比例最高,为100%,其次是韩国青年,为70.2%。

表5-18 四国受访者学习和使用汉语情况

单位:%

| | | 没学过 | | | 学过 | | | |
|---|---|---|---|---|---|---|---|---|
| | | 合计 | 不想学 | 将来想学 | 合计 | 不使用 | 偶尔用 | 经常用 |
| 日本 | 整体 | 85.7 | 64.3 | 21.4 | 14.3 | 71.4 | 24.0 | 4.6 |
| | 高中生 | 88.2 | 73.5 | 14.7 | 11.8 | 100 | 0 | 0 |
| | 青年 | 80.8 | 56.7 | 24.1 | 19.2 | 67.4 | 25.6 | 7.0 |
| | 精英 | 79.8 | 53.0 | 26.8 | 20.2 | 64.7 | 32.4 | 2.9 |
| 韩国 | 整体 | 70.1 | 21.4 | 48.8 | 29.9 | 64.5 | 32.3 | 3.2 |
| | 高中生 | 66.7 | 33.3 | 33.3 | 33.3 | 41.2 | 52.9 | 5.9 |
| | 青年 | 58.2 | 19.9 | 38.3 | 41.8 | 70.2 | 27.4 | 2.4 |
| | 精英 | 77.6 | 19.8 | 57.8 | 22.4 | 30.8 | 61.5 | 7.7 |
| 越南 | 整体 | 74.5 | 19.6 | 54.9 | 25.5 | 25.3 | 67.4 | 7.3 |
| | 高中生 | 76.9 | 23.1 | 53.8 | 23.1 | 21.0 | 79.0 | 0 |
| | 青年 | 77.5 | 19.0 | 58.5 | 22.6 | 30.0 | 61.0 | 9.0 |
| | 精英 | 60.9 | 8.5 | 52.4 | 39.0 | 16.0 | 72.0 | 12.0 |
| 印尼 | 整体 | 70.7 | 7.4 | 63.3 | 29.3 | 25.3 | 61.0 | 13.7 |
| | 高中生 | 74.2 | 20.4 | 53.8 | 25.8 | 25.0 | 70.8 | 4.2 |
| | 青年 | 65.9 | 6.8 | 59.1 | 34.2 | 32.3 | 56.3 | 11.5 |
| | 精英 | 62.3 | 5.0 | 57.3 | 37.7 | 14.5 | 74.6 | 10.8 |

### (三) 中餐

1. 问卷内容

问题V2调查了受访者对中华烹饪的认知和态度,在最能代表中国和最喜欢的中国文化符号中都排在前5位,其行为如何?问卷设置的问题调查了受访者的行为,并进一步调查了其对中餐的态度。中华烹饪和中餐是同义词

(中华烹饪和中餐译文在越文和韩文为不同词汇,在印尼文和日文为同一词汇),对中华烹饪和中餐的态度在问题 V2 和问题 V7 分别询问,实际上对一个问题询问了两次,验证受访者答卷的信度。

(Ⅲ) V2. 以下都是中国文化符号,您知道吗?若知道,喜欢它们吗?

没听说过:0

听说过,我对它:1. 很不喜欢;2. 较不喜欢;3. 中立;4. 较喜欢;5. 很喜欢

| 中国 文化符号 | 0 没听说过 | 听说过 | | | | |
|---|---|---|---|---|---|---|
| | | 1. 很不喜欢 | 2. 较不喜欢 | 3. 中立 | 4. 较喜欢 | 5. 很喜欢 |
| 中国烹饪 | | | | | | |

(Ⅲ) V7. 您喜欢中餐吗?

1. 很不喜欢  2. 较不喜欢  3. 中立  4. 较喜欢  5. 很喜欢

V7-1. 在过去一年中,您吃过几次中餐?(下拉菜单:0—30、31 次及以上)(日本和韩国问卷为在过去一年中每个月)

2. 数据分析

相关数据见表 5-19、表 5-20。

(1) 认知。四国 98% 以上的受访者都知道中餐,各国间差距很小。

(2) 态度。问题 V2 和 V7 都问了同一问题,调查结果显示:用 5 级量表测量态度,V2 的均值为 4.00,V7 的均值为 3.97,说明四国受访者比较喜爱中餐。同时,两个问题回答的均值只差 0.03,这验证了本次调查信度较好。对比重点人群可以看出,青年及高中生受访者对中餐的喜爱度低于整体水平,特别是高中生对中餐的喜欢更低一些;四国均值对比来说,精英比青年更喜欢中餐,青年比高中生更喜欢中餐。

表 5-19 四国受访者对中餐的认知和喜爱度（5 级量表）

| 问题 | 日本 | | 韩国 | | 越南 | | 印尼 | | 四国平均 | |
|---|---|---|---|---|---|---|---|---|---|---|
| | 认知 | 好感 | 认知 | 好感 | 认知 | 好感 | 认知 | 好感 | 认知 | 好感 |
| V2 中国烹饪 | 99.7 | 4.26 | 99.3 | 3.72 | 96.3 | 3.95 | 98.1 | 4.05 | 98.4 | 4.00 |
| V7 中餐 | — | 4.38 | — | 3.65 | — | 3.82 | — | 4.02 | — | 3.97 |

表 5-20 四国受访者对中餐的喜爱度（5 级量表）

| 受访者群体 | 日本 | 韩国 | 越南 | 印尼 | 四国平均 |
|---|---|---|---|---|---|
| 整体 | 4.38 | 3.65 | 3.82 | 4.02 | 3.97 |
| 高中生 | 3.12 | 3.27 | 3.72 | 3.86 | 3.49 |
| 青年 | 4.26 | 3.56 | 3.81 | 3.97 | 3.90 |
| 精英 | 4.54 | 3.72 | 3.88 | 4.18 | 4.08 |

（3）行为。日本只有 8.9% 的受访者声称过去一年里没有吃过中餐，有 72.7% 的受访者每月吃 1—5 次中餐，12.3% 的受访者每月吃 6—11 次，还有 2.3% 的受访者声称自己平均一个月吃 24 次中餐以上。这也表明中餐在日本很受欢迎。韩国 1038 位受访者平均一年吃中餐 44 次，接近每周一次的频率。只有 13% 的受访者声称过去一年里没有吃过中餐。高中生受访者对中餐的喜爱度低于其他群体。越南的 1023 位受访者中有 17.4% 一年中没有吃过中餐，48.88% 的受访者吃中餐的次数集中在 1—5 次。印尼有超过九成（91.89%）的受访者在过去一年中吃过中餐，其中吃过 1—5 次的比例最大（26.95%），超过 1/4，也有近 1/4（24.80%）的受访者在过去一年中吃过 24 次中餐以上。

四国受访者对于中餐的认知、态度和行为均显示中餐是发挥中国文化影响力的要素。

**（四）武术**

1. 问卷内容

功夫是武术的同义词，在 V2 的问题中已经调查了对"功夫"认知和态度。问卷还调查了受访者对"功夫"的另一表述"武术"的态度和行为（四国功夫和武术译文均为不同词汇），实际上是对同一问题的两次调查，可以用来验证受访者答卷的信度。

（Ⅲ）V9. 您喜欢中国武术吗？
1. 非常不喜欢　2. 不喜欢　　3. 中立　　　4. 喜欢
5. 非常喜欢　　88. 不知道

（Ⅲ）V9-1. 您赞成中国武术列为奥运会的比赛项目吗？
1. 非常不赞成　2. 不赞成　　3. 中立　　　4. 赞成
5. 非常赞成　　88. 不知道

（Ⅲ）V9-2. 在过去一年中，您练习过几次中国功夫？（下拉菜单：0—30）

2. 数据分析

相关数据见表5-21和表5-22。

（1）对武术的认知。四国96%以上的受访者都知道武术，各国间差距很小。

（2）对武术的态度。用5级量表测量态度，把"非常不喜欢"赋值为1，"非常喜欢"赋值为5，以此类推，计算出受访者对中国武术的好感度的平均值，平均值越高，说明对中国武术的好感度越高。V2中功夫的均值为3.74，V9的均值为3.62，两个问题的回答四国均值平均只差0.12，这验证了本次调查信度较好。日本和韩国得分在3.1左右，态度中立。越南和印尼略高于4.1，态度为比较喜欢。对比重点人群可以看出，高中生受访者对武术的喜爱度低于整体水平，特别是日、韩。

（3）对列入奥运会项目的态度。日本整体得分2.58，持不赞成和中立之间的态度；韩国整体得分2.73，持不赞成和中立之间的态度；越南整体得分3.77，持中立和比较赞成之间的态度，倾向于比较赞成；印尼整体得分4.09，持比较赞成的态度。对比重点人群可以看出，精英中只有日本的支持度低于整体水平。

（4）练习武术的行为。问卷还调查了受访者练习中国功夫的情况。日本97.8%的受访者去年一年内没有练习过中国功夫，整体受访者年均练习中国功夫的次数为0.22次。韩国90%的受访者去年一年内没有练习过中国功夫，有约4%的受访者练习过1次或2—5次，6次以上的练习者极少，

1038 位受访者年均练习中国功夫的次数为 0.5 次。越南 64.52% 的受访者去年一年内没有练习过中国功夫,有约 12% 的受访者练习过 1 次或 2—5 次,有 4.59% 的受访者练习武术的次数达 25—32 次。印尼 52.64% 的受访者过去一年没有练习过中国功夫。练习过中国功夫的受访者中,占比最大的频率是一年 2 至 5 次,为 17.38%;其次是一年 6 至 11 次,为 12.79%;第三是一年 1 次,为 7.03%;另有 4.49% 的受访者过去一年练习了 24 次及以上中国功夫。四国中,印尼练习武术者最多,以下依次是越、韩、日。

表 5-21 四国受访者对功夫/武术的认知和喜爱度(5 级量表)

| 名称 | 日本 | | 韩国 | | 越南 | | 印尼 | | 四国平均 | |
|---|---|---|---|---|---|---|---|---|---|---|
| | 认知 | 好感 | 认知 | 好感 | 认知 | 好感 | 认知 | 好感 | 认知 | 好感 |
| 功夫 | 95.8 | 3.14 | 98.0 | 3.28 | 99.2 | 4.23 | 97.6 | 4.30 | 97.7 | 3.74 |
| 武术 | — | 3.08 | — | 3.1 | — | 4.12 | — | 4.19 | — | 3.62 |

表 5-22 四国不同受访者对武术喜欢度和对将其列入奥运会项目的态度(5 级量表)

| 受访者群体 | 日本 | | 韩国 | | 越南 | | 印尼 | |
|---|---|---|---|---|---|---|---|---|
| | 喜欢度 | 列为奥运会项目 | 喜欢度 | 列为奥运会项目 | 喜欢度 | 列为奥运会项目 | 喜欢度 | 列为奥运会项目 |
| 整体 | 3.08 | 2.58 | 3.05 | 2.73 | 4.12 | 3.77 | 4.19 | 4.09 |
| 高中生 | 2.77 | 2.47 | 2.59 | 2.42 | 4.05 | 3.41 | 4.04 | 3.93 |
| 青年 | 3.13 | 2.62 | 2.77 | 2.57 | 4.19 | 3.79 | 4.19 | 4.05 |
| 精英 | 3.11 | 2.48 | 3.25 | 2.85 | 4.04 | 3.95 | 4.16 | 4.11 |

### (五)春节

1. 问卷内容

春节是中国文化中最重要的节庆活动,"欢乐春节"是近年来中国力推的最大型对外文化交流活动。问题 V2 对春节的认知和态度进行了调查。问卷进一步调查了受访者参与春节的活动,就"欢乐春节"的品牌的认知和态度在日本、韩国和印尼进行了调查,越南因也过春节未调查"欢乐春节"的情况。

（Ⅲ）V3-1. 您参加过春节活动吗？

1. 没有  2. 参加过

（Ⅲ）V6-5. 您知道以下中国文化产品的品牌吗？若知道，喜欢吗？

不知道：0  知道，我对它：1. 很不喜欢；2. 较不喜欢；3. 中立；4. 较喜欢；5. 很喜欢

| 中国文化产品品牌 | 0 没听说过 | 听说过 | | | | |
|---|---|---|---|---|---|---|
| | | 1. 很不喜欢 | 2. 较不喜欢 | 3. 中立 | 4. 较喜欢 | 5. 很喜欢 |
| 欢乐春节* | | | | | | |

*印尼问卷中为"四海同春"。

**2. 数据分析**

相关数据见表5-23。

（1）对春节的认知。四国平均近95%的受访者都知道春节，其中韩国为88.7%，明显低于其他三国。

（2）对春节的态度。用5级量表测量态度，把"非常不喜欢"赋值为1，"非常喜欢"赋值为5，以此类推，计算出受访者对春节的好感度的平均值，平均值越高，说明对春节的好感度越高。四国的均值为3.54，介于中立和较喜欢之间。日本和韩国得分基本相同，分别为2.95、2.96，态度中立。越南最高为4.4，在比较喜欢和非常喜欢之间。印尼为3.86，态度在中立和比较喜欢之间，倾向于比较喜欢。

（3）参与春节行为。各国受访者参加春节活动的情况：日本为13.1%，韩国为13.9%，越南为93.3%（春节也是越南的重要节日），印尼为47.5%。

（4）对欢乐春节的认知。三国整体认知度由高到低排名：印尼90.2%，韩国57.8%，日本31.2%。对比重点人群可以看出，精英高于青年，青年高于高中生。

（5）对欢乐春节的态度。三国整体好感度由高到低排名：印尼3.81，趋向比较喜欢。韩国3.02，日本3.07，态度均为中立。对比重点人群可以

看出，三国精英得分最高。

表5-23 日本、韩国、印尼对欢乐春节的认知（%）和好感度（5级量表）

| | 整体 | | 高中生 | | 青年 | | 精英 | |
|---|---|---|---|---|---|---|---|---|
| | 认知 | 好感 | 认知 | 好感 | 认知 | 好感 | 认知 | 好感 |
| 日本 | 31.2 | 3.07 | 14.7 | 3.07 | 23.2 | 2.98 | 35.7 | 3.30 |
| 韩国 | 57.8 | 3.02 | 27.5 | 3.14 | 46.3 | 3.05 | 79.3 | 3.22 |
| 印尼 | 90.2 | 3.81 | 79.6 | 3.65 | 86.8 | 3.86 | 90.9 | 3.89 |
| 三国平均 | 59.7 | 3.3 | 40.6 | 3.29 | 52.1 | 3.30 | 68.6 | 3.47 |

## 第三节 调查后的思考

### 一、拓深长城、熊猫等符号的中华核心价值观内涵

对于长城、熊猫、中国烹饪、太极阴阳图等这类在八国已经被广泛认知和喜爱的文化符号，要深挖其文化内涵，在对外文化交流中赋予更多的中国精神内核，增加核心价值观内涵和思维方式特点。例如：长城是人类历史上的奇迹，从战国时修建，历时两千多年，它是作为一种防御性工事使用的，不是用来进攻和扩张的。长城是中国历来奉行本土陆地防御战略的象征，所以在对外传播中我们应积极主动地赋予它"战略防御""爱好和平"等中国价值观的含义，发挥其反对海外"中国威胁论"的符号作用，为争取国际话语权服务。熊猫在八国知名度高，深受喜爱。它有什么深刻的文化内涵？是否需要开拓其文化内涵？这些都值得研究。熊猫温顺、可爱、憨态可掬，能给大家带来快乐，更应该拓深熊猫代表中国强大也不称霸的价值理念，会更好。长城和熊猫这两种被各国广泛认知和喜爱的中国文化符号，如何做好角色分工，在不同的情境下代表中国，也值得探讨。中国烹饪讲究色香味俱全，其中蕴涵着中国人综合思维的特点，体现着和而不同的价值观念。在对外交流中华的饮食文化时，应将这些深层次的文化成分介绍出去。太极阴阳图是中国周易中辩证思维的形象体现，辩证思维是中华文化的基因之一。这在海外有一定影响，如韩国的国旗中运用了太极阴阳图的要素。中国的对外文化交流中，不常用这个文化符号。如何妥当地在对外文化交流中运用太极

阴阳图这个中华文化符号，值得研究。总之，对目前受到国际认可和喜爱的中华文化符号应赋予更多的中国精神内核。

## 二、修改"龙"误译为英文"dragon"的工作应列入国家议程

中国"龙"与西方的"dragon"起源不同、形象不同、含义不同。龙在中国的历史悠久，起源于中国古代各氏族图腾。当今，龙是中国的象征，中国人是龙的传人，中国"龙"被误译为西方的"dragon"，丑化了中国的国际形象。在美国、德国、俄罗斯、印度的大样本调查都显示，"dragon"的含义以负面的为主。在西方基督教文化中，"dragon"是"原罪"的象征、"罪恶"的形象符号。笔者对龙在英国、美国、俄罗斯、德国的负面形象有专文论述，一再说明修改"龙"与"dragon"误译很有必要。中国应该修改"龙"与"dragon"误译，此词虽然只是一个词汇误译的纠正，但带来的国际社会效果非同一般。此事希望能引起中国政府相关部门的高度重视，采取相应措施，付诸行动。① 可以参考韩国将"汉城"改为"首尔"的做法，利用2020年北京和张家口举办冬季奥运会的契机，国家相关管理语言翻译的部门和中国奥组委相互合作，将误译修改过来。可以把龙和dragon区分为两种"兽"，将"龙"音译为"loong"，英文及所有西文的"dragon"音译加意译为"罪根兽"。在国际上还龙吉祥、幸运等含义，树立中国龙在国际上的新形象。日本、韩国、越南和印尼对龙的看法基本与中国一致。在对日、韩、越、印尼的问卷调查后，针对问卷调查结果的原因和一些疑惑问题，对四国的在华留学生、从事对外文化交流工作的中国官员、中国学者、外方在华工作人员和中国对外媒体的工作人员进行了访谈。一位从事中日文化交流工作多年的公务员说："日本人对中国龙的感觉和西方是不太一样的，西方的龙是一种邪恶的东西，造型也不一样。日本因为受中国传统文化

---

① 关世杰：《跨文化传播理论在对外传播中的应用价值——以龙在我国与dragon在英美的文化差异为例》，载姜加林、于运全主编：《构建现代国际传播体系："全国第一届对外传播理论研讨会"论文选》，外文出版社2011年版；《"龙"在中国及"dragon"在美国文化含义辨析》，载北京大学外国语言学及应用语言学研究所编：《语言学研究》第九辑，高等教育出版社2011年版；《论龙与俄文дракон》，《新疆师范大学学报（哲学社会科学版）》2013年第3期；《论"龙"与德文"Drache"》，《北大新闻与传播评论》第九辑，北京大学出版社2014年版。

的影响比较大,所以他们很早以前就把中国龙也传承过去了,早期日本绘画中也有这一形象的体现,造型跟中国基本差不多,是一个可以呼风唤雨的瑞兽。……日本人对龙的印象偏好,《七龙珠》《千与千寻》里龙都是正面形象。从龙的接受能力来说,日本要强于西方。"[1] 一位日本某大学在华办事处的工作人员说:"对日本人来说龙是好印象。"一位从事中韩文化交流的公务员说:"韩国跟日本一样也有一个龙,都是中华文化传播过去的,这一点跟韩国自己的文化是相同的……所以他们对这个是一点障碍都没有。"一位在京学习的韩国博士生说:"在韩国,龙是权威、吉祥的象征。"因而进行修改龙误译的工作中,日、韩等周边国家是可以借用的力量。

### 三、大力开发针对海外的中医药产业

本次调查显示,八国民众绝大多数人都对中医疗效持肯定态度。2015年12月屠呦呦获得诺贝尔生理医学奖,再次证明世界医学界对中医药的肯定。屠呦呦的演讲《青蒿素的发现:传统中医给世界的礼物》进一步阐明了中国中医药是一个伟大的宝库,应当努力发掘加以提高的观念。中国可以借势而上,利用中医药价格便宜、材料天然的优势,在全球大力开发中医药的市场,形成有影响的产业。本次调查还显示,中医药在发展中国家更受欢迎,因此可以优先在发展中国家发展。中医药体系是以中华文化的哲学体系和思维方式作为理论支持的,在开发中医药获得经济效益的同时,宜赋予中医药更多的文化内涵,在提供中医药服务时,润物细无声地传播中华文化的哲学理念,特别是辩证的思维方式及"和"的价值观。

### 四、代表中国文化的音乐和教育符号需要加强

入选率低于10%(认知度以及喜爱度)的文化符号八国情况基本一致,主要有京剧、春节、北京大学、清华大学。此外,道教、中国诗歌、中国音乐也是入选率较低的文化符号。这些符号多是艺术、教育类文化符号。目前

---

[1] 访谈中的直接引语为受访者原话,由于访谈在本课题组成员和受访者之间进行,受访者做了匿名处理,访谈内容没有正式出版,无法查阅,所以本书不列出处,在本书各章"调查后的思考"部分均是如此。

中国音乐文化符号中，常将《茉莉花》用作中国音乐文化的符号，但这次在日、韩、越和印尼调查的28个文化符号中，它的好感度倒数第一，如何在国际上打造中国文化的音乐符号，值得探讨。随着中国经济势力不断增强，中国已成为世界学生数量第一的高等教育大国，一些高校在全球高校中的排名不断提升，中国应乘势加大推广中国教育的文化符号上的工作力度。特别是提高北京大学、清华大学等大学的知名度，吸引更多的海外优秀青年来华学习，这对于中华文化的海外传播有重大意义。

### 五、京剧在海外传播任重而道远

对于中华文化国粹京剧在国外喜好度不高的原因，课题组在对日、韩、越、印尼的问卷调查后进行了访谈，发现原因主要有两个：一是看不懂京剧。中国某大学研究日本史的教授提到，曾经陪同来华的日本朋友去看京剧："基本上就是那些简单的，像三岔口之类的，武打比较多一点，唱腔比较少一点。""我觉得京剧让他们看看可以，但你要说让他们喜欢，这个可能性不大。"在京的日本留学生在提到京剧时说："日本也有和京剧差不多的川东的表演，听也听不懂，看也看不出哪个地方有意思。"一位从事中日文化交流的中国公务员认为："京剧还是有一定认知的，因为我们每年都有京剧团到日本去演出，也有一批京剧的票友。但是总的来说，它是一个国外的传统艺术，并且日本人听不懂它的语言，这是最大的一个障碍。在东京演出的时候都是要打字幕的。虽然我们每年也去演出京剧，但是相对来讲接受率要比歌剧这种世界性的艺术差很多。"二是年轻人对于这些传统文化的兴趣低。日本一位大学教授说："应该老年人还有关心的吧，中国和日本的年轻人都一样，日本的歌舞伎知道吗？日本年轻人没有人关心。"一位从事中日文化交流的中国公务员说，在日本，京剧的"观众还是年龄大的多。一般都是50岁以上的。这有一个原因，就是日本人年轻人的娱乐方式不太一样，他们偏爱上网、游戏、户外运动。年龄大的可以静下心来欣赏"。京剧在越南的情况类似。一位在京的越南留学生表示："一是语言的问题，很多人虽然会汉语或者学汉语，但能听懂也不容易；二是因为京剧是个陌生的艺术，越南也有一个比较传统的艺术类型，和京剧比较接近，但那一门艺术类型现在也已经比较冷了，所以连比较很容易听懂的都冷落了，更不用说京剧了。"从上述情况来看,京剧在海外增加认知度有可能,增加喜好度难度很大。

## 六、拓展国外学习汉语的途径

调查显示,国外学习汉语的受众仅有8%是通过孔子学院来学习汉语的,因此在加强孔子学院建设的同时,也要通过广播、电视、互联网等手段增加学习汉语的节目。就像中国人学习英语不一定要到英国文化协会去学,学习德语不一定要到歌德学院去学。通过其他途径也可以学习,特别是在互联网时代。

## 七、中日韩三国汉字字体统一的问题值得重视

关于汉字的认知率和好感度,在对日、韩、越、印尼四国的受访者的调查中发现,韩国受访者对汉字的认知率很高(98.1%),但好感度只有2.98(5级量表),没有超过中间值3,在四国中排名倒数第一。在调查的采访中,受访者反映,这与韩国学生对繁体字看法有关。一位韩国某大学孔子学院的韩方主管说:"根据我的经验,汉字的好感度低与汉文(繁体字)有关。在韩国学校里学汉文,太痛苦了,分数也很低。韩国的汉文有自己的读音,与汉语的读音不同,笔画也很复杂。汉语中的汉字简单,发出来的音又成为有意义的语言。反正,我觉得上学时候学的汉文对学习汉语没有很大的帮助,反而形成一个负面形象。"一位中国某大学负责外国留学生汉语教育的行政主管说:"韩国学生和日本学生小的时候接触到的汉字都是繁体字,和简体字有很大的区别,反而会给他们带来一些不太好的影响。"中国、韩国、朝鲜、日本、越南在受到西方文化的冲击前,曾经存在一个汉字文化圈。一般认为,文化的共性通常由以下几个重要方面体现出来:语言、价值观、体制、宗教和祖先。圈内五国的历史文化有一些共同的地方,突出表现在四个方面:汉字文化、儒家思想、律令制度、大乘佛教。这些共同点的基础是汉字文化,儒家思想、律令制度和大乘佛教都是用汉字作为信息的承载工具。19世纪以来,随着欧美列强的入侵,汉字文化圈开始衰落与分裂,这体现在儒家思想和汉传佛教的衰落、政治体制的多样化。汉字字体在这些国家曾是统一的,各国言语不通但可以通过汉字进行沟通,如同东北人到广

州不懂粤语难以口头交流，但是可以通过文字顺利沟通。20 世纪初中国人到日本去，很多人不用学日语，语言听不懂，可用"笔谈"来沟通，现在留下了很多这样的资料。第二次世界大战结束后，汉字文化圈断掉了。越南使用了法国传教士创造的拼音文字，朝鲜和韩国先后取消了汉字。然而，1444 年才创造了韩文，韩国人不懂汉字无法阅读以前的历史文献。2002 年 4 月，韩国历任文教部长官 13 人代表"全国汉字教育推进联合会"5 万余名成员，向金大中总统建议：尽早对韩国小学生恢复实施汉字教育，以克服日趋严重的文化危机。建议中强调，70% 以上的韩国语言源自汉字词汇，若只用拼音的韩字标写，难以完全理解其语义。此后，韩国在中小学教授一些基本汉字，但依然是繁体字。20 世纪 50 年代中国进行了文字改革，使用简体字。今天东亚各国再也无法用汉字进行通畅的沟通了。如今这些国家各自在经济上取得了巨大发展，文化得到繁荣，但是汉字文化圈并未得到恢复。东北亚的文化发展前景有两种：一种是各自独立发展；二是修补东北亚文化圈。汉字文化圈内，中、韩、日的文化共性依然存在，这就是汉字。中、日、韩三国共同使用汉字的历史已近两千年，当今日本语常用汉字超过 2000 个，三国统一汉字字体无疑有利于相互文化交流、相互理解。恢复统一汉字字体可以重现"笔谈"风貌，同时也利于三国文化产业的发展。汉字字体的统一对三国文化交流具有长远的战略意义。目前中日韩三国的学术界都有修补的意愿，三国专家在进行中日韩汉字字体统一化的研究，2013 年由中国人民大学原校长纪宝成牵头编订了"808 常用共同汉字表"。[①] 中、日、韩三国汉字字体统一的问题值得决策部门的重视，进行长远的规划。

## 八、对不同国家进行对外文化传播时，要因国而异

对象国熟悉且不喜欢的文化符号要谨慎传播。比如日本对于中国武术不感兴趣，在日本加强这方面的传播并没有益处。对象国人民熟知的和好感度强的文化符号，要保持传播的强度，如长城、熊猫等。对对象国人民并不熟悉但好感度强的文化符号，要加大传播。比较适合传播的是感兴趣度和接触度度差值比较大而比值比较低的项目。

---

① 田静：《808 个汉字拉近中日韩》，《人民日报（海外版）》2015 年 1 月 12 日，第 5 版。

# 第 六 章

# 中华文化产品的影响

## 第一节　在美国、德国、俄罗斯、印度的影响

### 一、问卷设计

随着全球化和文化产业的发展，文化产品成为影响海外民众的重要媒介。尽管可以通过文化产品进出口的贸易额评估中国文化产品海外的影响力，但贸易额数字只能反映文化影响力的一个方面。海外民众对中国文化产品的认知和态度需要通过问卷的方法深入调查。为此，问卷设计了一组调查中国文化产品在海外影响力的问题，调查了中国总体文化产品、电影、图书、对外文化演出、对外展览、大型交流活动等方面的影响力情况。调研分析中，整体受访者、青年和精英人群是调研分析的重点。

### 二、对哪些中华文化产品感兴趣

#### （一）问卷内容

问卷列出了17种中国文化产品，调查了四国受访者对这些文化产品是否感兴趣。

（Ⅱ）V19. 您对哪些中国文化产品感兴趣？（可多选）

1. 艺术品　　2. 书法　　　3. 手工艺品　　4. 美工设计
5. 绘画　　　6. 雕塑　　　7. 表演艺术　　8. 图书

9. 期刊　　10. 电视片　　11. 电子音像　　12. 纪录片
13. 电影　　14. 动画片　　15. 网络游戏　　16. 文化培训
17. 文化旅游　　18. 其他

### (二) 数据分析

相关数据见表6-1。

1. 四国情况

美国受访者对中国大部分文化产品保持着一定的兴趣，问卷中所列出的文化产品均有超过20%的受访者表示"关注"，其中绘画（43.7%）、电影（42.1%）、艺术品（41.0%）三项的受关注程度甚至超过了40%，相对最不受关注的期刊（17.3%）、文化培训（16.1%）和电子音像（15.3%）等也有着一部分受访者感兴趣。

德国受访者对文化旅游（33.2%）、艺术品（28.5%）、电影（26.6%）感兴趣，而对表演艺术（9.6%）、电视片（7.2%）、文化培训（5.8%）较不感兴趣。只有4.2%的受访者选择期刊，是德国受访者最不感兴趣的中国文化产品。

俄罗斯受访者感兴趣的中国文化产品前四位分别是手工艺品（48.7%）、绘画（43.1%）、电影（40.3%）、文化旅游（33.6%）。后三位分别是期刊、电视片、美工设计，均未获得超过10%的受访者的兴趣。

印度受访者最感兴趣的几类文化产品是手工艺品、艺术品、电影和绘画，对它们感兴趣的受访者比例接近或在40%及以上。有略多于1/4的受访者喜欢中国的美工设计，有1/5左右的受访者对图书、文化旅游、表演艺术、书法和雕塑等文化产品感兴趣。

表6-1　您对哪些中国文化产品感兴趣？

单位:%，括号内数字为排名

| 文化产品 | 美国 | 德国 | 俄罗斯 | 印度 | 四国平均 |
| --- | --- | --- | --- | --- | --- |
| 绘画 | 43.7（1） | 25.9（4） | 43.1（2） | 39.9（4） | 38.2（1） |
| 手工艺品 | 34.9（4） | 20.6（6） | 48.7（1） | 47.0（1） | 37.8（2） |
| 电影 | 42.1（2） | 26.6（3） | 40.3（3） | 40.3（3） | 37.3（3） |
| 艺术品 | 41.0（3） | 28.5（2） | 18.0（12） | 42.4（2） | 32.5（4） |

续表

| 文化产品 | 美国 | 德国 | 俄罗斯 | 印度 | 四国平均 |
| --- | --- | --- | --- | --- | --- |
| 文化旅游 | 26.9（8） | 33.2（1） | 33.6（4） | 20.4（7） | 28.5（5） |
| 书法 | 28.5（7） | 25.1（5） | 22.8（7） | 19.8（9） | 24.1（6） |
| 雕塑 | 31.0（5） | 17.8（8） | 23.1（6） | 18.9（10） | 22.7（7） |
| 图书 | 25.8（9） | 10.6（11） | 24.3（5） | 20.9（6） | 20.4（8） |
| 表演艺术 | 30.0（6） | 9.6（14） | 20.5（9） | 20.4（7） | 20.1（9） |
| 纪录片 | 25.8（9） | 19.9（7） | 16.5（13） | 7.0（17） | 17.3（10） |
| 美工设计 | 18.6（13） | 12.0（10） | 10.0（15） | 27.6（5） | 17.1（11） |
| 网络游戏 | 18.6（13） | 12.4（9） | 21.2（8） | 11.2（6） | 15.9（12） |
| 卡通片 | 18.9（12） | 10.0（13） | 19.7（10） | 13.9（14） | 15.6（13） |
| 电子音像 | 15.3（17） | 10.2（12） | 18.1（11） | 14.0（13） | 14.4（14） |
| 电视片 | 23.0（11） | 7.2（15） | 9.0（16） | 14.3（12） | 13.4（15） |
| 文化培训 | 16.1（16） | 5.8（17） | 11.8（14） | 13.1（15） | 11.7（16） |
| 期刊 | 17.3（15） | 4.2（18） | 4.2（18） | 14.6（11） | 10.1（17） |
| 其他 | 10.9（18） | 6.4（16） | 6.1（17） | 2.6（18） | 6.5（18） |
| 平均 | 26.0 | 15.9 | 21.7 | 21.6 | 21.3 |

2. 综合比较

印、俄、德三国的喜好相对较为明显，在列出的产品中纪录片最难吸引印度受访者的兴趣（7%），期刊在俄罗斯和德国也同样不受关注（均为4%）。

中国的手工艺品在印度和俄国是最受关注的文化产品（印度47%，俄国48.7%），但在印度受关注仅次于手工艺品的艺术品（42%）在俄罗斯却受到了冷遇（18%）。相比于中国的艺术品，俄罗斯人更关注更具像的绘画（43%）、电影（40%）。

德国受访者的关注度比起另外三国相对较低，德国人最倾向于通过旅游对中国文化进行实际考察（33.2%），但也积极接受艺术品（28.5%）和电影（26.6%）。

美国青年人群除纪录片、电影、文化旅游选择频率低于该国受访者总体和精英受访者外，其他项目选择频率均高于别国的总体和精英的选择率。艺术品在俄罗斯青年受访者和精英受访者中的受欢迎程度明显低于其他三国的相应人群。

从整体上看,美国对中国文化产品的关注度四国中最高(26.0%),德国最低(15.9%)。四国平均,绘画(38.2%)、手工艺品(37.8%)、电影(37.3%)名列前三,受到的整体关注度最高。

### 三、观看中国电影的情况

#### (一)问卷内容

问卷调查了在过去五年中,四国受访者是否观看过中国电影、观看方式和对中国电影的评价。

问卷一共设置了五种观看中国电影的方式:电影院、电视、买DVD或录像带、租DVD或录像带、互联网。

对于中国电影展现中国文化的评价包括三个方面的内容:(1)对影片的评价:电影富含信息;电影具有娱乐性;电影鼓舞人心;电影充满异域风情。(2)对电影中展现的中国人的评价:中国人很优雅;中国人很幽默(3)对电影中展现的中国文化的评价:中国文化很吸引人;中国文化很有价值。

(Ⅱ) V25. 在过去五年中,您看过中国生产的电影吗?

1. 看过　　　　　　2. 没看过(跳到V26)

(Ⅱ) V25-1. 如果看过,您观看的方式是什么?(可多选)

1. 电影院　　　　　2. 电视　　　3. 买DVD或录像带
4. 租DVD或录像带　　5. 互联网

(Ⅱ) V25-2—V25-3. 如果看过,从中您对中国文化的感受是什么?

| | 1 很同意 | 2 同意 | 3 中立 | 4 不同意 | 5 很不同意 | 6 不知道 |
| --- | --- | --- | --- | --- | --- | --- |
| V25-2. 中国文化很吸引人 | | | | | | |
| V25-3. 中国文化很有价值 | | | | | | |

## （二）数据分析

调查数据显示（表6-2）：

美国在过去的五年中，有超过七成（72%）的受访者看过中国电影。观看中国电影的方式中，电视所占的比例是最高的，超过一半（53.9%），其次是买或租DVD或录像带。真正到电影院看电影的人只占了18.4%的比例。在观看过电影的人中，对中国人和中国文化的评价总的来说都是比较积极的，看过的人大都认为中国电影具有娱乐性、中国文化很吸引人并且很有价值。

一半以上的德国受访者表示过去五年没有看过中国电影（61.7%）。在看过的人中，大多数是在电视上看的（77.9%），小部分人是买或租DVD或录像带，去电影院看的人很少，只占受访者总数的13.0%。对于中国电影的评价，大多数德国人同意中国文化很吸引人（66.0%），但对电影的其他方面持异见。

在过去五年中，俄罗斯有接近九成（86.8%）的受访者看过中国电影。观看渠道排在前两位的为电视（71.7%）和互联网（59%）。其他渠道还包括买DVD或录像带（30.8%）、去电影院（28.3%）、租DVD或录像带（6.3%）。在中国电影传递的信息的评价上，多数受访者认为中国文化很吸引人（70.5%），总体上是积极的。

在过去五年中，印度有2/3的受访者看过中国电影，其中通过电视观看的受访者（69.8%）占绝大多数，有40.7%的受访者通过买或租DVD或录像带这两种方式观看中国电影。在观看过中国电影后，除了电影富含信息在50.5%外，其他所有指标好评基本在60%以上。认为中国文化很有价值的受访者占74%。

表6-2 在过去五年中，您看过中国生产的电影吗？如果看过，您观看的方式是什么？从中您对中国电影以及其中体现的人和文化的感受是什么？

单位：%

|  | 美国 | 德国 | 俄罗斯 | 印度 | 四国平均 |
| --- | --- | --- | --- | --- | --- |
| 看过 | 72.0 | 38.3 | 86.8 | 67.0 | 66.0 |
| 没看过 | 28.0 | 61.7 | 13.2 | 33.0 | 34.0 |

续表

| | | 美国 | 德国 | 俄罗斯 | 印度 | 四国平均 |
|---|---|---|---|---|---|---|
| 观看方式 | 电影院 | 18.4 | 13.0 | 28.3 | 38.4 | 24.5 |
| | 电视 | 53.9 | 77.9 | 71.7 | 69.8 | 68.3 |
| | 买DVD或者录像带 | 29.4 | 22.8 | 30.8 | 30.2 | 28.3 |
| | 租DVD或者录像带 | 28.0 | 18.4 | 6.3 | 10.5 | 15.8 |
| | 互联网 | 24.9 | 17.5 | 59.0 | 23.8 | 31.3 |
| 评价 | 电影富含信息（同意） | 51.2 | 11.4 | 34.8 | 50.5 | 37.0 |
| | 电影具有娱乐性（同意） | 80.9 | 5.3 | 59.6 | 74.9 | 55.2 |
| | 电影鼓舞人心（同意） | 67.9 | 10.4 | 53.4 | 68.2 | 50.0 |
| | 电影充满异域风情（同意） | 64.1 | 6.5 | 60.6 | 59.3 | 47.6 |
| | 中国人很优雅（同意） | 68.3 | 7.3 | 40.3 | 60.4 | 44.1 |
| | 中国人很幽默（同意） | 59.1 | 9.0 | 51.3 | 63.5 | 45.8 |
| | 中国文化很吸引人（同意） | 76.2 | 66.0 | 70.5 | 71.1 | 71.0 |
| | 中国文化很有价值（同意） | 73.0 | 2.0 | 67.4 | 74.0 | 54.1 |

### （三）综合比较

过去五年中，印度67%、美国72%、俄罗斯86.8%的受访者表示看过中国电影。德国仅有38.3%。四国平均观看率为66%。

在看过中国电影的受访者中，通过电视观看的最多，在四国中都处于最高值，印（69.8%）、俄（71.7%）和德（77.9%）均接近或在70%以上，美国也有53.9%。受众通过电视观看中国电影四国平均数据为68.3%。相比之下，选择电影院（均低于40%）、购买DVD或录像带（均在30%左右或更低）等传统方式正在逐渐衰退。互联网观影在俄罗斯很常见（59%），在美国（24.9%）和印度（23.8%）也有一定的比例，但德国（17.5%）有待发展。总体来看，利用当地的电视观看中国电影是四国受访者的首选；另外，利用新媒体互联网观看中国电影也开始成为选择的方向，应是我们未来研究和发展的重点。

美国看过中国电影的人中，对中国人和中国文化的评价总的来说都是比较积极的，看过的人大都认为中国电影具有娱乐性（80.9%）、中国文化很吸引人（76.2%）并且很有价值（73.0%），但是在电影富含信息和中国人很幽默这两个方面的认同度不是很高。虽然多数德国人同意中国文化很吸引人（66%），但是对于电影富含信息、电影鼓舞人心、中国人很优雅、充满异域风情、中国人很幽默等方面打分低，特别是在娱乐性、中国文化很有价值上，同意和很同意的分别为5.3%、2.0%。多数俄罗斯受访者认为中国文化很吸引人（70.5%）、很有价值（67.4%），电影充满异域风情（60.6%）、具有娱乐性（59.6%）、鼓舞人心（53.4%）、中国人很幽默（51.3%），但对于电影富含信息（34.8%）以及中国人很优雅（40.3%）评价低。印度50.5%的受访者认为电影富含信息；74.9%的人认为电影具有娱乐性；68.2%的人认为鼓舞人心；59.3%的人认为电影充满异域风情，对电影的评价大多数是正面积极的；分别有60.4%和63.5%的受访者认为中国人很优雅和很幽默，认为中国文化很吸引人和很有价值的受访者都超过了70%。

## 四、阅读中国图书的情况

### （一）问卷内容

问卷调查了四国受访者在过去一年中阅读中国出版的图书情况，并对没有读过的受访者调查了原因。

（Ⅱ）V24. 在过去一年中，您读过中国出版的贵国语言的图书吗？

1. 读过（跳到V25）　　　2. 没有

（Ⅱ）V24-1. 没有读过原因是什么？（可多选）

1. 借阅不方便　　　　　　2. 购买不方便
3. 对中国不感兴趣　　　　4. 不喜欢中国的价值观
5. 对书的主题不感兴趣　　6. 装帧设计不好
7. 推介方式难以接受　　　8. 价格太贵
9. 听说书的内容不吸引人　10. 听说译文质量差
11. 以前看过，印象不好　　12. 其他

### (二)数据分析

调查数据显示(表6-3和6-4):

过去一年中,美国绝大部分(86.3%)受访者没有读过中国出版的英文书籍。在没读过中国出版的英文书籍的原因中,对书的主题不感兴趣占的比重(21.2%)是最大的,其次是对中国不感兴趣(19.2%)。此外,还有借阅不方便(11.5%)、购买不方便(10.6%)以及价格太高(6.5%)等客观原因。

近90%的德国受访者在过去一年里没有读过中国出版的德语书(89.1%)。在那些没有读过的人中,排在前三位的原因是:对书的主题不感兴趣(38.2%)、借阅不方便(20.2%)、购买不方便(20.0%)。

在过去一年中,有约1/4的俄罗斯受访者(24.3%)读过中国出版的俄语图书。在没有读过的人中,列举的没有阅读的主要原因除"其他"外(30%),依次为:购买不方便(27.4%)、借阅不方便(16.7%)、价格太高(11.9%)。

在过去一年中,读过中国出版的英语图书的印度受访者占36.4%。没读过中国出版的英文图书的原因中,借阅和购买不方便是两个最主要的原因,分别占41.9%和36.7%。

表6-3 在过去一年中,您读过中国出版的贵国语言的图书吗?

单位:%

|  | 美国 | 德国 | 俄罗斯 | 印度 | 四国平均 |
| --- | --- | --- | --- | --- | --- |
| 读过 | 13.7 | 10.9 | 24.3 | 36.4 | 21.3 |
| 没有 | 86.3 | 89.1 | 75.7 | 63.6 | 78.7 |

表6-4 没读过的原因是什么?

单位:%

|  | 美国 | 德国 | 俄罗斯 | 印度 | 四国平均 |
| --- | --- | --- | --- | --- | --- |
| 借阅不方便 | 11.5 | 20.0 | 16.7 | 41.9 | 22.5 |
| 购买不方便 | 10.6 | 20.2 | 27.4 | 36.7 | 23.7 |
| 对中国不感兴趣 | 19.2 | 5.9 | 10.3 | 5.4 | 10.2 |
| 不喜欢中国的价值观 | 1.9 | 3.1 | 2.0 | 2.3 | 2.3 |

续表

|  | 美国 | 德国 | 俄罗斯 | 印度 | 四国平均 |
|---|---|---|---|---|---|
| 对书的主题不感兴趣 | 21.2 | 38.2 | 1.2 | 12.9 | 23.4 |
| 装帧设计不好 | 1.0 | 1.3 | 1.8 | 3.5 | 1.9 |
| 推介方式难以接受 | 1.5 | 2.3 | 2.8 | 3.7 | 2.6 |
| 价格太高 | 6.5 | 6.6 | 11.9 | 10.3 | 8.8 |
| 听说书的内容不吸引人 | 1.2 | 4.3 | 2.4 | 0.9 | 2.2 |
| 听说译文质量差 | 1.1 | 2.5 | 5.7 | 2.3 | 2.9 |
| 以前看过，印象不好 | 1.0 | 1.1 | 1.0 | 1.1 | 1.1 |
| 其他 | 43.5 | 14.6 | 30.5 | 19.2 | 27.0 |

## （三）综合比较

在受访的四个国家中，中国图书均受到了冷遇。其中印度和俄罗斯的情况略好，各有36%和24%的受访者对中国图书表示出阅读兴趣。四国平均，有78.7%的受访者没有读过中国出版的本国语言的图书。

统计显示，中国图书的主题以及借阅和购买的方式成为阻碍中国图书扩展的最主要原因，但更多的人选择了"其他"一项，无法确切了解不受欢迎的原因。排在前五位的原因依次是：其他（27.0%）、购买不方便（23.7%）、对书的主题不感兴趣（23.4%）、借阅不方便（22.5%）、对中国不感兴趣（10.2%）

俄罗斯和印度的精英受访者看过中国出版的本国语言图书的比例高于受访者总体和青年人群。美国和德国的情况正相反，看过中国出版的本国语言图书的精英受访者比例低于受访者总体和青年。这两个国家青年受访者阅读中国出版的本国语言图书的比例高于其他两国受访者。

对于四国青年受访者和精英受访者来说，借阅和购买不方便、对图书主题不感兴趣是他们没有读过中国出版的图书的主要原因。

## 第二节　在日本、韩国、越南、印尼的影响

### 一、问卷修订

我们在问卷（I）的基础上，从文化产品消费者市场调查的视角，调整了调查内容，增加了购买行为、购买渠道、购买意愿、文化产品品牌等内容，并将对外文化演出、对外展览、大型交流活动的影响力情况放在后面的文化传播渠道部分。

### 二、对中华文化产品感兴趣的概况

对问卷（I）所列文化产品的内容，进行了调整：美工设计改为时尚设计产品，电子音像改为音像制品，动画片改为动漫，网络游戏改为电子游戏。电影片改为电影，电视片改为电视剧，表演艺术改为文化演出；删掉了艺术品、雕塑、文化培训，增加了广告、文化展览、中华医药、中华餐饮。

#### （一）问卷内容

（III）V6. 您对以下中国文化产品和服务感兴趣的程度如何？

| | 1.很不感兴趣 | 2.较不感兴趣 | 3.中立 | 4.较感兴趣 | 5.很感兴趣 |
|---|---|---|---|---|---|
| 绘画作品 | | | | | |
| 书法作品 | | | | | |
| 手工艺品 | | | | | |
| 文化展览 | | | | | |
| 文化演出 | | | | | |
| 图书 | | | | | |
| 期刊 | | | | | |
| 电视剧 | | | | | |
| 电影 | | | | | |
| 动漫 | | | | | |
| 音像制品 | | | | | |

续表

|  | 1.很不感兴趣 | 2.较不感兴趣 | 3.中立 | 4.较感兴趣 | 5.很感兴趣 |
|---|---|---|---|---|---|
| 纪录片 | | | | | |
| 电子游戏 | | | | | |
| 文化旅游 | | | | | |
| 中华医药 | | | | | |
| 中华餐饮 | | | | | |
| 广告 | | | | | |
| 时尚设计产品 | | | | | |

## （二）数据分析

以5级量表（1为很不感兴趣、2为较不感兴趣、3为中立、4为较感兴趣、5为很感兴趣）对受访者对各选项的兴趣程度进行测量，数据见表6-5。

### 1. 四国比较

以项目计算，18项中排在前5名的为：中华餐饮（4.0），为较感兴趣，文化旅游（3.58）、中华医药（3.50）、电影（3.46），均处于中立和较感兴趣之间，手工艺品（3.27）处于中立和较感兴趣之间，倾向中立。

以国别计算，印尼受访者感兴趣程度最高（3.75），接近于感兴趣，以下依次为越南（3.48），处于中立和较感兴趣之间，韩国兴趣度为中立（2.91），日本处于不感兴趣和中立之间（2.45）。

各国情况不同，对同一选项的兴趣有同有异。例如，越南对电视剧的兴趣名列第4，而在日本则名列第14。

### 2. 各国情况

日本受访者感兴趣的中国文化产品排在前三位的是中华餐饮、中华医药、书法作品，倒数第一到第三位的是电子游戏、动漫和音像制品。

韩国受访者感兴趣的中国文化产品排在前三位的是中华餐饮、文化旅游和电影，倒数第一到第三位是电子游戏、期刊和广告。

越南受访者感兴趣的中国文化产品排在前三位的是中华餐饮、文化旅游和电影，倒数第一到第三位是音像制品、纪录片和广告。

印尼受访者感兴趣的中国文化产品排在前三位的是文化旅游、中华餐饮、中华医药，倒数第一到第三位是广告、期刊、电视剧。

表6-5　四国对中国文化产品感兴趣程度（5级量表）

| 文化产品 | 日本 | | 韩国 | | 越南 | | 印尼 | | 四国平均 | |
| --- | --- | --- | --- | --- | --- | --- | --- | --- | --- | --- |
| | 兴趣 | 排名 | 兴趣 | 排名 | 兴趣 | 排名 | 兴趣 | 排名 | 兴趣 | 排名 |
| 中华餐饮 | 4.01 | 1 | 3.76 | 1 | 4.09 | 1 | 4.13 | 2 | 4.00 | 1 |
| 文化旅游 | 2.55 | 5 | 3.58 | 2 | 4.04 | 2 | 4.15 | 1 | 3.58 | 2 |
| 中华医药 | 3.21 | 2 | 2.88 | 7 | 3.80 | 5 | 4.09 | 3 | 3.50 | 3 |
| 电影 | 2.48 | 7 | 3.33 | 3 | 3.99 | 3 | 4.04 | 4 | 3.46 | 4 |
| 手工艺品 | 2.59 | 4 | 2.95 | 6 | 3.62 | 7 | 3.90 | 5 | 3.27 | 5 |
| 书法作品 | 2.62 | 3 | 2.78 | 10 | 3.74 | 6 | 3.70 | 9 | 3.21 | 6 |
| 文化展览 | 2.52 | 6 | 3.02 | 5 | 3.37 | 11 | 3.90 | 5 | 3.20 | 7 |
| 文化演出 | 2.43 | 10 | 3.07 | 4 | 3.40 | 9 | 3.82 | 7 | 3.18 | 8 |
| 绘画作品 | 2.46 | 8 | 2.71 | 13 | 3.44 | 10 | 3.78 | 8 | 3.10 | 9 |
| 电视剧 | 2.11 | 14 | 2.76 | 11 | 3.94 | 4 | 3.48 | 16 | 3.07 | 10 |
| 图书 | 2.36 | 11 | 2.80 | 9 | 3.49 | 8 | 3.56 | 15 | 3.05 | 11 |
| 时尚设计产品 | 2.22 | 12 | 2.67 | 15 | 3.30 | 13 | 3.63 | 12 | 2.96 | 12 |
| 纪录片 | 2.46 | 8 | 2.84 | 8 | 2.90 | 17 | 3.58 | 14 | 2.95 | 13 |
| 动漫 | 1.98 | 17 | 2.74 | 12 | 3.32 | 12 | 3.68 | 10 | 2.93 | 14 |
| 音像制品 | 2.02 | 16 | 2.71 | 13 | 2.99 | 16 | 3.59 | 13 | 2.83 | 15 |
| 电子游戏 | 1.90 | 18 | 2.50 | 18 | 3.17 | 14 | 3.66 | 11 | 2.81 | 16 |
| 期刊 | 2.07 | 15 | 2.60 | 16 | 3.03 | 15 | 3.45 | 17 | 2.79 | 17 |
| 广告 | 2.16 | 13 | 2.60 | 16 | 2.96 | 18 | 3.39 | 18 | 2.78 | 18 |
| 平均 | 2.45 | — | 2.91 | — | 3.48 | — | 3.75 | — | 3.15 | — |

## 三、接触中华文化产品的状况

### （一）问卷内容

感兴趣不一定能够接触到，问题V6-1调查了受访者能否接触到上述所列18种文化产品的情况。

（Ⅲ）V6-1. 在您的生活中可以接触到哪些中国文化产品或服务？（可多选）

1. 绘画　　　2. 书法　　　3. 手工艺品　　4. 文化展览
5. 文化演出　6. 图书　　　7. 期刊　　　　8. 电视剧
9. 电影　　　10. 动漫　　 11. 音像制品　　12. 纪录片
13. 电子娱乐产品　　　　　14. 文化旅游　　15. 中华医药
16. 中华餐饮　17. 广告　　18. 时尚设计产品
77. 其他文化产品

(二) 数据分析

受访者在回答自己生活中可以接触到哪些中国文化产品和服务时，情况有较大差异。（见表6-6）

1. 四国比较

有85.4%的越南受访者接触过中国电视剧，在18项中位居第一，而只有10.4%日本受访者接触过中国电视剧，韩国和印尼的数据分别为46.1%和25.7%。

以项目计算，18项中列居前5名的为：中华餐饮（72.6%）、电影（52.9%）、中华医药（48.8%）、电视剧（41.9%）、书法作品（32.7%）。倒数第一到第三位是：期刊（8.2%）、广告（14.0%）、纪录片（14.2%）。

以国别计算，18项文化产品的平均接触率由高至低为：越南（39.0%）、印尼（32.1%）、韩国（25.2%）、日本（13.9%）。

2. 各国情况

日本受访者感兴趣的中国文化产品排在前五位的是中华餐饮、中华医药、电影、书法作品、纪录片，末三位是电子游戏、期刊、动漫。

韩国受访者感兴趣的中国文化产品排在前五位的是中华餐饮、电影、电视剧、音像制品、文化旅游，末三位是电子游戏、期刊、时尚设计产品。

越南受访者感兴趣的中国文化产品排在前五位的是电视剧、电影、中华医药、中华餐饮、书法作品，末三位是期刊、文化展览和时尚设计产品。

印尼受访者感兴趣的中国文化产品排在前五位的是中华餐饮、中华医药、电影、绘画作品、手工艺品，末三位是纪录片、期刊、广告。

表 6-6  四国受访者接触到中国文化产品的比例

| 文化产品 | 日本 | | 韩国 | | 越南 | | 印尼 | | 四国平均 | |
|---|---|---|---|---|---|---|---|---|---|---|
| | 接触率 | 排名 | 接触率 | 排名 | 接触率 | 排名 | 接触率 | 排名 | 接触率 | 排名 |
| 中华餐饮 | 83.7% | 1 | 70.4% | 1 | 59.8% | 4 | 76.4% | 1 | 72.6% | 1 |
| 电影 | 19.2% | 3 | 69.0% | 2 | 73.9% | 2 | 49.5% | 3 | 52.9% | 2 |
| 中华医药 | 48.7% | 2 | 22.4% | 7 | 61.2% | 3 | 62.9% | 2 | 48.8% | 3 |
| 电视剧 | 10.4% | 6 | 46.1% | 3 | 85.4% | 1 | 25.7% | 10 | 41.9% | 4 |
| 书法作品 | 15.5% | 4 | 26.2% | 6 | 57.3% | 5 | 31.9% | 7 | 32.7% | 5 |
| 绘画作品 | 8.7% | 9 | 21.0% | 9 | 41.5% | 8 | 43.8% | 4 | 28.8% | 6 |
| 手工艺品 | 10.3% | 7 | 21.8% | 8 | 41.5% | 8 | 40.3% | 5 | 28.5% | 7 |
| 图书 | 6.4% | 10 | 19.0% | 10 | 49.2% | 6 | 24.7% | 12 | 24.8% | 8 |
| 文化旅游 | 5.0% | 11 | 30.0% | 5 | 29.2% | 11 | 25.1% | 11 | 22.3% | 9 |
| 音像制品 | 3.2% | 14 | 34.4% | 4 | 17.7% | 15 | 29.8% | 8 | 21.3% | 10 |
| 动漫 | 2.4% | 16 | 12.5% | 14 | 44.6% | 7 | 21.1% | 13 | 20.2% | 11 |
| 电子游戏 | 1.2% | 18 | 5.7% | 18 | 31.3% | 10 | 32.7% | 6 | 17.7% | 12 |
| 文化演出 | 3.4% | 13 | 18.9% | 12 | 24.0% | 13 | 20.8% | 15 | 16.8% | 13 |
| 时尚设计产品 | 10.3% | 7 | 7.8% | 16 | 16.1% | 16 | 28.7% | 9 | 15.7% | 14 |
| 文化展览 | 4.7% | 12 | 16.6% | 11 | 16.0% | 17 | 21.1% | 13 | 14.6% | 15 |
| 纪录片 | 11.3% | 5 | 16.3% | 13 | 18.8% | 14 | 10.3% | 18 | 14.2% | 16 |
| 广告 | 3.2% | 14 | 8.7% | 15 | 27.3% | 12 | 16.9% | 16 | 14.0% | 17 |
| 期刊 | 2.2% | 17 | 6.7% | 17 | 6.9% | 18 | 16.9% | 16 | 8.2% | 18 |
| 平均 | 13.9% | | 25.2% | | 39.0% | | 32.1% | | | |

## 四、接触度与感兴趣度对比

以上调查了受访者对中国文化产品的感兴趣度和接触度，受访者是因感兴趣而接触，还是因接触而感兴趣呢？感兴趣度高而接触度低，是否说明某文化产品的供给低于需求呢？对两者的对比，有助于我们深入地思考。各国情况见表6-7。

通过对比，我们发现日本受访者部分文化产品的兴趣和接触有一致性：有3项文化产品排名完全一致，它们是中华餐饮、中华医药和绘画作品；有10项文化产品排名基本一致，感兴趣程度的排名与接触度排名的差值在3

以内，包括纪录片、音像制品、动漫、图书、电子游戏、书法作品、广告、期刊、手工艺品和文化演出。其他几个方面两者的差异比较大，其中，电视剧、电影和时尚设计产品的感兴趣程度明显低于接触情况，而文化旅游和文化展览则是受访者接触少但却感兴趣的文化产品。

韩国受访者对部分文化产品的兴趣和接触有一致性：有3项文化产品排名完全一致，它们是中华餐饮、中华医药、电子游戏；有7项文化产品两者排名基本一致，包括广告、电影、图书、时尚设计产品、期刊、手工艺品、动漫。影像制品和电视剧的感兴趣程度明显低于接触情况，而文化产品和文化演出则是受访者接触少但却感兴趣的文化产品。

在越南，少数中国文化产品和服务的感兴趣程度排名和接触排名完全一致（一个文化产品差距为0）或基本一致（四个文化产品差距为1）。感兴趣排名领先接触，差距最大的是文化旅游，这表明受访者对文化旅游感兴趣程度较高，但实际较少参与文化旅游。接触排名领先感兴趣，差距最大的是动漫和广告，这表明虽然生活中接触到动漫和广告，但受访者对其感兴趣程度低。

在印尼，接触率排前三位的中华餐饮、中华医药、电影，感兴趣程度也较靠前，但感兴趣度排第一的文化旅游，接触率排名较靠后。接触率排名比感兴趣程度靠前的有电视剧、音像制品、电子游戏、绘画作品、图书、时尚设计产品、书法作品等，意味着受访者较能接触到这些文化产品，但兴趣度较低。感兴趣程度排名领先接触率的有动漫、纪录片、文化展览、文化演出、文化旅游，意味着受访者对这些文化产品较感兴趣，但较难接触到。

表6-7（1） 受访者对中国文化产品感兴趣程度与接触率排名对比

| 日本 | | | | 韩国 | | | |
|---|---|---|---|---|---|---|---|
| 文化产品 | 兴趣排名 | 接触率排名 | 兴趣与接触差 | 文化产品 | 兴趣排名 | 接触率排名 | 兴趣与接触差 |
| 电视剧 | 13 | 6 | 7 | 音像制品 | 14 | 4 | 10 |
| 电影 | 7 | 3 | 4 | 电视剧 | 11 | 3 | 8 |
| 时尚设计产品 | 11 | 7 | 4 | 书法作品 | 10 | 6 | 4 |

续表

| 日本 | | | | 韩国 | | | |
|---|---|---|---|---|---|---|---|
| 文化产品 | 兴趣排名 | 接触率排名 | 兴趣与接触差 | 文化产品 | 兴趣排名 | 接触率排名 | 兴趣与接触差 |
| 纪录片 | 8 | 5 | 3 | 绘画作品 | 13 | 9 | 4 |
| 音像制品 | 15 | 13 | 2 | 广告 | 17 | 15 | 2 |
| 动漫 | 16 | 14 | 2 | 电影 | 3 | 2 | 1 |
| 图书 | 10 | 9 | 1 | 中华餐饮 | 1 | 1 | 0 |
| 电子游戏 | 17 | 16 | 1 | 中华医药 | 7 | 7 | 0 |
| 中华餐饮 | 1 | 1 | 0 | 电子游戏 | 18 | 18 | 0 |
| 中华医药 | 2 | 2 | 0 | 图书 | 9 | 10 | -1 |
| 绘画作品 | 8 | 8 | 0 | 时尚设计产品 | 15 | 16 | -1 |
| 书法作品 | 3 | 4 | -1 | 期刊 | 16 | 17 | -1 |
| 广告 | 12 | 13 | -1 | 手工艺品 | 6 | 8 | -2 |
| 期刊 | 14 | 15 | -1 | 动漫 | 12 | 14 | -2 |
| 手工艺品 | 4 | 7 | -3 | 文化旅游 | 2 | 5 | -3 |
| 文化演出 | 9 | 12 | -3 | 纪录片 | 8 | 13 | -5 |
| 文化旅游 | 5 | 10 | -5 | 文化演出 | 4 | 11 | -7 |
| 文化展览 | 6 | 11 | -5 | 文化展览 | 5 | 12 | -7 |

表6-7（2） 受访者对中国文化产品感兴趣程度与接触率排名对比

| 越南 | | | | 印尼 | | | |
|---|---|---|---|---|---|---|---|
| 文化产品 | 兴趣排名 | 接触率排名 | 兴趣与接触差 | 文化产品 | 兴趣排名 | 接触率排名 | 兴趣与接触差 |
| 动漫 | 12 | 7 | 5 | 电视剧 | 16 | 10 | 6 |
| 广告 | 17 | 12 | 5 | 音像制品 | 13 | 8 | 5 |
| 纪录片 | 18 | 14 | 4 | 电子游戏 | 11 | 6 | 5 |
| 电子游戏 | 14 | 10 | 4 | 绘画作品 | 8 | 4 | 4 |
| 电视剧 | 4 | 1 | 3 | 图书 | 15 | 12 | 3 |
| 图书 | 8 | 6 | 2 | 时尚设计产品 | 12 | 9 | 3 |

续表

| 越南 | | | | 印尼 | | | |
|---|---|---|---|---|---|---|---|
| 文化产品 | 兴趣排名 | 接触率排名 | 兴趣与接触差 | 文化产品 | 兴趣排名 | 接触率排名 | 兴趣与接触差 |
| 电影 | 3 | 2 | 1 | 书法作品 | 9 | 7 | 2 |
| 书法作品 | 6 | 5 | 1 | 期刊 | 17 | 16 | 1 |
| 音像制品 | 16 | 15 | 1 | 电影 | 4 | 3 | 1 |
| 绘画作品 | 9 | 9 | 0 | 中华医药 | 3 | 2 | 1 |
| 手工艺品 | 7 | 8 | -1 | 中华餐饮 | 2 | 1 | 1 |
| 中华医药 | 5 | 3 | 2 | 广告 | 18 | 17 | 1 |
| 期刊 | 15 | 18 | -3 | 手工艺品 | 5 | 5 | 0 |
| 时尚设计产品 | 13 | 16 | -3 | 动漫 | 10 | 14 | -4 |
| 文化演出 | 10 | 13 | -3 | 纪录片 | 14 | 18 | -4 |
| 中华餐饮 | 1 | 4 | -3 | 文化展览 | 6 | 13 | -7 |
| 文化展览 | 11 | 17 | -6 | 文化演出 | 7 | 15 | -8 |
| 文化旅游 | 2 | 11 | -9 | 文化旅游 | 1 | 11 | -10 |

## 五、购买中华文化产品的情况

### （一）问卷内容

接触到中国文化产品不等于购买中国文化产品，例如到图书馆借书和买书是不同的。购买中国文化产品更能说明中国文化的吸引力。问题 V6-2 调查了受访者是否购买过中国文化产品。

（Ⅲ）V6-2. 您购买过以下中国文化产品吗？

若没购买过请填写"0"，若购买过，买过几件？（下拉菜单 0—15）

1. 图书（本） 0 1 2 3 4 5 6 7 8 9 10 11 12 13 14 15 及以上

2. 期刊（册） 0 1 2 3 4 5 6 7 8 9 10 11 12 13 14 15 及以上

3. 电影音像制品 DVD（张）0 1 2 3 4 5 6 7 8 9 10 11 12 13 14 15 及以上

4. 音乐制品 CD（张）0 1 2 3 4 5 6 7 8 9 10 11 12 13 14 15 及以上

5. 电视剧音像制品 DVD（张）0 1 2 3 4 5 6 7 8 9 10 11 12 13 14 15 及以上

6. 工艺美术品（件）0 1 2 3 4 5 6 7 8 9 10 11 12 13 14 15 及以上

7. 动漫游戏产品（件）0 1 2 3 4 5 6 7 8 9 10 11 12 13 14 15 及以上

8. 中国原创玩具（例如，风筝、空竹等）（件）0 1 2 3 4 5 6 7 8 9 10 11 12 13 14 15 及以上

9. 中国字画（幅）0 1 2 3 4 5 6 7 8 9 10 11 12 13 14 15 及以上

### （二）数据分析

相关数据见表6-8。

1. 四国比较

从受访者整体平均水平来看，购买量最高的前三类产品是电影音像制品DVD（人均购买3.2张）、中国制造的玩具（人均购买3.1件）、工艺美术品（人均购买2.9件）。倒数第一是期刊（人均购买1.8册）。

从购买者占总体受访者的比例看，排在前三位的是工艺美术品（47.2%）、中国制造的玩具（46.3%）、电影音像制品DVD（44.7%），倒数第一是期刊（29.0%）。

从国家看，四国受访者购买所有九类产品的人均量由高到低排列为：越南4.6件、印尼4.1件、韩国1.1件、日本0.5件。各国情况有较大差异。

2. 各国情况

日本受访者对问卷所列九类文化产品消费状况最差，平均只有11.8%的受访者购买过中国文化产品。但是，中国文化产品在日本仍有一定潜力，每种文化产品都有一定的消费人群，而且在购买过中国文化产品的受访者

中，平均购买量较好。中国文化产品急需在日本打开市场，增加日本民众对中国文化产品的接触机会，进而培养其购买习惯。

韩国受访者对问卷所列九类文化产品消费状况不佳，平均只有24.3%的受访者购买过中国文化产品。但中国文化产品在韩仍有较大潜力，每种文化产品都有一定的消费人群，而且在购买过中国文化产品的受访者中，平均购买量较好。由此可见，中国文化产品急需在韩打开市场，增加韩国民众对中国文化产品的接触机会，进而培养其购买习惯。

越南受访者消费九类文化产品状况良好，平均有58.0%的受访者购买过中国文化产品。除了期刊，每类文化产品都有占样本总数50%以上的受访者购买过，购买过文化产品的受访者，每类产品平均购买量均超过5件。

印尼受访者对问卷所列九类文化产品消费状况较好，平均有63.2%的受访者购买过中国文化产品。购买率排在前三位的是工艺美术品、电影音像制品、中国原创玩具。购买过的消费者平均购买量排在前三位的是电影音像制品、中国原创玩具、电视剧音像制品。建议增加印尼民众对中国电视剧音像制品的接触机会，提高购买率。

表6-8 四国受访者购买中国文化产品情况

|  | 日本 | | 韩国 | | 越南 | | 印尼 | | 四国平均 | |
| --- | --- | --- | --- | --- | --- | --- | --- | --- | --- | --- |
|  | 人均购买量 | 购买者占% | 人均购买量 | 购买者占% | 人均购买量 | 购买者占% | 人均购买量 | 购买者占% | 人均购买量 | 购买者占% |
| 电影音像DVD（张） | 0.5 | 11.6 | 1.7 | 34.6 | 5.1 | 58 | 5.5 | 74.5 | 3.2 | 44.7 |
| 中国原创玩具（件） | 0.7 | 15.7 | 1.2 | 29.0 | 5.7 | 69 | 4.9 | 71.6 | 3.1 | 46.3 |
| 工艺美术品（件） | 0.7 | 16.5 | 1.1 | 28.7 | 4.9 | 67.9 | 4.7 | 75.6 | 2.9 | 47.2 |
| 电视剧DVD（张） | 0.4 | 8.2 | 0.9 | 19.9 | 5.5 | 59.1 | 4.1 | 60.5 | 2.7 | 36.9 |
| 音乐制品CD（张） | 0.5 | 12.0 | 1.1 | 26.4 | 4.4 | 53.6 | 3.9 | 62.3 | 2.5 | 38.5 |
| 图书（本） | 0.7 | 15.1 | 1.2 | 28.2 | 4.5 | 63.5 | 3.1 | 53.7 | 2.4 | 40.1 |
| 动漫游戏产品（件） | 0.3 | 4.5 | 0.8 | 17.2 | 4.3 | 51 | 4.1 | 62.7 | 2.4 | 33.9 |
| 中国字画（幅） | 0.6 | 14.5 | 0.8 | 16.9 | 4.4 | 63.8 | 3.4 | 56.4 | 2.3 | 37.9 |
| 期刊（册） | 0.4 | 8.5 | 0.8 | 17.7 | 2.9 | 38 | 3.0 | 51.6 | 1.8 | 29.0 |
| 平均 | 0.5 | 11.8 | 1.1 | 24.3 | 4.6 | 58.0 | 4.1 | 63.2 | | |

## 六、购买渠道

### (一) 问卷内容

(Ⅲ) V6-3. 若购买过,您通过哪种渠道?
1. 在本国商场　　2. 到中国旅游或旅行　　3. 网上购买

### (二) 数据分析

相关数据见表6-9。

1. 四国比较

四国购买率由高到低排列为:越南、印尼、韩国、日本。有93.8%的越南受访者、92.1%的印尼受访者、55.5%的韩国受访者、34.4%的日本受访者购买过中国文化产品。购买的渠道显现共性,首选均为本国商场,其次是到中国旅游,最后是网上购买。

2. 各国情况

日本有34.4%的受访者买过中国文化产品。在本国商场购买是首选渠道(53.4%),其次是到中国旅游时购买(28.3%),最后是通过网购(18.3%)。对比来说,有一半的精英购买过中国文化产品,超过了整体及高中生和青年,他们到中国旅游或旅行购买产品的比率也远远高于其他群体。而高中生群体网上购买的比率相对较高。

韩国有55.5%的受访者买过中国文化产品。在本国商场购买是首选渠道(54%),其次是到中国旅游时购买(31.8%),最后是通过网购(14.2%)。超过四分之三的精英购买过中国文化产品,而且他们更多的是到中国本土购买,其次是在韩国的商场购买。

越南有93.8%的受访者买过中国文化产品。在本国商场购买是首选渠道(79.7%),其次是到中国旅游时购买(13.1%),最后是通过网购(7.2%)。各个受访者群体都有较高的购买率,其中精英的购买率为100%,主要是在越南的商场购买。

印尼有92.1%位受访者购买过中国文化产品,购买渠道以本国商场为主。精英的购买率高于整体、青年、高中生。精英到中国旅游或旅行时购买的比例高于青年和高中生。青年在网上购买的比例高于整体和其他群体。

表 6-9 若购买过,您通过哪种渠道?

单位:%

| 受访群体 | 购买率 | | | | 在本国商场 | | | | 到中国旅游或旅行 | | | | 网上购买 | | | |
| --- | --- | --- | --- | --- | --- | --- | --- | --- | --- | --- | --- | --- | --- | --- | --- | --- |
| | 日 | 韩 | 越 | 印 | 日 | 韩 | 越 | 印 | 日 | 韩 | 越 | 印 | 日 | 韩 | 越 | 印 |
| 整体 | 34.4 | 55.5 | 93.8 | 92.1 | 53.4 | 54.0 | 79.7 | 63.5 | 28.3 | 31.8 | 13.1 | 19.0 | 18.3 | 14.2 | 7.2 | 17.5 |
| 高中生* | 38.2 | — | 94.2 | 86.0 | 30.8 | — | 77.6 | 67.5 | 15.4 | — | 14.3 | 17.5 | 53.8 | — | 8.2 | 15.0 |
| 青年 | 31.3 | 48.3 | 94.6 | 90.0 | 57.1 | 55.7 | 80.5 | 69.6 | 15.7 | 23.7 | 10.6 | 11.9 | 27.1 | 20.6 | 8.9 | 18.6 |
| 精英 | 50.6 | 76.7 | 100 | 94.1 | 43.5 | 36.0 | 74.4 | 58.0 | 41.2 | 48.3 | 18.3 | 24.6 | 15.3 | 15.7 | 7.3 | 17.4 |

*韩国高中生样本不足30份,所以不做显示。

## 七、购买意愿

### (一)问卷内容

(Ⅲ) V6-4. 您购买中国文化产品的意愿如何?

没有　0　1　2　3　4　5　6　7　8　9　10　非常强烈

### (二)数据分析

相关数据见表6-10。

1. 四国比较

问卷将购买中国文化产品的意愿量化为从0到10的量表,从而得出受访者购买中国文化产品意愿的均值,得分越高表示购买的意愿越强烈。数据显示:日本购买的意愿最低,为2.61,属于基本没有购买意愿;韩国为3.93,购买意愿低,越南为5.37,购买意愿不高不低;印尼为6.06,购买意愿较高。三组重点人群比较,各国精英的购买意愿都大于青年,青年大于高中生。四国平均,精英为5.31,青年为4.27,高中生为3.81。

2. 各国情况

日本精英人群购买中国文化产品的意愿最高,但也仅为3.23;高中生最低只有2.26;青年为2.53。

韩国精英人群购买中国文化产品的意愿最高,为4.90,处于不强不弱的中间状态,远远高于青年人群和高中生人群。

越南 1023 份样本中有 74 人选择没有购买意愿,占样本总数的 7.2%。81 人选择购买意愿非常强烈,占样本总数的 7.9%。越南民众购买意愿的平均值为 5.37,超过中间值,但购买意愿仍算一般,精英人群表现出更强的购买中国文化产品意愿(6.29),高中生和青年人群对中国文化产品的购买意愿低于整体平均水平。

印尼受访者对中国文化产品购买意愿较强,整体均值为 6.06。精英的购买意愿(6.80)高于青年、高中生很多,高中生的购买意愿最低。

表 6-10　四国受访者购买中国文化产品的意愿(11 级量表)

| 受访者群体 | 日本 | 韩国 | 越南 | 印尼 | 四国平均 |
| --- | --- | --- | --- | --- | --- |
| 整体 | 2.61 | 3.93 | 5.37 | 6.06 | 4.49 |
| 高中生 | 2.26 | 3.18 | 5.03 | 4.75 | 3.81 |
| 青年 | 2.53 | 3.57 | 5.27 | 5.69 | 4.27 |
| 精英 | 3.23 | 4.9 | 6.29 | 6.80 | 5.31 |

## 八、对中国文化产品品牌的认知和态度

### (一)问卷内容

众多文化产品中的著名产品形成了中国文化产品品牌,它们在对外文化传播中发挥着重要作用。品牌植根于消费者心中,问卷(Ⅲ)试探性地调查了中国文化产品的品牌在受访者中的认知和态度。问卷选取了综合文化交流项目品牌"欢乐春节"(印尼为"四海同春")、中国文化年/月/周,对外文化机构的品牌中国文化中心、戏剧中的品牌京剧、歌舞剧的品牌《云南映象》、舞台剧品牌《少林雄风》、博物馆中的品牌北京故宫博物院、中医文化品牌同仁堂、教育文化品牌孔子学院、饮食文化品牌北京全聚德烤鸭、茅台酒等 11 个品牌作为调查内容。[①]

---

[①] 由于目前中国尚未在越南和印尼建立中国文化中心,因而没有在这两国问卷中调查中国文化中心问题。

（Ⅲ）V6-5. 您知道以下中国文化产品的品牌吗？若知道，喜欢吗？

不知道：0 知道，我对它：1. 很不喜欢；2. 较不喜欢；3. 中立；4. 较喜欢；5. 很喜欢

| 中国文化<br>产品品牌 | 0<br>不知道 | 知道 | | | | |
|---|---|---|---|---|---|---|
| | | 1.<br>很不喜欢 | 2.<br>较不喜欢 | 3.<br>中立 | 4.<br>较喜欢 | 5.<br>很喜欢 |
| 孔子学院 | | | | | | |
| 北京同仁堂 | | | | | | |
| 中国文化年/月/周 | | | | | | |
| 茅台酒 | | | | | | |
| 北京全聚德烤鸭 | | | | | | |
| 《少林雄风》 | | | | | | |
| 北京故宫博物院 | | | | | | |
| 京剧 | | | | | | |
| 《云南映象》 | | | | | | |
| 欢乐春节 | | | | | | |
| 中国文化中心 | | | | | | |

## （二）认知数据分析

相关数据见表6-11。

1. 四国对比

四国对中国文化品牌认知度的平均值从高到低为：印尼（77.6%）、越南（74.5%）、韩国（56.6%）、日本（29.9%）。11个品牌中，认知度排前五名的都在六成以上，它们是：京剧（79.7%）、故宫博物院（74.9%）、北京全聚德烤鸭（69.3%）、《少林雄风》（64.6%）、欢乐春节（59.7%）。

2. 各国情况

在日本，京剧和北京故宫博物院排在前两位，认知度分别为65.3%及53.1%；排在第三位的是北京全聚德烤鸭（36.7%）。有超过30%的受访者知道欢乐春节和综艺舞台剧《少林雄风》，而对中国文化年/月/周的认知度

最低，只有12.2%。

在韩国，京剧和北京故宫博物院以超过80%的入选率排在前两位，排在第三位的是北京全聚德烤鸭（79.3%），也有近80%的入选率。有超过50%的受访者知道欢乐春节、综艺舞台剧《少林雄风》、中国文化中心和茅台酒。

总体上看，越南受访者对中国文化产品品牌的认知度较高。排在前三位的分别为京剧、北京故宫博物院和北京全聚德烤鸭。排名最后一位的北京同仁堂，也有62.0%的认知度。

在印尼，综艺舞台剧《少林雄风》认知度最高（90.8%），其次是四海同春（90.2%）、北京故宫博物院（83.3%）、北京全聚德烤鸭（81.9%）、京剧（81.0%），认知度都超过80%。茅台酒、北京同仁堂、孔子学院认知度排名较低。

表6-11 四国受访者对中国文化产品品牌认知度对比

|  | 日本 | | 韩国 | | 越南 | | 印尼 | | 四国平均 | |
| --- | --- | --- | --- | --- | --- | --- | --- | --- | --- | --- |
|  | 认知（%） | 排名 | 认知（%） | 排名 | 认知（%） | 排名 | 认知（%） | 排名 | 认知（%） | 排名 |
| 京剧 | 65.3 | 1 | 87.0 | 1 | 85.5 | 1 | 81.0 | 5 | 79.7 | 1 |
| 北京故宫博物院 | 53.1 | 2 | 83.8 | 2 | 79.2 | 2 | 83.3 | 3 | 74.9 | 2 |
| 北京全聚德烤鸭 | 36.7 | 3 | 79.3 | 3 | 79.1 | 3 | 81.9 | 4 | 69.3 | 3 |
| 《少林雄风》 | 34.2 | 4 | 56.9 | 5 | 76.5 | 4 | 90.8 | 1 | 64.6 | 4 |
| 欢乐春节 | 31.2 | 5 | 57.8 | 4 | — | — | 90.2 | 2 | 59.7 | 5 |
| 茅台酒 | 20.4 | 8 | 53.0 | 7 | 76.3 | 5 | 64.0 | 8 | 53.4 | 6 |
| 《云南映象》 | 24.2 | 6 | 41.1 | 8 | 65.5 | 8 | 77.2 | 6 | 52.0 | 7 |
| 中国文化年/月/周 | 12.2 | 11 | 35.6 | 12 | 73.8 | 6 | 69.1 | 7 | 47.7 | 8 |
| 北京同仁堂 | 14.0 | 10 | 36.7 | 10 | 62.0 | 9 | 60.6 | 9 | 43.3 | 9 |
| 孔子学院 | 16.2 | 9 | 35.9 | 11 | 72.5 | 7 | 59.1 | 10 | 41.5 | 10 |
| 中国文化中心 | 21.3 | 7 | 55.7 | 6 | — | — | — | — | 38.5 | 11 |
| 一国平均 | 29.9 |  | 56.6 |  | 74.5 |  | 77.6 |  |  |  |

（三）态度数据分析

数据见表6-12。

1. 四国对比

以5级量表测量，1为很不喜欢，2为不喜欢，3为中立，4为喜欢，5为很喜欢，计算出受访者对中国文化产品品牌评价的平均值，平均值越高，说明对该项文化产品品牌的评价越高。四国对11个中国文化品牌好感度的平均值从高到低为：印尼（3.70）、越南（3.45）、日本（3.11）、韩国（3.10）。11个品牌中，四国总体平均好感度排在前五名的是：北京全聚德烤鸭（3.73）、故宫博物院（3.64）、《少林雄风》（3.54）、中国文化年/月/周（3.35）、欢乐春节（3.30）。倒数第一到第三是中国文化中心（2.96）、京剧（3.11）、《云南映象》（3.12），都处于中立的位置。

各国有共同点也有差异。共同之处如北京全聚德烤鸭、故宫博物院、《少林雄风》受到四国一致好评；不同之处如茅台酒在韩国排名第四，而在印尼却排名倒数第一，可能是韩国人爱喝白酒，而印尼受访者多为穆斯林，教规禁止喝酒。

2. 各国情况

日本好感度排在第一位的是北京故宫博物院，其次是北京全聚德烤鸭，排在第三位的是综艺舞台剧《少林雄风》，排在最后的是中国文化中心。

韩国排在第一位的是北京全聚德烤鸭，其次是北京故宫博物院和《少林雄风》，排在最后的是孔子学院和《云南映象》。

越南排在第一位的是北京全聚德烤鸭，其次是《少林雄风》和北京故宫博物院，排在最后的是北京同仁堂、《云南映象》和京剧。

印尼排前三位的是《少林雄风》、北京全聚德烤鸭、北京故宫博物院，排倒数三位的是《云南映象》、孔子学院、茅台酒。

表6-12 四国受访者对中国文化产品品牌态度对比（5级量表）

|  | 日本 | | 韩国 | | 越南 | | 印尼 | | 四国平均 | |
| --- | --- | --- | --- | --- | --- | --- | --- | --- | --- | --- |
|  | 好感度 | 排名 | 好感度 | 排名 | 好感度 | 排名 | 好感度 | 排名 | 好感度 | 排名 |
| 北京全聚德烤鸭 | 3.5 | 2 | 3.45 | 1 | 4.01 | 1 | 3.95 | 2 | 3.73 | 1 |
| 北京故宫博物院 | 3.52 | 1 | 3.41 | 2 | 3.68 | 3 | 3.93 | 3 | 3.64 | 2 |
| 《少林雄风》 | 3.12 | 3 | 3.15 | 3 | 3.78 | 2 | 4.09 | 1 | 3.54 | 3 |

续表

|  | 日本 | | 韩国 | | 越南 | | 印尼 | | 四国平均 | |
| --- | --- | --- | --- | --- | --- | --- | --- | --- | --- | --- |
|  | 好感度 | 排名 | 好感度 | 排名 | 好感度 | 排名 | 好感度 | 排名 | 好感度 | 排名 |
| 中国文化年/月/周 | 3.05 | 7 | 3.11 | 5 | 3.46 | 4 | 3.76 | 5 | 3.35 | 4 |
| 欢乐春节 | 3.07 | 6 | 3.02 | 7 | — | — | 3.81 | 4 | 3.30 | 5 |
| 北京同仁堂 | 3.09 | 4 | 3.00 | 8 | 3.38 | 7 | 3.57 | 7 | 3.26 | 6 |
| 茅台酒 | 2.99 | 8 | 3.14 | 4 | 3.41 | 6 | 3.38 | 11 | 3.23 | 7 |
| 孔子学院 | 2.94 | 10 | 2.91 | 10 | 3.44 | 5 | 3.49 | 10 | 3.20 | 8 |
| 《云南映象》 | 3.08 | 5 | 2.86 | 11 | 3.05 | 8 | 3.49 | 9 | 3.12 | 9 |
| 京剧 | 2.95 | 9 | 3.06 | 6 | 2.85 | 9 | 3.57 | 6 | 3.11 | 10 |
| 中国文化中心 | 2.92 | 11 | 3.00 | 9 | — | — | — | — | 2.96 | 11 |
| 一国平均 | 3.11 | | 3.10 | | 3.45 | | 3.70 | | 3.31 | |

注:"—"表示未测量。

### （四）认知与态度对比

对一品牌有认知度并不等于有好感度，对比同一品牌的认知度排名和好感度排名，有助于我们进一步了解受访者对该品牌的好感度情况，见表6-13（表中的差距数据是通过好感度排名减去认知度排名而得到的）。

日本有7个文化产品品牌的认知度和好感度排名比较一致（二者排名差距在3以内）；个别文化品牌的认知度和好感度出现较大偏差。比如，认知度排名第1的京剧，好感度排名第9；而北京同仁堂的认知度排名第10，但好感度排名第4。

韩国大多数文化产品品牌的认知度和好感度排名比较一致（二者排名差距在3以内），个别文化品牌的认知度和好感度出现较大偏差。比如，中国文化年/月/周活动认知排名第11，好感度排名第5；而认知度排名第1的京剧，好感度排名至第6。

越南大多数文化产品品牌的认知度和好感度排名比较一致（二者排名差距在3以内），个别文化品牌的认知度和好感度出现较大偏差。比如，认知度排名第1的京剧，好感度排名第9。

印尼大多数文化产品品牌的认知度排名和好感度排名比较一致（差距

在正负 2 以内），其中好感度排名领先认知度排名的有：中国文化年/月/周、北京全聚德烤鸭、北京同仁堂。

表 6-13 受访者对中国文化产品认知度与好感度排名对比

| 日本 | | | | 韩国 | | | |
| --- | --- | --- | --- | --- | --- | --- | --- |
| 文化产品 | 认知度排名 | 好感度排名 | 好感与认知差 | 文化产品 | 认知度排名 | 好感度排名 | 好感与认知差 |
| 北京同仁堂 | 10 | 4 | -6 | 中国文化年/月/周 | 11 | 5 | -7 |
| 中国文化年/月/周 | 11 | 7 | -4 | 茅台酒 | 7 | 4 | -3 |
| 北京故宫博物院 | 2 | 1 | -1 | 北京全聚德烤鸭 | 3 | 1 | -2 |
| 《少林雄风》 | 4 | 3 | -1 | 《少林雄风》 | 5 | 3 | -2 |
| 北京全聚德烤鸭 | 3 | 2 | -1 | 北京同仁堂 | 9 | 8 | -1 |
| 《云南映象》 | 6 | 5 | -1 | 孔子学院 | 10 | 10 | 0 |
| 茅台酒 | 8 | 8 | 0 | 北京故宫博物院 | 2 | 2 | 0 |
| 欢乐春节 | 5 | 6 | 1 | 中国文化中心 | 6 | 9 | 3 |
| 孔子学院 | 9 | 10 | 2 | 《云南映像》 | 8 | 11 | 3 |
| 中国文化中心 | 7 | 11 | 4 | 欢乐春节 | 4 | 7 | 3 |
| 京剧 | 1 | 9 | 8 | 京剧 | 1 | 6 | 5 |
| 越南 | | | | 印尼 | | | |
| 文化产品 | 认知度排名 | 好感度排名 | 好感与认知差 | 文化产品 | 认知度排名 | 好感度排名 | 好感与认知差 |
| 中国文化年/月/周 | 6 | 4 | -2 | 北京全聚德烤鸭 | 4 | 2 | -2 |
| 孔子学院 | 7 | 5 | -2 | 北京同仁堂 | 9 | 7 | -2 |
| 《少林雄风》 | 4 | 2 | -2 | 中国文化年/月/周 | 7 | 5 | -2 |
| 北京全聚德烤鸭 | 3 | 1 | -2 | 孔子学院 | 10 | 9 | -1 |
| 北京同仁堂 | 9 | 7 | -2 | 《少林雄风》 | 1 | 1 | 0 |
| 《云南映象》 | 8 | 8 | 0 | 北京故宫博物院 | 3 | 3 | 0 |
| 北京故宫博物院 | 2 | 3 | 1 | 京剧 | 5 | 6 | 1 |
| 茅台酒 | 5 | 6 | 1 | 茅台酒 | 8 | 10 | 2 |
| 京剧 | 1 | 9 | 8 | 《云南映象》 | 6 | 8 | 2 |
| — | — | — | — | 四海同春 | 2 | 4 | 2 |

## 第三节　调查后的思考

### 一、中国文化产品在八国的整体情况

从整体上来看，绘画、手工艺品、电影三项受到的整体关注度最高，应成为将来对外文化交流的重点。

大多数受访者（62%—87%）在过去一年中都看过中国电影，而且对中国电影的态度普遍持积极看法，说明中国电影在对外文化交流中的作用应该受到相关部门更大的重视。

中国出版的图书在八国受访者中均遭到冷遇，对图书主题不感兴趣和购买、借阅不便是主要原因，说明相关部门和出版机构在出版选题和图书流通两方面还需要多下功夫。

在多数受访国家，中国艺术家的演出、中国展览以及专门的文化交流活动（如"中国周"等）也没有得到太多关注，没有获得相关信息、没时间、不感兴趣是主要原因，说明相关部门和机构需要在信息推广和吸引受众上多努力。在问卷调查后的访谈中，受访者的发言证实了这个短板。课题组采访员问："您觉得咱们是要推广传统文化还是用新的措施来包装文化？"一位从事中日文化交流的公务员说："我觉得两条腿都要硬，现在咱们国家的芭蕾也好，交响乐也好，水平其实都不低，但是由于一种根深蒂固的概念，说到交响乐和芭蕾舞，大家都想到西方，所以日本对这方面了解得不多，因为咱们国家的芭蕾舞团和交响乐都去日本演出过，看过的观众都觉得水平很高，但是因为受到刻板印象的影响和宣传介绍的不足（传播效果一般）。中国的这种现代文化在日本文化市场的份额都不是特别高，包括动漫和电视剧，咱们的文化产品在东南亚都很受欢迎，但是日韩就是打不进去。"中国韩朝同学会的副会长也有同感。他认为，中国的电视剧其实都是很不错的，只不过中国人不懂得包装，不懂得运作。"在文化产业这方面，韩国之所以优秀，也是把美国那一套东西学得很好，才可以把自己的东西包装得很漂亮。所以文化产业的运作，如何把自己国家的文化实现商品价值，把自己的东西实现世界市场价值，这方面中国有差距，特别是在营销方面，现在还跟

国际的运作水平有差距。"

## 二、"一国一策"地推广宣传不同的文化产品

总体而言,美国、德国、俄罗斯和印度四国对中国文化产品的接受明显呈现出"外外有别"的特点:美国受访者对中国的纪录片最感兴趣,其次对中国的电影和文化旅游也表现出喜爱。德国人最倾向于通过旅游对中国文化进行实际的考察,但也接受中国的艺术品和电影类的文化产品。中国的手工艺品在俄国和印度均为最受关注的文化产品,但在印度受关注的艺术品在俄罗斯却受到了一定的冷遇。相比于中国的艺术品,俄罗斯人更加关注中国的绘画和电影。因此,未来我们要针对国别进行不同的文化产品宣传和推广:针对北美地区,中国要大力发展纪录片的生产,根据现有中国的实力,应该充分利用中国和世界的高新科技和现代网络传播的特点,提升中国纪录片的质量,确保渠道发送的快速及时。针对以德国为代表的欧洲,由于在历史上中国和它们共有的历史商业文化关联,宜发展不同的旅游项目,如古丝绸之路寻访游、马可波罗中国探险游、中国传统文化道教圣地游、中国传统文化儒学圣地游等。

日本、韩国、越南和印尼四国对中国文化产品的接受兴趣也明显呈现出"外外有别"的特点:对18项中国文化产品兴趣值(5级量表)超过中线(3分)的,日本受访者只有2项(中华餐饮和中华医药),韩国有5项,越南有15项,印尼18项全部超过。在购买中国文化产品的意愿上,11级别量表中,日本的购买意愿为2.61,基本没有多少购买意愿,而印尼的购买意愿为6.06,比日本高很多。关于日本对中国文化产品、电影、电子游戏及动漫的兴趣度及接触度比较低的原因,在问卷调查后的采访中询问了相关专家学者和在京的日本留学生。主要有以下几个原因:

首先,中国这些产品本身的优势不够。中国某大学的一位教授认为,我国文化产品、电子游戏等在日本的兴趣度低"很正常,我们的发展程度比人家低,这些产品的技术方面不如人家,在内容上变成了一种说教,或者故事性不强,不太贴近生活,那他们怎么会感兴趣呢?"一位从事中日文化交流的中国公务员认为,在动漫产业方面,日本本身有优势。"文化产业在中国还是刚刚起步,日本的文化产品在全世界都是很有名的,尤其是动漫游

戏，日本对文化产业不光是在国内很重视，而且还把它推向全世界。动漫这一块全世界的电视台都能看到日本的动漫。这是他们引以为豪的，他们叫'魅力日本'。他们就不断地把这些他们认为能代表日本的东西传播出去，他们是水平如此高的一个国家看到我们国家刚刚起步肯定是会发现很多差距。""日本就是一个动漫大国，是电子文化产品的大国，所以它就认为其他国家的动漫产品也好，电子产品也好，过去都是模仿日本的，所以日本在认知度和好感度上肯定不会特别高。"

其次是传达诉求方式生硬。那位大学教授认为生硬表现在两方面：一是寻求人类共性不足。"如何把文化传播出去？人类是具有共性的，虽然有时候个性会大于共性，至少寻找一种共性，有真善美的东西，才容易接受。宫崎骏的东西就讲了人类的一种本性，所以人们都觉得好，而且它还会讲故事。""中国电影《那山那人那狗》在中国一个拷贝没卖出去，但是在日本演了一年始终有观众。"这就是因为日本已经到了一种后工业化社会，它对前工业化社会很怀念。二是传媒讲究中立，不要带价值判断。"所以你更多的是通过描述让受众自己去判断事物的好坏。像日本电视台在中国拍的一系列纪录片，它不作价值判断，但是它很好。比如说它拍农民工，一定不光拍农民工，还要拉一个天津的房地产商人，和内蒙古去天津打工的一对比就会发现这个社会的问题在什么地方。这样就达到一个效果了，贫富悬殊、地域矛盾都在里面了，但不作价值判断，我觉得这是我们应该好好学习的。"

最后，中日关系走入低谷的影响。日本某大学在华办事处的工作人员说："（中国的）电视剧对日本人来说感觉不好，因为抗日的电视剧太多了，很多日本人知道，24小时365天都有抗日的电视剧，我觉得很遗憾很可惜。"访谈中我们也得知有一些文化演出在日本受到欢迎。例如，一位在京的日本留学生说："一个叫作女子十二乐坊的乐团在日本很火，这种表现传统音乐的方式让日本人很喜欢，而且在日本没有。"而在越南的电视剧的情况却是另一番景象。一位从事中越文化交流的中国公务员介绍说："当越南人对中国产品还心存芥蒂的时候，电视剧进入了越南人的心里。中国电视剧在越南市场上有几方面的表现：一是播出数量巨大，2007年有300部中国电视剧在越南的各个电视台播放，这还不包括越南南方的部分电视台。二是所占比例比较高,播放越南国产电视剧、中国电视剧、其他外国电视剧的比例为1:2:1。三是合作方式领先。在京越南留学生对越南人喜欢中国影视剧的原因解释是:"主要在于两国同属汉文化圈,两国人民在思想上比较接近,价值观上趋同,因此越南人对中国电视剧传播的思想和内容理解起来比较容易。四大名著翻拍的电视剧、历史剧和家庭剧在越南很受欢迎,其中《西游记》《还珠格格》每年都会重播,深受老人和孩子的喜欢。"

发达国家日本和发展中国家越南的国情不同,对中国文化产品的态度不同。因而要根据对中国文化产品在各国的需求情况,"一国一策"地推广宣传不同的文化产品。

### 三、在一国内部需要区别对待不同的人群组

调查显示,在对美国不同的人群组进行分析时,美国青年在纪录片、电影、文化旅游的选择频率上低于该国受访者总体和精英受访者,美国青年人更愿意接受网络游戏产品,而精英更喜欢中国的雕塑、文化旅游等,美国受访者对中国在美国举办的文化交流项目了解得不多,他们中的大部分人没有听说过中国在他们的国家举办过文化交流活动,特别表现在精英人群的受访者中。德国、俄罗斯和印度也同样存在不同人群组的差异。

因此,对待不同的人群组应采取不同的文化产品适应性推广。青年人对文化产品更追求高新科技内容,现代科技和文化产品相结合的内容是中国向国外推广文化产品的重要内容,也是中国应大力发展的产品。精英是在政府部门和社会机关工作的主要人物,他们对具有传统中国文化产品的内容更加青睐,因此在宣传和推广上应充分针对这一特点发展相关产品。另外,他们对国家政策的参与度较高,因此需要引起的重视。

总体而言,在对中国文化产品的调研中,绘画、手工艺品、电影三项最受欢迎,应成为将来总体研讨和对外跨文化传播和发展的重点。在各项文化产品的具体实施过程中,把电影作为中国重要的对外传播渠道和传播内容,但电影的内容方面还欠缺对中国文化和对中国人的正面展示,这有待进一步改进并深入探讨。中国毕竟是东方文化大国,如何做好中国文化产品的内容是对外传播的难点,对具有西方文化传统的国家要如何把握差异性并使其具

有吸引力，对具有东方文化传统的国家要如何把握同质性并使其具有吸引力，是应该努力下功夫的关键。目前中国在对外文化产品的宣传、推广和效果评估上都急需改进。在宣传和推广方面，应积极加大新媒体和新科技的含量，纸媒已经是不太受欢迎的产品；在宣传和推广后，一定要进行相关的效果评估，只有这样才能不断地、有效地推进中国文化产品的国外传播，提高中华文化在国外的影响力。

在对日本、韩国、越南、印尼四国高中生、青年、精英和整体人群进行分析时，发现在购买中国文化产品的意愿方面，四国均呈现高中生群组低于青年群组、青年群组低于整体群组、整体群组低于精英群组的现象。青少年是一个国家的未来，宜在高中生和青年中加大工作力度，培养未来的购买中国文化产品的人群。

### 四、"内外有别"地向外推广中国的文化产品和品牌

有的文化产品在国内受欢迎，但在国外不一定那么受欢迎。总体而言，在对中国文化产品的调研中，中华餐饮、文化旅游、中华医药、电影、手工艺品五项最受欢迎，应成为将来总体研讨与对外文化传播和发展的重点，特别是电影应是对外文化产品中的重中之重。在观看过中国电影的国家中，通过电视观看的最多，在四国中都处于最高值，印（69.8%）、俄（71.7%）、德（77.9%）均占到了70%以上的份额，美国也有53.9%，这说明中国电视在海外传播时，播放中国电影应该是一项重要的栏目。

打造中国文化品牌也是如此，例如京剧是中国的国粹，是中国文化的一种品牌，在列举的各种文化品牌中，京剧在日本和越南的认知度都排名第一，但好感度排名靠后，在今后的一段较长的时间里，在日本和越南就不太适于做主打文化品牌。京剧在东亚及东南亚等中华文化影响力较大的地区认知度较高，而在欧美的认知度很低，所以要考虑对外传播京剧的范围。同时，也要注意到，京剧虽然在亚洲的认知度较高，但好感度较低。

# 第 七 章

# 中华核心价值观在海外的共享性

## 第一节 在美国、德国、俄罗斯、印度、日本的调查

一、问卷设计

（一）中华核心价值观

问卷中的中华核心价值观问题，考虑和形成过程如下：

1. 中华核心价值观的遴选

价值观是文化的核心。价值观是文化中处于核心地位的要素之一，是决定人的行为的心理基础。测量这类数据非常重要，因为当一国文化具有特色的核心价值观被他国欣然赞同时，该文化就获得了深刻影响他国文化和社会的关键力量。

从价值观的来源看，当代中华核心价值观来自中国传统文化、五四以来创造的新文化和外来文化。什么是中华特色核心价值观？如何筛选出当今具有中华特色的价值观呢？我们在研究中使用了多种方法。一是采用主位视角，应用心理词汇法（psycholexical approach）探讨中华价值观。21世纪以来，运用心理词汇法针对具体文化与语言中的价值观结构的本位研究不断兴起，以发现价值观结果中的具体文化特征。使用词汇分析法，从《现代汉语词典》中提取表达中国人的价值观词汇，这成为我们筛选中华核心价值

观的基础。二是查阅中国大陆和港台的哲学和心理学相关学术著作，查阅学者们列举的中华价值观，如果发现有《现代汉语词典》中遗漏的价值观，就加以补充。两者的数量相加就是当今中国现有的价值观数量。查阅的主要著作有：张岱年所著的《中国古典哲学概念范畴要论》和《文化与价值》①，杨国枢主编的《中国人的价值观》②，香港中文大学心理学教授彭迈克主持的关于中国人价值观研究中的40项中华价值观③，《毛泽东选集》《邓小平文选》以及改革开放以来的党和政府发表的重要文献。三是查阅《汉语外来词词典》④，从中找出外来价值观的数量。查阅显示，民主、自由、科学、人权、霸权、马克思列宁主义、社会主义、共产主义均为外来语。用当今中国现有价值观数量减去外来价值观的数量，就是中华价值观的总数。

价值观是有层次的，最高层次的价值观是针对人类面临的最基本问题的价值取向，最基本的问题是处理人与自然、人与人、人与社会、国家与国家、精神与物质、人与神等根本性问题的关系。对这些问题中外文化/文明都做出了回答，都有自己的独特贡献，但也都有缺失。我们需要开拓发展中华文化中回答这些人类基本问题又有助于解决当今人类面临难题的核心价值观，因而去掉了低层次的价值观或工具性的价值观，如谦虚、勤劳、稳重、节俭、整洁、婚姻幸福等。另外，要去掉各国文化原创的又是各文化间共同的价值观，比如诚信、智慧、爱国等。

经过以上步骤，遴选出11项中华核心价值观：属于传统文化的有7项，仁、恕、孝、礼、义、和而不同、天人合一；新中国成立后到改革开放前的

---

① 张岱年：《文化与价值》，新华出版社2004年版；《中国古典哲学概念范畴要论》，中国社会科学出版社1989年版。

② 杨国枢主编：《中国人的价值观》，中国人民大学出版社2013年版。

③ The Chinese Culture Connection, "Chinese Values and the Search for Culture-Free Dimensions of Culture", *Journal of Cross-Cultural Psychology*, 18（2）（1987）：143-163. 40项价值观为：孝（服从父母、尊敬父母、尊崇祖先、赡养父母）、勤劳、容忍、随和、谦虚、忠于上司、礼仪、礼尚往来、仁爱（恕、人情）、学识（教育）、团结、中庸之道、修养、尊卑有序、正义感、恩威并施、不重竞争、稳重、廉洁、爱国、诚恳、清高、俭、耐力（毅力）、耐心、报恩与报仇、文化优越感、适应环境、小心（慎）、信用、知耻、有礼貌、安分守己、保守、要面子、知己之交、贞洁、寡欲、尊重传统、财富。

④ 刘正埮等编：《汉语外来词词典》，上海辞书出版社1984年版。

有2项，集体主义、以人（民）为本；改革开放以来的有2项，共同富裕、和谐世界。

这些中华核心价值观是否被外国民众所接受，或者说是否具有共享性？可以与哪些国家共享？这不仅需要思辨性的研究，也需要实证性的科学研究。目前国内外学者尚未对上述中华核心价值观在外国的共享性进行过系统的多国实证性调查研究。"世界价值观调查"受到自身文化背景的限制，问卷中没有关于中华核心价值观的问题。外国民众是否赞同中华核心价值观是中国文化影响力大小的关键。根据调查问卷的需求，首先要对这些概念进行简短的解释或定义。

2. 11项中华核心价值观的准确定义

《辞海》是我国当今以字带词，兼有字典、语文词典和百科词典功能的大型综合性辞典。自1965年问世以来，《辞海》陆续推出修订版，2009年版是最新版本，其对11项价值观的定义应是最深入和权威的定义。中型字典《现代汉语词典》1965年问世，供中等以上文化程度的读者使用，2012年出版的第6版是最新版本，它对11项价值观的定义最能反映当代性。下面我们分别看看这两部词典的最新版本对11项中华价值观的界定。它们对这些中华价值观含义的界定是英译的依据。综合上述汉语词典的解释，11项价值观在当今汉语中的含义如下。

仁："仁者爱人。"精炼地讲，就是"仁爱"。

恕："推己及人，以仁爱之心待人。"结合《论语·卫灵公》的原文"其恕乎！己所不欲，勿施于人"，精炼地讲，就是"己所不欲，勿施于人"。

孝："养亲、尊亲。"精炼地讲，就是"孝顺"。

礼："社会生活中由于风俗习惯而形成的为大家共同遵守的仪式。"可用一个词概括为"礼仪"。

义："公正合宜的道理。"可用一个词概括为"正义"。

和而不同："和谐相处，协调不同意见，但不盲从苟同。"

天人合一："天人协调、和谐与一致。"

共同富裕："生产成果不能归少数人享有，而是要为全体人民的共同富裕服务。不是同步富裕,而是通过让一部分人、一部分地区先富起来,先富帮后富来实现。"

和谐世界:"世界各国应该政治上相互尊重、平等协商,共同推进国际关系民主化;经济上相互合作、优势互补,共同推动经济全球化朝着均衡、普惠、共赢的方向发展;文化上相互借鉴、求同存异,尊重世界多样性,共同促进人类文明繁荣进步;安全上相互信任、加强合作,坚持用和平方式而不是战争手段解决国际争端,共同维护世界和平稳定;环保上相互帮助、协力推进,共同呵护人类赖以生存的地球家园。遵循《联合国宪章》的宗旨和原则,恪守国际法和公认的国际关系准则,在国际关系中弘扬民主、和谐、协作、共赢精神,建立和平稳定、公共合理的国际政治经济新秩序,实现世界持久和平、共同繁荣。"

以人为本:"把人民的利益作为一切工作的出发点和落脚点。"简言之,"以人民利益为本"。在笔者看来,以人民为本的思想要早于2003年,1944年毛泽东在《为人民服务》一文中就阐述了这一价值观,并在新中国成立后大力宣传。

集体主义:协调集体利益与个人利益的辩证关系的道德,"承认个人的正当利益,但发生冲突时,把集体利益放在个人利益之上"。

明确这些价值观的含义是将其英译的基础。

3. 11项中华核心价值观的外译

(1)词典的译文。

11项价值观都是概念,以词汇的形式呈现,这需要借用中译外的词典。在将11项价值观翻译成外语时,遇到了意想不到的困难。下面以汉译英为例,叙述其中遇到的问题。汉英词典是将中华核心价值观译为英文的工具书。历史上最早的汉英词典是1822年英国传教士马礼逊在澳门出版的《华英字典》,以后陆续有西方人士编辑的汉英词典问世。1978年,我国学者主编的首部汉英词典《汉英词典》由北京外国语大学编辑出版,"在国人的汉英词典编纂史上,这第一步极为重要,以后无论哪本汉英词典,无论续编、新编、另编，或多或少都受惠于1978年的第一本"①。1995年、2010年该词典出了第二、三版。② 20世纪90年代以来，新编汉英词典相继面世，其中我国学者主编的有：吴光华主编的《汉英大辞典》，吴景荣、程镇球主编的《新时代汉英大词典》，惠宇主编的《新世纪汉英大词典》，国务院新闻办策划、《汉英外事工作常用词汇》编纂委员会编译的《汉英外事工作常用词汇》；美国学者主编的有：德范克主编的《ABC汉英词典》。进入21世纪后这些辞典陆续有修订版问世。在众多汉英词典中，人事部翻译职称考试官方推荐的是《新时代汉英大辞典》，这是做翻译和英语专业用得最多的词典。其他词典中，使用比较多的还有外研社的《现代英汉汉英词典》。虽然互联网上可以用百度翻译等网站进行汉英翻译，但它们不如上述词典权威，故未纳入我们的考察之内。查阅七种汉英词典③，将11项中华核心价值观的译文进行对照，可以获取我国翻译学界汉译英主流对11项价值观的译文。

**仁**：各汉英词典对"仁"的翻译基本稳定，首选均为"benevolence"；其次还有"kindness, kindheartedness" "humanity"。《新世纪汉英大词典》索性将"仁"对等翻译成"benevolence"。可见，当今我国翻译学界汉译英主流实践中"仁"等于"benevolence"。

**恕**：各词典的译文都没有将"己所不欲，勿施于人"这一核心观点译出。除《新时代汉英大词典》外，其他词典还不如马礼逊主编的《华英字典》对"恕"的英译： "Benevolent, indulgent, considerate. To excuse; to treat others as one would like one's self."该译文中有"你希望别人怎样待你，你就应该怎样待别人"这种接近"恕"含义的解释，但实际上仍是以传教士的视角用"金律"等同"恕"，并没有译出"己所不欲，勿施于人"的真

---

① 姚小平：《〈汉英词典〉的过去、现在和将来》，载姚小平主编：《汉英词典》第三版序，外语教学与研究出版社2010年版，第2页。
② 第二版获得第十届中国图书奖、第二届国家辞书奖一等奖和全国优秀畅销书奖励。
③ 这七种汉英词典是：〔英〕马礼逊：《华英字典》（*A Dictionary of the Chinese Language*）第二卷，大象出版社2008年影印版。姚小平主编：《汉英词典》（第三版），外语教学与研究出版社2010年版。吴光华主编：《汉英大辞典》（第三版），上海译文出版社2010年版。惠宇主编：《新世纪汉英大词典》，外语教学与研究出版社2005年版。吴景荣、程镇球主编，潘绍中修订主编：《新时代汉英大词典》，商务印书馆2014年版。《汉英外事工作常用词汇》编纂委员会编译：《汉英外事工作常用词汇》，外文出版社1998年版。〔美〕德范克：《ABC汉英词典》，上海汉语大词典出版社2003年版。

谛。《新时代汉英大辞典》将"恕道"翻译为"principle of reciprocity; do unto others as you wish others to do unto you",同样是将"恕"译为"金律",重复马礼逊的译法。而《汉英词典》的译文"考虑到他人"(consideration for others)同"己所不欲,勿施于人"的观点相差更远。七种汉英词典中有五种将"恕"对等翻译成"forbearance"。2010 年出版的我国著名翻译家林戊荪的《〈论语〉新译》中也将"恕"英译为"forbearance"。① 可见,当今我国翻译学界汉译英主流实践中"恕"等于"forbearance"。

**孝**:对"孝"的英译基本和第一版《汉英词典》雷同,多数都把"filial piety"放在首选。可见,当今我国翻译学界汉译英主流实践中"孝"等于"filial piety"。

**礼**:查阅各类汉英词典显示,对"礼"的英译基本和第一版《汉英词典》雷同,都把"ceremony"和"rite"放在第一、二位。可见,当今我国翻译学界汉译英主流实践中"仁"等于"ceremony;rite"。

**义**:1978 年以来,各版《汉英词典》对"义"的翻译没有变化,为"justice;righteousness"。查阅其余汉英词典显示:对"义"的英译基本和第一版《汉英词典》雷同,都把"justice"和"righteousness"放在第一、二位。可见,当今我国翻译学界汉译英主流实践中"义"等于"justice;righteousness"。

**和而不同**:1978 年以来,各版《汉英词典》都未把"和而不同"列入词典的词条。因而,"和而不同"没有标准的译文。

**天人合一**:1978 年和 1995 年的《汉英词典》没有收录"天人合一"这一词条,2010 年版才列入。《ABC 汉英词典》最早将其列为词典的词条,并翻译为"the theory that man is an integral part of nature"。查阅其余各类汉英词典显示:对"天人合一"的英译基本和《ABC 汉英词典》的译文雷同。

---

① "夫子之道,忠恕而已矣。"译为:"The Master simply meant that loyalty and forbearance form the essence of his teachings." "子曰:'其恕乎! 己所不欲,勿施于人。'"译为:"The Master answered, 'There is, and that word should be forbearance. Do not do unto others what you would not others do unto you.'" *Getting to Know Confucius—A New Translation of The Analects*, Translated by Lin Wusun, Foreign Language Press, Beijing, China, 2010, pp. 73, 275.

可见，当今我国翻译学界汉译英主流实践中"天人合一"等于"the theory that man is an integral part of nature"。但是《汉英大词典》的译文"harmony between man and nature"更为简洁，与"天人合一"的含义"天人协调、和谐与一致"更为贴切。

**共同富裕**：共同富裕是邓小平1985年提出的一项核心价值观，2010年版《汉英词典》才收录该词条，并翻译为"common prosperity"。查阅其余各类汉英词典显示：除《汉英大词典》作为第三种译文外，其余均译为"common prosperity"。可见，当今我国翻译学界汉译英主流实践中"共同富裕"的译文为"common prosperity"。

**和谐世界**：和谐世界是胡锦涛2005年提出的一项核心价值观，至今各类汉英词典均未收录。大型的词典都收录了"和谐"一词，对其译文的形容词首选是"harmonious"。其中三种词典有"和谐社会"一词，译文均为"harmonious society"。这对"和谐世界"的英译有借鉴意义。

**以人为本**：《管子》最早提出了"以人为本"。2003年中共十六届三中全会提出了"以人为本"。该年出版的由中国人主编的各类汉英词典都收录了该词条，但译文不统一，共有八种。没有一种在四种大型的词典中作为首选译文。译文与当今汉语中"以人为本"的含义"把人民的利益作为一切工作的出发点和落脚点"都不是很贴切。"人民的利益"只有一种译文有"利益"一词，《汉英词典》的译文为"give priority to man's interest"，但是用的是"man"，泛指人或人类，而"以人为本"中的"人"是指人民（people），不是个人（individual）。因而，各个词典中没有理想的英文译文。在短语译文中，"people-oriented"出现次数最多。

**集体主义**：1978年以来，各版《汉英词典》对"集体主义"的翻译基本稳定，"collectivism"一直是首选。1998年版的《汉英外事工作常用词汇》将集体主义译为"community spirit"。2010年版的《汉英词典》收录了这种译法，作为集体主义的第二种译法。可见，当今我国翻译学界汉译英主流实践中"集体主义"等于"collectivism"。

（2）对英文译文准确性的鉴别。

上述11项价值观译为英文后出现四种形式：一个单词（仁、恕、礼、义、集体主义）；一个词组（孝、共同富裕）；一个句子/短语（天人合一、以人为本）；没有现成的译文（和而不同、和谐世界），需要自己翻译。对于最后一种情况，不存在英译是否准确的问题。对于前三种情况的 9 项价值观，需要使用不同方法去检验英文译文是否准确。

测量译文单词是否准确的办法是回译。例如，以"百合"为例，《汉英词典》将"百合"译成英语"lily"，然后查阅英汉词典，看"lily"译回汉语后是否还是"百合"，是则汉译准确，否则汉译不准确。英汉词典主要有两类：第一类是由中国人编辑出版的，常见的有六种①，其中郑易里主编的《英华大词典》在大型英汉词典中出版时间为最早（以下简称《郑典》），陆谷孙主编的《英汉大词典》最为常用（简称《陆典》），李华驹主编的《21 世纪大英汉词典》较新（简称《李典》）。第二类是由英美人编辑的、中国人翻译的英汉双解词典，常见的有七种②，其中《牛津高阶英汉双解词典》（简称《牛典》）和《朗文当代英语大辞典（英英·英汉双解）》最为常用（简称《朗典》），《麦克米伦高阶英汉双解词典》（简称《麦典》）获得过英语语言教学界的大奖。此外，还有网络词典。随着互联网的发展，各类网上辞典也应运而生，网民使用比较方便。金山词霸、百度翻译、谷歌翻译都是网民常用的英汉词典，但是，它们都以上述两类词典为基础，因此不在考察之列。下面我们选用这六种词典来检验将仁、恕、礼、义、集体主义分别译为英语单词的准确性。

**benevolence**（仁）：《郑典》将"benevolence"译为"仁爱等"，《陆

---

① 它们是：郑易里主编：《英华大词典》（第二版），商务印书馆 1984 年版；陆谷孙主编：《英汉大词典》，上海译文出版社 1993 年版；李华驹主编：《21 世纪大英汉词典》，中国人民大学出版社 2002 年版；《英汉大词典》编委会：《英汉大词典》，商务印书馆国际有限公司 2004 年版；李华驹主编：《21 世纪中型英汉词典》，中国人民大学出版社 2004 年版；外语教学与研究出版社编：《外研社现代英汉汉英词典》，外语教学与研究出版社 2005 年版。

② 它们是：[英] A.S. 霍恩比：《牛津高阶英汉双解词典》（第 6 版），石孝殊等译，商务印书馆 2004 年版；[英] 萨默斯：《朗文当代英语大辞典》（英英·英汉双解），朱原等译，商务印书馆 2005 年版；麦克米伦出版公司编：《麦克米伦高阶英汉双解词典》，杨信彰等译，北京外语教学与研究出版社 2005 年版；英国牛津大学出版社编：《牛津现代英汉双解大词典》（第 12 版），外语教学与研究出版社 2013 年版；本词典编译出版委员会编译：《新牛津英汉双解大词典》，上海外语教育出版社 2007 年版；宫齐等编译：《ENCARTA 英汉双解大词典》，世界图书出版广东有限公司 2012 年版；[英] 辛克莱主编：《COBUILD 英汉双解词典》，《柯伯英汉双解词典》编译组译，上海译文出版社 2002 年版。

典》和《李典》则译为"善"。常用的三种英汉双解词典对"benevolence"英文解释之后的汉译为：（尤指当权者的）乐善好施。没有仁者爱人（love others）的思想理念。总之，各类英汉词典中都没有将"benevolence"译为"仁"。回译的研究显示，将"仁"英译为"benevolence"不是很准确，目前我国流行的各种汉英词典对"仁"的译文是辞不达义。美国著名心理学学者罗克奇（M. Rokeach，也译为罗基切）的价值观研究中，列举的代表美国人的 36 项价值观要素里，没有"benevolence"。在英文中，"benevolence"是个比较肤浅的价值观。"仁"这一儒家的核心价值观重要概念，在英语里被粗浅地翻译成"benevolence"，使"仁"所包含的深刻思想大打折扣。这种类型的转译给外国读者一种印象——中华文化的"仁"思想是粗浅的。学者杨平认为，"仁"是孔子思想的核心，《论语》赋予"仁"以丰富的内涵及显著的地位。作为一种最高的道德理想以及所有道德的总和，通过总结分析数种翻译方法的利弊得失，为了忠实全面地传达孔子的哲学思想，"仁"最好是用音译。①

**forbearance（恕）**：三种英汉词典对"forbearance"的汉译为：忍耐、克制、宽容等。没有一本词典译为"恕"或"己所不欲，勿施于人"，或"以仁爱的心待人；用自己的心推想别人的心"。三种英汉双解词典对"forbearance"英文解释之后的汉译为：宽容、克制、忍耐等。没有一本词典译为"恕"或"己所不欲，勿施于人"，或"以仁爱的心待人；用自己的心推想别人的心"。总之，各类英汉词典中没有一种将"forbearance"译为"恕"。回译的研究显示，将"恕"英译为"forbearance"很不准确。目前我国流行的各种汉英词典对"恕"的译文是误译。罗克奇列举的代表美国人的 36 项价值观要素里，没有"forbearance"。在英文中，"forbearance"是个比较肤浅的价值观。"恕"这一富有东方智慧的中华核心价值观的重要概念，在英语中被非常粗浅地翻译成"forbearance"，使"恕"所包含的深刻的思想黯然失色。②

---

① 杨平：《〈论语〉核心概念"仁"的英译分析》，《外语与外语教学》2008 年第 2 期。
② 更多内容参见关世杰：《世界文化多样性与中华特色价值观外译——以汉英词典中的"恕"为例》，《新疆师范大学学报》2016 年第 3 期。

**ceremony；rite（礼）**：汉英词典将"礼"译为两个英语单词"ceremony"和"rite"。常用的三种英汉词典对"ceremony"的汉译均为：典礼、仪式等。对"rite"的汉译，《郑典》为：仪式，典礼；《陆典》和《李典》指出，"rite"常指宗教仪式。常用的三种英汉双解词典对"ceremony"英文解释之后的一致均为：典礼、仪式；对"rite"的汉译一致为：（常指宗教）仪式，典礼。由于"rite"含有宗教仪式的意思，而儒家思想不是一种宗教，因而将礼译为"ceremony"比"rite"更好。回译表明，"礼"译成"ceremony"是准确的。然而，西方的汉学家对"礼"的西文译文并不满意。著名法国汉学家汪德迈说，"礼"是儒家思想中一个重要的概念，是统治者维护社会秩序的一种制度。"像'礼'这样基础的中文概念，在西方语言里只能被非常粗浅地翻译成'礼节'或者'礼仪'这类词汇。这种类型的转译给外国读者一种印象，中国思想是比较粗浅的。这助长了偏见的形成，即只有西方模式可以成为现代社会形态。"①

**justice；righteousness（义）**：汉英词典将"义"译为两个英语单词"justice"和"righteousness"。三种英汉词典对"justice"的汉译均为：正义，公道；公正；公平等。对"righteousness"均译为：正直的，公正的，正义的。三种英汉双解词典对"justice"英文解释之后的一致汉译为：公正；公平；正义。对"righteousness"的汉译一致为：公正的；正直的；正当的。英国伦敦有"justice"女神塑像。而"righteousness"是形容词"righteous"变成的一个不常用的名词，特别是《李典》指出其这是个陈旧的词，在900年之前使用。因而将"义"译为"justice"比"righteousness"更好。回译表明，"义"译为"justice"基本是准确的。然而，"义"与西方的"justice"还是有区别的，中国的"义"更多是靠个人的道德达到正义，而西方的"justice"更多的是依靠法律达到正义。罗克奇列举的代表美国人的36项价值观要素里，有"justice"。因而，"义"这一富有东方智慧的中华核心价值观重要概念，若在英语中翻译成"justice"，就会使"义"

---

① 〔法〕汪德迈：《"占卜学"对"神学"、"表意文字"对"拼音文字"》，于珺译，载乐黛云、〔法〕李比雄主编：《跨文化对话》29辑，复杂性思维专号，生活·读书·新知三联书店2012年版，第198页。

所包含的东方思想完全混同于"justice"。这种类型的转译给外国读者一种印象，即中华民族的"义"的思想和"justice"是完全一致的。

**collectivism（集体主义）**：三种英汉词典对"collectivism"的汉译均为"集体主义"，但《陆典》和《李典》指出其是"制度"，不是价值观；《牛典》《朗典》《麦典》三种英汉双解词典都明确指出"collectivism"是指"一种政治制度"。《牛典》对"collectivism"的定义是："the political system in which all farms, businesses and industries are owned by the government or by all the people 集体主义；（一切农场、工商企业都归政府或全民所有）公有制。"这个定义与《辞海》对当今汉语中"集体主义"的界定（协调集体利益与个人利益的辩证关系的道德：承认个人的正当利益，但发生冲突时，把集体利益放在个人利益之上）和《现代汉语词典》对集体主义的解释（一切从集体出发，把集体利益放在个人利益之上的思想）并不相同。在汉语中，"集体主义"是一种道德或思想；在英语中，"collectivism"是一种制度。因而，将"集体主义"翻译成"collectivism"是不准确的。目前我国流行的各种汉英词典将"集体主义"译为"collectivism"是误译。

值得一提的是，荷兰心理学家霍夫斯泰德提出的文化维度①之一个人主义—集体主义（Individualism versus Collectivism），其英文表述是有缺欠的：individualism 是一种信仰，而 collectivism 是一种制度。《麦典》对"individualism"的定义为："noun [U] ①the belief that the freedom of individual people is more important than the needs of society or the government 个人主义；②the behavior of someone who does things in their own way without worrying about what other people think or do 我行我素。"可见，在英文中，"individualism"是一种信仰或行为；而"collectivism"则是一种政治制度（或简称为"制度"），不是英文关于"价值观"定义中的"principle"和"beliefs"。信仰和信仰

---

① 霍夫斯泰德提出的文化维度理论（Hofstede's cultural dimensions theory）是用来衡量不同国家文化差异的一个框架。他将不同文化间的差异归纳为六个基本的文化价值观维度。其中之一是个人主义/集体主义维度（Individualism versus Collectivism），它是衡量某一社会是关注个人利益还是关注集体利益。个人主义倾向的社会中人与人之间的关系是松散的，人们倾向于关心自己及小家庭；而具有集体主义倾向的社会则注重族群内关系，关心大家庭，牢固的族群关系可以给人们持续的保护，而个人则必须对族群绝对忠诚。

可以对比，制度和制度可以对比，信仰和制度作为一类价值观维度的两端进行对比是逻辑上的混乱，霍夫斯泰德的 "Individualism versus Collectivism" 的价值观维度从语义的角度展示了逻辑上的混乱。

总之，对译文为单词的五项中华价值观的译文质量检验显示：有三项（仁=benevolence、恕=forbearance、集体主义=collectivism）的译文没有达到信、达的标准，难以接受。有两项（礼=ceremony、义=justice）的译文尽管打了文化折扣，但尚可接受。

中华核心价值观译为英文词组的有两个。单词可以在英汉词典中查到其含义，而词组需要在其构成单词的解释内容中去寻找。

**filial piety（孝）**：三种英汉词典中，《郑典》和《陆典》将 "filial piety" 汉译为 "孝道"，而后来出版的《李典》则没有收录 "filial piety"。三种英汉双解词典均没有收录 "filial piety"，只有《牛典》收有类似的 "filial affection/duty：子女的亲情/孝道"。各个词典的比较显示，将 "孝" 译为 "filial piety" 未得到英语国家词典编纂者的认可。在中国，也未得到三种英汉词典的主编的一致认可。

**common prosperity（共同富裕）**：三种英汉词典和三种英汉双解词典均没有收录 "common prosperity"，可见将 "共同富裕" 译为 "common prosperity" 未得到中国和英语国家词典编纂者的认可。

总之，对译文为词组的两项中华价值观的检验显示："孝" 的译文（filial piety）有两部英汉词典收录了该词组，尽管打了文化折扣，但尚可接受。"共同富裕" 的译文（common prosperity），各类英汉词典都没有收录该词组，利用回译的方法无法检验其准确与否。

通过英汉词典检验对句子/短语的译文是否准确的做法很勉强，只能供参考。

**theory that man is an integral part of nature；harmony between nature and human（天人合一）**：三种英汉词典和三种英汉双解词典均没有收录 "theory that man is an integral part of nature" 和 "harmony between nature and human"，将 "天人合一" 译为上述句子和短语未得到中国和英语国家词典编纂者的认可。

**give priority to man's interest / people-oriented（以人为本）**："以人为本"有多种译文，其中"give priority to man's interest"和"to take people as the fundamental factor"为短语，"people-oriented"为词组。三种英汉词典和三种英汉双解词典均没有收录"give priority to man's interest""to take people as the fundamental factor"这样的短语。只有《李典》收录了"people-oriented"，并将之作为形容词，含义为"以人为中心的；以人优先的"，这种解释与《辞海》和《现代汉语词典》对"以人为本"的界定"把人民的利益作为一切工作的出发点和落脚点"（简言之，"以人民利益为本"）不同。以人为中心的"人"是个人还是集体？以"人"为中心可以与"神"为中心相对应。因而"以人为中心"与"以人民利益为中心"相距甚远。

总之，"天人合一"（theory that man is an integral part of nature; harmony between nature and human）和"以人为本"（give priority to man's interest）的译文都未被各类英汉词典收录，利用回译的方法无法检验英文译文准确与否。

4. 问卷中的中华核心价值观如何译为外文

还是以英文问卷为例。11项中华核心价值观中，各类汉英词典对9项有译文，通过英汉词典的回译的检验，显示了三种情况：有3项（仁=benevolence、恕=forbearance、集体主义=collectivism）的译文难以接受。有3项（礼=ceremony、义=justice、孝=filial piety）的译文尽管打了文化折扣，但尚可接受。有3项（共同富裕=common prosperity、天人合一=Harmony between nature and human、以人为本=give priority to man's interest）利用回译的方法无法检验英文译文准确与否。各类汉英词典对2项（和而不同、和谐世界）没有译文。针对以上情况，如何将问卷中的中华核心价值观译为英文呢？

（1）调查问卷使用的语言。

调查问卷使用的语言不同于学术语言，社会研究方法对问卷调查中使用的语言有一定的要求，要把为被调查者着想作为问卷设计的出发点。全国性调查问卷面对的是普通民众，而不是专家学者，因此要把为普通民众着想作为问卷设计的出发点，要考虑以下几个方面：

第一，被调查者阅读能力的限制。一个被调查者起码要能看懂问卷才能做出回答。在设计问卷时，必须考虑调查对象总体的文化程度，以总体中的每个被调查者都能看懂为一条重要标准。在设计问卷时，尽量使所提的问题清楚明白，不含糊、不费解，语言通俗易懂外，还要考虑被调查对象总体的社会生活背景和时代特征等。

第二，语言是编制问题的基本材料。要设计出含义清楚、简明易懂的问题，必须注意问题的语言。常用的规则有：尽量用简单的语言。设计问题时，要尽可能寻找简单通俗、人人都明白的字眼。不要使用专业术语、行话。也要避免使用抽象的概念。问题要尽量简短。问题越短，产生模糊不清的可能性越小。避免双重含义。①

以上是对调查问卷中语言问题的要求，在将中华核心价值观翻译成英文时，也要遵循上述原则。

（2）历史上调查中华价值观的问卷。

如何将中华核心价值观译为调查问卷中的英文，可以借鉴前人的实践。自从1942年克里斯曼（P. Crissman）开始对价值观进行实证性调查以来，已经有过30多项相关研究，在本调查问卷设计前后涉及将中华文化价值观翻译成英文的研究主要有两项：一是1987年香港中文大学心理学教授彭迈克主持的研究。② 该研究对40项中华价值观进行了英译，以便向世界22个国家和地区发放调查问卷。40个价值观的译文中，译为1个单词的有11个（27.5%），译为短语（2—3个单词）的有18个（45%）③；译为4个及以上单词的短语有11个（27.5%）。后两类之和占72.5%。我们列出的11项价值观中有5项在彭迈克的价值观清单中。④ 二是2013年上海外国语大学

---

① 袁方主编：《社会研究方法教程》，北京大学出版社1997年版，第240、253页。
② The Chinese Culture Connection, "Chinese Values and the Search for Culture-Free Dimensions of Culture", *Journal of Cross-Cultural Psychology*, 18 (2) (1987): 143-163。
③ 其中有5个虽为一个单词，但在该单词后的括号里，用另一个单词或词组对意义加以补充。这种做法也用于对2—3个单词的短语类的解释。
④ 仁：仁爱（恕，人情）kindness（forgiveness, compassion）；孝：孝（顺从父母，尊敬父母，尊崇祖先，赡养父母）filial piety（obedience to parents, respect for parents, honouring of ancestors, financial support fo parents）；礼：礼仪 observation of rites and social rituals；义：正义感 sense of righteousness；和而不同：随和 harmony with others。（冒号前是我们列出的，冒号后是彭迈克列出的。）

李加军的博士论文《中国人价值观结果的心理词汇研究兼与施瓦茨跨文化价值观理论的比较》，问卷是向 90 后中国大学生群体发放，但李加军的博士论文是英文写作，故将中华价值观翻译成了英文。我们列出的 11 项价值观中有 9 项在李加军列出的价值观清单中，译为 1 个单词的有 2 个（22.2%），其中 1 个为音译；译为短语（2—3 个单词）的有 4 个（44.4%）；译为 4 个及以上单词的短语有 3 个（33.3%）。后两类之和占 77.8%。他们的翻译实践显示：对中华核心价值观的英译以短语为主。此外，境外的中外学者在心理学和传播学的研究中，也涉及对中华文化价值观翻译成英文的问题，顾力行（Steve J. Kulich）教授对此进行了汇总，其中有 5 项与我们列出的价值观相关。①

（3）问卷中价值观的翻译。

具有民族特色的价值观不宜只用一个单词翻译。核心价值观翻译的确困难，一种文化中具有民族特色的核心价值观很难在外语中直接找到对应词。我国学者杨煦生说："借用荣格（C. G. Jung）深层心理学的基本术语'原型'观念（Archetyp 或 Archetypus），我们可以说，在任何一种古老传统——特别是诸轴心文明——之中，都存在着一种可称之为'精神史原型概念'的名相或观念。这种精神史原型概念，由于其高度的源始性、多义性，在跨文化翻译中，几乎都有顽强的不可翻译性，这是上帝在跨文化理解的巴别塔之前额外深挖的一道堑壕。中国先秦思想资源中的'道'与'仁'，印度传统中的'大梵'，古希腊传统中的 logos，mythos，ethos 等等，大概都在此属。"② 在翻译学界，人们很早就注意到语言中的民族性问题，特别是翻译核心价值观的困难和相应办法。玄奘（公元 602—664）在翻译佛经的时候，

---

① Steve J. Kulich and Rui Zhang, "The Multiple Frames of 'Chinese' Values: From Tradition To Modernity and Beyond", in Michael Harris Bond, eds., *The Handbook of Chinese Psychology*, Oxford University Press, 2010, pp. 247-248. 该文收集了 23 项中华价值观：集体、面子（脸）、孝、关系、儒家教育观、成就、道德、人情、仁、礼、客气、和谐、缘、家（族主义）、羞、忍、报、气、中、矛盾、上司、风水、占卜。相关的价值观译文为：仁（human-heartedness）、孝（filial piety）、礼（rite or decorum）、和谐（harmony）、集体（collectivism and the interdependent self）。

② 杨煦生：《世界伦理的精神意蕴》，载孔汉思：《世界伦理手册》，邓建华、廖恒译，生活·读书·新知三联书店 2012 年版，第 7 页。

提出了五不翻的观点，实际上就是对佛经中特有的，在汉语中没有对应的五类词汇，采取音译的方法翻译。当今俄罗斯语言学家 В. Г. 科斯托马罗夫和 Е. М. 维列夏金提出，世界上任何一种语言中的绝大多数词语在异国的语言中都能找到相应的词汇，这些词汇反映了世界各民族共有的事物和现象，是人类语言的"共核"，就是我们常说的对应词。但实际上一种语言中总有一些反映该民族特有的事物、思想和观念的词语，在别的国家找不到对应的词。这类词汇在一国语言中所占的比例虽然较小，但作用却极为重要，是一种文化区别于另一种文化的象征。①

在调查问卷中，中华核心价值观就属于这类词汇，因而译成英语时用一个现有单词对译的方法不可取，宜用词组、短语甚至句子，将其文化特色展示出来。

在问卷的翻译中应灵活地运用归化与异化理论。20 世纪 90 年代，美国翻译理论家劳伦斯·韦努蒂（Lawrence Venuti）提出了异化翻译理论。该理论认为，译者在翻译过程中面临着两种选择：一种是"归化翻译"（domesticating translation），即以译入语言的话语和文化价值体系为标准，消除外国源文化的差异性，旨在尽量减少译文中的异国情调，为目的语读者提供一种自然流畅的译文。另一种是"异化翻译"（foreignizing translation），即保留并重视源文本的差异性，故意使译文冲破目的语常规，保留原文中的异国情调，对抗译入语和文化体系。简言之，"异化翻译旨在彰显原文的差异"②。正视差异、尊重差异、强调差异、保留差异是异化理论的亮点。韦努蒂所倡导的异化翻译的对象主要针对具有文化特色的内容，以保留源文本的特色，而不是所有的翻译对象，正如他所说，异化翻译"大部分不是我们所说的科技翻译，也不是实用性翻译，而是我称之为诠释性翻译。……这类文本囊括人文科学，通常意义上的文学或各种文学形式，当然也包括历史、哲学、人类学、社会学和宗教文本等"③。异化翻译是文化交流的一种伦理，也是一种文化交流的策略。韦努蒂认为翻译的社会功能之一是引进差异——语言

---

① 转引自方福卿：《关于俄语语言国情学的几个问题》，《中国俄语教学》1988 年第 1 期。
② 蒋骁华、张景华：《重新解读韦努蒂的异化翻译理论》，《中国翻译》2007 年第 3 期，第 40 页。
③ 郭建中：《韦努蒂访谈录》，《中国翻译》2008 年第 3 期，第 45 页。

差异、文化差异、政治差异、伦理差异等等。而要真正引进并保留这些差异，必须采用异化翻译而不是归化翻译。异化翻译理论具有文化干预功能，强调了语言和文化的差异，有利于弱势文化的话语，有利于文化交流和相互借鉴学习，有利于抵制西方文化中心论，保护世界文化多样性。韦努蒂的异化翻译理论自1998年介绍到中国后，引起了我国翻译学界的广泛关注，至今已经发表了数百篇相关论文。儒家核心价值观的基本概念如何外译，也引起了中国学术界的注意，对"仁"等核心概念的英译有多篇文章进行过探讨。① 在翻译中华核心价值观的时候，异化翻译理论值得重视。

在使用异化法翻译有文化特色的词汇和概念时，是有文化层次上的区分的。仅仅保留外国地名、人名或地理历史风俗习惯等文化成分中的特征是肤浅的"异国情调"，保留文化中价值观特征，是有深度的"异国情调"，只有保留文化中的核心价值观特征，才是最深刻的"异国情调"，才是翻译活动中使用异化法的点睛之处。"概念用语的翻译关系到对不同文化的翻译，今天，这方面研究的重要性日渐突出。"② 针对中华价值观，特别是核心价值观翻译的特点，笔者认为，采用异化翻译法，特别是要掌握其精神实质。如何将中华核心价值观翻译成英文？在学术翻译上，常用音译的方法翻译具有中华特色的核心概念。例如，中医和西医的哲学和理论相互之间仍然无法解释得通，中医"寒"的概念是任何一种欧洲语言都无法翻译的。③ 从广义上讲，大部分中医用语也都处于人类语言的"共核"之中，但也有一部分是汉语或中医所特有的。一般说来，这类词语反映着中医基本理论的核心及辨证论治的要旨，无论直译还是意译，均无法准确揭示其实际内涵。所以在

---

① 王辉：《〈论语〉中基本概念词的英译》，《深圳大学学报（人文社会科学版）》2001年第18期；王勇：《二十年来的〈论语〉英译研究》，《求索》2006年第5期；杨平：《〈论语〉核心概念'仁'的英译分析》，《外语与外语教学》2008年第2期；王琰：《国内外〈论语〉英译研究比较》，《外语研究》2010年第2期；李钢、李金姝：《〈论语〉英译研究综述》，《湖南师范大学社会科学学报》2013年第1期。中华思想文化术语编委会编：《中华思想文化术语1》，外语教学与研究出版社2015年版。
② 金光亿：《软实力时代的人文科学：人文科学与软实力关系初探》，《国外社会科学》2012年第5期，第123页。
③ 〔法〕汪德迈：《"占卜学"对"神学"、"表意文字"对"拼音文字"》，于珺译，载乐黛云、〔法〕李比雄主编：《跨文化对话》29辑，复杂性思维专号，第198页。

制定 ISNTCM 时，这部分具有浓郁中华文化特色的中医用语宜用音译法加以处理。① 这一办法也为外国读者所接受，异化翻译得到美英的喜好。纯粹的归化译文不仅有悖于世界文化多元化，而且使英语世界的民众受害，使他们不了解世界文化的多样化。美国主流媒体在翻译中华文化词汇时体现了异化倾向。② 用音译方法翻译最具中华特色的核心概念体现了历史的必然趋势。例如，"在西方，'阴'起初被译为 the female、negative、inactive、dark 或 turbid principle or element，而'阳'被译为 the male、positive、active、bright 或 lucid principle or element。随着时间的推移，西方人发现，无论哪个或哪几个词都无法涵盖'阴阳'所代表的哲学含义，从而最终接纳了这两个'外来词'——'yin'和'yang'"③。在儒家核心价值观的英译方面，也有学者力主音译。④ 对儒家核心概念的翻译历史显示，经历了一段相当长的意译或套用的过程之后，译者们开始使用音译加注释的方法。"这一变化一方面说明，中华文化中一些特有的因子确实难以找到较为对应的英语语词表达法，另一方面也说明，翻译者对于这些词语所浓缩的中国传统含义的复杂和丰富性有了更新的体认，并给予了相当的尊重。"⑤ 2015 年出版的《中华思想文化术语》也在这方面进行了尝试。

然而，在调查问卷中，调查对象是普通民众，目前他们对音译的中华价值观很生疏，用音译的方法，会增加受访者回答问卷的难度，影响回收问卷的质量。因而，目前我们需要用异化的精神实质，在解释性的说明上下功夫。用西方读者熟悉的概念标定一个大致的含义，然后用通俗易懂的一句话描述具有中华特色核心价值观的本义。

---

① 李照国：《论中医名词术语英译国际标准化的概念、原则和方法》，《中国翻译》2008 年第 4 期。ISNTCM 即 International Standard Nomenclature of Traditional Chinese Medicine 的缩写，意为"中医英译国际标准"。

② 张梅：《美国媒体对中华文化词汇的异化翻译》，《湖南科技学院学报》2012 年第 1 期，第 187—189 页。

③ 兰凤利：《中医古典文献中的"阴阳"的源流与翻译》，《中国翻译》2007 年第 4 期，第 70 页。

④ 张继文：《〈论语〉概念词词义解读与翻译——以〈论语〉英译为例》，《长春大学学报（社会科学版）》2009 年第 4 期。

⑤ 谭晓丽：《和而不同——安乐哲儒学典籍英译研究》，中央编译出版社 2012 年版，第 55 页。

(4) 问卷中 11 项中华核心价值观的界定及英译。

根据上述对 11 种价值观的定义，结合问卷调查的特点，课题组将这些价值观编辑成了问卷的语言。关于 11 项中华价值观的界定和英文译文见下面的问卷内容 V4，其中传统价值观 1—7 音译，现代价值观 8—11 意译。在将"集体主义"译为英文时，我们没有依照《汉英词典》（第三版）给出的译文（collectivism；community spirit），也没有参照荷兰学者霍夫斯泰德提出的五个价值观维度之一的"individualism（个人主义）—collectivism（集体主义）"，因为"collectivism"在英文中有明显的贬义。经过认真思考，参照荷兰的特龙彭纳斯在《在文化的波涛中冲浪》关于价值观的论述中，使用"individualism—communitarianism"展示东西方价值观特色的做法，以及美国的狄百瑞（William Theodore de Bary）所著的《亚洲价值与人权——儒家社群主义的视角》（*Asian Values and Human Rights: A Confucian Communitarianism Perspective*）将儒家思想中体现的"集体主义"翻译成"communitarianism"的做法，我们在问卷中将中华核心价值观中的"集体主义"翻译成"communitarianism"。但"Communitarianism"是个不常用的单词，原来的英语译文是否可翻译成"the belief that the needs of society is more important than the freedom of individual people"值得探讨。

11 项价值观的外文译文由课题组采用回译方法找专家翻译，对此做了多次研究后定稿。2011 年 11 月通过 SSI 国际网络调查公司运用在线可访问样本库，用《中华文化印象调查》问卷调查了中华核心价值观在美国、德国、俄罗斯、印度和日本的共享性；与此同时，笔者通过美国高校教师，向美国在校大学生发放了问卷，调查了中华核心价值观在美国大学生的共享性。

## （二）"八荣八耻"

"八荣八耻"是社会主义荣辱观的简称。它是时任中共中央委员会总书记胡锦涛于 2006 年 3 月 4 日下午在第十届中国人民政治协商会议第四次会议的民盟、民进联组会上发表的关于树立社会主义荣辱观的讲话中提出的。提出"八荣八耻"的目的在于引导中国广大干部群众特别是青少年树立社会主义荣辱观。社会主义荣辱观是对社会主义道德的系统总结，被评为

2006年春夏中国主流报纸十大流行语之一。"八荣八耻"包含的价值观在国际社会是否具有共享性？2011年12月，通过SSI国际网络调查公司，运用同样的调查方法，用问卷（Ⅱ）调查了"八荣八耻"在美国、德国、俄罗斯、印度四国的共享性。

### （三）问卷内容

（Ⅰ）V4. 您是否赞同下列价值观？（可多选）①

| 1. 仁：人与人之间相互友爱、同情、互助 |
| --- |
| 2. 恕：己所不欲，勿施于人 |
| 3. 孝：尊敬和善待父母 |
| 4. 礼：礼貌、尊敬他人 |
| 5. 义：公正、合乎公益 |
| 6. 和而不同：尊重彼此的差异，和睦相处 |
| 7. 天人合一：尊崇自然，人与自然和谐 |
| 8. 共同富裕：消除经济上两极分化，走向共同富裕 |
| 9. 和谐世界：国与国之间和平共处、彼此尊重、共同发展 |
| 10. 以人为本：尊重人民、依靠人民、为了人民 |
| 11. 集体主义：在集体和个人关系中，当个人利益与集体利益发生冲突时，在兼顾二者的同时，个人应服从集体 |
| 12. 以上价值观我都不信仰 |

---

① 英文译文：Which of the following values do you believe in? ( Make a mark √ on each of those you agree with. )
1. *Ren* benevolence ( It means love, sympathy and helping each others. ) 2. *Shu* reciprocity ( Do not do to others what you don't want to be done to you. It also means consideration for others, forgiveness. ) 3. *Xiao* filial Piety ( It means respecting and being kind towards one's parents. ) 4. *Li* civility ( It means the observance of rituals, rites and proprieties. ) 5. *Yi* justice ( It means treating people fairly and morally right ) 6. *Heerbutong* harmony without Uniformity ( It means striving for harmony while preserving diversity ) 7. *Tianrenheyi* harmony between Nature and Human 8. Common Prosperity ( It means elimination of economic polarization and the ultimate achievement of prosperity for all. ) 9. Harmonious World ( It means achieving peace, respect and development for all countries. ) 10. People-oriented ( It means always putting the interests of the vast majority of people in the first place. ) 11. Communitarianism ( It means emphasizing the responsibility of the individual to the community; when conflict arises within a community, the interests of an individual should be secondary to that of the whole. ) 12. None of the above.

（Ⅱ）V6. 以下价值观中你赞同哪些？（可多选）①

1. 以热爱祖国为荣、以危害祖国为耻，
2. 以服务人民为荣、以背离人民为耻，
3. 以崇尚科学为荣、以愚昧无知为耻，
4. 以辛勤劳动为荣、以好逸恶劳为耻，
5. 以团结互助为荣、以损人利己为耻，
6. 以诚实守信为荣、以见利忘义为耻，
7. 以遵纪守法为荣、以违法乱纪为耻，
8. 以艰苦奋斗为荣、以骄奢淫逸为耻。
9. 以上说法我都不赞成。

## 二、中华核心价值观的共享性

### （一）在美、德、俄、印、日民众中的共享性

相关数据见表7-1。

#### 1. 中华核心价值观在五国有部分共享性

美国有8项中华核心价值观选择频率超过50%，属于共享价值观，按照频率高低顺序排列是：义（79.3%）、仁（78.0%）、恕（72.9%）、孝（65.0%）、天人合一（57.7%）、和谐世界（55.5%）、和而不同（53.5%）、礼（51.7%）。②

---

① "八荣八耻"的外文翻译使用了中国官方对外媒体的译文。英文译文为：Which of the following values do you believe in? (Make a mark √ on each of those you believe in) 1. Love, do not harm the motherland. 2. Serve, don't disserve the people. 3. Uphold science, don't be ignorant and unenlightened. 4. Work hard, don't be lazy and hate work. 5. Be united and help each other, don't gain benefits at the expense of others. 6. Be honest and trustworthy, not profit-mongering at the expense of your values. 7. Be disciplined and law-abiding instead of chaotic and lawless. 8. Know plain living and hard struggle, do not wallow in luxuries and pleasures.

② 本次调查的结果与2008年《芝加哥调查》的结果有差异。后者的结果是："美国人不认为他们与中国人共享生活方式——他们中68%的人说他们与中国人'没有'（no）或'很少有'（little）相同的价值观。" Christopher B. Whitney and David Shambaugh, *Soft Power in Asia: Results of a 2008 Multinational Survey of Public Opinion*, New Results and Analysis, 2009 edition, Chicago Council on Global Affairs, 2009, p. 25.

德国有 8 项中华核心价值观选择频率超过 50%，属于共享价值观，按照频率高低顺序排列是：孝（72.1%）、仁（72.1%）、礼（67.1%）、义（65.6%）、恕（62.4%）、天人合一（60.6%）、和谐世界（54.6%）、和而不同（51.5%）。

俄罗斯有 7 项中华核心价值观选择频率超过 50%，属于共享价值观，按照频率高低顺序排列是：礼（75.8%）、天人合一（68.5%）、孝（63.5%）、仁（62.9%）、义（62.1%）、恕（57.7%）、和谐世界（56.6%）。

印度有 2 项中华核心价值观选择频率超过 50%，属于共享价值观，按照频率高低顺序排列是：仁（64.9%）、义（53.4%）。

日本有 4 项中华核心价值观选择频率超过 50%，属于共享价值观，按照频率高低顺序排列是：仁（64.4%）、礼（63.2%）、孝（53.7%）、义（50.5%）。

数据显示，五国共享的中华核心价值观各不相同。

表 7-1  五国样本选择中华核心价值观数据

单位:%，括号中的数字为排名

|  | 占美国样本比例% | 占德国样本比例% | 占俄罗斯样本比例% | 占印度样本比例% | 占日本样本比例% | 五国平均样本比例% |
| --- | --- | --- | --- | --- | --- | --- |
| 仁 | 78.0（2） | 72.1（2） | 62.9（4） | 64.9（1） | 64.4（1） | 68.5（1） |
| 义 | 79.3（1） | 65.6（4） | 62.1（5） | 53.4（2） | 50.5（4） | 62.2（2） |
| 孝 | 65.0（4） | 72.1（1） | 63.5（3） | 42.2（3） | 53.7（3） | 59.3（3） |
| 礼 | 51.7（8） | 67.1（3） | 75.8（1） | 35.9（6） | 63.2（2） | 58.7（4） |
| 恕 | 72.9（3） | 62.4（5） | 57.7（6） | 39.7（5） | 45.8（5） | 55.7（5） |
| 天人合一 | 57.7（5） | 60.6（6） | 68.5（2） | 39.8（4） | 43.9（6） | 54.1（6） |
| 和谐世界 | 55.5（6） | 54.6（7） | 56.6（7） | 34.0（7） | 39.7（8） | 48.1（7） |
| 和而不同 | 53.5（7） | 51.5（8） | 47.3（8） | 24.2（9） | 43.7（7） | 44.0（8） |
| 以人为本 | 42.0（9） | 30.0（10） | 33.7（9） | 21.7（11） | 38.3（9） | 33.1（9） |
| 共同富裕 | 34.1（10） | 34.2（9） | 29.6（10） | 25.5（8） | 25.9（10） | 29.9（10） |
| 集体主义 | 33.5（11） | 15.8（11） | 22.0（11） | 23.1（10） | 13.3（12） | 21.5（11） |

续表

|  | 占美国样本比例% | 占德国样本比例% | 占俄罗斯样本比例% | 占印度样本比例% | 占日本样本比例% | 五国平均样本比例% |
|---|---|---|---|---|---|---|
| 11项平均 | 56.7 | 53.3 | 52.7 | 36.8 | 43.9 | 48.7 |
| 以上价值观我都不信仰 | 7.2（12） | 7.3（12） | 3.1（12） | 3.0（12） | 13.8（11） | 6.9（12） |

注：笔者在《学术前言》2012年第11期（下）发表的《对外传播中的共享性中华核心价值观》一文中的数据是原始问卷统计出的数据，本表的数据为清理后问卷统计出的数据。

2. 中华核心价值观在各文化中的共享层级不同

本研究把在某种文化中共享的中华核心价值观划分为三个层级：高度共享层级，即该价值观被选频率分布≥75%；较高共享层级，即该价值观被选频率分布介于65%—75%之间；基本共享层级，即该价值观被选频率分布介于50%—65%之间。

3. "仁"和"义"在五国文化中是共享的价值观

我们可以看到两项中华核心价值观"仁"和"义"在五国中被选频率均超过50%。

4. 有三项中华核心价值观在五国不共享

在五国的数据中，共同富裕、以人为本、集体主义为不共享价值观，被选频率均低于50%。

5. 与对中华价值观态度相关的因素复杂

一国民众对中华核心价值观的态度与哪些因素存在显著相关没有明显的趋势性特征。这也从一个方面证明了对价值观的态度是一个复杂的问题，必须深入细致地分析，有的放矢。下面是美国民众对中华核心价值观态度卡方检验的结果（表7-2），以排名第一的价值观"义"为例，分析结果显示不同种族、到过中国/未到过中国、有中国朋友或熟人/没有中国朋友或熟人、支持不同党派主张人群、不同居住地区、不同学历水平、不同宗教信仰等自变量对"义"的看法没有显著差异，而不同年龄、不同性别、不同家庭收入、懂中文/不懂中文、不同职业的人群对"义"的看法存在显著差异。

表 7-2　美国民众对中华核心价值观态度卡方检验的结果①

| | 义 | 仁 | 恕 | 孝 | 天人合一 | 和谐世界 | 和而不同 | 礼 | 以人为本 | 共同富裕 | 集体主义 | 以上都不信 |
|---|---|---|---|---|---|---|---|---|---|---|---|---|
| 年龄 | + | — | + | + | + | — | — | — | — | — | — | — |
| 性别 | + | + | + | + | — | + | + | — | + | — | — | — |
| 家庭收入 | + | — | — | — | — | + | — | + | — | — | — | — |
| 种族 | — | — | — | — | + | — | — | + | — | — | — | — |
| 是否到过中国 | — | — | — | — | — | — | — | — | — | — | — | — |
| 是否有中国朋友 | — | + | + | + | — | + | + | + | + | + | + | + |
| 是否懂中文 | + | — | — | — | — | + | — | — | — | — | — | — |
| 支持的党派 | — | — | — | — | — | — | — | — | — | — | — | — |
| 居住地区 | — | — | — | — | — | + | — | — | — | — | — | — |
| 学历水平 | — | + | + | + | — | + | + | + | + | — | — | — |
| 职业 | + | — | — | — | — | + | — | + | + | + | + | + |
| 宗教信仰 | — | — | + | — | — | + | — | + | — | — | — | — |

## （二）在美国大学中的共享性调查研究

我们在这方面进行了两项研究，一项是 130 份样本的研究，另一项是 538 份样本的研究。

### 1. 130 份样本研究

上文谈到，通过 SSI 在美国收回问卷 1217 份，经过清理获得有效问卷 1181 份。② 在回答"您的职业是什么？"时，受访者回答为"大学生"的共有 130 个样本。根据这 130 份问卷的调查数据探讨了美国大学生对中华核心

---

① 卡方检验由王丽雅完成，在此致谢。卡方显著性检验是一种很有用的检验方法，卡方检验旨在探讨类目型因素与样本之间的关系是否具有统计显著性。在 SSPS 软件中，卡方检验是要检验这样一种假设：行因素与列因素间是相互独立的，均不可相互预测对方的变量值大小或变量变化方向，在表中用"—"表示。如果虚无假设被拒绝，我们就可以给出结论表示结果具有统计上的显著性，在表中用"+"表示。在本研究中，显著性水平定为 0.05。

② 前面提到为 1175 份有效问卷，在研究大学生的研究中清理不如前面严格，因而有 1181 份有效问卷。

价值观的态度。①

为了验证中华核心价值观在中美大学生之间是否有共享性，需要调查一下中国大学生对中华核心价值观的认同情况，因为双方都是大学生，更具可比性。2011年11月底笔者在上课之前，对当年7月本科毕业，9月到北京大学深圳研究生院学习的新闻与传播专业的硕士生及心理系硕士生进行了测试，问卷为中文，价值观问的问题与《中华文化印象调查》问卷中的一样，发出问卷50份，收到有效问卷50份。受访者中，最小年龄22岁，最大29岁，平均23.1岁；女性78%，男性22%；家庭月收入600元以下的0%，600—2000元的10%，2001—5000元的26%，5001—10000元的34%，10001元以上的24%；受访者考上北大之前来自28所国内大学，除一名少数民族外皆为汉族，来自全国19个省、直辖市（北京、天津、安徽、福建、甘肃、广东、河北、河南、湖南、吉林、江苏、江西、辽宁、宁夏、山东、山西、陕西、四川、浙江）。美国受访者对上述两个问题的回答结果及北京大学硕士生回答的结果见表7-3。

表7-3 美国受访者与中国受访者在价值观上的数值及对比

| 价值观 | 1 美国学生赞同人数及% | | 2 中国学生赞同人数及% | | 1 与 2 的%之差 |
|---|---|---|---|---|---|
| 1. 仁 | 106 | 81.5 | 49 | 98.0 | -16.5 |
| 2. 恕 | 94 | 72.3 | 45 | 90.0 | -17.7 |
| 3. 孝 | 84 | 64.6 | 47 | 94.0 | -29.4 |
| 4. 礼 | 55 | 42.3 | 48 | 96.0 | -53.7 |
| 5. 义 | 104 | 80.0 | 47 | 94.0 | -14.0 |
| 6. 和而不同 | 72 | 55.4 | 48 | 96.0 | -40.6 |
| 7. 天人合一 | 68 | 52.3 | 44 | 88.0 | -35.7 |
| 8. 共同富裕 | 36 | 27.7 | 24 | 48.0 | -20.3 |
| 9. 和谐世界 | 79 | 60.8 | 37 | 74.0 | -13.2 |
| 10. 以人为本 | 57 | 43.8 | 39 | 78.0 | -34.2 |
| 11. 集体主义 | 51 | 39.2 | 14 | 28.0 | +11.2 |
| 12. 以上价值观我都不信仰 | 3 | 2.3 | 0 | 0 | 2.3 |

---

① 关于这一问题研究的详情，可参阅关世杰：《当今美国大学生如何看中国文化》，载中国高教学会外国留学生教育管理分会编：《来华留学教育研究（2011）——来华留学生跨文化教育研究》，北京语言大学出版社2012年版，第41—46页。

数据显示：11 项中国核心价值观中，美国受访者中有 50% 以上赞成的有 7 项：仁（81.5%）、义（80.0%）、恕（72.3%）、孝（64.6%）、和谐世界（60.8%）、和而不同（55.4%）、天人合一（52.3%）；这 7 项中国受访者所赞成的，测量结果分别为：仁（98.0%）、义（94.0%）、恕（90.0%）、孝（94.0%）、和谐世界（74.0%）、和而不同（96.0%）、天人合一（88.0%）。两国相比，虽然中国方赞成的百分比都高于美国方，但这 7 项都是多数人赞成的价值观，可列为基本共享的价值观。

11 项价值观中，美国受访者不足 50% 赞成的价值观有 4 项：以人为本、礼、集体主义、共同富裕。对美国受访者测得的数值与中国受访者的数值，以人为本分别为 43.8%、78.0%，礼分别为 42.3%、96.0%，集体主义分别为 39.2%、28.0%，共同富裕分别为 27.7%、48.0%。其中，以人为本和礼，中方均超过 50%，而美方都不足 50%，且数值差分别为 34.2%、53.7%，可列为多数人基本不共享的价值观，在交流中会引起误解和冲突。集体主义和共同富裕两项，它们在中美双方都未超过 50%，为双方多数人都不信仰的价值观。在共享性方面，共同富裕尽管都没有超过 50%，但是由于双方的数据差距 20.3%，依然可以列为基本不共享价值观。集体主义这一项的中方结果出乎意料，中方还低于美方 12.2%。这与霍夫斯泰德的中国人倾向集体主义（collectivism）理论不一致。2015 年美国加州州立大学教授戴维·朱克曼（S. David Zuckerman）对中国农业大学 150 名国际学院大学生的问卷调查研究也显示，受访者显示的行为上比美国人更个人主义。[①]这或许表明当今中国 23 岁的大学本科生在集体主义价值观方面发生了重大转变。在共享性方面，中美双方受访者具有基本共享性（都不信仰集体主义）。

总之，11 项中国核心价值观中，仁、义、恕、孝、和谐世界、和而不同、天人合一为中美多数受访者的基本共享价值观。以人为本和礼为多数受访者基本不共享的价值观。集体主义和共同富裕两项，它们在中美双方都未超过 50%，为双方多数人都不信仰的价值观。集体主义的这一结果与霍夫

---

[①] 朱克曼教授于 2015 年 11 月 29 日上午在语言与跨文化交际国际学会 2015 年年会上的报告。该年会在北京大学外国语言学院举行。

斯泰德研究所显示的中国人倾向集体主义（collectivism）的理论冲突，需要进一步研究。

2. 538份样本的研究

2011年11月，在通过SSI运用在线可访问样本库的方法发放问卷获取数据的同时，笔者通过美国高校教师，向美国在校大学生发放了"中华文化印象调查"问卷。本次问卷被访者均为美国高校大学生，问卷投放地点涉及北达科他州迭戈、弗吉尼亚州罗阿诺克、纽约、芝加哥、波特兰等多地。本次调查主要通过教师在课堂上发放纸质问卷，共回收问卷672份。由于研究对象为美国大学生，因此在去掉非美国籍大学生后，通过人工筛除其中有明显逻辑错误的问卷以及回答不完整比例在（15%及以上）的问卷，共回收美国大学生有效问卷538份。将回收到的538份有效问卷录入SPSS，进行数据统计，探讨了美国大学生对中华核心价值观的态度。①

本次问卷选取的均为中华核心价值观，测量的是其在美国大学生中的共享程度。该部分主要通过两道题体现：V4. 您是否赞同下列价值观？（可多选）。V5. 您认为中国人赞同以下价值观吗？（可多选）

美国大学生赞同与认为中国人赞同的中华核心价值观的相关数据见表7-4。在11项中华核心价值观中，美国大学生赞同比例在50%以上的有七项，分别为：义（85.3%）、恕（81.0%）、孝（69.5%）、仁（54.1%）、和谐世界（53.7%）、天人合一（53.0%）、和而不同（51.9%）；赞成比例低于50%的共有四项，分别为：礼（43.9%）、以人为本（43.7%）、共同富裕（31.8%）、集体主义（30.9%）；对以上价值观都不赞同的比例为2.4%。总体来说，美国大学生对于中华核心价值观赞同的比例较高。

同样在表7-4中，美国大学生认为中国人赞同的价值观的比例，11项全部高于50%。孝（77.0%）、礼（73.8%）以超过排在前两位其后为天人合一（68.0%）、恕（63.2%）、集体主义（61.9%）、义（55.9%）、和谐世界（54.8%）、共同富裕（54.5%）、仁（53.9%）、和而不同（53.0%）、以人为本（51.9%）；选择"以上价值观我认为中国人都不信仰"的比例为

---

① 关于这一问题研究的详情，可参阅李梦迪：《美国大学生的中国文化印象——2011年在美高校问卷调查的数据分析》，北京大学新闻与传播学院硕士学位论文，2013年5月，第23—26页。

3.7%。美国大学生对于中国人赞同价值观的选择，在一定程度上反映了其对于中国人的印象，特别是比例较高的几项价值观，例如孝、礼、天人合一、恕、集体主义，勾勒出美国大学生眼中中国人的一些特质。

表7-4　美国大学生赞同价值观及其认为中国人赞同价值观百分比

| 排序 | 价值观 | 美国大学生本人赞同（%） | 排序 | 价值观 | 认为中国人赞同（%） |
| --- | --- | --- | --- | --- | --- |
| 1 | 义 | 85.3 | 1 | 孝 | 77.0 |
| 2 | 恕 | 81.0 | 2 | 礼 | 73.8 |
| 3 | 孝 | 69.5 | 3 | 天人合一 | 68.0 |
| 4 | 仁 | 54.1 | 4 | 恕 | 63.2 |
| 5 | 和谐世界 | 53.7 | 5 | 集体主义 | 61.9 |
| 6 | 天人合一 | 53.0 | 6 | 义 | 55.9 |
| 7 | 和而不同 | 51.9 | 7 | 和谐世界 | 54.8 |
| 8 | 礼 | 43.9 | 8 | 共同富裕 | 54.5 |
| 9 | 以人为本 | 43.7 | 9 | 仁 | 53.9 |
| 10 | 共同富裕 | 31.8 | 10 | 和而不同 | 53.0 |
| 11 | 集体主义 | 30.9 | 11 | 以人为本 | 51.9 |
| 12 | 以上价值观我都不信仰 | 2.4 | 12 | 以上价值观我认为中国人都不信仰 | 3.7 |

为了进一步探究美国大学生对于这11项中华核心价值观的看法，笔者将其赞同比例与认为中国人赞同的比例相减，并将差值按降序排列。如表7-5所示，在11项价值观中，义（+29.4%）、恕（+17.8%）的差值正向最高，即美国大学生的赞同比例比其认为中国人的赞同比例要高。仁（+0.2%）、和而不同（-1.1%）、和谐世界（-1.1%）的正负差值小于五个百分点，可视为基本持平。孝（-7.4%）、以人为本（-8.2%）、天人合一（-15.1%）百分比处于-20%—-5%的区间内，即在美国大学生眼中，这几项中国人的认同度略强于自身。在负百分比上差距较大的为共同富裕

（-22.7%）、礼（-29.9%）、集体主义（-31.0%），即美国大学生认为中国人在这三方面的认同度明显强于自身。

表7-5 美国大学生中华核心价值观认同度

单位：%

| 排序 | 价值观 | 美国大学生本人赞同 | 认为中国人赞同 | 相差 |
| --- | --- | --- | --- | --- |
| 1 | 义 | 85.3 | 55.9 | 29.4 |
| 2 | 恕 | 81.0 | 63.2 | 17.8 |
| 3 | 仁 | 54.1 | 53.9 | 0.2 |
| 4 | 和而不同 | 51.9 | 53.0 | -1.1 |
| 5 | 和谐世界 | 53.7 | 54.8 | -1.1 |
| 6 | 孝 | 69.5 | 77.0 | -7.4 |
| 7 | 以人为本 | 43.7 | 51.9 | -8.2 |
| 8 | 天人合一 | 53.0 | 68.0 | -15.1 |
| 9 | 共同富裕 | 31.8 | 54.5 | -22.7 |
| 10 | 礼 | 43.9 | 73.8 | -29.9 |
| 11 | 集体主义 | 30.9 | 61.9 | -31.0 |

从以上数据可以看出，美国大学生群体基本认为这11项价值观均为中国人认同的价值观，一些中华核心价值观，如义、恕、孝、仁、和谐世界、天人合一、和而不同在美国大学生群体中得到了认同，具有一定的共享性。而集体主义、礼、共同富裕这样的价值观在美国大学生群体中被视为更能在中国人中得到赞同。

3. 两项问卷调查结果的对比

通过SSI利用在线可访问样本库调查法获取的130份问卷与通过大学教师课堂上搜集的538份问卷调查的对象都是美国大学生，将两项研究的数据结果进行对照，可以相互检验关于美国大学生对中华核心价值观态度的信度和效度。对比的数据显示（表7-6）：11项价值观中，两次调查的受访者赞同比例在50%以上的价值观均为7项，而且完全相同。其中，相差绝对值不超过5.3%的有4项，不超过8.7%的2项，只有"仁"这一项课堂受访者中有54.1%的人赞同，比在线可访问样本库的受访者低27.4%。11项价值观中，两次调查的受访者赞同比例在50%以下的价值观均为4项，而且完全相同，相差绝对值都不超过8.3%。

总之，两次问卷调查的数据显现的总体趋势是完全一致的。有7项中华核心价值观在美国大学生中具有共享性，共享性中华核心价值观是客观存在的。

表7-6 两项问卷调查结果对比

| 序号 | 价值观 | 课堂受访者（%） | 在线可访问样本库的受访者（%） | 相差（%） |
| --- | --- | --- | --- | --- |
| 1 | 义 | 85.3 | 80.0 | 5.3 |
| 2 | 恕 | 81.0 | 72.3 | 8.7 |
| 3 | 孝 | 69.5 | 64.6 | 4.9 |
| 4 | 仁 | 54.1 | 81.5 | -27.4 |
| 5 | 和谐世界 | 53.7 | 60.8 | -7.1 |
| 6 | 天人合一 | 53.0 | 52.3 | 0.7 |
| 7 | 和而不同 | 51.9 | 55.4 | -3.5 |
| 8 | 礼 | 43.9 | 42.3 | 1.6 |
| 9 | 以人为本 | 43.7 | 43.8 | -0.1 |
| 10 | 共同富裕 | 31.8 | 27.7 | 4.1 |
| 11 | 集体主义 | 30.9 | 39.2 | -8.3 |
| 12 | 以上价值观我都不信仰 | 2.4 | 2.3 | 0.1 |

## 三、社会主义荣辱观"八荣八耻"的共享性

四国整体受访者的数据分析结果见表7-7。四国受访者均部分认同"八荣八耻"，认同情况各不相同。

表7-7 四国整体受访者赞同和认为中国人赞同"八荣八耻"的比例

单位:%

| 价值观 | 美国 | | 德国 | | 俄罗斯 | | 印度 | |
| --- | --- | --- | --- | --- | --- | --- | --- | --- |
| | 受访者赞同 | 中国人赞同 | 受访者赞同 | 中国人赞同 | 受访者赞同 | 中国人赞同 | 受访者赞同 | 中国人赞同 |
| 以热爱祖国为荣、以危害祖国为耻 | 61 | 53 | 57 | 75 | 70 | 71 | 73 | 64 |

续表

| 价值观 | 美国 受访者赞同 | 美国 中国人赞同 | 德国 受访者赞同 | 德国 中国人赞同 | 俄罗斯 受访者赞同 | 俄罗斯 中国人赞同 | 印度 受访者赞同 | 印度 中国人赞同 |
| --- | --- | --- | --- | --- | --- | --- | --- | --- |
| 以诚实守信为荣、以见利忘义为耻 | 68 | 42 | 78 | 58 | 64 | 48 | 45 | 30 |
| 以服务人民为荣、以背离人民为耻 | 43 | 43 | 30 | 69 | 37 | 66 | 49 | 44 |
| 以艰苦奋斗为荣、以骄奢淫逸为耻 | 23 | 51 | 50 | 66 | 19 | 49 | 22 | 26 |
| 以崇尚科学为荣、以愚昧无知为耻 | 30 | 34 | 57 | 67 | 48 | 52 | 35 | 35 |
| 以辛勤劳动为荣、以好逸恶劳为耻 | 35 | 46 | 76 | 79 | 65 | 74 | 26 | 23 |
| 以团结互助为荣、以损人利己为耻 | 54 | 44 | 67 | 57 | 46 | 52 | 45 | 36 |
| 以遵纪守法为荣、以违法乱纪为耻 | 52 | 57 | 71 | 65 | 50 | 61 | 29 | 29 |

美国有超过50%的受访者赞同其中四项价值观，赞同度排在第一位的是：以诚实守信为荣、以见利忘义为耻。赞同度最低的是：以艰苦奋斗为荣、以骄奢淫逸为耻。青年受访者对"八荣八耻"的态度与受访者整体情况基本一致，只有"以遵纪守法为荣、以违法乱纪为耻"的选择比例（39%）明显低于受访者整体的选择比例（52%），共有三项选择比例超过50%。精英受访者对四项价值观的赞同比例超过50%：以热爱祖国为荣、以危害祖国为耻；以团结互助为荣、以损人利己为耻；以诚实守信为荣、以见利忘义为耻；以遵纪守法为荣、以违法乱纪为耻。

德国受访者对这八项价值观认同度最高，其中有七项的赞同比例超过了50%，排在第一位的是：以诚实守信为荣、以见利忘义为耻；认同度最低的是：以服务人民为荣、以背离人民为耻。青年受访者中选择比例超过50%的有5项，而"以热爱祖国为荣、以危害祖国为耻"和"以艰苦奋斗为荣、以骄奢淫逸为耻"两项的选择比例明显低于总体比例，未能达到50%。精英受访者对七项价值观的赞同比例超过50%，只有"以服务人民为荣、以背离人民为耻"未达到50%，而且选择比例均高于总体受访者和青年受访者选择比例。

俄罗斯有超过50%的受访者赞同其中四项价值观，赞同度最高的是：以热爱祖国为荣、以危害祖国为耻。赞同度最低的是：以艰苦奋斗为荣、以骄奢淫逸为耻。青年受访者的态度与整体情况基本一致，"以遵纪守法为荣、以违法乱纪为耻"的选择比例（45%）虽未达到总体选择比例（50%），但差距不大。精英受访者选出对六项价值观的赞同比例超过50%，"以服务人民为荣、以背离人民为耻"和"以艰苦奋斗为荣、以骄奢淫逸为耻"没有达到50%的选择比例。

印度整体受访者只有一项价值观的赞同比例超过50%：以热爱祖国为荣、以危害祖国为耻。认同度最低的是：以艰苦奋斗为荣、以骄奢淫逸为耻。青年受访者中有四项选择比例超过50%：以团结互助为荣、以损人利己为耻，以诚实守信为荣、以见利忘义为耻、以热爱祖国为荣、以危害祖国为耻、以服务人民为荣、以背离人民为耻。精英受访者中有一项价值观的赞同比例超过50%：以热爱祖国为荣、以危害祖国为耻。

四国受访者中赞同比例都超过50%的价值观是"以热爱祖国为荣，以危害祖国为耻"。德国受访者对这八项价值观的赞同度最高，其中有七项超过了50%的赞同比例，美国和俄罗斯的赞同比例有超过50%的受访者选出了四项价值观，印度只有一项价值观的赞同比例超过50%。德国和美国受访者赞同比例排在第一位的是：以诚实守信为荣、以见利忘义为耻；俄罗斯和印度受访者赞同比例最高的是：以热爱祖国为荣、以危害祖国为耻。在德国，受访者赞同比例最低的是：以服务人民为荣、以背离人民为耻；在美国、俄罗斯、印度，受访者赞同比例最低的都是：以艰苦奋斗为荣、以骄奢淫逸为耻。

总之，数据显示："八荣八耻"作为当代中国核心价值观，在美、德、俄、印都具有部分的共享性；在各文化中共享层级不同；有一项（以热爱祖国为荣、以危害祖国为耻）在四国文化中都是可共享的价值观；有一项（以服务人民为荣、以背离人民为耻）在四国文化中被选比例均低于50%，为不共享价值观。

## 第二节　在日本、韩国、越南、印尼的调查

### 一、问卷修订

#### （一）设计思路

对比2011年的问卷，2013年的问卷进行了三处改动：一是在原有的中华核心价值观中增加了一项"社会责任"；二是根据国内形势的变化，由社会主义核心价值观和中国梦替代了"社会主义荣辱观（八荣八耻）"；三是将受访者的回答方式由原来的"是否赞成"这些价值观，变为0—10级的赞成这些价值观的程度。

为了与2011年中华价值观的调查保持一致性，便于与已经调查过的美、德、俄、印度进行横向的比较，2013年问卷保留了2011年中华核心价值观的内容。鉴于中西价值观的一个突出差异是西方强调个人权利，中华价值观更注重个人的社会责任，2013年增加了一项"人类责任"，并对其进行了简单的界定："个人不仅具有权利，而且也需要对社会和他人承担责任。"2013年调查的中华核心价值观主要有：仁、恕、孝、礼、义、和而不同、天人合一、人类责任、共同富裕、和谐世界、以人为本、集体主义。这些中华核心价值观在日本、韩国、越南、印尼各国的共享性如何？在四国整体的共享性如何？这不仅需要思辨性的研究，也需要实证性的科学研究。目前，国内外学者从未对中华核心价值观在外国的共享性在四国进行过系统的多国实证调查研究。根据调查问卷的需求，对以上12项中华核心价值观进行的简短的解释或定义与2011年的问卷相同，外文译文由课题组翻译。

2012年11月中共十八大以来，国家高度重视培育和践行社会主义核心价值观。富强、民主、文明、和谐是国家层面的价值目标，自由、平等、公正、法治是社会层面的价值取向，爱国、敬业、诚信、友善是公民个人层面的价值准则。问卷测试了四国受访者对社会主义核心价值观的基本内容的赞同情况。

2013年3月第十二次全国人民代表大会以来，"中国梦"成为中国政府的重要执政理念。问卷测试了四国对中国梦基本内容（国家富强、民族振

兴、人民幸福）的赞同情况。

## （二）问卷内容

对12项中华核心价值观的调查，具体内容如下：

（Ⅲ）V11. 您是否赞同下列价值观和思维方式？

| 价值观 | 非常不赞同　　　　　　非常赞同 |
|---|---|
| 1. 仁：人与人之间相互友爱、同情、互助。 | ←0 1 2 3 4 5 6 7 8 9 10→ |
| 2. 恕：己所不欲，勿施于人。 | ←0 1 2 3 4 5 6 7 8 9 10→ |
| 3. 孝：尊敬和善待父母。 | ←0 1 2 3 4 5 6 7 8 9 10→ |
| 4. 礼：有礼貌、尊敬他人。 | ←0 1 2 3 4 5 6 7 8 9 10→ |
| 5. 义：公正、合乎公益。 | ←0 1 2 3 4 5 6 7 8 9 10→ |
| 6. 和而不同：尊重彼此的差异，和睦相处。 | ←0 1 2 3 4 5 6 7 8 9 10→ |
| 7. 天人合一：尊崇自然，人与自然和谐。 | ←0 1 2 3 4 5 6 7 8 9 10→ |
| 8. 共同富裕：消除经济上两极分化，走向共同富裕。 | ←0 1 2 3 4 5 6 7 8 9 10→ |
| 9. 和谐世界：国与国之间和平共处、彼此尊重、共同发展。 | ←0 1 2 3 4 5 6 7 8 9 10→ |
| 10. 以人为本：尊重人民、依靠人民、为了人民。 | ←0 1 2 3 4 5 6 7 8 9 10→ |
| 11. 集体主义：在集体和个人关系中，当个人利益与集体利益发生冲突时，在兼顾二者的同时，个人应服从集体。 | ←0 1 2 3 4 5 6 7 8 9 10→ |
| 12. 人类责任：个人不仅具有权利，而且也需要对社会和他人承担责任。 | ←0 1 2 3 4 5 6 7 8 9 10→ |

社会主义核心价值观和中国梦放在同一个问题里，具体内容如下：

（Ⅲ）V12—V14. 您是否认为在国家、社会和公民三个层次上应当倡导以下价值观？（各价值观在进行外文翻译时使用了中国官方对外媒体的翻译。)

| 分类 | 内容 | 非常不赞成 | | | | | | | | | | 非常赞成 |
|---|---|---|---|---|---|---|---|---|---|---|---|---|
| 国家 | V13-1. 富强 | ←0 | 1 | 2 | 3 | 4 | 5 | 6 | 7 | 8 | 9 | 10→ |
| | V13-2. 民主 | ←0 | 1 | 2 | 3 | 4 | 5 | 6 | 7 | 8 | 9 | 10→ |
| | V13-3. 文明 | ←0 | 1 | 2 | 3 | 4 | 5 | 6 | 7 | 8 | 9 | 10→ |
| | V13-4. 和谐 | ←0 | 1 | 2 | 3 | 4 | 5 | 6 | 7 | 8 | 9 | 10→ |
| | V13-5. 振兴 | ←0 | 1 | 2 | 3 | 4 | 5 | 6 | 7 | 8 | 9 | 10→ |
| 社会 | V14-1. 自由 | ←0 | 1 | 2 | 3 | 4 | 5 | 6 | 7 | 8 | 9 | 10→ |
| | V14-2. 平等 | ←0 | 1 | 2 | 3 | 4 | 5 | 6 | 7 | 8 | 9 | 10→ |
| | V14-3. 公正 | ←0 | 1 | 2 | 3 | 4 | 5 | 6 | 7 | 8 | 9 | 10→ |
| | V14-4. 法治 | ←0 | 1 | 2 | 3 | 4 | 5 | 6 | 7 | 8 | 9 | 10→ |
| 公民 | V15-1. 爱国 | ←0 | 1 | 2 | 3 | 4 | 5 | 6 | 7 | 8 | 9 | 10→ |
| | V15-2. 敬业 | ←0 | 1 | 2 | 3 | 4 | 5 | 6 | 7 | 8 | 9 | 10→ |
| | V15-3. 诚信 | ←0 | 1 | 2 | 3 | 4 | 5 | 6 | 7 | 8 | 9 | 10→ |
| | V15-4. 友善 | ←0 | 1 | 2 | 3 | 4 | 5 | 6 | 7 | 8 | 9 | 10→ |
| | V15-5. 幸福 | ←0 | 1 | 2 | 3 | 4 | 5 | 6 | 7 | 8 | 9 | 10→ |

## 二、中华核心价值观的共享性

中华核心价值观的赞同度是指用 0—10 级量表测量受访者对 12 项价值观（未告知这些是中华核心价值观）的赞成程度，0 是一个极端，代表根本不赞同，10 是另一个极端，代表非常赞同，5 为中立，请受访者在 0—10 中选择一个数字。下面首先展示各国受访者选择不同态度的比例，然后测算均值，均值越高，说明对该价值观越赞同，也说明该价值观在中国与该国具有更强的共享性。将平均值称作共享度，共享度越高，共享性越强。用 SPSS 统计软件对有效问卷获得的数据进行统计分析。

（一）各国情况

1. 日本

1225 名受访者对 12 项价值观用 0—10 级评价的比例如表 7—8 所示。以 5 为中立值，6—10 为赞同，赞同的比例超过 60% 的有 11 项，整体受访者赞同"礼"的为 81.5%（包括选择 6—10 值的受访者所占比例），位列第一，第二到第五分别为和谐世界（77.3%）、仁（77.0%）、义（76.8%）、孝（75.5%）。只有"集体主义"（42.5%）得分未超过半数。日本近代之前受到中华文化的长期影响，而在近代又受到西方，特别是美国的影响。日本是在西化过程中成功保留了传统文化的典型国家，因此接受了大部分的中华文化核心价值观，而日本对于集体主义价值观的背离或许可以归结于西方文化的影响。

以均值计算，受访者对所列价值观普遍赞同，但程度不高。受访者最赞同"礼"（7.57），其次为"和谐世界"（7.43）和"义"（7.35），赞同度最低的是"集体主义"（5.34）。最高分和最低分的分差为2.23。具体如图7-1所示。

针对重点人群的分析显示，基本上，精英人群对于中国传统价值观的赞同度更高，它与整体的赞同度更一致，精英对这12项价值观的评价平均值为7.06，比高中生（5.98）、青年（6.59）、整体（6.96）都高。值得注意的是，高中生对于这些价值观的赞同度明显低于其他群体。不同群体对中国传统价值观的赞同度排序基本一致，没有明显差异。具体如表7-9所示。

表7-8 日本受访者赞同中华核心价值观的比例（11级量表）

单位:%

|   | 仁 | 恕 | 孝 | 礼 | 义 | 和而不同 | 天人合一 | 共同富裕 | 和谐世界 | 以人为本 | 集体主义 | 人类责任 |
|---|---|---|---|---|---|---|---|---|---|---|---|---|
| 0 | 3.3 | 3.7 | 3.3 | 3.2 | 3.7 | 3.3 | 3.3 | 3.3 | 3.7 | 3.5 | 6.4 | 3.8 |
| 1 | 0.5 | 0.7 | 0.7 | 0.6 | 0.4 | 0.7 | 0.7 | 1.0 | 0.8 | 0.8 | 2.1 | 1.1 |
| 2 | 0.9 | 0.8 | 1.1 | 0.7 | 0.3 | 0.6 | 0.4 | 1.1 | 0.5 | 0.5 | 3.9 | 0.7 |
| 3 | 0.9 | 1.7 | 1.0 | 0.4 | 0.8 | 0.9 | 1.0 | 3.2 | 0.7 | 0.8 | 4.6 | 1.8 |
| 4 | 3.2 | 4.6 | 3.3 | 2.6 | 2.9 | 2.4 | 2.9 | 4.9 | 2.7 | 2.5 | 8.9 | 3.8 |
| 5 | 14.1 | 28.3 | 15.0 | 11.0 | 15.3 | 16.3 | 17.1 | 20.7 | 14.3 | 16.9 | 31.6 | 22.9 |
| 6 | 9.1 | 10.6 | 9.1 | 8.7 | 9.6 | 10.0 | 9.6 | 12.7 | 9.3 | 10.8 | 13.3 | 12.2 |
| 7 | 14.6 | 13.3 | 16.8 | 14.9 | 12.9 | 13.7 | 14.8 | 15.0 | 11.2 | 13.6 | 10.1 | 14.8 |
| 8 | 18.4 | 13.3 | 17.0 | 18.1 | 17.1 | 19.5 | 18.4 | 14.8 | 17.3 | 18.8 | 10.8 | 16.8 |

续表

|  | 仁 | 恕 | 孝 | 礼 | 义 | 和而不同 | 天人合一 | 共同富裕 | 和谐世界 | 以人为本 | 集体主义 | 人类责任 |
|---|---|---|---|---|---|---|---|---|---|---|---|---|
| 9 | 8.0 | 6.6 | 9.2 | 10.8 | 11.8 | 10.2 | 9.1 | 7.6 | 11.3 | 11.2 | 2.8 | 9.1 |
| 10 | 26.9 | 16.4 | 23.4 | 29.0 | 25.4 | 22.4 | 22.8 | 15.7 | 28.2 | 20.6 | 5.5 | 13.0 |
| 6—10之和 | 77.0 | 60.2 | 75.5 | 81.5 | 76.8 | 75.8 | 74.7 | 65.8 | 77.3 | 75.0 | 42.5 | 65.9 |

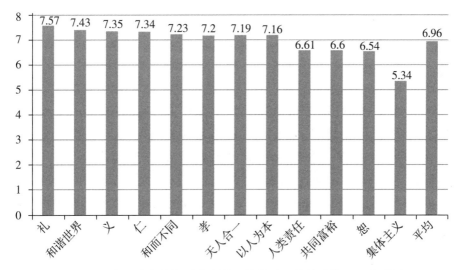

图7-1 日本受访者整体对中华核心价值观评价的均值（11级量表）

表7-9 日本不同受访者对中华核心价值观评价的均值对比（11级量表）

|  | 整体 | 高中生 | 青年 | 精英 |
|---|---|---|---|---|
| 礼 | 7.57 | 6.44 | 7.32 | 7.58 |
| 和谐世界 | 7.43 | 6.38 | 7.01 | 7.44 |
| 义 | 7.35 | 6.12 | 6.88 | 7.58 |
| 仁 | 7.34 | 6.35 | 6.92 | 7.32 |
| 和而不同 | 7.23 | 6.26 | 6.88 | 7.37 |
| 孝 | 7.2 | 6.06 | 6.94 | 7.24 |

续表

|  | 整体 | 高中生 | 青年 | 精英 |
| --- | --- | --- | --- | --- |
| 天人合一 | 7.19 | 5.91 | 6.77 | 7.35 |
| 以人为本 | 7.16 | 6.00 | 6.59 | 7.33 |
| 人类责任 | 6.61 | 5.71 | 6.16 | 6.90 |
| 共同富裕 | 6.6 | 6.09 | 6.16 | 6.20 |
| 恕 | 6.54 | 5.35 | 6.10 | 7.08 |
| 集体主义 | 5.34 | 5.03 | 5.34 | 5.36 |
| 12项平均 | 6.96 | 5.98 | 6.59 | 7.06 |

2. 韩国

1038名受访者对12项价值观用0—9级评价的比例如表7-10所示。以5为中立值，6—9为赞同，赞同的比例超过60%的有10项，整体受访者赞同"礼"的为75.4%（包括选择6—9值的受访者所占比例），第二到第五分别为孝（74.6%）、和而不同（71.5%）、义（70.7%）、恕（70.4%）。"天人合一"（41.7%）和"集体主义"（44.9%）得分未超过半数。"天人合一"未能得到受访者的赞同，可能与受访者中信仰基督教者占30%有一定关系。

由于韩国问卷使用的是0—9的10级量表，为了与其他三国对比，需要将其数据转化为0—10的11级量表的均值。转化后的数据显示，受访者对所列价值观有10项表示赞同。受访者最赞同孝（7.48）、礼（7.36）、和而不同（7.16），不赞同的两项是天人合一（5.57）和集体主义（5.63）。最高分和最低分的分差为1.91。见图7-2。

针对重点人群的分析显示，基本上，精英人群对于中国传统价值观的赞同度更高，它与整体的赞同度更一致，精英对这12项价值观的评价平均值为6.48，比高中生（5.76）、青年（5.81）、整体（6.11）都高。值得注意的是，高中生和青年对于这些价值观的赞同度明显低于精英。不同群体对中国传统价值观的赞同度排序基本一致，没有明显差异。具体如表7-11所示。

表7-10 韩国受访者赞同中华核心价值观的比例（10级量表）

单位:%

| | 仁 | 恕 | 孝 | 礼 | 义 | 和而不同 | 天人合一 | 共同富裕 | 和谐世界 | 以人为本 | 集体主义 | 人类责任 |
|---|---|---|---|---|---|---|---|---|---|---|---|---|
| 0 | 2.6 | 2.4 | 2.3 | 2.1 | 2.6 | 2.0 | 6.6 | 3.4 | 3.1 | 2.7 | 4.7 | 2.8 |
| 1 | 1.4 | 1.1 | 0.9 | 1.4 | 1.3 | 1.3 | 2.6 | 1.4 | 1.4 | 1.1 | 2.4 | 1.4 |
| 2 | 1.4 | 1.4 | 1.1 | 1.1 | 1.3 | 1.7 | 4.2 | 3.5 | 1.3 | 1.7 | 6.1 | 2.9 |
| 3 | 2.9 | 3.0 | 3.2 | 2.6 | 2.6 | 2.3 | 7.2 | 5.6 | 3.0 | 2.5 | 6.4 | 2.8 |
| 4 | 11.4 | 11.1 | 8.7 | 7.3 | 9.7 | 9.8 | 22.1 | 15.1 | 13.0 | 10.9 | 19.0 | 16.7 |
| 5 | 11.0 | 10.7 | 9.3 | 10.1 | 11.8 | 11.4 | 15.4 | 14.8 | 11.9 | 12.3 | 16.6 | 15.5 |
| 6 | 18.8 | 16.7 | 12.3 | 13.6 | 15.8 | 14.7 | 12.0 | 16.7 | 16.3 | 16.1 | 16.3 | 18.0 |
| 7 | 22.3 | 19.1 | 15.7 | 21.4 | 20.9 | 20.8 | 12.5 | 17.1 | 19.7 | 19.5 | 13.5 | 16.5 |
| 8 | 11.0 | 14.3 | 16.8 | 17.0 | 14.2 | 14.5 | 7.2 | 9.3 | 13.7 | 11.9 | 8.4 | 10.7 |
| 9 | 17.2 | 20.3 | 29.8 | 23.4 | 19.8 | 21.5 | 10.0 | 13.1 | 16.5 | 21.4 | 6.7 | 12.7 |
| 6—9之和 | 69.3 | 70.4 | 74.6 | 75.4 | 70.7 | 71.5 | 41.7 | 56.2 | 66.2 | 68.8 | 44.9 | 57.9 |

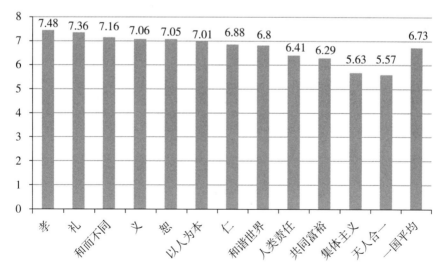

图7-2 韩国受访者整体对中华核心价值观评价的均值（11级量表）

表 7-11　韩国不同受访者评价中华核心价值观的均值对比（11 级量表）

| | 整体 | 高中生 | 青年 | 精英 |
|---|---|---|---|---|
| 孝 | 6.80 | 6.98 | 6.60 | 6.95 |
| 礼 | 6.69 | 6.76 | 6.56 | 6.93 |
| 和而不同 | 6.51 | 6.63 | 6.37 | 6.81 |
| 义 | 6.42 | 6.25 | 6.16 | 6.79 |
| 恕 | 6.41 | 6.37 | 6.25 | 6.67 |
| 以人为本 | 6.37 | 6.31 | 6.10 | 6.64 |
| 仁 | 6.25 | 6.08 | 6.15 | 6.59 |
| 和谐世界 | 6.18 | 5.55 | 5.74 | 6.50 |
| 人类责任 | 5.83 | 5.16 | 5.41 | 6.46 |
| 共同富裕 | 5.72 | 4.86 | 5.12 | 6.29 |
| 集体主义 | 5.12 | 4.25 | 4.90 | 5.33 |
| 天人合一 | 5.06 | 3.94 | 4.38 | 5.81 |
| 12 项平均 | 6.11 | 5.76 | 5.81 | 6.48 |

### 3. 越南

1023 名受访者对 12 项价值观用 0—10 级评价的比例如表 7-12 所示。以 5 为中立值，6—10 为赞同，12 项的赞同的比例全部接近或在 80% 以上，整体受访者赞同"孝"的为 88.6%（包括选择 6—10 值的受访者所占比例），第二到第五分别为礼（88.2%）、以人为本（88.1%）、天人合一（87.9%）、和谐世界（86.9%）。最低的一项"恕"的赞同率为 79.6%。

以均值计算，受访者对所列价值观普遍赞同，受访者最赞同孝，共享度为 8.62，赞同度最低的是恕（7.73）。最高分和最低分的分差为 0.89，没有很大差别。见图 7-3。

针对重点人群的分析显示，精英对于中国传统价值观的赞同度更高，12 项价值观赞同度的平均值为（8.57），而高中生对中国传统价值观的赞同度最低（12 项平均值为 7.49）。不同群体与中国传统价值观的赞同度排序大体一致，个别选项排序有细微差别。如对和谐世界的赞同上，青年的排名高于其他群体。又如对人类责任的赞同上，精英的排名明显高于整体和其他人群。见表7-13。

表7-12 越南受访者赞同中华核心价值观的比例（11级量表）

单位：%

|  | 仁 | 恕 | 孝 | 礼 | 义 | 和而不同 | 天人合一 | 共同富裕 | 和谐世界 | 以人为本 | 集体主义 | 人类责任 |
|---|---|---|---|---|---|---|---|---|---|---|---|---|
| 0 | 2.3 | 2.2 | 1.7 | 1.8 | 1.9 | 2.0 | 1.9 | 2.2 | 1.9 | 2.0 | 2.6 | 2.1 |
| 1 | 1.2 | 1.7 | 0.6 | 0.7 | 0.9 | 1.0 | 0.7 | 0.7 | 1.1 | 0.7 | 0.9 | 1.0 |
| 2 | 0.7 | 1.1 | 1.7 | 0.9 | 1.0 | 1.1 | 1.0 | 1.3 | 0.9 | 0.8 | 1.2 | 0.6 |
| 3 | 2.2 | 1.3 | 1.0 | 1.4 | 1.0 | 1.8 | 1.4 | 1.6 | 1.7 | 0.9 | 1.4 | 1.7 |
| 4 | 2.0 | 3.5 | 1.9 | 1.4 | 2.5 | 1.7 | 1.9 | 4.0 | 2.5 | 2.1 | 3.1 | 2.8 |
| 5 | 7.2 | 10.7 | 4.6 | 5.7 | 6.7 | 6.5 | 5.4 | 8.3 | 5.1 | 5.7 | 7.9 | 6.4 |
| 6 | 5.1 | 7.8 | 4.0 | 5.1 | 6.5 | 5.3 | 6.3 | 7.0 | 5.0 | 5.2 | 6.6 | 6.0 |
| 7 | 9.0 | 9.4 | 6.9 | 6.7 | 7.8 | 6.6 | 8.7 | 9.2 | 8.0 | 6.4 | 10.9 | 8.4 |
| 8 | 11.6 | 14.3 | 7.8 | 11.8 | 12.0 | 14.6 | 11.0 | 12.7 | 8.3 | 10.3 | 13.6 | 11.8 |
| 9 | 11.0 | 10.9 | 9.1 | 12.9 | 14.7 | 12.7 | 13.2 | 13.4 | 10.1 | 11.9 | 17.0 | 14.7 |
| 10 | 47.7 | 37.2 | 60.8 | 51.7 | 45.0 | 46.9 | 48.7 | 39.7 | 55.5 | 54.3 | 34.7 | 44.7 |
| 6—10之和 | 84.4 | 79.6 | 88.6 | 88.2 | 86.0 | 86.1 | 87.9 | 82.0 | 86.9 | 88.1 | 82.8 | 85.6 |

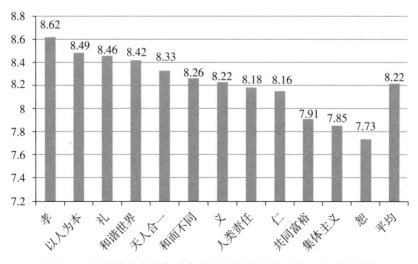

图7-3 越南受访者整体对中华价值观评价的均值（11级量表）

表7-13 越南不同受访者对中华核心价值观评价的均值对比（11级量表）

| | 整体 | 高中生 | 青年 | 精英 |
|---|---|---|---|---|
| 孝 | 8.62 | 7.81 | 8.74 | 8.90 |
| 以人为本 | 8.49 | 7.80 | 8.59 | 8.83 |
| 礼 | 8.46 | 7.68 | 8.56 | 8.78 |
| 和谐世界 | 8.42 | 7.63 | 8.66 | 8.62 |
| 天人合一 | 8.33 | 7.76 | 8.41 | 8.61 |
| 和而不同 | 8.26 | 7.55 | 8.29 | 8.57 |
| 义 | 8.22 | 7.61 | 8.20 | 8.66 |
| 人类责任 | 8.18 | 7.45 | 8.10 | 8.71 |
| 仁 | 8.16 | 7.46 | 8.21 | 8.48 |
| 共同富裕 | 7.91 | 7.17 | 7.97 | 8.33 |
| 集体主义 | 7.85 | 7.23 | 7.86 | 8.12 |
| 恕 | 7.73 | 6.67 | 7.68 | 8.18 |
| 12项平均 | 8.22 | 7.49 | 8.27 | 8.57 |

### 4. 印尼

1024名受访者对12项价值观用0—10级评价的比例如表7-14所示。以5为中立值，6—10为赞同，12项的赞同的比例全部在87%以上，整体受访者赞同"人类责任"的为95.0%（包括选择6—9值的受访者所占比例），礼、孝、天人合一和以人为本的赞成率均为94.2%，和谐世界为93.7%。最低的一项"恕"的赞同率为87.2%。

以均值计算，受访者对中华价值观赞同度较高，受访者最赞同的前三名为孝（8.81）、礼（8.75）、人类责任（8.74），赞同度最低的是恕（8.02），没有实质上的差异。最高分和最低分的分差为0.79，四国中分差最低。见图7-4。

针对重点人群的分析，由于印尼华人多，因而增加了对华人群体的分析。六个群体的数据显示，对于12项中华价值观的赞同度的平均值由高到低为：华族（8.78）、精英（8.58）、整体（8.55）、其他民族（8.52）、青年（8.50）、高中生（8.46）。不同群体对中国传统价值观赞同度的排序大体一致，个别选项排序有细微差别。如精英对天人合一、义、以人为本的赞同低于整体和高中生,青年对共同富裕、仁、集体主义和恕的赞同高于整体、高中生和青年。高中生对孝、礼、人类责任、共同富裕、集体主义、恕的赞同低于整体和青年、精英。见表7-15。

表7-14 印尼受访者赞同中华核心价值观的比例(11级量表)

单位:%

|  | 仁 | 恕 | 孝 | 礼 | 义 | 和而不同 | 天人合一 | 共同富裕 | 和谐世界 | 以人为本 | 集体主义 | 人类责任 |
|---|---|---|---|---|---|---|---|---|---|---|---|---|
| 0 | 0.8 | 1.2 | 0.5 | 0.5 | 0.5 | 0.6 | 0.5 | 0.5 | 0.5 | 0.5 | 1.5 | 0.5 |
| 1 | 0.8 | 1.4 | 0.4 | 0.3 | 0.4 | 0.3 | 0.4 | 0.5 | 0.9 | 0.4 | 0.7 | 0.4 |
| 2 | 0.6 | 0.7 | 0.5 | 0.2 | 0.2 | 0.5 | 0.1 | 0.7 | 0.5 | 0.7 | 0.3 | 0.1 |
| 3 | 1.2 | 1.0 | 0.8 | 1.2 | 0.7 | 1.0 | 0.9 | 0.6 | 0.8 | 0.9 | 1.8 | 0.9 |
| 4 | 1.8 | 2.3 | 0.6 | 1.2 | 1.2 | 1.1 | 0.2 | 0.9 | 0.5 | 0.9 | 1.7 | 0.5 |
| 5 | 3.5 | 6.3 | 3.0 | 2.5 | 2.8 | 4.0 | 3.8 | 4.2 | 3.1 | 2.4 | 6.3 | 2.6 |
| 6 | 5.7 | 5.3 | 3.4 | 4.2 | 5.0 | 4.4 | 4.4 | 4.2 | 5.1 | 4.7 | 5.4 | 4.2 |
| 7 | 11.8 | 14.2 | 8.9 | 9.1 | 10.5 | 10.4 | 8.9 | 11.9 | 10.4 | 10.4 | 12.5 | 9.6 |
| 8 | 14.5 | 19.5 | 14.8 | 15.1 | 15.7 | 14.8 | 15.9 | 16.3 | 16.2 | 15.6 | 19.5 | 15.9 |
| 9 | 10.5 | 13.3 | 12.3 | 13.9 | 14.9 | 16.2 | 18.0 | 16.3 | 16.4 | 15.6 | 19.6 | 17.0 |
| 10 | 48.9 | 34.9 | 54.8 | 51.9 | 48.0 | 47.3 | 46.7 | 43.9 | 45.6 | 47.9 | 30.9 | 48.3 |
| 6—10之和 | 91.4 | 87.2 | 94.2 | 94.2 | 94.1 | 93.1 | 94.2 | 92.6 | 93.7 | 94.2 | 87.9 | 95.0 |

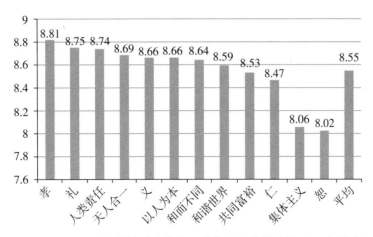

图7-4 印尼受访者整体对中华核心价值观评价的均值(11级量表)

表 7-15　印尼不同受访者对中华核心价值观评价的均值对比（11 级量表）

| | 整体 | 高中生 | 青年 | 精英 | 华族 | 其他民族 |
|---|---|---|---|---|---|---|
| 孝 | 8.81 | 8.72 | 8.78 | 8.80 | 9.04 | 8.78 |
| 礼 | 8.75 | 8.61 | 8.72 | 8.74 | 8.93 | 8.72 |
| 人类责任 | 8.74 | 8.69 | 8.77 | 8.71 | 8.96 | 8.71 |
| 天人合一 | 8.69 | 8.70 | 8.72 | 8.61 | 8.83 | 8.67 |
| 义 | 8.66 | 8.70 | 8.63 | 8.56 | 8.91 | 8.62 |
| 以人为本 | 8.66 | 8.67 | 8.76 | 8.60 | 8.72 | 8.65 |
| 和而不同 | 8.64 | 8.65 | 8.57 | 8.62 | 8.96 | 8.59 |
| 和谐世界 | 8.59 | 8.67 | 8.55 | 8.57 | 8.71 | 8.57 |
| 共同富裕 | 8.53 | 8.30 | 8.44 | 8.60 | 8.67 | 8.51 |
| 仁 | 8.47 | 8.43 | 8.42 | 8.55 | 8.92 | 8.40 |
| 集体主义 | 8.06 | 7.90 | 7.92 | 8.28 | 8.24 | 8.03 |
| 恕 | 8.02 | 7.53 | 7.77 | 8.26 | 8.52 | 7.94 |
| 12 项平均 | 8.55 | 8.46 | 8.50 | 8.58 | 8.78 | 8.52 |

## （二）四国综合分析

对四国的数据进行综合对比分析，可以归纳出以下特点：

### 1. 中华核心价值观在四国有不同程度的共享性

12 项价值观在印尼、越均得到赞同，在印尼的赞同度最高，均值都在 8 分（相当于百分制获得 80 分）以上。在日本只有集体主义一项，在韩国只有集体主义和天人合一两项没有获得均值 6 分以上赞同率。（见表 7-16）

四国平均，12 项价值观中赞成度最高的前五名是：礼（8.04）、孝（8.03）、以人为本（7.83）、和而不同（7.82）、义（7.82）。排在末位的是集体主义（6.72）。

四国对 12 项价值观的平均赞成度由高到低为：印尼（8.55）、越南（8.22）、日本（6.96）、韩国（6.73），四国平均为 7.62。这个排序完全出乎意料。学术界一般把韩国、日本、越南归为东亚文化圈（或称汉字文化圈、儒学文化圈)。"从价值观看,最重要的也是影响最大的是儒家伦理。"① 印尼没有被列入东亚文化圈。这次调查显示,该国的受访者对儒家核心价值观的赞同度居然高出历史上属于东亚文化圈的越、韩、日。这值得深入研究。

2. 中华核心价值观在各文化中共享层级不同

本研究把在某种文化中共享的中华核心价值观划分为三个层级:高度共享级,即该价值观被赞同度≥8.5;较高共享级即该价值观被选频率分布介于7.0—8.5之间;基本共享级,即该价值观被选频率分布介于6.0—7.0之间。

以"共同富裕"为例,它在四国的共享层级不同。在印尼共享度为8.53,属于高度共享价值观;在越南共享度为7.91,属于较高共享价值观;在日本和韩国的共享度分别为6.60和6.29,为基本共享价值观。

四国对12项价值观的平均赞成度由高到低为:印尼(8.55)为高度共享级、越南(8.22)为较高共享级、日本(6.96)和韩国(6.73)为基本共享级别。四国平均为7.62,为较高共享级。

四国平均,12项价值观中赞成度最高的前五名是:礼(8.04)、孝(8.03)、以人为本(7.83)、和而不同(7.82)、义(7.82),它们均为较高共享级。倒数第一的是集体主义(6.72),为基本共享级。

3. 有十项中华核心价值观在四国具有共享性

十项价值观(仁、恕、孝、礼、义、和而不同、人类责任、共同富裕、和谐世界、以人为本)中,礼、孝、以人为本、义、和而不同五项的共享度都超过7.0,属于较高共享级;仁、恕、共同富裕、人类责任、和谐世界五项的共享度都超过6.0,属于基本共享级。日、韩、越三国在传统上属于中华文化圈,深受中华文化的影响,印尼的华人众多,因此四国在中华文化核心价值观方面比美、德、俄、印四国具有更多的共享性。

---

① 贺圣达:《东亚文化圈和东亚价值观的历史考察》,载吴志攀、李玉编:《东亚的价值》,北京大学出版社2010年版,第34页。

### 4. 存在两项不共享价值观

有两项中华核心价值观没有得到四国受访者的一致赞同。集体主义共享度在日本（5.34）和韩国（5.63）都没有超过6.0；天人合一的共享度在韩国（5.57）没有超过6.0。

表7-16 四国对中华核心价值观的赞同度（11级量表）及排名

|  | 日本 | | 韩国 | | 越南 | | 印尼 | | 四国平均 | |
| --- | --- | --- | --- | --- | --- | --- | --- | --- | --- | --- |
|  | 赞同 | 排名 | 赞同 | 排名 | 赞同 | 排名 | 赞同 | 排名 | 赞同 | 排名 |
| 礼 | 7.57 | 1 | 7.36 | 2 | 8.46 | 3 | 8.75 | 2 | 8.04 | 1 |
| 孝 | 7.2 | 6 | 7.48 | 1 | 8.62 | 1 | 8.81 | 1 | 8.03 | 2 |
| 以人为本 | 7.16 | 8 | 7.01 | 6 | 8.49 | 2 | 8.66 | 6 | 7.83 | 3 |
| 义 | 7.35 | 3 | 7.06 | 4 | 8.22 | 7 | 8.66 | 5 | 7.82 | 4 |
| 和而不同 | 7.23 | 5 | 7.16 | 3 | 8.26 | 6 | 8.64 | 7 | 7.82 | 4 |
| 和谐世界 | 7.43 | 2 | 6.80 | 8 | 8.42 | 4 | 8.59 | 8 | 7.81 | 6 |
| 仁 | 7.34 | 4 | 6.88 | 7 | 8.16 | 9 | 8.47 | 10 | 7.71 | 7 |
| 人类责任 | 6.61 | 9 | 6.41 | 9 | 8.18 | 8 | 8.74 | 3 | 7.49 | 8 |
| 天人合一 | 7.19 | 7 | 5.57 | 12 | 8.33 | 5 | 8.69 | 4 | 7.45 | 9 |
| 恕 | 6.54 | 11 | 7.05 | 5 | 7.73 | 12 | 8.02 | 12 | 7.34 | 10 |
| 共同富裕 | 6.6 | 10 | 6.29 | 10 | 7.91 | 10 | 8.53 | 9 | 7.33 | 11 |
| 集体主义 | 5.34 | 12 | 5.63 | 11 | 7.85 | 11 | 8.06 | 11 | 6.72 | 12 |
| 一国平均 | 6.96 | | 6.73 | | 8.22 | | 8.55 | | 7.62 | |

注：韩国的数据由原始的10级量表的数值转化为11级量表的数值。

## 三、中国社会主义核心价值观的共享性

我们用同样方法测量了四国受访者对中国社会主义核心价值观赞同度的平均值，平均值越高，说明对该价值观越赞同，共享度越高。

### （一）各国情况

#### 1. 日本

1225名受访者对12项价值观的赞同比例如表7-17所示。在0—10级评价中，5为中立值，6—10为不同程度的赞同，赞同的比例超过65%的价

值观有11项,整体受访者赞同"诚信"的比例为84.4%(包括选择6—10值的受访者所占比例),排名第一。第二到第五分别为公正(83.9%)、自由(81.0%)、平等(79.5%)、友善(79.0%)。只有"富强"(34.7%)的比例未超过半数。

以均值计算,受访者对所列出的价值观,除"富强"外,普遍赞同,但程度不高。受访者最赞同"公正"(8.0),其次为"诚信"(7.87)和"自由"(7.65)。赞同度最低的是"富强"(4.92),与最高的比例差了3.08,见图7-5。

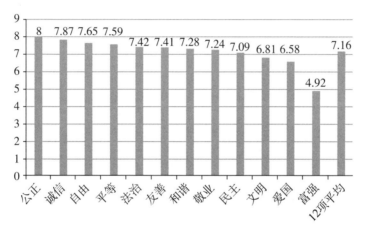

**图7-5 日本受访者整体对社会主义核心价值观赞同的均值(11级量表)**

针对重点人群的分析显示,精英的赞同度更高,它与整体的赞同度更一致,精英对12项价值观的评价的平均值为7.54,比高中生(6.04)、青年(6.75)、整体(7.16)都高。值得注意的是高中生对这些价值观的赞同度明显低于其他群体。不同群体对这些价值观的赞同度排序基本一致,没有明显差异。具体如表7-18所示。

**表7-17 日本受访者整体对社会主义核心价值观赞同的比例(11级量表)**

单位:%

|   | 富强 | 民主 | 文明 | 振兴 | 自由 | 平等 | 公正 | 法治 | 爱国 | 敬业 | 诚信 | 友善 |
|---|------|------|------|------|------|------|------|------|------|------|------|------|
| 0 | 8.4  | 3.9  | 3.8  | 3.8  | 2.7  | 2.6  | 2.6  | 3.0  | 3.2  | 2.1  | 2.0  | 2.6  |
| 1 | 2.0  | 0.5  | 0.9  | 0.3  | 0.1  | 0.7  | 0.5  | 0.7  | 0.7  | 0.8  | 1.1  | 0.6  |

续表

| | 富强 | 民主 | 文明 | 振兴 | 自由 | 平等 | 公正 | 法治 | 爱国 | 敬业 | 诚信 | 友善 |
|---|---|---|---|---|---|---|---|---|---|---|---|---|
| 2 | 6.0 | 1.1 | 1.1 | 0.9 | 1.1 | 0.7 | 0.8 | 0.9 | 1.6 | 0.7 | 0.7 | 1.0 |
| 3 | 8.2 | 1.4 | 1.2 | 1.5 | 0.6 | 1.2 | 0.7 | 1.4 | 3.2 | 0.8 | 0.4 | 0.4 |
| 4 | 8.2 | 3.0 | 2.4 | 2.1 | 2.5 | 2.2 | 1.7 | 1.8 | 4.2 | 2.0 | 1.3 | 2.0 |
| 5 | 32.3 | 18.6 | 21.0 | 18.5 | 11.9 | 13.1 | 10.0 | 16.6 | 21.8 | 14.8 | 10.1 | 14.4 |
| 6 | 10.5 | 10.0 | 10.9 | 11.1 | 7.9 | 6.8 | 5.5 | 8.2 | 12.8 | 12.7 | 7.3 | 9.8 |
| 7 | 9.7 | 12.7 | 15.8 | 14.6 | 14.7 | 15.5 | 12.1 | 13.5 | 16.0 | 17.6 | 13.8 | 15.9 |
| 8 | 7.6 | 15.8 | 18.2 | 14.4 | 16.5 | 16.5 | 14.4 | 13.6 | 15.3 | 18.0 | 16.7 | 17.3 |
| 9 | 1.9 | 8.4 | 8.2 | 12.8 | 10.5 | 9.7 | 11.3 | 10.3 | 4.7 | 10.9 | 12.6 | 11.8 |
| 10 | 5.0 | 24.6 | 16.4 | 19.8 | 31.4 | 31.0 | 40.6 | 30.1 | 16.5 | 19.7 | 34.0 | 24.2 |
| 6—10之和 | 34.7 | 71.5 | 69.5 | 72.7 | 81.0 | 79.5 | 83.9 | 75.7 | 65.3 | 78.9 | 84.4 | 79.0 |

**表7-18　日本不同受访者对社会主义核心价值观赞同的均值对比（11级量表）**

| | 整体 | 高中生 | 青年 | 精英 |
|---|---|---|---|---|
| 和谐 | 7.28 | 6.03 | 6.90 | 7.61 |
| 民主 | 7.09 | 5.71 | 6.55 | 7.76 |
| 文明 | 6.81 | 5.41 | 6.40 | 7.29 |
| 富强 | 4.92 | 4.47 | 5.11 | 5.18 |
| 公正 | 8.00 | 7.03 | 7.52 | 8.36 |
| 自由 | 7.65 | 6.53 | 7.2 | 8.05 |
| 平等 | 7.59 | 6.47 | 7.02 | 7.74 |
| 法治 | 7.42 | 6.24 | 6.98 | 7.96 |
| 诚信 | 7.87 | 6.53 | 7.42 | 8.21 |
| 友善 | 7.41 | 6.35 | 6.96 | 7.71 |
| 敬业 | 7.24 | 6.18 | 6.82 | 7.64 |
| 爱国 | 6.58 | 5.56 | 6.14 | 7.01 |
| 12项平均 | 7.16 | 6.04 | 6.75 | 7.54 |

## 2. 韩国

1038名受访者对12项价值观表态的比例如表7-19。0—9级评价中，5为中立值，6—9为不同程度的赞同。数据显示，12项价值观的赞同比例都超过60%。公正的赞同率为80.0%（包括选择6—9值的受访者所占比例），排名第一，第二到第五分别为自由（78.6%）、平等（78.6%）、诚信（76.0%）、法治（75.5%）。富强的赞同率最低（62.5%）。

以均值计算，由于韩国问卷使用的是0—9的量表，为了与其他三国对比，需要将均值转化为0—10的量表的均值。转化后的数据显示，受访者对12项价值观态度的均值都是赞同。受访者最赞同的是公正（7.88）、平等（7.69）、自由（7.63），赞同度最低的是富强（6.58）。最高分和最低分的分差为1.30，见图7-6。

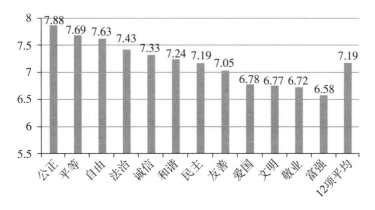

**图7-6 韩国受访者整体对社会主义核心价值观赞同的均值（11级量表）**

针对重点人群的分析显示，精英的赞同度更高，与整体的赞同度更一致，精英对12项价值观评价的平均值为6.82，比高中生（6.04）、青年（6.15）、整体（6.54）都高。值得注意的是，高中生和青年对于这些价值观的赞同度都明显低于精英。不同群体对这些价值观的赞同度排序基本一致，没有明显差异。具体如表7-20所示。

表 7-19 韩国受访者对社会主义核心价值观赞同的比例（10 级量表）

单位：%

| | 富强 | 民主 | 文明 | 振兴 | 自由 | 平等 | 公正 | 法治 | 爱国 | 敬业 | 诚信 | 友善 |
|---|---|---|---|---|---|---|---|---|---|---|---|---|
| 0 | 3.7 | 3.6 | 3.6 | 3.2 | 2.2 | 2.2 | 2.2 | 2.6 | 3.5 | 2.7 | 2.9 | 2.6 |
| 1 | 1.2 | 1.4 | 1.1 | 1.3 | 1.2 | 1.3 | 1.3 | 1.5 | 0.9 | 1.3 | 1.2 | 1.1 |
| 2 | 2.1 | 1.3 | 1.2 | 0.6 | 0.9 | 0.6 | 0.8 | 0.7 | 2.3 | 1.6 | 0.9 | 1.6 |
| 3 | 3.9 | 3.3 | 3.2 | 2.5 | 1.9 | 2.6 | 1.8 | 1.6 | 2.5 | 3.5 | 2.0 | 2.4 |
| 4 | 13.0 | 8.2 | 13.1 | 9.1 | 7.9 | 8.1 | 7.6 | 9.2 | 13.2 | 12.7 | 9.8 | 10.8 |
| 5 | 13.7 | 9.0 | 12.2 | 9.8 | 7.3 | 6.6 | 6.4 | 8.9 | 12.0 | 12.6 | 7.2 | 9.7 |
| 6 | 17.2 | 14.2 | 16.4 | 14.7 | 11.6 | 10.7 | 8.8 | 13.4 | 17.7 | 18.3 | 16.2 | 16.9 |
| 7 | 19.3 | 19.6 | 19.7 | 19.3 | 18.9 | 18.2 | 14.0 | 17.4 | 17.0 | 20.0 | 18.2 | 20.9 |
| 8 | 11.6 | 15.4 | 13.9 | 16.2 | 17.5 | 15.9 | 19.1 | 18.1 | 13.6 | 13.5 | 17.8 | 16.1 |
| 9 | 14.4 | 24.2 | 15.7 | 23.3 | 30.6 | 33.8 | 38.1 | 26.6 | 17.3 | 13.8 | 23.8 | 17.9 |
| 6—9 之和 | 62.5 | 73.4 | 65.7 | 73.5 | 78.6 | 78.6 | 80.0 | 75.5 | 65.6 | 65.6 | 76.0 | 71.8 |

表 7-20 韩国不同受访者对社会主义核心价值观赞同的均值对比（11 级量表）

| | 整体 | 高中生 | 青年 | 精英 |
|---|---|---|---|---|
| 和谐 | 6.58 | 5.76 | 6.24 | 6.84 |
| 民主 | 6.54 | 5.80 | 6.10 | 6.84 |
| 文明 | 6.15 | 5.10 | 5.64 | 6.31 |
| 富强 | 5.98 | 4.98 | 5.49 | 6.41 |
| 公正 | 7.16 | 6.96 | 6.83 | 7.44 |
| 平等 | 6.99 | 6.84 | 6.63 | 7.11 |
| 自由 | 6.94 | 6.59 | 6.60 | 7.06 |
| 法治 | 6.75 | 6.20 | 6.26 | 7.05 |
| 诚信 | 6.66 | 6.24 | 6.35 | 7.01 |
| 友善 | 6.41 | 5.88 | 6.00 | 6.86 |
| 爱国 | 6.16 | 6.02 | 5.83 | 6.36 |
| 敬业 | 6.11 | 6.12 | 5.82 | 6.49 |
| 12 项平均 | 6.54 | 6.04 | 6.15 | 6.82 |

### 3. 越南

1023 名受访者对 12 项价值观赞同情况的比例见表 7-21。在 0—10 级评价中，5 为中立值，6—10 为不同程度的赞同，对 12 项价值观的赞同比例都超过 85%，受访者赞同度最高的为爱国，比例为 89.4%（包括选择 6—10 值的受访者所占比例），最低的为法治（85.2%），各项价值观赞同度没有实质性差异。

受访者对所列价值观的均值都在 8.14 以上，公正、爱国、平等、自由、文明的均值在 8.5 以上，属于非常认同。其余的在 8.43 到 8.14 之间，属于很认同的价值观。见图 7-7。

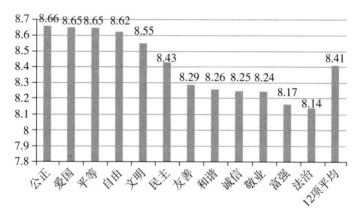

**图 7-7 越南受访者整体对社会主义核心价值观赞同的均值（11 级量表）**

针对重点人群的分析显示，精英的赞同度更高，对 12 项价值观的评价的平均值为 8.83，比高中生（7.94）、青年（8.44）、整体（8.41）都高。值得注意的是，高中生对这些价值观的赞同度明显低于其他群体，但是青年的认同度高于整体。不同群体对这些价值观的赞同度排序基本一致，没有明显差异。具体如表 7-22 所示。

**表 7-21 越南受访者整体对社会主义核心价值观赞同的比例**

单位：%

|   | 富强 | 民主 | 文明 | 振兴 | 自由 | 平等 | 公正 | 法治 | 爱国 | 敬业 | 诚信 | 友善 |
|---|---|---|---|---|---|---|---|---|---|---|---|---|
| 0 | 2.5 | 2.0 | 2.0 | 2.4 | 2.2 | 2.1 | 2.3 | 3.2 | 1.9 | 2.1 | 2.0 | 2.2 |

续表

|  | 富强 | 民主 | 文明 | 振兴 | 自由 | 平等 | 公正 | 法治 | 爱国 | 敬业 | 诚信 | 友善 |
|---|---|---|---|---|---|---|---|---|---|---|---|---|
| 1 | 0.8 | 1.4 | 0.7 | 0.7 | 0.7 | 1.3 | 0.7 | 0.5 | 0.8 | 0.6 | 0.5 | 0.5 |
| 2 | 0.7 | 0.7 | 1.0 | 1.0 | 1.2 | 0.5 | 1.2 | 0.9 | 0.8 | 0.4 | 0.5 | 0.7 |
| 3 | 1.4 | 1.4 | 1.1 | 1.0 | 1.9 | 1.4 | 1.2 | 1.8 | 0.6 | 1.1 | 1.1 | 1.2 |
| 4 | 1.7 | 1.2 | 1.0 | 2.1 | 1.2 | 1.7 | 1.3 | 2.2 | 1.6 | 2.3 | 2.8 | 1.5 |
| 5 | 6.9 | 5.6 | 6.1 | 5.4 | 4.5 | 5.1 | 5.0 | 6.3 | 5.1 | 5.0 | 7.0 | 6.1 |
| 6 | 5.5 | 5.3 | 3.1 | 4.7 | 3.4 | 2.4 | 2.5 | 4.5 | 3.8 | 5.3 | 4.2 | 5.5 |
| 7 | 8.6 | 6.2 | 6.6 | 9.3 | 4.4 | 4.1 | 4.9 | 8.8 | 6.0 | 10.9 | 8.4 | 7.3 |
| 8 | 13.9 | 10.3 | 9.8 | 13.2 | 9.5 | 9.0 | 7.6 | 12.4 | 9.6 | 14.6 | 13.8 | 14.5 |
| 9 | 15.2 | 15.0 | 15.7 | 16.9 | 12.5 | 13.9 | 14.1 | 16.1 | 12.3 | 17.5 | 17.8 | 18.5 |
| 10 | 42.9 | 51.2 | 53.0 | 43.4 | 58.7 | 58.7 | 59.2 | 43.4 | 57.7 | 40.3 | 41.9 | 42.1 |
| 6—10之和 | 86.1 | 88.0 | 88.2 | 87.5 | 88.5 | 88.1 | 88.3 | 85.2 | 89.4 | 88.6 | 86.1 | 87.9 |

表7-22 越南不同受访者对社会主义核心价值观赞同的均值对比（11级量表）

|  | 整体 | 高中生 | 青年 | 精英 |
|---|---|---|---|---|
| 文明 | 8.55 | 8.18 | 8.62 | 8.98 |
| 民主 | 8.43 | 7.88 | 8.53 | 8.88 |
| 和谐 | 8.26 | 7.82 | 8.30 | 8.83 |
| 富强 | 8.17 | 7.62 | 8.22 | 8.68 |
| 公正 | 8.66 | 8.32 | 8.74 | 8.99 |
| 平等 | 8.65 | 8.32 | 8.74 | 8.98 |
| 自由 | 8.62 | 8.46 | 8.69 | 8.89 |
| 法治 | 8.14 | 7.28 | 8.00 | 8.85 |
| 爱国 | 8.65 | 8.21 | 8.69 | 8.91 |
| 友善 | 8.29 | 7.88 | 8.27 | 8.59 |
| 诚信 | 8.25 | 7.67 | 8.23 | 8.73 |
| 敬业 | 8.24 | 7.63 | 8.20 | 8.61 |
| 12项平均 | 8.41 | 7.94 | 8.44 | 8.83 |

4. 印尼

1024名受访者对12项价值观用0—10级评价的比例如表7-23所示。以5为中立值，6—10为不同程度的赞同，12项的赞同的比例（包括选择6—10值的受访者所占比例）全部在86.5%以上；除了民主、自由、平等以外，其他9项的赞同率都在90%以上。

表7-23 印尼受访者整体对社会主义核心价值观赞同的比例（11级量表）

单位：%

|  | 富强 | 民主 | 文明 | 振兴 | 自由 | 平等 | 公正 | 法治 | 爱国 | 敬业 | 诚信 | 友善 |
|---|---|---|---|---|---|---|---|---|---|---|---|---|
| 0 | 0.5 | 1.1 | 0.8 | 0.8 | 1.3 | 1.3 | 0.6 | 0.6 | 0.6 | 0.4 | 0.3 | 0.3 |
| 1 | 0.1 | 0.7 | 0.3 | 0.1 | 0.9 | 0.4 | 0 | 0.1 | 0.3 | 0.3 | 0.1 | 0.2 |
| 2 | 0.5 | 0.1 | 0.6 | 0 | 0.8 | 0.7 | 0.5 | 0.2 | 0.3 | 0.4 | 0.4 | 0.2 |
| 3 | 0.8 | 1.9 | 0.4 | 0.7 | 1.8 | 0.9 | 0.7 | 1.0 | 0.7 | 0.8 | 0.3 | 0.3 |
| 4 | 0.8 | 1.8 | 0.6 | 0.8 | 1.5 | 1.2 | 0.7 | 1.2 | 0.9 | 1.6 | 0.9 | 1.5 |
| 5 | 4.1 | 5.0 | 4.1 | 4.2 | 7.3 | 6.6 | 2.6 | 3.0 | 3.2 | 4.0 | 2.5 | 2.7 |
| 6 | 4.5 | 4.7 | 4.4 | 5.0 | 8.2 | 5.2 | 3.0 | 4.2 | 5.0 | 5.3 | 2.7 | 3.7 |
| 7 | 12.6 | 10.1 | 9.5 | 9.7 | 15.8 | 10.0 | 8.1 | 9.2 | 11.3 | 10.2 | 7.7 | 7.4 |
| 8 | 16.5 | 18.8 | 18.8 | 17.1 | 20.7 | 18.8 | 14.7 | 16.1 | 18.3 | 23.0 | 12.3 | 14.3 |
| 9 | 15.4 | 16.4 | 22.2 | 20.0 | 14.2 | 18.6 | 16.6 | 15.1 | 14.4 | 17.8 | 15.9 | 18.4 |
| 10 | 44.2 | 39.6 | 38.4 | 41.7 | 27.6 | 36.4 | 52.4 | 49.3 | 45.1 | 36.8 | 56.8 | 51.1 |
| 6—10之和 | 93.2 | 89.6 | 93.3 | 93.5 | 86.5 | 89.0 | 94.8 | 93.9 | 94.1 | 93.1 | 95.4 | 94.9 |

以均值计算，受访者对这些价值观的赞同度较高，受访者最赞同的前三名为诚信（8.98）、公正（8.86）、友善（8.85）。其中11项的赞同效率都在8.25以上，赞同度最低的是自由（7.8）。最高分和最低分的分差为1.18。见图7-8。

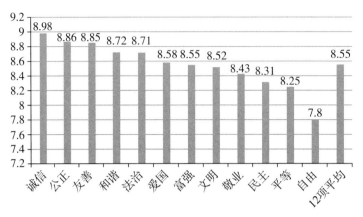

**图7-8 印尼受访者整体对社会主义核心价值观赞同的均值（11级量表）**

六个群体的数据显示（表7-24），对于12项价值观的赞同度的平均值由高到低为：华族（8.76）、精英（8.65）、青年（8.57）、整体（8.55）、其他民族（8.51）、高中生（8.43），各群体之间有差别，但很小，且没有实质上的差别。

**表7-24 印尼不同受访者对社会主义核心价值观赞同的均值对比（11级量表）**

|  | 整体 | 高中生 | 青年 | 精英 | 华族 | 其他民族 |
|---|---|---|---|---|---|---|
| 和谐 | 8.72 | 8.59 | 8.81 | 8.68 | 8.93 | 8.69 |
| 富强 | 8.55 | 8.35 | 8.63 | 8.60 | 8.80 | 8.52 |
| 文明 | 8.52 | 8.00 | 8.44 | 8.67 | 8.81 | 8.48 |
| 民主 | 8.31 | 8.17 | 8.21 | 8.41 | 8.52 | 8.28 |
| 公正 | 8.86 | 9.01 | 8.96 | 8.94 | 8.96 | 8.84 |
| 法治 | 8.71 | 8.29 | 8.86 | 8.88 | 8.91 | 8.68 |
| 平等 | 8.25 | 7.99 | 8.16 | 8.67 | 8.68 | 8.18 |
| 自由 | 7.80 | 7.69 | 7.65 | 8.14 | 8.45 | 7.69 |
| 诚信 | 8.98 | 9.12 | 9.07 | 9.00 | 9.00 | 8.98 |
| 友善 | 8.85 | 8.98 | 8.96 | 8.78 | 8.86 | 8.85 |
| 爱国 | 8.58 | 8.67 | 8.67 | 8.55 | 8.66 | 8.57 |
| 敬业 | 8.43 | 8.26 | 8.41 | 8.53 | 8.51 | 8.42 |
| 12项平均 | 8.55 | 8.43 | 8.57 | 8.65 | 8.76 | 8.51 |

2. 四国综合比较

将四国的数据综合在一起比较，数据显示有以下特点（见表7-25）：

（1）中国社会主义核心价值观在四国有广泛的共享性。

国家层次的和谐、民主、文明三项在四国共享，在日、韩、越、印尼，和谐的赞同度分别为 7.28、7.24、8.26、8.72；民主分别为 7.09、7.19、8.43、8.31；文明分别为 6.81、6.77、8.55、8.52，均属于共享价值观。

社会层次的公正、平等、自由、法治四项价值观获得全部赞同。在越、印尼、韩、日均得到 7.42 分以上的赞同，尤其在越南赞同度最高，全都得到了 8.14 分以上的赞同。

公民层次的诚信、友善、敬业、爱国四项价值观获得全部赞同。在印尼、越、韩、日均得到 6.58 分以上的赞同，尤其在印尼赞同度最高，全都得到了 8.43 分以上的赞同。

重点人群的数据显示：日本精英对社会主义核心价值观的赞同度高于整体和青年，而青年对于国家层面和公民层面的社会主义核心价值观的赞同度略低于整体，高中生的赞同度最低。但在整体排序上没有明显差异。

韩国精英对社会主义核心价值观的赞同度高于整体和青年，而青年对于国家层面和公民层面的社会主义核心价值观的赞同度略低于整体水平。但在整体排序上没有明显差异。

越南精英对社会主义核心价值观的赞同度高于整体和其他人群，而高中生对价值观的赞同略低于整体。在整体排序上没有较多差异，但值得注意的是，在社会层面，高中生对自由的赞同高于其他价值观，而在公民层次上，精英人群对诚信、敬业的赞同高于友善。

印尼在国家层面的价值观方面，青年对和谐、富强的赞同度高于整体、精英、高中生，精英对文明、民主的赞同度高于整体、青年、高中生；在社会层面价值观方面，高中生对公正的赞同度高于青年、精英、整体，精英对法治、平等、自由的赞同度高于整体和其他群体；在公民层面价值观方面，高中生对诚信、友善的赞同度高于整体和其他群体，精英对敬业的赞同度高于整体和其他群体，高中生和青年对爱国的赞同度高于整体和精英。

（2）社会主义核心价值观在各文化中共享层级不同。

把在某种文化中共享的社会主义核心价值观划分为三个层级：高度共享级即该价值观被赞同度≥8.5、较高共享级即该价值观被选频率分布介于7.0—8.5之间、基本共享级即该价值观被选频率分布介于6.0—7.0之间。以日本为例，和谐（7.28）、民主（7.09）、公正（8.00）、平等（7.59）、自由（7.65）、法治（7.42）、诚信（7.87）、敬业（7.24）、友善（7.41）属于较高共享级价值观，文明（6.81）、爱国（6.58）属于基本共享价值观。

公民层次的四项价值观的赞同度平均值由高到低为：印尼（8.71）为高度共享级价值观，越南（8.36）和日本（7.28）为较高共享级共享价值观，韩国（6.97）为基本共享级价值观。

四国12项价值观赞同度的平均值相比，由高到低共享层级不同：印尼（8.55）为高度共享级，越南（8.41）为较高共享级，接近高度共享级，韩国（7.19）和日本（7.16）为较高共享级。总体上，印尼和越南的赞同度高于日本和韩国一个层次。

12项价值观相比较，四国赞同度平均值由高到低为：公正（8.35）、诚信（8.11）、平等（8.05）自由（7.93）、法治（7.93）、友善（7.90）、和谐（7.88）、民主（7.76）、文明（7.66）、敬业（7.66）、爱国（7.65）、富强（7.06），都属于较高共享级价值观。

国家层次、社会层次和公民层次相比，四国总体的平均值排序为：社会（8.07）、公民（7.83）、国家（7.62），都属于较高共享级价值观。

（3）11项社会主义核心价值观在四国具有共享性。

国家层次的和谐、民主、文明三项在四国共享。社会层次的公正、平等、自由、法治四项价值观在四国获得全部赞同。公民层次的诚信、友善、敬业、爱国四项价值观在四国获得全部赞同。这11项目为共享价值观。

（4）存在四国不共享价值观。

有一项社会主义核心价值观在没有得到四国受访者的一致赞同。富强共享度在日本（4.92），没有超过6.0。

表7-25　四国对社会主义核心价值观的赞同度（11级量表）均值及排名

| 价值观 | | 日本 | | 韩国 | | 越南 | | 印尼 | | 四国平均 | |
|---|---|---|---|---|---|---|---|---|---|---|---|
| | | 赞同度 | 排名 | 赞同度 | 排名 | 赞同度 | 排名 | 赞同度 | 排名 | 赞同度 | 排名 |
| 国家层次 | 和谐 | 7.28 | 1 | 7.24 | 1 | 8.26 | 3 | 8.72 | 1 | 7.88 | 1 |
| | 民主 | 7.09 | 2 | 7.19 | 2 | 8.43 | 2 | 8.31 | 4 | 7.76 | 2 |
| | 文明 | 6.81 | 3 | 6.77 | 3 | 8.55 | 1 | 8.52 | 3 | 7.66 | 3 |
| | 富强 | 4.92 | 4 | 6.58 | 4 | 8.17 | 4 | 8.55 | 2 | 7.06 | 4 |
| | 平均 | 6.53 | | 6.95 | | 8.35 | | 8.53 | | 7.62 | |
| 社会层次 | 公正 | 8.00 | 1 | 7.88 | 1 | 8.66 | 1 | 8.86 | 1 | 8.35 | 1 |
| | 平等 | 7.59 | 3 | 7.69 | 2 | 8.65 | 2 | 8.25 | 3 | 8.05 | 2 |
| | 自由 | 7.65 | 2 | 7.63 | 3 | 8.62 | 3 | 7.80 | 4 | 7.93 | 3 |
| | 法治 | 7.42 | 4 | 7.43 | 4 | 8.14 | 4 | 8.71 | 2 | 7.93 | 3 |
| | 平均 | 7.67 | | 7.66 | | 8.52 | | 8.41 | | 8.07 | |
| 公民层次 | 诚信 | 7.87 | 1 | 7.33 | 1 | 8.25 | 3 | 8.98 | 1 | 8.11 | 1 |
| | 友善 | 7.41 | 2 | 7.05 | 2 | 8.29 | 2 | 8.85 | 2 | 7.90 | 2 |
| | 敬业 | 7.24 | 3 | 6.72 | 4 | 8.24 | 4 | 8.43 | 4 | 7.66 | 3 |
| | 爱国 | 6.58 | 4 | 6.78 | 3 | 8.65 | 1 | 8.58 | 3 | 7.65 | 4 |
| | 平均 | 7.28 | | 6.97 | | 8.36 | | 8.71 | | 7.83 | |
| 12项平均 | | 7.16 | 4 | 7.19 | 3 | 8.41 | 2 | 8.55 | 1 | 7.83 | |

注：韩国的数据是由原始的10级量表的数值转化为11级量表的数值。

## 四、中国梦的共享性

问卷调查了受访者对"中国梦"的三个核心理念——国家富强、民族振兴、人民幸福的赞同情况。我们以0"非常不赞同"到10"非常赞同"的11级量表，测量了四国受访者对这三个核心理念赞同的比例和均值。均值越高，说明对该理念越赞同。

1. 各国情况

（1）日本。

1225名受访者对中国梦核心价值赞同情况的比例见表7-26。在0—10

级评价中，5为中立值，6—10为不同程度的赞同，民族振兴（72.7%）和人民幸福（82.7%）的赞同率都超过七成，国家富强（34.7%）的赞同比例仅占3成。

表7-26 日本受访者对中国梦核心理念赞同的比例

单位：%

|  | 国家富强 | 民族振兴 | 人民幸福 |
| --- | --- | --- | --- |
| 0 | 8.4 | 3.8 | 2.1 |
| 1 | 2.0 | 0.3 | 0.6 |
| 2 | 6.0 | 0.9 | 0.8 |
| 3 | 8.2 | 1.5 | 0.5 |
| 4 | 8.2 | 2.1 | 1.6 |
| 5 | 32.3 | 18.5 | 11.7 |
| 6 | 10.5 | 11.1 | 7.3 |
| 7 | 9.7 | 14.6 | 13.2 |
| 8 | 7.6 | 14.4 | 17.5 |
| 9 | 1.9 | 12.8 | 12.7 |
| 10 | 5.0 | 19.8 | 32.0 |
| 6—10之和 | 34.7 | 72.7 | 82.7 |

以均值计算，受访者对国家富强、民族振兴、人民幸福的均值分别为4.9、7.1、7.8。三项平均为6.6。

针对重点人群的分析显示，三项价值观评价的平均值比较，从高到低为精英（6.8）、整体（6.6）、青年（6.4）、高中生（5.7），高中生明显低于其他群体。具体见表7-27所示。

表7-27 日本不同受访者对中国梦核心价值赞同的均值对比（11级量表）

|  | 国家富强 | 民族振兴 | 人民幸福 | 三项平均 |
| --- | --- | --- | --- | --- |
| 整体 | 4.9 | 7.1 | 7.8 | 6.6 |
| 高中生 | 4.5 | 5.8 | 6.7 | 5.7 |
| 青年 | 5.1 | 6.7 | 7.4 | 6.4 |
| 精英 | 5.2 | 7.2 | 8.0 | 6.8 |

（2）韩国。

1038名受访者对中国梦核心价值赞同情况的比例见表7-28。在0—9级评价中，5为中立值，6—9为不同程度的赞同，国家富强（62.5%）、民族振兴（68.6%）和人民幸福（79.9%）的赞同率都超过六成。

表7-28 韩国受访者对中国梦核心理念赞同的比例

单位:%

|   | 国家富强 | 民族振兴 | 人民幸福 |
| --- | --- | --- | --- |
| 0 | 3.7 | 3.3 | 2.5 |
| 1 | 1.2 | 1.2 | 1.0 |
| 2 | 2.1 | 0.4 | 1.0 |
| 3 | 3.9 | 2.7 | 1.7 |
| 4 | 13.0 | 12.5 | 6.7 |
| 5 | 13.7 | 11.4 | 7.1 |
| 6 | 17.2 | 18.4 | 10.3 |
| 7 | 19.3 | 17.3 | 15.0 |
| 8 | 11.6 | 16.8 | 16.3 |
| 9 | 14.4 | 16.1 | 38.3 |
| 6—9之和 | 62.5 | 68.6 | 79.9 |

以均值计算，受访者对国家富强、民族振兴、人民幸福的均值分别为6.6、6.9、7.8。三项平均为7.1。

针对重点人群的分析显示，三项价值观评价的平均值比较，从高到低为精英（7.5）、整体（7.1）、青年（6.7）、高中生（6.5），高中生青年明显低于精英。具体见表7-29所示。

表7-29 韩国不同受访者对中国梦核心价值赞同的均值对比（11级量表）

|   | 国家富强 | 民族振兴 | 人民幸福 | 三项平均 |
| --- | --- | --- | --- | --- |
| 整体 | 6.6 | 6.9 | 7.8 | 7.1 |
| 高中生 | 5.5 | 6.2 | 7.7 | 6.5 |
| 青年 | 6.1 | 6.4 | 7.6 | 6.7 |
| 精英 | 7.0 | 7.4 | 8.0 | 7.5 |

注：韩国的数据是由原始的10级量表的数值转化为11级量表的数值。

（3）越南。

1023名受访者对中国梦核心价值赞同情况的比例见表7-30。在0—10级评价中，5为中立值，6—10为不同程度的赞同，国家富强（86.1%）、民族振兴（83.9%）和人民幸福（90.8%）的赞同率都超过八成。

表7-30 越南受访者对中国梦核心理念赞同的比例

单位:%

|   | 国家富强 | 民族振兴 | 人民幸福 |
| --- | --- | --- | --- |
| 0 | 2.5 | 2.6 | 2.0 |
| 1 | 0.8 | 0.7 | 0.4 |
| 2 | 0.7 | 1.0 | 0.6 |
| 3 | 1.4 | 1.3 | 0.6 |
| 4 | 1.7 | 2.1 | 1.4 |
| 5 | 6.9 | 8.5 | 4.3 |
| 6 | 5.5 | 6.5 | 3.3 |
| 7 | 8.6 | 10.3 | 5.4 |
| 8 | 13.9 | 16.0 | 7.7 |
| 9 | 15.2 | 16.9 | 14.9 |
| 10 | 42.9 | 34.2 | 59.5 |
| 6—10之和 | 86.1 | 83.9 | 90.8 |

以均值计算，受访者对国家富强、民族振兴、人民幸福的均值分别为8.2、7.9、8.8。三项平均为8.3。

针对重点人群的分析显示，三项价值观评价的平均值比较，从高到低为精英（8.9）、整体（8.3）、青年（8.3）、高中生（7.8），高中生明显低于精英。具体见表7-31所示。

表7-31 越南不同受访者对中国梦核心价值赞同的均值对比（11级量表）

|  | 国家富强 | 民族振兴 | 人民幸福 | 三项平均 |
| --- | --- | --- | --- | --- |
| 整体 | 8.2 | 7.9 | 8.8 | 8.3 |
| 高中生 | 7.6 | 7.4 | 8.5 | 7.8 |
| 青年 | 8.2 | 7.9 | 8.9 | 8.3 |
| 精英 | 8.7 | 8.8 | 9.1 | 8.9 |

(4) 印尼。

受访者对中国梦核心价值赞同情况的比例见表7-32。在0—10级评价中,5为中立值,6—10为不同程度的赞同,国家富强(93.2%)、民族振兴(93.5%)和人民幸福(94.5%)的赞同率都超过九成,而且只有微小差别。

表7-32 印尼受访者对中国梦核心理念赞同的比例

单位:%

|   | 国家富强 | 民族振兴 | 人民幸福 |
| --- | --- | --- | --- |
| 0 | 0.5 | 0.8 | 0.4 |
| 1 | 0.1 | 0.1 | 0.2 |
| 2 | 0.5 | 0 | 0.4 |
| 3 | 0.8 | 0.7 | 0.2 |
| 4 | 0.8 | 0.8 | 0.6 |
| 5 | 4.1 | 4.2 | 3.6 |
| 6 | 4.5 | 5.0 | 3.2 |
| 7 | 12.6 | 9.7 | 7.3 |
| 8 | 16.5 | 17.1 | 14.7 |
| 9 | 15.4 | 20.0 | 16.7 |
| 10 | 44.2 | 41.7 | 52.6 |
| 6—10之和 | 93.2 | 93.5 | 94.5 |

以均值计算,受访者对国家富强、民族振兴、人民幸福的均值分别为8.6、8.6、8.9。三项平均为8.7。

针对重点人群的分析显示,三项价值观评价的平均值比较,从高到低为青年(8.8)、精英(8.7)、整体(8.7)、高中生(8.4)。数据显示,三项价值观受到各社会群体的一致赞同。具体如表7-33所示。

表7-33 印尼不同受访者对中国梦核心价值赞同的均值对比(11级量表)

|   | 国家富强 | 民族振兴 | 人民幸福 | 三项平均 |
| --- | --- | --- | --- | --- |
| 整体 | 8.6 | 8.6 | 8.9 | 8.7 |
| 高中生 | 8.4 | 7.9 | 9.0 | 8.4 |
| 青年 | 8.6 | 8.7 | 9.0 | 8.8 |
| 精英 | 8.6 | 8.7 | 8.8 | 8.7 |

2. 四国比较

将四国数据汇集在一起加以比较（表7-34），数据显示以下特点：

（1）受访者对中国梦的核心理念有较高赞同度。

印尼对中国梦的核心理念高度赞同。人民幸福（8.9）、民族振兴（8.6）、国家富强（8.6）均为高度共享价值观；重点人群数据显示，精英的赞同度与青年相同，均高于高中生。

越南对中国梦的核心理念有较高的赞同度。赞同度从高到低为：人民幸福（8.8）、国家富强（8.2）、民族振兴（7.9）。精英的赞同度高于青年，青年高于高中生。

韩国对中国梦的核心理念均持赞同态度，赞同度从高到低为：人民幸福（7.8）、民族振兴（6.9）、国家富强（6.6）。精英的赞同度高于青年和高中生。

在日本，赞同度排在第一位的是人民幸福，得分7.8，其次是民族振兴，得分7.1，这两项为较高共享价值观。国家富强得分相对较低，为4.9，为不共享价值观。重点人群数据显示，精英的赞同度高于青年，青年高于高中生。

（2）中国梦的核心价值观在各国共享层级不同。

"人民幸福"在日本和韩国均为7.8，属于较高共享价值观；在越南为8.8，在印尼为8.9，都属于高度共享价值观。把四个国家作为一个分析单位，得出四国受访者对三个核心理念的赞同度：人民幸福（8.33）、民族振兴（7.63）、国家富强（7.08）。重点人群数据显示，精英的赞同度均高于青年，青年均高于高中生。例如，对"人民幸福"精英、整体、青年、高中生的赞同度分别为8.48、8.33、8.23、7.98（表7-35）。

（3）民族振兴和人民幸福为四国共享。

有两项中国梦核心价值观"民族振兴"和"人民幸福"在四国文化中是可共享的价值观。

（4）国家富强在四国不共享。

有一项中国梦的核心价值观"国家富强"没有得到四国受访者的一致赞同。在日本（4.9）没有超过6.0。

表 7-34 四国受访者对中国梦核心理念赞同度（11 级量表）

| 受访者群体 | 日本 | | | 韩国 | | | 越南 | | | 印尼 | | |
|---|---|---|---|---|---|---|---|---|---|---|---|---|
| | 国家富强 | 民族振兴 | 人民幸福 | 国家富强 | 民族振兴 | 人民幸福 | 国家富强 | 民族振兴 | 人民幸福 | 国家富强 | 民族振兴 | 人民幸福 |
| 整体 | 4.9 | 7.1 | 7.8 | 6.6 | 6.9 | 7.8 | 8.2 | 7.9 | 8.8 | 8.6 | 8.6 | 8.9 |
| 高中生 | 4.5 | 5.8 | 6.7 | 5.5 | 6.2 | 7.7 | 7.6 | 7.4 | 8.5 | 8.4 | 7.9 | 9.0 |
| 青年 | 5.1 | 6.7 | 7.4 | 6.1 | 6.4 | 7.6 | 8.2 | 7.9 | 8.9 | 8.6 | 8.7 | 9.0 |
| 精英 | 5.2 | 7.2 | 8.01 | 7.0 | 7.4 | 8.0 | 8.7 | 8.8 | 9.1 | 8.6 | 8.7 | 8.8 |

注：韩国的数据由原始的 10 级量表的数值转化为 11 级量表的数值。

表 7-35 四国作为一个分析单位，不同人群对中国梦核心理念赞同度（11 级量表）

| 四国受访者群体 | 四国平均 | | |
|---|---|---|---|
| | 国家富强 | 民族振兴 | 人民幸福 |
| 整体 | 7.08 | 7.63 | 8.33 |
| 高中生 | 6.5 | 6.83 | 7.98 |
| 青年 | 7.0 | 7.43 | 8.23 |
| 精英 | 7.38 | 8.03 | 8.48 |

## 第三节 调查后的思考

### 一、共享价值观的问题值得深入探讨

价值观是跨文化交流中的核心要素，对跨文化交流的实践影响很大。在阅读以美国跨文化交流学教科书为主的英文文献后，笔者发现在西方关于跨文化交流中的价值观论述方面，学者们强调不同文化群体间价值观的差异，忽视了不同文化群体间价值观的相似点，呈现"求异疏同"的倾向。为纠正这个偏差，笔者提出了跨文化交流中的共享价值观的概念，并将共享价值观细分为共享性共同价值观、共享性外来价值观和共享性本土价值观。在中国的语境下，共享性本土价值观被称为共享性中华价值观。近些年来，笔者的研究团队利用第五波"世界价值观调查"提供的数据，探讨了当今中外共享价值观；利用"中华文化印象调查"的数据探讨了中外共享性中华价

值观。研究结果显示：中外存在共享价值观，一些中华价值观在中外具有共享性。

本数据分析中所提出的共享、基本共享、基本不共享、不共享的数据标准是否得当，有待专家指正。各项研究只对数据进行了描述性简单分析。没有利用人口学变量和其他相关变量加以深入分析和解释。这些方面都有待于继续研究。

《中华文化印象调查》问卷中问及的价值观问题是首次使用，还有待完善。如何把中国核心价值观准确地翻译成外文，尽管尽了很大的努力，但是依然有商榷的地方。

## 二、有必要在全球调查中华核心价值观的共享性

三次调查结果显示，中华核心价值观在八国分成共享性和不共享性两大类。目前中华核心价值观在八国的共享性不同，在对外传播中要注意传播中华价值的不同策略。今后应在世界主要国家调查中华核心价值观的共享性问题，摸清情况。当今世界，国际舆论中用来思考各种事务的概念体系、话语体系和知识体系基本上都是西方所定义的，尤其是那些决定性的概念，比如自由、民主、人权、公正等。我国学者赵汀阳认为："假如中国没有发展出能够在世界上普遍化的概念体系、话语体系和知识体系，就不存在具有普遍意义的中国精神，就是说，中国精神的根基必须是一个能够普遍化的思想体系，而不可以仅仅满足于有地方特色的中国文化。'文化'只是地方知识，因此，'中国文化'或者'文化中国'这些说法都只能提供轻浮的自我满足，而不可能成为中国梦想。如果不具有世界性（worldness），中国梦想就无法成立。"[①] 中国当前特别注意在海外的国家形象，这是中国文化传统中偏好形象思维、忽略概念思维特点的体现。笔者认为，中国当前应特别注意具有中华特色且在全球具有共享性的概念和具有普遍化的价值观念。因而，有必要在全球调查中华核心价值观这些概念的共享性。

---

① 赵汀阳：《美国梦、欧洲梦和中国梦》，载乐黛云主编：《跨文化对话》第18辑，江苏人民出版社2006年版，第161页。

### 三、对外文化传播中实施传播"共享"价值观的策略

2011年的调查显示,中华核心价值观在美、德、俄、印有不同程度的共享性;2013年的调查显示,绝大部分中华核心价值观在日、韩、越、印尼四国具有共享性。问卷调查后的访谈中,受访者认为,韩国和越南民众对中国儒家的价值观更认可。中国某大学的一位教授认为,印尼价值观中也包含"孝""和而不同""人类责任""礼""仁"等。"印尼也是尊老爱幼。印尼国徽下面有一行字,翻译成中文是'殊途同归',印尼有二百多个部族,如果没有一种'和而不同'(的价值观),现在不可能还是一个主权国家、统一的国家。所以这两个方面基本上和印尼的情况相吻合。人类责任印尼人也是认同的。礼、仁印尼人也讲,他们在有的小学里有一门类似于我们的道德课(的课程),他们叫潘查希拉。"综合以上的研究,可以认为,中华核心价值观在世界主要国家均具有不同程度的共享性。两次调查还显示,前些年中国倡导的"八荣八耻"中的一些价值观被美国、德国、俄罗斯、印度的受访者所共享,中国现在提倡的社会主义核心价值观、中国梦也基本被日本、韩国、越南和印尼的受访者所赞同,也是共享的价值观。在访谈中,一位从事中韩文化交流的公务员谈到中国梦与韩国梦的相似性:"朴槿惠提出'经济振兴,国民幸福,文化兴盛',就等于是韩国梦,他们自己也说这是韩国梦。韩国人主动说'你看有中国梦,我们有韩国梦',咱们实际是比较像的,是类似的,咱们的目的、心愿是一样的。"在对外文化交流中,不仅要存异,而且要求同,注意双方价值观的相同部分有着不亚于了解其差异部分的意义:了解彼此差异,对话中可以避开暗礁;找到共享的价值观,对话中有利于产生共鸣,提高交流质量。

### 四、将中华核心价值观置于国际文化软实力的核心

当代中国核心价值观由中国传统文化、五四以来的新文化和外来文化三部分构成。共享价值观由三部分组成:本土共享价值观、外来共享价值观、两国共有价值观。我们需要从当代中国价值观中遴选出中华特色核心价值观(本土核心价值观),对外传播中华核心价值观的重要性远胜于共有价值观、外来共享价值观。当今我们倡导的社会主义核心价值观中,有一些是外来的

价值观，例如文明、民主、自由、平等、法治，有一些是各国共有的，比如爱国、诚信、敬业，真正源于中国本土的核心价值观较少。这一方面说明，我们在宣传社会主义核心价值观上，在国内和国际上传播没有阻力，具有普遍的共享性；另一方面也说明，这些价值观中具有社会主义特色的、具有中国特色的价值观不多，这应该引起我们的注意。例如，美国受访者不认同共同富裕的价值观。1776年发表的《独立宣言》中指出："所有的人生而平等，上帝赋予人类不可剥夺的生命、自由和追求幸福的权利。"这里的平等观念是机会平等而非分配平等，即自由主义者并不主张在所有公民中平均分配社会财富和产品。因而，共同富裕是具有中华特色的价值观。我们在对内传播中，培育和弘扬社会主义核心价值观时，必须立足五四运动以来革命前辈创新和添加的具有新中国特色的中华核心价值观，例如"人民利益至上"的新集体主义价值观。在对外传播中，注意利用多种形式卓有成效地传播中华共享核心价值观中的天人合一、恕（己所不欲，勿施于人）、和而不同、社会和谐、以民为本等内容，具体做法上，在国内可以借鉴纽约树立自由女神像的做法，在适当地方树立具有中华核心价值观内涵的地标性雕像，使之全球闻名；在国外，例如在联合国总部，赠送具有中华核心价值观的纪念品，亮明中华核心价值观。这样做不仅可以增强我国在国际关系中的影响力，而且可以引领世界文化潮流，为构建新的世界新秩序提供精神支柱。总之，中华特色共享价值观发挥着提高我国文化软实力的关键作用，提高我国文化软实力，宜根据其在各国的共享性实际情况，有针对性地通过各种文化形式和信息渠道紧紧围绕着传播中华核心价值观开展工作。

## 五、对外传播中建议使用"中华核心价值观"

关于当今中国社会核心价值观的称谓，目前大致有以下三种说法：社会主义核心价值观、当代中国核心价值观、中华民族核心价值观。有些人认为，直接用"社会主义核心价值观"命名即可，它具有鲜明的中国特色，同时也具有鲜明的时代性，这也与"社会主义核心价值体系"的提法相对应。在对外交流时，为便于对方理解和接受，可以"当代中国核心价值观"

为名进行翻译。① 然而，上述提法有自身的局限性。"社会主义核心价值观"有意识形态色彩，在与非社会主义国家交流时效果不佳。"当代中国核心价值观"给人以短暂感，而核心价值观是相对稳定的。为便于外界理解，建议对外传播中使用"中华核心价值观"，这种提法便于在海外广大华人华侨中结成最广泛的统一战线。

### 六、中华核心价值观翻译应遵循"异化"而不是"归化"的原则

关于表达方式，大致有概念式、词组式和语句式。笔者认为宜尽量用概念式，容易记忆。当然，有的难以用概念的也可以用词组。跨文化和跨国传播这些概念，涉及如何翻译成外文的问题，翻译这些价值观应尽量遵循"异化"而不是"归化"的原则，使外语文本符合汉语中的文化价值，把读者带入中国文化的语境。例如，把京剧翻译成"Beijing Opera"就是归化的译法，翻译成"Jingju"就是异化的译法。具体到价值观，"仁"翻译成英文时，应音译为"ren"，而不是翻译成"benevolence"。"己所不欲，勿施于人"宜译成"what one does not wish for oneself, one ought not to do to anyone else"而不是意译成《圣经》中的"Do unto others as you would have others do unto you"。当然，这种做法在一段时间内会遇到不少困难，但是，从长远的观点看，对传播中华核心价值观有利。因此，中宣部、外交界、学术界、中国的翻译学界、词典编译工作者、国家语言管理单位、大众传播媒体、教育部门等相关部门应该协同合作，将"异化"翻译的一些中华核心价值观推向世界。

### 七、发掘仁、和、义思想，创建人类命运共同体的中华核心价值观

结合在八国价值观的调查和对中华核心价值观的思考，有必要发掘仁、和、义思想，在创建人类命运共同体的中华核心价值观做些探讨。

党的十八大报告强调，人类只有一个地球，各国共处一个世界，要倡导"人类命运共同体"意识。习近平就任总书记后首次会见外国人士就表示，

---

① 徐根初：《第三届中华战略文化论坛开幕词》，载中华战略文化论坛丛书编委会：《社会主义核心价值观与中华战略文化》，时事出版社2010年版。

国际社会日益成为一个你中有我、我中有你的"命运共同体",面对世界经济的复杂形势和全球性问题,任何国家都不可能独善其身。"命运共同体"是近年来中国政府反复强调的关于人类社会的新理念。[①] 世界上一些有识之士认为,中国优秀传统文化中蕴藏着解决当代人类面临的难题的重要启示。目前我国在国际上提出的具有中华特色的"和谐世界"是一个很好的理念。但是作为中国软实力建构的价值观体系,"和谐世界"还不够。这个概念表达的是一种理想的国际秩序,还缺乏精神层面和国家行为体行为伦理两个层面的表达。挖掘和发展中华传统文化中仁、和、义的思想,可以最简单、最精炼地表达具有中华特色的核心价值观,成为全球共享的最基本公民道德底线及指导当今国际秩序的核心价值观。

### (一)仁、和、义的文化含义与价值

"仁"的基本含义是爱人,进而达到人与人之间、天地万物之间一体的状态。这不仅是孔子所宣扬的最高道德原则,也是中国对外软实力的道德基础。它表达的是精神和哲学层面一种最高的道德诉求,可以组合成"仁爱""仁慈""仁政"。"仁"所体现的"爱"是人类共同的价值。中国优秀传统文化中体现了仁的价值理念,不仅儒家倡导仁,墨家主张的"兼爱"也与仁有共同之处。佛教和印度教的慈悲、基督教的博爱等都有"仁爱"这一理念,但是儒家的"仁爱"不具有宗教色彩,比起各种宗教中倡导的类似概念更具普世性。"忠恕"是实行"仁"的方法。"忠"要求"己欲立而立人,己欲达而达人"。"恕"要求"己所不欲,勿施于人"。1993年9月在芝加哥宗教会议上宣读的《世界伦理宣言》中,将"人性原则:每个人都应得到人性的对待,而不应受到非人道的待遇"和"己所不欲,勿施于人"作为世界伦理的两大基本原则。"仁"高度概括了上述两大基本原则。儒家的忠恕理念胜于基督教的金律。传播"仁爱"和"恕"的理念,有利于消解海外的"中国威胁论"。

"和"有着深刻的哲学根源。西周末史伯提出了和与同的范畴,"和实生物,同则不继"。和是指不同事物或不同因素的结合,是差异性的统一,

---

[①] 曲星:《人类命运共同体的价值观基础》,《求是》2013年第4期,第53—55页。

是朴素的辩证法。同指完全等同的事物或等同因素的重和，是排斥差异性的直接统一，属于形而上学。辩证法是中国思维方式的优点和长处，与欧洲笛卡尔以来的二元对立思维有着很大区别。提倡"和"，这从哲学思想深处是对西方盛行的二元对立的思维方式的匡正。当今，"和"的概念可以延伸到三个方面：一是人与人之间的和谐——和而不同，这也可以扩展到人与社会之间、各文化之间的和谐；二是人与自然的和谐——天人合一；三是国与国之间的和谐——和谐世界。

"义"是中华优秀思想的核心之一。孔子说："君子喻于义，小人喻于利。"义，指道义；利，指利益、功利。孟子进一步发展了义的思想。"义"就是正确合宜的道理或举动。墨子主张"非攻"，反对非正义的战争，突出体现了正义必胜、和平必胜的理念。古往今来，任何社会的和谐都要处理好义与利的关系，离不开正义。物质生活与精神生活的关系问题是价值观的最根本的问题之一。物质生活是人类与鸟兽所共同具有的；精神生活则是人类所独有的。在个人层面，孟子认为每个人心中都有善良的种子，只要通过教化，人们的道德修养会提高。内在于心的"义"，就是羞恶之心。《孟子》中的"义"与柏拉图所说的"正义"有相似的含义，但是柏拉图的"正义"重在内部理性与感性、激情等层面的妥善控制与协调，而孟子的"义"中的"心之制"强调对于外在行为发自内心的真诚。二者可以相互借鉴。在国家层面，孟子主张推行"以德行仁"，与柏拉图的以法维护正义，可以相得益彰。

中国古代重义轻利，重德轻力的传统固然有所缺失，匡正后的义利关系应该义利统一、德力统一。新的"义"的概念应匡正其缺失，吸收柏拉图"正义"思想中的有益成分。新内涵的"义"有益于缓解当今个人层面和国家层面的难题。在个人层面，在市场经济的条件下，以义兴利。处理好义利观，对唯利是图、对物欲追求奢华无度等消极倾向是制约，有利于抑制当今物质极大丰富而道德水准下降的趋势。在国家层面，对那些为了本国利益，违反国际法基本准则，牺牲他国利益的国家行为、见利忘义的行为也具有积极抑制作用。"义"为全面和正确理解"和而不同"提供了是非标准，"和"不是无原则的"和"，而是主张在不违背正义原则的前提下的"和"。

这三个概念是中华文化的基因，它们相互联系，构成一套完整的中国对外软实力的核心价值观。"仁"是精神、哲学层次的要求，属于最高层次；"义"是行为伦理层面的要求；"和"不仅是对一种理想世界秩序（和谐世界）的表达，还是手段和方法（和睦、和平、和而不同）。三个层次不可分割，构成中国对外软实力核心价值观的完整体系。当前世界秩序的价值观基础源自西方，受到了"力"（力量）、"利"（利益）和"争"（竞争）的负面影响。现代国际秩序给人类带来了杀戮、战争、恐怖活动以及大规模杀伤武器的扩散等问题。"仁""和""义"不是取代自由、民主、人权，恰恰可以弥补当前国际秩序的不足，缓和所带来的难题。因此，我们提出的中国软实力的三大核心价值观比当前美国软实力的核心价值观——自由、人权、民主更具普世意义，也更具魅力。

### （二）仁、和、义具有广泛共享性

2011年和2013年在美国、德国、俄罗斯、印度、日本、韩国、越南、印尼等八国的调查显示，仁、和、义具有广泛的共享性。只有"和"一项在一国没有获得50%以上的赞同（印度为32.7%），其余在八国都得到多数受访者的赞同（表7-36、表7-37）。八国的人口20.95亿，加上中国的人口，占世界总人口的50.8%，仁、和、义是具有普世意义的价值观。

表7-36 仁、和、义在美、德、俄、印的赞同度

单位：%

| 核心价值 | 测试项目 | 美国 | | 德国 | | 俄罗斯 | | 印度 | | 四国平均 | |
|---|---|---|---|---|---|---|---|---|---|---|---|
| 仁 | 仁 | 77.6 | 75.0 | 71.3 | 66.4 | 62.4 | 59.9 | 64.9 | 52.3 | 69.1 | 63.4 |
| | 恕 | 72.4 | | 61.5 | | 57.3 | | 39.7 | | 57.7 | |
| 和 | 和而不同 | 53.3 | 55.4 | 50.9 | 54.8 | 46.7 | 56.7 | 24.1 | 32.7 | 43.8 | 49.3 |
| | 天人合一 | 57.6 | | 59.8 | | 67.6 | | 40.1 | | 56.3 | |
| | 和谐世界 | 55.4 | | 53.8 | | 55.7 | | 33.9 | | 49.7 | |
| 义 | 义 | 78.9 | 78.9 | 64.9 | 64.9 | 61.3 | 61.3 | 53.1 | 53.1 | 61.6 | 61.6 |
| 各项平均 | | 65.9 | 69.8 | 60.4 | 62.0 | 58.5 | 59.3 | 42.6 | 46.0 | 55.0 | 57.2 |

表7-37 仁、和、义在日、韩、越、印尼的赞同度（11级量表）

| 核心价值 | 测试项目 | 日本 | | 韩国 | | 越南 | | 印尼 | | 四国平均 | |
|---|---|---|---|---|---|---|---|---|---|---|---|
| 仁 | 仁 | 7.34 | 6.94 | 6.88 | 6.97 | 8.16 | 7.95 | 8.47 | 8.25 | 7.71 | 7.53 |
| | 恕 | 6.54 | | 7.05 | | 7.73 | | 8.02 | | 7.34 | |
| 和 | 和而不同 | 7.23 | 7.28 | 7.16 | 6.51 | 8.26 | 8.34 | 8.64 | 8.64 | 7.82 | 7.69 |
| | 天人合一 | 7.19 | | 5.57 | | 8.33 | | 8.69 | | 7.45 | |
| | 和谐世界 | 7.43 | | 6.80 | | 8.42 | | 8.59 | | 7.81 | |
| 义 | 义 | 7.35 | 7.35 | 7.06 | 7.06 | 8.22 | 8.22 | 8.66 | 8.66 | 7.82 | 7.82 |
| | 各项平均 | 7.18 | 7.19 | 6.75 | 6.85 | 8.19 | 8.17 | 8.51 | 8.52 | 7.66 | 7.68 |

### （三）创建人类命运共同体中华核心价值观的相关建议

用"仁恕""和谐""道义"代替"仁""和""义"。我们要结合时代条件将"仁""和""义"的理念加以继承和发扬，赋予其新的含义，最好用新的双字词来表述。"仁""和""义"单个字的意义分别有7、14、8种，而且词义差距较大。例如，"和"的意思之一指日本，如和服、大和民族。使用双字词更能准确地表明其含义，因为赋予了新意义，与原有的"仁""和""义"加以区别，匡正了这些价值观原有的缺失，国内各阶层民众容易接受。笔者建议用"仁恕"（renshu）、"和谐"（hexie）、"道义"（daoyi）代替"仁""和""义"。双字词可以与西方的"自由""平等""民主"相并列，丰富人类具有普遍意义的价值观。

建设人类命运共同体中，将"仁恕""和谐""道义"作为对外话语的核心价值观。在国际社会提出具有中华特色核心价值观需要满足四个基本条件：中华特色、有助于解决当代人类面临的难题、表达简洁、国际接受。"仁恕""和谐""道义"满足了上述四个条件。

鉴于"仁恕""和谐""道义"满足了在国际社会提出具有中华特色核心价值观需要满足的四个基本条件，补充了当今全球治理中价值观的缺失，构成一套完整的中国对外软实力的核心价值观体系，笔者建议在建设人类命运共同体中，将"仁恕""和谐""道义"作为我国对外话语中的核心价值观。

## 八、当今中国青年人对于集体主义等价值观的背离值得注意

集体主义是中华价值观在 20 世纪以来的新发展，是当代中国文化的核心。个人主义是西方价值观的核心。2011 年对北京大学的 50 个样本调查和美国学者对中国农业大学本科生 150 个样本的调查显示，这些年的中国在校大学生偏好个人主义价值观超过了美国学生。这是小样本调查，尚不能推展到当代中国青年或全体中国人对集体主义价值观的态度。但是，这应引起相关部门的警觉。

美国、德国、俄罗斯和印度受访者都认为自身在"以诚实守信为荣、以见利忘义为耻"这方面比中国人做得好，也需要引起我们的注意。

# 第 八 章

# 对中华思维方式的态度

## 第一节 在美国、德国、俄罗斯、印度的调查

### 一、问卷设计

#### （一）设计思路

问卷中设计思维方式问题考虑如下：

1. 思维方式是文化的基因

思维方式指的是：人们对进入大脑的种种信息加以编排处理加工过程中反复出现的、相对稳定的思维程序。它不包括价值观方面的判断。

思维方式与文化密切相关，它是文化心理诸特征的集中体现，又对文化心理诸要素产生制约作用。思维方式是文化的基因之一，所谓文化基因即文化系统中携带和传递文化特征信息的基本单位。准确地说，思维方式是一种本体论框架，人们用这种框架直觉地赋予现实世界以意义。通俗地说，这些框架可以看作是对现实感知和建构的"基石"。[1] 思维方式体现于民族文化的所有领域，包括物质文化、制度文化、价值观体系，尤其体现于哲学、语

---

[1] Li-Jun Ji et al., "The Thinking Styles of Chinese People", in Michael Harris Bond, eds., *The Oxford Handbook of Chinese Psychology*, Oxford University Press, 2010, pp. 155-167.

言、科技、美学、文学、艺术、医学、宗教、政治、经济、法律、教育、外交、军事、生产和日常生活实践之中。当然，也体现在交流和传播过程中。思维方式的差异是造成东西文化差异的一个重要原因。近代以来，中西思维方式的差异是学者们研究的课题，他们提出了诸多关于中西思维方式差异的观点，表8-1是对这些差异的概括。① 近些年来，中外学者对中西思维的差异进行了科学研究，心理学的实验发现中西思维方式存在差异。② 因而，本次调查将思维方式作为中华文化影响力的一个方面进行考察。在学者们提出众多的中西思维方式差异中，我们认为具有中华文化偏好的辩证思维与综合思维最具有特色，也最为重要。

表8-1　学者们提出中西思维方式差异

| 中国偏好的思维方式 | 西方偏好的思维方式 | 中国偏好的思维方式 | 西方偏好的思维方式 |
| --- | --- | --- | --- |
| 整体思维 | 分析思维 | 类比思维 | 逻辑思维 |
| 辩证思维 | 机械思维 | 模糊思维 | 精确思维 |
| 中庸思维 | 矛盾思维 | 循环思维 | 直线思维 |
| 直觉思维 | 理性思维 | 权威思维 | 个性思维 |
| 意象思维 | 抽象思维 | 实用思维 | 知性思维 |

2. 辩证思维

在思维过程中，对于一对概念的关系判断上，中国人注重对立面的统一，即辩证思维，美国人注重对立面的对立。《塞翁失马》的故事和《道德经》中所说的"祸兮，福之所倚，福兮，祸之所伏"体现的就是辩证思维。太极阴阳图就是辩证思维的形象表现：阴阳既互相对立又互相补充。中国古代思维的阴阳概念在《周易》中得到发展，六十四卦中，阳卦十六、阴卦十六，阴阳卦三十二，它们之间的相生相克、相辅相成，形成了概括天地间万事万物的世界体系，主流是主张天人合一。这种思想传承久远。中医讲究阴阳平衡，阴阳失调要生病。中国人没有发明逻辑，中国人发明了辩证法。

---

① 刘澜：《中西思维方式比较研究的历史、现状与主要问题》，载关世杰主编：《思维方式差异与中美新闻实务》，中国社会科学出版社2011年版，第30—64页。

② 〔美〕理查德·尼斯贝特：《思维的版图》，李秀霞译，中信出版社2006年版。

中国的辩证观念中包含三个原理：变化论、矛盾论及中和论。变化论从世界的变化性出发，认为世界永远处于变化中，没有永恒的对与错。矛盾论认为，万事万物都是由对立面组成的统一体，没有矛盾就没有事物本身。中和论则体现在中庸之道上，认为任何事物存在着适度的合理性。

西方古代哲学强调的是主体与客体的区别，主客二分，天人对立，人战胜自然，讲求观察、实践、理性的方法。从笛卡尔以来，西方二元对立的线性思维，主客不是相互关联的整体，而分成各自独立的因素。美国人则更相信亚里士多德的形式逻辑思维，它强调的是世界的统一性、非矛盾性和排中性。相信一个命题不可能同时对或错，要么对，要么错，无中间性。这种局限性受到了学者的批评。"西方科学逻辑的应用从属于笛卡尔主义（与亚里士多德主义和摩尼教）的宇宙论。这种宇宙论在物质与精神、肉体与灵魂之间建立起对立关系，正是这一点将科学导向无休止的错误。""代表中国特色的宇宙论和哲学思想的阴阳五行同类相感论，彻底打破了西方传统的肉体与思维之间的藩篱，使得我们可以用完全不同的概念去思考人生及其意义。"[①]

3. 综合思维

人们的头脑接触的信息是丰富多彩的。在理解一组信息时的切入点方面，中国人喜欢综合（synthesis）思维，美国人喜欢分析（analysis）思维。因而在信息的排列组合的顺序方面，中国人整体思维在先，英美人个体思维在先。中华文化中偏好综合思维，与汉字是象形文字密切相关。语言是人类发展进化初期诞生的传播媒介，文字是人类进入文明后最重要的传播媒介，语言和文字对人们的思维方式产生了巨大的影响。汉字中体现的具象、隐喻、会意对中国人的思维方式（形象思维、相关思维、综合思维）已经产生了并将继续产生影响。笛卡尔被广泛认为是西方近代哲学的奠基人，他第一个创立了一套完整的哲学体系。哲学上，笛卡尔是一个二元论者以及理性主义者。笛卡尔认为，人类应该可以使用数学的方法——也就是理性——来进行哲学思考。他相信，理性比感官的感受更可靠。他从逻辑学、几何学和

---

[①] 沈舟人：《中国文化基因库》，北京大学出版社2002年版，第20页。

代数学中发现了四条规则：除了清楚明白的观念外，绝不接受其他任何东西；必须将每个问题分成若干个简单的部分来处理；思想必须从简单到复杂；我们应该时常进行彻底的检查，确保没有遗漏任何东西。以中国文化中的三大国粹中医、京剧、国画为例，它们都体现着综合思维的特色。中医不仅把人体本身看作是一个整体，而且强调天人合一的思想。中国的传统不重视精确的量化关系，也不注重事物的结构，它所要求的是与自然界整体的对应性，不强调概念与实物之间严格的一一对应关系。因此，不会头痛医头，脚痛医脚。这种文化差别造成了西医学重结构、中医学重整体的不同特色。现代西医学是以文艺复兴时期建立的人体解剖学为基础发展起来的。西方的观点认为现实的东西是有结构的，是可以分解的，因此非常注意量的特征和概念的精确量化。从中西戏剧的源流发展趋势看，中国戏剧是多元综合，西方戏剧是一源分流。以京剧为代表的中国戏剧由原始歌舞、优人、百戏等多种源头综合发展而成。戏剧形成后，歌舞成分没有减弱，而是增强，音乐成为戏剧的灵魂。京剧讲究的唱、念、做、打，实际上是歌唱、朗诵、舞蹈、武术四种艺术的综合。西方古代戏剧是诗剧，最初也包含着歌舞成分。在戏剧发展过程中，歌和舞逐渐分离，形成"歌剧"和"舞剧"，戏剧就成为用对白进行表演的"话剧"。国画不仅有图画，常配有（题跋和印章）诗词、书法、篆刻等内容，将诗、书、画、印结合在一起。西洋画中绝无诗词，最多签上作者的名字。2008年北京奥运会吉祥物有五个，金牌是金镶玉，这些都是中国人综合思维偏好的体现。

2011年的问卷（Ⅰ）调查了美、德、俄、印、日受访者对辩证思维的态度。2013年的问卷（Ⅲ）调查了日、韩、越、印尼受访者对辩证思维和综合思维的态度。2011年和2013年都对日本的辩证思维进行了调查，为了节省篇幅，2011年的调查结果不作叙述。

### （二）问卷内容

问卷中设计了四个问题，考察美国、德国、俄罗斯、印度四国受访者对辩证思维和综合思维的态度。在问卷（Ⅰ）的V4中，将辩证思维方式和价值观放在一起进行测量。在问卷（Ⅱ）的V2和V3（关于文化符号）部分，调查过的两个问题与思维方式有密切的关系：对太极阴阳图的认知和喜好度反映了受访者对辩证思维的态度；对中医的看法反映了受访者对综合思维的认知和态度。此外，在V13"在过去一年中，您看过中医或用过中药吗？"和V13-1"您认为中医药能治疗疾病吗？"从对中医能否治病这一具体问题入手，进一步调查了四国受访者对综合思维的态度。

（Ⅰ）V4. 您是否赞同下列价值观？（可多选）

---
7. 辩证思维：以全面的、联系的、发展变化的观点，而不是非此即彼的观点看待事物。

---

（Ⅱ）V2. 您认为以下各项中哪些文化符号最能代表中国？（可多选）

7. 中华医药　　25. ☯

（Ⅱ）V3. 您喜欢下列文化符号吗？

7. 中华医药　　25. ☯

（Ⅱ）V13-1. 您认为中医药能治疗疾病吗？

1. 很能　　　2. 较能　　　3. 中立　　　4. 较不能

5. 根本不能　6. 不知道

## 二、对辩证思维的态度

### （一）对太极阴阳图的认知和喜好

尽管受访者对太极阴阳图深刻的哲学理念不一定清楚，但对这一直观图形的态度反映了受访者直觉的态度。四国的数据（表8-2）横向比较显示：四国的认同情况各不相同。认知度由高到低为：俄（57.7%）、德（51.3%）、美（47.0%）、印（16.8%）。好感度由高到低为：德（44.1%）、俄（43.2%）、美（42.2%）、印（16.6%）。

美国整体平均认知度为47.0%，好感度为42.2%。认知度与好感度之差为4.8%，好感度与认知度之比为89.8%。在25种文化符号中认知度和好感度分别排名第3、第4。

德国整体平均认知度为51.3%，好感度为44.1%，认知度与好感度之差为7.2%，好感度与认知度之比为86.0%。在25种文化符号中认知度和好感度分别排名第2、第3。

俄罗斯整体平均认知度为57.7%,好感度为43.3%,认知度与好感度之差为14.4%,好感度与认知度之比为75.0%。在25种文化符号中认知度和好感度均排名第2。

印度整体平均认知度为16.8%,好感度为16.6%,认知度与好感度之差为0.2%,好感度与认知度之比为98.8%。在25种文化符号中认知度和好感度分别排名第12、第10。

四国受访者平均有43.2%的知道太极阴阳图,好感度为36.5%,认知度与好感度之差为6.7%,好感度与认知度之比为84.4%。在25种文化符号中认知度和好感度均排名第3。

表8-2 四国受访者对太极阴阳图的认知度与好感度

单位:%

| | 美国 | 德国 | 俄罗斯 | 印度 | 四国平均 |
|---|---|---|---|---|---|
| 认知度 | 47.0 (3) | 51.3 (2) | 57.7 (2) | 16.8 (12) | 43.2 (3) |
| 好感度 | 42.2 (4) | 44.1 (3) | 43.3 (2) | 16.6 (10) | 36.5 (3) |
| 认知度与好感度之差 | 4.8 (11) | 7.2 (11) | 14.4 (5) | 0.2 (23) | 6.7 (9) |
| 好感度与认知度之比 | 89.8 | 86.0 | 75.0 | 98.8 | 84.4 |

注:表中括号里的数字为在25种中华文化符号中的排名。

### (二) 对文字叙述的辩证思维方式的态度

以请受访者回答赞同或不赞同的方法测量,辩证思维在四国的赞同度由高到低为:俄(45.3%)、美(43.2%)、德(31.1%)、印度(20.4%)。四国平均为35.0%。最高与最低分之差为24.9%。四国的赞同度有较大差异。

## 三、对综合思维的态度

### (一) 对中华医药的认知度和喜好度

美国整体的认知度为28.3%,好感度为16.0%,认知度与好感度之差为12.3%,好感度与认知度之比为56.5%。25种文化符号里中华医药的认知度和好感度排名分别为第12和第15。

德国整体的认知度为38.5%,好感度为24.8%,认知度与好感度之差为13.7%，好感度与认知度之比为64.4%。25种文化符号里中华医药的认知度和好感度排名分别为第6和第7。

俄罗斯整体的认知度为38.0%，好感度为17.7%，认知度与好感度之差为20.3%，好感度与认知度之比为46.6%。25种文化符号里中华医药的认知度和好感度排名分别为第7、第12。

印度整体的认知度为19.5%，好感度为12.3%，认知度与好感度之差为7.2%，好感度与认知度之比为63.1%。25种文化符号里中华医药的认知度和好感度排名分别为第10、第13。

四国平均对中华医药的认知达31.1%，这部分人中有57.0%的人喜欢中华医药。尽管受访者对中华医药深刻的哲学理念不一定清楚，但对直观的按摩、针灸等的态度反映了受访者的态度（表8-3）。

四国的认同情况各不相同。认知度由高到低为：德（38.5%）、俄（38.0%）、美（28.3%）、印（19.5%）。好感度由高到低为：德（24.8%）、俄（17.7%）、美（16.0%）、印（12.3%）。25种文化符号里中医药的认知度和好感度排名分别为第7、第11。

表8-3 四国受访者对中华医药的认知度与好感度

单位：%

| 中华医药 | 美国 | 德国 | 俄罗斯 | 印度 | 四国平均 |
| --- | --- | --- | --- | --- | --- |
| 认知度 | 28.3（12） | 38.5（6） | 38.0（7） | 19.5（10） | 31.1（7） |
| 好感度 | 16.0（15） | 24.8（7） | 17.7（12） | 12.3（13） | 17.7（11） |
| 认知度与好感度之差 | 12.3（3） | 13.7（5） | 20.3（3） | 7.2（2） | 13.4（3） |
| 好感度与认知度之比 | 56.5 | 64.4 | 46.6 | 63.1 | 57.0 |

注：表中括号里的数字为在25种中华文化符号中的排名。

### （二）对中医药是否能治病的态度

美国有47.0%的受访者对中医药的疗效持肯定态度（非常能13.1%，较能33.9%），还有29.8%的态度中立者，只有11.1%的受访者对中医药能治病持否定态度（较不能8.1%，根本不能3.0%）。有12.1%的受访者选择"不知道"。（表8-4）我们把回答"不知道"的人除去，将"根本不能"赋值为1，"很能"赋值为5，以此类推，计算出正式回答可否的受者对中医药疗效评价的平均值，平均值越高，说明越相信中医药。对中医药正式表态的受访者对中医药能否治病的总体平均值为3.52，介于中立与较能之间。

德国有54.8%的受访者对中医药的疗效持肯定态度（非常能14.9%，较能39.9%），还有30.7%的态度中立者，没有受访者对中医药能治病持否定态度。有14.5%受访者选择"不知道"。对中医药正式表态的受访者对中医药能否治病的总体平均值为3.82，介于中立与较能之间，倾向于较能。

俄罗斯有81.3%的受访者对中医药的疗效持肯定态度（非常能28.1%，较能53.2%），还有9.1%的态度中立者，只有3.9%的受访者对中医药能治病持否定态度（较不能3.4%，根本不能0.5%）。有5.7%受访者选择"不知道"。受访者对中医药能否治病的总体平均值为3.91，介于中立与较能之间，很接近较能。

印度有66.8%的受访者对中医药的疗效持肯定态度（非常能32.1%，较能34.7%），还有22.3%的态度中立者，只有3.1%的受访者对中医药能治病持否定态度（较不能1.7%，根本不能1.4%）。有7.9%受访者选择"不知道"。受访者对中医药能否治病的总体平均值为4.03，为较能治病。

四国比较显示，认为中医药能治病由高到低的国家排序为：印（4.03）、俄（3.91）、德（3.82）、美（3.52）。四国整体平均为3.82，处于中立和较能治病之间，倾向较能治病。

表8-4 您认为中医药能治疗疾病吗？

单位:%

| | | 美国 | 德国 | 俄罗斯 | 印度 | 四国平均 |
|---|---|---|---|---|---|---|
| 是否能治病 | 非常能 | 13.1 | 14.9 | 28.1 | 32.1 | 22.1 |
| | 较能 | 33.9 | 39.9 | 53.2 | 34.7 | 40.4 |
| | 中立 | 29.8 | 30.7 | 9.1 | 22.3 | 23.0 |
| | 较不能 | 8.1 | 0 | 3.4 | 1.7 | 3.3 |
| | 根本不能 | 3.0 | 0 | 0.5 | 1.4 | 1.2 |
| | 不知道 | 12.1 | 14.5 | 5.7 | 7.9 | 10.1 |

## 第二节 在日本、韩国、越南、印尼的调查

### 一、问卷修订

#### （一）设计思路

在问卷（Ⅲ）中调查了日本、韩国、越南、印尼受访者对具有中华特色的辩证思维和综合思维的态度。对比 2011 年的问卷（Ⅰ）和（Ⅱ），本次调查问卷改动了两处：一是在保留原有的辩证思维和综合思维的问题中，增加了一道调查受访者对"综合思维"文字表述的态度；二是将受访者对文字表述的"辩证思维"和"综合思维"态度的回答方式由原来的"是否赞成"改为 1—10 级的赞成这些思维方式的程度。

#### （二）问卷内容

问卷中设计了五个问题，考察四国受访者对辩证思维和综合思维的态度。前面在问卷中的 V2（关于文化符号）部分，调查过的两个问题与思维方式有密切的关系：对太极阴阳图的认知和喜好度反映了受访者对辩证思维的态度；对中医的看法反映了受访者对综合思维的认知和态度。此外，在 V8"您认为中医药能治疗疾病吗？"从对中医能否治病这一具体问题入手，进一步调查了受访者对综合思维的态度。

（Ⅲ）V2. 以下都是中国文化符号，您知道吗？若知道，喜欢它们吗？

没听说过：0

听说过，我对它：1. 很不喜欢；2. 较不喜欢；3. 中立；4. 较喜欢；5. 很喜欢

| 中国文化符号 | 0 没听说过 | 听说过 | | | | |
| --- | --- | --- | --- | --- | --- | --- |
| | | 1. 很不喜欢 | 2. 较不喜欢 | 3. 中立 | 4. 较喜欢 | 5. 很喜欢 |
| ☯ | | | | | | |
| 中华医药 | | | | | | |

(Ⅲ) V8. 您认为中医药能治疗疾病吗？
1. 根本不能　　2. 较不能　　　3. 中立　　　　4. 较能
5. 很能　　　　88. 不知道

(Ⅲ) V12. 您是否赞同下列思维方式？

|  | 非常不赞同　　　　　　　　　　非常赞同 |
|---|---|
| 12. 以全面的、联系的、发展变化的观点，而不是非此即彼的观点看待事物。（辩证思维） | ←0　1　2　3　4　5　6　7　8　9　10→ |
| 13. 认知方式上，以综合性倾向对事物的整体做出反应，而不仅仅是对细节做理性的分析。（综合思维） | ←0　1　2　3　4　5　6　7　8　9　10→ |

## 二、对辩证思维的态度

### （一）对太极阴阳图的认知和喜好

四国的数据横向比较显示（表8-5）：四国平均对太极阴阳图的认知达到90.9%，5级量表的好感度为3.43，介于中立和较喜欢之间。尽管对太极阴阳图深刻的哲学理念不一定清楚，但对这一直观的图形的态度，反映了受访者直觉的态度。

四国的认同情况各不相同。认知度由高到低为：越南（97.2%）、印尼（95.7%）、韩国（91.9%）、日本（78.6%）。好感度由高到低为：印尼（4.00）、越南（3.53）、韩国（3.16）、日本（3.03）。

日本整体平均认知度为78.6%，三个重点人群中，高中生高于青年，青年高于精英。整体平均好感度为3.03，高中生高于青年，青年高于精英，最高与最低分之差为0.16，三个群体间没有实质性差别。

韩国整体平均认知度为91.9%，三个重点人群中，青年高于精英，精英高于高中生。整体平均好感度为3.16，三个群体间最高分与最低分之差为0.26，没有实质性差别。

越南整体平均认知度为97.2%，三个重点人群中，精英高于青年和高中生。整体平均好感度为3.53，三个群体间最高分与最低分之差为0.26，没有实质性差别。

印尼整体平均认知度为95.7%，三个重点人群中，精英高于青年和高中生。整体平均好感度为4.00，三个群体间最高分与最低分之差为0.15，没有实质性差别。

由此可见，四国受访者绝大多数知道太极阴阳图，在好感度上，日本、韩国持中立，越南介于中立与较喜欢之间，印尼为较喜欢。

表8-5　四国受访者对太极阴阳图的认知度（%）与好感度（5级量表）

| | 整体 | | 高中生 | | 青年 | | 精英 | |
|---|---|---|---|---|---|---|---|---|
| | 认知度% | 好感度 | 认知度% | 好感度 | 认知度% | 好感度 | 认知度% | 好感度 |
| 日本 | 78.6 | 3.03 | 88.2 | 3.17 | 81.2 | 3.16 | 80.4 | 3.01 |
| 韩国 | 91.9 | 3.16 | 82.4 | 3.21 | 94.0 | 3.08 | 87.1 | 3.34 |
| 越南 | 97.2 | 3.53 | 98.1 | 3.32 | 98.0 | 3.58 | 100 | 3.45 |
| 印尼 | 95.7 | 4.00 | 93.6 | 4.17 | 97.5 | 4.05 | 98.6 | 4.02 |
| 四国平均 | 90.9 | 3.43 | 90.6 | 3.47 | 92.7 | 3.47 | 91.5 | 3.46 |

### （二）对文字叙述的辩证思维方式的态度

对辩证思维问题的文字描述是：您是否赞同"以全面的、联系的、发展变化的观点，而不是非此即彼的观点看待事物"？请日、越、印尼的受访者用0—10级，请韩国的受访者用0—9级做出自己的回答。回答中以5为中立值，6—10为不同程度的赞同，四国受访者的回答见表8-6。

表8-6　四国受访者对辩证思维的赞成比例

单位：%

| | 日本 | 韩国 | 越南 | 印尼 |
|---|---|---|---|---|
| 0 | 3.3 | 3.4 | 2.2 | 0.5 |
| 1 | 1.1 | 1.8 | 0.9 | 0.4 |
| 2 | 0.7 | 2.7 | 1.4 | 0.4 |
| 3 | 1.0 | 3.7 | 1.8 | 1.0 |
| 4 | 3.6 | 14.9 | 2.2 | 1.4 |
| 5 | 21.1 | 16.0 | 8.0 | 3.1 |

续表

|  | 日本 | 韩国 | 越南 | 印尼 |
| --- | --- | --- | --- | --- |
| 6 | 12.7 | 20.5 | 6.7 | 5.4 |
| 7 | 15.6 | 16.6 | 11.9 | 10.2 |
| 8 | 16.7 | 10.2 | 15.9 | 18.9 |
| 9 | 9.4 | 10.2 | 13.7 | 17.8 |
| 10 | 14.8 | — | 35.3 | 41.0 |
| 6—10/6—9 之和 | 69.2 | 57.5 | 83.5 | 93.3 |

日本受访者赞同辩证思维的比例为 69.2%。以均值计算，受访者对辩证思维赞同度为 6.76。针对重点三个人群的分析显示，精英的赞同度（6.93）高于青年（6.57），青年高于高中生（6.06）。最高分与最低分之差为 0.87。三个群体的赞同度差异较明显。

韩国受访者对辩证思维赞同的比例（6—9 之和）为 57.5%。以均值计算，受访者对辩证思维赞同度为 6.28。针对重点三个人群的分析显示，精英的赞同度（6.83）高于青年（5.98），青年高于高中生（5.12）。最高分与最低分之差为 1.71。三个群体的赞同度差异很明显。高中生持中立态度，精英持基本赞成的态度。

越南受访者对辩证思维赞同的比例（6—9 之和）为 83.5%。以均值计算，受访者对辩证思维的赞同度为 7.85。针对三个重点人群的分析显示，精英的赞同度（8.32）高于青年（7.82），青年高于高中生（7.16）。最高分与最低分之差为 1.16。三个群体的赞同度有差异。

印尼受访者对辩证思维赞同的比例为 93.3%。以均值计算，受访者对辩证思维的赞同度为 8.5。针对三个重点人群的分析显示，精英的赞同度（8.50）略低于青年（8.52），青年高于高中生（8.41）。三个群体的赞同度有微小差异，最高分与最低分之差为 0.11，没有实质性区别。

综合比较来看，辩证思维在四国获得认同，四国整体受访者的赞同度由高到低为：印尼（8.50）、越南（7.85）、日本（6.76）、韩国（6.28）。四国平均为 7.35。最高分与最低分之差为 2.22，四国的赞同度有较大差异。不同群体的情况见表 8—7。

总之，四国对辩证思维是赞同的，各国之间赞同度有差异，多数国家精英、青年、高中生间有差异，精英更赞同辩证思维。

表8-7 四国不同受访者群体对辩证思维的赞成度对比（11级量表）

| | 整体 | 高中生 | 青年 | 精英 |
| --- | --- | --- | --- | --- |
| 日本 | 6.76 | 6.06 | 6.57 | 6.93 |
| 韩国 | 6.28 | 5.12 | 5.98 | 6.83 |
| 越南 | 7.85 | 7.16 | 7.82 | 8.32 |
| 印尼 | 8.50 | 8.41 | 8.52 | 8.50 |
| 四国平均 | 7.35 | 6.69 | 7.22 | 7.65 |

注：韩国的数据是原始的10级量表的数值转化为11级量表的数值。

## 三、对综合思维的态度

### （一）对中华医药的认知度和喜好度

日本整体平均认知度为99.7%，三个重点人群中，精英高于青年，青年高于高中生，没有实质差别。整体平均好感度为3.44，最高分与最低分之差为0.45，没有实质差别。

韩国整体平均认知度为94.3%，精英高于青年，青年高于高中生。整体平均好感度为2.95，精英高于青年，青年高于高中生，最高分与最低分之差为0.61。精英与高中生的态度有实质性区别，精英态度为中立，高中生态度处于较不喜欢和中立之间。

越南整体平均认知度为99.1%，精英100%知道中医，高于青年和高中生，三者没有实质差异。整体平均好感度为3.84，最高分与最低分之差为0.39，没有实质性区别。

印尼整体平均认知度为97.1%，精英高于青年和高中生，三者没有实质差异。整体平均好感度为4.03，最高分与最低分之差为0.27，没有实质性区别。

四国的数据横向比较显示：四国平均对中华医药的认知达到97.6%，几乎人人皆知。5级量表的好感度为3.57，介于中立和较喜欢之间。

四国的认同情况各不相同（表8-8）。认知度由高到低为：日本

(99.7)、越南(99.1)、印尼(97.1)、韩国(94.3),四国之间没有实质性的区别。好感度由高到低为:印尼(4.03)为较喜欢;越南(3.84)介于中立与较喜欢之间,趋向较喜欢;日本(3.44)态度在中立与较喜欢之间;韩国(2.95)持中立态度。四国平均为3.57,介于中立与较喜欢之间。四国的三个重点群体中,好感度都是精英高于青年,青年高于高中生。

表 8-8 四国受访者对中华医药的认知度(%)与好感度(5级量表)

| | 整体 | | 高中生 | | 青年 | | 精英 | |
|---|---|---|---|---|---|---|---|---|
| | 认知度% | 好感度 | 认知度% | 好感度 | 认知度% | 好感度 | 认知度% | 好感度 |
| 日本 | 99.7 | 3.44 | 97.1 | 3.15 | 99.1 | 3.35 | 99.4 | 3.61 |
| 韩国 | 94.3 | 2.95 | 76.5 | 2.56 | 91.0 | 2.75 | 94.8 | 3.17 |
| 越南 | 99.1 | 3.84 | 97.1 | 3.68 | 99.2 | 3.84 | 100 | 4.07 |
| 印尼 | 97.1 | 4.03 | 88.2 | 3.80 | 96.1 | 3.96 | 99.1 | 4.07 |
| 四国平均 | 97.6 | 3.57 | 89.7 | 3.30 | 96.4 | 3.48 | 98.3 | 3.73 |

### (二)对中医药是否能治病的态度

我们把"根本不能"赋值为1,"很能"赋值为5,以此类推,计算出受访者对中医药疗效评价的平均值,平均值越高,说明越相信中医。结果见表8-9。

日本有1147名受访者明确表明态度。有约63.4%的受访者对中医药的疗效持肯定态度,还有19.3%的态度中立者,只有10.8%的受访者持否定态度。有78位受访者选择"不知道",占样本总数的6.4%。受访者对中医药能否治病的总体平均值为3.77,介于中立与较能之间,偏较能治病。三个重点人群中,精英的赞同度(3.88)高于青年,青年高于高中生(3.35)。最高分与最低分之差为0.53。三个群体的赞同度差异较明显,精英偏向能治病的态度,高中生趋于中立的态度。

韩国有55位受访者选择"不知道",占样本总数的5.3%,有983名受访者明确表明态度。约40%的受访者对中医药的疗效持肯定态度,还有约40%的态度中立者,另有7%的受访者认为中医药很能治病,也就是说对中医药治疗持积极态度的人占了47%的比例,而认为中医药较不能和根本不能治疗疾病的人只占了15%的比例。调查结果显示，受访者对中医药能否治病的总体平均值为3.30，介于中立与较能之间，偏中立。三个重点人群中，精英的赞同度（3.43）高于青年，青年高于高中生（2.82）。最高分与最低分之差为0.61。三个群体的赞同度差异较明显，精英处于中立和能治病中间，高中生处于不能治病和中立之间，倾向中立。

越南有近80%的受访者对中医药的疗效持肯定态度，有近14%的态度中立者。认为中医药较不能和根本不能治疗疾病的人只占了5%的比例。受访者对中医药的喜欢程度平均值为3.84，整体处于中立与较喜欢之间。三个重点人群中，精英的赞同度（4.07）高于青年，青年高于高中生（3.68），最高分与最低分之差为0.39。三个群体的赞同度没有实质上的差别。精英认为中医能治病，青年和高中生倾向于能治病。

印尼有17位受访者选择"不知道"，1007位受访者表明了态度。超过一半（53.03%）的受访者认为中医药较能治疗疾病；三成（30.8%）受访者认为中医药很能治疗疾病；一成多（13.4%）受访者表示中立；认为中医药较不能、根本不能治疗疾病的受访者比例极小，仅为1.2%。受访者整体均值为4.15，表明受访者对中医药的态度在较能与很能治疗疾病之间，偏较能。三个重点人群中，精英的赞同度（4.17）高于青年，青年高于高中生（3.98），最高分与最低分之差为0.19。三个群体间赞同度没有实质上的差别，精英、青年和高中生都认为中医能治病。

四国横向比较显示，认为中医药能治病的国家排序为：印尼（4.15）、越南（3.84）、日本（3.77）、韩国（3.30）。三个重点人群中，精英的认同度最高（3.89），其次是青年（3.67），第三是高中生（3.46）。四国整体平均为3.77，处于中立和较能治病之间，倾向较能治病。

表8-9　四国受访者对"中医药能治病吗？"的评价（5级量表）

|  | 日本 | 韩国 | 越南 | 印尼 | 四国平均 |
| --- | --- | --- | --- | --- | --- |
| 整体 | 3.77 | 3.30 | 3.84 | 4.15 | 3.77 |
| 高中生 | 3.35 | 2.82 | 3.68 | 3.98 | 3.46 |
| 青年 | 3.63 | 3.07 | 3.84 | 4.14 | 3.67 |
| 精英 | 3.88 | 3.43 | 4.07 | 4.17 | 3.89 |

### (三) 对文字叙述的综合思维方式的态度

对综合思维问题的文字描述是:"您是否赞成认知方式上,'以综合性倾向对事物的整体做出反应,而不仅仅是对细节做理性的分析'"?对这个问题请日、越、印尼受访者用0—10级,请韩国受访者用0—9级做出自己的回答。回答中以5为中立值,6—10为不同程度的赞同,四国的回答比例见表8-10。

表8-10 四国受访者对综合思维的赞成比例

单位:%

|  | 日本 | 韩国 | 越南 | 印尼 |
|---|---|---|---|---|
| 0 | 3.7 | 2.7 | 2.2 | 0.7 |
| 1 | 0.4 | 1.6 | 1.0 | 0.6 |
| 2 | 0.8 | 2.6 | 0.5 | 0.3 |
| 3 | 1.5 | 3.5 | 2.5 | 0.5 |
| 4 | 3.8 | 17.0 | 2.6 | 0.8 |
| 5 | 22.5 | 18.2 | 7.6 | 4.1 |
| 6 | 14.7 | 18.5 | 7.8 | 4.0 |
| 7 | 15.3 | 16.8 | 11.6 | 12.7 |
| 8 | 17.1 | 9.2 | 15.0 | 16.6 |
| 9 | 8.3 | 10.0 | 15.0 | 17.9 |
| 10 | 11.9 | — | 34.1 | 41.9 |
| 6—10/6—9之和 | 67.3 | 54.5 | 83.5 | 93.1 |

日本受访者赞同综合思维的比例为67.3%。以均值计算,受访者对综合思维的赞同度为6.6。针对三个重点人群的分析显示,精英的赞同度(6.99)高于青年(6.28),青年高于高中生(6.0)。最高分与最低分之差为0.99,三个群体间赞同度差异较明显。

韩国受访者赞同综合思维的比例(6—9之和)为54.5%。以均值计算(转换为0—10级),受访者对综合思维的赞同度为6.25。针对三个重点人群的分析显示,精英的赞同度(6.86)高于青年(5.81),青年高于高中生(5.35)。最高分与最低分之差为1.51。三个群体的赞同度有较大差异,高中生持中立态度，精英持赞成的态度。

越南受访者赞同综合思维的比例为83.5%。以均值计算，受访者对综合思维的赞同度为7.82。针对三个重点人群的分析显示，精英的赞同度（8.35）高于青年（7.82），青年高于高中生（7.13）。最高分与最低分之差为1.22。尽管三个群体的赞同度有差异，但都持赞成的态度。

印尼对综合思维很赞同，赞同比例为93.1%。以均值计算，受访者对综合思维的赞同度为8.52。针对三个重点人群的分析显示，三个重点人群的赞同度有微小差异，高中生赞同度最高（8.58），青年最低（8.44）。最高分与最低分之差为0.14，没有实质性差异。

从数据来看综合思维在四国获得认同，受访者整体的均值由高到低为：印尼（8.52）、越南（7.82）、日本（6.60）、韩国（6.25）。四国平均为7.30，最高分与最低分之差为2.27。四国间各群体的情况见表8-11。

总之，四国对综合思维是赞同的，各国的赞同度有差异，多数国家精英、青年、高中生间有差异，精英更赞同综合思维。

表8-11 四国不同受访者群体对综合思维的赞成度（11级量表）

|      | 整体 | 高中生 | 青年 | 精英 |
| --- | --- | --- | --- | --- |
| 日本 | 6.60 | 6.00 | 6.28 | 6.99 |
| 韩国 | 6.25 | 5.35 | 5.81 | 6.86 |
| 越南 | 7.82 | 7.13 | 7.82 | 8.35 |
| 印尼 | 8.52 | 8.58 | 8.44 | 8.57 |
| 四国平均 | 7.30 | 6.77 | 7.09 | 7.70 |

注：韩国的数据是原始的10级量表的数值转化为11级量表的数值。

## 第三节　调查后的思考

以辩证思维和综合思维为代表的中华思维方式是中华文化的基因之一，体现在中华文化的方方面面。2011年和2013年的调查显示，辩证思维和综合思维在八国得到了部分的赞同。今后在对这些国家的文化传播中，可以有意识地在文化产品传播中加入辩证思维和综合思维的元素，从深层次传播中华文化。

太极阴阳图是中华思维方式的形象的精辟的体现，目前在八个国家得到广泛的认知，并且有较高的喜好度，我们应该充分利用这个文化资源，至少在中医等领域广泛使用这种代表中华特色的思维方式。

要使用好这个符号，需要处理好两个关系：一是在国内与道教的关系。二是与韩国国旗的关系。

道教是中国本土宗教，以"道"为最高信仰。道教在中国古代鬼神崇拜观念上，以黄、老道家思想为理论根据，承袭战国以来的神仙方术衍化形成。东汉末年出现了大量道教组织，著名的有太平道、五斗米道。祖天师张道陵正式创立教团组织，距今已有1800年历史。道教为多神崇拜，尊奉的神仙是将道教对"道"之信仰人格化的体现。道士是道教的神职人员，全国现有住观道士3万余人。宫观是道教徒活动的场所，全国现登记开放的宫观有2千余座。道教的标志（图8-1）是完整版的太极阴阳图。

**图8-1 道教的标志**

自1883年（朝鲜王朝后期）开始，韩国就开始使用太极旗。大韩民国建国后继续延用。1949年，韩国文教部正式确定韩国国旗现今的样式（图18-2）：旗中央是太极图案，四周配以乾坤坎离四图形。韩国国旗又称太极旗（韩语：태극기，英文音译：taegeukgi），是以儒家及道教的思想为基础而绘制的。中央的太极象征宇宙，蓝色为阴，红色为阳，万物是由阴阳所构成的；四个角落的卦在左上方的是乾，右下为坤，右上为坎，左下为离，代表天地水火、父母男女之意，也象征民族的融合与国家的发展。国旗底色为白色，象征韩国人民的纯洁和对和平的热爱。将道教的标志与韩国的国旗相对比，可以看出两者有相同之处，后者是前者的简化修改版。

**图8-2 韩国国旗**

如何处理好以上两方面的关系，值得进一步思考。

# 第 九 章

# 中华传统信仰在海外

## 第一节 在美国、德国、俄罗斯、印度的影响

### 一、问卷设计

#### (一) 设计思路

问卷中设计中华传统信仰问题,基于以下考虑:

信仰是指相信并奉为准则或指南的某种主张、主义、宗教等。信仰是文化中的核心要素,也是最难改变的要素。中华传统信仰中,儒、释、道占有重要地位,儒家思想并非严格意义上的宗教。当今中华传统信仰在各国大众中的影响如何?有必要进行调查。受访者对中华传统信仰的态度,也可以从一个侧面反映中华传统信仰对这些国家的影响。

从世界文化的视角看,宗教是信仰中的核心问题。宗教是信教民族的精神支柱,是能够安顿心灵的地方。宗教对一种文化的世界观、人生观、价值观发生着重大的影响。各种宗教对世界的形成(包括人类本身在内)有一套完整的看法。宗教信仰不仅支配人们的思想感情、宗教组织和礼俗,还支配或影响着人们的日常生活,包括社会政治、伦理道德、文学艺术、家庭婚姻、人际往来和生老病死。因而,宗教是文化成分中一种要素。虽然佛教传入后对中华文化有很大影响,但是主流的儒家文化主张敬鬼神而远之,中华

文化在世界五大文化中是宗教信仰最淡薄的文化。特别是现代，无神论在中国占据主导地位，约有90%的人不信仰宗教。因而，调查各国民众的宗教信仰有助于调查人们心灵的深处。

(二) 问卷内容

对于许多民族来说，宗教信仰是神圣的、崇高的、不可亵渎的，必要时可以拿生命来保卫它。在虔诚信教的民族那里，宗教信仰是其最敏感最容易触动的精神感应器，一旦受到外界的刺激就会做出强烈的反应。因而设计问题需要慎重。我们调查了儒家思想、道教、佛教在四国的影响情况。

1. 儒家思想的影响

(Ⅱ) V2. 您认为以下各项中哪些文化符号最能代表中国？（可多选）

……19. 儒家思想……

(Ⅱ) V3. 您喜欢下列文化符号吗？（可多选）

……19. 儒家思想……

(Ⅱ) V10-1—V10-18. 以下的人都是中国名人，您听说过他们吗？若听说过，喜欢他们吗？（V10-1. 古代哲学家孔子）

0. 没听说过；若听说过：1. 很不喜欢；2. 较不喜欢；3. 无所谓；4. 较喜欢；5. 很喜欢

(Ⅰ) V4. 您是否赞同下列价值观？（可多选）

1. 仁：人与人之间相互友爱、同情、互助。
2. 恕：己所不欲，勿施于人。
3. 孝：尊敬和善待父母。
4. 礼：有礼貌、尊敬他人。
5. 义：公正、合乎公益。
6. 和而不同：尊重彼此的差异，和睦相处。
7. 天人合一：尊崇自然，人与自然和谐。

2. 道教的影响

（Ⅱ）V2. 您认为以下各项中哪些文化符号最能代表中国？（可多选）

……18. 道教……

（Ⅱ）V3. 您喜欢下列文化符号吗？（可多选）

……18. 道教……

（Ⅱ）V10-1—V10-18. 以下的人都是中国名人，您听说过他们吗？若听说过，喜欢他们吗？（V10-2. 古代哲学家老子）

0. 没听说过；若听说过：1. 很不喜欢；2. 较不喜欢；3. 无所谓；4. 较喜欢；5. 很喜欢

3. 宗教信仰

（Ⅰ）V56. 您的信仰是什么？（选一项）

1. 天主教　　2. 新教（基督教）　3. 东正教
4. 犹太教　　5. 伊斯兰教　　　6. 印度教
7. 佛教　　　8. 道教　　　　　9. 儒家思想
10. 神道教　 11. 不信教　　　　12. 其他宗教

注：各国问卷中列举的宗教略有不同。在中国，基督教有广义和狭义两种含义。广义的基督教包括三大分支：天主教、新教和东正教。狭义的基督教多指新教。本问题的选项2在俄罗斯问卷中为广义的基督教，在其他国家的问卷中为新教。

## 二、儒家思想数据分析

相关数据见表9-1。

### （一）各国情况

在认知方面，美国受访者中有23.6%的人认为儒家思想最能代表中国，有80.7%的人知道儒家的代表人物孔子。在态度方面，11.7%的受访者喜欢儒家思想，喜欢儒家思想的人占认为儒家思想最能代表中国者的49.6%。

以 5 级量表测量，知道孔子的人对孔子的好感度为 2.71，介于中立和比较喜欢之间，倾向于比较喜欢。对儒家主张的仁、恕、礼、孝、义、和而不同、天人合一等 7 项重要价值观，以是否赞同测量，7 种价值观赞成度都超过 50%，最高的是"义"，获得 79.0% 的受访者的赞同。把儒家思想作为一种信仰，只占受访者的 0.26%。

在认知方面，德国受访者中平均有 16.5% 的人认为儒家思想最能代表中国，有 85.8% 的人知道儒家的代表人物孔子。在态度方面，7.14% 的受访者喜欢儒家思想，喜欢儒家思想的人占认为儒家思想最能代表中国者的 43.27%。以 5 级量表测量，知道孔子的人对孔子的好感度为 2.5，介于中立和比较喜欢之间。对儒家主张的仁、恕、礼、孝、义、和而不同、天人合一等 7 项重要价值观，以是否赞同测量，7 种价值观赞成度都超过 50%，最高的是"孝"，获得 71.6% 的受访者的赞同。把儒家思想作为一种信仰，只占受访者的 0.21%。

在认知方面，俄罗斯受访者中平均有 23.0% 的人认为儒家思想最能代表中国，有 94.1% 的人知道儒家的代表人物孔子。在态度方面，9.6% 的受访者喜欢儒家思想，喜欢儒家思想的人占认为儒家思想最能代表中国者的 41.74%。以 5 级量表测量，知道孔子的人对孔子的好感度为 2.84，介于中立和比较喜欢之间，倾向比较喜欢。儒家主张的仁、恕、礼、孝、义、和而不同、天人合一等 7 项重要价值观，以是否赞同测量，有 6 种价值观赞成度超过 50%，最高的是"礼"，获得 74.8% 的受访者的赞同，对和而不同的赞成比例没有超过一半，为 46.7%。把儒家思想作为一种信仰，只占受访者的 0.28%。

在认知方面，印度受访者中有 5.8% 的人认为儒家思想最能代表中国，有 72.1% 的人知道儒家的代表人物孔子。在四国中认知度最低。在态度方面，3.2% 的受访者喜欢儒家思想，喜欢儒家思想的人占认为儒家思想最能代表中国者的 55.17%。以 5 级量表测量，知道孔子的人对孔子的好感度为 2.83，介于中立和比较喜欢之间，倾向比较喜欢。对儒家主张的仁、恕、礼、孝、义、和而不同、天人合一等 7 项重要价值观，以是否赞同测量，只有 2 种价值观赞成度超过 50%，最高的是"仁"，获得 64.9% 受访者的赞同，对礼、孝、恕、天人合一、和而不同的赞成比例没有超过一半，最低为和而不同，只有24.1%的人赞同。在设计印度问卷时，由于认为印度民众信仰儒家思想的人太少了，没有把儒家思想作为一种信仰列入问卷的选项之中。

## （二）四国对比

在认知方面，四国受访者平均有17.2%的人认为儒家思想最能代表中国，有83.2%的人知道儒家的代表人物孔子。

在态度方面，四国平均有7.9%的受访者喜欢儒家思想，最高的是美国（11.7%），最低的是印度（3.2%）。以5级量表测量，知道孔子的人对孔子的好感度为2.72，介于中立和比较喜欢之间，倾向于比较喜欢。好感度最高的是俄罗斯，为2.84，介于中立和较喜欢之间，倾向于比较喜欢。最低的是德国（2.5），介于中立和较喜欢之间。

对儒家主张的仁、恕、礼、孝、义、和而不同、天人合一等7项重要价值观，以是否赞同测量，四国受访者对7项价值观表示赞同的平均为58.4%。7种价值观只有"和而不同"未超过半数，为43.8%。其余6项都超过56%，最高的是"仁"，获得69.1%受访者的赞同。

把儒家思想作为一种信仰，三国平均为0.25%，即在1000个人中只有2.5人信仰，三国之间没有很大的差异。

总之，儒家思想在四国有广泛的知名度，态度在中立或较喜欢之间，对儒家的基本价值观给予基本赞同，但作为信仰只占0.21%—0.28%。

表9-1 四国受访者对儒家思想的认知、态度

| | | 美国 | 德国 | 俄罗斯 | 印度 | 四国平均 |
|---|---|---|---|---|---|---|
| 儒家思想 | 知名度（%） | 23.6 | 16.5 | 23.0 | 5.8 | 17.2 |
| | 好感度（%） | 11.7 | 7.14 | 9.6 | 3.2 | 7.9 |
| | 好感度与知名度之比（%） | 49.58 | 43.27 | 41.74 | 55.17 | 45.93 |
| 孔子 | 知名度（%） | 80.7 | 85.8 | 94.1 | 72.1 | 83.2 |
| | 美誉度（5级量表） | 2.71 | 2.50 | 2.84 | 2.83 | 2.72 |

续表

| | | 美国 | 德国 | 俄罗斯 | 印度 | 四国平均 |
|---|---|---|---|---|---|---|
| 儒家价值观的赞同度（%） | 礼 | 51.6 | 66.4 | 74.8 | 36.2 | 57.3 |
| | 孝 | 64.9 | 71.6 | 62.8 | 42.1 | 60.4 |
| | 义 | 79.0 | 64.9 | 61.3 | 53.1 | 64.6 |
| | 和而不同 | 53.3 | 50.9 | 46.7 | 24.1 | 43.8 |
| | 仁 | 77.6 | 71.3 | 62.4 | 64.9 | 69.1 |
| | 恕 | 72.4 | 61.5 | 57.3 | 39.7 | 57.7 |
| | 天人合一 | 57.6 | 59.8 | 67.6 | 40.1 | 56.3 |
| | 7项价值观平均 | 65.2 | 63.8 | 61.8 | 42.9 | 58.4 |
| 儒家思想作为信仰的占比（%） | | 0.26 | 0.21 | 0.28 | — | 0.25 |

## 三、道教数据分析

相关数据见表9-2。

### （一）各国情况

1. 美国

在认知方面，受访者中有17.7%的人认为道教最能代表中国文化，在25种文化符号中排名第17。有47.2%的知晓道教的代表人物老子，在20位中国杰出人物中排名第7。在态度方面，9.5%的受访者喜欢道教，喜欢道教的人占认为道教最能代表中国文化的53.7%。以5级量表测量，知道老子的人对老子的好感度为2.55，介于中立和比较喜欢之间。把道教作为一种信仰，只占受访者的0.17%。

2. 德国

在认知方面，受访者中有8.2%的人认为道教最能代表中国文化，在25种文化符号中排名第19。有47.6%的知晓道教的代表人物老子，在20位中国杰出人物中排名第8。在态度方面，4.8%的受访者喜欢道教，喜欢道教的人占认为道教最能代表中国者的58.5%。以5级量表测量，知道老子的人对老子的好感度为2.34，介于中立和比较喜欢之间。把道教作为一种信仰，只占受访者的 0.42%。

3. 俄罗斯

在认知方面，受访者有 11.1% 的人认为道教最能代表中国文化，在 25 种文化符号中排名第 18。有 63.0% 的知晓道教代表人物老子。在 20 位中国杰出人物中排名第 5。在态度方面，5.2% 的受访者喜欢道教，喜欢道教的人占认为道教最能代表中国者的 46.8%。以 5 级量表测量，知道老子的人对老子的好感度为 2.61，介于中立和比较喜欢之间。把道教作为一种信仰，只占受访者的 0.28%。

4. 印度

在认知方面，受访者中有 5.1% 的人认为道教最能代表中国文化，在 25 种文化符号中排名第 23，在四国中认知度最低。有 67.1% 的知晓道教的代表人物老子，在 20 位中国杰出人物中排名第 16。在态度方面，2.8% 的受访者喜欢道教，喜欢道教的人占认为道教最能代表中国文化者的 54.9%。以 5 级量表测量，知道老子的人对老子的好感度为 2.87，介于中立和比较喜欢之间，倾向比较喜欢。设计印度问卷时，由于认为印度民众信仰道教的人太少了，没有把道教作为一种信仰列入问卷的选项之中。

(二) 四国对比

在认知方面，四国受访者平均有 10.5% 的人认为道教最能代表中国，有 53.3% 的人知道道教的代表人物老子。

在态度方面，四国平均有 5.6% 的受访者喜欢道教，最高的是美国 (9.5%)，最低的是印度 (2.8%)。以 5 级量表测量，四国平均知道老子的人对老子的好感度为 2.59，介于中立和比较喜欢之间。好感度最高的是印度，为 2.87，介于中立和较喜欢之间，倾向于比较喜欢。最低的是德国，为 2.34，介于中立和较喜欢之间．

把道教作为一种信仰，在三国平均为 0.29%，即在 1000 个人中只有 2.9 人信仰，三国之间没有很大的差异。

总之，道教在四国的知名度不高，有 1/10 的人知道道教，知道的受访者有一半喜欢它。老子的知名度尚可，有一半的受访者知道他，对老子的态度在中立和较喜欢之间。道教作为信仰只占 0.17%—0.42%。

表 9-2 四国受访者对道教的态度对比

| | | 美国 | 德国 | 俄罗斯 | 印度 | 四国/三国平均 |
|---|---|---|---|---|---|---|
| 道教 | 知名度（%） | 17.7 | 8.2 | 11.1 | 5.1 | 10.5 |
| | 好感度（%） | 9.5 | 4.8 | 5.2 | 2.8 | 5.6 |
| | 好感度与知名度之比（%） | 53.7 | 58.5 | 46.8 | 54.9 | 53.3 |
| 老子 | 知名度（%） | 47.2 | 47.6 | 63.0 | 67.1 | 56.2 |
| | 美誉度（5级量表） | 2.55 | 2.34 | 2.61 | 2.87 | 2.59 |
| 道教作为信仰的占比（%） | | 0.17 | 0.42 | 0.28 | — | 0.29 |

## 四、宗教信仰数据分析

相关数据见表 9-3。

### （一）各国情况

美国受访者中信仰广义的基督教的比例最大，为 41.71%（其中信仰天主教的为 20.94%，信仰新教的为 20.77%）；信仰其他宗教的比例为 28.85%；不信教的为 22.72%。儒家思想和道教分别有 23.6% 和 17.7% 的受访者知道，但作为一种宗教来信仰的人数很少，仅为 0.26% 和 0.17%。信仰佛教的为 1.28%。

德国受访者中不信仰任何宗教的所占比例最大（39.73%），其次是信仰天主教（24.63%），第三是信仰新教（19.23%）。儒家思想和道教分别有 16.5% 和 8.2% 的受访者知道，但作为宗教来信仰的人数很少，仅为 0.21% 和 0.42%。信仰佛教的为 1.68%。

俄罗斯受访者中信仰广义的基督教的所占比例最大（44.96%），其次是信仰东正教（31.57%），第三是不信教（13.1%）。儒家思想和道教分别有 23.0% 和 11.1% 的受访者知道，但作为一种宗教来信仰的人数很少，均仅为 0.28%。信仰佛教的为 1.7%。

印度受访者中信仰印度教的最多（75.65%），其次信仰锡克教（3.95%），第三是信仰佛教（3.08%）。设计问卷时，没有把儒家思想和道教作为一种信仰列入问卷的选项之中。受访者信仰其他宗教的比例为1.06%。从中可以推断出，信仰儒家思想和道教的受访者不会超过1%。

(二) 四国对比

佛教产生于古印度，传入中原地区后，印度的佛经译成汉语，经过了中国化的佛教向日本、韩国、越南传播，这些地方的佛教被称为汉传佛教，是大乘佛教。传入西藏后，佛经翻译成藏语，在西藏和内蒙古传播被称为藏传佛教，又称喇嘛教。从东南亚国家传入云南省的佛教是小乘佛教。佛教在中国有较大的影响。

数据显示，各国受访者宗教信仰多元化，各国之间的差异也比较大。在美国，信仰广义的基督教的在问卷所列的宗教选项中排名第一（41.71%）；在德国，受访者不信教的占39.73%，排名第一；在俄罗斯，受访者中信仰广义基督教的占44.96%，排名第一；在印度，信仰印度教的受访者占75.65%，遥遥领先。四国平均，信仰基督教（包括三大分支：天主教、新教、东正教）的受访者占41.77%；其次是信仰印度教，占19.36%；第三是伊斯兰教，占3.35%；信仰佛教的占1.94%；道教和儒家思想分别为0.29%和0.25%。

总之，中国传统信仰的儒、释、道对四国影响很小。儒家和道教被四国约10—17%受访者所知道，但作为一种宗教来信仰的人数很少，仅为0.2—0.3%。但是儒家思想和道家思想中的一些价值观，例如前面的叙述的对价值观的测试，却为大多数受访者所赞同。

表9-3 四国受访者宗教信仰情况

单位:%

| 宗教类别 | 美国 | 德国 | 俄罗斯 | 印度 | 四/三国平均值 |
| --- | --- | --- | --- | --- | --- |
| 天主教 | 20.94 | 24.63 | 1.70 | 2.21 | 12.37 |
| 新教（基督教） | 20.77 | 19.23 | 44.96 | 2.98 | 17.49 |
| 犹太教 | 1.96 | 1.10 | 0.94 | 0.00 | 1.00 |
| 伊斯兰教 | 0.77 | 2.41 | 3.20 | 7.03 | 3.35 |
| 印度教 | 1.19 | 0.42 | 0.19 | 75.65 | 19.36 |

续表

| 宗教类别 | 美国 | 德国 | 俄罗斯 | 印度 | 四/三国平均值 |
|---|---|---|---|---|---|
| 佛教 | 1.28 | 1.68 | 1.70 | 3.08 | 1.94 |
| 道教 | 0.17 | 0.42 | 0.28 | — | 0.29 |
| 儒家思想 | 0.26 | 0.21 | 0.28 | — | 0.25 |
| 神道教 | 0.09 | 0.42 | 2.07 | — | 0.86 |
| 东正教 | 1.02 | 3.14 | 31.57 | — | 11.91 |
| 其他宗教 | 28.85 | 6.60 | — | 1.06 | 12.17 |
| 不信教 | 22.72 | 39.73 | 13.10 | 1.73 | 19.32 |
| 锡克教 | — | — | — | 3.95 | — |
| 耆那教 | — | — | — | 2.31 | — |

注：锡克教（Sikhism）是 15 世纪产生于印度的一神教，主要流行于印度旁遮普邦，在南亚的巴基斯坦、东南亚的马来西亚以及北美的美国和加拿大也有少量信徒。耆那教是印度传统宗教之一，创始人称作大雄，其教徒的总数约 400 万人。

## 第二节　在日本、韩国、越南、印尼的影响

### 一、问卷修订

#### （一）设计思路

问卷中设计中华传统信仰问题，基于以下考虑：历史上，中国的儒家思想和汉传佛教对周边国家产生了很大影响，随着西风东渐，特别是西方宗教在东方的传播，当今中华传统信仰在大众中的影响如何？有必要进行调查。

#### （二）问卷内容

我们调查了儒家思想、道教、佛教在四国的影响情况。此次的问卷基本和 2011 年的相同，只是增加了对儒家经典《论语》和道教经典《道德经》阅读情况的调查。

1. 儒家思想的影响

（Ⅲ）V2. 以下都是中国文化符号，您知道吗？若知道，喜欢它们吗？

没听说过：0

听说过，我对它：1. 很不喜欢；2. 较不喜欢；3. 中立；4. 较喜欢；5. 很喜欢

（Ⅲ）V10-1—V10-18. 以下的人都是中国名人，您听说过他们吗？若听说过，喜欢他们吗？（V10-1. 古代哲学家孔子）

0. 没听说过；若听说过：1. 很不喜欢；2. 较不喜欢；3. 无所谓；4. 较喜欢；5. 很喜欢

（Ⅲ）V11. 您听说过下列中国名人的著作吗？若听说过，您读过吗？

|  | 0. 没听说过 | 听说过 | |
|---|---|---|---|
|  |  | 1. 读过 | 2. 没读过 |
| 孔子的《论语》 |  |  |  |

（Ⅲ）V12. 您是否赞同下列价值观？

| 价值观 | 非常不赞同　　　　　　　　　　非常赞同 |
|---|---|
| 1. 仁：人与人之间相互友爱、同情、互助。 | ←0　1　2　3　4　5　6　7　8　9　10→ |
| 2. 恕：己所不欲，勿施于人。 | ←0　1　2　3　4　5　6　7　8　9　10→ |
| 3. 孝：尊敬和善待父母。 | ←0　1　2　3　4　5　6　7　8　9　10→ |
| 4. 礼：有礼貌、尊敬他人。 | ←0　1　2　3　4　5　6　7　8　9　10→ |
| 5. 义：公正、合乎公益。 | ←0　1　2　3　4　5　6　7　8　9　10→ |
| 6. 和而不同：尊重彼此的差异，和睦相处。 | ←0　1　2　3　4　5　6　7　8　9　10→ |
| 7. 天人合一：尊崇自然，人与自然和谐。 | ←0　1　2　3　4　5　6　7　8　9　10→ |
| …… | …… |

## 2. 道教的影响

（Ⅲ）V2. 以下都是中国文化符号，您知道吗？若知道，喜欢它们吗？

没听说过：0

听说过，我对它：1. 很不喜欢；2. 较不喜欢；3. 中立；4. 较喜欢；5. 很喜欢

（Ⅲ）V10-1—V10-18. 以下的人都是中国名人，您听说过他们吗？若听说过，喜欢他们吗？（V10-2. 古代哲学家老子）

0. 没听说过；若听说过：1. 很不喜欢；2. 较不喜欢；3. 无所谓；4. 较喜欢；5. 很喜欢

（Ⅲ）V11. 您听说过下列中国名人的著作吗？若听说过，您读过吗？

|  | 0. 没听说过 | 听说过 | |
|---|---|---|---|
|  |  | 1. 读过 | 2. 没读过 |
| 老子的《道德经》 |  |  |  |

## 3. 宗教信仰

（Ⅲ）V47. 您的信仰是什么？（选一项）

1. 天主教　　2. 新教（基督教）　　3. 东正教
4. 犹太教　　5. 伊斯兰教　　6. 印度教　　7. 佛教
8. 道教　　9. 儒家思想　　10. 神道教　　11. 圆佛教
12. 其他宗教　　13. 不信教

## 二、儒家思想数据分析

相关数据见表9-4。

### （一）各国情况

日本在认知方面，有95.3%的受访者知道儒家思想，88.2%的人知道儒家的代表人物孔子，87.1%的人知道儒家经典《论语》。在态度方面，以5级量表测量，对儒家的好感度为2.88，介于较不喜欢和中立之间，倾向中立。对孔子的好感度平均为3.44，介于中立和较喜欢之间。对儒家主张的"仁"等重要价值观，以11级量表调查，7种价值观赞同度的平均数为

7.20，每项的赞同度都在6.54之上。在行为方面，平均有29.4%的受访者读过《论语》。把儒家思想作为一种信仰的仅为0.1%，即在1000个人中只有1人信仰。

韩国在认知方面，有97.4%的受访者知道儒家思想，97.7%的人知道孔子，有96.2%的人知道儒家经典《论语》。在四国中，对儒家各方面的认知度最高。在态度方面，以5级量表测量，对儒家的好感度为2.88，介于较不喜欢和中立之间，倾向中立。对孔子的好感度平均为3.41，介于中立和较喜欢之间。对儒家主张的"仁"等重要价值观，以11级量表调查，7种价值观赞同度的平均数为6.94，每项的赞同度都在5.57之上。对儒家重要价值观的赞同度在四国中最低，原因值得探讨。在行为方面，平均有39.6%的受访者读过《论语》。把儒家思想作为一种信仰的仅为0.29%，即在1000个人中只有约3人信仰。

越南在认知方面，有95.3%的受访者知道儒家思想，98.0%的人知道孔子，有78.3%的人知道儒家经典《论语》。在态度方面，以5级量表测量，对儒家的好感度为3.05，态度中立。对孔子的好感度平均为4.15，较喜欢。对儒家主张的"仁"等重要价值观，以11级量表调查，7种价值观赞同度的平均数为8.25，每项的赞同度都在7.73之上。在行为方面，平均有41.0%的受访者读过《论语》。把儒家思想作为一种信仰的仅为0.5%，即在1000个人中有5人信仰。

印尼在认知方面，有80.3%的受访者知道儒家思想，74.4%的人知道孔子，有64.6%的人知道儒家经典《论语》。在四国中，对儒家各方面认知度最低。在态度方面，以5级量表测量，对儒家的好感度为3.48，态度为中立与较喜欢之间。对孔子的好感度平均为3.70，趋向较喜欢。对儒家主张的"仁"等重要价值观，以11级量表调查，7种价值观赞同度的平均数为8.58，每项的赞同度都在8.02之上。在四国中，赞同度最高。在行为方面，平均有45.8%的受访者读过《论语》，在四国中，阅读率最高。把儒家思想作为一种信仰的仅为0.29%，即在1000个人中约有3人信仰。

（二）四国对比

在认知方面，四国受访者平均有92.1%的人知道儒家思想，有89.6%的人知道儒家的代表人物孔子，有81.6%的人知道儒家经典《论语》。

在态度方面，以 5 级量表测量，四国受访者平均对儒家的好感度为 3.07，基本为中立。好感度最高的是印尼，为 3.48，介于中立和较喜欢之间。对儒家的代表人物孔子好感度平均为 3.68，介于中立和较喜欢之间，倾向较喜欢，越南得分最高（4.15），为较喜欢。

对儒家主张的仁、恕、礼、孝、义、和而不同、天人合一等重要价值观，以 11 级量表调查，7 种价值观四国赞同度的平均数为 7.74（即百分制获 77.4 分），四国对每一项价值观赞同度的平均数都在 7.34 之上。

在行为方面，平均有 39.0% 的受访者读过《论语》，四国有差距，但不是很大。把儒家思想作为一种信仰，在四国平均为 0.3%，即在 1000 个人中只有 3 人信仰，四国之间没有很大的差异。

总之，儒家思想在四国有广泛的知名度，态度在中立或较喜欢之间，对儒家的基本价值观给予基本赞同，但作为信仰只占 0.1%—0.5%。

表 9-4 四国受访者对儒家思想的认知、态度和行为

| | | 日本 | 韩国 | 越南 | 印尼 | 四国平均 |
|---|---|---|---|---|---|---|
| 儒家思想 | 知名度（%） | 95.3% | 97.4% | 95.3% | 80.3% | 92.1% |
| | 好感度（5 级量表） | 2.88 | 2.88 | 3.05 | 3.48 | 3.07 |
| 孔子 | 知名度（%） | 88.2% | 97.7% | 98.0% | 74.4% | 89.6% |
| | 美誉度（5 级量表） | 3.44 | 3.41 | 4.15 | 3.70 | 3.68 |
| 《论语》 | 知名度（%） | 87.1% | 96.2% | 78.3% | 64.6% | 81.6% |
| | 阅读率（%） | 29.4% | 39.6% | 41.0% | 45.8% | 39.0% |
| 儒家价值观的赞同度（11 级量表） | 礼 | 7.57 | 7.36 | 8.46 | 8.75 | 8.04 |
| | 孝 | 7.20 | 7.48 | 8.62 | 8.81 | 8.03 |
| | 义 | 7.35 | 7.06 | 8.22 | 8.66 | 7.82 |
| | 和而不同 | 7.23 | 7.16 | 8.26 | 8.64 | 7.82 |
| | 仁 | 7.34 | 6.88 | 8.16 | 8.47 | 7.71 |
| | 恕 | 6.54 | 7.05 | 7.73 | 8.02 | 7.34 |
| | 天人合一 | 7.19 | 5.57 | 8.33 | 8.69 | 7.45 |
| | 平均 | 7.20 | 6.94 | 8.25 | 8.58 | 7.74 |
| 儒家思想作为信仰的占比（%） | | 0.1 | 0.29 | 0.5 | 0.29 | 0.3 |

## 三、道教数据分析

相关数据见表9-5。

### （一）各国情况

日本在认知方面，有83.0%的受访者知道道教，80.0%的人知道其代表人物老子，63.0%的人知道道教的经典《道德经》。在态度方面，以5级量表测量，对道教的好感度为2.85，介于较不喜欢和中立之间，倾向中立。对老子的好感度平均为3.36，介于中立和较喜欢之间。在行为方面，平均有14.5%的受访者读过《道德经》。把道教作为一种信仰为0.1%，即在1000个人中只有1人信仰。

韩国在认知方面，有92.6%的受访者知道道教，95.8%的人知道其代表人物老子，87.3%的人知道道教的经典《道德经》。在态度方面，以5级量表测量，对道教的好感度为2.83，介于较不喜欢和中立之间。倾向中立。对老子的好感度平均为3.30，介于中立和较喜欢之间。在行为方面，平均有30.5%的受访者读过《道德经》。把道教作为一种信仰的仅为0.29%，即在1000个人中约有3人信仰。

越南在认知方面，有的受访者94.6%知道道教，98.2%的人知道其代表人物老子，75.5%的人知道道教的经典《道德经》。在态度方面，以5级量表测量，对道教的好感度为3.06，态度中立。对老子的好感度平均为3.79，介于中立和较喜欢之间，偏向较喜欢。在行为方面，平均有33.0%的受访者读过《道德经》。把道教作为一种信仰的为1%，即在1000个人中约有10人信仰。

印尼在认知方面，有83.7%的受访者知道道教，71.3%的人知道其代表人物老子，59.2%的人知道道教的经典《道德经》。在态度方面，以5级量表测量，对道教的好感度为3.44，态度处于中立和较喜欢之间。对老子的好感度平均为3.67，介于中立和较喜欢之间，偏向较喜欢。在行为方面，平均有34.0%的受访者读过《道德经》。把道教作为一种信仰的仅为0.2%，即在1000个人中约有2人信仰。

### （二）四国对比

在认知方面，四国受访者平均有88.5%的人知道道教，有86.3%的人知道道教的代表人物老子，有71.2%的人知道道教经典《道德经》。

在态度方面，以5级量表测量，四国受访者平均对道教的好感度为3.0，为中立。好感度最高的是印尼，为3.44，介于中立和较喜欢之间。对道教的代表人物老子的好感度平均为3.5，介于中立和较喜欢之间，越南得分最高（3.79），倾向较喜欢。

在行为方面，平均有28.0%的受访者读过《道德经》，日本阅读率最小，其他三国差距不大。

把道教作为一种信仰，在四国平均为0.4%，即在1000个人中只有4人信仰，越南为1%，信仰者最多，其他三国之间没有很大的差异。

总之，道教在四国有较广泛的知名度，态度上日、韩、越中立，印尼在中立和较喜欢之间，大约1/3受访者读过《道德经》，但作为信仰为数很少。

表9-5 四国受访者对道教的态度对比

| | | 日本 | 韩国 | 越南 | 印尼 | 四国平均 |
|---|---|---|---|---|---|---|
| 道教 | 知名度（%） | 83.0 | 92.6 | 94.6 | 83.7 | 88.5 |
| | 好感度（5级量表） | 2.85 | 2.83 | 3.06 | 3.44 | 3.0 |
| 老子 | 知名度（%） | 80.0 | 95.8 | 98.2 | 71.3 | 86.3 |
| | 美誉度（5级量表） | 3.36 | 3.30 | 3.79 | 3.67 | 3.5 |
| 《道德经》 | 知名度（%） | 63.0 | 87.3 | 75.5 | 59.2 | 71.2 |
| | 阅读率（%） | 14.5 | 30.5 | 33.0 | 34.0 | 28.0 |
| 道教作为信仰的占比（%） | | 0.1 | 0.29 | 1.0 | 0.2 | 0.4 |

## 四、宗教信仰数据分析

相关数据见表9-6。

### （一）各国情况

在日本，不信仰任何宗教的所占比例最大（57.7%），其次是信仰佛教（31.3%），第三是信仰神道教，为4.7%，这一调查结果与一些书刊上的数据有较大差异，需要深入探讨。信仰天主教和新教的各占1.5%和1.1%。

儒家和道教被95.3%和83.0%受访者所知道，但作为一种宗教来信仰的人数很少，仅为0.1%。

在韩国，不信仰任何宗教的所占比例最大（55.1%），其次是信仰广义基督教（天主教加新教），为30.06%，第三是信仰佛教（12.3%），第四是1916年韩国人创立的佛教之新兴宗派圆佛教（0.48%）。儒家和道教被97.4%和92.6%受访者所知道，但作为一种宗教来信仰的人数很少，仅为0.29%。

在越南，不信仰任何宗教的所占比例最大（45.1%），其次是信仰佛教（41.5%），第三是信仰广义基督教（天主教加新教），为8.9%。儒家和道教被95.3%和94.6%受访者所知道，但作为一种宗教来信仰的人数很少，仅为0.5%和1%。

在印尼，信仰伊斯兰教的最多，为76.6%。其次是信仰广义基督教（天主教加新教），为17.3%。第三是信仰佛教，为3.4%。儒家思想和道教分别有80.3%和83.7%的受访者知道，但作为一种宗教来信仰的人数很少，仅为0.29%和0.2%。不信仰任何宗教的所占比例很小，仅为0.29%。

(二) 四国对比

佛教产生于古印度，传到中国中原地区后印度的佛经译成汉语，经过了中国化的佛教向日本、韩国、越南传播，这些地方的佛教被称为汉传佛教。从某种意义上说，汉传佛教对日、韩、越产生的影响延续至今。印尼目前是世界上人口最多的信仰伊斯兰教的国家。目前四国的信仰的总体平均数据显示：受访者中，不信教的最多，占39.6%；其次是信仰佛教，占22.1%；第三是伊斯兰教，占19.2%；新教和天主教分别占7.7和7.0%；道教和儒教分别为0.4%和0.3%。

总之，中国传统信仰的儒、释、道对四国依然有一定的影响，信仰佛教者在越、日、韩、印尼分别为41.5%、31.3%、12.33%、3.42%。儒家思想和道教被四国约90%的受访者所知道，但作为一种宗教来信仰的人数很少，仅为0.3%—0.4%。但是儒家思想和道家思想中的一些价值观，例如前面叙述的对价值观的测试，却为大多数受访者所赞同。

表 9-6　四国受访者的信仰情况

单位:%

| 宗教信仰 | 日本 | 韩国 | 越南 | 印尼 | 四国平均值 |
| --- | --- | --- | --- | --- | --- |
| 天主教 | 1.5 | 10.98 | 7.9 | 7.62 | 7.0 |
| 新教（基督教） | 1.1 | 19.08 | 1.0 | 9.67 | 7.7 |
| 犹太教 | 0.2 | 0 | 0 | 0.39 | 0.1 |
| 伊斯兰教 | 0.1 | 0 | 0 | 76.56 | 19.2 |
| 印度教 | 0.1 | 0 | 0.4 | 1.37 | 0.5 |
| 佛教 | 31.3 | 12.33 | 41.5 | 3.42 | 22.1 |
| 道教 | 0.1 | 0.29 | 1.0 | 0.20 | 0.4 |
| 儒家思想 | 0.1 | 0.29 | 0.5 | 0.29 | 0.3 |
| 神道教 | 4.7 | 0.10 | 0.2 | 0 | 1.3 |
| 圆佛教 | 0.2 | 0.48 | 1.6 | 0 | 0.6 |
| 东正教 | 0.10 | 0 | 0.1 | 0 | 0.05 |
| 其他 | 3.0 | 1.25 | 0.8 | 0.20 | 1.3 |
| 不信教 | 57.7 | 55.11 | 45.1 | 0.29 | 39.6 |

## 第三节　调查后的思考

### 一、宜将儒家主张称为儒家思想，不宜称为儒教

在中国文化的对外传播中，宜将儒家主张称为儒家思想，不宜称为儒教，这是在进行完本部分调查后最主要的感想。调查显示，儒家思想中的一些价值观在八国受访者中得到广泛的认同，但是把儒家思想作为一种宗教信仰，受访者中信仰的很少。宗教是一个很敏感的问题，特别是对已经有了一种宗教信仰的人来说，归依另一种宗教是非常困难的事情。中国从南北朝开始将儒家称为儒教。但是根据《现代汉语词典》对宗教的定义，儒家思想本身作为一种信仰，它敬鬼神而远之，的确不是一种宗教。儒教容易给人以

错觉，认为儒家思想是一种宗教。实际上，儒教指的是儒家。[①] 但当今有些哲学学者依然将儒家称为儒教，甚至将之与西方的基督教等宗教相提并论。中国在对外传播中，不宜将儒家称为儒教，而宜称为儒家思想，这样可以在传播儒家的价值观时减少外国信教群众的抵触情绪，便于中华核心价值观中的儒家价值观的对外传播，否则是自设屏障。

### 二、佛教是中国与越、日、韩文化交流的渠道

数据显示，目前汉传佛教在越南、日本、韩国仍有不小的影响。越、日、韩三国受访者中分别有41.5％、31.3％、12.3％信奉汉传佛教。汉传佛教是融合了中华文化的佛教。中国可以通过国内佛教界人士加强与三国的文化交流。

---

[①] 中国社会科学院语言研究所词典编辑室编：《现代汉语词典》（第6版），第1105页。

# 第 十 章

# 中国媒体海外传播状况

## 第一节 在美国、德国、俄罗斯、印度、日本的影响

### 一、问卷设计

国际跨文化传播中的媒介是文化影响力的组成部分。在文化传播过程中，媒介是载体和渠道，承载着文化符号、文化表现形式、代表人物、价值观、信仰和思维方式等文化成分向海外传播。有了再好的文化资源，没有媒介作为传播渠道，文化依然难以越过千山万水来到异国他乡。文化信息只有被人知晓后，才有可能被人喜欢。

社会认知理论认为，人们对于缺乏直接接触的事物的认识，在很大程度上依赖于大众媒体。然而，随着通信技术的发展以及国与国之间交流往来的深化，国际传播渠道也日益丰富和多样化。

除了大众媒体，人际传播、文化团体/组织和实物都是传播的渠道。[①]近年来，中国对外传播渠道不断拓宽，除了发展传统大众媒体和新媒体之外，商品、对外文化交流活动、孔子学院等非媒体渠道也逐渐运用于实践并受到越来越多的重视。中国的对外传播活动正朝着多元化发展。

---

① 詹骞：《英、美、新三国公众中国形象媒介接触比较》，《中国广播电视学刊》2010 年第 9 期。

根据实际情况和已有研究，中国对外传播的国际受众使用的主要传播渠道可以分为四大类（图10-1）：（1）媒体传播。它主要包括传统的大众传媒和互联网新媒体（互联网新媒体指与传统媒体所对应的外语网站及其他新媒体资源[①]）。（2）团体传播。它可分为官方机构和非官方团体。前者可进一步细分为海外中国文化中心、使领馆等，后者可以细分为文化艺术团体、孔子学院、体育代表团和涉外企业。根据目前中华文化国际传播的特点，中餐馆是重要的一种传播渠道。（3）人际传播。它包括本国人和中国人。中国人可细分为杰出人物和平民百姓。（4）中国商品。这包括文化产品和非文化产品。当然，这些渠道都可以再进一步细分。

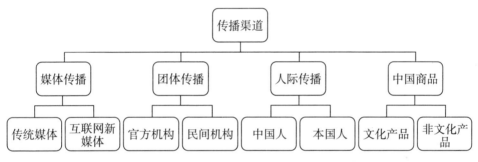

图10-1　国际跨文化传播的主要渠道

在多元的国际传播媒介中，大众媒体所产生的影响不可估量。有研究指出，正是媒体的报道使得一些民众对其他国家形成刻板印象。[②] 国际受众对中国对外媒体的接触状况和评价是中华文化海外影响力研究的重点。

在中国的对外传播事业中，国际新闻传播占有重要席位。一直以来，中国的对外传播都是以新闻为主。目前，中国对外传播的大众媒体主要有中央电视台、中国国际广播电台、新华通讯社以及《中国日报》《环球时报》《人民日报（海外版）》等。随着互联网的兴起，对外传播的网络媒体日益增多，既包括全国性大众媒体对应的新闻网站，也包括一些地方网站媒体，

---

[①] 此处将英语新闻网站从新媒体中单列出来，是因为中国在对外传播中主要的新媒体形式为英语新闻网站。

[②] A. Tan, et al., "Stereotype of African-Americans in China and Media Use among Chinese High School Students", *Howard Journal of Communication*, 2009, pp. 260-275.

如上海东方网。

目前国内有关中国对外传播的研究多以媒体文本内容研究为主，或是研究中国对外媒体的新闻报道，或是研究国际主流媒体涉华报道的内容和倾向性，以此来研究媒体的报道框架和框架中的中国形象。在众多的中国对外传播研究中，以对外传播"受众"为主要内容的研究很少。这一方面是由于目前中国的对外传播模式基本上是"以我为主"的宣传模式。这种模式的最大特点是传播主体主导，受众放在次要的位置。[1] 另一方面，虽然部分学者意识到了对外传播中受众研究的重要性，但囿于调查难度大，需要人力、物力和财力各方面都具备才能得以实施，所有的研究多是小范围内的调查，样本量不足。然而，受众研究在对外传播研究中却极为重要。其中对于对象国和对象人群的摸底了解则是开展工作的基础和前提，同时也是工作效果的保障。只有当传播者对国际受众有足够的了解后，才能改进传播方针和报道形式以满足国际受众的需求，从而扩大中国的国际舆论影响力，提升中国形象。中国形象的国际传播如果对外国受众的媒介使用及评价中国媒介的状况没有深入了解，实际上在国家形象及价值理念对外传播的任务中是存在问题的。[2] 中国形象的对外传播要实现"以自我为主导"向"以公众为主导"的模式转变。[3] 在本章对受访者的调查包括四个方面：了解中国的主要信源、接触中国传统媒体的特征、接触中国新媒体的特征、对媒体及中国媒体的评价。

## 二、海外受众了解中国的主要信源[4]

### （一）问卷设计

用三个问题调查受访者了解中国的信源情况。第一个问题较为具体。

---

[1] 姜鹏：《全球化时代中国对外传播之策略思考》，《新闻知识》2006年第1期。
[2] 赵云泽：《在华外国人对中国媒体的接触状况及公信力评价——基于对在京外国人调查的一个探索性研究》，《国际新闻界》2009年第12期。
[3] 王庚年：《让中国的声音传播得更广更远》，《求是》2008年第8期。
[4] 在下面的分析中，为了便于陈述，问卷问题的顺序有调整。由于四舍五入，百分比的加总可能不是100%。

(Ⅱ) V15. 您听说过中国在贵国举办的文化交流项目（如中国文化节）吗？

  1. 听说过　　　　2. 没听说过

(Ⅱ) V15-1. 如果听说过，您通过哪个渠道得知这个信息？（可多选）

  1. 本国报纸　　　2. 本国杂志　　　3. 本国广播
  4. 本国电视　　　5. 本国网络　　　6. 手机
  7. 本国户外广告　8. 与本国人交流　9. 中国大使馆/领事馆
  10. 孔子学院　　11. 中国的外文媒体　12. 中国的外文网站
  13. 与中国人交流　14. 其他

第二个问题宏观地询问受访者是从哪些渠道了解中国信息的。

(Ⅰ) V22. 您了解中国的主要信息源是什么？（可多选）

  1. 本国传媒　　　2. 中国大陆传媒　　3. 中国台湾传媒
  4. 其他国家的媒体　5. 国内的朋友（本国人）
  6. 在本国的中国人　7. 到中国旅游　　8. 中国商品
  9. 中国文艺团体在本国的演出　　　10. 中餐馆
  11. 孔子学院

第三个问题将媒体细分。

(Ⅰ) V23. 您通常通过以下哪些传播渠道了解中国？（可多选）

  1. 报纸　　2. 期刊　　3. 图书　　4. 电视
  5. 网络　　6. 广播电台　7. 电影　　8. 广告

**（二）数据分析**

1. 了解文化交流信息的渠道

问卷（Ⅱ）在美国、德国、俄罗斯和印度四国进行调查，对整体样本、青年群体和精英群体进行了数据分析。四国样本各自包含的青年样本数与总样本数的对比为：美国，229/1047；德国，269/939；俄国，333/1035；印度，308/1023。四国样本中精英群体数分别为：美国，93；德国，91；俄罗斯，166；印度，413。整体样本的数据见表10-1、表10-2。

在四国的有效受访者中,选择听说过中国在本国举办的文化交流项目(如中国文化节)的比例:印度最高,达到50.4%;俄罗斯第二,为43%;美国第三,为26.6%;德国最少,占19.5%。四国平均为34.9%。

各国受访者主要通过本国媒体获得中外文化交流活动的信息,中国的媒体以及人际交流渠道发挥的作用较小。电视、报纸、网络是三大主要媒体。网络的影响力和发展潜力不容忽视,尤其在俄罗斯,本国网络是首选媒体。

表10-1 您听说过中国在贵国举办的文化交流项目(如中国文化节)吗?

单位:%

| | 美国 | 德国 | 俄罗斯 | 印度 | 四国平均 |
| --- | --- | --- | --- | --- | --- |
| 听说过 | 26.6 | 19.5 | 43.0 | 50.4 | 34.9 |
| 没听说过 | 73.4 | 80.5 | 57.0 | 49.6 | 65.1 |

表10-2 如果听过,您通过哪个渠道得知这个信息?

单位:%

| | 美国 | 德国 | 俄罗斯 | 印度 | 四国平均 |
| --- | --- | --- | --- | --- | --- |
| 本国报纸 | 36.7 | 43.2 | 29.4 | 67.8 | 44.3 |
| 本国杂志 | 23.7 | 23.0 | 16.4 | 44.6 | 26.9 |
| 本国广播 | 9.7 | 11.5 | 13.7 | 22.3 | 14.3 |
| 本国电视 | 42.1 | 27.9 | 55.1 | 46.5 | 42.9 |
| 本国户外广告 | 6.8 | 6.0 | 9.4 | 12.8 | 8.8 |
| 本国网络 | 39.3 | 25.7 | 64.5 | 34.9 | 41.1 |
| 手机 | 7.2 | 11.5 | 6.7 | 13.2 | 9.7 |
| 中国大使馆/领事馆 | 5.0 | 3.8 | 4.3 | 13.4 | 6.6 |
| 孔子学院 | 3.2 | 5.5 | 2.7 | 5.0 | 4.1 |
| 中国的英文媒体 | 14.0 | 4.4 | 4.5 | 11.8 | 8.7 |
| 中国的英文网站 | 9.7 | 6.6 | 7.6 | 9.7 | 8.4 |
| 与中国人交流 | 10.1 | 14.2 | 7.6 | 7.9 | 10.0 |
| 与本国人交流 | 17.6 | 13.7 | 15.5 | 9.3 | 14.0 |
| 其他 | 8.3 | 3.8 | 1.1 | 1.0 | 3.6 |

2. 通过哪种媒介获得中国信息

(1)基本情况。

问卷(I)调查了美国、德国、俄罗斯、印度和日本的受访者在11种信息传播渠道中是通过哪种渠道获取中国信息的。调查数据见表10-3、图10-2。

表10-3 您了解中国的主要信息源是什么？

| | | 美国 | | 德国 | | 俄罗斯 | | 印度 | | 日本 | |
|---|---|---|---|---|---|---|---|---|---|---|---|
| | | % | 排名 | % | 排名 | % | 排名 | % | 排名 | % | 排名 |
| 本国传媒 | 整体 | 84.3 | 1 | 82.0 | 1 | 73.3 | 1 | 69.1 | 1 | 94.7 | 1 |
| | 青年 | 76.8 | 1 | 73.0 | 1 | 61.3 | 1 | 70.5 | 1 | 95.8 | 1 |
| | 精英 | 87.3 | 1 | 78.3 | 1 | 74.4 | 1 | 73.1 | 1 | 88.9 | 2 |
| 中国大陆传媒 | 整体 | 6.9 | 7 | 5.3 | 8 | 7.6 | 8 | 14.6 | 8 | 8.8 | 6 |
| | 青年 | 9.0 | 8 | 6.4 | 8 | 7.5 | 7 | 7.4 | 10 | 16.7 | 2 |
| | 精英 | 9.1 | 8 | 13.9 | 7 | 8.4 | 9 | 17.5 | 8 | 9.3 | 6 |
| 中国台湾传媒 | 整体 | 5.6 | 9 | 4.4 | 10 | 2.9 | 11 | 13.1 | 9 | 6.9 | 8 |
| | 青年 | 9.0 | 9 | 6.4 | 8 | 3.8 | 11 | 8.5 | 9 | 12.5 | 6 |
| | 精英 | 8.2 | 9 | 4.4 | 11 | 4.4 | 10 | 14.8 | 10 | 13.0 | 5 |
| 其他国家的媒体 | 整体 | 12.1 | 6 | 15.8 | 6 | 23.7 | 5 | 22.2 | 6 | 14.4 | 2 |
| | 青年 | 12.0 | 6 | 18.4 | 5 | 21.3 | 3 | 14.8 | 7 | 12.5 | 6 |
| | 精英 | 22.7 | 6 | 24.4 | 4 | 31.5 | 4 | 31.0 | 5 | 22.2 | 3 |
| 国内的朋友（本国人） | 整体 | 19.9 | 5 | 17.7 | 4 | 20.9 | 6 | 24.4 | 5 | 8.2 | 7 |
| | 青年 | 25.3 | 5 | 26.2 | 2 | 15.0 | 5 | 20.8 | 5 | 13.9 | 4 |
| | 精英 | 30.0 | 4 | 14.8 | 6 | 21.7 | 6 | 32.7 | 4 | 9.3 | 6 |
| 在本国的中国人 | 整体 | 32.6 | 2 | 22.5 | 3 | 26.7 | 4 | 26.3 | 3 | 14.3 | 3 |
| | 青年 | 10.3 | 2 | 23.8 | 3 | 13.8 | 6 | 24.0 | 3 | 13.9 | 4 |
| | 精英 | 47.3 | 2 | 27.8 | 3 | 26.1 | 5 | 36.0 | 3 | 16.7 | 4 |
| 到中国旅游 | 整体 | 6.5 | 8 | 7.1 | 7 | 9.8 | 7 | 15.9 | 7 | 3.7 | 9 |
| | 青年 | 27.0 | 7 | 7.4 | 7 | 6.3 | 7 | 17.3 | 6 | 4.2 | 10 |
| | 精英 | 12.7 | 7 | 10.4 | 8 | 12.3 | 7 | 18.5 | 7 | 5.6 | 8 |
| 中国商品 | 整体 | 20.7 | 4 | 16.2 | 5 | 50.2 | 2 | 24.9 | 4 | 11.1 | 4 |
| | 青年 | 27.0 | 4 | 18.6 | 4 | 33.8 | 2 | 21.9 | 4 | 6.9 | 8 |
| | 精英 | 28.2 | 5 | 18.3 | 5 | 54.2 | 2 | 27.6 | 6 | 3.7 | 9 |

续表

|  |  | 美国 | | 德国 | | 俄罗斯 | | 印度 | | 日本 | |
|---|---|---|---|---|---|---|---|---|---|---|---|
|  |  | % | 排名 | % | 排名 | % | 排名 | % | 排名 | % | 排名 |
| 中国文艺团体在本国的演出 | 整体 | 4.3 | 10 | 4.4 | 9 | 7.0 | 9 | 12.0 | 10 | 2.6 | 10 |
|  | 青年 | 4.3 | 10 | 4.2 | 10 | 5.0 | 10 | 10.1 | 8 | 5.6 | 9 |
|  | 精英 | 7.3 | 10 | 6.1 | 10 | 3.9 | 11 | 16.2 | 9 | 0.0 | 11 |
| 中餐馆 | 整体 | 30.8 | 3 | 24.4 | 2 | 32.1 | 3 | 32.3 | 2 | 9.4 | 5 |
|  | 青年 | 38.6 | 3 | 23.8 | 3 | 18.8 | 4 | 31.1 | 2 | 15.3 | 3 |
|  | 精英 | 33.6 | 3 | 30.4 | 2 | 37.4 | 3 | 37.0 | 2 | 100 | 1 |
| 孔子学院 | 整体 | 2.3 | 11 | 2.7 | 11 | 6.6 | 10 | 4.3 | 11 | 0.3 | 11 |
|  | 青年 | 3.0 | 11 | 3.7 | 11 | 5.0 | 9 | 5.1 | 11 | 0.0 | 11 |
|  | 精英 | 3.6 | 11 | 7.8 | 9 | 10.3 | 8 | 4.4 | 11 | 0.0 | 11 |

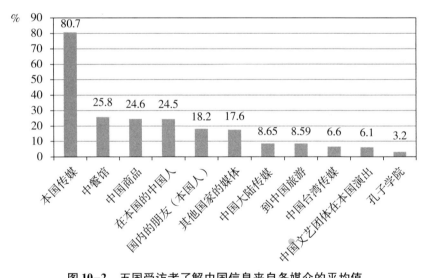

图 10-2 五国受访者了解中国信息来自各媒介的平均值

(2) 五国比较。

本国传媒是五国受访者了解中国的首要信息渠道并占据绝对优势,也是青年和精英最常用的了解中国信息的来源。

中餐馆、中国商品、在本国的中国人成为重要的非大众媒介的中国信息输出渠道。在 11 种信息渠道中均排名前五位。在五国,这些非媒体信息来

源的使用者的群体特征各不相同。(表10-4)

表10-4 受访者通过中餐馆、中国商品、在本国的中国人了解中国信息的排名

| | 美国 | 德国 | 俄罗斯 | 印度 | 日本 |
|---|---|---|---|---|---|
| 在本国的中国人 | 2 | 3 | 4 | 3 | 3 |
| 中国商品 | 4 | 5 | 2 | 4 | 4 |
| 中餐馆 | 3 | 2 | 3 | 2 | 5 |

各国受访者了解中国信息的渠道呈明显多级梯队态势：在列出的11种了解中国信息的渠道中，各对象国传媒处于第一梯队，优势明显；在本国的中国人、中国商品、中餐馆、国内的朋友（本国人）、其他国家的媒体处于第二梯队；中国大陆传媒、中国台湾传媒、到中国旅游、中国文艺团体在本国的演出、孔子学院处于第三梯队。

中国文艺团体在本国的演出选择比例普遍较低，这与在美国、德国、俄罗斯、印度进行的问卷调查中关于中国演出的调查基本吻合，受访者指出信息不畅是接触这类活动较少的首要原因。

3. 偏好通过哪种大众媒体获得中国信息

上面的调查显示，受访者获取中国信息使用最多的是本国传媒。在众多媒体中具体偏好如何呢？问卷（I）调查的数据显示（表10-5），在电视、网络、报纸、杂志、图书、电影、广播电台和广告八种大众媒体中，美国、德国、印度、日本排名前三位的都是电视、网络、报纸，俄罗斯是网络、电视、报纸。广播电台在五国分别排在倒数第一或第二。

五国平均，在列出的八种媒体中，受访者整体偏好的前三位是：电视（71.6%）、网络（63.1%）、报纸（47.1%）。对于文化传播的重点人群中的青年和精英来说，网络已经成为他们了解中国的第一媒介。（见表10-6）预期在不久的将来，网络媒体将可能成为五国民众获取中国信息的第一媒介。

表 10-5　五国受访者偏好大众媒体情况

单位:%，括号里的数字是排名

|  | 美国 | 德国 | 俄罗斯 | 日本 | 印度 | 平均 |
|---|---|---|---|---|---|---|
| 电视 | 71.0（1） | 67.2（1） | 76.4（2） | 83.4（1） | 59.9（1） | 71.6（1） |
| 网络 | 64.3（2） | 46.5（2） | 78.9（1） | 67.5（2） | 58.2（2） | 63.1（2） |
| 报纸 | 40.4（3） | 39.4（3） | 43.9（3） | 55.2（3） | 56.3（3） | 47.1（3） |
| 杂志 | 25.5（4） | 23.5（4） | 30.8（5） | 18.9（4） | 38.9（4） | 27.5（4） |
| 图书 | 25.2（5） | 21.6（5） | 21.1（6） | 14.0（5） | 36.9（5） | 23.8（5） |
| 电影 | 18.6（6） | 19.9（6） | 39.2（4） | 6.1（6） | 34.4（6） | 23.6（6） |
| 广播电台 | 11.3（7） | 7.2（7） | 17.5（8） | 7.5（7） | 8.2（8） | 10.4（7） |
| 广告 | 6.7（8） | 1.7（8） | 19.4（7） | 2.2（8） | 14.3（7） | 8.9（8） |
| 其他 | — | 4.2（9） | — | — | — | — |

表 10-6　受访者了解中国信息的三大渠道的比例

|  | 整体 | | 青年 | | 精英 | |
|---|---|---|---|---|---|---|
|  | 媒介 | % | 媒介 | % | 媒介 | % |
| 美国 | 电视 | 71.0 | 网络 | 79.0 | 网络 | 76.4 |
|  | 网络 | 64.3 | 电视 | 63.5 | 电视 | 70.9 |
|  | 报纸 | 40.4 | 图书 | 36.5 | 报纸 | 60.9 |
| 德国 | 电视 | 67.2 | 网络 | 56.9 | 网络 | 57.4 |
|  | 网络 | 46.5 | 电视 | 56.1 | 电视 | 56.5 |
|  | 报纸 | 39.4 | 报纸 | 38.0 | 报纸 | 48.7 |
| 俄罗斯 | 网络 | 78.9 | 网络 | 73.8 | 网络 | 86.2 |
|  | 电视 | 76.4 | 电视 | 58.8 | 电视 | 73.4 |
|  | 报纸 | 43.9 | 报纸 | 37.5 | 报纸 | 45.8 |
| 日本 | 电视 | 83.5 | 电视 | 81.9 | 网络 | 77.8 |
|  | 网络 | 67.6 | 网络 | 75.0 | 电视 | 75.9 |
|  | 报纸 | 55.2 | 报纸 | 45.8 | 报纸 | 59.3 |
| 印度 | 电视 | 59.9 | 网络 | 57.8 | 电视 | 69.4 |
|  | 网络 | 58.2 | 电视 | 56.9 | 网络 | 64.3 |
|  | 报纸 | 56.3 | 报纸 | 51.8 | 报纸 | 62.0 |

## 三、中国传统大众媒体使用情况和影响因素

### （一）问卷设计

问卷调查了受访者接触中国传统媒体的概况、中央电视台的收视情况和中国国际广播电台的收听情况。

1. 接触传统媒体概况

问卷（Ⅰ）根据五国的具体情况设置了中国对外传播的主要传统媒体作为调查对象①，调查了受访者接触这些媒体的情况。

美国问卷包括 12 种中国对外传播媒体：其中 10 种英文媒体为中国出版的英文图书、《今日中国》、《中国画报》、中国国际广播电台、CCTV 英语新闻频道、CCTV 英语纪录片频道、《中国日报》、《环球时报》、《北京周报》、蓝海电视台；2 种中文媒体为中文《人民日报（海外版）》、中文的 CCTV-4。

德国问卷包括 6 种中国对外传播媒体：其中 4 种德文媒体为中国出版的德文图书、《今日中国》、《中国画报》、中国国际广播电台；2 种中文媒体为中文《人民日报（海外版）》、中文的 CCTV-4。

俄罗斯问卷包括 8 种中国对外传播媒体：其中 5 种俄文媒体为中国出版的俄文图书、《今日中国》、《中国画报》、中国国际广播电台、CCTV 俄语频道。1 种英文媒体为《中国日报》；2 种中文媒体为中文《人民日报（海外版）》、中文的 CCTV-4。

印度问卷包括 11 种中国对外传播媒体：其中 9 种英文媒体为中国出版的英文图书、《今日中国》、《中国画报》、中国国际广播电台、CCTV 英语新闻频道、CCTV 英语纪录片频道、《中国日报》、《环球时报》、《北京周报》；2 种中文媒体为中文《人民日报（海外版）》、中文的 CCTV-4。

日本问卷包括 8 种中国对外传播媒体：其中 5 种日文媒体为中国出版的日文图书、《今日中国》、《中国画报》、中国国际广播电台、《人民中国》；1 种英文媒体为 CCTV 英语新闻频道；2 种中文媒体为中文《人民日报（海外

---

① 五国问卷因中国在当地开设媒体的语种限制，调查项目略有不同。

版)》、中文的 CCTV-4。

以美国问卷为例：

（Ⅰ）V24-1—V24-10. 在过去一年里，您接触过下列中国的英文大众传媒吗？（1=1—5 次，2=5 次以上）

| 媒体名称 | 0. 没有接触 | 1. 1—5 次 | 2. 5 次以上 |
| --- | --- | --- | --- |
| V24-1. 中国国际广播电台 | | | |
| V24-2.《今日中国》 | | | |
| V24-3.《中国画报》 | | | |
| V24-4. 中国出版的英文图书 | | | |
| V24-5.《中国日报》 | | | |
| V24-6. CCTV 英语新闻频道 | | | |
| V24-7. CCTV 英语纪录片频道 | | | |
| V24-8. 蓝海电视台 | | | |
| V24-9.《环球时报》 | | | |
| V24-10.《北京周报》 | | | |

（Ⅰ）V25—V26. 在过去一年里，您接触过下列中国的中文大众传媒吗？（1=1—5 次，2=6 次以上）

| | 0. 没有接触 | 1. 1—5 次 | 2. 5 次以上 |
| --- | --- | --- | --- |
| V25. 中文的 CCTV-4 | | | |
| V26. 中文《人民日报（海外版）》 | | | |

2. 中央电视台收视情况

（Ⅱ）V26. 您是否看过中央电视台的节目？

1. 看过　　　2. 没看过

（Ⅱ）V26-1. 如果您曾经看过，您最喜欢的是哪些方面的内容？（可多选）

1. 中国新闻　　2. 本国新闻　　3. 国际新闻　　4. 经济
5. 综艺　　　　6. 体育　　　　7. 影视剧　　　8. 科技

9. 旅游　　10. 教育　　11. 纪录片　　12. 动画片

13. 中国文化　14. 其他

3. 中国国际广播电台收听情况

(Ⅱ) V27. 您是否收听过中国国际广播电台的节目？

1. 没听过　　2. 听过

(Ⅱ) V27-1. 如果您曾经收听过，您最喜欢的是哪些方面的内容？（可多选）

1. 中国新闻　2. 本国新闻　3. 国际新闻

4. 中国的文化　5. 其他

(二) 数据分析

1. 接触传统大众媒体概况

(1) 各国情况。

美、德、俄、印、日受访者接触相关中国传统外文媒体的比例的情况见表10-7。用接触的均值对比受访者接触各媒体的密切程度，1代表接触1—5次，2代表5次以上，计算出的均值在1到2之间，越接近1就表示偶尔接触（一年内1—5次），越接近2就表示经常接触（一年内5次以上），五国整体、青年和精英接触相关中国传统外文媒体的均值情况见表10-8。值得注意的是日本受访者情况，中国主办的日语、英语、汉语的对日媒体中，以受访者接触三种语言均值的平均数相比，日语的最低（1.05），不如英语（1.08）和汉语（1.09）。8种媒体中，CCTV英语新闻频道（1.12）和CCTV-4（1.10）名列第一和第二。中国对日传播的日本语传媒存在什么问题造成了这种情况，值得思考。

表10-7　美、德、俄、印、日受访者接触中国传统媒体的比例

单位:%

| 中国传统外文媒体 | 未接触过 | | | | | 接触1—5次 | | | | | 5次以上 | | | | |
|---|---|---|---|---|---|---|---|---|---|---|---|---|---|---|---|
| | 美 | 德 | 俄 | 印 | 日 | 美 | 德 | 俄 | 印 | 日 | 美 | 德 | 俄 | 印 | 日 |
| 中国出版的外文图书 | 77.3 | 74.5 | 58.5 | 38.5 | 94.7 | 19.0 | 21.1 | 30.9 | 45.2 | 4.5 | 3.7 | 4.4 | 10.6 | 16.3 | 0.8 |

续表

| 中国传统外文媒体 | 未接触过 | | | | | 接触1-5次 | | | | | 5次以上 | | | | |
|---|---|---|---|---|---|---|---|---|---|---|---|---|---|---|---|
| | 美 | 德 | 俄 | 印 | 日 | 美 | 德 | 俄 | 印 | 日 | 美 | 德 | 俄 | 印 | 日 |
| 《今日中国》 | 85.4 | 81.1 | 77.9 | 49.5 | 96.9 | 12.7 | 15.6 | 18.9 | 36.4 | 2.4 | 1.9 | 3.3 | 3.3 | 14.1 | 0.7 |
| 《中国画报》 | 88.9 | 78.8 | 77.8 | 51.7 | 95.3 | 9.4 | 17 | 17.3 | 35.7 | 4.0 | 1.6 | 4.2 | 4.9 | 12.6 | 0.7 |
| 中国国际广播电台 | 90.1 | 88.8 | 86.4 | 57.8 | 97.0 | 8.3 | 9.3 | 11.5 | 36.6 | 2.7 | 1.6 | 1.9 | 2.1 | 5.6 | 0.3 |
| CCTV英语纪录片频道 | 87.1 | — | — | 43.7 | — | 9.6 | — | — | 37.3 | — | 3.3 | — | — | 19.0 | — |
| 《中国日报》 | 88.2 | — | 84.4 | 51.5 | — | 9.1 | — | 12.7 | 36.8 | — | 2.7 | — | 2.9 | 11.7 | — |
| 《北京周报》 | 89.0 | — | — | 50.6 | — | 9.2 | — | — | 33.8 | — | 1.8 | — | — | 15.6 | — |
| 《环球时报》 | 82.1 | — | — | 37.4 | — | 15.3 | — | — | 42.3 | — | 2.6 | — | — | 19.3 | — |
| CCTV外语频道 | 84.4 | — | 68.7 | 32.8 | 88.9 | 12.6 | — | 24.6 | 45.5 | 10.2 | 3 | — | 6.7 | 21.7 | 0.9 |
| 蓝海电视台 | 91.5 | — | — | — | — | 6.9 | — | — | — | — | 1.6 | — | — | — | — |
| 《人民中国》 | — | — | — | — | 96.0 | — | — | — | — | 3.4 | — | — | — | — | 0.7 |
| 外文媒体平均值 | 86.4 | 80.8 | 75.6 | 45.9 | 94.4 | 11.2 | 15.8 | 19.3 | 38.8 | 5.0 | 2.4 | 3.5 | 5.1 | 15.1 | 0.7 |
| 中文的CCTV-4 | 82.5 | 87.3 | 82.4 | 46.2 | 91.0 | 15.2 | 10.8 | 15.0 | 46.6 | 8.4 | 2.4 | 1.9 | 2.6 | 7.2 | 0.6 |
| 中文《人民日报（海外版）》 | 83.3 | 86.3 | 87.6 | 43.2 | 92.6 | 15.7 | 12.2 | 11.4 | 48.2 | 6.9 | 1.0 | 1.5 | 1.0 | 8.6 | 0.5 |
| 中文媒体平均值 | 82.9 | 86.8 | 85 | 44.7 | 91.8 | 15.5 | 11.5 | 13.2 | 47.4 | 7.7 | 1.7 | 1.7 | 1.8 | 7.9 | 0.6 |

注：CCTV外语频道中，英语版为"CCTV英语新闻频道"，即CCTV NEWS，俄语版为"CCTV俄语频道"。

表10-8 过去一年里整体、青年和精英接触过中国对外大众传媒均值对比

| | | 美国 | | 德国 | | 俄罗斯 | | 印度 | | 日本 | |
|---|---|---|---|---|---|---|---|---|---|---|---|
| | | 均值 | 排名 | 均值 | 排名 | 均值 | 排名 | 均值 | 排名 | 均值 | 排名 |
| 中国出版的外文图书 | 整体 | 1.26 | 1 | 1.30 | 1 | 1.52 | 1 | 1.78 | 3 | 1.06 | 4 |
| | 青年 | 1.43 | 1 | 1.44 | 1 | 1.50 | 1 | 1.69 | 3 | 1.13 | 3 |
| | 精英 | 1.25 | 1 | 1.43 | 1 | 1.64 | 1 | 1.86 | 4 | 1.06 | 7 |

续表

| | | 美国 | | 德国 | | 俄罗斯 | | 印度 | | 日本 | |
|---|---|---|---|---|---|---|---|---|---|---|---|
| | | 均值 | 排名 | 均值 | 排名 | 均值 | 排名 | 均值 | 排名 | 均值 | 排名 |
| 《今日中国》 | 整体 | 1.16 | 6 | 1.22 | 3 | 1.25 | 4 | 1.65 | 5 | 1.04 | 7 |
| | 青年 | 1.26 | 3 | 1.36 | 3 | 1.30 | 4 | 1.48 | 8 | 1.08 | 7 |
| | 精英 | 1.14 | 9 | 1.30 | 3 | 1.32 | 3 | 1.71 | 9 | 1.09 | 3 |
| 《中国画报》 | 整体 | 1.13 | 9 | 1.25 | 2 | 1.27 | 3 | 1.61 | 8 | 1.05 | 5 |
| | 青年 | 1.16 | 11 | 1.40 | 2 | 1.33 | 3 | 1.49 | 7 | 1.06 | 7 |
| | 精英 | 1.13 | 10 | 1.39 | 2 | 1.31 | 4 | 1.66 | 10 | 1.13 | 3 |
| 中文《人民日报（海外版）》 | 整体 | 1.18 | 5 | 1.15 | 4 | 1.13 | 8 | 1.65 | 5 | 1.08 | 3 |
| | 青年 | 1.23 | 7 | 1.26 | 4 | 1.20 | 7 | 1.55 | 5 | 1.13 | 3 |
| | 精英 | 1.15 | 7 | 1.20 | 6 | 1.18 | 7 | 1.73 | 6 | 1.09 | 3 |
| 中文的CCTV-4 | 整体 | 1.20 | 2 | 1.15 | 4 | 1.20 | 5 | 1.61 | 8 | 1.10 | 2 |
| | 青年 | 1.24 | 5 | 1.23 | 5 | 1.30 | 4 | 1.46 | 10 | 1.15 | 2 |
| | 精英 | 1.16 | 5 | 1.23 | 4 | 1.22 | 5 | 1.72 | 7 | 1.13 | 2 |
| 中国国际广播电台 | 整体 | 1.11 | 11 | 1.13 | 5 | 1.16 | 7 | 1.48 | 11 | 1.03 | 8 |
| | 青年 | 1.18 | 10 | 1.19 | 6 | 1.18 | 8 | 1.35 | 11 | 1.07 | 8 |
| | 精英 | 1.10 | 11 | 1.22 | 5 | 1.17 | 8 | 1.54 | 11 | 1.06 | 7 |
| CCTV外语频道 | 整体 | 1.19 | 4 | — | — | 1.38 | 2 | 1.89 | 1 | 1.12 | 1 |
| | 青年 | 1.26 | 3 | — | — | 1.44 | 1 | 1.76 | 1 | 1.18 | 1 |
| | 精英 | 1.21 | 3 | — | — | 1.40 | 2 | 1.99 | 1 | 1.19 | 1 |
| CCTV英语纪录片频道 | 整体 | 1.16 | 4 | — | — | — | — | 1.75 | 4 | — | — |
| | 青年 | 1.21 | 8 | — | — | — | — | 1.61 | 4 | — | — |
| | 精英 | 1.16 | 5 | — | — | — | — | 1.87 | 3 | — | — |
| 《中国日报》 | 整体 | 1.15 | 8 | — | — | 1.19 | 6 | 1.60 | 10 | — | — |
| | 青年 | 1.24 | 5 | — | — | 1.23 | 6 | 1.48 | 8 | — | — |
| | 精英 | 1.17 | 4 | — | — | 1.20 | 6 | 1.72 | 8 | — | — |
| 《环球时报》 | 整体 | 1.20 | 2 | — | — | — | — | 1.82 | 2 | — | — |
| | 青年 | 1.27 | 2 | — | — | — | — | 1.74 | 2 | — | — |
| | 精英 | 1.24 | 2 | — | — | — | — | 1.94 | 2 | — | — |

续表

| | | 美国 | | 德国 | | 俄罗斯 | | 印度 | | 日本 | |
|---|---|---|---|---|---|---|---|---|---|---|---|
| | | 均值 | 排名 | 均值 | 排名 | 均值 | 排名 | 均值 | 排名 | 均值 | 排名 |
| 《北京周报》 | 整体 | 1.13 | 9 | — | — | — | — | 1.65 | 5 | — | — |
| | 青年 | 1.20 | 9 | — | — | — | — | 1.52 | 6 | — | — |
| | 精英 | 1.15 | 7 | — | — | — | — | 1.74 | 5 | — | — |
| 蓝海电视台 | 整体 | 1.10 | 12 | — | — | — | — | — | — | — | — |
| | 青年 | 1.15 | 12 | — | — | — | — | — | — | — | — |
| | 精英 | 1.08 | 12 | — | — | — | — | — | — | — | — |
| 《人民中国》 | 整体 | — | — | — | — | — | — | — | — | 1.05 | 5 |
| | 青年 | — | — | — | — | — | — | — | — | 1.11 | 6 |
| | 精英 | — | — | — | — | — | — | — | — | 1.07 | 6 |

(2) 五国对比分析。

以接触过 1—5 次的比例和接触过 5 次以上的比例之和作为接触率，五国受访者接触中国用所在国母语开办的各种对外媒体的平均接触率（见表10-9）由高到低为：印度（56.8%）、俄罗斯（24.8%）、德国（19.3%）、美国（16.1%）、日本（4.2%）；5 种对外媒体的平均接触率从高到低为：电视（38.0%）、报纸（32.0%）、图书（31.3%）、杂志（22.6%）、广播（15.9%）。

五国受访者接触中国用汉语开办的 2 种对外媒体的平均接触率由高到低为：印度（55.3%）、俄罗斯（20.0%）、美国（17.2%）、德国（13.2%）、日本（8.1%）；2 种对外媒体的平均接触率从高到低为：电视（24.1%）、报纸（21.4%）。

值得注意的是，将外文和中文共 7 种媒体一同比较，中国国际广播电台排在倒数第一（15.9%），这说明在发达国家和金砖国家国际广播这种国际传播媒体已经日益衰落。参见表10-9。

表 10-9　过去一年里受访者接触过中国对外传媒比例

单位:%，括号里数字为排名

|  | 美国 | 德国 | 俄罗斯 | 印度 | 日本 | 平均 |
|---|---|---|---|---|---|---|
| CCTV 外语频道（本国语） | 15.6（5） | — | 31.3（2） | 67.2（1） | — | 38.0（1） |
| 外文报纸（本国语） | 17.9（2） | — | 15.6（5） | 62.6（2） | — | 32.0（2） |
| 中国出版的外文图书（本国语） | 22.7（1） | 25.5（1） | 41.5（1） | 61.5（3） | 5.2（3） | 31.3（3） |
| 外文杂志（本国语） | 14.6（6） | 21.2（2） | 22.2（4） | 50.5（6） | 4.5（4） | 22.6（5） |
| 中国国际广播电台（本国语） | 9.9（7） | 11.2（5） | 13.6（6） | 42.1（7） | 2.9（5） | 15.9（7） |
| 外文媒体平均值 | 16.1 | 19.3 | 24.8 | 56.8 | 4.2 | 28.0 |
| 中文的 CCTV-4 | 17.5（3） | 12.7（4） | 27.6（3） | 53.8（5） | 8.9（1） | 24.1（4） |
| 中文《人民日报（海外版）》 | 16.8（4） | 13.7（3） | 12.4（7） | 56.8（4） | 7.3（2） | 21.4（6） |
| 中文媒体平均值 | 17.2 | 13.2 | 20.0 | 55.3 | 8.1 | 22.8 |

以一年内接触过某媒体 5 次以上的受访者作为经常使用者，五国经常使用者接触中国用所在国母语开办的各种对外媒体的平均接触率（见表 10-10）由高到低为：印度（15.7%）、俄罗斯（5.4%）、德国（3.5%）、美国（2.6%）、日本（0.6%）；5 种对外媒体的平均接触率从高到低为：电视（10.6%）、报纸（8.3%）、图书（7.1%）、杂志（5.5%）、广播（2.3%）。

五国受访者接触中国用汉语开办的 2 种对外媒体的平均接触率由高到低为：印度（7.9%）、俄罗斯（1.8%）、美国（1.7%）、德国（1.7%）、日本（0.5%）；2 种对外媒体的平均接触率从高到低为：电视（2.9%）、报纸（2.5%），两者没有多少区别。

值得注意的是，将外文和中文共 7 种媒体一同比较，中国国际广播电台排在倒数第一（2.3%），这说明在发达国家和金砖国家国际广播这种国际传播媒体的忠实使用者已经很少。

表 10-10　五国受访者对各媒体过去一年接触 5 次以上的百分比

单位:%

|  | 美国 | 德国 | 俄罗斯 | 印度 | 日本 | 平均 |
|---|---|---|---|---|---|---|
| CCTV 外语频道（本国语） | 3.3 | — | 6.7 | 21.7 | — | 10.6 |
| 外文报纸（本国语） | 2.7 | — | 2.9 | 19.4 | — | 8.3 |
| 中国出版的外文图书（本国语） | 3.7 | 4.4 | 10.6 | 16.3 | 0.7 | 7.1 |
| 外文杂志（本国语） | 1.9 | 4.2 | 4.9 | 15.6 | 0.7 | 5.5 |
| 中国国际广播电台（本国语） | 1.6 | 1.9 | 2.1 | 5.6 | 0.3 | 2.3 |
| 外文媒体平均值 | 2.6 | 3.5 | 5.4 | 15.7 | 0.6 | 6.8 |
| 中文的 CCTV-4 | 2.4 | 1.9 | 2.6 | 7.2 | 0.5 | 2.9 |
| 中文《人民日报（海外版）》 | 1.0 | 1.5 | 1.0 | 8.6 | 0.4 | 2.5 |
| 中文媒体平均值 | 1.7 | 1.7 | 1.8 | 7.9 | 0.5 | 2.7 |

2. 中央电视台收视情况

问卷（Ⅱ）调查了美、德、俄、印四国受访者观看中国中央电视台节目的情况和看过节目的受访者喜欢看的内容。调查的结果见表 10-11。

四国有效受访者中，选择看过中国中央电视台节目比例最高的为印度，达到 32.9%；俄罗斯第二，为 11.5%；美国第三，为 8.7%；德国最少，占 6.1%。

在喜欢观看的节目类型中，四国的受访者选择比例最高的均是中国新闻，四国平均为 49.0%，高出第二名国际新闻（31.8%）17.2%。值得注意的是，中国文化这一类型的节目在俄罗斯比较受欢迎，在其他三个国家被选择的比例相对偏低一些。美国受访者还喜欢本国新闻及经济节目；印度受访者还喜欢国际新闻和经济节目；德国受访者喜欢体育和综艺方面的节目。

表 10-11　看过中国中央电视台的节目的情况和看过者最喜欢看的内容

单位:%

|  |  | 美国 | 德国 | 俄罗斯 | 印度 | 四国平均 |
|---|---|---|---|---|---|---|
| 看过 CCTV 的节目 | | 8.7 | 6.1 | 11.5 | 32.9 | 14.8 |
| 喜欢观看的内容 | 中国新闻 | 41.8 | 43.1 | 48.7 | 62.3 | 49.0 |
| | 本国新闻 | 35.2 | 22.4 | 28.6 | 27.0 | 28.3 |
| | 国际新闻 | 30.8 | 24.1 | 31.1 | 41.2 | 31.8 |
| | 经济 | 35.2 | 24.1 | 30.3 | 33.8 | 30.9 |
| | 综艺 | 15.4 | 27.6 | 38.7 | 18.1 | 25.0 |
| | 体育 | 24.2 | 37.9 | 36.1 | 27.3 | 31.4 |
| | 影视剧 | 22.0 | 19.0 | 30.3 | 22.6 | 23.5 |
| | 科技 | 22.0 | 17.2 | 28.6 | 16.9 | 21.2 |
| | 旅游 | 19.8 | 15.5 | 26.9 | 21.4 | 20.9 |
| | 教育 | 14.3 | 12.1 | 14.3 | 18.4 | 14.8 |
| | 纪录片 | 16.5 | 13.8 | 24.4 | 7.4 | 15.5 |
| | 动画片 | 22.0 | 10.3 | 21.8 | 12.8 | 16.7 |
| | 中国文化 | 18.7 | 10.3 | 33.6 | 16.0 | 19.7 |
| | 其他 | 4.4 | 1.7 | 4.2 | 2.1 | 3.1 |

**3. 中国国际广播电台的收听情况**

问卷（Ⅱ）调查了四国受访者收听中国国际广播电台节目的情况和收听过的受访者调查喜欢收听的内容。数据见表 10-12。

在四国的有效受访者中，选择收听过中国国际广播电台节目的比例：印度最高，达到 29.9%；俄罗斯第二，为 11.7%；德国第三，为 5.1%；美国最少，占 4.1%。

在四国收听过中国国际广播电台节目的受访者中，四国平均排名第一位的内容为中国新闻（53.4%），国际新闻（43.4%）与本国新闻（42.3%）的比例相似，排名第二和第三。中国文化排在最后（33.1%）。四国中，只有俄罗斯受访者选择最喜欢中国文化方面的内容，在其他三国受访者中，中国文化均未排入最喜欢的前三位内容。

表 10-12 听过中国国际广播电台的节目的情况和听过者最喜欢的内容

单位:%

|  |  | 美国 | 德国 | 俄罗斯 | 印度 | 四国平均 |
|---|---|---|---|---|---|---|
| 听过 CRI 的节目 | | 4.1 | 5.1 | 11.7 | 29.9 | 12.7 |
| 喜欢收听的内容 | 中国新闻 | 53.5 | 54.2 | 43.8 | 62.1 | 53.4 |
| | 本国新闻 | 46.5 | 43.8 | 38.0 | 45.4 | 43.4 |
| | 国际新闻 | 39.5 | 37.5 | 43.8 | 48.4 | 42.3 |
| | 中国文化 | 39.5 | 18.8 | 48.8 | 25.2 | 33.1 |
| | 其他 | 2.3 | 0 | 16.5 | 1.0 | 5.0 |

## 四、中国对外互联网新媒体的使用情况

### (一) 问卷设计

网络是今后对外传播的主要媒体，需要重点研究，我们对此进行了三方面的调查。问卷（Ⅰ）调查了受访者接触过中国主流媒体对外网站的情况，以及受访者主要通过哪些新媒体获取关于中国的信息。问卷（Ⅱ）调查了受访者接触文化部、中国地方和民办的四个文化网站的频次情况。中国对外网站由于各国的情况有所不同，各国问卷的问题有差异。

1. 中国对外传播主要网站

问卷根据五国的具体情况将中国对外传播的主要外语门户网站作为调查内容。

美国问卷包括12种中国英语网站：人民网、中国网、中国政府网、新华新闻电视网、中国网络电视台英语频道、新华网、CRI 国际在线、环球时报网、中国日报网、北京周报网、上海东方网、蓝海电视台网。

德国问卷包括9种中国德语网站：西藏人权网、人民画报网、今日中国、CRI 国际在线、北京周报网、中国网、看中国网、中国经济网、凯风网。

俄罗斯问卷包括9种中国俄语网站：CRI 国际在线、中国网、新华网、人民网、中国政府网、中国网络电视台俄语频道、《伙伴》杂志在线、中国驻俄大使馆在线、天山网。

印度问卷包括9种中国英语网站：环球时报网、中国网络电视台英语频道、新华新闻电视网、人民网、中国日报网、北京周报网、中国网、新华网、CRI国际在线。

日本问卷包括10种中国日文网站：中国通信社、人民中国网、新华网、人民网、中国网、北京周报网、东北サイト日本语、東方ウェブサイト、CRI国际在线、中日之窗。

以美国问卷为例：

（Ⅰ）V27-1—V27-12.在过去的一年里，您接触过下列哪些中国的英文网站？（1=1—5次，2=5次以上）

| 媒体名称及网站名 | 0 没有接触 | 1.1—5次 | 2.5次以上 |
| --- | --- | --- | --- |
| V27-1. CRI 国际在线英文版 http：//english.cri.cn/ | | | |
| V27-2. 中国网 www.china.org.cn | | | |
| V27-3. 新华网 http：//english.news.cn | | | |
| V27-4. 人民网 http：//english.peopledaily.com.cn | | | |
| V27-5. 中国政府网 http：//english.gov.cn/ | | | |
| V27-6. 中国日报网 www.chinadaily.com.cn | | | |
| V27-7. 中国网络电视台英语频道 http：//english.cntv.cn | | | |
| V27-8. 新华新闻电视网 http：//www.cncworld.tv | | | |
| V27-9. 上海东方网 http：//english.eastday.com | | | |
| V27-10. 蓝海电视台网 http：//www.bon.tv | | | |
| V27-11. 环球时报网 http：//www.globaltimes.cn | | | |
| V27-12. 北京周报网 http：//www.bjreview.com/ | | | |

2. 新型社交网络媒体

随着信息技术的高速发展，新的媒体层出不穷，它们在信息传播中发挥着越来越重要的作用。问卷（Ⅰ）调查了美、德、俄、印、日受访者主要通过哪些新媒体获取关于中国的信息。五国问卷因中国对外传播网站语种的限制，调查项目略有不同，以美国问卷为例：

(I) V28. 您在互联网上接触中国信息主要通过哪些电子资源或网站？（可多选）

1. 微博客（如 twitter、Weibo 等）
2. 即时通讯工具（如 Skype、QQ、MSN 等）
3. 网络视频、广播网站（如 YouTube）
4. 社交网站（如 Facebook、Q-zone 等）
5. RSS 新闻订阅（如 News \ Blog subscription）
6. 维基百科　　7. BBS 与新闻组　　　　　8. 个人博客
9. 英文搜索引擎（如 Google）　10. 中文搜索引擎（如 Baidu）
11. 电子图书馆　12. 本国媒体新闻网站（如 CNN）
13. 中国媒体新闻英文网站　　14. 中国政府英文网站
15. 中国非政府英文网站　　16. 手机网络　17. 其他

3. 接触中国对外文化网站的情况

问卷（II）调查了美、德、俄、印受访者接触文化部、中国地方和民办的四个文化网站的情况、不使用这些网站的原因、接触过这些网站者对网站的评价以及使用本国语言维基百科的情况（以便与中国的文化网站进行对照）。以美国问卷为例：

(II) V20-1—V20-4. 在过去一年里，您接触过下列哪些关于中国文化的英文网站？

| 网站名 | 0. 没接触 | 1. 1—5 次 | 2. 6 次以上 |
|---|---|---|---|
| V20-1. 中国文化产业网 http://www.cnci.gov.cn | | | |
| V20-2. 中国文化网 http://www.chinaculture.org | | | |
| V20-3. 文化中国网 http://www.cultural-china.com/ | | | |
| V20-4. 看中国网站 http://www.seechina.tv | | | |

(II) V21. 若您未接触过上述网站，原因是什么？（可多选）

1. 不知道上述网站　　　　2. 该网站浏览不方便
3. 暂时不需要　　　　　　4. 对中国不感兴趣

5. 以前浏览过，印象不好　　6. 其他

（Ⅱ）V22-1—V22-7. 若您接触过上述网站，你如何评价这些网站？

|  | 1.很同意 | 2.同意 | 3.中立 | 4.不同意 | 5.很不同意 |
|---|---|---|---|---|---|
| V22-1. 网页加载速度快 |  |  |  |  |  |
| V22-2. 网站视觉上有吸引力 |  |  |  |  |  |
| V22-3. 网站导航清晰，信息容易找到 |  |  |  |  |  |
| V22-4. 网站信息内容具有可读性 |  |  |  |  |  |
| V22-5. 网站上有我想获得的信息 |  |  |  |  |  |
| V22-6. 网站充分发挥了互动性的特点 |  |  |  |  |  |
| V22-7. 我成功地使用了这些网站 |  |  |  |  |  |

（Ⅱ）V23. 在过去一年里，您通过维基百科英文网站接触过中国文化吗？

|  | 0.没有接触 | 1.1—5次 | 2.6次以上 |
|---|---|---|---|
| 维基百科 https://www.wikipedia.org/ |  |  |  |

## （二）数据分析

### 1. 对外传播主要网站

随着互联网的兴起和发展，中国的外文传统媒体也开始了各自的新媒体化进程，纷纷开设对应的外文门户网站，为外国受众提供更方便的媒体接触体验，以吸引更多的用户。

（1）各国概况。

表10-13显示了美、德、俄、印、日受访者接触中国外文网站的百分比。以1代表接触1—5次，2代表5次以上，计算出的均值在1到2之间，越接近1就表示偶尔接触（一年内1—5次），越接近2就表示经常接触（一年内5次以上）。各国情况如下：

在12种网站中，美国受访者对环球时报网的接触率位列第一，为

17.3%，其次是中国日报网（12.2%）和人民网（11.2%）。蓝海电视台网排在最末（6.0%）。在接触过的受访者中，以接触1—5次为主，接触5次以上的比例很少。与对外英文传统媒体情况基本一致。除了中国国际广播电台（CRI）以外，受访者对其他六种媒体的传统形式接触的频率都高于对应的门户网站。CRI两种形式的被接触频率几乎相等。

在接触过中国对外传播网站的德国受访者中，以接触1—5次为主，接触5次以上的比例很小。这一点与中国对外德文传统媒体的情况基本一致。9种网站中，由中国人权研究会主办的专题网站"西藏人权网"的被接触率排名第一，为15.3%，人民画报网（13.9%）排名第二。整体来看，中国德文媒体网站的接触率按综合性网站、专业新闻网站、专业技术（如经济）网站依次递减。

在接触过中国对外传播网站的俄罗斯受访者中，以接触1—5次为主，接触5次以上的比例很小，与中国对外俄文传统媒体的情况基本一致。9种网站中，中国网络电视台俄语频道的网站接触率排名第一，为32.3%，排名第二、第三的是中国网（25.5%）和《伙伴》杂志在线（22.4%）。

在接触过中国对外传播网站的印度受访者中，以接触1—5次为主，接触5次以上的也存在一定比例，与中国对外英文传统媒体的情况基本一致。12种网站（10种英文、1种孟加拉文、1种印地文）中，环球时报网的接触率排名第一（63.4%），其次是中国网络电视台英语频道（55.1%）、新华新闻电视网（54.5%）。CRI国际在线英语版（44.9%）、印地语版（42.8%）和孟加拉语版（40.8%）尽管接触率排在最后，但都超过了40%。除了中国国际广播电台以外，受访者对其他五种媒体（《人民日报》、CCTV英语新闻频道、《中国日报》、《环球时报》、《北京周报》）传统形式接触的均值都高于对应的门户网站。其中，CCTV英语频道的两种媒介形式的接触均值最大，传统媒体的均值为1.98，网站的均值为1.70。

日本受访者对中国对外传播网站的接触率都很低，以接触1—5次为主，接触5次以上的比例极小，与中国对外日文传统媒体的情况基本一致。10种网站中，中国通信社的被接触率排名第一，为7.4%，其后是人民中国网（5.7%）、新华网（5.8%）和人民网（5.0%）。10种网站接触率的均值在1.08和1.03之间，没有大的差别。中国国际广播电台的两种表现形式（广播和网站）的接触率均值相同（1.03），而人民中国网的接触均值（1.06）略微大于其传统形式（1.05）。

表 10-13 受访者接触中国外文网站的比例

| 中国外文网站 | 未接触过（%） | | | | | 接触1—5次（%） | | | | | 接触5次以上（%） | | | | |
| --- | --- | --- | --- | --- | --- | --- | --- | --- | --- | --- | --- | --- | --- | --- | --- |
| | 美 | 德 | 俄 | 印 | 日 | 美 | 德 | 俄 | 印 | 日 | 美 | 德 | 俄 | 印 | 日 |
| 中国网 | 89.4 | 88.6 | 74.6 | 53.3 | 95.6 | 8.4 | 9.4 | 21.5 | 35.4 | 3.8 | 2.1 | 1.9 | 4.0 | 11.3 | 0.6 |
| CRI 国际在线 | 90 | 88.6 | 81.2 | 55.1 | 97.1 | 8.7 | 8.8 | 16.7 | 38.9 | 2.5 | 1.3 | 2.6 | 2.2 | 6.0 | 0.4 |
| 人民网 | 88.8 | — | 84.5 | 50.9 | 95.0 | 9.7 | — | 12.3 | 38.2 | 4.1 | 1.5 | — | 3.3 | 10.9 | 0.9 |
| 中国政府网 | 89.4 | — | 82.5 | 50.1 | — | 8.6 | — | 14.2 | 38.3 | — | 2 | — | 3.3 | 11.5 | — |
| 新华网 | 90.7 | — | 80.6 | 55.7 | 94.3 | 7.1 | — | 15.8 | 32.4 | 5.4 | 2.2 | — | 3.6 | 11.8 | 0.4 |
| 北京周报网 | 90.9 | 88 | — | 53.8 | 96.2 | 7.8 | 11.0 | — | 33.3 | 3.2 | 1.3 | 1.1 | — | 12.9 | 0.7 |
| 新华新闻电视网 | 90.4 | — | — | 45.4 | — | 7.6 | — | — | 39.7 | — | 2 | — | — | 14.8 | — |
| 中国网络电视台英语频道 | 90.1 | — | — | 44.9 | — | 8.3 | — | — | 40.6 | — | 1.6 | — | — | 14.5 | — |
| 环球时报网 | 82.7 | — | — | 36.6 | — | 15.3 | — | — | 48.0 | — | 2.0 | — | — | 15.4 | — |
| 中国日报网 | 87.8 | — | — | 52.8 | — | 10.3 | — | — | 34.8 | — | 1.9 | — | — | 12.3 | — |
| 上海东方网 | 92.3 | — | — | — | — | 5.8 | — | — | — | — | 1.9 | — | — | — | — |
| 蓝海电视台网 | 94.0 | — | — | — | — | 4.8 | — | — | — | — | 1.2 | — | — | — | — |
| 西藏人权网 | — | 84.8 | — | — | — | — | 12.6 | — | — | — | — | 2.7 | — | — | — |
| 人民画报网 | — | 86.1 | — | — | — | — | 12.4 | — | — | — | — | 1.5 | — | — | — |
| 今日中国网 | — | 86.3 | — | — | — | — | 11.9 | — | — | — | — | 1.8 | — | — | — |
| 看中国网 | — | 90.8 | — | — | — | — | 7.3 | — | — | — | — | 2.0 | — | — | — |
| 中国经济网 | — | 91.6 | — | — | — | — | 7.0 | — | — | — | — | 1.4 | — | — | — |
| 凯风网 | — | 91.7 | — | — | — | — | 6.6 | — | — | — | — | 1.7 | — | — | — |
| 中国网络电视台俄语频道 | — | — | 67.8 | — | — | — | — | 26.9 | — | — | — | — | 5.4 | — | — |
| 《伙伴》杂志在线 | — | — | 77.6 | — | — | — | — | 17.8 | — | — | — | — | 4.6 | — | — |
| 中国驻俄大使馆在线 | — | — | 78.7 | — | — | — | — | 17.8 | — | — | — | — | 3.5 | — | — |

续表

| 中国外文网站 | 未接触过（%） | | | | | 接触1—5次（%） | | | | | 接触5次以上（%） | | | | |
|---|---|---|---|---|---|---|---|---|---|---|---|---|---|---|---|
| | 美 | 德 | 俄 | 印 | 日 | 美 | 德 | 俄 | 印 | 日 | 美 | 德 | 俄 | 印 | 日 |
| 天山网 | — | — | 84.8 | — | — | — | — | 11.7 | — | — | — | — | 3.5 | — | — |
| CRI国际在线印第语版 | — | — | — | 57.3 | — | — | — | — | 31.6 | — | — | — | — | 11.2 | — |
| CRI国际在线孟加拉语版 | — | — | — | 59.2 | — | — | — | — | 29.2 | — | — | — | — | 11.6 | — |
| 中国通信社 | — | — | — | — | 92.6 | — | — | — | — | 6.9 | — | — | — | — | 0.5 |
| 人民中国网 | — | — | — | — | 94.4 | — | — | — | — | 5.0 | — | — | — | — | 0.7 |
| 东北サイト日本語 | — | — | — | — | 97.3 | — | — | — | — | 1.6 | — | — | — | — | 1.1 |
| 東方ウェブサイト | — | — | — | — | 96.9 | — | — | — | — | 2.6 | — | — | — | — | 0.5 |
| 中日之窗 | — | — | — | — | 97.7 | — | — | — | — | 1.7 | — | — | — | — | 0.6 |
| 各网站平均 | 91.6 | 88.5 | 80.6 | 57.2 | 95.8 | 6.8 | 9.7 | 16.0 | 33.2 | 3.6 | 1.6 | 1.9 | 3.5 | 9.6 | 0.7 |

（2）五国之间的对比。

以接触率对比，各国网站平均接触率由高到低为：印度（42.8%）、俄罗斯（19.5%）、德国（11.6%）、美国（8.4%）、日本（4.2%）。以接触5次以上者为经常使用者，各国比例由高到低为：印度（9.6%）、俄罗斯（3.5%）、德国（1.9%）、美国（1.6%）、日本（0.65%）。以接触率的均值对比，各国网站平均接触率均值由高到低为：印度（1.52）、俄罗斯（1.23）、德国（1.13）、美国（1.10）、日本（1.05%）。

（3）与传统媒体形式的对比。

网站和传统媒体这两种媒体形式各有所长，但发展趋势是网络将成为国际文化传播的主要媒体形式。目前中国对外媒体的两种形式的接触率有何差别？答案可以从对比两者接触率的均值大小获得。见表10-14。以中国国际广播电台为例，在美国和日本以无线电广播这种传统形式播出的接触率均值分别为1.11和1.03，以网站形式播出的接触率均值也分别为1.11和1.03，没有区别。在德国，广播的接触率均值为1.13，网站的接触率均值为1.14，几乎没有差别。在俄罗斯，相应的均值为 1.16 对 1.21，网站的均值高于广播的均值 0.05。在印度，英语广播和英语网站接触率的均值分别为 1.48 和 1.52，网站的均值高于广播的均值 0.04。

表 10-14　受访者使用中国对外传统媒体与网站接触率均值对比

|  |  | 美国 | 德国 | 俄罗斯 | 印度 | 日本 |
|---|---|---|---|---|---|---|
| 《今日中国》 | 传统 | 1.16 | — | 1.25 | 1.65 | 1.04 |
|  | 网站 | — | 1.15 | — | — | — |
| 中文《人民日报（海外版）》 | 传统 | 1.18 | — | 1.13 | 1.65 | 1.08 |
|  | 网站 | 1.13 | — | 1.19 | 1.60 | 1.06 |
| 中国国际广播电台 | 传统 | 1.11 | 1.13 | 1.16 | 1.48 | 1.03 |
|  | 网站 | 1.11 | 1.14 | 1.21 | 1.51 / 1.54 / 1.52 | 1.03 |
| CCTV 外语频道 | 传统 | 1.19 | — | 1.38 | 1.89 | 1.12 |
|  | 网站 | 1.11 | — | 1.46 | 1.70 | — |
| CCTV 英语纪录片频道 | 传统 | 1.16 | — | — | 1.75 | — |
|  | 网站 | — | — | — | — | — |
| 《中国日报》 | 传统 | 1.15 | — | 1.19 | 1.60 | — |
|  | 网站 | 1.14 | — | — | 1.59 | — |
| 《环球时报》 | 传统 | 1.20 | — | — | 1.82 | — |
|  | 网站 | 1.19 | — | — | 1.79 | — |
| 《北京周报》 | 传统 | 1.13 | — | — | 1.65 | — |
|  | 网站 | 1.10 | 1.13 | — | 1.59 | — |
| 蓝海电视台 | 传统 | 1.10 | — | — | — | — |
|  | 网站 | 1.07 | — | — | — | — |
| 《人民中国》 | 传统 | — | — | — | — | 1.05 |
|  | 网站 | — | — | — | — | 1.06 |
| 中国网 |  | 1.13 | 1.13 | 1.29 | 1.58 | 1.05 |
| 中国政府网 |  | 1.13 | — | 1.21 | 1.61 | — |
| 新华网 |  | 1.11 | — | 1.23 | 1.56 | 1.06 |

续表

|  | 美国 | 德国 | 俄罗斯 | 印度 | 日本 |
|---|---|---|---|---|---|
| 上海东方网 | 1.10 | — | — | — | — |
| 西藏人权网 | — | 1.18 | — | — | — |
| 人民画报网 | — | 1.15 | — | — | — |
| 看中国网 | — | 1.11 | — | — | — |
| 中国经济网 | — | 1.10 | — | — | — |
| 凯风网 | — | 1.10 | — | — | — |
| 《伙伴》杂志在线 | — | — | 1.27 | — | — |
| 中国驻俄大使馆在线 | — | — | 1.25 | — | — |
| 天山网 | — | — | 1.19 | — | — |
| 中国通信社 | — | — | — | — | 1.08 |
| 东北サイト日本语 | — | — | — | — | 1.04 |
| 東方ウェブサイト | — | — | — | — | 1.04 |
| 中日之窗 | — | — | — | — | 1.03 |
| 中国周报网 | — | — | — | — | 1.05 |

注：CRI 国际在线在印度有英语、印地语和孟加拉语三个语种的网站，均值分别为 1.51、1.54 和 1.52。

2. 新媒体类型

问卷（Ⅰ）调查了五国受访者主要通过哪些新媒体获取关于中国信息。相关数据见表 10-15。

表 10-15　您在互联网上接触中国信息主要通过哪些电子资源或网站？（可多选）

|  | 美国 | | 德国 | | 俄罗斯 | | 印度 | | 日本 | |
|---|---|---|---|---|---|---|---|---|---|---|
|  | % | 排名 | % | 排名 | % | 排名 | % | 排名 | % | 排名 |
| 微博客 | 8.1 | 10 | 8.1 | 11 | 16.6 | 5 | 32.4 | 6 | 14.1 | 6 |
| 即时通讯工具 | 9.3 | 8 | 10.7 | 6 | 19.7 | 4 | 33.4 | 5 | 3.1 | 11 |
| 社交网站 | 23.2 | 3 | 22.2 | 4 | 23.7 | 3 | 47.0 | 1 | 9.4 | 8 |
| 外文搜索引擎 | 50.1 | 1 | 51.4 | 2 | 40.4 | 2 | 43.2 | 3 | 8.1 | 9 |
| 中国非政府外文网站 | 4.8 | 15 | 2.8 | 16 | 12.2 | 6 | 6.5 | 16 | 1.3 | 15 |

续表

|  | 美国 | | 德国 | | 俄罗斯 | | 印度 | | 日本 | |
|---|---|---|---|---|---|---|---|---|---|---|
|  | % | 排名 | % | 排名 | % | 排名 | % | 排名 | % | 排名 |
| 中文搜索引擎（如百度） | 3.5 | 17 | 2.7 | 17 | 5.1 | 9 | 6.9 | 15 | 2.9 | 12 |
| 本国媒体新闻网站 | 19.9 | 4 | 16.6 | 5 | 54.6 | 1 | 10.3 | 13 | 52.9 | 1 |
| 中国媒体外文新闻网站 | 9.6 | 7 | 5.0 | 12 | 7.9 | 8 | 13.4 | 11 | 7.8 | 10 |
| 中国政府外文网站 | 5.1 | 14 | 3.0 | 15 | 10.7 | 7 | 09.1 | 14 | 1.0 | 17 |
| 以上九项平均 | 14.8 | — | 13.6 | — | 21.2 | — | 22.5 | — | 11.2 | — |
| 网络视频、广播网站 | 16.9 | 6 | 22.8 | 3 | — | — | 36.1 | 4 | 21.5 | 4 |
| 维基百科 | 38.0 | 2 | 52.2 | 1 | — | — | 46.4 | 2 | 26.3 | 2 |
| RSS新闻订阅 | 4.3 | 16 | 4.0 | 13 | — | — | 17.3 | 9 | 2.2 | 13 |
| BBS与新闻组 | 8.5 | 9 | 9.1 | 7 | — | — | 16.8 | 10 | 9.5 | 7 |
| 电子图书馆 | 6.3 | 12 | 8.8 | 8 | — | — | 13.2 | 12 | 1.3 | 16 |
| 手机网络 | 6.0 | 13 | 3.1 | 14 | — | — | 19.0 | 7 | 1.9 | 14 |
| 个人博客 | 7.9 | 11 | 8.7 | 9 | — | — | 18.5 | 8 | 15.4 | 5 |
| 其他 | 19.7 | 5 | 8.2 | 10 | — | — | 5.7 | 17 | 23.0 | 3 |

注：俄罗斯问卷列出了九项。

上述16种互联网电子资源和网站中，冠名中国网络资源的有四个：中文搜索引擎（如百度）、中国媒体新闻外文网站、中国政府外文网站、中国非政府外文网站。调查的数据显示，它们的被选频率在五国中都是最低的。相比之下，中国媒体新闻外文网站的选择比率略高一些。中国网络资源在向五国民众提供中国信息方面处于劣势。受访者整体、青年和精英人群的具体数据见表10-16。

表10-16 受访者使用中国网络资源的情况

单位：%

|  |  | 中文搜索引擎（如百度） | 中国媒体外文新闻网站 | 中国政府外文网站 | 中国非政府外文网站 |
|---|---|---|---|---|---|
| 美国 | 整体 | 3.5 | 9.6 | 5.1 | 4.8 |
|  | 青年 | 6.0 | 12.0 | 6.4 | 6.0 |
|  | 精英 | 7.3 | 8.2 | 8.2 | 6.4 |

续表

| | | 中文搜索引擎（如百度） | 中国媒体外文新闻网站 | 中国政府外文网站 | 中国非政府外文网站 |
|---|---|---|---|---|---|
| 德国 | 整体 | 2.7 | 5.0 | 3.0 | 2.8 |
| | 青年 | 4.2 | 6.4 | 3.7 | 3.2 |
| | 精英 | 7.0 | 9.6 | 5.2 | 5.2 |
| 俄罗斯 | 整体 | 5.1 | 7.9 | 10.7 | 2.2 |
| | 青年 | 5.0 | 7.5 | 8.8 | 6.3 |
| | 精英 | 7.4 | 10.8 | 12.8 | 14.3 |
| 日本 | 整体 | 2.9 | 7.8 | 1.0 | 1.3 |
| | 青年 | 2.8 | 6.9 | 1.4 | 1.4 |
| | 精英 | 1.9 | 5.6 | 0 | 3.7 |
| 印度 | 整体 | 6.9 | 10.3 | 9.0 | 6.4 |
| | 青年 | 5.8 | 11.5 | 9.2 | 6.2 |
| | 精英 | 7.1 | 18.2 | 11.4 | 7.7 |

在互联网上获取中国信息以自主搜索方式为主。五国受访者选择的获取中国信息的新媒体资源排名前三项中，外文搜索引擎和维基百科占了相当的比重，尤其是在青年中。具体情况见表10-17。这说明五国民众中大多数人对于在互联网上获取中国信息的资源还未形成定读性，仍然以自主检索的方式查找信息。各国媒体新闻网站仍是精英获取中国信息的主要互联网资源之一。除了印度之外，精英选用本国媒体新闻网站获取中国信息的比重超过整体和青年的比重。这说明这一部分人群对于获取中国信息有一定的定读性，他们会定期使用固定媒体的新闻网站查阅中国的信息。

表10-17 受访者利用互联网资源获取中国信息的情况

| | 总体 | | 青年 | | 精英 | |
|---|---|---|---|---|---|---|
| | 媒介 | % | 媒介 | % | 媒介 | % |
| 美国 | 外文搜索引擎 | 50.1 | 外文搜索引擎 | 56.2 | 外文搜索引擎 | 64.5 |
| | 维基百科 | 38.0 | 维基百科 | 48.9 | 维基百科 | 47.3 |
| | 社交网站 | 23.1 | 社交网站 | 29.6 | 本国媒体新闻网站 | 26.4 |

续表

|  | 总体 |  | 青年 |  | 精英 |  |
|---|---|---|---|---|---|---|
|  | 媒介 | % | 媒介 | % | 媒介 | % |
| 德国 | 维基百科 | 52.2 | 维基百科 | 57.4 | 维基百科 | 54.8 |
|  | 外文搜索引擎 | 51.4 | 外文搜索引擎 | 49.3 | 外文搜索引擎 | 53.9 |
|  | 网络视频/广播网 | 22.7 | 网络视频/广播网 | 30.9 | 本国媒体新闻网站 | 33.9 |
| 俄罗斯 | 本国媒体新闻网站 | 54.6 | 外文搜索引擎 | 38.8 | 本国媒体新闻网站 | 59.1 |
|  | 外文搜索引擎 | 40.4 | 本国媒体新闻网站 | 35.0 | 外文搜索引擎 | 54.2 |
|  | 社交网站 | 23.7 | 即时通讯工具 | 21.3 | 社交网站 | 29.1 |
| 日本 | 本国媒体新闻网站 | 52.9 | 本国媒体新闻网站 | 47.2 | 本国媒体新闻网站 | 63.0 |
|  | 维基百科 | 26.3 | 维基百科 | 41.7 | 网络视频/广播网 | 22.2 |
|  | 网络视频/广播网 | 23.0 | 微博客 | 27.8 | 维基百科 | 18.5 |
| 印度 | 社交网站 | 47.0 | 维基百科 | 52.8 | 社交网站 | 62.3 |
|  | 维基百科 | 46.4 | 社交网站 | 44.5 | 维基百科 | 55.6 |
|  | 外文搜索引擎 | 43.2 | 外文搜索引擎 | 41.7 | 外文搜索引擎 | 48.8 |

3. 中国文化网站

问卷（Ⅱ）调查了美国、德国、俄罗斯和印度四国受访者接触四个文化网站的频次。在此基础上，针对未接触过这些网站的受访者调查不使用这些网站的原因，针对接触过这些网站的受访者调查对网站的评价。

（1）接触网站的概况。

将在过去一年里接触上述网站的频率分为三个等级：没接触，1—5次，5次以上。相关数据见表10-18。

表10-18 在过去一年里，您接触过下列哪些关于中国文化的外文网站？

单位:%

|  | 美国 | | | 德国 | | | 俄罗斯 | | | 印度 | | |
|---|---|---|---|---|---|---|---|---|---|---|---|---|
|  | 没接触 | 1—5次 | 5次以上 | 没接触 | 1—5次 | 5次以上 | 没接触 | 1—5次 | 5次以上 | 没接触 | 1—5次 | 5次以上 |
| 中国文化网 | 89.1 | 8.1 | 2.8 | 92.9 | 5.6 | 1.5 | 77.2 | 18.5 | 4.3 | 53.9 | 29.2 | 16.9 |
| 中国文化产业网 | 90.8 | 7.7 | 1.4 | 93.0 | 5.6 | 1.4 | 85.7 | 11.1 | 3.2 | 55.5 | 33.4 | 11.0 |

续表

| | 美国 | | | 德国 | | | 俄罗斯 | | | 印度 | | |
|---|---|---|---|---|---|---|---|---|---|---|---|---|
| | 没接触 | 1—5次 | 5次以上 | 没接触 | 1—5次 | 5次以上 | 没接触 | 1—5次 | 5次以上 | 没接触 | 1—5次 | 5次以上 |
| 文化中国网 | 90.5 | 7.9 | 1.5 | 90.9 | 6.9 | 2.1 | 77.0 | 17.5 | 5.5 | 51.8 | 30.0 | 18.2 |
| 看中国 | 88.0 | 9.0 | 3.1 | 91.2 | 6.2 | 2.7 | 76.5 | 17.7 | 5.8 | 50.3 | 30.4 | 19.3 |

四国比较，中国文化网未接触过的比例德国最高，为92.9%；美国第二，为89.1%；俄罗斯第三，为77.2%；印度最低，为53.9%。五国接触过中国文化网5次以上的受访者的比例由高到低依次为：印度16.9%，俄罗斯4.3%，美国2.8%，德国1.5%。

中国文化产业网未接触的比例德国最高，为93%；美国第二，为90.8%；俄罗斯第三，为85.7%；印度最低，为55.5%。五国接触过中国文化产业网5次以上的受访者的比例由高到低依次为：印度11%，俄罗斯3.2%，美国1.4%，德国1.4%。

文化中国网未接触的比例德国最高，为90.9%；美国第二，为90.5%；俄罗斯第三，为77%；印度最低，为51.8%。五国接触过文化中国网5次以上的受访者的比例由高到低依次为：印度18.2%，俄罗斯5.5%，德国2.1%，美国1.5%。

看中国网站未接触的比例德国最高，为91.2%；美国第二，为88%；俄罗斯第三，为76.5%；印度最低，为50.3%。接触过该网站5次以上的受访者依次为：印度19.3%，俄罗斯5.8%，美国3.1%，德国2.7%。

四家网站整体比较，访问频率由高到低排序为：印、俄、美、德。四个网站中，四国接触最多的都是民办的"看中国"。访问过这些网站的人中，以访问1—5次居多，大于5次的很少。说明受访者对这些网站并没有形成习惯性的访问。

青年中，印度接触中国对外文化网站的频率最大，其次是俄、美、德。不同人群比较，美、印青年对这四个网站接触过1—5次的比例低于整体的比例，德、俄青年则高于整体。

精英中，印度访问的频率最高（超过五成），其次是俄罗斯（约30%），美、德的访问率很低。美、德对这四个网站接触过5次以上的频率非常低，德除了"看中国"以外，另外三个网站接触次数超过5次的为0。不同人群比较，印、俄精英的接触频率高于整体。美、德精英的接触频率则低于整体。

（2）未接触这些网站的原因。

表10-19显示了受访者没有接触上述网站的原因。

表10-19　若您未接触过上述网站，原因是什么？（可多选）

单位：%

|  | 美国 | 德国 | 俄罗斯 | 印度 | 四国平均 |
|---|---|---|---|---|---|
| 不知道上述网站 | 70.9 | 78.7 | 54.1 | 77.7 | 70.4 |
| 该网站浏览不方便 | 1.6 | 2.7 | 3.6 | 7.7 | 3.9 |
| 暂时不需要 | 36.9 | 25.0 | 13.6 | 22.9 | 24.6 |
| 对中国不感兴趣 | 11.1 | 2.94 | 3.3 | 2.7 | 5.0 |
| 以前浏览过，印象不好 | 0.8 | 1.2 | 0.7 | 1.9 | 1.2 |
| 其他 | 5.4 | 2.1 | 3.8 | 8.0 | 4.8 |

四国受访者中，整体、青年、精英的各项数据差别不大。在列出的五个原因中，四国选择比例最高的均是"不知道上述网站"，都超过了70%；其次是"暂时不需要"，除美国为37%外，其余三国皆在25%左右。其余三个原因占的比例大都在10%以下，美国和德国受访者未接触上述网站排第三位的原因为对中国不感兴趣，印度和俄罗斯受访者未接触上述网站排第三位的原因为其他。说明这些网站没有被大范围访问到的原因并不是网站自身的建设问题，也不是对网站的内容（和中国文化有关）不感兴趣，而是网站的知名度不高。

（3）接触过网站者对网站的评价。

调查结果见表10-20。表中认同的百分比=同意+很同意；不认同的百分比=不同意+很不同意。把"很不同意"赋值为1，"很同意"赋值为5，以此类推，计算出受访者对上述网站评价的均值，均值越高，说明评价越高。

表 10-20  若您接触过上述网站，你如何评价这些网站？

| | 美国 | | | 德国 | | | 俄罗斯 | | | 印度 | | |
|---|---|---|---|---|---|---|---|---|---|---|---|---|
| | 认同 | 中立 | 不认同 | 认同 | 中立 | 不认同 | 认同 | 中立 | 不认同 | 认同 | 中立 | 不认同 |
| 加载速度快（%） | 64.4 | 21.8 | 13.8 | 40.2 | 37.2 | 22.6 | 57.9 | 7.6 | 34.5 | 66.6 | 23.8 | 9.6 |
| 均值 | 3.7 | | | 3.1 | | | 3.6 | | | 3.8 | | |
| 视觉上有吸引力（%） | 64.4 | 27.0 | 8.6 | 45.3 | 36.5 | 18.3 | 62.6 | 6.8 | 30.5 | 69.2 | 21.2 | 9.6 |
| 均值 | 3.8 | | | 3.3 | | | 3.7 | | | 3.9 | | |
| 导航清晰，信息容易找到（%） | 62.6 | 25.3 | 12.1 | 40.2 | 46.0 | 13.9 | 48.9 | 12.7 | 38.4 | 63.5 | 25.7 | 10.8 |
| 均值 | 3.7 | | | 3.3 | | | 3.5 | | | 3.9 | | |
| 信息内容具有可读性（%） | 66.7 | 25.3 | 8.0 | 43.1 | 42.3 | 14.6 | 53.5 | 11.3 | 35.3 | 63.8 | 21.6 | 14.5 |
| 均值 | 3.8 | | | 3.3 | | | 3.5 | | | 3.8 | | |
| 网站上有我想获得的信息（%） | 59.8 | 27.0 | 13.2 | 48.2 | 36.5 | 15.3 | 60.3 | 11.3 | 28.4 | 61.1 | 24.0 | 15.0 |
| 均值 | 3.6 | | | 3.4 | | | 3.6 | | | 3.7 | | |
| 充分发挥了互动性特点（%） | 58.6 | 31.6 | 9.8 | 38.0 | 44.5 | 17.5 | 47.9 | 11.0 | 41.1 | 61.2 | 24.1 | 14.7 |
| 均值 | 3.6 | | | 3.2 | | | 3,5 | | | 3.7 | | |
| 我成功地使用了这些网站（%） | 71.3 | 20.1 | 8.6 | 43.8 | 41.6 | 14.6 | 57.6 | 9.5 | 32.9 | 66.3 | 23.0 | 10.7 |
| 均值 | 3.8 | | | 3.4 | | | 3.6 | | | 3.8 | | |

整体受访者中，美、俄和印受访者大都对接触过的网站做出了积极的评价。美、印的评价较高，俄其次，德最低。俄受访者给出的评价两极分化，选择中立的比例较小。青年受访者中，德、印对这些网站的评价低于整体，美、俄的评价和整体的评价近乎一致。精英受访者中，四国对网站的评价都

较高,尤其是印度;不同人群比较,四国精英的评价高于整体。

(4)与该国语言的维基百科网站的比较。

中国文化网站办得如何?可与受访者使用本国语言维基百科查阅中国文化信息的情况比较。问卷调查了四国受访者在过去一年里,通过维基百科当地语言网站接触过中国文化的情况。相关数据见表10-21。

受访者中通过维基百科本国语言网站接触过中国文化的比例从高到低依次为:印(69.3%)、俄(64.7%)、德(44.7%)、美(34.3%)。四国5次以上通过维基百科本国语言网站接触过中国文化的受访者的比例由高到低依次为:印(21.4%),俄(20.7%),德(8.6%),美(6.9%)。整体、青年、精英三者相比,美、德的青年通过维基百科本国语言网站接触过中国文化的比例略高于整体和精英,这种情况与接触中国文化网站的情况相同。俄、印的精英通过维基百科本国语言网站接触过中国文化的比例高于青年和整体,这种情况与接触中国文化网站的情况相同。

表10-21 过去一年里四国三类群体接触过中国文化外文网站和本国语言维基百科的比例对比

单位:%

|  |  | 整体 | | | 青年 | | | 精英 | | |
|---|---|---|---|---|---|---|---|---|---|---|
|  |  | 0次 | 1—5次 | 5次以上 | 0次 | 1—5次 | 5次以上 | 0次 | 1—5次 | 5次以上 |
| 中国文化网 | 美 | 89.1 | 8.1 | 2.8 | 88.6 | 7.4 | 3.9 | 92.5 | 6.5 | 1.1 |
|  | 俄 | 77.2 | 18.5 | 4.3 | 78.1 | 17.7 | 4.2 | 65.7 | 27.1 | 7.2 |
|  | 德 | 92.9 | 5.6 | 1.5 | 88.8 | 8.2 | 3.0 | 92.3 | 7.7 | 0 |
|  | 印 | 53.9 | 29.2 | 16.9 | 69.5 | 26.6 | 3.9 | 41.2 | 35.4 | 23.5 |
| 中国文化产业网 | 美 | 90.8 | 7.7 | 1.4 | 90.4 | 7.0 | 2.6 | 91.4 | 8.6 | 0 |
|  | 俄 | 85.7 | 11.1 | 3.2 | 84.1 | 12.9 | 3.0 | 76.5 | 15.7 | 7.8 |
|  | 德 | 93 | 5.6 | 1.4 | 89.6 | 7.4 | 3.0 | 94.5 | 5.5 | 0 |
|  | 印 | 55.5 | 33.4 | 11 | 76.6 | 19.2 | 4.2 | 35.8 | 47.7 | 16.5 |
| 文化中国网 | 美 | 90.5 | 7.9 | 1.5 | 89.5 | 8.7 | 1.7 | 90.3 | 8.6 | 1.1 |
|  | 俄 | 77 | 17.5 | 5.5 | 76.3 | 18.3 | 5.4 | 66.3 | 25.3 | 8.4 |
|  | 德 | 90.9 | 6.9 | 2.1 | 86.2 | 9.3 | 4.5 | 91.2 | 8.8 | 0 |
|  | 印 | 51.8 | 30 | 18.2 | 68.8 | 25.0 | 6.2 | 34.6 | 38.3 | 27.1 |

续表

| | | 整体 | | | 青年 | | | 精英 | | |
|---|---|---|---|---|---|---|---|---|---|---|
| | | 0次 | 1—5次 | 5次以上 | 0次 | 1—5次 | 5次以上 | 0次 | 1—5次 | 5次以上 |
| 看中国 | 美 | 88 | 9 | 3.1 | 86.0 | 10.0 | 3.9 | 89.2 | 9.7 | 1.1 |
| | 俄 | 76.5 | 17.7 | 5.8 | 75.4 | 19.8 | 4.8 | 72.9 | 18.7 | 8.4 |
| | 德 | 91.2 | 6.2 | 2.7 | 85.9 | 9.3 | 4.8 | 93.4 | 5.5 | 1.1 |
| | 印 | 50.3 | 30.4 | 19.3 | 65.6 | 26.3 | 8.1 | 33.9 | 35.8 | 30.3 |
| 本国语言的维基百科 | 美 | 65.7 | 27.4 | 6.9 | 47.2 | 40.2 | 12.7 | 68.8 | 28.0 | 3.2 |
| | 俄 | 35.4 | 44.0 | 20.7 | 31.5 | 45.3 | 23.1 | 27.1 | 45.8 | 27.1 |
| | 德 | 55.3 | 36.1 | 8.6 | 38.7 | 46.5 | 14.9 | 68.1 | 25.3 | 6.6 |
| | 印 | 30.7 | 47.9 | 21.4 | 34.7 | 50.3 | 14.9 | 18.9 | 48.2 | 32.9 |

## 五、对中国媒体的评价和信任度

### （一）问卷设计

对整个媒体是否信任？对中国媒体是否信任？这是关系到中国媒体的使用率和传播效果的重要因素。

1. 对中国媒体报道的具体评价

依据评判新闻报道的六个标准，用5级量表请受访者对中国传媒关于中国的报道进行评价。

（Ⅰ） V29—V34. 您对中国传媒关于中国的报道如何评价？

| | 1. 很不同意 | 2. 不同意 | 3. 中立 | 4. 同意 | 5. 很同意 | 6. 不知道 |
|---|---|---|---|---|---|---|
| V29. 可信 | | | | | | |
| V30. 及时 | | | | | | |
| V31. 分析视角全面 | | | | | | |
| V32. 准确 | | | | | | |
| V33. 公正 | | | | | | |
| V34. 可读性强 | | | | | | |

2. 对中外传媒报道效果整体对比

用5级量表请受访者就本国媒体和中国媒体"关于中国的报道是否有助于了解真实的中国",进行了对比性调查。

（I）V44. 贵国传媒有助于您了解真实的中国吗?

1. 完全没有帮助　　2. 没帮助　　　　3. 中立
4. 有帮助　　　　　5. 非常有帮助　　6. 不知道

（I）V45. 中国传媒有助于您了解真实的中国吗?

1. 完全没有帮助　　2. 没帮助　　　　3. 中立
4. 有帮助　　　　　5. 非常有帮助　　6. 不知道

3. 对各类媒体的信任情况

（I）V35—V39. 您对下面这些组织的信任程度如何?

|  | 1. 根本不信任 | 2. 不太信任 | 3. 信任 | 4. 很信任 | 5. 不知道 |
|---|---|---|---|---|---|
| V35. 新闻出版业 | | | | | |
| V36. 电视台 | | | | | |
| V36-1. 互联网 | | | | | |
| V37. 政府媒体 | | | | | |
| V38. 公共媒体 | | | | | |
| V39. 商业媒体 | | | | | |

（II）V28-1—V28-3. 您对下面这些组织的信任程度如何?

|  | 1. 根本不信任 | 2. 不信任 | 3. 信任 | 4. 很信任 | 5. 不知道 |
|---|---|---|---|---|---|
| V28-1. 新闻出版业 | | | | | |
| V28-2. 电视台 | | | | | |
| V28-3. 互联网 | | | | | |

（II）V28-4—V28-6. 您对下面这些中国组织的信任程度如何?

|  | 1. 根本不信任 | 2. 不信任 | 3. 信任 | 4. 很信任 | 5. 不知道 |
|---|---|---|---|---|---|
| V28-4. 新闻出版业 | | | | | |
| V28-5. 电视台 | | | | | |
| V28-6. 互联网 | | | | | |

注：组织在这里指大众媒体。

### 4. 对各大通讯社的信任

用 5 级量表调查了受访者对世界主要新闻社的信任度。各国问卷所开列的通讯社略有差异，以美国问卷为例：

（I）V40—V43. 您对下面这些通讯社的信任程度如何？

|  | 1. 根本不信任 | 2. 不太信任 | 3. 中立 | 4. 信任 | 5. 很信任 | 6. 不了解该通讯社 |
|---|---|---|---|---|---|---|
| V40. 美联社 | | | | | | |
| V41. 新华社 | | | | | | |
| V42. 路透社 | | | | | | |
| V43. 法新社 | | | | | | |

### （二）数据分析

#### 1. 对中国媒体报道的具体评价

问卷用 5 级量表调查了受访者对中国传媒有关中国报道的六种评价，相关数据见表 10-22。将"很不同意"赋值为 1，将"很同意"赋值为 5，依此类推，测出其均值，结果见表 10-23。

表 10-22 对中国传媒关于中国的报道评价

单位：%

| | | 可信 | 及时 | 全面 | 准确 | 公正 | 可读性强 | 六项平均 |
|---|---|---|---|---|---|---|---|---|
| 美国 | 很不同意 | 6.6 | 3.4 | 8.4 | 6.2 | 8.7 | 3.0 | 6.1 |
| | 不同意 | 13.9 | 8.3 | 14.0 | 14.0 | 13.8 | 4.9 | 11.5 |
| | 中立 | 34.9 | 33.0 | 31.4 | 33.2 | 33.1 | 36.3 | 33.7 |
| | 同意 | 17.7 | 26.5 | 17.3 | 18.6 | 16.3 | 26.5 | 20.5 |
| | 很同意 | 6.2 | 7.0 | 7.3 | 7.2 | 7.1 | 7.7 | 7.1 |
| | 不知道 | 20.7 | 21.8 | 21.5 | 20.8 | 21.0 | 21.8 | 21.3 |
| 德国 | 很不同意 | 12.0 | 12.1 | 16.8 | 8.0 | 10.4 | 9.2 | 11.4 |
| | 不同意 | 21.0 | 27.9 | 23.6 | 17.6 | 22.8 | 15.7 | 21.4 |
| | 中立 | 38.7 | 35.5 | 34.5 | 43.6 | 40.5 | 40.6 | 38.9 |

续表

| | | 可信 | 及时 | 全面 | 准确 | 公正 | 可读性强 | 六项平均 |
|---|---|---|---|---|---|---|---|---|
| 德国 | 同意 | 13.0 | 8.9 | 9.4 | 14.8 | 9.6 | 16.4 | 12.0 |
| | 很同意 | 4.5 | 4.8 | 5.2 | 4.6 | 5.9 | 5.3 | 5.1 |
| | 不知道 | 11.0 | 10.9 | 10.5 | 11.5 | 10.8 | 12.9 | 11.3 |
| 俄罗斯 | 很不同意 | 6.7 | 3.3 | 3.3 | 3.3 | 3.6 | 3.0 | 3.9 |
| | 不同意 | 6.6 | 5.6 | 6.1 | 5.4 | 5.0 | 2.8 | 5.3 |
| | 中立 | 44.7 | 40.1 | 45.3 | 46.1 | 46.4 | 39.7 | 43.7 |
| | 同意 | 15.9 | 24.1 | 16.3 | 16.8 | 15.1 | 24.3 | 18.8 |
| | 很同意 | 2.2 | 2.8 | 3.4 | 3.4 | 4.3 | 5.1 | 3.5 |
| | 不知道 | 23.9 | 24.1 | 25.5 | 25.1 | 25.6 | 25.1 | 24.9 |
| 印度 | 很不同意 | 11.2 | 4.2 | 4.6 | 4.7 | 5.0 | 5.5 | 5.9 |
| | 不同意 | 7.5 | 10.3 | 7.4 | 8.3 | 9.2 | 7.0 | 8.3 |
| | 中立 | 26.2 | 26.1 | 28.4 | 27.3 | 31.4 | 24.6 | 27.3 |
| | 同意 | 35.9 | 37.1 | 36.6 | 35.8 | 25.2 | 36.4 | 34.5 |
| | 很同意 | 11.6 | 15.5 | 14.6 | 15.0 | 19.4 | 16.3 | 15.4 |
| | 不知道 | 7.7 | 6.8 | 8.4 | 8.9 | 9.7 | 10.2 | 8.6 |
| 日本 | 很不同意 | 31.8 | 15.9 | 25.2 | 29.6 | 35.7 | 13.6 | 25.3 |
| | 不同意 | 35.4 | 24.1 | 33.1 | 35.0 | 31.6 | 16.1 | 29.2 |
| | 中立 | 22.4 | 40.6 | 29.4 | 24.1 | 22.4 | 50.3 | 31.5 |
| | 同意 | 3.2 | 9.2 | 4.3 | 3.4 | 2.6 | 6.4 | 4.9 |
| | 很同意 | 0.6 | 1.3 | 0.8 | 0.6 | 0.9 | 1.3 | 0.9 |
| | 不知道 | 6.6 | 9.1 | 7.1 | 7.4 | 6.7 | 12.3 | 8.2 |

表 10-23 对中国传媒关于中国的报道评价的均值（5 级量表）

| 评价 | 可信 | 及时 | 全面 | 准确 | 公正 | 可读性强 | 六项平均 |
|---|---|---|---|---|---|---|---|
| 美国 | 3.04 | 3.32 | 3.01 | 3.08 | 2.99 | 3.39 | 3.14 |
| 德国 | 2.74 | 2.62 | 2.58 | 2.89 | 2.75 | 2.92 | 2.75 |
| 俄罗斯 | 3.00 | 3.23 | 3.14 | 3.15 | 3.16 | 3.34 | 3.17 |
| 印度 | 3.32 | 3.53 | 3.53 | 3.53 | 3.50 | 3.57 | 3.50 |
| 日本 | 1.99 | 2.51 | 2.16 | 2.03 | 1.94 | 2.61 | 2.21 |
| 平均 | 2.81 | 3.04 | 2.88 | 2.94 | 2.87 | 3.17 | 2.95 |

## 2. 对中外传媒报道整体效果对比

通过对"本国传媒有助于您了解真实的中国吗?"和"中国传媒有助于您了解真实的中国吗?"两个问题回答的对比,可以看到受访者对中国媒体报道的整体评价。表10-24和表10-25分别为比例和均值的对比情况。

五国比较,认为中国传媒有助于受访者了解真实中国认同度均值由高到低为:印(3.46)、美(3.19)、俄(3.11)、德(2.80)、日(2.13)。印度受访者的态度处于中立和有帮助之间;美国和俄罗斯受访者的态度处于中立和有帮助之间,倾向中立;德国受访者的态度处于没帮助和中立之间,倾向中立;日本受访者的态度处于没帮助和中立之间,接近没有帮助。五国受访者普遍认为本国传媒比中国传媒更有助于了解中国,差距最大的是日本,均值相差1.00,以下依次为:俄(0.37)、德(0.32)、印(0.06)、美(0.03)。

表10-24 本国传媒有助于了解中国与中国传媒有助于了解中国对比

单位:%

| | | 完全没帮助 | 没帮助 | 中立 | 有帮助 | 非常有帮助 | 不知道 |
|---|---|---|---|---|---|---|---|
| 美国 | 本国媒体 | 4.3 | 15.2 | 33.5 | 31.3 | 6.0 | 9.8 |
| | 中国媒体 | 4.9 | 8.5 | 33.2 | 19.3 | 6.5 | 27.7 |
| | 两者之差 | -0.6 | 6.7 | 0.3 | 12.0 | -0.5 | -17.9 |
| 德国 | 本国媒体 | 4.6 | 20.8 | 30.6 | 27.4 | 6.8 | 9.9 |
| | 中国媒体 | 10.1 | 22.7 | 30.0 | 16.3 | 5.0 | 16.0 |
| | 两者之差 | -5.5 | -1.9 | 0.6 | 11.1 | 1.8 | -6.1 |
| 俄罗斯 | 本国媒体 | 4.0 | 6.4 | 27.8 | 50.8 | 4.1 | 6.9 |
| | 中国媒体 | 6.5 | 11.6 | 28.5 | 24.3 | 4.3 | 24.8 |
| | 两者之差 | -2.5 | -5.2 | 0.7 | 26.5 | -0.2 | -17.9 |
| 印度 | 本国媒体 | 9.3 | 5.0 | 27.7 | 35.6 | 19.1 | 3.3 |
| | 中国媒体 | 7.5 | 7.5 | 28.7 | 31.0 | 16.7 | 8.7 |
| | 两者之差 | 1.8 | -2.5 | -1 | 4.6 | 2.4 | -5.4 |
| 日本 | 本国媒体 | 4.2 | 16.5 | 37.5 | 30.0 | 3.3 | 8.6 |
| | 中国媒体 | 20.2 | 29.7 | 27.0 | 9.2 | 1.1 | 12.8 |
| | 两者之差 | -16.0 | -13.2 | 10.5 | 20.8 | 2.2 | -4.2 |

表10-25 本国传媒有助于了解中国与中国传媒有助于了解中国均值比较（5级量表）

|  | 美国 | 德国 | 俄罗斯 | 印度 | 日本 | 五国平均 |
| --- | --- | --- | --- | --- | --- | --- |
| 本国传媒 | 3.22 | 3.12 | 3.48 | 3.52 | 3.13 | 3.29 |
| 中国传媒 | 3.19 | 2.80 | 3.11 | 3.46 | 2.13 | 2.94 |
| 本国与中国之差 | 0.03 | 0.32 | 0.37 | 0.06 | 1.00 | 0.36 |

3. 对各类媒体的信任度对比

（1）对各类媒体的信任度对比。

五国受访者对不同形态的媒体（新闻出版社、电视台和互联网）和不同所有制的媒体（政府媒体、公共媒体和商业媒体）信任的比例情况见表10-26。问卷将"不知道"重新编码成系统缺省，对美、德、印、日四国数据将"根本不信任"赋值为1，"不信任"赋值2，"信任"赋值3，"很信任"赋值为4，对每一类媒体以4级量表求出一个均值。此问题俄罗斯问卷为5级量表，对俄罗斯数据将"根本不信任"赋值为1，"不信任"赋值2，"中立"赋值3，"信任"赋值4，"很信任"赋值为5，对每一类媒体以5级量表求出一个均值，见表10-27。

美、德、印、日四国都使用的是4级量表测量，便于比较。以信任度的均值比较，三种不同形态的媒体中，四国受访者对互联网的信任程度最高（2.74），以下依次为电视台（2.57）、新闻出版（2.49）。三种不同所有制的媒体中，公共媒体信任度位居第一（2.58），商业媒体和政府媒体基本相同，前者高于后者0.04，信任度均值分别为：2.45、2.41。就各国对各类媒体的信任度平均而言，印度对媒体的信任度最高（3.005），为信任。美国（2.527）和德国（5.525）基本相同，处于不太信任和信任之间。日本对媒体的信任度最低（2.097），为较不信任。

表 10-26　五国受访者对各类媒体的信任情况

单位:%

| | | 不同形态的媒体 | | | 不同所有制媒体 | | | 各类媒体平均 |
|---|---|---|---|---|---|---|---|---|
| | | 新闻出版业 | 电视台 | 互联网 | 政府 | 公共 | 商业 | |
| 美国 | 根本不信任 | 8.4 | 6.0 | 4.3 | 17.0 | 6.7 | 10.0 | 8.7 |
| | 不太信任 | 41.3 | 40.3 | 25.1 | 38.7 | 35.7 | 44.3 | 37.6 |
| | 信任 | 29.4 | 31.1 | 43.2 | 25.3 | 35.9 | 26.8 | 31.9 |
| | 很信任 | 11.5 | 14.5 | 18.6 | 8.9 | 12.1 | 8.9 | 12.4 |
| | 不知道 | 9.5 | 8.3 | 8.9 | 10.0 | 9.5 | 10.1 | 9.4 |
| 德国 | 根本不信任 | 9.7 | 7.81 | 6.6 | 11.6 | 6.7 | 10.3 | 8.8 |
| | 不太信任 | 33.3 | 30.2 | 26.1 | 33.7 | 27.0 | 36.2 | 31.1 |
| | 信任 | 41.8 | 46.6 | 49.0 | 35.8 | 47.5 | 36.4 | 42.8 |
| | 很信任 | 5.4 | 5.8 | 8.1 | 7.7 | 6.9 | 4.1 | 6.3 |
| | 不知道 | 9.8 | 9.6 | 10.3 | 11.3 | 11.8 | 13.1 | 11.0 |
| 俄罗斯 | 根本不信任 | 8.2 | 7.1 | — | 8.5 | 5.5 | 8.1 | 7.5 |
| | 不太信任 | 18.9 | 20.6 | — | 19.2 | 14.5 | 18.3 | 18.3 |
| | 中立 | 38.9 | 34.4 | — | 43.9 | 44.8 | 46.7 | 41.7 |
| | 信任 | 25.6 | 29.4 | — | 19.1 | 25.6 | 17.0 | 23.3 |
| | 很信任 | 3.1 | 3.6 | — | 2.2 | 2.9 | 3.1 | 3.0 |
| | 不知道 | 5.3 | 4.9 | — | 7.1 | 6.7 | 6.9 | 6.2 |
| 印度 | 根本不信任 | 12.3 | 6.4 | 5.6 | 7.8 | 7.6 | 7.5 | 7.9 |
| | 不太信任 | 18.4 | 16.7 | 10.6 | 17.9 | 15.0 | 17.1 | 16.0 |
| | 信任 | 37.1 | 37.7 | 36.4 | 38.4 | 36.9 | 38.5 | 37.5 |
| | 很信任 | 26.1 | 34.5 | 43.0 | 28.8 | 32.7 | 28.7 | 32.3 |
| | 不知道 | 6.2 | 4.7 | 4.4 | 7.1 | 7.8 | 8.2 | 6.4 |
| 日本 | 根本不信任 | 18.3 | 21.6 | 13.5 | 27.8 | 21.1 | 17.2 | 19.9 |
| | 不太信任 | 40.8 | 43.8 | 42.9 | 42.8 | 42.3 | 47.8 | 43.4 |
| | 信任 | 28.5 | 22.4 | 29.0 | 18.2 | 23.8 | 20.9 | 23.8 |
| | 很信任 | 2.5 | 2.9 | 3.9 | 1.5 | 1.8 | 1.4 | 2.3 |
| | 不知道 | 9.8 | 9.3 | 10.8 | 9.6 | 11.0 | 12.6 | 10.5 |

表 10-27 各国受访者对各类媒体的信任度均值

| | 新闻出版业 | 电视台 | 互联网 | 政府媒体 | 公共媒体 | 商业媒体 | 平均 |
|---|---|---|---|---|---|---|---|
| 美国 | 2.48 | 2.59 | 2.83 | 2.29 | 2.59 | 2.38 | 2.527 |
| 德国 | 2.48 | 2.56 | 2.65 | 2.45 | 2.62 | 2.39 | 2.525 |
| 印度 | 2.82 | 3.05 | 3.22 | 2.95 | 3.03 | 2.96 | 3.005 |
| 日本 | 2.17 | 2.07 | 2.26 | 1.93 | 2.07 | 2.08 | 2.097 |
| 各国平均 | 2.49 | 2.57 | 2.74 | 2.41 | 2.58 | 2.45 | |
| 俄罗斯 | 2.96 | 3.02 | — | 2.86 | 3.06 | 2.87 | 2.954 |

注：美、德、印、日本为4级量表，俄为5级别量表且没有测量互联网。

(2) 对整个媒体行业信任度和对中国相应媒体信任度对比。

受访者对新闻出版业、电视台、互联网三个行业的信任情况和对中国新闻出版、电视台、互联网的信任情况的比例见表10-28。除去不知道者，对根本不信任赋值1，不信任赋值2，信任赋值3，很信任赋值4，计算出表态者对各媒体信任度的均值，整体、青年和精英的均值情况见表10-29。

四国比较，整体受访者中，就媒体整个行业而言，对互联网的信任度都最高，其次是电视台，最后是新闻出版业；就中国媒体而言，四国受访者也是最信任互联网，其次是电视台，最后是新闻出版业。四国受访者对中国媒体的信任程度略低于对整个媒体的信任程度。美国、德国对中国媒体的信任上有歧视，俄罗斯、印度对中国媒体信任上没有歧视。

青年中，美国青年对整个媒体行业和对中国媒体的信任度基本上略高于整体，对中国媒体处于不信任和信任之间，趋向不信任。德国青年对整个媒体行业和对中国媒体的信任度与整体持平，均低于其他三国，对中国媒体不信任。俄罗斯青年对整个媒体行业和中国媒体的信任度高于整体，对中国媒体处于不信任和信任之间，趋向信任。印度青年对整个媒体行业和中国媒体的信任度略低于整体，对中国媒体基本信任。总体上，美国、德国、印度对整个媒体的信任度高于中国媒体；俄罗斯相反，对中国媒体的信任度高过整个媒体。

精英中，美国、德国的精英对中国媒体的信任度低于对整个媒体的信任度，对中国媒体都不信任，德国精英的信任度尤其低。俄罗斯精英对中国媒体的信任度高于对整个媒体的信任度，对中国媒体趋向信任。印度精英对中国媒体的信任度与对整个媒体的信任度大体持平，对中国媒体都信任。三种媒体中，四国精英对互联网的信任度都最高。

表 10-28 四国受访者对各类媒体的信任比例

单位：%

| 国家 | 态度 | 新闻出版 | | 电视台 | | 互联网 | | 三类媒体平均 | |
|---|---|---|---|---|---|---|---|---|---|
| | | 整个行业 | 中国媒体 | 整个行业 | 中国媒体 | 整个行业 | 中国媒体 | 整个行业 | 中国媒体 |
| 美国 | 根本不信任 | 11.2 | 18.9 | 8.6 | 16.1 | 5.3 | 14.2 | 8.4 | 16.4 |
| | 不太信任 | 48.0 | 36.5 | 44.5 | 35.1 | 31.3 | 32.5 | 41.3 | 34.7 |
| | 信任 | 24.1 | 14.1 | 27.2 | 15.7 | 38.0 | 18.2 | 29.8 | 16.0 |
| | 很信任 | 6.4 | 4.7 | 10.0 | 7.3 | 15.6 | 8.2 | 10.7 | 6.7 |
| | 不知道 | 10.3 | 25.8 | 9.6 | 25.9 | 9.8 | 26.8 | 9.9 | 26.2 |
| 德国 | 根本不信任 | 11.3 | 25.0 | 8.6 | 21.9 | 7.3 | 20.3 | 9.1 | 22.4 |
| | 不太信任 | 30.7 | 33.7 | 29.7 | 32.8 | 26.2 | 28.8 | 28.9 | 31.8 |
| | 信任 | 40.5 | 16.1 | 45.6 | 19.1 | 47.7 | 23.6 | 44.6 | 19.6 |
| | 很信任 | 8.9 | 3.1 | 7.8 | 3.4 | 10.8 | 4.5 | 9.2 | 3.7 |
| | 不知道 | 8.6 | 22.2 | 8.3 | 22.8 | 8.0 | 22.8 | 8.3 | 22.6 |
| 俄罗斯 | 根本不信任 | 5.7 | 3.8 | 8.0 | 4.1 | 3.3 | 3.4 | 5.7 | 3.8 |
| | 不太信任 | 29.7 | 18.4 | 29.4 | 20.3 | 20.5 | 16.4 | 26.5 | 18.4 |
| | 信任 | 42.1 | 32.3 | 44.0 | 34.0 | 53.1 | 38.6 | 46.4 | 35.0 |
| | 很信任 | 7.4 | 8.5 | 8.8 | 8.8 | 12.1 | 9.1 | 9.4 | 8.8 |
| | 不知道 | 15.1 | 37.1 | 9.9 | 32.9 | 11.0 | 32.6 | 12.0 | 34.2 |
| 印度 | 根本不信任 | 3.3 | 4.6 | 3.5 | 5.2 | 2.3 | 4.3 | 3.0 | 4.7 |
| | 不太信任 | 22.6 | 24.2 | 17.1 | 18.7 | 16.8 | 19.4 | 18.8 | 20.8 |
| | 信任 | 35.3 | 29.6 | 37.6 | 36.1 | 31.4 | 30.2 | 34.8 | 32.0 |
| | 很信任 | 32.9 | 30.9 | 37.3 | 32.0 | 45.7 | 38.6 | 39.2 | 33.8 |
| | 不知道 | 5.9 | 10.7 | 4.4 | 8.1 | 3.7 | 7.5 | 4.7 | 8.8 |

表10-29 对新闻出版、电视台、互联网整体行业和相应中国行业信任均值对比（4级量表）

| | | 美国 | | 德国 | | 俄罗斯 | | 印度 | |
|---|---|---|---|---|---|---|---|---|---|
| | | 整个行业 | 中国媒体 | 整个行业 | 中国媒体 | 整个行业 | 中国媒体 | 整个行业 | 中国媒体 |
| 整体 | 新闻出版业 | 2.29 | 2.06 | 2.52 | 1.96 | 2.60 | 2.72 | 3.04 | 2.97 |
| | 电视台 | 2.43 | 2.19 | 2.57 | 2.05 | 2.59 | 2.71 | 3.14 | 3.03 |
| | 互联网 | 2.71 | 2.28 | 2.67 | 2.16 | 2.83 | 2.79 | 3.25 | 3.12 |
| | 三项平均 | 2.48 | 2.18 | 2.59 | 2.06 | 2.67 | 2.74 | 3.14 | 3.04 |
| 青年 | 新闻出版业 | 2.29 | 2.20 | 2.48 | 1.95 | 2.66 | 2.76 | 2.92 | 2.85 |
| | 电视台 | 2.51 | 2.32 | 2.55 | 2.13 | 2.66 | 2.71 | 3.02 | 2.95 |
| | 互联网 | 2.83 | 2.46 | 2.66 | 2.15 | 2.82 | 2.71 | 3.32 | 3.10 |
| | 三项平均 | 2.54 | 2.33 | 2.56 | 2.08 | 2.71 | 2.73 | 3.09 | 2.97 |
| 精英 | 新闻出版业 | 2.25 | 1.86 | 2.52 | 1.79 | 2.63 | 2.81 | 3.23 | 3.21 |
| | 电视台 | 2.29 | 2.01 | 2.58 | 1.85 | 2.56 | 2.73 | 3.36 | 3.25 |
| | 互联网 | 2.47 | 2.04 | 2.70 | 2.03 | 2.82 | 2.94 | 3.34 | 3.32 |
| | 三项平均 | 2.34 | 1.97 | 2.60 | 1.89 | 2.67 | 2.83 | 3.31 | 3.26 |

4. 对各大通讯社的信任

新华社是中国重要的对外传播渠道。问卷中将新华社与世界多家重要通讯社作对比，包括美联社、路透社和法新社以及受访国本国的通讯社，以了解当今五国受访者对它们的信任程度。在对"不了解该通讯社"作系统缺省处理后，将"根本不信任"赋值1，"较不信任"赋值2，"中立"赋值3，"较信任"赋值4，"很信任"赋值5，计算均值。各选项的比例和态度均值见表10-30和表10-31。

以信任度均值排序，新华社在印、俄排在美联社之前，在美、德、日排在最后。五国信任度平均，四大通讯社的信任度均值从高到低排列为：路透社（3.28）、法新社（3.12）、美联社（3.10）、新华社（2.82）。美、德、俄、印受访者都视本国通讯社最为信任，只有日本将路透社排在共同社之前。五国对新华社的信任度均值最高的是印度（3.29），处于中立和信任之间，倾向中立；其次是俄罗斯（2.99），为中立；美国（2.71）和德国

（2.61）处于不信任和中立之间，倾向于中立；日本（2.48）处于不信任和中立之间。

表 10-30 受访者对不同通讯社的信任情况

单位：%

| | 通讯社 | 根本不信任 | 不信任 | 中立 | 信任 | 很信任 | 不了解 |
|---|---|---|---|---|---|---|---|
| 美国 | 美联社 | 7.0 | 10.8 | 27.9 | 30.0 | 15.2 | 9.0 |
| | 路透社 | 6.2 | 10.1 | 32.7 | 21.7 | 9.4 | 19.8 |
| | 法新社 | 8.1 | 11.6 | 34.8 | 11.1 | 4.2 | 30.2 |
| | 新华社 | 10.0 | 16.8 | 31.4 | 8.8 | 3.8 | 29.3 |
| 德国 | 美联社 | 9.1 | 8.5 | 32.3 | 13.7 | 4.1 | 32.3 |
| | 新华社 | 10.6 | 15.4 | 29.8 | 7.0 | 2.4 | 34.9 |
| | 路透社 | 6.5 | 5.8 | 30.7 | 23.4 | 8.6 | 24.9 |
| | 法新社 | 6.5 | 6.7 | 32.1 | 17.7 | 5.1 | 32.0 |
| | 德新社 | 4.9 | 6.0 | 26.1 | 33.5 | 17.4 | 12.1 |
| 俄罗斯 | 美联社 | 12.8 | 18.6 | 39.8 | 10.0 | 1.3 | 17.5 |
| | 新华社 | 4.9 | 11.0 | 46.5 | 14.6 | 2.8 | 20.2 |
| | 路透社 | 6.8 | 11.6 | 41.6 | 20.8 | 3.5 | 15.7 |
| | 法新社 | 6.5 | 11.5 | 45.7 | 14.6 | 1.7 | 20.0 |
| | 俄通社 | 4.9 | 9.6 | 32.0 | 34.9 | 9.7 | 9.0 |
| 印度 | 美联社 | 15.0 | 10.0 | 21.5 | 24.9 | 18.2 | 10.4 |
| | 新华社 | 9.7 | 12.6 | 25.5 | 22.3 | 17.6 | 12.2 |
| | 路透社 | 9.3 | 7.5 | 25.9 | 25.3 | 21.3 | 10.7 |
| | 法新社 | 8.8 | 7.6 | 25.7 | 25.1 | 17.6 | 15.2 |
| | 印度报业托拉斯通讯社 | 7.0 | 5.5 | 17.3 | 25.5 | 37.0 | 7.7 |
| 日本 | 美联社 | 6.0 | 9.0 | 29.9 | 38.8 | 6.1 | 10.3 |
| | 新华社 | 16.0 | 25.9 | 34.7 | 9.3 | 1.3 | 12.7 |
| | 路透社 | 4.9 | 7.2 | 27.6 | 43.5 | 7.3 | 9.4 |
| | 法新社 | 5.0 | 8.5 | 34.6 | 33.8 | 5.2 | 12.9 |
| | 共同社 | 5.7 | 8.9 | 29.6 | 39.0 | 6.5 | 10.4 |
| 五国各项选择的平均值 | | 8.0 | 10.7 | 31.5 | 22.9 | 9.5 | 17.5 |

表 10-31　对各家通讯社的信任度均值

| 通讯社 | 美国 | 德国 | 俄罗斯 | 印度 | 日本 | 五国平均 |
| --- | --- | --- | --- | --- | --- | --- |
| 美联社 | 3.39 | 2.91 | 2.62 | 3.24 | 3.34 | 3.10 |
| 路透社 | 3.23 | 3.20 | 3.03 | 3.47 | 3.45 | 3.28 |
| 法新社 | 2.88 | 3.10 | 2.92 | 3.42 | 3.30 | 3.12 |
| 新华社 | 2.71 | 2.61 | 2.99 | 3.29 | 2.48 | 2.82 |
| 德新社 | — | 3.53 | — | — | — | — |
| 俄通社 | — | — | 3.38 | — | — | — |
| 印度报业托拉斯通讯社 | — | — | — | 3.87 | — | — |
| 共同社 | — | — | — | — | 3.35 | — |

## 第二节　在日本、韩国、越南、印尼的影响

### 一、问卷修订

2013年在对日本、韩国、越南和印尼调查时，我们对问卷进行了调整，主要是由于问卷（Ⅰ）和（Ⅱ）是两份问卷，可以问更多的问题，而问卷（Ⅲ）作为一份问卷，询问的问题有一定的限制，加之中国对韩、越、印尼也没有其母语的电视节目等原因，因而在保持询问"海外受众了解中国的主要信源、接触中国传统媒体的特征、接触中国新媒体的特征、对媒体及中国媒体的评价"四个方面不变的前提下，对问卷（Ⅰ）和（Ⅱ）的内容进行了精简。具体的修改如下：

在受访者了解中国文化信源的问题中，由以前的三个问题变为两个问题，在保留的前两个问题中，增加了一个选项"海外中国文化中心"。该中心是中国派驻国外的官方文化机构，是开展文化外交工作的重要窗口、桥梁和平台，主要任务是介绍中华文化、增进理解互信、开展交流合作。

对于受访者接触中国传统媒体的问卷设计，由以前的两个问题变为一个问题，只是笼统地调查了对中国出版的图书、电影、电视节目、广播节目的使用率和好感度。

对于海外受访者使用中国新媒体的问卷设计，由以前的五个问题变为两

个问题,只调查主要对外网站和文化网站的情况,没有调查受访者使用新型社交网络媒体的情况,也没有调查未使用中国文化网站的原因和对网站的评价。

对于中国媒体的评价的问卷设计,由以前的四个问题变为一个问题,只是调查了海外受访者对媒体的整体信任度和对中国媒体的信任度,没有调查对中国媒体报道的具体评价、中外传媒报道效果整体对比和对各大通讯社的信任度。

## 二、获取中国信息的渠道

### (一)问卷内容

(Ⅲ)V19. 您听说过中国在贵国举办的文化交流项目(如中国文化年/月/周、文化展或文艺演出)吗?

1. 没听说过　　2. 听说过

(Ⅲ)V19-1. 如果听说过,您通过哪个渠道得知这个信息?(可多选)

1. 本国报纸　　2. 本国杂志　　3. 本国广播　　4. 本国电视
5. 本国网络　　6. 手机　　　　7. 本国户外广告
8. 与本国人交流　　9. 中国大使馆/领事馆　　10. 孔子学院
11. 中国传统外文媒体　　　　12. 中国的外文网站
13. 与中国人交流　　14. 中国文化中心　　　　77. 其他

(Ⅲ)V23. 您主要是通过哪种渠道了解中国信息的?(可多选)

1. 本国传媒　　　　2. 中国大陆传媒　　　3. 中国台湾传媒
4. 其他国家的传媒　　5. 国内的朋友(本国人)
6. 在本国的中国人　　7. 到中国旅游　　　8. 中国商品
9. 中国文艺团体在本国的演出　　　　10. 中餐馆
11. 孔子学院　　　　12. 中国文化中心　　　　77. 其他

### (二)数据分析

1. 了解文化交流活动的信息渠道

受访者是通过什么渠道了解到中国在该国举办文化交流活动的呢?在列

出的15种可供选择的信息渠道中，四国平均计算，受访者使用最多前三种渠道是：本国电视（61.9%）、本国网络（57.5%）和本国报纸（53.5%）。从所在国媒体和中国对外媒体两类媒体看，15种媒体排名前6位的都是本国媒体，受访者都是主要通过本国媒体了解到中国文化交流活动的。从所在国的传统媒体和网络新媒体看，电视和网络的使用率基本相同，都名列第一或第二。四国之间三者排序各有不同，在韩国和越南，网络排在首位，其次是电视。排在末尾三名的为：中国的外文网站（7.7%）、中国传统外文媒体（5.6%）、孔子学院（3.9）。

从人际传播看，与本国人交流和与中国人交流获得文化交流信息的比例很接近（14.2%、11.5%），高于其他渠道、中国文化中心、中国使领馆、手机、中国的外文网站、中国传统外文媒体、孔子学院。

在日本，通过中国渠道获得相关信息的比例远远低于其他三国。例如，通过中国的对外网站获得相关信息的使用比例，日本为3.6%，韩国为5.8%，越南为7.5%，印尼为13.9%。见表10-32。

表10-32 了解交流活动的信息渠道的比例（%）及排名

|  | 日本 | 排名 | 韩国 | 排名 | 越南 | 排名 | 印尼 | 排名 | 四国平均 | 排名 |
|---|---|---|---|---|---|---|---|---|---|---|
| 本国电视 | 61.1 | 1 | 53.4 | 2 | 69.9 | 3 | 63.3 | 1 | 61.9 | 1 |
| 本国网络 | 33.6 | 3 | 54.5 | 1 | 80.2 | 1 | 61.5 | 2 | 57.5 | 2 |
| 本国报纸 | 50.8 | 2 | 37.2 | 3 | 75.7 | 2 | 50.1 | 3 | 53.5 | 3 |
| 本国杂志 | 19.4 | 4 | 10.2 | 4 | 36.9 | 5 | 29.8 | 4 | 24.1 | 4 |
| 本国广播 | 14.2 | 5 | 8.4 | 7 | 44.5 | 4 | 14.4 | 9 | 20.4 | 5 |
| 本国户外广告 | 8.7 | 8 | 7.9 | 8 | 28.9 | 6 | 17.4 | 6 | 15.7 | 6 |
| 与本国人交流 | 9.3 | 7 | 8.6 | 6 | 19.5 | 7 | 19.2 | 5 | 14.2 | 7 |
| 与中国人交流 | 8.1 | 9 | 9.0 | 5 | 13.1 | 11 | 15.7 | 8 | 11.5 | 8 |
| 其他 | 11.7 | 6 | 7.9 | 8 | 14.7 | 10 | 8.4 | 13 | 10.7 | 9 |
| 中国文化中心 | 2.2 | 13 | 7.1 | 10 | 12.5 | 12 | 17.2 | 7 | 9.8 | 10 |
| 中国使领馆 | 2.2 | 13 | 6.1 | 11 | 15.1 | 9 | 14.1 | 10 | 9.4 | 11 |
| 手机 | 2.8 | 12 | 5.8 | 12 | 16.8 | 8 | 8.6 | 12 | 8.5 | 12 |
| 中国的外文网站 | 3.6 | 11 | 5.8 | 12 | 7.5 | 14 | 13.9 | 11 | 7.7 | 13 |
| 中国传统外文媒体 | 4.0 | 10 | 4.2 | 14 | 7.8 | 13 | 6.2 | 14 | 5.6 | 14 |
| 孔子学院 | 2.0 | 15 | 2.3 | 15 | 5.7 | 15 | 5.5 | 15 | 3.9 | 15 |

2. 获取中国信息所通过的渠道

在5类13种信息传播渠道中，受访问者选用的渠道情况（表10-33）如下：

（1）大众传媒。将传统大众传媒体与网络媒体统称大众传媒，细分成本国、中国大陆、中国台湾、其他外国等四种。数据显示：

在13种媒体中，本国大众传媒是受访者首选的媒体。四种传媒中，四国平均使用的比例由高到低排列为：本国大众传媒（79.8%）、中国大陆大众传媒（9.7%）、其他外国大众传媒（8.7%）、中国台湾大众传媒（7.1%）。使用本国媒体的比例，四国有不小的差异，从高到低排序为：日本（90.2%）、越南（83.6%）、韩国（79.2%）、印尼（66.0%）。四国使用中国大众传媒情况差异比较大，日本受访者有7.8%通过中国大陆传媒获得中国信息，排在第4名；韩国的相应数字为3.9%，在所有媒体中排名第9；越南的相应数字为12.5%，在所有媒体中排名第10；印尼的相应数字为14.4%，在所有媒体中排名第10。

（2）人际交流。人际交流有三种形式：通过国内的朋友（本国人）、通过在本国的中国人、到中国旅游。数据显示：有28.2%的受访者通过国内的朋友（本国人）获得有关中国的信息，在13个选项中，四国平均排名第二。但四国有很大的差异，从高到低排序为：越南（50.4%）、印尼（32.0%）、韩国（21.7%）、日本（8.6%）。通过国内的朋友（本国人）获得有关中国的信息的比例高于其他两种人际交流方式——在本国的中国人（19.1%）和到中国旅游（11.7%）。值得注意的是，受访者通过在本国的中国人获取信息的比例高出通过中国大陆传媒（9.7%）近10个百分点。

（3）组织传播。选项中列举的组织传播形式有：中国文艺团体在本国的演出、中餐馆、孔子学院、中国文化中心。数据显示，四类组织传播的比例由高到低为：中餐馆（20.1%）、中国文艺团体在本国的演出（12.6%）、中国文化中心（7.7%）、孔子学院（2.8%）。通过中国文艺团体在本国演出获得信息的情况差异比较大，日本受访者有2%，排在第11名，韩国有4.1%，排在第8名，越南有13.2%，排在第9名，印尼有31.1%，排在第4名。

(4) 实物传播。选项只列举了一种，即中国商品。数据显示，有18.6%的受访者通过中国商品获取中国信息，在13种信息传播渠道中名列第5。

(5) 其他。数据显示，有17.6%的受访者通过其他方式获取中国信息，在13种信息传播渠道中名列第6。其他传播渠道主要是什么？或者为什么有这么大的比例选择了其他？值得探讨。

总之，四国受访者获取中国信息所通过的渠道排在前5名的为：本国传媒、国内的朋友（本国人）、中餐馆、在本国的中国人、中国商品。其中本国媒体占据着绝对优势。

表10-33 四国受访者获取中国信息所通过的渠道

| 信息渠道 | 日本 使用率(%) | 排名 | 韩国 使用率(%) | 排名 | 越南 使用率(%) | 排名 | 印尼 使用率(%) | 排名 | 四国平均 使用率(%) | 排名 |
|---|---|---|---|---|---|---|---|---|---|---|
| 本国传媒 | 90.2 | 1 | 79.2 | 1 | 83.6 | 1 | 66.0 | 1 | 79.8 | 1 |
| 国内的朋友（本国人） | 8.6 | 3 | 21.7 | 2 | 50.4 | 2 | 32.0 | 3 | 28.2 | 2 |
| 中餐馆 | 7 | 5 | 3.3 | 11 | 27.9 | 6 | 42.1 | 2 | 20.1 | 3 |
| 在本国的中国人 | 6.1 | 7 | 13.4 | 3 | 28.1 | 5 | 28.8 | 5 | 19.1 | 4 |
| 中国商品 | 3.5 | 10 | 7.4 | 6 | 36.4 | 3 | 27.1 | 6 | 18.6 | 5 |
| 其他 | 10.2 | 2 | 12.2 | 4 | 33.2 | 4 | 14.7 | 9 | 17.6 | 6 |
| 中国文艺团体在本国的演出 | 2 | 11 | 4.1 | 8 | 13.2 | 9 | 31.1 | 4 | 12.6 | 7 |
| 到中国旅游 | 4.4 | 9 | 11.0 | 4 | 15.1 | 7 | 16.1 | 8 | 11.7 | 8 |
| 中国大陆传媒 | 7.8 | 4 | 3.9 | 9 | 12.5 | 10 | 14.4 | 10 | 9.7 | 9 |
| 其他国家的传媒 | 7 | 5 | 3.5 | 10 | 13.6 | 8 | 10.8 | 11 | 8.7 | 10 |
| 中国文化中心 | 0.7 | 12 | 4.4 | 7 | 9.5 | 11 | 16.3 | 7 | 7.7 | 11 |
| 中国台湾传媒 | 5.2 | 8 | 3.2 | 12 | 9.3 | 11 | 10.8 | 11 | 7.1 | 12 |
| 孔子学院 | 0.6 | 13 | 0.6 | 13 | 5.4 | 13 | 4.7 | 13 | 2.8 | 13 |

## 三、中国传统大众媒体的使用情况及态度

### （一）问卷内容

（Ⅲ）V24—V27. 在过去一年中，您使用过下列中国的媒体吗？您喜欢这些媒体上的内容吗？

|  | 没使过 | 使用过 | | | | |
|---|---|---|---|---|---|---|
|  | 0.没用过 | 1.很不喜欢 | 2.较不喜欢 | 3.中立 | 4.较喜欢 | 5.很喜欢 |
| V25. 中国出版的图书 | | | | | | |
| V26. 中国生产的电影 | | | | | | |
| V27. 中国电视台的节目 | | | | | | |
| V28. 中国国际广播电台的节目 | | | | | | |

### （二）数据分析

1. 使用率

在列出的四种媒体中，四国平均使用率排名（表10-34）为：电影（46.0%）、电视（24.0%）、图书（17.3%）、广播（8.6%）。电影虽然在四国都名列第一，但是国别差距大，越南的使用率为79.8%，而日本仅为4.2%。广播在四国都排在末尾，但是国别差距大，印尼为17.1%，日本为1.2%。电视和图书，各国的使用率也有较大差异。四种媒体平均使用率由高到低排名为：越南（39.8%）、印尼（37.6%）、韩国（16.0%）、日本（2.5%）。

2. 喜好度

把"很不喜欢"赋值为1，"很喜欢"赋值为5，以此类推，计算出受访者对中国传统媒体评价的平均值，平均值越高，说明对该媒介评价越高。在列出的四种媒体中，四国平均喜好度排名为：电影（4.13）、图书（3.88）、广播（3.83）、电视（3.79），总体来看是持比较喜欢的态度，只是程度不同。电影在四国都名列第一，国别差距不大，印尼喜好度最高，为4.32，韩国最低，为3.87。图书在日本名列第二，广播在其他三国名列

第二。

喜好度以国别比较,四种媒体平均喜好度由高到低排名为:印尼(4.13)、越南(3.92)、日本(3.89)、韩国(3.68)。四国使用了中国媒体的受访者基本上对四种媒体都持比较喜欢的态度。

表10-34 过去一年中四国受访者使用中国传统媒体的情况及喜好度(5级量表)

|  | 电影 | | 电视台的节目 | | 图书 | | 国际广播电台的节目 | | 本国平均 | |
| --- | --- | --- | --- | --- | --- | --- | --- | --- | --- | --- |
|  | 使用率 | 喜好度 | 使用率 | 喜好度 | 使用率 | 喜好度 | 使用率 | 喜好度 | 使用率 | 喜好度 |
| 日本 | 4.2% | 4.22 | 2.8% | 3.62 | 1.9% | 4.13 | 1.2% | 3.60 | 2.5% | 3.89 |
| 韩国 | 35.8% | 3.87 | 17.6% | 3.57 | 8.5% | 3.61 | 1.8% | 3.68 | 16.0% | 3.68 |
| 越南 | 79.8% | 4.10 | 33.6% | 3.94 | 31.4% | 3.69 | 14.4% | 3.94 | 39.8% | 3.92 |
| 印尼 | 64.3% | 4.32 | 41.7% | 4.01 | 27.3% | 4.08 | 17.1% | 4.10 | 37.6% | 4.13 |
| 四国平均 | 46.0% | 4.13 | 24.0% | 3.79 | 17.3% | 3.88 | 8.6% | 3.83 | — | — |
| 排名 | 1 | 1 | 2 | 4 | 3 | 2 | 4 | 3 | — | — |

## 四、接触中国对外网站的情况

### (一)问卷内容

问卷调查了受访者使用中国对外六大网站及对外文化交流主要网站的情况,并在不同国家增加了特有的中国对外网站,例如在日本增加了CCTV大富等网站,在韩国增加了中国文化院网站、在越南增加了北部湾之声越南语部网站。对受访者使用百度中文网站的情况进行了调查,以便与中国对外的网站进行对照。

(Ⅲ) V29. 在过去一年里,您通过百度中文网站接触过中国文化吗?

| 名称 | 0次 1次 2次 3次 4次 5次 6次 7次 8次 9次及以上 |
| --- | --- |
| 百度 http://www.baidu.com/ | |

(Ⅲ) V29-1—V29-12. 在过去一年里,您接触过下列哪些关于中国文化的网站?（V29-1 到 V29-8 为四国都调查的网站,V29-9 之后为中国对各国特有的网站）

| 媒体名称及网站名 | 0次　1次　2次　3次　4次　5次<br>6次　7次　8次　9次及以上 |
|---|---|
| V29-1. 中国网<br>http：//china.com.cn/ | |
| V29-2. 新华网<br>http：//english.news.cn/ | |
| V29-3. 人民网<br>http：//english.peopledaily.com.cn/ | |
| V29-4. 中国文化产业网<br>http：//www.cnci.gov.cn | |
| V29-5. 中国文化网<br>http：//www.chinaculture.org | |
| V29-6. 中国日报网<br>www.chinadaily.com.cn | |
| V29-7. 中国网络电视台英语频道<br>http：//english.cntv.cn | |
| V29-8. 网络孔子学院<br>http：//www.chinese.cn/ | |
| V29-9. CRI 国际在线.<br>http：//japanese.cri.cn/（日本）<br>http：//korean.cri.cn/（韩国）<br>http：//vietnamese.cri.cn/（越南）<br>http：//indonesian.cri.cn/（印尼） | |
| V29-10. CCTV 大富（日本）<br>http：//www.cctvdf.com/j/<br>中国文化院（韩国）<br>http：//www.cccseoul.org/main/main.php<br>北部湾之声越南语（越南）<br>http：//www.bbrtv.com/vietnamese | |

续表

| 媒体名称及网站名 | 0次 1次 2次 3次 4次 5次<br>6次 7次 8次 9次及以上 |
| --- | --- |
| V29-11.<br>东方卫视 ch. 781（日本）<br>http：//www. stv-japan. jp/<br>北京旅游局（韩国）<br>http：//www. visitbeijing. or. kr/ | |
| V29-12.<br>新民晚报网站（日本）<br>http：//xmwb. news365. com. cn/ | |

## （二）数据分析

1. 各国情况

使用中国对外六大网站及对外文化交流主要网站的情况见表10-35。

日本受访者对中国网站的使用率（接触过1次以上的百分比）不高，受访者使用最多的是百度中文网站，使用率只有11.9%；其次是新华网和中国网，使用率分别是5.6%和4.7%。使用率最少的是新民晚报网，为1.9%。由于总体的使用率不高，所以总体使用次数的平均值也低，年平均使用次数最多的百度中文网站也仅有0.46次。

韩国受访者使用最多的是百度中文网站，其次是中国网络电视台英语频道和北京旅游局官网。使用过这些网站的受访者中，大多数属于偶尔使用，12种网站使用最多的次数都是1次，年平均使用次数为3次左右。

越南问卷列出11个网站调查受访者使用情况。受访者使用最多的是中国网络电视台英语频道，其次是百度中文网站和北部湾之声越南语部。使用过这些网站的受访者中，年平均使用次数在4次左右。

印尼受访者使用最多的是百度中文网站，其次是中国文化网和中国网络电视台英语频道。使用过这些网站的受访者中，大多数属于偶尔使用，10种网站使用最多的次数均为1次。百度中文网站的使用次数均值最高，为2.52次；其他网站的使用次数均值都在1次以上2次以下。

2. 四国对比

在过去一年里，四国受访者对中国网站的平均接触率（接触过1次以上的百分比）印尼最高（42.6%），以下依次为越南（29.8%）、韩国（11.0%）、日本（3.4%）。中国的各家对外网站在四国的接触率趋同，没有出现明显的出类拔萃者。对日网站的接触率基本都在3%上下，对韩国网站的接触率基本都在12%上下，对越网站的接触率基本都在30%上下，对印尼网站的接触率基本都在43%上下。四国平均接触率最高的中国网络电视台英语频道（26.1%）比接触率最低的网络孔子学院网（18.7%）只高出7.4%。

2012年这些网站（不包括百度中文网站）的平均使用次数，四国的排序为：越南4次，韩国为3次左右，印尼为1次以上2次以下，日本为0.24次以下。

表10-35 过去一年里四国受访者接触中国网站的接触率（接触过1次以上的%）

|  | 日本 | | 韩国 | | 越南 | | 印尼 | | 四国平均 | |
| --- | --- | --- | --- | --- | --- | --- | --- | --- | --- | --- |
|  | 接触率 | 排名 | 接触率 | 排名 | 接触率 | 排名 | 接触率 | 排名 | 接触率 | 排名 |
| 中国网络电视台英语频道 | 2.4 | 7 | 16.8 | 1 | 39.6 | 1 | 45.4 | 2 | 26.1 | 1 |
| 新华网 | 5.6 | 1 | 11.3 | 3 | 33.9 | 2 | 44.1 | 4 | 23.7 | 2 |
| 中国网 | 4.7 | 2 | 12.3 | 2 | 29.9 | 5 | 43.6 | 5 | 22.6 | 3 |
| 中国日报网 | 3.0 | 4 | 9.4 | 7 | 30.0 | 4 | 44.8 | 3 | 21.8 | 4 |
| 中国文化网 | 2.2 | 9 | 9.4 | 7 | 27.7 | 7 | 46.9 | 1 | 21.6 | 5 |
| 人民网 | 4.2 | 3 | 11.3 | 3 | 28.0 | 6 | 40.9 | 7 | 21.1 | 6 |
| CRI国际在线 | 2.9 | 5 | 9.0 | 9 | 30.2 | 3 | 41.1 | 6 | 20.8 | 7 |
| 中国文化产业网 | 2.3 | 8 | 9.6 | 6 | 22.9 | 9 | 40.0 | 8 | 18.7 | 8 |
| 网络孔子学院 | 2.9 | 5 | 9.7 | 5 | 25.9 | 8 | 36.3 | 9 | 18.7 | 8 |
| 以上九个网站平均 | 3.4 |  | 11.0 |  | 29.8 |  | 42.6 |  | — | — |
| CCTV大富 | 2.7 |  | — |  | — |  | — |  |  |  |
| 东方卫视 | 2.0 |  | — |  | — |  | — |  |  |  |
| 新民晚报网站 | 1.9 |  | — |  | — |  | — |  |  |  |
| 北京旅游局 | — |  | 14.7 |  | — |  | — |  |  |  |
| 中国文化院 | — |  | 12.6 |  | — |  | — |  |  |  |
| 北部湾之声越南语部 | — |  | — |  | 35.4 |  | — |  |  |  |
| 百度中文网站 | 11.9 |  | 19.2 |  | 37.2 |  | 56.8 |  | 31.3 |  |

## 五、对中国媒体的信任度

### (一) 问卷内容

问卷调查了对整个媒体和中国媒体的信任度。媒体分成两大类:一类从媒体业务属性分成三种,即新闻出版业、电视台、互联网;一类从媒体的所有制划分成三种,即政府媒体、公共媒体、商业媒体。

(Ⅲ) V30-1—V30-6. 您对下面各类大众传媒的信任程度如何?

| 内容 | 1. 很不信任 | 2. 不太信任 | 3. 信任 | 4. 很信任 | 88. 不知道 |
|---|---|---|---|---|---|
| V30-1. 新闻出版业 | | | | | |
| V30-2. 电视台 | | | | | |
| V30-3. 互联网 | | | | | |
| V30-4. 政府媒体 | | | | | |
| V30-5. 公共媒体 | | | | | |
| V30-6. 商业媒体 | | | | | |

(Ⅲ) V31-1—V31-6. 您对下面这些中国大众传媒的信任程度如何?

| 内容 | 1. 很不信任 | 2. 不太信任 | 3. 信任 | 4. 很信任 | 88. 不知道 |
|---|---|---|---|---|---|
| V31-1. 新闻出版业 | | | | | |
| V31-2. 电视台 | | | | | |
| V31-3. 互联网 | | | | | |
| V31-4. 政府媒体 | | | | | |
| V31-5. 公共媒体 | | | | | |
| V31-6. 商业媒体 | | | | | |

### (二) 数据分析

1. 对整个媒体的信任度

按照1—4赋值(除去不知道者,将很不信任赋值1,不太信任赋值2,

信任赋值3,很信任赋值4),测量结果见表10-36。

从国家看,日本受访者对所有媒体都持不太信任的态度,对不同业务媒体的平均信任度为2.26,对不同所有制媒体的平均信任度为2.17。

韩国受访者对所有媒体的态度都处于不太信任和信任之间,对不同业务媒体的平均信任度为2.54,对不同所有制媒体的平均信任度为2.36。

越南受访者对所有媒体的态度都处于不太信任和信任之间,倾向于信任,对不同业务媒体的平均信任度为2.68,对不同所有制媒体的平均信任度为2.62。

印尼受访者对所有媒体的态度都为信任,对不同业务媒体的平均信任度为3.09,对不同所有制媒体的平均信任度为3.08。

从六种媒体来看,四国平均,信任度最高的是电视台(2.69),信任度最低的是商业媒体(2.44)。

表10-36 不同受访者群体对媒介组织的信任度对比(4级量表)

|  | 日本 | 韩国 | 越南 | 印尼 | 平均 |
| --- | --- | --- | --- | --- | --- |
| 新闻出版业 | 2.32 | 2.44 | 2.72 | 3.06 | 2.64 |
| 电视台 | 2.19 | 2.60 | 2.88 | 3.10 | 2.69 |
| 互联网 | 2.26 | 2.57 | 2.44 | 3.11 | 2.59 |
| 对不同业务媒体的平均信任度 | 2.26 | 2.54 | 2.68 | 3.09 |  |
| 政府媒体 | 2.14 | 2.36 | 2.96 | 3.08 | 2.64 |
| 公共媒体 | 2.25 | 2.52 | 2.53 | 3.09 | 2.60 |
| 商业媒体 | 2.12 | 2.20 | 2.37 | 3.07 | 2.44 |
| 对不同所有制媒体的平均信任度 | 2.17 | 2.36 | 2.62 | 3.08 |  |

2. 对中国媒体的信任度

相关数据见表10-37。

日本受访者对所有中国媒体都持很不信任与不太信任之间的态度,对不同业务媒体的平均信任度为1.62,对不同所有制媒体的平均信任度为1.52。

韩国受访者对所有媒体的态度都处于不太信任和信任之间,倾向于不信任。对不同业务媒体的平均信任度为2.33,对不同所有制媒体的平均信任度为2.21。

越南受访者对所有媒体的态度都处于不太信任和信任之间。对不同业务媒体的平均信任度为 2.60，对不同所有制媒体的平均信任度为 2.51。

印尼受访者对所有媒体的态度都为信任，对不同业务媒体的平均信任度为 3.05，对不同所有制媒体的平均信任度为 3.08。

从六种媒体来看：四国平均，信任度最高的是电视台（2.44），信任度最低的是商业媒体（2.28）。

表10-37　不同受访者群体对中国媒体的信任度（4级量表）

|  | 日本 | 韩国 | 越南 | 印尼 | 平均 |
| --- | --- | --- | --- | --- | --- |
| 中国新闻出版业 | 1.59 | 2.29 | 2.59 | 3.01 | 2.37 |
| 中国电视台 | 1.56 | 2.38 | 2.75 | 3.07 | 2.44 |
| 中国互联网 | 1.71 | 2.33 | 2.46 | 3.06 | 2.39 |
| 对不同业务媒体的平均信任度 | 1.62 | 2.33 | 2.60 | 3.05 | 2.40 |
| 中国政府媒体 | 1.45 | 2.24 | 2.74 | 3.08 | 2.38 |
| 中国公共媒体 | 1.52 | 2.29 | 2.44 | 3.08 | 2.33 |
| 中国商业媒体 | 1.59 | 2.10 | 2.34 | 3.07 | 2.28 |
| 对不同所有制媒体的平均信任度 | 1.52 | 2.21 | 2.51 | 3.08 | 2.33 |

3. 对整个媒体的信任度与对中国媒体的信任度对比

对比的数据显示（表10-38），四国总体上对媒体的信任度高于对中国媒体的信任度，但程度上有很大差别。

日本对六种媒体的信任度的平均值为 2.21，对相应六项中国媒体的信任度的平均值为 1.57，两者之差为 0.64，显示对中国媒体相当不信任，且具有实质性的差异。

韩国对六种媒体的信任度的平均值为 2.45，对相应六项中国媒体信任度平均值为 2.27，两者之差为 0.18。

越南对六种媒体的信任度的平均值为 2.65，对相应六项中国媒体信任度平均值为 2.55，两者之差为 0.10，显示两国对中国媒体有一点歧视，但没有实质性的差异。

印尼对六种媒体的信任度的平均值为 3.09，对相应六项中国媒体信任度平均值为 3.06，两者之差为 0.02，显示对中国媒体基本没有歧视。

表 10-38　四国受访者对整个媒体与对中国媒体信任度对比（4 级量表）

|  | 日本 | 韩国 | 越南 | 印尼 | 平均 |
|---|---|---|---|---|---|
| 新闻出版业 | 2.32 | 2.44 | 2.72 | 3.06 | 2.64 |
| 中国新闻出版业 | 1.59 | 2.29 | 2.59 | 3.01 | 2.37 |
| 对比差 | 0.73 | 0.15 | 0.13 | 0.05 | 0.27 |
| 电视台 | 2.19 | 2.60 | 2.88 | 3.10 | 2.69 |
| 中国电视台 | 1.56 | 2.38 | 2.75 | 3.07 | 2.44 |
| 对比差 | 0.63 | 0.22 | 0.13 | 0.03 | 0.25 |
| 互联网 | 2.26 | 2.57 | 2.44 | 3.11 | 2.59 |
| 中国互联网 | 1.71 | 2.33 | 2.46 | 3.06 | 2.39 |
| 对比差 | 0.55 | 0.24 | -0.02 | 0.05 | 0.20 |
| 政府媒体 | 2.14 | 2.36 | 2.96 | 3.08 | 2.64 |
| 中国政府媒体 | 1.45 | 2.24 | 2.74 | 3.08 | 2.38 |
| 对比差 | 0.69 | 0.12 | 0.22 | 0 | 0.26 |
| 公共媒体 | 2.25 | 2.52 | 2.53 | 3.09 | 2.60 |
| 中国公共媒体 | 1.52 | 2.29 | 2.44 | 3.08 | 2.33 |
| 对比差 | 0.73 | 0.23 | 0.09 | 0.01 | 0.27 |
| 商业媒体 | 2.12 | 2.20 | 2.37 | 3.07 | 2.44 |
| 中国商业媒体 | 1.59 | 2.10 | 2.34 | 3.07 | 2.28 |
| 对比差 | 0.53 | 0.10 | 0.03 | 0 | 0.16 |
| 对媒体信任的平均值 | 2.21 | 2.45 | 2.65 | 3.09 | 2.6 |
| 对中国媒体信任的平均值 | 1.57 | 2.27 | 2.55 | 3.06 | 2.4 |
| 六种媒体对比差平均值 | 0.64 | 0.18 | 0.10 | 0.02 | 0.2 |

## 第三节　调查后的思考

调查数据显示，中国传统外文大众传媒使用率普遍偏低，八国受访者对中国对外传统媒体还没有形成习惯性的接触，黏度不高；受访者更多地通过传统的媒介形式接触中国的外文媒体，中国外文媒体的门户网站相较于传统媒体形式未表现出优势；对中国新华通讯社的信任度偏低，八国受访者一般对本国的通讯社信任度最高，对非本国通讯社的评价中路透社得分最高。

如何改变这种状况呢？以下是调查后的一些思考。

### 一、使用好所在国的网络、电视和报纸三大媒体

在罗列的13种传播渠道中，美、德、俄、印度四国获取中国信息的第一渠道是本国媒体（四国平均为79.8%），远高出第二位的通过本国朋友（28.2%）。目前在文化传播渠道中，中国的机构、媒体和人际传播起的作用较小，宜充分利用所在国的媒体传播相关文化活动信息。在四国受访者使用本国媒体的习惯中，在7种国内媒体中，各国受访者最喜欢使用的媒体是本国电视（四国平均61.9%）、本国网络（57.5%）和本国报纸（53.5%），远高于杂志（24.1%）广播（20.4%）和户外广告（15.7%）。因而在四国传播中，应特别注意在网络、电视和报纸三大主流媒体刊登信息。

### 二、进一步做好各国各大媒体驻华记者的工作

调查显示，各国受访者都是主要通过本国的媒体了解中国的信息。各国记者编辑在报道中国信息方面发挥着关键作用，我们应当通过各种方法使他们增进对中国和中国人民的理解和友谊。通过这些外国媒体记者的工作，为其本国媒体提供更准确、更真实的信息。

### 三、充分发挥电影在传播中国文化的作用

在问卷中列出图书、电影、电视节目和广播电台节目四种中国传统媒体中，四国平均使用率排名为：电影（46.0%）、电视（24.0%）、图书（17.3%）、广播（8.6%）。四国平均喜好度（5级量表）排名为：电影（4.13）、图书（3.88）、广播（3.83）、电视（3.79），受访者对电影的喜好度在四国都名列第一，国别差距不大，印尼的喜好度最高（4.32），韩国最低（3.87）。可见，电影这种大众传播媒体在向四国传播中国文化中的作用首屈一指，应充分发挥电影的作用。

## 四、加强中国媒体渠道建设与内容建设双管齐下

媒体是中国对外传播最重要的渠道,但目前五国受访者使用频率较低。说明中国对外媒体进入未能达到理想的传播效果。传播效果的改善是一个长期积累的过程。因此,我们既需要制定长期的规划,以达到媒体水滴石穿的效果,又应着眼当下,采取相应措施。一方面,应该加强媒体公关,在海外受众使用频率较高的媒体上宣传自身。另一方面,主动提供内容。目前,应着力打造好的内容,主动向海外受众喜闻乐见的媒体提供内容,争取以内容取胜。有调查显示,中国汶川地震期间,《泰晤士报》和《纽约时报》的相关报道所引用的信源中,有80%以上为中国大陆的信源,既包括新华社和中央电视台的新闻和网站信息,也包含中国政府的官方信源。[①]

## 五、深入研究并充分发挥中餐馆的信息传播功能

在八国的调查显示,中华烹调在最能代表中国和最喜欢的中国文化符号中排名都在前五位。受访者绝大多数在过去一年中吃过中餐。四国受访者普遍认为中餐味好、价廉、健康。由此可见,中餐和中餐馆在海外受欢迎的程度和它潜在的影响力。据《中餐通讯》2006年发布的信息,全美约有4万多家中餐馆。这一数字超过了麦当劳、温迪屋、汉堡王三家合起来的总数,并且比20世纪50年代翻了十倍多。海外的中餐馆既是一种文化象征,同时也是一个主要的信息传播渠道。如果中餐馆的信息传播功能被充分利用,将对中国的对外传播工作起到推动作用。目前,在海外的中餐馆多以"小型家庭经营为主体"[②],如何将这些中餐馆有效地组织起来,充分发挥它们在对外传播中的信息渠道作用,是另一个重要的课题。可考虑在以下方面着手:应逐步提升海外中餐馆的文化内涵,让中餐馆不仅仅局限在价廉物美这个层面上;与海外华商组织协作,提高海外中餐馆主动传播中国文化的意识和积极性;将海外中餐馆打造成中国文化符号的展示平台,中国书法、绘画、音乐、戏剧、服装、中华核心价值观等都可以在中餐馆自然呈现;将海

---

① 张咏华、曾海芳:《论中外传媒关于汶川地震报道的契合点》,《国际新闻界》2008年第6期。
② 青松:《中餐馆在美国》,《中国集体经济》1999年第6期。

外中餐馆作为重要的信息传播渠道，调查显示中国在海外的演出、展览等往往因为信息不畅导致一些人未能观看演出和参观展览，因此可以充分利用中餐馆提供相关信息。

### 六、提高对外传播人员的业务素质比加大对外传播的硬件投资更重要

问卷中调查了八国受访者使用中国对外六大网站及对外文化交流主要网站共十多家网站的使用情况。以在日、韩、越、印尼为例，四国受访者对中国网站的平均接触率（接触过1次以上的白分比）在印尼最高（42.6%），以下依次为：越南（29.8%）、韩国（11.0%）、日本（3.4%）。这些网站（不包括百度中文网站）的2012年平均使用次数，四国的排序为：越南4次，韩国为3次左右，印尼为1次以上2次以下，日本为0.24次以下。

针对日本受访者对中国媒体网站接触最少的情况，在问卷调查后的访谈中，对其原因进行了探析，主要有以下几个方面：

第一，日本对海外媒体的封闭。中国网站的一位工作人员认为："日本整体的互联网环境也好，传播的媒体环境也好，它对外的声音是封锁状态，虽然互联网是往外传播谁都能看得到，但搜索引擎还是有选择性的，比如日本人阅读新闻可能习惯通过搜索引擎看，雅虎用得比较多，雅虎可能会把《朝日新闻》《读卖新闻》或者日本比较大型媒体的新闻抓过来合在一起推荐给读者。但新闻源这块，它拒绝中国大陆的任何媒体，所以它在声音上可能比较单一。"

第二，受目前两国关系的影响。该工作人员还认为："在两国关系好的时候，日本人愿意来中国旅游，愿意和中国交往，这样的话可能关注的人会很多。而现在两国关系出现了一些危机，在刚刚出现危机的时候，大家很关注事态会怎样发展，关注度很高，但是时间长了以后，包括日本长时间地宣传，大家可能就会有一些偏见，对中国就会有一些反感，他们就会排斥，然后可能就不来看了。"

第三，在传播的内容及形式上有不足。一位从事对日传播工作的受访者认为："国际台因为在对日广播上有七十年的历史，在日本有一些知名度，老的听众群知道日本广播，但是我们的广播内容长期以来比较生硬。与广播不同，在网络上完全可以做一些贴近受众本土化的东西出来，我们现在已经

在做。"国内某大学一位研究中日关系的教授说:"中国宣传的硬件设备确实很强,但是宣传的质量很差,甚至出现你不宣传还没事,你宣传反而引起别人的反感。不宣传不行,但是宣传的质量非常重要。"日本的受访者对中国的媒体普遍表现出不信任,这是为什么呢?这位教授说:"就是我们的媒体自己造成的,比如爱说空话、爱说大话,时间长了,就没有信用了。但是这个说起来容易,要改起来很难,因为这涉及体制问题。《人民中国(日语版)》总编辑曾经说过:"想想看,历史上我们的外宣常名之以'人民之声',和'美国之音'看似一字之差。细想起来,'声'是强调声音(政治立场、人民呼声等),'音'强调乐音(好莱坞、迪斯尼、百老汇等),'声'倾向于表现道理和力量,而'音'倾向于表现文化、美与自信心。""中国的对外传播经过多年的探索、发展……《人民中国》早期完全是'声',即政府声明、时政评论等。后来注重'音',从摆事实讲道理,到摆事实不讲道理,表现普通人的生活,这是个了不起的转变。"① 由于日本受众对中国对外传播多年形成的刻板印象,摆脱"声"的形象、接受"音"形象还需要时间。这可能是日本受访者对中国的媒体网站(包括新闻网站)接触少的根本原因。

其实,七十多年前美国实验心理学家霍夫兰提出的传播学中"一面理"和"两面理"的理论,就说明对日传播应该"摆事实不讲道理"。霍夫兰毕生研究人的心理对人的行为的影响,具体而言就是研究说服与态度的关系、态度的形成与转变、说服的方式、技巧与能力等。经过心理学科学研究提出了该理论。"一面理"只说一面的讯息,这对于原先赞同此讯息的人、受教育水平低的人非常有效;"两面理"即两面都说的讯息。对于原先反对此讯息的人、受教育水平高的人非常有效。日本民众基本受过大学本科教育,中日近代以来矛盾不断,常处于敌对态度,当然应该在对日传播中应用"两面理"。传播学传入中国已经近三十年,目前中国对外传播工作者的跨文化传播和国际传播理论修养仍有待提高。提高中国对外传播工作者的业务素质远胜于在传播器材上的硬件投资。

---

① 王众一:《中国文化对外传播思考》,载黄会林主编:《世界文化格局与中国文化机遇》,北京师范大学出版社2013年版,第145页。

## 七、打造传播中国文化的品牌网站

网络是今后对外传播的主要媒体,需得到更多重视。四国受访者对网络上传播内容的信任程度高,并且接触的可能性更大。建设一个传播中国文化的世界知名文化网站具有重要的战略意义,有助于提高中国文化影响力。

数据显示,中国对外网站在各国的接触率趋同,没有出现明显的出类拔萃者。中国对外网站在四国的接触率趋同对日网站的接触率基本都在3%上下,对韩国网站的接触率基本都在12%上下,对越网站的接触率基本都在30%上下,对印尼网站的接触率基本都在43%上下。四国平均接触率最高的中国网络电视台英语频道(26.1%)比接触率最低的孔子学院网(18.7%)只高出7.4%。因而,目前中国对四国的对外网站建设力量分散,没有形成品牌的状况急需改变。中国应当突出重点、整合资源,集中力量打造五家左右具有国际竞争力、在全球网络中位居前列的综合性网络媒体集团,其中既有政府出面办的官方网站,又有民间商业网站,官民并举形成以几家全球知名网站引领的强大的网络传播体系。

目前中国对外文化网站使用率低,重要原因之一是受访者不知道这些网站。应想多种办法提升其知名度,如运用新媒体渠道如 Facebook 和 Twitter 等平台开设中国对外文化传播官方账号,由被动访问到主动扩散信息,提高中国对外文化传播网站的知名度。此外,应采取多种措施,加强中国对外网站的品牌建设,在八国都能有一两家外宣品牌网站。

## 八、主动培养对外传播重点人群

2011年欧盟与中国共同开展"中欧青年交流年"活动,从5月到6月有近二十个欧洲驻华使馆向中国公众开放,其重要的目标人群就是中国的青年大学生。参观人群的征募就是通过微博来进行的。这可谓是新时期通过新的媒介方式和新的信息技术针对中国青年进行"精准"传播的经典案例。这也从一个方面说明青年是对外传播的重要目标人群,是文化传播的重点培养对象。然而,尽管代表着世界未来的最大希望,他们的未来也是捉摸不定的,因而他们也是一个"最脆弱"甚至是充满危险的社会群体。身处激变的全球化时代,当代青年所面临的机遇与挑战也有别于其父母一代。面对来自异域的文化,一方面,他们最灵活,最懂得使用新的信息技术,可塑性最强,也许最能适应和接受他国文化;另一方面,他们往往以本身的文化和经验来采用、使用和诠释他国文化及其文化产品。而且,这个时期一旦形成某种印象或偏见到成年后不易改变。在中国文化对外传播问题上,我们要努力使国外青年成为解决方法的一部分,而不是"问题"的一部分。

海外受众中不同群体接触中国媒体的习惯各不相同,应因地制宜开展多渠道、多媒体、全方位的"精准"传播,找准活跃人群,主动培养重点人群。

加强中国与海外青年和高层次的交流互访是扩大中国信息传播的有效途径。美国青年是了解中国信息的活跃人群,在不同年龄段的受访者中使用非媒介渠道的比例最高。相比总体受众,德国青年受众和精英受众接触信源、了解中国的活动更为积极。在俄罗斯,35—44 岁和 45—54 岁这两个年龄段的受众群体是使用非媒介渠道了解中国信息的活跃人群。中国的非媒体对外传播渠道在印度中产阶级、中青年和精英中影响较大。

华裔和地理接近地区人群是中国媒体使用的活跃人群。在美国和德国受访者中,中国大陆媒体最主要的使用群体是华裔。在俄罗斯,远东地区的受访者使用中国大陆媒体的比例明显高于其他地区。这与语言和媒介使用习惯有关。

美国人口普查局公布的 2010 年美国人口普查报告中显示,2000 年到 2010 年,亚裔人口是美国人口增长最快的族群,而华裔在亚裔人口中的比重最高,达到 400 万。① 另有数据显示,中国现在每年赴美的留学生人数接近 13 万。② 如此大规模的在海外的中国人是海外民众获取与中国有关信息的重要渠道。一方面,这些在海外的中国人自身就是中国文化和中国国家形象的象征符号,他们本身就是外国人要认识和了解中国的一部分;另一方面,在海外的中国人传递给当地人有关中国的信息和观点也是海外受众认知的内容。在这一传播渠道中,起作用的更多是人际传播因素。要提高这一渠

---

① 蔡营营:《美国人口普查亚裔增长最快,400 万华裔位居亚裔比例之首》,http://www.usqiaobao.com/2012-03/22/content_ 1334088. htm。

② 安居:《中国每年赴美留学生近 13 万》,http://world.huanqiu.com/roll/2011-02/1496706.html。

道的传播效果，比较合适的切入点是跨文化交流。"跨文化交流学研究的是具有不同文化背景的个人、组织和国家进行信息交流的社会现象。"① 提升在海外中国人的跨文化传播能力，减轻他们由于异文化困境造成的沟通交流不畅，帮助他们更好地融入当地社会，就是帮助中国创造一个更宽阔的对外传播渠道，也是在为中国创造更积极健康的形象。

### 九、提高中国对外媒体的信任度

对中国媒体是否信任是影响外国民众对中国对外媒体使用率和传播效果的重要因素。卡尔·霍夫兰等学者的研究显示，在传播过程中，与来自高可信度信源相比，来自低可信度信源的传播被视为更加不公正和不公平；与低可信度信源相比，高可信度信源在实质上对受众的观点有更直接的影响。② 调查的数据对比显示：尽管八国总体上对媒体的信任度高于对中国媒体的信任度，但程度上有很大差别。西方国家和金砖国家的受访者对中国媒体的信任度有差别，例如在印、俄两国，对新华社的信任度高过美联社，但德、美、日受访者对我国的文化传播渠道各方面的参与度和信任度都较低。韩国对六项媒体信任度的平均值为2.45，对相应六项中国媒体信任度的平均值为2.27，两者之差为0.18，越南的相应数字为2.65、2.55和0.10，显示韩越两国对中国媒体有一点歧视，但没有实质性的差异。印尼的相应数字为3.09、3.06和0.02，显示对中国媒体基本没有歧视。

突出的问题是日本受访者对中国媒体的信任度很低。日本对六项媒体信任度的平均值为2.21，对相应六项中国媒体信任度的平均值为1.57，两者之差为0.64，显示对中国媒体相当不信任，且具有实质性的差异。如何提高日本民众对中国对日媒体的信任度，应是改进对日大众传媒传播效果的重要工作。

### 十、传播中国文化应具有针对性

媒体传播中国文化时，在不同国家，根据不同的受众定位（总体受众、

---

① 关世杰：《跨文化交流学：提高涉外交流能力的学问》，北京大学出版社1995年版，第27页。
② 〔美〕卡尔·霍夫兰等：《传播与劝服：关于态度转变的心理学研究》，张建中等译，中国人民大学出版社2015年版，第217页。

青年、精英偏好不同），有针对性地在电视等媒体上安排中国文化内容。青年群体对中国对外传播渠道的利用和认可度都比较高，但同时对一些具体的传播工具又带有更强的批判性，尤其是美国和德国。青年对综艺、科技、体育类的题材较感兴趣，可以考虑今后对青年传播中国文化时采用不同的形式。在问卷调查后的访谈中，一位在京学习的印尼留学生谈到自己没兴趣看中国媒体，对中国CCTV播放的中国的新闻、中国的各种报道也不怎么懂，比较喜欢看那些纪录片。可见，传播的内容具有针对性很重要。

## 十一、非媒体传播渠道值得深入研究

目前非媒体传播渠道是海外民众了解中国的主要信源，尤其是在当地的中国人、中餐馆、中国商品、中资企业。如何将这四条渠道建设成中国对外传播的有效途径还缺乏深入的、有针对性的研究。

目前，中国对外传播媒体面临的最大问题是如何为人所知，尤其是为非华裔群体所知。相关研究主要集中在如何提高中国对外媒体在国际上的公信力，以及如何改进报道技巧。笔者认为，还应就中国对外媒体在海外市场上的推广做进一步调查和研究。同时，要充分利用现有的广受欢迎的非媒体传播渠道，将媒体与非媒体渠道结合起来，共同提高中国对外传播的影响力。

## 十二、调查中需要改进的地方

本次对八国民众全国性民调不论从规模还是有效性上都可以视为中国对外传播史上的一次创新。但由于时间和问卷空间有限，有些问题没有涉及，如问卷中没有提及海外华人创办的华文媒体的接触情况，对受众的新媒体和非媒体传播渠道的接触程度未做足够深入的问询，等等。这些问题使得一些话题的探讨难以深入，在以后的调查中需要进一步完善。

另外，本研究主要以数据的定量分析为主，应该配合更多的定性的分析方法，如深度访谈、焦点小组等，这样的研究成果会更科学、严谨。

# 第十一章

# 中国文化团体与企业的对外影响力

## 第一节 在美国、德国、俄罗斯、印度、日本的调查

### 一、问卷设计

组织传播是中外文化交流中的三大渠道之一。我国出国访问的各类团体，特别是各种文化艺术团体，在对外文化交流中发挥着重要作用。我国文化部组织的对外文化交流活动主要有文化艺术团体的演出和在外举办的各种文化展览，因而这两项是我们需要调查的重点组织交流活动。我国自2004年在韩国建立了首家孔子学院以来，到2014年底已经在全球127个国家和地区建立了476所孔子学院和851个孔子课堂，在中外文化交流中发挥着不容忽视的作用，也是文化交流的一种媒介。问卷设计了一组问题，调查了我国对外文化演出、对外展览、孔子学院在海外的文化影响力。调研分析中，整体受访者、青年和精英是调研分析的重点。

### 二、参与文化交流活动

（一）概况

1. 问卷内容

问卷调查了四国受访者知晓和参加中国与该国文化交流活动的情况及未参加过的原因。

(Ⅱ) V15. 您听说过中国在贵国举办的文化交流项目（如中国文化节）吗？

1. 听说过　　　　　　　　2. 没听说过

(Ⅱ) V16. 您参加过中国与贵国之间的文化交流活动吗？

1. 参加过（跳到 V17）　　2. 没参加过

(Ⅱ) V16-1. 如果没有参加过，原因是什么？（可多选）

1. 没时间　　　　　　　　2. 没有获得相关信息
3. 对中国不感兴趣　　　　4. 对活动的主题不感兴趣
5. 推介方式难以接受　　　6. 价格高
7. 听说活动的内容不吸引人　8. 听说翻译的质量差
9. 其他

2. 数据分析

四国受访者知晓中国在外举办文化交流项目的情况有较大差距，美、德、俄、印受访者听说过在本国举办文化交流的比例分别为：26.6%、19.5%、43.0%、50.4%。数据显示（图11-1、表11-1）：

美国96%的受访者没有参加过中美之间的文化交流活动。在没参加过的原因中，最主要的是没有时间（40.0%），其次是没有获得相关信息（26.9%）。

德国受访者中92.4%的人没有参加过中德之间的文化交流活动。在没参加过的人中，列举的主要原因是没有获得相关信息（57.6%）和没时间（40.9%）。

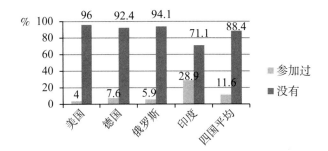

图11-1　四国受访者参加中国文化交流活动情况

俄罗斯有94.1%的受访者没有参加过中国与俄罗斯的文化交流活动。在没有参加过的受访者中，列举的主要原因是没有获得相关信息（50.5%）和没有时间（45.3%）。

印度受访者中71.1%的人没有参加过交流活动。没参加过中印文化交流活动的原因中，占前两位的仍是没有获得相关信息（59.8）和没时间（35.8），第三个主要原因是价格高（10.0%）。

表11-1 如果没有参加过，原因是什么？

单位：%

|  | 美国 | 德国 | 俄罗斯 | 印度 | 四国平均 |
| --- | --- | --- | --- | --- | --- |
| 没时间 | 40.0 | 40.9 | 45.3 | 35.8 | 40.5 |
| 没有获得相关信息 | 26.9 | 57.6 | 50.5 | 59.8 | 48.7 |
| 对中国不感兴趣 | 12.4 | 3.3 | 6.4 | 2.2 | 6.1 |
| 对活动的主题不感兴趣 | 10.5 | 10.6 | 8.8 | 6.3 | 9.1 |
| 推介方式难以接受 | 1.3 | 1.6 | 4.3 | 4.0 | 2.8 |
| 价格高 | 19.2 | 13.9 | 13.2 | 10.0 | 14.1 |
| 听说活动的内容不吸引人 | 1.4 | 1.7 | 1.2 | 1.0 | 1.3 |
| 听说翻译的质量差 | 2.3 | 2.3 | 2.6 | 4.1 | 2.8 |
| 其他 | 20.8 | 2.4 | 13.2 | 13.2 | 12.4 |

四国对比，印度受访问者中参加过文化交流活动的比例最高（28.9%），在其他三国中交流的人数均少于10%。未参加过文化交流的调查结果显示：没有获得相关信息（48.7%）和没时间（40.5%）是两大主要原因。

### （二）不同职业人群知晓中国在外举办文化交流项目分析

选择商业人士、专业技术人员（包括教师）和精英人士（包括在政府部门工作的领导者和一般公务员）三个人群组进行对比，因为他们对本国社会的发展具有较大的影响力。美、德、俄、印度受访者对中国在自己国家举办各种文化和交流项目（如中国文化节）的了解程度和参与情况如何？四国三个群体知晓文化交流信息的比例如图11-2所示。

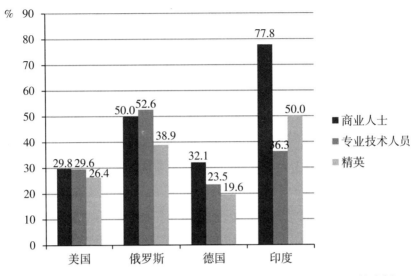

**图 11-2　不同职业人群听说过中国在贵国举办的文化交流项目的比例**

美国商业人士、专业技术人员和精英的知晓率分别为29.8%、29.6%、26.4%，三组受访者对该信息的知晓率低于30%，且趋于均等。商业人士和专业技术人员对此信息的了解比例基本相同，精英群组比商业人士信息的了解只少3.4%。

德国商业人士、专业技术人员和精英知晓率分别为32.1%、23.5%、19.6%，呈逐步递减的态势。精英群组和商业人士相比，减少了12%。

俄罗斯商业人士、专业技术人员和精英知晓率分别为50.0%、52.6%、38.9%，专业人士的知晓率最高。精英群组和商业人士相比，减少了11.1%。

印度商业人士、专业技术人员和精英知晓率分别为77.8%、36.3%、50.0%，商业人士的知晓率最高。精英群组和商业人士相比，减少了27.8%。

印度和俄罗斯的三个群体对中国在本国举办的中国文化交流活动获得的信息相对较多；美国和德国则相对较低。在不同的人群组中，知晓度最高的为商业人士，最低的为精英人群组（印度除外）。商人可能由于相互的经贸往来，对中国的经济发展以及相关的活动都比较关注；精英对中国在其国家举办的活动的知晓度较低，他们是在政府部门和社会机关工作的主要人物，对国家政策的参与度较高，因此需要引起重视。

### （三）不同职业人群参与中国文化交流活动的分析

四国参与中国文化交流活动的情况（图11-3）：

美国商业人士、专业技术人员和精英的参与率分别为7.3%、7.7%、3.6%，精英和商业人士、专业人士相比，分别减少了3.7%和4.1%。

德国商业人士、专业技术人员和精英的参与率分别为23.1%、14.7%、8.3%，呈逐步递减的态势。精英和商业人士相比，减少了14.8%。

俄罗斯商业人士、专业技术人员和精英的参与率分别为18.9%、5.2%、4.5%，商业人士的参与率最高。精英和商业人士相比，减少了14.4%。

印度商业人士、专业技术人员和精英的参与率分别为59.1%、15.0%、26.7%，商业人士的参与率最高。精英和商业人士相比，减少了32.4%。

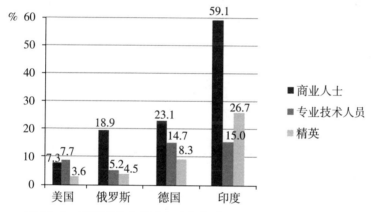

**图11-3　不同职业人群参加中国与贵国之间的文化交流活动**

印度受访者对中国在该国举办的文化交流活动的参与度最高，德国次之，美国和俄罗斯相对较低。在不同的人群组中，印、德、俄参与度最高的为商业人士；美、德、俄三国的精英对中国在该国举办的文化交流活动的参与度最低。

### 三、观看演出

#### （一）问卷内容

（Ⅱ）V18. 在过去一年中，您在剧场中看过来自中国的艺术家的演出吗？

1. 看过　　　　　　　　2. 没看过

(Ⅱ) V18-1. 若没看过，原因是什么？（可多选）
1. 没有获得演出信息　　　　　2. 没时间
3. 对中国不感兴趣　　　　　　4. 对演出的主题不感兴趣
5. 听说演出的内容不吸引人　　6. 听说翻译的质量差
7. 推介方式难以接受　　　　　8. 价格高
9. 以前看过，印象不好　　　　10. 其他

(Ⅱ) V18-2. 如果看过，演出是什么类型？（可多选）您喜欢吗？

| V18-2. 演出类型 | V18-3. 您喜欢吗？ | | | | |
| --- | --- | --- | --- | --- | --- |
|  | 1 很不喜欢 | 2 较不喜欢 | 3 中立 | 4 较喜欢 | 5 很喜欢 |
| 1. 流行音乐 |  |  |  |  |  |
| 2. 古典音乐 |  |  |  |  |  |
| 3. 民间音乐 |  |  |  |  |  |
| 4. 舞蹈/舞剧 |  |  |  |  |  |
| 5. 京剧 |  |  |  |  |  |
| 6. 话剧 |  |  |  |  |  |
| 7. 歌剧 |  |  |  |  |  |
| 8. 其他戏曲 |  |  |  |  |  |
| 9. 杂技 |  |  |  |  |  |
| 10. 武术 |  |  |  |  |  |

### (二) 数据分析结果和主要结论

1. 数据分析

数据分析的结果（表11-2）显示：

美国、德国、俄罗斯、印度的受访者分别有13.5%、12.2%、19.1%、47.8%看过中国艺术家的演出。

表11-2　在过去一年中，您在剧场中看过中国艺术家的演出吗？

单位：%

|  | 美国 | 印度 | 俄罗斯 | 德国 | 四国平均 |
| --- | --- | --- | --- | --- | --- |
| 看过 | 13.5 | 47.8 | 19.1 | 12.2 | 23.2 |
| 没看过 | 86.5 | 52.2 | 80.9 | 87.8 | 76.9 |

在没有看过演出的原因中（表11-3），美国最主要的原因是没有获得演出信息（38.2%）。其次是没有时间（35.8%）。此外，对演出主题不感兴趣和对中国不感兴趣以及价格高等也是重要的原因。德国的主要原因是没有获得演出信息（58.6%）和没时间（44.7%）。俄罗斯的前四位原因为：没有获得演出信息（64%）、没时间（43.2%）、其他（12.1%）以及价格高（8.6%）。印度大多数受访者没有看过演出的首要原因是没有获得演出信息（60.5%），其次是没时间（33.5%）。

表11-3 若没看过，原因是什么？

|  | 美国 | 德国 | 俄罗斯 | 印度 | 四国平均 |
| --- | --- | --- | --- | --- | --- |
| 没有获得演出信息 | 38.2 | 58.6 | 64.0 | 60.5 | 55.3 |
| 没时间 | 35.8 | 44.7 | 43.2 | 33.5 | 39.3 |
| 对中国不感兴趣 | 10.9 | 3.3 | 6.8 | 3.9 | 6.2 |
| 对演出主题不感兴趣 | 14.0 | 17.1 | 7.3 | 10.3 | 12.2 |
| 听说演出的内容不吸引人 | 1.4 | 1.5 | 1.1 | 2.4 | 1.6 |
| 听说翻译的质量差 | 1.2 | 0.6 | 1.2 | 2.4 | 1.4 |
| 推介方式难以接受 | 1.0 | 0.6 | 2.4 | 2.8 | 1.7 |
| 价格高 | 10.2 | 6.1 | 8.6 | 6.4 | 7.8 |
| 以前看过，印象不好 | 0.8 | 0.6 | 0.7 | 1.1 | 0.8 |
| 其他 | 20.4 | 3.5 | 12.1 | 10.3 | 11.6 |

（3）各类演出的观看率和好感度。

观看率测量的是观看过中国艺术家表演的人群中，受访者看过10类节目的百分比。好感度是用5级量表对所看节目的评价。四国情况见表11-4。

美国观看率最高的节目是武术（42.6%），第二、三位是杂技（28.4%）、舞蹈/舞剧（27.0%），各项平均是19.5%。好感度前三名是杂技（4.62）、武术（4.55）、其他戏曲（4.43），各项平均为4.26。

德国观看率最高的节目是杂技（33.9%），并列第二的是古典音乐（20.3%）和舞蹈/舞剧（20.3%），各项平均是14.5%。好感度前三名是杂技（4.78）、武术（4.65）、流行音乐（4.47），各项平均为4.23。

俄罗斯观看率最高的节目是舞蹈/舞剧（41.4%），第二、三位是民间音乐（31.8%）、杂技（30.8%），各项平均是22.2%。好感度前三名是武术（4.45）、杂技（4.28）、歌剧（4.18），各项平均为4.04。

印度观看率最高的节目是流行音乐（39.3%），第二、三位是武术（36.4%）、舞蹈/舞剧（33.1%），各项平均是24.8%。好感度前三名是杂技（4.59）、武术（4.54）、京剧（4.37），各项平均为4.26。

表11-4 四国受访者看过的演出类型（%）与好感度（5级量表）

|  | 美国 | | 德国 | | 俄罗斯 | | 印度 | | 四国平均 | |
| --- | --- | --- | --- | --- | --- | --- | --- | --- | --- | --- |
|  | 看过 | 好感度 | 看过 | 好感度 | 看过 | 好感度 | 看过 | 好感度 | 看过 | 好感度 |
| 流行音乐 | 23.4 | 4.39 | 16.1 | 4.47 | 19.7 | 4.03 | 39.3 | 3.91 | 24.6 | 4.20 |
| 古典音乐 | 17.7 | 3.88 | 20.3 | 4.33 | 20.2 | 3.90 | 30.1 | 4.10 | 22.1 | 4.05 |
| 民间音乐 | 12.8 | 4.32 | 9.3 | 3.82 | 31.8 | 3.89 | 32.7 | 4.24 | 21.7 | 4.07 |
| 舞蹈/舞剧 | 27.0 | 4.32 | 20.3 | 3.83 | 41.4 | 3.95 | 33.1 | 4.19 | 30.5 | 4.07 |
| 京剧 | 8.5 | 3.92 | 7.6 | 3.78 | 18.2 | 4.00 | 22.7 | 4.37 | 14.3 | 4.02 |
| 话剧 | 12.8 | 4.11 | 15.3 | 4.17 | 14.6 | 4.00 | 16.8 | 4.35 | 14.9 | 4.16 |
| 歌剧 | 9.2 | 4.08 | 4.2 | 4.20 | 14.1 | 4.18 | 15.3 | 4.21 | 10.7 | 4.17 |
| 其他戏曲 | 12.1 | 4.41 | 3.4 | 4.25 | 10.1 | 3.75 | 9.0 | 4.14 | 8.7 | 4.14 |
| 杂技 | 28.4 | 4.62 | 33.9 | 4.78 | 30.8 | 4.28 | 12.9 | 4.59 | 26.5 | 4.57 |
| 武术 | 42.6 | 4.55 | 14.4 | 4.65 | 21.2 | 4.45 | 36.4 | 4.54 | 28.7 | 4.55 |
| 各项平均 | 19.5 | 4.26 | 14.5 | 4.23 | 22.2 | 4.04 | 24.8 | 4.26 | 20.3 | 4.20 |

2. 四国比较

四国平均没有获得演出信息的占55.3%，其次是没时间（39.3%），这是受访者未看演出最主要的两大原因。演出主题不受欢迎、价格高以及对中国不感兴趣也是重要原因。此外，其他原因占11.6%，有待进一步研究。

中国的演出在印度观看率最高（47.8%），以下依此是俄罗斯（19.1%）、美国（13.5%）、德国（12.2%）。

四国观看率平均，10类演出中，舞蹈（30.5%）、武术（28.7%）、杂技（26.5%）名列前三，各类音乐表演观看率都在20%以上。这些不用语言表达的文化形式观看率更高。

四国喜好度平均，10类演出中，杂技（4.57）、武术（4.55）、流行音乐（4.20）名列前三。同样还是这些不用语言表达的文化形式更受欢迎。

## 四、参观展览

### （一）概括

1. 问卷内容

（Ⅱ）V17. 在过去一年中，您观看过以中国文化为主题的展览吗？

1. 看过（跳到V17-2—V17-3） 2. 没看过

（Ⅱ）V17-1. 如果没看过，原因是什么？（可多选）

1. 没有获得展览信息 2. 没时间
3. 对中国不感兴趣 4. 对展览主题不感兴趣
5. 听说展览的内容不吸引人 6. 听说翻译的质量差
7. 推介方式难以接受 8. 价格高
9. 以前看过，印象不好 10. 其他

（Ⅱ）V17-2. 若看过，展览的主题是什么？（可多选）若看过，您喜欢吗？

| V17-2. 参观过的主题 | V17-3. 您喜欢吗? | | | | |
|---|---|---|---|---|---|
| | 1 很不喜欢 | 2 较不喜欢 | 3 中立 | 4 较喜欢 | 5 很喜欢 |
| 1. 考古与文物 | | | | | |
| 2. 宗教 | | | | | |
| 3. 工艺 | | | | | |
| 4. 民间文化 | | | | | |
| 5. 电影 | | | | | |
| 6. 戏曲 | | | | | |
| 7. 音乐 | | | | | |
| 8. 舞蹈 | | | | | |
| 9. 绘画 | | | | | |
| 10. 出版 | | | | | |
| 11. 中华医药 | | | | | |
| 12. 美食 | | | | | |
| 13. 旅游 | | | | | |
| 14. 留学 | | | | | |

2. 数据分析

(1) 各国情况。

数据分析的结果 (表11-5) 显示:

美国、德国、俄罗斯、印度看过中国文化展览的比例分别为14.6%、13.8%、26.4%、43.5%。印度受访者参观过的比例明显偏高, 令人质疑。

表11-5 在过去一年中, 您观看过以中国文化为主题的展览吗?

|  | 美国 | 德国 | 俄罗斯 | 印度 | 四国平均 |
| --- | --- | --- | --- | --- | --- |
| 看过 | 14.6 | 13.8 | 26.4 | 43.5 | 24.6 |
| 没看过 | 85.4 | 86.2 | 73.6 | 56.5 | 75.4 |

在没有看过中国文化展览的原因中 (表11-6), 美国最主要的依然是没有时间 (40.0%)、没有获得展览信息 (37.7%) 以及对中国不感兴趣 (12.4%)。德国排前三位的原因是没有获得展览信息 (58.7%)、没时间 (47.1%)、对展览的主题不感兴趣 (12.5%)。俄罗斯受访者的主要原因是没有获得展览信息 (68.6%) 和没时间 (40.2%)。印度受访者没看过展览的原因排在前三位的依次是没有获得展览信息 (64.0%)、没时间 (37.7%) 和对主题不感兴趣 (7.8%)。四国平均, 没有获得展出信息 (57.3%) 和没时间 (41.3%) 是两大主要原因, 这与前面受访者未参加文化交流活动和未观看过演出的两大主要原因相同。

表11-6 如果没看过, 原因是什么?

单位:%

|  | 美国 | 德国 | 俄罗斯 | 印度 | 四国平均 |
| --- | --- | --- | --- | --- | --- |
| 没有获得展出信息 | 37.7 | 58.7 | 68.6 | 64.0 | 57.3 |
| 没时间 | 40.0 | 47.1 | 40.2 | 37.7 | 41.3 |
| 对中国不感兴趣 | 12.4 | 4.1 | 7.5 | 2.2 | 6.6 |
| 对展出主题不感兴趣 | 10.7 | 12.5 | 6.6 | 7.8 | 9.4 |
| 听说展览的内容不吸引人 | 1.7 | 1.4 | 1.2 | 1.0 | 1.3 |
| 听说翻译的质量差 | 1.3 | 1.2 | 1.7 | 2.6 | 1.7 |
| 推介方式难以接受 | 1.0 | 1.4 | 2.5 | 2.6 | 1.9 |
| 价格高 | 9.8 | 4.9 | 4.9 | 7.1 | 6.7 |
| 以前看过, 印象不好 | 0.8 | 0.5 | 0.7 | 1.4 | 0.9 |
| 其他 | 20.2 | 3.5 | 11.3 | 10.6 | 11.4 |

看过展览的受访者中（表11-7），美国受访者参观率最高的是工艺（54.2%），其后依次是美食（41.8%）、考古文物（33.3%）、电影（28.1%）、绘画（28.1%），而戏曲（7.2%）、留学（3.9%）及出版（2.6%）等类型的展览则很少被观看，各项平均是19.5%。喜好度前三名是美食（4.61）、戏曲（4.55）、考古与文物（4.47），各项平均为4.35。

德国受访者参观率排在前三位的是工艺（31.5%）、考古文物（29.2%）和民间文化（23.8%），排在后三位的是戏曲（5.4%）、留学（4.6%）和出版（1.5%），各项平均是13.8%。喜好度前三名是美食（4.47）、绘画（4.38）、考古文物（4.34），各项平均为3.82。

俄罗斯受访者参观率排在前三位的为工艺（57.5%）、绘画（39.2%）和民间文化（31.9%），排后三位的为留学（1.1%）、出版（3.7%）和戏曲（6.6%），各项平均是19.5%。喜好度前三名是留学（4.67）、旅游（4.52）、美食（4.49），各项平均为4.23。

印度受访者看过的展览中，工艺展览所占比例最大（48.3%）；看过宗教类展览的受访者也较多，占41.3%；看过民间文化、考古与文物、美食类的展览的受访者数占30%以上。各项平均是19.5%。喜好度前三名是美食（4.52）、中华医药（4.48）、留学（4.36），各项平均为4.20。

表11-7　参观的展览主题（%）与好感度（5级量表）

| | 美国 | | 德国 | | 俄罗斯 | | 印度 | | 四国平均 | |
|---|---|---|---|---|---|---|---|---|---|---|
| | 看过 | 好感度 | 看过 | 好感度 | 看过 | 好感度 | 看过 | 好感度 | 看过 | 好感度 |
| 考古与文物 | 33.3 | 4.47 | 28.8 | 4.34 | 30.0 | 4.34 | 31.7 | 3.69 | 31.0 | 4.21 |
| 宗教 | 22.9 | 4.14 | 19.7 | 3.31 | 24.9 | 3.69 | 41.3 | 4.08 | 27.2 | 3.81 |
| 工艺 | 54.2 | 4.40 | 31.1 | 4.22 | 57.5 | 4.28 | 48.3 | 4.23 | 47.8 | 4.28 |
| 民间文化 | 25.5 | 4.44 | 23.5 | 3.94 | 31.9 | 4.02 | 32.1 | 4.20 | 28.3 | 4.15 |
| 电影 | 28.1 | 4.35 | 9.9 | 3.23 | 20.1 | 4.29 | 25.8 | 4.15 | 21.0 | 4.01 |
| 戏曲 | 7.2 | 4.55 | 5.3 | 2.86 | 6.6 | 3.61 | 18.7 | 4.18 | 9.5 | 3.8 |
| 音乐 | 22.9 | 4.17 | 12.9 | 4.29 | 16.5 | 3.98 | 22.2 | 4.16 | 18.6 | 4.15 |
| 舞蹈 | 22.2 | 4.24 | 10.6 | 4.14 | 16.1 | 4.32 | 18.0 | 4.15 | 16.7 | 4.21 |
| 绘画 | 28.1 | 4.44 | 15.9 | 4.38 | 39.2 | 4.44 | 22.9 | 4.31 | 26.5 | 4.39 |

续表

|  | 美国 | | 德国 | | 俄罗斯 | | 印度 | | 四国平均 | |
| --- | --- | --- | --- | --- | --- | --- | --- | --- | --- | --- |
|  | 看过 | 好感度 | 看过 | 好感度 | 看过 | 好感度 | 看过 | 好感度 | 看过 | 好感度 |
| 出版 | 2.6 | 4.00 | 1.5 | 2.50 | 3.7 | 4.30 | 7.6 | 3.97 | 3.9 | 3.69 |
| 中华医药 | 14.4 | 4.45 | 8.3 | 4.27 | 16.1 | 4.27 | 16.9 | 4.48 | 13.9 | 4.37 |
| 美食 | 41.8 | 4.61 | 11.4 | 4.47 | 26.0 | 4.49 | 31.5 | 4.52 | 27.7 | 4.52 |
| 旅游 | 11.8 | 4.28 | 9.9 | 3.85 | 10.6 | 4.52 | 12.4 | 4.35 | 11.2 | 4.25 |
| 留学 | 3.9 | 4.33 | 4.6 | 3.67 | 1.1 | 4.67 | 10.1 | 4.36 | 4.9 | 4.26 |
| 各项平均 | 22.8 | 4.35 | 13.8 | 3.82 | 21.5 | 4.23 | 24.3 | 4.20 | 20.6 | 4.15 |

(2) 比较与结论。

四国的数据对比显示：

印度对中国主题展览的兴趣（43.5%）超过了其他三国。相较书籍等文化产品，其他三国对演出的关注度也有了一定的提升，但仍然保持着一个较低的水平。

未参观的原因与未观看演出的原因几乎相同（表11-8），没有获得相关信息和没时间是最主要的两个原因。

表11-8 没看过演出和展览的原因对比

|  | 美国 | | 德国 | | 俄罗斯 | | 印度 | | 四国平均 | |
| --- | --- | --- | --- | --- | --- | --- | --- | --- | --- | --- |
|  | 演出 | 展览 | 演出 | 展览 | 演出 | 展览 | 演出 | 展览 | 演出 | 展览 |
| 没有获得演出信息 | 38.2 | 37.7 | 58.6 | 58.7 | 64.0 | 68.6 | 60.5 | 64.0 | 55.3 | 57.3 |
| 没时间 | 35.8 | 40.0 | 44.7 | 47.1 | 43.2 | 40.2 | 33.5 | 37.7 | 39.3 | 41.3 |
| 对演出主题不感兴趣 | 14.0 | 10.7 | 17.1 | 12.5 | 7.3 | 6.6 | 10.3 | 7.8 | 12.2 | 9.4 |
| 价格高 | 10.2 | 9.8 | 6.1 | 4.9 | 8.6 | 4.9 | 6.4 | 7.1 | 7.8 | 6.7 |
| 对中国不感兴趣 | 10.9 | 12.4 | 3.3 | 4.1 | 6.8 | 7.5 | 3.9 | 2.2 | 6.2 | 6.6 |
| 推介方式难以接受 | 1.0 | 1.0 | 0.6 | 1.4 | 2.4 | 2.5 | 2.8 | 2.6 | 1.7 | 1.9 |
| 听说内容不吸引人 | 1.4 | 1.7 | 1.5 | 1.4 | 1.1 | 1.2 | 2.4 | 1.0 | 1.6 | 1.3 |
| 听说翻译的质量差 | 1.2 | 1.3 | 0.6 | 1.2 | 1.2 | 1.7 | 2.4 | 2.6 | 1.4 | 1.7 |
| 以前看过，印象不好 | 0.8 | 0.8 | 0.6 | 0.5 | 0.7 | 0.7 | 1.1 | 1.4 | 0.8 | 0.9 |
| 其他 | 20.4 | 20.2 | 3.5 | 3.5 | 12.1 | 11.3 | 10.3 | 10.6 | 11.6 | 11.4 |

中国工艺展览的效果最好，在四国中都有最多数量的观众，四国平均的参观率为47.9%；考古与文物（31.1%）、宗教（27.3%）、民间文化（28.3%）和美食（27.7%）等类型的展览基本持平；作为国粹的戏曲（9.5%）、旅游（11.2%）和中华医药（14.0%）等类型的展览要次一级；出版（3.9%）和留学（4.9%）等类型的展览则遭到冷落。

（二）不同职业人群观看过中国文化展览状况分析

相关数据见图11-4。

1. 各国情况

美国商业人士和专业技术人员的观看比例高于精英，分别为17%和25%左右，精英只有12%。

德国受访者中观看中国文化主题展览的比例最高的为专业人士（26.5%），商业人士比专业人士略低，为26.5%，精英参与度较低为14.8%。这表明以中国文化为主题的展览在德国有一定的吸引力，特别是在专业人士中吸引力较高。

俄罗斯商业人士的观看比例最高，为44.3%，专业技术人员和精英分别为33.6%和24.2%。这表明以中国为主题的展览在俄罗斯有一定的吸引力，中国可以在俄多举办以中国文化为主题的展览。

印度受访者中观看比例最高的是商业人士（69.2%），专业技术人员和精英分别为26.9%和35.3%。以中国文化为主题的展览在印度明显具有较强的吸引力。

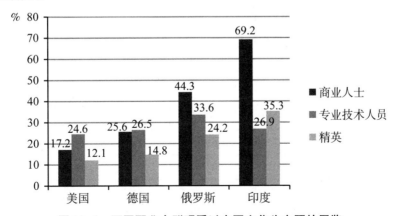

图11-4 不同职业人群观看以中国文化为主题的展览

## 2. 四国比较

四国观看过以中国文化为主题的展览比例由高到低排列为：印度、俄罗斯、德国、美国。在不同的人群组中，参与度最高的，美、德为专业人士，印、俄为商业人士；参与度最低的，美、德、俄为精英，印度为专业人士。四国情况差别较大。由此分析，以中国文化为主题的展览的内容在各国吸引的人群有差异。在美国，专业人士参与最多；在德国，专业人士和商业人士参与度相似；在俄罗斯，参与度由高到低为商业人士、专业人士和精英；而在印度，商业人士的参与度明显高于其他人群，参与度最低的是专业人士。各国不同人群吸引力差异的原因，还有待我们进一步深入调研。

## 五、对孔子学院的态度

### （一）问卷内容

（Ⅰ）V46. 中国在国外建立了三百多所教授中文的孔子学院，您认为这是外国人了解中国文化的好渠道吗？

0. 不是　　　1. 是　　　2. 不知道

### （二）数据分析

五国受访者认为孔子学院是了解中国文化的好渠道的比例从高到低为：俄（68.9%）、印（53.0%）、德（37.1%）、美（34.0%）、日（27.6%）。五国平均为44.1%。（表11-9）

表11-9　孔子学院是否是外国人了解中国文化的好渠道

单位：%

|  | 美国 | 德国 | 俄罗斯 | 印度 | 日本 | 五国平均 |
| --- | --- | --- | --- | --- | --- | --- |
| 不是 | 8.1 | 9.4 | 9.0 | 22.4 | 22.4 | 14.3 |
| 是 | 34.0 | 37.1 | 68.9 | 53.0 | 27.6 | 44.1 |
| 不知道 | 58.0 | 53.5 | 22.1 | 24.5 | 50.0 | 41.6 |

## 第二节 在日本、韩国、越南、印尼的影响

### 一、问卷修订

在问卷（Ⅱ）的基础上，我们在对日本、韩国、越南和印尼调查时，扩大了对团体和组织的调查范围。我国各类文化艺术团体和孔子学院在对外文化交流中发挥着重要作用，需要继续调查。在综合性文化交流活动中，增加对两项重点综合性文化交流项目"欢乐春节"和"中国文化年/月/周"的调查。"欢乐春节"是 2010 年以来我国文化部牵头联合相关部门重点推出的面向全球的对外文化交流活动，在全球产生了较大影响。近年来，我国先后在法国、德国、英国、俄罗斯、意大利、美国、澳大利亚等多国举行过文化年和文化月的综合性文化交流活动，在举办活动的国家产生了较大影响。近年来对外文艺演出中，歌舞剧《云南映象》和舞台剧《少林雄风》在海外演出获得了成功，因而增加对这两项具体演出节目的调查。此外，我国的跨国企业、对外文化中心、体育团队、旅游公司、广告公司等组织，也发挥着不容忽视的作用，也是文化交流的一种媒介，也需要调查。因而，问卷（Ⅲ）设计了一组问题，除了调查我国对外文化演出、对外展览和孔子学院之外，还调查了中国跨国企业、对外文化中心、体育团队等相关组织的文化影响力。

### 二、欢乐春节活动、文艺演出和展览

#### （一）问卷内容

首先调查了受访者对我国在受访国举办的文化交流活动特别是"欢乐春节"活动的认知、态度和行为，调查了获得相关信息的渠道；然后重点调查了文化艺术演出和文化主题展览两项交流活动的相关情况。

1. 受访者与文化交流概况

（Ⅲ）V19. 您听说过中国在贵国举办的文化交流项目（如中国文化年/月/周、文化展或文艺演出）吗？

    1. 没听说过                  2. 听说过

（Ⅲ）V19-1. 如果听说过，您通过哪个渠道得知这个信息？（可多选）

1. 本国报纸　　2. 本国杂志　　3. 本国广播　　4. 本国电视
5. 本国的网络　6. 手机　　　　7. 本国户外广告
8. 与本国人人际交流　　　　　9. 中国大使馆/领事馆
10. 孔子学院　　　　　　　　 11. 中国传统英文媒体
12. 中国的英文网站　　　　　 13. 与中国人交流
14. 中国文化中心　　　　　　 77. 其他

（Ⅲ）19-2. 如果听说过，您喜欢这种活动吗？

1. 很不喜欢　2. 较不喜欢　3. 无所谓　4. 较喜欢　5. 很喜欢

（Ⅲ）20. 您参加过中国与贵国之间的文化交流活动吗？

1. 没参加过　　　2. 参加过

（Ⅲ）V6-5. 您知道以下中国文化产品的品牌吗？若知道，喜欢吗？

不知道：0

知道，我对它：1. 很不喜欢；2. 较不喜欢；3. 中立；4. 较喜欢；5. 很喜欢

| 中国文化产品品牌 | 0 没听说过 | 听说过 | | | | |
| --- | --- | --- | --- | --- | --- | --- |
| | | 1. 很不喜欢 | 2. 较不喜欢 | 3. 中立 | 4. 较喜欢 | 5. 很喜欢 |
| 中国文化年/月/周 | | | | | | |
| 欢乐春节 | | | | | | |

注：因为春节是越南的法定节日，越南人和中国人一样过春节，所以越南问卷没有调查欢乐春节。

## 2. 受访者与文化艺术演出

（Ⅲ）V22. 在过去一年中，您在剧场中看过来自中国的艺术家的演出吗？

1. 没看过　　　　　　　　　　2. 看过

（Ⅲ）V22-1. 若没看过，原因是什么？（可多选）

1. 没有获得演出信息　　　　　2. 没时间

3. 对中国不感兴趣　　　　4. 对演出主题不感兴趣
5. 听说演出的内容不吸引人　6. 听说翻译的质量差
7. 推介方式难以接受　　　8. 价格高
9. 以前看过，印象不好　　77. 其他

（Ⅲ）V22-2. 如果看过，演出是什么类型？（可多选）

（Ⅲ）V22-3. 您喜欢吗？

| V22-2. 演出类型 | V22-3. 您喜欢吗？ | | | | |
|---|---|---|---|---|---|
| | 1. 很不喜欢 | 2. 较不喜欢 | 3. 中立 | 4. 较喜欢 | 5. 很喜欢 |
| 1. 流行音乐 | | | | | |
| 2. 古典音乐 | | | | | |
| 3. 民间音乐 | | | | | |
| 4. 舞蹈/舞剧 | | | | | |
| 5. 京剧 | | | | | |
| 6. 话剧 | | | | | |
| 7. 歌剧 | | | | | |
| 8. 其他戏曲 | | | | | |
| 9. 杂技 | | | | | |
| 10. 武术 | | | | | |

（Ⅲ）V6-5. 您知道以下中国文化产品的品牌吗？若知道，喜欢吗？

不知道：0

知道，我对它：1. 很不喜欢；2. 较不喜欢；3. 中立；4. 较喜欢；5. 很喜欢

| 中国文化产品品牌 | 0 没听说过 | 听说过 | | | | |
|---|---|---|---|---|---|---|
| | | 1. 很不喜欢 | 2. 较不喜欢 | 3. 中立 | 4. 较喜欢 | 5. 很喜欢 |
| 《少林雄风》 | | | | | | |
| 《云南映象》 | | | | | | |

3. 受访者与文化展览

（Ⅲ）V21. 在过去一年中，您观看过以中国文化为主题的展览吗？

1. 没看过　　　　　　2. 看过

(Ⅲ) V21-1. 若看过，展览的主题是什么？（可多选）

(Ⅲ) V21-2. 若看过，您喜欢吗？

| V21-1. 参观过的主题 | V21-2. 您喜欢吗? | | | | |
|---|---|---|---|---|---|
| | 1 很不喜欢 | 2 较不喜欢 | 3 中立 | 4 较喜欢 | 5 很喜欢 |
| 1. 考古与文物 | | | | | |
| 2. 宗教 | | | | | |
| 3. 工艺 | | | | | |
| 4. 民间文化 | | | | | |
| 5. 电影 | | | | | |
| 6. 戏曲 | | | | | |
| 7. 音乐 | | | | | |
| 8. 舞蹈 | | | | | |
| 9. 绘画 | | | | | |
| 10. 出版 | | | | | |
| 11. 中华医药 | | | | | |
| 12. 美食 | | | | | |
| 13. 旅游 | | | | | |
| 14. 留学 | | | | | |

## （二）数据分析

1. 参与文化交流活动

（1）概况。

数据显示（表11-11）：

越南的受访者中有85.9%的人知道中国在越南举办的文化交流项目，在四国中位居第一。其他三国从高到低依次为印尼（79.9%）、韩国（46.1%）、日本（41.3%）。四国平均知晓度为63.3%。

用5级量表（1很不喜欢、2为不喜欢、3为中立、4为喜欢、5为很喜欢）测量受访者喜欢中国举办的文化交流活动的程度。好感度从高到低依次为印尼（3.97，喜欢）、越南（3.46，处于中立和喜欢之间）、韩国（3.40，处于中立和喜欢之间）、日本（3.23，中立）。四国平均好感度为3.52，处于中立和喜欢之间。

在列出的 15 种可供选择的信息渠道中，四国平均计算，受访者使用最多的前三种渠道是本国电视（61.9%）、本国网络（57.5%）和本国报纸（53.5%）。但三者的排序在四国各有不同：在韩国和越南，网络排在首位，其次是电视；而在日本和印尼，电视排在首位。日本通过中国渠道获得相关信息的比例远远低于其他三国。

表 11-11　了解交流活动的信息渠道

|  | 日本 |  | 韩国 |  | 越南 |  | 印尼 |  | 四国平均 |  |
| --- | --- | --- | --- | --- | --- | --- | --- | --- | --- | --- |
|  | % | 排名 | % | 排名 | % | 排名 | % | 排名 | % | 排名 |
| 本国电视 | 61.1 | 1 | 53.4 | 2 | 69.9 | 3 | 63.3 | 1 | 61.9 | 1 |
| 本国网络 | 33.6 | 3 | 54.5 | 1 | 80.2 | 1 | 61.5 | 2 | 57.5 | 2 |
| 本国报纸 | 50.8 | 2 | 37.2 | 3 | 75.7 | 2 | 50.1 | 3 | 53.5 | 3 |
| 本国杂志 | 19.4 | 4 | 10.2 | 4 | 36.9 | 5 | 29.8 | 4 | 24.1 | 4 |
| 本国广播 | 14.2 | 5 | 8.4 | 7 | 44.5 | 4 | 14.4 | 9 | 20.4 | 5 |
| 本国户外广告 | 8.7 | 8 | 7.9 | 8 | 28.9 | 6 | 17.4 | 6 | 15.7 | 6 |
| 与本国人人际交流 | 9.3 | 7 | 8.6 | 6 | 19.5 | 7 | 19.2 | 5 | 14.2 | 7 |
| 与中国人交流 | 8.1 | 9 | 9.0 | 5 | 13.1 | 11 | 15.7 | 8 | 11.5 | 8 |
| 其他 | 11.7 | 6 | 7.9 | 8 | 14.7 | 10 | 8.4 | 13 | 10.7 | 9 |
| 中国文化中心 | 2.2 | 13 | 7.1 | 10 | 12.5 | 12 | 17.2 | 7 | 9.8 | 10 |
| 中国使领馆 | 2.2 | 13 | 6.1 | 11 | 15.1 | 9 | 14.1 | 10 | 9.4 | 11 |
| 手机 | 2.8 | 12 | 5.8 | 12 | 16.8 | 8 | 8.6 | 12 | 8.5 | 12 |
| 中国的外文网站 | 3.6 | 11 | 5.8 | 12 | 7.5 | 14 | 13.9 | 11 | 7.7 | 13 |
| 中国传统外文媒体 | 4.0 | 10 | 4.2 | 14 | 7.8 | 13 | 6.2 | 14 | 5.6 | 14 |
| 孔子学院 | 2.0 | 15 | 2.3 | 15 | 5.7 | 15 | 5.5 | 15 | 3.9 | 15 |

参与度是受访者参与这类活动的百分比。越南的参与度为 26.7%，在四国中位居第一。其他三国从高到低依次为印尼（19.7%）、韩国（10.0%）、日本（6.9%）。四国平均参与度为 15.8%。在整体与高中生、青年、精英的对比中，四国的精英对中国举办的文化交流活动的知晓度和参与度普遍较高，其次是青年，最后是高中生。只有一个例外，印尼青年的知晓度低于精英，但参与度略高过精英。见表 11-12。

表 11-12　四国不同群体对中国在该国举办文化交流活动的知晓度与参与度

| | 日本 | | 韩国 | | 越南 | | 印尼 | | 四国平均 | |
|---|---|---|---|---|---|---|---|---|---|---|
| | 知晓 | 参与 | 知晓 | 参与 | 知晓 | 参与 | 知晓 | 参与 | 知晓 | 参与 |
| 整体 | 41.3 | 6.9 | 46.1 | 10.0 | 85.9 | 26.7 | 79.9 | 19.7 | 63.3 | 15.8 |
| 高中生 | 26.5 | 2.9 | 33.3 | 5.9 | 71.2 | 20.2 | 62.4 | 15.1 | 48.4 | 11.0 |
| 青年 | 39.7 | 7.6 | 40.8 | 8.5 | 86.9 | 24.6 | 77.2 | 18.1 | 61.2 | 14.7 |
| 精英 | 53.0 | 12.5 | 58.6 | 21.6 | 97.6 | 37.8 | 82.7 | 17.7 | 73.0 | 22.4 |

（2）欢乐春节。

日、韩、印尼三国的受访者对比（表 11-13）显示：没有听说过欢乐春节（四海同春）的印尼最少（9.8%），居中的是韩国（34.9%），日本最多（64.0%）。在喜好程度（较喜欢和很喜欢）上，印尼喜好的比例最高（64.6%），居中的是韩国（23.8%），日本最低（21.9%）。态度以 5 级量表计算，印尼、韩、日的均值分别为 3.80、2.94、2.92，印尼为较喜欢，韩国和日本基本为中立。

各国内部，总体、青年、精英对比，知道欢乐春节的排序都为精英、总体、青年。韩国的相应比例为：80.8%、65.1%、38.3%，日本的为：41.8%、36.0%、27.9%，印尼的为：91.1%、90.2%、82.3%。喜好程度（较喜欢和很喜欢）排序上，韩国和印尼都为：精英、总体、青年。韩国的相应比例为：29.4%、23.8%、18.2%，态度以 5 级量表计算，均值分别为：3.1、2.94、2.84，平均 2.96。印尼的为 67.7%、64.6%、61.0%，均值分别为 3.87、3.80、3.76，平均为 3.81。日本的排序则为：精英（28.5%）、青年（25.8%）、总体（21.9%）。均值三者差别不大基本为 2.9，平均 2.93。

表 11-13　日、韩、印尼总体、青年、精英对欢乐春节的知晓度和喜好度对比

| | | 日本 | | | 韩国 | | | 印尼 | | |
|---|---|---|---|---|---|---|---|---|---|---|
| | | 整体 | 青年 | 精英 | 整体 | 青年 | 精英 | 整体 | 青年 | 精英 |
| 知晓度 | 没听说过（%） | 64.0 | 72.1 | 58.2 | 34.9 | 61.7 | 19.2 | 9.8 | 17.7 | 8.9 |
| | 听说过（%） | 36.0 | 27.9 | 41.8 | 65.1 | 38.3 | 80.8 | 90.2 | 82.3 | 91.1 |

续表

| | | 日本 | | | 韩国 | | | 印尼 | | |
|---|---|---|---|---|---|---|---|---|---|---|
| | | 整体 | 青年 | 精英 | 整体 | 青年 | 精英 | 整体 | 青年 | 精英 |
| 喜好度 | 很不喜欢（%） | 9.4 | 12.9 | 15.5 | 10.0 | 9.1 | 6.7 | 2.6 | 3.6 | 1.8 |
| | 较不喜欢（%） | 16.2 | 19.4 | 13.1 | 13.1 | 18.2 | 11.5 | 3.9 | 7.2 | 2.4 |
| | 中立（%） | 52.6 | 41.9 | 42.9 | 53.1 | 54.5 | 52.4 | 28.9 | 28.3 | 28.0 |
| | 较喜欢（%） | 16.8 | 12.9 | 20.2 | 20.1 | 15.6 | 24.2 | 40.4 | 32.3 | 42.1 |
| | 很喜欢（%） | 5.1 | 12.9 | 8.3 | 3.7 | 2.6 | 5.2 | 24.2 | 28.7 | 25.6 |
| | 均值 | 2.92 | 2.94 | 2.93 | 2.94 | 2.84 | 3.1 | 3.80 | 3.76 | 3.87 |

(3) 中国文化年/月/周。

四国受访问者中，在知晓度上，听说过中国文化年/月/周的越南最多（73.8%），第二是印尼（69.1%），第三是韩国（35.6%），日本最少（12.2%）。在喜好程度（较喜欢和很喜欢）上，印尼最高，5级量表的均值为3.76，其次是越南（3.46），韩国为3.11，日本最低（3.05）。

2. 受访者与文化艺术演出

数据显示（表11-14）：

日本、韩国、越南、印尼的受访者看过来自中国的艺术家的演出的比例分别为4.8%、17.3%、30.1%、51.6%。四国平均为26.0%。

问卷询问了没有看过中国艺术家表演的原因，四国平均计算，未观看的十种原因中，排名前三位的原因是：没有得到相关信息（53.3%）、没有时间（38.6%）、对中国不感兴趣（19.6%）。四国情况有同有异。相同的是没有得到相关信息和没有时间是最主要原因；不同的是占第三位的原因，在日、韩发达国家是对中国不感兴趣，在越、印尼是票价高。

日本有95.2%的受访者没有看中国艺术家表演，在四国中很突出，前三位的原因是没有获得演出的消息（42.6%）、对中国不感兴趣（35.0%）、对演出主题不感兴趣（23.4%）。

韩国有82.7%的受访者没有看中国艺术家表演，前三位原因是没有获得演出的消息（53.4%）、没有时间（29.7%）、对中国不感兴趣（21.2%）。

越南有69.9%的受访者没有看中国艺术家表演，前三位原因是没有获得演出的消息（58.9%）、没有时间（64.5%）、票价高（26.6%）。

印尼有48.4%的受访者没有看中国艺术家表演，前三位原因是没有获得演出的消息（58.3%）、没有时间（38.1%）、票价高（20.8%）。

表11-14 四国受访者未看过中国艺术家表演的原因

单位：%

|  | 日本 | 韩国 | 越南 | 印尼 | 四国平均 | 排名 |
| --- | --- | --- | --- | --- | --- | --- |
| 没有获得演出的消息 | 42.6 | 53.4 | 58.9 | 58.3 | 53.3 | 1 |
| 没有时间 | 22.1 | 29.7 | 64.5 | 38.1 | 38.6 | 2 |
| 对中国不感兴趣 | 35.0 | 21.2 | 17.8 | 4.4 | 19.6 | 3 |
| 对演出主题不感兴趣 | 23.4 | 20.1 | 17.3 | 9.7 | 17.6 | 4 |
| 价格高 | 6.4 | 12.7 | 26.6 | 20.8 | 16.6 | 5 |
| 其他 | 9.1 | 11.2 | 22.7 | 17.1 | 15.0 | 6 |
| 听说演出的内容不吸引人 | 2.1 | 8.4 | 8.7 | 5.4 | 6.2 | 7 |
| 以前看过，印象不好 | 0.5 | 2.5 | 8.4 | 1.2 | 3.2 | 8 |
| 听说翻译的质量差 | 0.9 | 2.5 | 5.6 | 3.0 | 3.0 | 9 |
| 推介方式难以接受 | 1.0 | 2.0 | 1.3 | 1.8 | 1.5 | 10 |

演出的观看率测量的是观看过中国艺术家表演的受访者中看过十类节目的百分比。好感度是用5级量表对所看节目的评价。数据显示（表11-15）：

在日本，京剧和舞蹈/舞剧的观看率并列第一（42.4%），第二、三位是古典音乐、流行音乐。好感度前三名是杂技（4.83）、歌剧（4.60）、民间音乐（4.43）。

韩国观看率最高的节目是杂技（52.8%），第二、三位是京剧（40.6%）、舞蹈/舞剧（25.6%）。好感度前三名是武术（4.27）、其他戏曲（4.25）、歌剧（4.19）。

越南观看率最高的节目是武术（62.3%），第二、三位是杂技（51.3%）、舞蹈/舞剧（33.4%）。好感度前三名是武术（4.64）、杂技（4.46）、流行音乐（4.14）。

印尼观看率最高的节目是武术（26.8%），第二、三位是杂技（23.1%）、舞蹈/舞剧（22.0%）。好感度前三名是武术（4.69）、杂技（4.54）、流行音乐（4.29）。

四国比较来看，十类节目的平均观看率由高至低为：越南（28.6%）、日本（19.9%）、韩国（19.0%）、印尼（13.7%）。十类节目的平均好感度由高至低为：印尼（4.28）、日本（4.17）、越南（4.13）、韩国（3.93%）。四国平均的好感度是4.13，也就是说，看过中国文化演出的受访者都比较喜欢中国的演出。

十类节目相比，观看率排名前五位的是：杂技（34.4%）、舞蹈/舞剧（30.9%）、武术（28.6%）、京剧（27.3%）、古典音乐（18.0%）；排名好感率前五位的是：杂技（4.49）、武术（4.46）、歌剧（4.27）、京剧（4.08）、民间音乐（4.07）。

表11-15 四国受访者看过的演出类型（%）与好感度（5级量表）

| 演出类型 | 日本 | | 韩国 | | 越南 | | 印尼 | | 四国平均 | | | |
|---|---|---|---|---|---|---|---|---|---|---|---|---|
| | 观看率 | 好感度 | 观看率 | 好感度 | 观看率 | 好感度 | 观看率 | 好感度 | 观看率 | 排名 | 好感度 | 排名 |
| 杂技 | 10.2 | 4.83 | 52.8 | 4.11 | 51.3 | 4.46 | 23.1 | 4.54 | 34.4 | 1 | 4.49 | 1 |
| 武术 | 6.8 | 4.25 | 18.3 | 4.27 | 62.3 | 4.64 | 26.8 | 4.69 | 28.6 | 3 | 4.46 | 2 |
| 歌剧 | 8.5 | 4.60 | 8.9 | 4.19 | 17.2 | 4.13 | 11.3 | 4.16 | 11.5 | 9 | 4.27 | 3 |
| 京剧 | 42.4 | 4.16 | 40.6 | 3.90 | 16.6 | 4.06 | 9.5 | 4.18 | 27.3 | 4 | 4.08 | 4 |
| 话剧 | 10.2 | 4.33 | 12.2 | 3.82 | 13.6 | 3.79 | 11.2 | 4.23 | 11.8 | 8 | 4.04 | 6 |
| 其他戏曲 | 17.0 | 3.40 | 2.2 | 4.25 | 17.2 | 4.02 | 4.7 | 4.13 | 10.3 | 10 | 3.95 | 9 |
| 舞蹈/舞剧 | 42.4 | 4.00 | 25.6 | 3.74 | 33.4 | 4.06 | 22.0 | 4.22 | 30.9 | 2 | 4.01 | 8 |
| 流行音乐 | 17.0 | 4.00 | 8.9 | 3.63 | 28.6 | 4.14 | 10.4 | 4.29 | 16.2 | 6 | 4.02 | 7 |
| 民间音乐 | 11.9 | 4.43 | 9.4 | 3.76 | 25.0 | 3.95 | 9.3 | 4.13 | 13.9 | 7 | 4.07 | 5 |
| 古典音乐 | 32.2 | 3.74 | 10.6 | 3.63 | 20.8 | 3.91 | 8.2 | 4.13 | 18.0 | 5 | 3.91 | 10 |
| 平均 | 19.9 | 4.17 | 19.0 | 3.93 | 28.6 | 4.13 | 13.7 | 4.28 | 20.3 | — | 4.13 | — |

歌舞剧《云南映象》和舞台剧《少林雄风》在四国的知晓度较高，四国平均《少林雄风》和《云南映象》的知晓度分别为64.6%和52.0%，好感度（5级量表）分别为3.54和3.12。各国比较，印尼的受访者对两者的知晓度和好感度都最高，日本都最低。两个节目比较，在知晓度和好感度

上，在四国《少林雄风》都比《云南映象》好一些。参见表11-16。

表11-16 四国受访者对《少林雄风》和《云南映象》
认知度（%）与好感度（5级量表）

|  | 日本 | | 韩国 | | 越南 | | 印尼 | | 四国平均 | |
|---|---|---|---|---|---|---|---|---|---|---|
|  | 知晓 | 好感度 | 知晓 | 好感度 | 知晓 | 好感度 | 知晓 | 好感度 | 知晓 | 好感度 |
| 《少林雄风》 | 34.2 | 3.12 | 56.9 | 3.15 | 76.5 | 3.78 | 90.8 | 4.09 | 64.6 | 3.54 |
| 《云南映象》 | 24.2 | 3.08 | 41.1 | 2.86 | 65.5 | 3.05 | 77.2 | 3.49 | 52.0 | 3.12 |

3. 受访者与文化展览

日本、韩国、越南、印尼的受访者看过中国展览的比例分别为13.6%、17.5%、39.6%、33.8%。四国平均为26.1%。

展览的参观率表示的是受访者看过14类展览中每类展览的百分比。好感度是用5级量表测量受访者对所看展览的评价。数据显示（表11-17）：

各国相比，14类展览的平均观看率由高至低为：越南（28.2%）、韩国（20.6%）、日本（12.9%）、印尼（9.2%）。14类展览的平均好感度由高至低为：印尼（4.42）、越南（4.17）、日本（4.07）、韩国（3.97）。四国平均的好感度是4.16，也就是说，看过中国文化展览的受访者都持比较喜欢的态度。

14类展览相比，参观率排名前五位的是：美食（28.2%）、考古与文物（26.2%）、工艺（25.9%）、旅游（24.3%）、电影（22.8%）；好感度排名前五位的是：美食（4.33）、电影（4.31）、旅游（4.29）、中华医药（4.27）、出版（4.26）。

各国情况有差异：日本参观率最高的展览是考古与文物（30.7%），以下依次为工艺、美食、旅游、舞蹈。好感度前三名是出版（4.83）、舞蹈（4.45）、音乐（4.29）。

韩国参观率最高的展览是考古与文物（43.4%），以下依次为绘画、美食、工艺、电影。好感度前三名是旅游（4.33）、电影（4.26）、美食（4.22）。

越南参观率最高的展览是旅游（51.6%），以下依次为美食、电影、中华医药、民间文化。好感度前三名是美食（4.57）、旅游（4.46）、电影（4.40）。

印尼参观率最高的展览是民间文化（15.6%），以下依次为美食、中华医药、音乐、舞蹈。好感度前三名是美食（4.64）、旅游（4.60）、中华医药（4.58）。

表 11-17　看过各类展览的比例（%）与好感度（5 级量表）

| 展览类型 | 日本 | | 韩国 | | 越南 | | 印尼 | | 四国平均 | | | |
|---|---|---|---|---|---|---|---|---|---|---|---|---|
| | 观看率 | 好感度 | 观看率 | 好感度 | 观看率 | 好感度 | 观看率 | 好感度 | 观看率 | 排名 | 好感度 | 排名 |
| 美食 | 20.5 | 3.88 | 34.6 | 4.22 | 44.4 | 4.57 | 13.4 | 4.64 | 28.2 | 1 | 4.33 | 1 |
| 电影 | 12 | 4.10 | 29.7 | 4.26 | 42.5 | 4.40 | 7.1 | 4.48 | 22.8 | 5 | 4.31 | 2 |
| 旅游 | 13.3 | 3.77 | 22.0 | 4.33 | 51.6 | 4.46 | 10.2 | 4.60 | 24.3 | 4 | 4.29 | 3 |
| 中华医药 | 9.6 | 4.06 | 16.5 | 4.17 | 28.4 | 4.26 | 12.8 | 4.58 | 16.8 | 8 | 4.27 | 4 |
| 出版 | 3.6 | 4.83 | 9.3 | 3.65 | 10.1 | 4.10 | 1.7 | 4.47 | 6.2 | 13 | 4.26 | 5 |
| 绘画 | 10.8 | 4.22 | 35.7 | 4.02 | 27.4 | 4.11 | 10.6 | 4.40 | 21.1 | 7 | 4.19 | 6 |
| 留学 | 7 | 3.70 | 2.7 | 4.20 | 9.4 | 4.13 | 3.0 | 4.61 | 5.5 | 14 | 4.16 | 7 |
| 音乐 | 8.4 | 4.29 | 11.0 | 3.95 | 29.1 | 4.03 | 12.7 | 4.38 | 15.3 | 9 | 4.16 | 7 |
| 考古文物 | 30.7 | 4.0 | 43.4 | 4.04 | 25.2 | 4.04 | 5.6 | 4.49 | 26.2 | 2 | 4.14 | 9 |
| 舞蹈 | 13.3 | 4.45 | 9.9 | 3.50 | 12.6 | 4.18 | 12.6 | 4.22 | 12.1 | 10 | 4.09 | 10 |
| 工艺 | 20.5 | 4.03 | 30.8 | 3.95 | 41.5 | 4.11 | 10.8 | 4.28 | 25.9 | 3 | 4.09 | 10 |
| 民间文化 | 12 | 4.05 | 22.5 | 3.68 | 38.5 | 4.19 | 15.6 | 4.39 | 22.2 | 6 | 4.08 | 12 |
| 戏曲 | 11.4 | 3.89 | 12.6 | 4.04 | 13.6 | 3.96 | 7.8 | 4.25 | 11.4 | 11 | 4.04 | 13 |
| 宗教 | 7.2 | 3.75 | 7.7 | 3.57 | 20.7 | 3.81 | 4.9 | 4.12 | 10.1 | 12 | 3.81 | 14 |
| 平均 | 12.9 | 4.07 | 20.6 | 3.97 | 28.2 | 4.17 | 9.2 | 4.42 | 17.7 | — | 4.16 | — |

## 三、中国企业在海外的影响

### （一）问卷内容

随着经济全球化的增强，中国的企业走向世界，成为传递中国文化的一个重要载体。问卷先后调查了受访者对我国跨国公司的认知和态度、对中国制造产品的使用和态度以及对中国产品广告的态度。

（Ⅲ）V32. 以下是中国在贵国的企业，您知道它们吗？请在知道的前面打√（可多选）（1—12项为四国共同调查的选项，12项之后根据各国国情设立了不同的中资企业选项）

1. 海尔　　　　2. 联想　　　　3. 华为　　　　4. 百度
5. 新浪　　　　6. 中兴　　　　7. 中国银行　　8. 福田
9. 中国国际航空公司　　　　10. 小肥羊　　　11. 腾讯
12. 中石化　　77. 其他　　　88. 以上都不知道

（Ⅲ）V33. 您对中国企业的总体印象如何？
1. 很不好　　2. 不好　　3. 不好不坏　　4. 较好
5. 很好　　　88. 不知道

（Ⅲ）V34. 您在日常生活中使用过中国制造的产品吗？
1. 从未使用　　2. 很少使用　　3. 有时使用　　4. 经常使用

（Ⅲ）V35-1—V35-9. 您如何评价中国制造的产品？
1. 很不同意　　2. 较不同意　　3. 中立　　　　4. 较同意
5. 很同意　　　88. 不知道

V35-1. 质量好　　　　1　2　3　4　5　88
V35-2. 有创新　　　　1　2　3　4　5　88
V35-3. 保护资源　　　1　2　3　4　5　88
V35-4. 价格合理　　　1　2　3　4　5　88
V35-5. 有吸引力　　　1　2　3　4　5　88
V35-6. 售后服务好　　1　2　3　4　5　88
V35-7. 享有盛誉　　　1　2　3　4　5　88
V35-8. 具有中国风格　1　2　3　4　5　88
V35-9. 您在意中国产品具有中国风格吗？
根本不在意　1　2　3　4　5　非常在意　88. 不知道

（Ⅲ）V34-1. 您在过去一年里看过几次中国产品的广告？喜欢吗？

（下拉菜单：0—15次、16次及以上）

1. 很不喜欢　2. 较不喜欢　3. 中立　4. 较喜欢　5. 很喜欢

## （二）数据分析

### 1. 对中国跨国公司的认知和态度

四国的数据横向比较显示，在四国名列榜首的中国企业有差异：在日本为联想（71.3%），在韩国为海尔（33.4%），在越南为联想（66.6%），在印尼为华为（81.6%）。四国数据平均，排在前三名的为：联想（59.2%）、华为（37.4%）、海尔（35.4%）。知晓度超过20%的企业有7家。各国对共同调查的12家企业知晓度平均值的排名为：印尼（30.8%）、越南（20.9%）、日本（20.5%）、韩国（12.2%）。

考虑到各国的国情，问卷调查了一些中资企业在个别国家的知名度，这类公司知名度高的有：东方航空公司在韩国知名度很高（33.3%），高过联想。力帆公司在越南的知名度（47.9%）高过华为。四国受访者对开列的全部中资企业全然不知的比例，最高的是韩国（29.2%），其次是日本（17.2%），都超过四国的平均值14.1%。最低的是印尼（2.4%），其次是越南（7.6%）。见表11-18。

表11-18 四国受访者对中国企业的知晓度

单位：%

| | | 日本 | 韩国 | 越南 | 印尼 | 四国平均 |
|---|---|---|---|---|---|---|
| 四国共同调查的企业 | 联想 | 71.3 | 20.9 | 66.6 | 78.1 | 59.2 |
| | 华为 | 10.7 | 15.9 | 41.2 | 81.6 | 37.4 |
| | 海尔 | 53.3 | 33.4 | 16.9 | 38.0 | 35.4 |
| | 百度 | 34.5 | 18.4 | 26.1 | 39.9 | 29.7 |
| | 中兴 | 5.1 | 5.3 | 18.2 | 71.2 | 25.0 |
| | 中国国际航空公司 | 28.2 | 15.2 | 24.6 | 29.0 | 24.3 |
| | 中国银行 | 27.0 | 22.4 | 28.5 | 1.95 | 20.0 |
| | 新浪 | 3.6 | 2.3 | 8.5 | 6.0 | 5.1 |
| | 中石化 | 4.2 | 6.1 | 4.1 | 5.0 | 4.9 |
| | 福田 | 2.2 | 0.8 | 6.2 | 9.7 | 4.7 |
| | 小肥羊 | 4.2 | 2.9 | 4.5 | 3.6 | 3.8 |
| | 腾讯 | 1.7 | 2.7 | 4.9 | 5.4 | 3.7 |
| 对以上12种品牌知晓度平均值 | | 20.5 | 12.2 | 20.9 | 30.8 | — |

续表

| | | 日本 | 韩国 | 越南 | 印尼 | 四国平均 |
|---|---|---|---|---|---|---|
| 四国各自调查的企业 | 春秋航空 | 29.5 | — | — | — | — |
| | 中国电器集团 | 2.7 | — | — | — | — |
| | 苏宁电器 | 2.1 | — | — | — | — |
| | 中国宁波韵升股份公司 | 0.8 | — | — | — | — |
| | 南方航空 | — | 21.1 | 24.9 | 23.7 | |
| | 东方航空 | — | 33.3 | — | — | |
| | 厦门航空 | — | 2.1 | — | — | |
| | 淘宝网 | — | 5.8 | — | — | |
| | 土豆网 | — | 5.7 | — | — | |
| | 优酷网 | — | 5.2 | — | — | |
| | 力帆 | — | — | 47.9 | 6.7 | |
| | 美的 | — | — | 19.8 | 18.6 | |
| 其他 | | 0.5 | 1.5 | 20.7 | 7.5 | 7.6 |
| 以上都不知道 | | 17.2 | 29.2 | 7.6 | 2.4 | 14.1 |

在调查受访者对中国企业的总体印象如何时，用了5级量表测量。结果显示，印尼对中国企业的印象最好，得分为3.87，偏向较好；越南为3.51，处于不好不坏和较好之间；韩国为2.70，处于不好和不好不坏之间；日本为2.09，对中国企业印象不好。四国平均好感度为3.04，为不好不坏。

2. 对中国制造产品的使用和态度

数据（见表11-19）显示：96.3%的越南受访者、95.6%的印尼受访者、91.9%的韩国受访者、83.1%的日本受访者使用过中国产品。在经常使用、有时使用和很少使用三类选项之间，四国受访者中选择最多的是有时使用，平均是41.6%；经常使用在韩、越、印尼排在第二位。四国平均1/4的受访者经常使用中国产品。

表 11-19 四国受访者使用中国制造的产品情况

|  | 日本 | 韩国 | 越南 | 印尼 | 四国平均 |
| --- | --- | --- | --- | --- | --- |
| 经常使用 | 11.6% | 27.5% | 32.8% | 29.1% | 25.3% |
| 有时使用 | 36.0% | 43.4% | 43.1% | 44.0% | 41.6% |
| 很少使用 | 35.5% | 21.0% | 20.4% | 22.5% | 24.9% |
| 从未使用 | 16.9% | 8.3% | 3.7% | 4.4% | 8.3% |

调查受访者对中国产品的总体印象如何时，用了 5 级量表，对八项指标进行测量。结果（见表 11-20）显示：评价最好的是价格合理，四国平均得分 3.7，趋向于较同意。售后服务好得分最低，为 2.44，在较不同意和中立之间。具有中国风格和有吸引力得分在 3 左右，属于中立。各国对中国产品八项指标的平均得分最高的是印尼（3.75），倾向正面评价；其次为越南（3.04），态度中立；最低的是日本（2.12），韩国略高（2.36），均趋向负面评价。

表 11-20 四国受访者对中国产品的评价（5 级量表）

|  | 日本 | 韩国 | 越南 | 印尼 | 四国平均 | 排名 |
| --- | --- | --- | --- | --- | --- | --- |
| 价格合理 | 3.22 | 3.43 | 3.83 | 4.32 | 3.70 | 1 |
| 具有中国风格 | 2.31 | 2.73 | 3.42 | 3.71 | 3.04 | 2 |
| 有吸引力 | 2.12 | 2.36 | 3.51 | 3.97 | 2.99 | 3 |
| 有创新 | 2.10 | 2.14 | 3.34 | 3.94 | 2.88 | 4 |
| 质量好 | 1.86 | 2.10 | 2.64 | 3.51 | 2.53 | 5 |
| 享有盛誉 | 1.82 | 2.07 | 2.52 | 3.47 | 2.47 | 6 |
| 保护资源 | 1.78 | 2.05 | 2.64 | 3.55 | 2.62 | 7 |
| 售后服务好 | 1.76 | 2.02 | 2.44 | 3.54 | 2.44 | 8 |
| 本国平均 | 2.12 | 2.36 | 3.04 | 3.75 | 2.83 | — |

调查受访者是否在意中国产品的中国风格时，用 5 级量表进行了测量。结果显示：日本不在意（2.11），韩国中立（3.10），越南处于中立与在意之间（3.39），印尼在意（3.94）。

## 3. 对中国产品广告的观看率和态度

过去一年中,印尼、越南、韩国、日本分别有91.6%、80.5%、39.8%和37.6%的受访者看过中国广告。其中,看过1—5次的人最多,四国分别为43.1%、42.5%、30.8%、23.8%,其次是看过11次及以上。见表11-21。

表11-21 四国受访者过去一年中看过中国广告的次数

单位:%

| | 日本 | 韩国 | 越南 | 印尼 | 四国平均 |
| --- | --- | --- | --- | --- | --- |
| 看过0次 | 62.4 | 60.2 | 19.5 | 8.5 | 37.7 |
| 看过1—5次 | 23.8 | 30.8 | 42.5 | 43.1 | 35.1 |
| 看过6—10次 | 4.8 | 5.3 | 13.0 | 22.4 | 11.4 |
| 看过11次及以上 | 9.0 | 3.7 | 25.0 | 26.1 | 16.0 |

看过中国产品广告的受访问者中,从百分比看,只有印尼受访者有48.4%选择了较喜欢,超过了其他4个选项。其他三国都是选择中立的占了60%左右。

以5级量表测量其是否喜欢,结果(见表11-22)显示,印尼得分3.63,处于中立和较喜欢之间,倾向喜欢。越南和韩国分别得3.12和2.90,态度中立。日本得分2.49,处于中立和不喜欢之间。

表11-22 四国受访者对中国产品广告的评价

| | 日本 | 韩国 | 越南 | 印尼 | 四国平均 |
| --- | --- | --- | --- | --- | --- |
| 很不喜欢(%) | 17.1 | 3.1 | 1.7 | 0.3 | 4.2 |
| 较不喜欢(%) | 21.1 | 17.4 | 12.1 | 1.1 | 12.9 |
| 中立(%) | 58.9 | 63.0 | 62.5 | 42.3 | 56.70 |
| 较喜欢(%) | 1.8 | 16.0 | 20.0 | 48.4 | 21.6 |
| 很喜欢(%) | 1.1 | 0.5 | 3.6 | 8.0 | 3.3 |
| 评价的均值(5级量表) | 2.49 | 2.90 | 3.12 | 3.63 | 3.04 |

总之,各国概况如下:

日本受访者对中国在日本企业的知晓度差异比较大,中国在日本知名度最高的前三位公司是联想、海尔和百度,它们的知晓度分别为:71.3%、

53.3%、34.5%,宁波韵升股份公司排在最后;受访者对中国在日本企业的整体印象不佳;对中国产品有较高使用率,但评价不高,只认同中国产品的价格合理;37.6%的受访者看过中国产品的广告,但评价较低。

韩国受访者对中国在韩国企业的知晓度普遍不高,海尔以33.4%的知晓度排在第一位,福田公司排在最后;受访者对中国在韩国企业的整体印象不佳;对中国产品有较高使用率,但评价不高,只认同中国产品的价格合理;40%的受访者看过中国产品的广告,但评价较低。

越南受访者对中国在越南企业的知晓度成两极分布,联想以66.6%的知晓度排在第一位,中石化排在最后;受访者对中国在越南企业的整体印象较好;中国产品在越南有价格优势、有吸引力、具有中国风格,并且有创新,但在产品质量、售后服务、声誉和资源保护性方面不具备优势;有80%的受访者看过中国产品的广告,评价中立。

印尼受访者对中国企业知晓度最高的是华为,其次是联想、中兴,知晓率都超过七成;受访者对中国企业的整体印象接近较好;受访者只有4.4%没有使用过中国制造的产品,经常使用的受访者占29.1%,对中国产品评价最高的是价格合理,其次是有吸引力、有创新;91.6%的受访者看过中国产品的广告,整体评价处于中立和较喜欢之间。

### 四、中国文化中心、孔子学院和体育团队

#### (一)问卷内容

在上述的文化团体和企业外,还有其他一些社会团体和组织也是传播中国文化的渠道,包括:对外文化机构(如海外中国文化中心)、教育部门(如孔子学院)和中国体育代表团。问卷就受访者对这些组织团体的认知、态度和参与行为进行了调查。由于海外中国文化中心和孔子学院同属在外文化机构,所以两个组织的问题设置在一起。

(Ⅲ) V6-5. 您知道以下中国文化产品的品牌吗?若知道喜欢吗?

不知道:0

知道,我对它:1. 很不喜欢;2. 较不喜欢;3. 中立;4. 较喜

欢；5. 很喜欢

| 中国文化 | 0 | 听说过 | | | | |
| 产品品牌 | 没听说过 | 1. 很不喜欢 | 2. 较不喜欢 | 3. 中立 | 4. 较喜欢 | 5. 很喜欢 |
|---|---|---|---|---|---|---|
| 孔子学院 | | | | | | |
| 中国文化中心 | | | | | | |

（Ⅲ）V9-3. 中国在体育方面表现出色吗？

1. 非常差　　2. 比较差　　3. 一般　　4. 出色

5. 非常出色　　88. 不知道

## （二）数据分析

### 1. 海外中国文化中心

由于目前在四国中，我国只在韩国和日本建立了海外中国文化中心，所以本次只调查了上述两国。数据显示：对中国文化中心的认知率在韩国为55.7%，日本为21.3%。以5级量表测量受访者对中国文化中心的态度，韩国的均值为3.00，持中立态度。日本的均值为2.92，基本持中立态度。三个重点群体相比，认知度和好感度上，韩、日的精英略微高于青年和高中生。（见表11-23）

表11-23　不同受访者群体对中国文化中心的认知与态度

| | 整体 | | 高中生 | | 青年 | | 精英 | |
|---|---|---|---|---|---|---|---|---|
| | 认知（%） | 好感度 | 认知（%） | 好感度 | 认知（%） | 好感度 | 认知（%） | 好感度 |
| 日本 | 21.3 | 2.92 | 14.7 | 2.80 | 17.0 | 2.84 | 31.0 | 3.00 |
| 韩国 | 55.7 | 3.00 | 21.57 | 3.09 | 39.30 | 3.06 | 79.31 | 3.17 |
| 平均 | 38.5 | 2.96 | 18.1 | 2.95 | 28.2 | 2.95 | 55.2 | 3.09 |

### 2. 孔子学院

数据显示：对孔子学院的认知率由高到低为：越南（72.5%）、印尼（59.1%）、韩国（35.9%）、日本（16.2%）。以5级量表测量受访者对孔子学院的态度，印尼和越南的均值分别为3.49、3.44，两国的态度处于中立和较喜欢之间。韩国和日本的均值分别为2.91、2.94，基本持中立态度。发展中国家印尼和越南与发达国家日本和韩国对孔子学院的态度有实质性的差别。四国的三个重点群体相比，认知度上，四国的精英均高于青年和高中生；但在好感度上，三个重点群体的情况不一致。（见表11-24）

表11-24 不同受访者群体对孔子学院的认知与态度

|  | 整体 | | 高中生 | | 青年 | | 精英 | |
| --- | --- | --- | --- | --- | --- | --- | --- | --- |
|  | 认知（%） | 好感度 | 认知（%） | 好感度 | 认知（%） | 好感度 | 认知（%） | 好感度 |
| 日本 | 16.2 | 2.94 | 11.8 | 2.00 | 14.3 | 3.00 | 26.2 | 3.09 |
| 韩国 | 35.9 | 2.91 | 13.7 | 3.00 | 30.4 | 2.95 | 56.9 | 2.91 |
| 越南 | 72.5 | 3.44 | 67.3 | 3.56 | 68.7 | 3.39 | 89.0 | 3.47 |
| 印尼 | 59.1 | 3.49 | 36.6 | 3.44 | 52.7 | 3.43 | 72.7 | 3.54 |
| 平均 | 45.9 | 3.20 | 32.4 | 3.00 | 41.5 | 3.19 | 61.2 | 3.25 |

3. 中国体育团队

通过询问受访者"中国在体育方面表现出色吗？"来了解他们对中国体育的评价。问卷采用5级量表调查了受访者对中国体育表现的态度。把"非常差"赋值为1，"非常出色"赋值为5，以此类推，计算出受访者对中国体育表现评价的均值，均值越高，对中国体育表现评价越高。（见表11-25）

日本受访者中有近40%的人认为中国体育表现比较出色，有16.1%的受访者认为中国体育表现偏差，有32.6%的受访者认为中国体育表现一般。均值得分3.37，整体对中国体育的表现持肯定态度。重点人群分析显示，青年、精英与整体都比较认可中国体育的表现，但高中生的评价略低于整体及其他两个群体的评价。

韩国受访者中有超过70%的人认为中国体育表现出色，认为中国体育表现差的不足10%。均值为3.93，整体对中国体育的表现持肯定态度。重点人群显示分析，精英比整体更认可中国体育的表现，而高中生的评价略低于整体评价。

越南受访者中有超过58%的人认为中国体育表现出色，认为中国体育表现差的不足10%。均值得分3.68，整体对中国体育的表现持肯定态度。

重点人群显示分析，精英比整体更认可中国体育的表现，高中生的评价略低于整体评价。

印尼受访者对中国在体育方面的表现评价很高，79.1%的受访者认为中国在体育方面表现相当出色（其中30.4%为非常出色，48.7%为出色），16.6%的受访者认为表现一般。受访者对中国在体育方面表现的均值达到4.14，表明受访者认为中国体育表现出色。重点人群分析显示，精英比整体、高中生、青年更认可中国体育的表现，而高中生、青年的评价略低于整体评价。

四国比较来看，印尼对中国体育表现的评价最高（4.14），其次是韩国（3.93），第三是越南（3.68），这三国基本持比较出色的态度。最后一名为日本（3.37），所持态度介于一般和出色之间。三种重点群体中，韩、越、印尼都是精英的评价高于青年，青年高于高中生。日本为青年高于精英，精英高于高中生。

表11-25 四国家受访者对中国在体育方面表现的评价（5级量表）

| 受访者群体 | 日本 | 韩国 | 越南 | 印尼 | 四国平均 |
| --- | --- | --- | --- | --- | --- |
|  | 均值 | 均值 | 均值 | 均值 | 均值 |
| 整体 | 3.37 | 3.93 | 3.68 | 4.14 | 3.78 |
| 高中生 | 3.10 | 3.59 | 3.46 | 3.95 | 3.53 |
| 青年 | 3.38 | 3.70 | 3.63 | 4.02 | 3.68 |
| 精英 | 3.34 | 4.11 | 3.86 | 4.21 | 3.88 |

# 第三节 调查后的思考

## 一、加大对文化交流活动的前期宣传营销力度

对美、德、俄、印的调查数据显示，受访者未看过演出、未参观过展览、未参加过文化交流活动的十个原因中，没有获得相关信息（53.3%）高居榜首，远高于其他原因：没有时间（39.3%）、对中国不感兴趣（6.2%）、对演出主题不感兴趣（12.2%）、价格高（7.8%）。对日、韩、

越、印尼的调查数据显示，受访者未观看中国艺术家文化艺术演出的十个原因中，没有获得演出信息（53.3%）远高于其他原因：没有时间（38.6%）、对中国不感兴趣（19.6%）、对演出主题不感兴趣（17.6%）、价格贵（16.6%）。八国对中国文艺演出十种类型的平均好感度（用5级量表测量），在美、德、俄、印平均为4.20，为比较喜欢，对各类展览的好感度平均为4.15，也为比较喜欢。在日、韩、越、印尼的文艺演出为4.13，为比较喜欢，对各类展览的好感度为4.16，也为比较喜欢。

未获得演出、展览等文化交流活动的相关信息的确是中国对外文化交流的短板。在问卷调查后的采访中，一位在京的越南留学生说："其实中国政府主办的展览和活动挺多的，但是参与度没有那么高，因为具体举办的这些活动，我也不是很清楚，重点是没有宣传到位，没有获得演出信息的原因比较大，想了解这些信息都是通过本国的网站信息的一些宣传，中国使馆、孔子学院的宣传很少，我觉得在越南宣传还不是很畅通。"调查结果和从事中外文化交流实际工作的专家的看法相印证。吴氏国际文化传媒总经理吴嘉童说："在宣传营销上，目前国内许多演出院团对这方面的重视远远不够。在国际化的广泛平台上，我们过去'酒香不怕巷子深'的观念已经不合时宜了。一个演出团体、一台舞台演出，以什么样的形式包装自己、呈现自己，在新媒体时代已经成为一门精细的科学和精湛的艺术。""在具体运作流程上，目前国内舞台演出业界的操作模式与国际时常也存在较大的差距。以欧洲为例，各个演出团体每年的演出方案都是要提前很长时间就确定的，这为提供自己支持的政府预算、公告商提供赞助提供了充裕的时间，从而保证了整个演出的有序进行。与之相呼应，海外的音乐厅、歌剧院等主流演出场所，也都是提前很长时间就已经预定给各个院团的……但在国内，绝大多数院团的演出计划都是'灵光一现'的'急就章'，这给整个演出的资金筹措、宣传营销、场地落实等各个环节造成了诸多困难。""当前国内的不少行业和领域的从业者都已经越来越深刻地意识到，科学的宣传营销会对内容产品的推广起到事半功倍的作用，对中国文化演出业界来说，尤其在文化艺术走向海外的过程中，这种意识还需要不断地加强和深化。"①

中国的对外文化艺术演出要消除酒香不怕巷子深的保守观念，即使是"欢乐春节"这样的中外文化交流的品牌活动，也需要提前足够的时间利用多种渠道进行前期的营销活动。当然，各国的国情不同，特别是各国的时间观念有差异，各国民众使用信息交流渠道也有所不同，需要在时间上使用恰当的提前量，使用对路的传播渠道进行有效的前期宣传。对于美国、德国等属于单向时间习惯的国家和对于印尼、越南等属于多向时间习惯的国家，前期宣传的时间提前量应有所不同。因而加大演出前和展览前的前期宣传营销力度会增加演出的上座率和参观展览的人数，使得我们的文化交流效果更好。

### 二、淡化"孔子学院"的官方形象，增加民间文化交流色彩

本调查采取两种提问方式调查了八国受访者对孔子学院的态度。2011年对美、德、俄、印、日调查的问题是：孔子学院是外国人了解中国文化的好渠道吗？（用"是"和"否"回答）五国受访者回答"是"的比例过半的有俄（68.9%）、印（53.0%）。回答"不知道"比例过半的是三个发达国家：美（58.0%）、德（53.5%）、日（50.0%），可见三国受访者对孔子学院是外国人了解中国文化的好渠道是存疑的。2013年对日、韩、越、印尼调查的问题是：您知道以下中国文化产品的品牌吗？若知道喜欢吗？（用5级量表回答是否喜欢）。知道孔子学院的四国受访者中，好感度超过中间值3的是两个发展中国家越南（3.44）和印尼（3.49），未超过中间值的是两个发达国家日本（2.94）和韩国（2.91）。

八国调查显示，对目前孔子学院是否有利于双方文化交流的判断上，四个发达国家的受访者持存疑或中立态度，金砖国家的俄罗斯和印度以及发展中国家的越南和印尼持肯定态度。在问卷调查后的采访中，就孔子学院在韩国喜好度较低的问题进行了采访。韩国某大学的一位汉语教授（中国人）说："其实从中国政府的层面来说，中国政府是非常积极地推广孔子学院

---

① 吴嘉童：《深入了解国际市场推动中国文化"走出去"》，载黄会林主编：《世界文化格局与中国文化机遇》，北京师范大学出版社2013年版，第149—150页。

的，但是现在很多外国政府，包括韩国，对待中国在海外设立孔子学院的目的持否定态度，是排斥。认为孔子学院不是一个民间机构，是有一定官方背景的，是教育部管理的，政府会投资。所以，外国政府是戴着一个有色眼镜来看这件事情，认为中国政府要推广孔子学院，是有文化侵略的目的的。一旦有这种想法以后，它是排斥的，在跟国民宣传的时候，肯定负面的宣传会比较多一些，所以这当然就导致了外国国民对孔子学院的印象不太好，因为他们的媒体告诉民众说这是中国实行文化侵略的一种工具、一种手段，那当然外国的民众就会觉得这个不好。"调查结果与近年出现的美国、加拿大、瑞典等发达国家的个别学校终止孔子学院续约的情况相印证。这种情况也反映在发达国家法国，法籍华裔作家和翻译家亚丁指出："本来法国人对孔子很喜欢，但建了孔子学院之后，有些人反而不喜欢中国文化。法国的汉学家是很多的，并不是因为有了孔子学院，有了那么大的投资，才有更多的人多学了一句中文。有了孔子学院之后，汉学家没有减少，也没有增加。究其原因在于，法国人认为这是中国政府想输出文化，是政府行为，而不是民间的一种自发行为。"[①] 中国是个发展中国家，却在发达国家投资办孔子学院，很难不让西方发达国家政府产生文化侵略的联想。从以上情况看，在发达国家开办孔子学院如何破解"文化侵略"的误解，对孔子学院的发展是个需要解决的重要问题。已经开办的，淡化"孔子学院"的官方形象，增加民间文化交流色彩是必需的。今后是否还需要扩大在发达国家的开办规模，真是值得慎重考虑。在发展中国家开办孔子学院也要淡化官方色彩，增加民间交流的力度，因为这些国家一旦成为发达国家，很可能其态度也会转变。

## 三、提高中国企业在海外的好感度和海外中资企业的社会参与度

首先需要提高中国企业在海外的好感度。我国的知名跨国企业和公司在日、韩、越、印尼民众中都有不低的知名度，例如四国的平均知名度上，联想已达到59.2%，华为已经达到37.4%，海尔达到35.4%，百度达到

---

[①] 漆谦：《中国文化走向世界的路径选择》，载黄会林主编：《世界文化格局与中国文化机遇》，第167页。

29.7%。在越南，我国的力帆知名度达到47.9%。然而，四国受访者对中国企业的好感度平均为3.04（5级量表），基本为中立；四国中，印尼得分最高，为3.87，在中立和较好之间。美国皮尤调查公司2013年民意调查中，将经商之道（ways of doing business）作为软权力的一个重要指标，美国经商之道在拉美获得50%的好感，在非洲获得73%的好感，中国的相应数字为40%和59%。可见，中国跨国公司在海外的好感度有提升空间。中国企业和公司在海外的好感度是中国文化软实力的一个重要方面，需要采取多种措施得以增强。

其次是提高海外中资企业的社会参与度。在访谈中，课题组成员请教一位文化部的公务员："您觉得在日本推广'欢乐春节'的阻力主要在哪儿？"他的回答就是希望在日本的中资企业加大社会参与度："我觉得阻力就是在社会参与度，中资企业参与的程度太少了，中资企业参与的程度太少了，我觉得'欢乐春节'不光是一个大庙会，就像人们过圣诞节时人们去买西方的那种巧克力、圣诞卡这种习惯，我想象的是咱们在国外的中资企业和机构，放假搞新年联欢晚会，请他们的员工一起包饺子吃饺子，通过这种习惯来带动（当地人）到超市去买中国的饺子、春联、灯笼，从而形成一种社会效益和经济效益。""要让当地的人自发地去买春联，买饺子，买中国的饰品、鞭炮，见面说'恭喜发财'，这个才是欢乐春节的最终目的，而不是说热闹一下就完了，应该把春节的理念做大。为什么说中资企业能发挥的作用大呢？因为演出顶多就是十天，但企业可以在当地培养出一批了解中国传承企业文化的固定人群，通过他们辐射到他们的朋友、家庭，甚至更远的地方，我觉得只有这样，春节的概念才能像圣诞一样影响深远，走进人们的生活，我觉得现在还是停留在生活的表面看个热闹，中资企业在这方面有很多工作可以做。这一点我们的文化部门也应该引起重视，不是说送出多少台戏就算达标。"他的观点很有启发性。随着中国经济的国际化程度不断提高，海外的中资企业越来越多，实力越来越强。中资企业提高中外文化交流的意识，加大社会参与的力度无疑有助于提高中华文化的国际影响力。

## 四、改进中国产品的质量和售后服务

我国已经成为世界工厂，出口到世界各国的产品也是一种传播信息的媒介,是提高我国文化软实力的一个方面。对日本、韩国、越南、印尼的调查数据显示,四国受访者经常使用中国产品的比例为25.3%,有时使用中国产品的比例41.6%,两者相加达66.9%。然而,以5级量表测量,对中国产品的评价显示,八项指标中,四国平均价格合理得分最高,为3.70,接近较同意。而质量好、享有盛誉、售后服务好三个指标分别为2.53、2.47、2.44,都没有过中立线,因而还有较大的提高中国产品美誉度的空间。在日、韩、越、印尼调查后对四国多方人士的访谈显示,各国对中国产品的质量和售后服务都有微词,与调查的数据相印证。一位越南留学生说:"我们大部分日常的东西都是从中国运来的,提供很多级别价位的产品让你随便去选,产品表面看起来很好,但是质量没有那么好。而在越南日本货没有不好的。这些产品很大程度上代表着中国的形象。你看新闻,中国三鹿奶粉事件,不只是对越南,对很多国家都有影响。"访谈员问一位在京的日本留学生:"那你来中国以后用过中国的产品吗?你觉得好用吗?"他答:"用的都是,冰箱、电视、吹风机都是。我觉得很容易坏的。来中国之前也听说过,来了以后才发现是真的。而且我感觉不是特别便宜的,还是容易坏。""那你有购买中国产品的意愿吗?""没有,如果买的话,买中国茶、丝绸。在日本如果想买这两种产品,也会优先买中国的品牌。"北京大学一位研究印尼问题的教授说:"印尼基本没有自行车,就骑摩托。摩托车基本上都是日本造的。原来我们国家打过去一批,便宜,就开始买我们的。结果我们的维修跟不上。日本人就特精明,不管什么品牌的,只要是日本产的,就可以在任何一个品牌店维修。我们不行,武汉出口的,一定要到武汉维修店,四川出口的,一定要到四川维修店,而且店的数量还非常有限。这一下就把咱们给打败了。"改进中国产品的质量和售后服务不仅有利于中国开拓市场,而且有助于提高中华文化的影响力。

此外,如何利用中国产品巧妙地加入中国文化因素,具有受外国大众喜欢的中国风格,做好中国产品广告,传播中国特有的又被外国民众接受的价值观,也是值得探讨的问题。

# 第十二章

# 外国人眼里的中国民众与杰出人物

## 第一节 在美国、德国、俄罗斯、印度、日本的调查

### 一、问卷设计

#### (一) 设计思路

当今国际跨文化传播中,人际交流、组织传播和大众媒体是交流的三大主渠道。对中国文化影响力的评估中,不仅要见物,也要见人。人是文化的创造者,是文化的载体,也是传播文化的主体,人的一言一行都受到文化的影响。考察外国民众对中国人(体现在中国民众和中国杰出人物)的认知和喜好,不仅可以反映中国人在国际上的形象和地位,也可以从侧面反映出外国人对中国文化的态度。对甲国民众的印象不好,很难说甲国文化会在乙国有强烈的吸引力。中国的杰出人物是亿万群众中涌现的才能和成就出众的人,具有广泛的知名度和影响力,在传播中国文化方面有更重要的意义。因此,在问卷中使用多道问题测量了四国受访者对中国民众(简称中国人)和中国杰出人物(简称中国名人)的认知和喜好。

关于对中国民众的认知和喜好,设计了六个方面的问题:第一,考察受访者对中国人的刻板印象。由于多种原因,在国际交往中对另一国民众的看法常是刻板印象(又称定型观念),用"创造性"等七个词描述中国人的特征,调查受访者是否赞同这些对中国人的整体看法。第二,调查受访者对中

国人持有的中华核心价值观的看法。定型观念中对对方所持价值观判断是最重要的问题，因而有必要测量外国人心目中中国人持有的中华核心价值观的情况。第三，测量了外国人心目中中国人所说的"八荣八耻"的情况。第四，受访者对中国人持有中华思维方式（辩证思维）的看法。第五，运用了心理学的博加德斯量表（Bogardus scale）测量受访者对中国民众的心理距离（亲近感）。该量表包括一系列陈述，按从最近社会距离到最远社会距离排列开来：可以结亲；可以作为朋友；可以作为邻居；可以在同一行业共事；只能作为公民共处；只能作为外国移民；被驱逐出境。第六，是与中国人接触的情况，这分成了两个小问题：一是调查了受访者拥有中国朋友的数量；二是来中国的次数。

    杰出是指才能、成就出众。中国杰出人物的入选标准参考了以下资料：2008年蓝海调查[①]的结果；2008年秋美国《新闻周刊》根据美国、加拿大、英国等国网民投票，评选出的中国文化二十大形象符号中的人物[②]；2010年底在纽约时报广场上播送的《中国形象广告片》中的代表人物；2011年1月北京师范大学国家社科基金重大项目"中国文化软实力发展战略研究"研究者提出的中国文化符号名单中的人物。在对中国名人进行调查设计时，课题组进行了创新：弥补了对杰出人物只调查认知（是否出名），不调查态度（喜好度）的不足。本研究选择了20位中国杰出人物：包括两位古代文学家：李白、曹雪芹；两位古代哲学家：孔子、老子；一位古代医学家张仲景；三位当今影视和体育明星：成龙、章子怡、姚明；六位当代艺术家：梅兰芳、杨丽萍、宋祖英、郎朗、吴冠中、吴宇森；一位当代科学家：袁隆平；一位航天员：杨利伟；三位近现代政治家：孙中山、毛泽东、邓小平；一位当代企业家：李嘉诚。在每位名人下方，设置了六个选项，"0"表示

---

    ① 该调查由蓝海国际传播促进会2008年委托美国专业调查机构（PRI）在美国完成的。关于中国名人，蓝海调查的方法是让被试开列出自己所知的著名中国人的名单，然后归纳得出在美国最著名的中国人的名单。该调查的第2题"谁是在美国最著名的中国人？"前10名是：成龙（占被调查者的比例为43%）、李小龙（40%）、毛泽东（39%）、孔子（33%）、李连杰（29%）、姚明（29%）、佛（28%）、刘玉玲（23%）、成吉思汗（22%）、周润发（16%）。见蓝海国际传播促进会委托美国专业调查公司Perspective Resources Inc.完成的调查报告：《美国人眼中的中国人》，2008年9月。

    ② 中国文化符号为：汉语、北京故宫、长城、苏州园林、孔子、道教、孙子兵法、兵马俑、莫高窟、唐帝国、丝绸、瓷器、京剧、少林寺、功夫、西游记、天坛、毛主席、针灸、中国烹饪。

"没有听说过"此人,不选"0"即表示听说过,用其百分比来测量知名度;1—5表示听说过此人者对该名人的喜好度,1表示很不喜欢,5表示很喜欢。用均值来计算每位名人的美誉度,平均值越接近5,说明对他的评价越高。为便于受访者识别,每位名人配有网上获取的照片,这里略去。

### (二) 问卷内容

1. 对中国民众的看法

    (I) V10—V16. 您同意下列对中国人的描述吗?

    |  | 1 很不同意 | 2 不同意 | 3 中立 | 4 同意 | 5 很同意 | 6 不知道 |
    | --- | --- | --- | --- | --- | --- | --- |
    | V10. 总的说来,中国人有创造性。 |  |  |  |  |  |  |
    | V11. 总的说来,中国人有效率。 |  |  |  |  |  |  |
    | V12. 总的说来,中国人充满活力。 |  |  |  |  |  |  |
    | V13. 总的说来,中国人待人友好。 |  |  |  |  |  |  |
    | V14. 总的说来,中国人敏感。 |  |  |  |  |  |  |
    | V15. 总的说来,中国人守诚信。 |  |  |  |  |  |  |
    | V16. 总的说来,中国人有教养。 |  |  |  |  |  |  |

    (I) V5. 您认为中国人赞同以下价值观和思维方式吗?(可多选,请在所选项目前打√)

    | 1. 仁(Ren):人与人之间相互友爱、同情、互助 |
    | --- |
    | 2. 恕(Shu):己所不欲,勿施于人 |
    | 3. 孝(Xiao):尊敬和善待父母 |
    | 4. 礼(Civility):礼貌、尊敬他人 |
    | 5. 义(Yi):公正、合乎公益 |

续表

| | |
|---|---|
| 6. 和而不同（Heerbutong）：尊重彼此的差异，和睦相处 | |
| 7. 辩证思维：以全面的、联系的、发展变化的观点，而不是非此即彼的观点看待事物 | |
| 8. 天人合一（Tianrenheyi）：尊崇自然，人与自然和谐 | |
| 9. 共同富裕：消除经济上两极分化，走向共同富裕 | |
| 10. 和谐世界：国与国之间和平共处、彼此尊重、共同发展 | |
| 11. 以人为本：尊重人民、依靠人民、为了人民 | |
| 12. 集体主义：在集体和个人关系中，当个人利益与集体利益发生冲突时，在兼顾二者的同时，个人应服从集体 | |
| 13. 以上价值观中国人都不信仰 | |

（Ⅰ）V51. 您是否到过中国？

1. 没有　　　　　　　　　　2. 去过

（Ⅰ）V52. 您是否有中国朋友或熟人？

1. 没有　　　　　　　　　　2. 有

（Ⅱ）V7. 你认为中国人赞同以下价值观吗？（可多选）

| |
|---|
| 1. 以热爱祖国为荣、以危害祖国为耻， |
| 2. 以服务人民为荣、以背离人民为耻， |
| 3. 以崇尚科学为荣、以愚昧无知为耻， |
| 4. 以辛勤劳动为荣、以好逸恶劳为耻， |
| 5. 以团结互助为荣、以损人利己为耻， |
| 6. 以诚实守信为荣、以见利忘义为耻， |
| 7. 以遵纪守法为荣、以违法乱纪为耻， |
| 8. 以艰苦奋斗为荣、以骄奢淫逸为耻。 |
| 9. 我认为中国人都不赞成以上说法。 |

（Ⅱ）V9. 以下七种选择中，请在您最同意的一项前打√。您愿意让中国人：

1. 同您的子女结婚。
2. 作为您亲密的朋友。

3. 做您的邻居。

4. 与您在同一行业共事。

5. 生活在您的国家。

6. 只能作为访问者停留在您的国家。

7. 被驱逐出境。

注：美、俄、印问卷为在七种选择中选一项，德国问卷为在 5 级量表中作选择。

（Ⅱ）V29. 您是否到过中国？如果到过，最近一次是哪年？

1. 没有　　去过，最近一次是：2. 1979 年之前；3. 1979—1989 年；4. 1990—2000 年；5. 2001—2007 年；6. 2008—2011 年。

（Ⅱ）V30. 您是否有中国朋友或熟人？

1. 有　　　2. 没有

## 2. 对中国名人的看法

（Ⅱ）V5-1—V5-20. 以下的人都是中国名人，您听说过他们吗？若听说过，喜欢他们吗？（选一项）

0. 没听说过；1. 听说过，很不喜欢；2. 听说过，较不喜欢；3. 听说过，中立；4. 听说过，较喜欢；5. 听说过，很喜欢

V5-1. 古代哲学家孔子　　　　　　0　1　2　3　4　5
V5-2. 古代哲学家老子　　　　　　0　1　2　3　4　5
V5-3. 古代医学家张仲景　　　　　0　1　2　3　4　5
V5-4. 古代诗人李白　　　　　　　0　1　2　3　4　5
V5-5. 文学家曹雪芹　　　　　　　0　1　2　3　4　5
V5-6. 政治家毛泽东　　　　　　　0　1　2　3　4　5
V5-7. 政治家邓小平　　　　　　　0　1　2　3　4　5
V5-8. 政治家孙中山　　　　　　　0　1　2　3　4　5
V5-9. 京剧艺术家梅兰芳　　　　　0　1　2　3　4　5
V5-10. 影星章子怡　　　　　　　 0　1　2　3　4　5
V5-11. 影星成龙　　　　　　　　 0　1　2　3　4　5
V5-12. 电影导演吴宇森　　　　　 0　1　2　3　4　5
V5-13. 歌唱家宋祖英　　　　　　 0　1　2　3　4　5
V5-14. 舞蹈家杨丽萍　　　　　　 0　1　2　3　4　5
V5-15. 钢琴家郎朗　　　　　　　 0　1　2　3　4　5

V5-16. 篮球球星姚明　　　　　　0　1　2　3　4　5
V5-17. 画家吴冠中　　　　　　　0　1　2　3　4　5
V5-18. 农业科学家袁隆平　　　　0　1　2　3　4　5
V5-19. 航天员杨利伟　　　　　　0　1　2　3　4　5
V5-20. 企业家李嘉诚　　　　　　0　1　2　3　4　5

## 二、对中国民众的认知和心理距离

### （一）受访者对中国人持有中华核心价值观的看法

问卷（Ⅰ）用赞同和不赞同的 0—1 两级量表，调查了美、德、俄、日和印度受访者对仁、义、孝、恕等 11 项价值观的认可情况。为了调查受访者如何看待中国人的价值观倾向，问卷设计了一个问题，请受访者根据自己的整体印象，就中国人是否赞同上述 11 项价值观（未告知这些是中华核心价值观）做出回答，请受访者用"否"（0）和"是"（1）做出选择。这 11 项价值观中，仁、义、礼、孝、恕属于公民层次的价值观；集体主义、共同富裕、人类责任属于社会层次的价值观；以人为本属于国家层次的价值观；和而不同、和谐世界属于国际关系层次的价值观；天人合一属于世界观层次的价值观。测试受访者对中国人持有的中华核心价值观的看法，可以测出受访者对中国人各种层次上精神境界的看法或刻板印象。

1. 受访者认为中国人认同的价值观

五国数据横向比较，认为中国人赞同 11 项价值观百分比的平均数从高到低为俄罗斯（54.9%）、美国（54.6%）、德国（43.3%）、印度（33.4%）、日本（12.0%），也就是说，俄罗斯和美国受访者对中国人的精神世界基本持肯定态度。德国、印度和日本基本持否定态度，特别是日本，只有 12% 的受访者认为中国人持有上述 11 种中华传统核心价值观。五国平均 39.6%。五国平均受访者认为中国人最赞同的前三位价值观为：孝（55.4%）、礼（50.5%）、仁（49.2%），均为公民层次的价值观。倒数第一到第三是以人为本（27.9%）、共同富裕（30.0%）和谐世界（32.2%），分别为国家层次、社会层次和国际关系层次的价值观。见表 12-1。

美国受访者认为中国人最认同的价值观是孝（68.9%），其次是礼

(67.1%)，再次是仁（60.4%）。认同比例最低的是以人为本，占43.7%。11项中有7项（义、仁、恕、孝、天人合一、礼、集体主义）超过了50%，有4项（和谐世界、和而不同、以人为本、共同富裕）没有超过50%。总之，美国受访者对中国民众的价值观状况基本持肯定态度。

德国受访者认为中国人最认同的价值观是孝（68.7%），其次是礼（66.0%），再次是仁（52.5%）。认同比例最低的是以人为本，为24.0%。11项中有3项（仁、孝、礼）超过了50%，有8项（义、恕、天人合一、和谐世界、和而不同、以人为本、共同富裕、集体主义）低于50%。总之，德国受访者对中国民众的价值观状况基本持否定态度。

俄罗斯受访者认为中国人最赞同的价值观是孝（66.8%），其次是礼（65.1%），再次是仁（63.2%）。认同比例最低的是共同富裕，为42.2%。11项中有8项（义、仁、恕、孝、天人合一、礼、和而不同、和谐世界）超过了50%，有3项（以人为本、共同富裕、集体主义）低于50%。总之，俄罗斯受访者对中国民众的价值观状况基本持肯定态度。

印度受访者认为中国人认同最高的价值观是仁（55.4%），其次是义（44.7%），再次是礼（41.8%）。认同比例最低的是以人为本，占20.8%。11项中有1项（仁）超过了50%，有10项（义、恕、孝、天人合一、和谐世界、和而不同、礼、以人为本、共同富裕、集体主义）未超过50%。11项价值观赞同比例平均为33.4%。总之，印度受访者对中国民众的价值观状况基本持否定态度。

日本受访者给中国人价值观水平打的分最低。值得注意的是，38.7%的受访者认为11项价值观中国人都不赞同，在各种选择中位居榜首。11项价值观没有一项超过50%，受访者认为中国人认同最高的价值观是孝（36.2%），其次是集体主义（20.6%），再次是仁（14.6%）。认同比例最低的是和谐世界，占3.9%。11项价值观赞同比例平均仅为12.0%。总之，日本受访者对中国民众的价值观状况持明显否定态度，在五国中对中国人的价值观状况评价最低。

表 12-1　五国受访者认为的中国人赞同中华核心价值观的情况

单位:%

|  | 美国 | 德国 | 俄罗斯 | 印度 | 日本 | 平均 |
| --- | --- | --- | --- | --- | --- | --- |
| 义 | 51.5 | 38.6 | 53.7 | 44.7 | 8.3 | 39.3 |
| 仁 | 60.4 | 52.5 | 63.2 | 55.4 | 14.6 | 49.2 |
| 恕 | 55.5 | 44.3 | 54.4 | 35.4 | 7.4 | 39.4 |
| 孝 | 68.9 | 68.7 | 66.8 | 36.4 | 36.2 | 55.4 |
| 天人合一 | 59.1 | 41.6 | 61.6 | 32.6 | 10.4 | 41.1 |
| 和谐世界 | 46.1 | 32.9 | 52.8 | 25.3 | 3.9 | 32.2 |
| 和而不同 | 47.0 | 39.8 | 51.7 | 25.4 | 6.5 | 34.1 |
| 礼 | 67.1 | 66.0 | 65.1 | 41.8 | 12.3 | 50.5 |
| 以人为本 | 43.7 | 24.0 | 46.0 | 20.8 | 4.9 | 27.9 |
| 共同富裕 | 46.4 | 28.7 | 42.2 | 25.8 | 7.1 | 30.0 |
| 集体主义 | 54.9 | 38.7 | 46.8 | 24.1 | 20.6 | 37.0 |
| 以上11项平均 | 54.6 | 43.3 | 54.9 | 33.4 | 12.0 | 39.6 |
| 以上价值观中国人都不信仰 | 10.0 | 11.5 | 6.0 | 3.8 | 38.7 | 14.0 |

**2. 受访者赞同的价值观与认为中国人赞同的价值观对比**

受访者对 11 项中华核心价值观的认同情况在第七章做了叙述。将受访者赞同的价值观情况与认为中国人赞同的价值观情况对比，通过两组调查数据之差的大小，进一步观测受访者对中国人精神境界的看法或刻板印象。有五种情况：（1）如果对某项价值观受访者自己赞同的比例高于认为中国人赞同该价值观的比例 15%，说明中国人在该方面远不如对方；（2）如果对某项价值观受访者自己赞同的比例高于认为中国人赞同该价值观的比例 5%，说明中国人在该方面不如对方；（3）如果对某项价值观受访者自己赞同的比例与认为中国人赞同该价值观的比例基本持平（正负 5% 之间），说明双方基本一样；（4）如果对某项价值观受访者自己赞同的比例低于认为中国人赞同该价值观的比例 5%，说明中国人在该方面好于对方；（5）如果对某项价值观受访者自己赞同的比例低于认为中国人赞同该价值观的比例 15%，说明中国人在该方面远好于对方。相关数据见表 12-2。

美国受访者中认为自己赞同的价值观高于认为中国人赞同的价值观有 5 项：其中义（高 27.8%）、仁（高 17.5%）、恕（高 17.4%）的差值都超过 15%，显示受访者认为中国人在这些方面远不如对方；和谐世界（高 9.4%）与和而不同（高 6.6%）的差值都超过 5%，显示受访者认为中国人在这些方面不如对方。

认为自己赞同的价值观低于认为中国人赞同的价值观有 3 项：集体主义（低 21.4%）、礼（低 15.4%）的差值超过 12%，说明中国人在这些方面远好于对方。受访者中只有少数人认同集体主义，却认为中国人多数认同。集体主义可以视为中美不共享价值观。这与霍夫斯泰德的相关价值观理论相吻合。

认为自己赞同的价值观与认为中国人赞同的价值观大致持平的有 3 项：孝（低 3.8%）、天人合一（低 1.4%）、以人为本（低 1.7%）。可以认为，美国人认为他们赞同的这些价值观中国人也赞同，彼此没有太大的区别。

德国受访者中认为自己赞同的价值观高于认为中国人赞同的价值观有 8 项：其中义（高 27.1%）、仁（高 19.5%）、恕（高 18.0%）、天人合一（高 19.0%）、和谐世界（高 21.7%）的差值高于 15%，和而不同（高 11.7%）、以人为本（高 6.0%）、共同富裕（高 5.5%）的差值高于 5%。五国中，德国是受访者认为自己赞同的价值观比例高于认为中国人赞同价值观比例较多的国家。换句话说，德国受访者对中国人印象不太好。

认为自己赞同的价值观低于认为中国人赞同的价值观有 1 项：集体主义（低 23.0%）。集体主义可以视为中德不共享价值观。这与霍夫斯泰德的相关价值观理论相吻合。

认为自己赞同的价值观与认为中国人赞同的价值观持平的有 2 项：礼（高 1.1%）、孝（高 3.5%）。可以认为，德国人认为他们信仰的这些价值观中国人也信仰，彼此没有太大的区别。

俄罗斯受访者中认为自己赞同的价值观高于认为中国人赞同的价值观有 3 项：义（高 8.4%）、天人合一（高 6.9%）、礼（高 10.7%）。这 3 项高于中国人赞同的价值观的比例都不太高。

认为自己赞同的价值观低于认为中国人赞同的价值观有 3 项：集体主义

（低24.8%）、共同富裕（低12.6%）、以人为本（低12.3%）。可以认为，俄罗斯人自认为不如中国人赞同集体主义、共同富裕、以人为本。

认为自己赞同的价值观与认为中国人赞同的价值观大体持平的有5项：仁（低0.3%）、恕（高3.3%）、孝（低3.3%）、和谐世界（高3.8%）、和而不同（低4.4%）。可以认为，俄罗斯人认为他们赞同的这些价值观中国人也赞同，彼此没有太大的区别。

印度受访者中认为自己赞同的价值观高于认为中国人赞同的价值观有5项：义（高8.8%）、仁（高9.5%）、孝（高5.8%）、天人合一（高7.1%）、和谐世界（高8.7%）。这5项高于中国人赞同的价值观的比例都不太高。

认为自己赞同的价值观低于认为中国人赞同的价值观有1项：礼（低5.9%）。在印度受访者眼中，中国人比自己更讲究礼。

认为自己赞同的价值观与认为中国人赞同的价值观持平的有5项：恕（高4.2%）、和而不同（低1.3%）、以人为本（高0.9%）、共同富裕（低0.3%）、集体主义（低1.0%）。可以认为，印度人认为他们赞同的这些价值观中国人也赞同，彼此没有太大的区别。

日本受访者中认为自己赞同的价值观高于认为中国人赞同的价值观有10项：义（高42.2%）、仁（高49.8%）、恕（高38.4%）、孝（高17.5%）、天人合一（高33.5%）、和谐世界（高35.8%）、和而不同（高37.2%）、礼（高50.9%）、以人为本（高33.4%）、共同富裕（高18.8%）。这10项高于中国人赞同的价值观的比例都远超过15%。这种情况在五国中很特别，日本受访者对中国人的精神面貌印象非常不好。换句话说，数据透露出日本受访者对中国人的歧视或偏见，在上述价值观上有着高人一等的态度。

认为自己赞同的价值观低于认为中国人赞同的价值观有1项：集体主义（低7.3%）。在日本受访者眼中，自己不赞同（13.3%），中国人也不赞同（20.6%）集体主义。

认为自己赞同的价值观与认为中国人赞同的价值观持平的一项也没有。这在五国中是独特的现象。

表12-2 五国受访者自己赞同的价值观与认为中国人赞同的价值观对比

单位:%

| | | 义 | 仁 | 恕 | 孝 | 天人合一 | 和谐世界 | 和而不同 | 礼 | 以人为本 | 共同富裕 | 集体主义 | 各项平均 | 都不信仰 |
|---|---|---|---|---|---|---|---|---|---|---|---|---|---|---|
| 美国 | 受访者 | 79.3 | 78.0 | 72.9 | 65.0 | 57.7 | 55.5 | 53.5 | 51.7 | 42.0 | 34.1 | 33.5 | 56.7 | 7.2 |
| | 中国人 | 51.5 | 60.4 | 55.5 | 68.9 | 59.1 | 46.1 | 47.0 | 67.1 | 43.7 | 46.4 | 54.9 | 54.6 | 10.0 |
| | 差 | 27.8 | 17.5 | 17.4 | -3.8 | -1.4 | 9.4 | 6.6 | -15.4 | -1.7 | -12.3 | -21.4 | 2.1 | -2.8 |
| 德国 | 受访者 | 65.6 | 72.1 | 62.4 | 72.1 | 60.6 | 54.6 | 51.5 | 67.1 | 30.0 | 34.2 | 15.8 | 53.3 | 7.3 |
| | 中国人 | 38.6 | 52.5 | 44.3 | 68.7 | 41.6 | 32.9 | 39.8 | 66.0 | 24.0 | 28.7 | 38.7 | 43.3 | 11.5 |
| | 差 | 27.1 | 19.5 | 18.0 | 3.5 | 19.0 | 21.7 | 11.7 | 1.1 | 6.0 | 5.5 | -23.0 | 10.0 | -4.2 |
| 俄罗斯 | 受访者 | 62.1 | 62.9 | 57.7 | 63.5 | 68.5 | 56.6 | 47.3 | 75.8 | 33.7 | 29.6 | 22.0 | 52.7 | 3.1 |
| | 中国人 | 53.7 | 63.2 | 54.4 | 66.8 | 61.6 | 52.8 | 51.7 | 65.1 | 46.0 | 42.2 | 46.8 | 54.9 | 6.0 |
| | 差 | 8.4 | -0.3 | 3.3 | -3.3 | 6.9 | 3.8 | -4.4 | 10.7 | -12.3 | -12.6 | -24.8 | -2.2 | -2.9 |
| 印度 | 受访者 | 53.4 | 64.9 | 39.7 | 42.2 | 39.8 | 34.0 | 24.2 | 35.9 | 21.7 | 25.5 | 23.1 | 36.8 | 3.0 |
| | 中国人 | 44.7 | 55.4 | 35.4 | 36.4 | 32.6 | 25.3 | 25.4 | 41.8 | 20.8 | 25.8 | 24.1 | 33.4 | 3.8 |
| | 差 | 8.8 | 9.5 | 4.2 | 5.8 | 7.1 | 8.7 | -1.3 | -5.9 | 0.9 | -0.3 | -1.0 | 3.3 | -0.8 |
| 日本 | 受访者 | 50.5 | 64.4 | 45.8 | 53.7 | 43.9 | 39.7 | 43.7 | 63.2 | 38.3 | 25.9 | 13.3 | 43.9 | 13.8 |
| | 中国人 | 8.3 | 14.6 | 7.4 | 36.2 | 10.4 | 3.9 | 6.5 | 12.3 | 4.9 | 7.1 | 20.6 | 12.0 | 38.7 |
| | 差 | 42.2 | 49.8 | 38.4 | 17.5 | 33.5 | 35.8 | 37.2 | 50.9 | 33.4 | 18.8 | -7.3 | 31.8 | -24.9 |
| 五国平均 | 受访者 | 62.2 | 68.5 | 55.7 | 59.3 | 54.1 | 48.1 | 44.0 | 58.7 | 33.1 | 29.9 | 21.5 | 48.7 | 6.9 |
| | 中国人 | 39.4 | 49.2 | 39.4 | 55.4 | 41.1 | 32.2 | 34.1 | 50.4 | 27.9 | 30.0 | 37.0 | 39.6 | 14.0 |
| | 差 | 22.9 | 19.2 | 16.3 | 3.94 | 13.0 | 15.9 | 10.0 | 8.3 | 5.3 | -0.2 | -15.5 | 9.0 | 7.1 |

## (二) 受访者对于中国人对"八荣八耻"的态度

问卷（Ⅱ）用赞同和不赞同的0—1两级量表调查了美国、德国、俄罗斯和印度四国受访者对"八荣八耻"的态度，同时用赞同和不赞同的0—1两级量表调查在四国受访者心目中对于中国人对"八荣八耻"的态度。

**1. 受访者认为中国人赞同的价值观**

调查数据显示（表12-3）：

美国受访者认为中国人最赞同的价值观是"以遵纪守法为荣、以违法乱纪为耻"（56.9%），其后依次为"以热爱祖国为荣、以危害祖国为耻"

(53.0%)、"以艰苦奋斗为荣、以骄奢淫逸为耻"（50.5%）。只有这三项的比例超过了50%。"以崇尚科学为荣、以愚昧无知为耻"以34.3%的比例排在最后。

德国受访者认为中国人最赞同"以辛勤劳动为荣、以好逸恶劳为耻"（79.4%），居八个价值观之首。其次是"以热爱祖国为荣、以危害祖国为耻"（74.5%），排在第三位的是"以服务人民为荣、以背离人民为耻"（68.7%）。排在最后的是"以团结互助为荣、以损人利己为耻"（56.6%）。德国受访者认为中国赞同八荣八耻的比例都超过了50%。

俄罗斯受访者认为中国人赞同的价值观前三项是："以辛勤劳动为荣、以好逸恶劳为耻"（74%）、"以热爱祖国为荣、以危害祖国为耻"（71%）、"以服务人民为荣、以背离人民为耻"（66%）。受访者认为中国赞同八荣八耻中的6项的比例都超过了50%，只有"以艰苦奋斗为荣、以骄奢淫逸为耻"（49%）和"以诚实守信为荣、以见利忘义为耻"（48%）未过50%。

印度认为中国人赞同的价值观，"以热爱祖国为荣、以危害祖国为耻"以64.4%的比例排在第一，八项价值观中，只有这一项的比例都超过了50%。"以辛勤劳动为荣、以好逸恶劳为耻"选择比例最低，为23.4%。

对于中国人是否信仰这八种价值观，选择频率超过50%的选项各国情况差别较大：美国受访者有三项，德国有八项，俄罗斯有六项，印度只有一项。

在四国受访者中选择率都超过50%的价值观是"以热爱祖国为荣，以危害祖国为耻"，而且四国受访者也认为中国人赞同该价值观。在四国受访者眼中，"以热爱祖国为荣、以危害祖国为耻"是美、德、俄、印、中的共享价值观。

表12-3　四国受访者认为的中国人赞同"八荣八耻"情况

单位：%

|  | 美国 | 德国 | 俄罗斯 | 印度 | 平均 |
| --- | --- | --- | --- | --- | --- |
| 以热爱祖国为荣、以危害祖国为耻 | 53.0 | 74.5 | 71 | 64.4 | 65.7 |
| 以服务人民为荣、以背离人民为耻 | 43.2 | 68.7 | 66 | 43.5 | 55.4 |
| 以崇尚科学为荣、以愚昧无知为耻 | 34.3 | 66.6 | 52 | 35.0 | 47.0 |

续表

|  | 美国 | 德国 | 俄罗斯 | 印度 | 平均 |
| --- | --- | --- | --- | --- | --- |
| 以辛勤劳动为荣、以好逸恶劳为耻 | 45.7 | 79.4 | 74 | 23.4 | 55.6 |
| 以团结互助为荣、以损人利己为耻 | 43.7 | 56.6 | 52 | 35.9 | 47.1 |
| 以诚实守信为荣、以见利忘义为耻 | 42.3 | 58.2 | 48 | 30.0 | 44.6 |
| 以遵纪守法为荣、以违法乱纪为耻 | 56.9 | 64.5 | 61 | 28.9 | 52.8 |
| 以艰苦奋斗为荣、以骄奢淫逸为耻 | 50.5 | 66.3 | 49 | 25.7 | 47.9 |
| 以上八项平均 | 46.2 | 66.9 | 59.1 | 35.9 | 52.0 |
| 以上价值观中国人都不信仰 | 7.9 | 2.5 | 3 | 1.37 | 3.69 |

2. 受访者赞同的价值观与认为中国人赞同的价值观对比

受访者对"八荣八耻"的赞同情况已经在第七章做了叙述。将受访者的赞同情况与认为中国人赞同的情况对比，通过两组调查数据之差的大小，可以进一步观测受访者对中国人精神境界的看法或刻板印象。同样有五种情况，这里不再赘述。

调查数据显示（表12-4）：

美国受访者赞同的价值观高于认为中国人赞同的价值观有3项："以热爱祖国为荣、以危害祖国为耻"（高7.6%）、"以团结互助为荣、以损人利己为耻"（高10.7%）、"以诚实守信为荣、以见利忘义为耻"（高25.5%）。受访者认为中国人不如美国人爱国、团结，特别是不如美国人讲诚信。

认为自己赞同的价值观低于认为中国人赞同的价值观有3项："以遵纪守法为荣、以违法乱纪为耻"（低4.7%）、"以辛勤劳动为荣、以好逸恶劳为耻"（低10.4%）、"以艰苦奋斗为荣、以骄奢淫逸为耻"（低27.9%）。美国人认为自己不如中国人勤劳，特别是不如中国人能吃苦耐劳。

认为自己赞同的价值观与认为中国人赞同的价值观持平的有2项："以崇尚科学为荣、以愚昧无知为耻"（低4.7%）、"以服务人民为荣、以背离人民为耻"（低0.9%）。美国人认为自己赞同这些价值观与中国人的状况相同，彼此没有太大的区别。

德国受访者赞同的价值观高于认为中国人赞同的价值观有3项："以团结互助为荣、以损人利己为耻"（高10.2%）、"以遵纪守法为荣、以违法乱纪为耻"（高 6.3%）、"以诚实守信为荣、以见利忘义为耻"（高 19.8%）。受访者认为中国人不如德国人团结、遵纪守法，尤其不如德国人讲诚信。

认为自己赞同的价值观低于认为中国人赞同的价值观有 4 项："以热爱祖国为荣、以危害祖国为耻"（低 17.7%）、"以服务人民为荣、以背离人民为耻"（低 38.4%）、"以艰苦奋斗为荣、以骄奢淫逸为耻"（低 15.8%）、"以崇尚科学为荣、以愚昧无知为耻"（低 9.3%）。德国人认为自己不如中国人崇尚科学，更不如中国人爱国、吃苦耐劳，尤其不如中国人赞同以为人民服务为荣。

受访者自己赞同的与认为中国人赞同的持平的价值观有 1 项："以辛勤劳动为荣、以好逸恶劳为耻"（低 3.2%），双方基本没有区别。

俄罗斯受访者赞同的价值观高于认为中国人赞同的价值观有 1 项："以诚实守信为荣、以见利忘义为耻"（16.0%）。受访者认为中国人远不如俄罗斯人讲诚信。

认为自己赞同的价值观低于认为中国人赞同的价值观有 5 项："以服务人民为荣、以背离人民为耻"（低 29.0%），"以辛勤劳动为荣、以好逸恶劳为耻"（低 9.0%），"以团结互助为荣、以损人利己为耻"（低 6.0%），"以遵纪守法为荣、以违法乱纪为耻"（低 11.0%），"以艰苦奋斗为荣、以骄奢淫逸为耻"（低 30.0%）。俄罗斯人认为，自己不如中国人勤劳、团结、遵纪守法，与中国人赞同以为人民服务和以艰苦奋斗为荣差得更远。

认为自己赞同的价值观与认为中国人赞同的价值观持平的有 2 项："以崇尚科学为荣、以愚昧无知为耻"（低 4.0%），"以热爱祖国为荣、以危害祖国为耻"（低 1.0%）。受访者认为自己赞同的这两条价值观中国人也同样赞同，彼此基本没有区别。

印度受访者赞同的价值观高于认为中国人赞同的价值观有 4 项："以热爱祖国为荣、以危害祖国为耻"（高 8.3%），"以服务人民为荣、以背离人民为耻"（高 5.6%），"以团结互助为荣、以损人利己为耻"（高 8.6%），"以诚实守信为荣、以见利忘义为耻"（高 14.7%）。受访者认为中国人不如印度人爱国、团结、赞同为人民服务，特别是不如印度人讲诚信。

认为自己赞同的价值观低于认为中国人赞同的价值观一项也没有。这是其他二国所没有的情况。

认为自己赞同的价值观与认为中国人赞同的价值观持平的有4项:"以崇尚科学为荣、以愚昧无知为耻"(低0.4%),"以辛勤劳动为荣、以好逸恶劳为耻"(高2.4%),"以遵纪守法为荣、以违法乱纪为耻"(低0.1%),"以艰苦奋斗为荣、以骄奢淫逸为耻"(低3.6%)。受访者认为自己赞同的这些价值观中国人也赞同,基本没有区别。

由于价值观判断是多种因素作用的结果,具有隐秘性和复杂性。四国受访者认为中国民众赞同"八荣八耻"的情况各不相同。

四国受访者一致认为自己赞同的价值观高于认为中国人赞同的价值观有1项:"以诚实守信为荣、以见利忘义为耻"。这说明在这方面中国人给人的印象普遍不好,值得注意。

四国受访者一致认为自己赞同的价值观低于认为中国人赞同的价值观的无。

四国受访者一致认为自己赞同的价值观与认为中国人赞同的价值观持平的无。

表12-4 四国受访者自己赞同与认为中国人赞同"八荣八耻"的情况对比

单位:%

| | 美国 | | 德国 | | 俄罗斯 | | 印度 | |
|---|---|---|---|---|---|---|---|---|
| | 受访者赞同/中国人赞同 | 两者之差 | 受访者赞同/中国人赞同 | 两者之差 | 受访者赞同/中国人赞同 | 两者之差 | 受访者赞同/中国人赞同 | 两者之差 |
| 以热爱祖国为荣、以危害祖国为耻 | 60.6<br>53.0 | 7.6 | 56.8<br>74.5 | -17.7 | 70<br>71 | -1 | 72.7<br>64.4 | 8.3 |
| 以服务人民为荣、以背离人民为耻 | 42.3<br>43.2 | -0.9 | 30.3<br>68.7 | -38.4 | 37<br>66 | -29 | 49.1<br>43.5 | 5.6 |
| 以崇尚科学为荣、以愚昧无知为耻 | 29.6<br>34.3 | -4.7 | 57.3<br>66.6 | -9.3 | 48<br>52 | -4 | 34.6<br>35.0 | -0.4 |
| 以辛勤劳动为荣、以好逸恶劳为耻 | 35.3<br>45.7 | -10.4 | 76.2<br>79.4 | -3.2 | 65<br>74 | -9 | 25.8<br>23.4 | 2.4 |
| 以团结互助为荣、以损人利己为耻 | 54.4<br>43.7 | 10.7 | 66.8<br>56.6 | 10.2 | 46<br>52 | -6 | 44.5<br>35.9 | 8.6 |
| 以诚实守信为荣、以见利忘义为耻 | 67.8<br>42.3 | 25.5 | 78.0<br>58.2 | 19.8 | 64<br>48 | 16 | 44.7<br>30.0 | 14.7 |

续表

| | 美国 | | 德国 | | 俄罗斯 | | 印度 | |
|---|---|---|---|---|---|---|---|---|
| | 受访者赞同/中国人赞同 | 两者之差 | 受访者赞同/中国人赞同 | 两者之差 | 受访者赞同/中国人赞同 | 两者之差 | 受访者赞同/中国人赞同 | 两者之差 |
| 以遵纪守法为荣、以违法乱纪为耻 | 51.7<br>56.9 | -5.2 | 70.8<br>64.5 | 6.3 | 50<br>61 | -11 | 28.8<br>28.9 | -0.1 |
| 以艰苦奋斗为荣、以骄奢淫逸为耻 | 22.6<br>50.5 | -27.9 | 50.5<br>66.3 | -15.8 | 19<br>49 | -30 | 22.1<br>25.7 | -3.6 |
| 以上价值观中国人都不信仰 | 5.5<br>7.9 | -2.4 | 2.1<br>2.5 | -0.4 | 2<br>3 | -1 | 0.49<br>1.37 | -0.88 |

### (三) 受访者对中国人持辩证思维的看法

思维方式与价值观有差别，思维方式没有好与不好的价值判断，应该可以更心平气和地打分。问卷（I）设计了两道题：一题是列出了一项具有中华特色的思维方式"辩证思维"，看受访者自己是否认同；另一题是列出了与第一题相同的思维方式，看受访者是否认为中国人也认同该思维方式。

#### 1. 受访者是否认为中国人认同辩证思维

为了调查五国受访者是如何看待中国人思维方式倾向，问卷设计了一个问题，用0—1两级量表调查了五国受访者认为中国人是否赞成辩证思维（未告知这些是中华思维方式）。五国数据横向比较显示：认为中国人赞同辩证思维方式的比例，从高到低为俄罗斯（49.6%）、美国（45.1%）、德国（30.6%）、印度（23.5%）、日本（8.0%）。五国平均为31.4%。

#### 2. 受访者的赞同情况与认为中国人赞同的情况对比

受访者对辩证思维的赞同情况已在第八章做了叙述。将受访者赞同情况与认为中国人赞同情况对比，通过两组调查数据之差的大小，可以进一步观测受访者对中国人思维方式的看法或刻板印象。

数据显示（表12-5），美国、德国、俄罗斯、印度的受访者赞同辩证思维的比例与认为中国人赞同的比例基本持平，两者的差值分别为-1.9、0.5、-4.3、-3.1，彼此没有实质的区别。只有日本受访者认为自己赞同的比例

（25.1%）高出认为中国人赞同的比例（8.0%）达17.1%，认为中国人的辩证思维不如受访者。思维方式是深层次的文化要素，只有对此有一定研究的人才能有意识地认识到中西文化中的这种差异。受访者中的绝大多数人不可能对中西思维方式在辩证思维上的差异有明确的认识，日本受访者与其他四国在这个问题上的数据明显不同，很可能是与对中国人的某种偏见有关。

表12-5 五国受访者赞同与认为中国人赞同辩证思维的情况对比

单位：%

| 美国 | | | 德国 | | | 俄罗斯 | | | 印度 | | | 日本 | | | 五国平均 | | |
|---|---|---|---|---|---|---|---|---|---|---|---|---|---|---|---|---|---|
| 受访者 | 中国人 | 相差 | 受访者 | 中国人 | 相差 | 受访者 | 中国人 | 相差 | 受访者 | 中国人 | 相差 | 受访者 | 中国人 | 相差 | 受访者 | 中国人 | 相差 |
| 43.2 | 45.1 | -1.9 | 31.1 | 30.6 | 0.5 | 45.3 | 49.6 | -4.3 | 20.4 | 23.5 | -3.1 | 25.1 | 8.0 | 17.1 | 33.0 | 31.4 | 1.7 |

### （四）受访者对中国人的整体看法

问卷（I）调查了受访者对七个关于中国人的看法的态度，七个看法为：中国人有创造性、中国人有效率、中国人充满活力、中国人待人友好、中国人敏感、中国人守诚信和中国人有教养。排除回答"不知道"者，把"很不同意"赋值1，"很同意"赋值5，以此类推，计算出均值。（见表12-6）

1. 各国情况

美国均值得分从高到低为："有效率"4.21、"有教养"4.13、"有创造性"4.07、"充满活力"4.07、"守诚信"3.95、"待人友好"3.76、"敏感"3.65。若把"敏感"视为中性，那么其余六项平均为4.03，折合百分制80.6分。在美国人眼中，以上面六项指标评价，中国人人品良好。

德国均值得分从高到低为："有效率"4.12、"待人友好"3.94、"有教养"3.78、"有创造性"3.62、"敏感"3.43、"守诚信"3.34、"充满活力"3.14。若把"敏感"视为中性，那么其余六项平均为3.66，折合百分制73.2分。在德国人眼中，以上面六项指标评论，中国人人品及格。

俄罗斯均值得分从高到低为："充满活力"4.13、"有效率"3.91、"有教养"3.83、"待人友好"3.80、"有创造性"3.69、"守诚信"3.27、"敏感"3.18。若把"敏感"视为中性，那么其余六项平均为3.77，折合百分制 75.4 分。在俄罗斯人眼中，以上面六项指标评论，中国人人品良好。

印度均值得分从高到低为："充满活力" 4.04、"有效率" 3.98、"有教养" 3.82、"有创造性" 3.78、"待人友好" 3.75、"守诚信" 3.74、"敏感" 3.73。若把"敏感"视为中性，那么其余六项平均为 3.85，折合百分制 77.0 分。在印度人眼中，以上面六项指标评论，中国人人品良好。

日本均值得分从高到低为："充满活力" 3.46、"敏感" 3.01、"有创造性" 2.89、"有教养" 2.63、"待人友好" 2.37、"有效率" 2.34、"守诚信" 2.15。若把"敏感"视为中性，那么其余六项平均为 2.64，折合百分制 52.8 分。在日本人眼中，以上面六项标评论，中国人人品不及格。

2. 五国比较

五国对中国人评价由高到低为：美国、印度、俄罗斯、德国、日本。七种特点中，五国平均"充满活力"得分最高（3.77），得分最低的是"守诚信"（3.29）。这一数据与"八荣八耻"调查中诚信得分最低（44.6%）相互印证，说明在受访者心目中，中国人的诚信形象不佳。

表 12-6 受访者对中国人的整体看法（5 级量表）

| | 有创造性 | 有效率 | 充满活力 | 待人友好 | 守诚信 | 有教养 | 六项平均 | 敏感 |
|---|---|---|---|---|---|---|---|---|
| 美国 | 4.07 | 4.21 | 4.07 | 3.76 | 3.96 | 4.13 | 4.03 | 3.65 |
| 德国 | 3.62 | 4.12 | 3.14 | 3.94 | 3.34 | 3.78 | 3.66 | 3.43 |
| 俄罗斯 | 3.69 | 3.91 | 4.13 | 3.80 | 3.27 | 3.83 | 3.77 | 3.18 |
| 印度 | 3.78 | 3.98 | 4.04 | 3.75 | 3.74 | 3.82 | 3.85 | 3.73 |
| 日本 | 2.89 | 2.34 | 3.46 | 2.37 | 2.15 | 2.63 | 2.64 | 3.01 |
| 五国平均 | 3.61 | 3.71 | 3.77 | 3.52 | 3.29 | 3.64 | 3.59 | 3.40 |

### （五）受访者对中国人的亲近度

问卷（Ⅱ）运用心理学博加德斯量表测量了美国、德国、俄罗斯和印度受访者对中国民众的心理距离（亲近感）。该量表请受访者对七个陈述表明自己的态度，测量人们之间的心理距离，显示亲密度。1 表示最亲近，2 表示其次，依此类推，7 表示最疏远。用它来测量受访者对中国人的整体印象。在实际操作时，美、俄、印的问卷是用七种选一的方法请受访者答卷，在德国问卷中是请受访者对每个陈述用五级量表的方法加以选择。调查数据显示（表12-7、表12-8）：

1. 各国情况

七项选择中，美国受访者选择前三项（通婚、做密友、做邻居）的相加为62.8%。选择中国人"成为自己亲密的朋友"最多（32.0%），这是很亲近的态度。受访问者态度的均值为3.20。

俄罗斯受访者选择前三项（通婚、做密友、做邻居）的相加为34.4%。选择中国人"只能作为访问者停留在俄罗斯"的最多（39.4%），这是很疏远的态度。受访问者态度的均值为4.41。

印度受访者选择前三项（通婚、做密友、做邻居）的相加为63.4%。选择中国人"成为自己亲密的朋友"最多（34.7%），这是很亲近的态度。受访问者态度的均值为3.11。

德国受访问的答卷方式为每个问题都以五级量表进行检测，对通婚（均值3.21）的态度为中立，对做密友（3.96）、做邻居（4.05）、做同事（4.08）、生活在德国（3.95）均表示同意，对只能作为访问者停留在德国（2.07）和被驱逐出境（1.73）均表示不同意。

2. 四国比较

七个选项中，若选择前三项（通婚、做密友、做邻居），则是对中国人很亲近的态度。美国、印度、俄罗斯选择这三项的比例总和分别为52.8%、63.4%、34.4%。七个选项中选择比例最高的选项是美国、印度均同意让中国人"成为自己亲密的朋友"，俄罗斯是"只能作为访问者停留在俄罗斯"。德国对通婚显示为中立，对做密友、邻居、同事、成为德国公民均表示同意，对只能作为访问者停留在德国和被驱逐出境均表示不同意。

由此可见，受访者中印度、美国、德国对中国人的心理亲近感较高，都好于俄。俄罗斯受访者中有近40%的人选择中国人"只能作为访问者停留在俄罗斯"，值得注意。

美国、俄罗斯、印度和德国受访者中青年人数分别为229、333、308、269人，分别占总样本的21.9%、32.2%、30.1%和28.6%。愿意与中国人很亲近的比例，在美、俄、印分别为63.8%，25.8%，56.1%。德国青年群体对通婚表示中立,对成为密友、邻居、同行、生活在德国均表示同意,对只能作为访问者停留、被驱逐出境均表示不同意。从均值来看,青年的态度差于平均水平。由此可见,青年对中国人的整体印象,美国、印度、德国都比较友好,俄罗斯较差。美国青年对中国人的态度好于平均水平,其他三国则差于平均水平。

美国、俄罗斯、德国、印度受访者中精英群体的人数分别为93、166、91、413人,分别占总样本的为8.9%、16.0%、9.7%、40.4%。愿意与中国人很亲近的比例,美、俄、印度分别为63.5%、34.9%、67.2%,印最友好,美较友好,俄则较差。三国精英群体的态度都好于本国平均水平。

表12-7 就以下七种选择,您最同意哪一种?(单选)

|  | 美国 | 俄罗斯 | 印度 |
| --- | --- | --- | --- |
| 同您的子女结婚(%) | 12.6 | 1.7 | 18.7 |
| 作为您亲密的朋友(%) | 32.0 | 19.8 | 34.7 |
| 做您的邻居(%) | 18.2 | 12.9 | 10.0 |
| 与您在同一行业共事(%) | 7.9 | 14.0 | 10.4 |
| 生活在您的国家(%) | 20.5 | 8.4 | 8.8 |
| 只能作为访问者停留在您的国家(%) | 6.4 | 39.4 | 15.3 |
| 被驱逐出境(%) | 2.3 | 3.8 | 2.2 |
| 均值 | 3.20 | 4.41 | 3.11 |

表12-8 就以下七种选择,您最同意哪一种?(5级量表,德国问卷)

单位:%

|  | 1 很不同意 | 2 不同意 | 3 中立 | 4 同意 | 5 很同意 | 均值 |
| --- | --- | --- | --- | --- | --- | --- |
| 同您的子女结婚 | 11.8 | 7.9 | 39.4 | 29.3 | 11.5 | 3.21 |
| 作为您亲密的朋友 | 2.9 | 3.4 | 20.1 | 42.4 | 31.2 | 3.96 |
| 做您的邻居 | 2.8 | 2.3 | 17.1 | 42.3 | 35.5 | 4.05 |
| 与您在同一行业共事 | 2.7 | 1.5 | 17.1 | 42.7 | 36.0 | 4.08 |
| 生活在您的国家 | 2.8 | 2.4 | 22.5 | 41.7 | 30.6 | 3.95 |
| 只能作为访问者停留在您的国家 | 43.2 | 23.0 | 22.3 | 6.7 | 4.8 | 2.07 |
| 被驱逐出境 | 60.2 | 14.7 | 19.3 | 3.5 | 2.3 | 1.73 |

### （六）受访者来过中国与有中国朋友的情况

问卷（I）调查了受访者是否到过中国、是否有中国朋友和是否懂中文的情况。这些数据反映了他们与中国人的人际交流情况。数据显示（表12-9）：

美国94%的受访者没有到过中国，仅有6.0%的人曾到过中国，在五国中比例最小。53.6%的受访者有中国朋友或熟人，在五国中比例最大。9.1%的受访者懂些中文（其中6.0%为华裔），五国中比例最大。

德国91.9%的受访者没有到过中国，仅有8.1%的人曾到过中国。35.6%的受访者有中国朋友或熟人。5.7%的受访者懂些中文。

俄罗斯的情况基本和德国一样。92.0%的受访者没有到过中国，仅有8.0%的人曾到过中国。33.5%的受访者有中国朋友或熟人。5.4%的受访者懂些中文。

印度91.4%的受访者没有到过中国，仅有8.6%的人曾到过中国。35.2%的受访者有中国朋友或熟人。这两项与德国和俄罗斯的情况相似。7.9%的受访者懂些中文。

日本83.6%的受访者没有到过中国，有16.4%的人曾到过中国，在五国中比例最大。30.2%的受访者有中国朋友或熟人，在五国中比例最小。4.6%的受访者懂些中文，在五国中比例最小。这些因素与其对中国人看法最差是否有关系，值得研究。

表12-9　是否到过中国？是否有中国朋友？是否懂中文？

单位：%

|  | 美国 | 德国 | 俄罗斯 | 印度 | 日本 | 平均 |
| --- | --- | --- | --- | --- | --- | --- |
| 到过中国 | 6.0 | 8.1 | 8.0 | 8.6 | 16.4 | 9.4 |
| 有中国朋友 | 53.6 | 35.6 | 33.5 | 35.2 | 30.2 | 37.6 |
| 懂中文 | 9.1 | 5.7 | 5.4 | 7.9 | 4.6 | 6.5 |

### 三、对中国名人的知名度和美誉度

古今的中国各界杰出人物（简称名人）是中国文化的代表，是中国文化国际影响力的重要因素。问卷（II）对20位中国名人的知名度和美誉度在美、德、俄、印四国进行了调查。

(一) 知名度

1. 整体情况

四国的数据横向比较显示（表12-10）：

总体来看，20位中国各界名人中，四国平均知名度排在第一名的为成龙（95.0%），也就是说四国受访者平均95%的人都知道他。排在第二到第五的是：孔子（83.2%）、毛泽东（75.0%）、吴宇森（62.0%）、章子怡（61.3%）。从类别看，电影界文化名人占3名，历史文化名人1名、现当代政治家1名。科技界名人知名度排在最后，袁隆平四国平均排名倒数第一（34.1%），商界名人李嘉诚排名倒数第二（36.2%）。

四国对20位中国名人中平均知名度由高至低为：印（71.3%）、俄（49.9%）、德（46.0%）、美国（41.8%）。

2. 各国情况

美国知名度排在前五名的为：成龙、姚明、孔子、毛泽东、吴宇森。这个名单与2008年蓝海调查《美国人眼中的中国人》的调查结果基本一致。这两次调查结果显示：成龙、姚明、孔子、毛泽东是在美国最著名的人物。

俄罗斯知名度排在前五名的为：成龙、孔子、毛泽东、吴宇森、老子。孔子和老子在俄罗斯的知名度高于在美国的知名度。

德国知名度排在前五名的为：成龙、孔子、毛泽东、邓小平、郎朗。

印度知名度排在前五名的为：成龙、章子怡、姚明、吴宇森、宋祖英。均为当今影视、体育和文艺界明星。

表12-10 中国名人在四国的知名度

单位:%，括号里的数字为排名

|  | 美国 | 德国 | 俄罗斯 | 印度 | 四国平均 |
| --- | --- | --- | --- | --- | --- |
|  | 知名度 | 知名度 | 知名度 | 知名度 | 知名度 |
| 成龙 | 96.3（1） | 94.2（1） | 96.9（1） | 92.6（1） | 95.0（1） |
| 孔子 | 80.7（3） | 85.8（2） | 94.1（2） | 72.1（8） | 83.2（2） |
| 毛泽东 | 68.2（4） | 76.6（3） | 82.1（3） | 73.2（6） | 75.0（3） |

续表

| | 美国 知名度 | 德国 知名度 | 俄罗斯 知名度 | 印度 知名度 | 四国平均 知名度 |
|---|---|---|---|---|---|
| 吴宇森 | 56.3（5） | 52.5（6） | 65.5（4） | 73.8（4） | 62.0（4） |
| 章子怡 | 51.0（6） | 51.3（7） | 62.1（6） | 80.7（2） | 61.3（5） |
| 姚明 | 82.5（2） | 40.8（9） | 38.4（13） | 75.2（3） | 59.2（6） |
| 老子 | 47.2（7） | 47.6（8） | 63.0（5） | 67.1（16） | 56.2（7） |
| 邓小平 | 40.5（8） | 54.6（4） | 53.0（7） | 68.8（12） | 54.2（8） |
| 郎朗 | 30.2（11） | 54.6（5） | 42.7（10） | 69.6（11） | 49.3（9） |
| 孙中山 | 33.2（9） | 40.5（10） | 39.9（11） | 67.4（13） | 45.3（10） |
| 杨利伟 | 24.5（15） | 35.8（12） | 46.9（8） | 72.6（7） | 45.0（11） |
| 宋祖英 | 25.4（14） | 34.4（13） | 45.7（9） | 73.6（5） | 44.8（12） |
| 梅兰芳 | 29.4（13） | 38.8（11） | 36.6（15） | 71.0（9） | 44.0（13） |
| 李白 | 31.9（10） | 31.8（15） | 38.1（14） | 66.0（18） | 42.0（14） |
| 杨丽萍 | 23.7（16） | 32.5（14） | 39.9（12） | 70.3（10） | 41.6（15） |
| 张仲景 | 29.2（12） | 30.7（16） | 35.4（17） | 67.0（17） | 40.6（16） |
| 曹雪芹 | 22.0（19） | 30.4（17） | 35.7（16） | 64.0（20） | 38.0（17） |
| 吴冠中 | 22.4（17） | 29.9（18） | 31.5（18） | 67.2（15） | 37.8（18） |
| 李嘉诚 | 22.4（18） | 29.0（19） | 25.9（19） | 67.4（14） | 36.2（19） |
| 袁隆平 | 19.0（20） | 27.6（20） | 24.1（20） | 65.7（19） | 34.1（20） |
| 本国平均 | 41.8 | 46.0 | 49.9 | 71.3 | 52.2 |

### (二) 美誉度

以5级量表（1很不喜欢，2不喜欢，3中立，4喜欢，5很喜欢）调查了中国名人的美誉度。用均值比较美誉度的高低。

1. 整体情况

四国的数据横向比较显示（表12-11）：

20位中国各界名人中，各国整体数据平均美誉度排在前五位的中国名人是：成龙（4.19）、吴宇森（3.87）、章子怡（3.84）、郎朗（3.74）、孔子（3.72）。前三名为电影明星和导演，说明功夫电影是中国对四国大众文化影响最有力的工具,特别是成龙,在四国的美誉度都名列第一,得分遥遥领先。郎朗在两国进入前五名,说明其影响力也比较大。孔子在三国进入前五名,说明儒家思想在各国有一定的认同感。20 位名人的得分都在中立值 3 之上,但政治家毛泽东(3.04)、邓小平(3.12)和孙中山(3.19)排在倒数第一到第三。政治家在四国排名都靠后。

中国名人的美誉度在各国不同。20 位中国名人在四国的平均美誉度由高至低为:印度(3.86)、俄罗斯(3.64)、美国(3.51)、德国(3.24)。换言之,中国名人在印度为"听说过,比较喜欢他/她",在俄罗斯倾向于"听说过,比较喜欢他/她",在美国处于"听说过,比较喜欢他/她"与"听说过,但是对他/她没有感觉"之间,在德国倾向于"听说过,但是对他/她没有感觉"。四国平均为 3.56,处于中立和喜欢之间。

表 12-11 中国名人在四国美誉度

单位:%,括号里的数字为排名

|  | 美国 美誉度 | 德国 美誉度 | 俄罗斯 美誉度 | 印度 美誉度 | 四国平均 美誉度 |
|---|---|---|---|---|---|
| 成龙 | 4.21(1) | 3.91(1) | 4.44(1) | 4.19(1) | 4.19(1) |
| 吴宇森 | 3.88(3) | 3.60(3) | 4.06(2) | 3.94(3) | 3.87(2) |
| 章子怡 | 3.92(2) | 3.59(4) | 3.95(3) | 3.88(6) | 3.84(3) |
| 郎朗 | 3.64(6) | 3.72(2) | 3.77(5) | 3.83(12) | 3.74(4) |
| 孔子 | 3.71(4) | 3.50(5) | 3.84(4) | 3.83(11) | 3.72(5) |
| 宋祖英 | 3.58(7) | 3.29(8) | 3.77(6) | 3.99(2) | 3.66(6) |
| 姚明 | 3.68(5) | 3.32(7) | 3.71(9) | 3.88(6) | 3.65(7) |
| 杨丽萍 | 3.55(11) | 3.28(9) | 3.75(7) | 3.93(4) | 3.63(8) |
| 老子 | 3.55(9) | 3.34(6) | 3.61(11) | 3.87(8) | 3.59(9) |
| 吴冠中 | 3.48(13) | 3.19(13) | 3.75(8) | 3.91(5) | 3.58(10) |
| 梅兰芳 | 3.52(12) | 3.25(10) | 3.68(10) | 3.79(15) | 3.56(11) |
| 杨利伟 | 3.57(8) | 3.17(15) | 3.48(14) | 3.86(9) | 3.52(12) |
| 李白 | 3.55(10) | 3.23(11) | 3.48(15) | 3.78(16) | 3.51(13) |
| 袁隆平 | 3.48(14) | 3.19(14) | 3.49(13) | 3.85(10) | 3.50(14) |

续表

|  | 美国 | 德国 | 俄罗斯 | 印度 | 四国平均 |
|---|---|---|---|---|---|
|  | 美誉度 | 美誉度 | 美誉度 | 美誉度 | 美誉度 |
| 张仲景 | 3.44（16） | 3.09（16） | 3.54（12） | 3.81（13） | 3.47（15） |
| 曹雪芹 | 3.40（17） | 3.20（12） | 3.42（16） | 3.74（19） | 3.44（16） |
| 李嘉诚 | 3.45（15） | 3.04（17） | 3.38（17） | 3.80（14） | 3.42（17） |
| 孙中山 | 3.08（18） | 2.76（18） | 3.20（20） | 3.72（20） | 3.19（18） |
| 邓小平 | 2.87（19） | 2.59（19） | 3.25（18） | 3.76（18） | 3.12（19） |
| 毛泽东 | 2.61（20） | 2.52（20） | 3.24（19） | 3.77（17） | 3.04（20） |
| 本国平均 | 3.51 | 3.24 | 3.64 | 3.86 | 3.56 |

2. 各国情况

在美国，美誉度前五名的为：成龙、章子怡、吴宇森、孔子、姚明。前三名都为电影界名人，且在美国发展过。这说明电影界名人、儒家代表人物、体育明星的影响力位居前三。孙中山、毛泽东、邓小平作为三位受到中国人民热爱的政治领袖在美国知名度靠前，但美誉度排在最后三位。[1] 中国名人的美誉度偏低。20位名人的美誉度平均为3.51。在听说过20位名人并表示喜好态度的受访者中，有8人的美誉度低于3.5。具体来说，只对1人（成龙）持非常喜好态度的占了大多数，仅有2人持喜欢的态度占了大多数，对其余17人皆持"听说过，但是对他没有感觉"占了大多数。

在俄罗斯，美誉度前五名的为：成龙、吴宇森、章子怡、孔子、郎朗。前三位都为电影界名人，说明目前功夫电影是中国对俄大众最有影响。电影界名人、儒家代表人物、钢琴家的影响力位居前三。俄罗斯受访者对知道的名人也大都喜欢，知名度与美誉度基本相同。但政治家的美誉度偏低，孙中山、邓小平、毛泽东排在最后三位。中国名人在俄罗斯的美誉度普遍较高。20位名人的美誉度平均为3.64。在听说过20位名人并表示喜好态度的受访者中，美誉度最低的是孙中山，均值为3.20，属于持喜欢他和没有感觉之

---

[1] 和学者论述的情况一致。参见李慎明：《提高中国文化软实力的机遇与挑战》，张国祚主编：《中国文化软实力研究报告》（2010），社会科学文献出版社2011年版，第160页。

间的态度。

在德国，美誉度前五名的为：成龙、郎朗、吴宇森、章子怡、孔子。其中三名都来自电影界，说明功夫电影对德国大众也最有影响。电影界名人、钢琴家、儒家代表人物在德国的影响力位居前三。

知名度不等同于美誉度，政治家更是如此，知名度靠前的毛泽东、邓小平、孙中山排在最后三位。中国名人的美誉度普遍较低。20位名人的美誉度平均为3.24，在四国中倒数第一。在听说过的20位名人中只有前5名的美誉度均值高于3.5，介于没有感觉和较喜欢的中间。

在印度，美誉度前五名的为：成龙、宋祖英、吴宇森、杨丽萍、吴冠中，分别为当今影星、歌唱家、名导演、舞蹈家、画家。这说明文化界名人对印度大众最有影响。知名度和美誉度的前五位中，都没有孔子、老子，这与上述三国明显不同。受访者知道的名人全都喜欢。知名度与美誉度基本相同。中国名人在印度的美誉度普遍较高。20位名人的美誉度平均为3.86，在四国中名列第一。在听说过20位名人并表示喜好态度的受访者中，美誉度最低的是孙中山，尽管最低，但均值为3.72，属于偏向持喜欢他的态度。

### （三）知名度与美誉度对比

#### 1. 整体情况

四国平均，知名度和美誉度都列在前五名的中国名人有四位，先后排名为：成龙、吴宇森、孔子、章子怡。影星成龙是在四国受访者中知名度和美誉度都最高的中国名人。电影导演吴宇森在四国的知名度均超过52.0%，美誉度均在前三名之内。影星章子怡在四国的知名度均超过51.0%，美誉度均在前六名之内。影星和电影导演的知名度和美誉度均高的特点十分突出。孔子在美、俄、德的知名度和美誉度都在前三名之内，在印度处于中间位置，说明儒家思想及其代表人物在欧美有较高的知名度和美誉度。

以知名度排名与美誉度排名之差正负4为标准，知名度与美誉度对比有高于、低于和持平三种情况（见表12-12、表12-13）：

（1）知名度高（低），美誉度也高（低）。例如，成龙知名度高，美誉度也高。企业家李嘉诚在四国的知名度低，美誉度也低，均列在末尾。知名度与美誉度持平。这类情况占60%左右。

(2) 知名度高，美誉度低。当代政治家毛泽东、邓小平和孙中山在四国的知名度排名明显高于美誉度排名，在四国的美誉度列在末尾，这一特点十分突出。四国平均，知名度排名高于美誉度排名的第一到第三名是毛泽东、邓小平和孙中山，这种状况值得研究。

(3) 知名度低，美誉度高。杨利伟在美国知名度排名很低（第15），但美誉度排名较高（第8）。四国平均，知名度排名低于美誉度排名的前三名是吴冠中、袁隆平和杨丽萍，这种现象多出现在艺术家和科学家身上。

2. 各国情况

在美国受访者中，成龙的知名度和美誉度都排名第一。知名度排名与美誉度排名基本持平的还有11个，他们是孔子、老子、李白、张仲景、曹雪芹、梅兰芳、吴冠中、吴宇森、姚明、章子怡、李嘉诚。知名度排名明显高于美誉度排名的有3个：毛泽东、邓小平、孙中山。美誉度排名明显高于知名度的有5个：杨利伟、袁隆平、杨丽萍、宋祖英、郎朗。杨利伟在美国的知名度排名第15，美誉度排名第8。在美国，知名度与美誉度呈不完全正相关关系。

在德国受访者中，成龙的知名度和美誉度都排名第一。知名度排名与美誉度排名基本持平的还有11个，他们是章子怡、吴宇森、孔子、老子、李白、张仲景、郎朗、梅兰芳、姚明、杨利伟、李嘉诚。知名度排名明显高于美誉度排名的有3个：毛泽东、邓小平、孙中山。美誉度排名明显高于知名度的有5个：杨丽萍、吴冠中、袁隆平、宋祖英、曹雪芹。在德国，知名度与美誉度呈不完全正相关关系。

在俄罗斯受访者中，成龙的知名度和美誉度都最高。知名度排名与美誉度排名基本持平的还有8位，他们是孔子、曹雪芹、吴宇森、章子怡、李白、姚明、宋祖英、李嘉诚。知名度排名明显高于美誉度排名的有5位：老子、毛泽东、邓小平、孙中山、杨利伟。美誉度排名明显高于知名度的有6位：梅兰芳、袁隆平、吴冠中、张仲景、郎朗、杨丽萍。尽管中国名人知名度与美誉度未呈现正相关关系，但名人基本呈现正面形象。尽管政治家美誉度偏低，孙中山、邓小平、毛泽东排在最后三位，但都处于"听说过，比较喜欢他"与"听说过，但是对他没有感觉"之间。

在印度，成龙的知名度和美誉度都排第一。知名度排名与美誉度排名基本持平的还有11位：孔子、曹雪芹、吴宇森、章子怡、宋祖英、郎朗、姚明、李白、杨利伟、李嘉诚、张仲景。知名度排名明显高于美誉度排名的有4位：梅兰芳、毛泽东、邓小平、孙中山。美誉度排名明显高于知名度的有4位：老子、吴冠中、杨丽萍、袁隆平。中国各类名人的美誉度都很好，中国名人基本呈正面形象。尽管政治家美誉度偏低，孙中山、邓小平、毛泽东名列倒数第一、第三、第四位，都处于"听说过，比较喜欢他"与"听说过，对他没有感觉"之间，倾向比较喜欢。

表12-12 中国名人在四国受访者中的知名度（%）和美誉度（5级量表）

括号内数字为排名

| 中国名人 | 美国 | | 德国 | | 俄罗斯 | | 印度 | | 四国平均 | |
|---|---|---|---|---|---|---|---|---|---|---|
| | 知名度 | 美誉度 | 知名度 | 美誉度 | 知名度 | 美誉度 | 知名度 | 美誉度 | 知名度 | 美誉度 |
| 成龙 | 96.3 (1) | 4.21 (1) | 94.2 (1) | 3.91 (1) | 96.9 (1) | 4.44 (1) | 92.6 (1) | 4.19 (1) | 95.0 (1) | 4.19 (1) |
| 章子怡 | 51.0 (6) | 3.92 (2) | 51.3 (7) | 3.59 (4) | 62.1 (6) | 3.95 (3) | 80.7 (2) | 3.88 (6) | 61.3 (5) | 3.84 (3) |
| 姚明 | 82.5 (2) | 3.68 (5) | 40.8 (9) | 3.32 (7) | 38.4 (13) | 3.71 (9) | 75.2 (3) | 3.88 (6) | 59.2 (6) | 3.65 (7) |
| 吴宇森 | 56.3 (5) | 3.88 (3) | 52.5 (6) | 3.60 (3) | 65.5 (4) | 4.06 (2) | 73.8 (4) | 3.94 (3) | 62.0 (4) | 3.87 (2) |
| 杨丽萍 | 23.7 (16) | 3.55 (11) | 32.3 (14) | 3.28 (9) | 39.9 (12) | 3.75 (7) | 70.3 (10) | 3.93 (4) | 41.6 (15) | 3.63 (8) |
| 郎朗 | 30.2 (11) | 3.64 (6) | 54.6 (5) | 3.72 (2) | 42.7 (10) | 3.77 (5) | 69.6 (11) | 3.83 (12) | 49.3 (9) | 3.74 (4) |
| 宋祖英 | 25.4 (14) | 3.58 (7) | 34.4 (13) | 3.29 (8) | 45.7 (9) | 3.77 (6) | 73.6 (5) | 3.99 (2) | 44.8 (12) | 3.66 (6) |
| 梅兰芳 | 29.4 (13) | 3.52 (12) | 38.8 (11) | 3.25 (10) | 36.6 (15) | 3.68 (10) | 71.0 (9) | 3.79 (15) | 44.0 (13) | 3.56 (11) |
| 吴冠中 | 22.4 (17) | 3.48 (13) | 29.9 (18) | 3.19 (13) | 31.5 (18) | 3.75 (8) | 67.2 (15) | 3.91 (5) | 37.8 (18) | 3.58 (10) |
| 李白 | 31.9 (10) | 3.55 (10) | 31.8 (15) | 3.23 (11) | 38.1 (14) | 3.48 (15) | 66.0 (18) | 3.78 (16) | 42.0 (14) | 3.51 (13) |

续表

| 中国名人 | 美国 | | 德国 | | 俄罗斯 | | 印度 | | 四国平均 | |
|---|---|---|---|---|---|---|---|---|---|---|
| | 知名度 | 美誉度 | 知名度 | 美誉度 | 知名度 | 美誉度 | 知名度 | 美誉度 | 知名度 | 美誉度 |
| 曹雪芹 | 22.0 (19) | 3.40 (17) | 30.4 (17) | 3.20 (12) | 35.7 (16) | 3.42 (16) | 64.0 (20) | 3.74 (19) | 38.0 (17) | 3.44 (16) |
| 张仲景 | 29.2 (12) | 3.44 (16) | 30.7 (16) | 3.09 (16) | 35.4 (17) | 3.54 (12) | 67.0 (17) | 3.81 (13) | 40.6 (16) | 3.47 (15) |
| 袁隆平 | 19.0 (20) | 3.48 (14) | 27.6 (20) | 3.19 (14) | 24.1 (20) | 3.49 (13) | 65.7 (19) | 3.85 (10) | 34.1 (20) | 3.50 (14) |
| 杨利伟 | 24.5 (15) | 3.57 (8) | 35.8 (12) | 3.17 (15) | 46.9 (8) | 3.48 (14) | 72.6 (7) | 3.86 (9) | 45.0 (11) | 3.52 (12) |
| 孔子 | 80.7 (3) | 3.71 (4) | 85.8 (2) | 3.50 (5) | 94.1 (2) | 3.84 (4) | 72.1 (8) | 3.83 (11) | 83.2 (2) | 3.72 (5) |
| 老子 | 47.2 (7) | 3.55 (9) | 47.6 (8) | 3.34 (6) | 63.0 (5) | 3.61 (11) | 67.1 (16) | 3.87 (8) | 56.2 (7) | 3.59 (9) |
| 毛泽东 | 68.2 (4) | 2.61 (20) | 76.6 (3) | 2.52 (20) | 82.1 (3) | 3.24 (19) | 73.2 (6) | 3.77 (17) | 75.0 (3) | 3.04 (20) |
| 邓小平 | 40.5 (8) | 2.87 (19) | 54.6 (4) | 2.59 (19) | 53.0 (7) | 3.25 (18) | 68.8 (12) | 3.76 (18) | 54.2 (8) | 3.12 (19) |
| 孙中山 | 33.2 (9) | 3.08 (18) | 40.5 (10) | 2.76 (18) | 39.9 (11) | 3.20 (20) | 67.4 (13) | 3.72 (20) | 45.3 (10) | 3.19 (18) |
| 李嘉诚 | 22.4 (18) | 3.45 (15) | 29.0 (19) | 3.04 (17) | 25.9 (19) | 3.38 (17) | 67.4 (14) | 3.80 (14) | 36.2 (19) | 3.42 (17) |
| 平均 | 41.8 | 3.51 | 46.0 | 3.24 | 49.9 | 3.64 | 71.3 | 3.86 | 52.2 | 3.56 |

表12-13 中国名人的知名度排名和美誉度排名差距之比较
(差距=知名度-美誉度)

| 中国名人 | 美国 | | | 德国 | | | 俄罗斯 | | | 印度 | | | 平均 | |
|---|---|---|---|---|---|---|---|---|---|---|---|---|---|---|
| | 知名度 | 美誉度 | 差额 | 知名度 | 美誉度 | 差额 | 知名度 | 美誉度 | 差额 | 知名度 | 美誉度 | 差额 | 差额 | 排名 |
| 成龙 | 1 | 1 | 0 | 1 | 1 | 0 | 1 | 1 | 0 | 1 | 1 | 0 | 0 | 15 |
| 章子怡 | 6 | 2 | 4 | 7 | 4 | 3 | 6 | 3 | 3 | 2 | 6 | -4 | 1.5 | 10 |

续表

| 中国名人 | 美国 | | | 德国 | | | 俄罗斯 | | | 印度 | | | 平均 | |
|---|---|---|---|---|---|---|---|---|---|---|---|---|---|---|
| | 知名度 | 美誉度 | 差额 | 知名度 | 美誉度 | 差额 | 知名度 | 美誉度 | 差额 | 知名度 | 美誉度 | 差额 | 差额 | 排名 |
| 姚明 | 2 | 5 | -3 | 9 | 7 | 2 | 13 | 9 | 4 | 3 | 6 | -3 | 0 | 15 |
| 吴宇森 | 5 | 3 | 2 | 6 | 3 | 3 | 4 | 2 | 2 | 4 | 3 | 1 | 2 | 6 |
| 杨丽萍 | 16 | 11 | 5 | 14 | 9 | 5 | 12 | 7 | 5 | 10 | 4 | 6 | 5.3 | 3 |
| 郎朗 | 11 | 6 | 5 | 5 | 2 | 3 | 10 | 5 | 5 | 11 | 12 | -1 | 3 | 5 |
| 宋祖英 | 14 | 7 | 7 | 13 | 8 | 5 | 9 | 6 | 3 | 5 | 2 | 3 | 4.5 | 4 |
| 梅兰芳 | 13 | 12 | 1 | 11 | 10 | 1 | 15 | 10 | 5 | 9 | 15 | -6 | 0.3 | 14 |
| 吴冠中 | 17 | 13 | 4 | 18 | 13 | 5 | 18 | 8 | 10 | 15 | 5 | 10 | 7.3 | 1 |
| 李白 | 10 | 10 | 0 | 15 | 11 | 4 | 14 | 15 | -1 | 18 | 16 | 2 | 1.3 | 11 |
| 曹雪芹 | 19 | 17 | 2 | 17 | 12 | 5 | 16 | 16 | 0 | 20 | 19 | 1 | 2 | 6 |
| 张仲景 | 12 | 16 | -4 | 16 | 16 | 0 | 17 | 12 | 5 | 17 | 13 | 4 | 1.3 | 11 |
| 袁隆平 | 20 | 14 | 6 | 20 | 14 | 6 | 20 | 14 | 6 | 19 | 10 | 9 | 7 | 2 |
| 杨利伟 | 15 | 8 | 7 | 12 | 15 | -3 | 8 | 14 | 6 | 7 | 9 | -2 | 2 | 6 |
| 孔子 | 3 | 4 | -1 | 2 | 5 | -3 | 2 | 4 | -2 | 8 | 11 | -3 | -2.3 | 17 |
| 老子 | 7 | 9 | -2 | 8 | 6 | 2 | 5 | 11 | -6 | 16 | 8 | 8 | 0.5 | 13 |
| 毛泽东 | 4 | 20 | -16 | 3 | 20 | -17 | 3 | 19 | -16 | 6 | 17 | -11 | -15 | 20 |
| 邓小平 | 8 | 19 | -11 | 4 | 19 | -15 | 7 | 18 | -11 | 12 | 18 | -6 | -10.8 | 19 |
| 孙中山 | 9 | 18 | -9 | 10 | 18 | -8 | 11 | 20 | -9 | 13 | 20 | -7 | -8.3 | 18 |
| 李嘉诚 | 18 | 15 | 3 | 19 | 17 | 2 | 19 | 17 | 2 | 14 | 14 | 0 | 1.8 | 9 |

## 第二节 在日本、韩国、越南、印尼的影响

### 一、问卷修订

#### 1. 设计思路

由于问卷的篇幅所限,精简了调查受访者对中国民众的认知和态度的问题,只保留了四个方面的问题:第一,调查受访者对中国人持有的中华核心

价值观的看法。价值观增加了一项:"个人不仅具有权利,而且也需要对社会和他人负担责任。(人类责任)"第二,受访者对中国人思维方式的看法。第三,运用博加德斯量表测量受访者对中国民众的心理距离(亲近感)。第四,与中国人接触的情况:一是受访者拥有中国朋友的数量;二是来中国的次数。

在对中国名人进行调查设计时,课题组也进行了改进:弥补前一次评选人物只调查认知和态度,不调查行为的不足,增加了对八位名人著作的阅读情况的调查。入选名单在第一期调查的基础上,进行了微调。在预调查中,了解到《三国演义》在日本、韩国和越南的名气高于《红楼梦》,因而古代文学家的代表由罗贯中取代了曹雪芹。当代文化名人中,莫言获得了诺贝尔文学奖,因而入选。精简了当今文艺界的代表,吴宇森、吴冠中和杨丽萍未入选。最后的名单包含了两位古代文学家:李白、罗贯中;两位古代哲学家:孔子、老子;一位古代医学家张仲景;三位当今影视和体育明星:成龙、章子怡、姚明(羽毛球是印尼国球,因而在印尼问卷中增添了羽毛球运动员林丹);四位当代和当今文学家和艺术家:梅兰芳、莫言、宋祖英、郎朗;一位当代科学家:袁隆平;一位航天员:杨利伟;三位当代政治家:毛泽东、邓小平、孙中山;一位当代企业家:李嘉诚。调查方法与前一次相同。

2. 问卷内容

(Ⅲ) V15. 根据您的整体印象,中国人赞同以下价值观/思维方式吗?

| 价值观 | 非常不赞同　　　　　　　非常赞同 |
|---|---|
| 1. 仁:人与人之间相互友爱、同情、互助。 | ←0　1　2　3　4　5　6　7　8　9　10→ |
| 2. 恕:己所不欲,勿施于人。 | ←0　1　2　3　4　5　6　7　8　9　10→ |
| 3. 孝:尊敬和善待父母。 | ←0　1　2　3　4　5　6　7　8　9　10→ |
| 4. 礼:有礼貌、尊敬他人。 | ←0　1　2　3　4　5　6　7　8　9　10→ |
| 5. 义:公正、合乎公益。 | ←0　1　2　3　4　5　6　7　8　9　10→ |
| 6. 和而不同:尊重彼此的差异,和睦相处。 | ←0　1　2　3　4　5　6　7　8　9　10→ |

续表

| 价值观 | 非常不赞同　　　　　　　　非常赞同 |
|---|---|
| 7. 天人合一：尊崇自然，人与自然和谐。 | ←0　1　2　3　4　5　6　7　8　9　10→ |
| 8. 共同富裕：消除经济上两极分化，走向共同富裕。 | ←0　1　2　3　4　5　6　7　8　9　10→ |
| 9. 和谐世界：国与国之间和平共处、彼此尊重、共同发展。 | ←0　1　2　3　4　5　6　7　8　9　10→ |
| 10. 以人为本：尊重人民、依靠人民、为了人民。 | ←0　1　2　3　4　5　6　7　8　9　10→ |
| 11. 集体主义：在集体和个人关系中，当个人利益与集体利益发生冲突时，在兼顾二者的同时，个人应服从集体。 | ←0　1　2　3　4　5　6　7　8　9　10→ |
| 12. 辩证思维：以全面的、联系的、发展变化的观点，而不是非此即彼的观点看待事物。 | ←0　1　2　3　4　5　6　7　8　9　10→ |
| 13. 综合思维：认知方式上，以综合性倾向对事物的整体做出反应，而不仅仅是对细节做理性的分析。 | ←0　1　2　3　4　5　6　7　8　9　10→ |
| 14. 人类责任：个人不仅具有权利，而且也需要对社会和他人负担责任。 | ←0　1　2　3　4　5　6　7　8　9　10→ |

（Ⅲ）V16. 您有几位中国朋友或熟人？（下拉菜单：0—30、31及以上）

（Ⅲ）V17. 以下七种选择中，您是否愿意让中国人：

1. 同您的子女结婚。　　　　　　　　1. 是　　2. 否
2. 作为您亲密的朋友。　　　　　　　1. 是　　2. 否
3. 做您的邻居。　　　　　　　　　　1. 是　　2. 否
4. 与您在同一行业共事。　　　　　　1. 是　　2. 否
5. 生活在您的国家。　　　　　　　　1. 是　　2. 否
6. 只能作为访问者停留在您的国家。　1. 是　　2. 否
7. 被驱逐出境。　　　　　　　　　　1. 是　　2. 否

（Ⅲ）V19-1. 到目前为止，您去过几次中国？（下拉菜单：1—10、11次及以上）

（Ⅲ）V10-1—V10-18. 以下的人都是中国名人，您听说过他们吗？若听说过，喜欢他们吗？

0 没听说过

若听说过：1. 很不喜欢；2. 较不喜欢；3. 无所谓；4. 较喜欢；5. 很喜欢

| | |
|---|---|
| V10-1. 古代哲学家孔子 | 0　1　2　3　4　5 |
| V10-2. 古代哲学家老子 | 0　1　2　3　4　5 |
| V10-3. 古代医学家张仲景 | 0　1　2　3　4　5 |
| V10-4. 古代诗人李白 | 0　1　2　3　4　5 |
| V10-5. 古代文学家罗贯中 | 0　1　2　3　4　5 |
| V10-6. 政治家毛泽东 | 0　1　2　3　4　5 |
| V10-7. 政治家邓小平 | 0　1　2　3　4　5 |
| V10-8. 政治家孙中山 | 0　1　2　3　4　5 |
| V10-9. 京剧艺术家梅兰芳 | 0　1　2　3　4　5 |
| V10-10. 影星章子怡 | 0　1　2　3　4　5 |
| V10-11. 影星成龙 | 0　1　2　3　4　5 |
| V10-12. 文学家莫言 | 0　1　2　3　4　5 |
| V10-13. 歌唱家宋祖英 | 0　1　2　3　4　5 |
| V10-14. 钢琴家郎朗 | 0　1　2　3　4　5 |
| V10-15. 篮球球星姚明 | 0　1　2　3　4　5 |
| V10-16. 水稻专家袁隆平 | 0　1　2　3　4　5 |
| V10-17. 航天员杨利伟 | 0　1　2　3　4　5 |
| V10-18. 企业家李嘉诚 | 0　1　2　3　4　5 |
| V10-19. 羽毛球明星林丹（印尼问卷） | 0　1　2　3　4　5 |

（Ⅲ）V11. 您听说过下列中国名人的著作吗？若听说过，您读过吗？

| | 0. 没听说过 | 听说过 | |
|---|---|---|---|
| | | 1. 读过 | 2. 没读过 |
| 孔子的《论语》 | | | |
| 老子的《道德经》 | | | |
| 张仲景的《伤寒杂病论》 | | | |

续表

|  | 0. 没听说过 | 听说过 ||
|  |  | 1. 读过 | 2. 没读过 |
| 罗贯中的《三国演义》 |  |  |  |
| 莫言的小说，如《蛙》 |  |  |  |
| 毛泽东的著作，如《毛泽东选集》 |  |  |  |
| 邓小平的著作，如《邓小平文选》 |  |  |  |
| 孙中山的著作，如《三民主义》 |  |  |  |

## 二、对中国民众的认知和心理距离

### （一）受访者对中国人持有中华传统价值观的看法

外国民众对中国大众的印象，影响着他们对中华文化的看法及中华文化在海外的影响力。

1. 受访者给中国人打分

为了调查四国受访者如何看待中国人的价值观倾向，问卷设计了一个问题，请受访者根据自己的整体印象，就中国人是否赞同下述12项价值观（未告知这些是中华核心价值观）做出回答，请受访者用0—10之间的数字给中国人打分。根本不赞同赋值0，是一个极端，代表着认为中国人根本不赞同，10是另一个极端，代表中国人非常赞同，5为中立。均值的大小反映了受访者心目中的中国人在各种层次上价值观上的水平。

四国数据横向比较显示：认为中国人赞同12项价值观均值的平均数相比较，从高到低为印尼（8.19）、越南（6.95）、韩国（5.07）、日本（4.05）。从得分等级看，印尼给中国人打的分为良好，越南和韩国打的分为及格，日本打的分为不及格。四国受访者认为中国人最赞同的前三位价值观为：孝（7.01）、仁（6.21）、礼（6.20），均为公民层次的价值观。末三位是和谐世界（5.61）、共同富裕（5.75）、以人为本（5.86），分别为国际关系层次、社会层次和国家层次的价值观。见表12-14。

日本受访者给中国人价值观水平打的分最低，除了"孝"得分5.81，过了中立线，其余11项都在5之下，属于不及格分。12项平均得分4.05。

最低分是和谐世界（3.37）。

韩国受访者给中国人价值观水平打的分较低，"孝"得分最高，为6.04，其余11项中，7项在5.12—5.35之间，过了中位线，4项在5之下。12项平均得分5.07。最低分是共同富裕（4.61）。

越南受访者给中国人价值观水平打的分较高，"孝"得分最高，为7.70，其余11项都在6之上。12项平均得分6.95。最低分是和谐世界（6.26）。

印尼受访者给中国人价值观水平打的分最高，"孝"得分最高为8.48，接近优秀。除了最低分集体主义得分7.83之外，其余10项都在8之上。12项平均得分8.19，都是良好。

表12-14　四国受访者认为的中国人赞同中华核心价值观的均值（11级量表）

| | 日本 | 韩国 | 越南 | 印尼 | 四国平均 | 排名 |
| --- | --- | --- | --- | --- | --- | --- |
| 孝 | 5.81 | 6.04 | 7.70 | 8.48 | 7.01 | 1 |
| 仁 | 4.29 | 5.14 | 7.22 | 8.19 | 6.21 | 2 |
| 礼 | 4.00 | 5.14 | 7.34 | 8.30 | 6.20 | 3 |
| 集体主义 | 4.53 | 5.35 | 6.98 | 7.83 | 6.17 | 4 |
| 天人合一 | 4.08 | 5.08 | 7.00 | 8.18 | 6.09 | 5 |
| 和而不同 | 3.88 | 5.12 | 7.14 | 8.17 | 6.08 | 6 |
| 恕 | 3.96 | 5.17 | 6.79 | 8.01 | 5.98 | 7 |
| 义 | 3.77 | 4.86 | 6.95 | 8.21 | 5.95 | 8 |
| 人类责任 | 3.75 | 5.13 | 6.46 | 8.25 | 5.90 | 9 |
| 以人为本 | 3.68 | 4.62 | 7.00 | 8.13 | 5.86 | 10 |
| 共同富裕 | 3.42 | 4.61 | 6.61 | 8.34 | 5.75 | 11 |
| 和谐世界 | 3.37 | 4.63 | 6.26 | 8.19 | 5.61 | 12 |
| 一国的平均值 | 4.05 | 5.07 | 6.95 | 8.19 | | |

注：韩国的数据是由原始的10级量表的数值转化为11级量表的数值。下同。

2. 受访者给自己打分与给中国人打分对比

在问卷的V12题里，已调查过受访者对12项价值观的赞同度，给自己打过分；在V16题里让受访者用同样的测量方法，就中国人是否赞同相同的12项价值观，给中国人打分。由于每位受访者不存在对这12项价值观的理解差异，因而受访者给自己打分与给中国人打分具有可比性（表12-16），更能看出受访者对中国人的看法。

有三种情况：如果受访者对某项价值观赞同的均值高于认为中国人赞同该价值观的均值1.0，说明中国人在该方面不如受访者；如果受访者对某项价值观赞同的均值低于认为中国人赞同该价值观的均值1.0，说明中国人在该方面比受访者强；如果受访者对某项价值观赞同的均值与认为中国人赞同该价值观的均值基本持平（正负1.0之间），说明双方基本一样。调查结果如下：

在日本，12项价值观的均值受访者都高于中国人；分差最大的三项是和谐世界、义、礼，分别高出4.06、3.58、3.57，高得令人吃惊；分差最小的是集体主义（0.87）、孝（1.39）、恕（2.58）。受访者赞同价值观的均值与认为中国人赞同的均值相比，11项高出1.0，说明中国人在这些方面做得都不如受访者；只有一项价值观（集体主义）受访者自己赞同的均值与认为中国人赞同该价值观的均值基本持平，说明双方相差不大。

在韩国，12项价值观的均值受访者都高于中国人，分差最大的三项是以人为本（2.39）、礼（2.22）、义（2.20），分差最小的是集体主义（0.28）、天人合一（0.49）、人类责任（1.28）。对10项价值观，受访者赞同的均值都比认为中国人赞同的均值高出1.0，说明中国人在该方面做得不如受访者；只有两项价值观（集体主义和天人合一）受访者自己赞同的均值与认为中国人赞同该价值观的均值基本持平（正负1.0之间），说明双方基本一样。

在越南，12项价值观的均值受访者都高于中国人，分差最大的是和谐世界（2.16）、人类责任（1.72）、以人为本（1.49），分差最小的是集体主义（0.87）、孝（0.92）、恕和仁（均为0.94）。对八项价值观受访者赞同的均值都比认为中国人赞同的均值高出1.0，说明中国人在这些方面做得不如受访者；有4项价值观（仁、恕、孝、集体主义）受访者自己赞同的均值与认为中国人赞同的均值基本持平（正负1.0之间），说明双方基本一样。

在印尼，尽管12项价值观的均值受访者都高于中国人，但分差都很小。分差最大的是人类责任（0.53）、天人合一（0.51）、以人为本（0.49），分差最小的是恕（0.01）、共同富裕（0.19）、集体主义（0.23）。12项价值观受访者自己赞同的均值与认为中国人赞同的均值都基本持平（正负1.0之间),说明中国人在该方面做得与受访者基本一样。

四国受访者在所有价值观上给自己打的分都高于给中国人打的分。(见表12-15)从国别上看,12项价值观的得分平均下来,受访者给自己打分与给中国人打分之差最小的国家是印尼,分值为0.36。其他三国分值从低到高为越南(1.26)、韩国(1.65)、日本(2.92)。从分差等级看,印尼受访者给自己打的分与给中国人打的分之间,尽管有差异,但没有实质性的差异,例如,"人类责任"分差在12项价值观中最大(0.53),印尼平均得分为8.55,中国得分8.13,两者之间没有实质性的差异。越南和韩国受访者给自己打的分与给中国人打的分之间存在着实质性的差异,越南给自己打的分高出给中国人打的分平均为1.26,高出近1个等级。例如,"和谐世界"分差在12项价值观中最大(2.16),越南平均得分为8.42,中国得分6.26,前者接近优秀,后者为及格。韩国给自己打分与给中国人打分的分差为1.65,给自己打的分高出给中国人打的分有1个等级。例如,"以人为本"分差在12项价值观中最大(2.39),韩国平均得分为7.01,中国得分4.62,两者之间具有实质性的差异,前者为及格,后者为不及格。日本受访者给自己打的分与给中国人打的分之间存在着突出的实质性差异,日本给自己打的分高出给中国人打的分平均为2.92,高出近2个等级。例如,"和谐世界"分差在12项价值观中最大(4.06),日本平均得分为7.43,中国得分3.37,前者接近良好,后者为不及格。

从12项价值观来看,分差最大三项的是和谐世界(2.20)、以人为本(1.96)、义(1.88),分差最小的三项是集体主义(0.55)、孝(1.02)、恕(1.35)。

表12-15 四国受访者赞同与认为中国人赞同中华价值观对比(11级量表)

| 价值观 | 日本 | | | 韩国 | | | 越南 | | | 印尼 | | | 差平均 | |
|---|---|---|---|---|---|---|---|---|---|---|---|---|---|---|
| | 自己赞同 | 中国人赞同 | 差 | 自己赞同 | 中国人赞同 | 差 | 自己赞同 | 中国人赞同 | 差 | 自己赞同 | 中国人赞同 | 差 | 差 | 排名 |
| 和谐世界 | 7.43 | 3.37 | 4.06 | 6.80 | 4.63 | 2.17 | 8.42 | 6.26 | 2.16 | 8.59 | 8.19 | 0.40 | 2.20 | 1 |
| 以人为本 | 7.16 | 3.68 | 3.48 | 7.01 | 4.62 | 2.39 | 8.49 | 7.00 | 1.49 | 8.74 | 8.25 | 0.49 | 1.96 | 2 |
| 义 | 7.35 | 3.77 | 3.58 | 7.06 | 4.86 | 2.20 | 8.22 | 6.95 | 1.27 | 8.66 | 8.21 | 0.45 | 1.88 | 3 |

续表

| 价值观 | 日本 | | | 韩国 | | | 越南 | | | 印尼 | | | 差平均 | |
|---|---|---|---|---|---|---|---|---|---|---|---|---|---|---|
| | 自己赞同 | 中国人赞同 | 差 | 自己赞同 | 中国人赞同 | 差 | 自己赞同 | 中国人赞同 | 差 | 自己赞同 | 中国人赞同 | 差 | 差 | 排名 |
| 礼 | 7.57 | 4.00 | 3.57 | 7.36 | 5.14 | 2.22 | 8.46 | 7.34 | 1.12 | 8.75 | 8.30 | 0.45 | 1.84 | 4 |
| 和而不同 | 7.23 | 3.88 | 3.35 | 7.16 | 5.12 | 2.04 | 8.26 | 7.14 | 1.12 | 8.64 | 8.17 | 0.47 | 1.75 | 5 |
| 人类责任 | 6.61 | 3.75 | 2.86 | 6.41 | 5.13 | 1.28 | 8.18 | 6.46 | 1.72 | 8.66 | 8.13 | 0.53 | 1.60 | 6 |
| 共同富裕 | 6.60 | 3.42 | 3.18 | 6.29 | 4.61 | 1.68 | 7.91 | 6.61 | 1.30 | 8.53 | 8.34 | 0.19 | 1.59 | 7 |
| 仁 | 7.34 | 4.29 | 3.05 | 6.88 | 5.14 | 1.74 | 8.16 | 7.22 | 0.94 | 8.47 | 8.19 | 0.28 | 1.50 | 8 |
| 天人合一 | 7.19 | 4.08 | 3.11 | 5.57 | 5.08 | 0.49 | 8.33 | 7.00 | 1.33 | 8.69 | 8.18 | 0.51 | 1.36 | 9 |
| 恕 | 6.54 | 3.96 | 2.58 | 7.05 | 5.17 | 1.88 | 7.73 | 6.79 | 0.94 | 8.02 | 8.01 | 0.01 | 1.35 | 10 |
| 孝 | 7.2 | 5.81 | 1.39 | 7.48 | 6.04 | 1.44 | 8.62 | 7.70 | 0.92 | 8.81 | 8.48 | 0.33 | 1.02 | 11 |
| 集体主义 | 5.34 | 4.53 | 0.81 | 5.63 | 5.35 | 0.28 | 7.85 | 6.98 | 0.87 | 8.06 | 7.83 | 0.23 | 0.55 | 12 |
| 平均 | 6.96 | 4.05 | 2.92 | 6.73 | 5.07 | 1.65 | 8.22 | 6.95 | 1.26 | 8.55 | 8.19 | 0.36 | 1.55 | |

### （二）受访者对中国人思维方式的看法

思维方式与价值观有差别，思维方式没有好与不好的价值判断，应该可以更心平气和地打分。

#### 1. 受访者给中国人打分

为了调查四国受访者如何看待中国人的思维方式，问卷设计了一个问题，请受访者根据自己的整体印象，就中国人是否赞同下述两种思维方式（未告知这些是中华思维方式）做出回答，请受访者0—10之间的数字给中国人打分，根本不赞同赋值0，是一个极端，非常赞同赋值10，是另一个极端，5为中立。

四国数据横向比较显示：认为中国人赞同两种思维方式均值的平均数相比较，从高到低为印尼（8.19）、越南（7.02）、韩国（4.53）、日本（4.09）。从得分等级看，印尼给中国人打的分为很赞成，越南打的分为赞成，韩国和日本打的分为不赞成。四国平均，认为中国人赞成综合思维（6.09）略高于辩证思维（5.83）。见表12-16。

表 12-16　四国受访者认为中国人赞同中华思维方式的均值（11 级量表）

|  | 日本 | 韩国 | 越南 | 印尼 | 四国平均 | 排名 |
|---|---|---|---|---|---|---|
| 辩证思维 | 3.64 | 4.52 | 6.98 | 8.16 | 5.83 | 2 |
| 综合思维 | 4.54 | 4.54 | 7.06 | 8.22 | 6.09 | 1 |
| 一国的平均值 | 4.09 | 4.53 | 7.02 | 8.19 |  |  |

### 2. 受访者给自己打分与给中国人打分对比

在问卷的 V12 题里，已调查过受访者自己对两种思维方式的赞同度，给自己打过分；在 V16 题里让受访者用同样的测量方法，就中国人是否赞同用同样的两种思维方式，给中国人打分。由于每位受访者不存在对这两种思维方式的理解差异，因而受访者给自己打分与给中国人打分具有可比性。思维方式与价值观不同，一般受访者难以分辨思维方式的异同。受访者给自己打分与给中国人打分对比（表 12-17），与其说更能看出受访者对中国人的看法，不如说是对中国人的情绪。

四国数据横向比较显示：两种思维方式的得分平均下来，四国受访者给自己打分与给中国人打分之差从小到大依次为印尼（0.32）、越南（0.82）、韩国（1.17）、日本（2.42）。从分差等级看，印尼受访者给自己打的分与给中国人打的分之间，尽管有差异（0.32），但没有实质性的差异。越南给自己打的分高出给中国人打的分平均 0.82，只有程度上的差异，没实质性差异。韩国给自己打分与给中国人打分的分差为 1.17，给自己打的分高出给中国人打的分有 1 个等级，两者之间具有实质性的差异，前者为赞成，后者为不赞成。日本受访者给自己打的分高出给中国人打的分平均 2.42，两者之间具有实质性的差异，前者为赞成；后者为不赞成。从两种思维方式来看，辩证思维的分差（1.38）大于综合思维（1.06）。

表 12-17　四国受访者赞同与认为中国人赞同中华思维方式对比（11 级量表）

|  | 日本 | | | 韩国 | | | 越南 | | | 印尼 | | | 差平均 | |
|---|---|---|---|---|---|---|---|---|---|---|---|---|---|---|
|  | 自己赞同 | 中国人赞同 | 差 | 自己赞同 | 中国人赞同 | 差 | 自己赞同 | 中国人赞同 | 差 | 自己赞同 | 中国人赞同 | 差 | 差 | 排名 |
| 辩证思维 | 6.76 | 3.64 | 3.12 | 5.71 | 4.52 | 1.19 | 7.85 | 6.98 | 0.87 | 8.50 | 8.16 | 0.34 | 1.38 | 1 |
| 综合思维 | 6.60 | 4.54 | 1.71 | 5.68 | 4.54 | 1.14 | 7.82 | 7.06 | 0.76 | 8.52 | 8.22 | 0.29 | 1.06 | 2 |
| 平均 | 6.68 | 4.09 | 2.42 | 5.70 | 4.53 | 1.17 | 7.84 | 7.02 | 0.82 | 8.51 | 8.19 | 0.32 | 1.22 | |

## (三）受访者与中国人的心理距离

### 1. 总体情况

心理距离就是亲近感。持愿意中国人"同自己的子女结婚"态度的受访者与中国人的心理距离最近。印尼受访者与中国人的心理距离最近的占72.8%，其后依次为越南（43.3%）、日本（33.1%）、韩国（16.8%）。

持愿意让中国人"被驱逐出境"态度的受访者，与中国人的人际心理距离最远，在这方面，越南受访者中与中国人的心理距离最远者占25.5%，其后依次为印尼（19.3%）、日本（17.3%）、韩国（9.0%）。

七项选择中，四国受访者平均表示"作为自己亲密朋友"的比例最高，为80.6%；将中国人驱除出境的比例最小，为17.8%。见表12-18。

### 2. 各国情况

在日本，最亲近的人际关系和最不友好的态度选择的比例较少。愿意"只能作为访问者停留在您的国家"所占的比例最大，达到76.7%；其次是选择让中国人"作为您亲密的朋友"所占的比重，为76.7%，有71.8%的受访者愿意和中国人共事，69.4%的受访者愿意中国人生活在该国家。总的来说，绝大多数的受访者对中国人是持友好态度的。

在韩国，最亲近的人际关系和最不友好的态度选择的比例较少。愿意中国人成为自己的亲密朋友的人所占比重最大，为74.5%；分别有67.2%、66.1%和66.9%的受访者愿意和中国人做邻居或在同一行业共事或让中国人生活在韩国。总的来说，绝大多数的受访者对中国人是持友好态度的。

在越南，最亲近的人际关系和最不友好的态度选择的比例相对较少。愿意与中国人在同一行业共事的人所占比重最大，为81.2%；愿意与中国人做邻居、让中国人生活在该国以及成为亲密朋友的均超过70%。总的来说，绝大多数的受访者对中国人持友好态度。

在印尼，愿意中国人成为自己亲密朋友的比例最大，为97.2%；认为中国人应被驱逐出境的比例最小，为19.3%；93.6%的受访者愿意中国人生活在印尼；83.1%的受访者认同中国人只能作为访问者停留在印尼。总的来说，绝大多数的受访者对中国人持友好态度。

表 12-18　四国受访者对中国人的亲近比例

单位:%

| 心理距离 | 日本 | 韩国 | 越南 | 印尼 | 四国平均 |
|---|---|---|---|---|---|
| 同您的子女结婚 | 33.1 | 16.8 | 43.3 | 72.8 | 41.5 |
| 作为您亲密的朋友 | 76.1 | 74.5 | 74.5 | 97.2 | 80.6 |
| 做您的邻居 | 61.9 | 67.2 | 79.5 | 94.9 | 75.9 |
| 与您在同一行业共事 | 71.8 | 66.1 | 81.2 | 91.7 | 77.7 |
| 生活在您的国家 | 69.4 | 66.9 | 78.8 | 93.6 | 77.2 |
| 只能作为访问者停留在您的国家 | 76.7 | 38.4 | 70.3 | 83.1 | 67.1 |
| 被驱逐出境 | 17.3 | 9.0 | 25.5 | 19.3 | 17.8 |

(四) 受访者与中国人的接触

与中国人直接接触,最主要的渠道有两种:一是拥有中国朋友,二是来过中国。

没有中国朋友的受访者比例从高到低为:日本（72.2%）、韩国（64.1%）、越南（34.4%）、印尼（16.3%）。见表12-19。

没有来过中国的受访者比例从高到低为:日本（74.8%）、越南（72.8%）、印尼（71.7%）、韩国（68.1%）。见表12-20。

表 12-19　四国受访者拥有中国朋友或熟人情况

单位:%

|  | 0人 | 1—5人 | 6—10人 | 11—20人 | 21—30人 | 31人及以上 | 有朋友总计 |
|---|---|---|---|---|---|---|---|
| 日本 | 72.2 | 23.8 | 3.2 | 0.4 | 0.2 | 0.3 | 27.8 |
| 韩国 | 64.1 | 30.9 | 4.1 | 0.1 | 0.1 | 0.8 | 35.9 |
| 越南 | 34.4 | 52.8 | 8.1 | 2.3 | 0.6 | 1.9 | 65.6 |
| 印尼 | 16.3 | 34.7 | 22.1 | 10.6 | 2.8 | 13.5 | 83.7 |
| 平均 | 46.8 | 35.6 | 9.4 | 3.4 | 0.9 | 4.1 |  |

表 12-20 到目前为止，您去过几次中国？

单位:%

|  | 0 次 | 1 次 | 2 次及以上 | | | 来过中国总计 |
| --- | --- | --- | --- | --- | --- | --- |
|  |  |  | 2—5 次 | 6—10 次 | 11 次及以上 |  |
| 日本 | 74.8 | 9.9 | 10.9 | 1.9 | 2.4 | 25.2 |
| 韩国 | 68.1 | 14.5 | 13.3 | 2.0 | 2.1 | 31.9 |
| 越南 | 72.8 | 10.0 | 14.8 | 1.3 | 1.3 | 27.2 |
| 印尼 | 71.7 | 7.9 | 15.6 | 4.3 | 0.5 | 28.3 |
| 平均 | 71.9 | 10.6 | 13.6 | 2.4 | 1.7 | 28.2 |

总之，四国受访者对中国民众的认知和心理距离如下：

日本受访者认为中国人在持有中华核心价值观上体现的中国形象很差，远不如自己。大体上对中国人态度友好，有76.1%的受访者愿意将中国人成为自己的亲密朋友；有27.8%的受访者有中国朋友；有约25.2%的受访者来过中国。

韩国受访者认为中国人在持有中华核心价值观上体现的中国形象差，远不如自己。大体上对中国人态度友好，有74.5%的受访者愿意将中国人作为自己的亲密朋友；有35.9%的受访者有中国朋友；有约31.9%的受访者来过中国。

越南受访者认为中国人在持有中华核心价值观上体现的中国形象同自己有点差距，不如自己。大体上对中国人态度友好，有74.5%的受访者愿意将中国人作为自己的亲密朋友；有65.6%的受访者有中国朋友；有约27.2%的受访者来过中国。

印尼受访者认为中国人在持有中华核心价值观上体现的中国形象同自己差不多。大体上对中国人态度友好，有97.2%的受访者愿意将中国人作为自己的亲密朋友；有83.7%的受访者有中国朋友；有28.3%的受访者来过中国。

## 三、对中国名人的知名度和美誉度

### (一) 知名度

1. 整体情况

四国的数据横向比较显示（表12-21）：

18位中国名人中，各国平均排在前五位的是：成龙（98.9%）、毛泽东（91.2%）、孔子（89.6%）、章子怡（86.9%）、老子（86.3%）。排名最低的是袁隆平（40.9%）。

四国对18位中国名人中平均知名度由高至低为：越南（79.0%）、印尼（76.0%）、韩国（64.1%）、日本（51.4%）。

2. 各国具体情况

日本知名度排在前三位的是成龙、毛泽东和孔子。排在倒数第一到第三的是袁隆平、杨利伟、李嘉诚。

韩国知名度排在前三位的是成龙、孔子、章子怡。排在倒数第一到第三的是袁隆平、宋祖英、李嘉诚。

越南知名度排在前三位的是成龙、老子、孔子。排在倒数第一到第三的是袁隆平、郎朗、宋祖英。

印尼知名度排在前三位的是成龙、章子怡、姚明[①]。排在倒数第一到第三的是袁隆平、罗贯中、张仲景。

表12-21 四国受访者对中国名人的知名度（%）

|      | 日本 | 韩国 | 越南 | 印尼 | 四国平均 | |
| --- | --- | --- | --- | --- | --- | --- |
|      | 知名度 | 知名度 | 知名度 | 知名度 | 知名度 | 排名 |
| 成龙 | 97.5 | 99.2 | 99.3 | 99.4 | 98.9 | 1 |
| 毛泽东 | 90.4 | 94.8 | 96.7 | 82.7 | 91.2 | 2 |
| 孔子 | 88.2 | 97.7 | 98.2 | 74.4 | 89.6 | 3 |
| 章子怡 | 66.9 | 96.4 | 95.5 | 88.6 | 86.9 | 4 |

---

① 在印尼问卷的数据中，姚明与林丹数据相同。

续表

|  | 日本 | 韩国 | 越南 | 印尼 | 四国平均 | |
|---|---|---|---|---|---|---|
|  | 知名度 | 知名度 | 知名度 | 知名度 | 知名度 | 排名 |
| 老子 | 80.0 | 95.8 | 98.2 | 71.3 | 86.3 | 5 |
| 邓小平 | 79.1 | 89.1 | 90.3 | 77.4 | 84.0 | 6 |
| 李白 | 78.9 | 75.4 | 97.2 | 70.4 | 80.5 | 7 |
| 孙中山 | 78.3 | 51.2 | 95.7 | 79.5 | 76.2 | 8 |
| 姚明 | 38.9 | 77.1 | 75.7 | 86.3 | 69.5 | 9 |
| 罗贯中 | 27.2 | 59.1 | 85.4 | 68.0 | 59.9 | 10 |
| 梅兰芳 | 34.4 | 57.8 | 58.4 | 72.0 | 55.7 | 11 |
| 莫言 | 32.6 | 41.9 | 69.7 | 70.2 | 53.6 | 12 |
| 张仲景 | 25.3 | 41.4 | 64.1 | 70.0 | 50.2 | 13 |
| 杨利伟 | 19.2 | 40.9 | 66.5 | 72.1 | 49.7 | 14 |
| 郎朗 | 27.0 | 44.0 | 55.9 | 71.7 | 49.7 | 14 |
| 李嘉诚 | 20.3 | 34.9 | 64.2 | 70.7 | 47.5 | 16 |
| 宋祖英 | 23.8 | 32.0 | 56.4 | 76.7 | 47.2 | 17 |
| 袁隆平 | 17.4 | 25.8 | 53.8 | 66.6 | 40.9 | 18 |
| 本国平均 | 51.4 | 64.1 | 79.0 | 76.0 |  |  |

## (二) 美誉度

以5级量表（1很不喜欢，2不喜欢，3中立，4喜欢，5很喜欢）调查了中国名人的美誉度。

1. 整体情况

四国的数据横向比较显示（表12-22）：

18位中国名人中，各国整体数据平均美誉度排在前五位的是：成龙（4.17）、章子怡（3.74）、孔子（3.68）、李白（3.53）、老子（3.53）。排在中立值3以下的有两位：毛泽东、邓小平。

四国对18位名人中平均美誉度由高至低为：印尼（3.7），处于中立和喜欢之间，倾向于喜欢；越南（3.5）处于中立和喜欢之间；日本（3.0）持中立态度；韩国（2.9）基本持中立态度。

## 2. 各国具体情况

日本受访者喜欢的名人中成龙、章子怡和孔子排名前三。受访者对古代哲学家老子、古代诗人李白、古代文学家罗贯中、古代医学家张仲景也持正面态度。对艺术家梅兰芳、宋祖英及郎朗持中立态度，另有8位名人得分在3.0以下，喜好度最低的两位是政治家毛泽东和邓小平。

韩国受访者喜欢的名人中成龙、章子怡和孔子排名前三，对老子、李白和罗贯中也基本持喜好态度，对另外12位名人持负面态度。排在倒数第一到第三位的是毛泽东、袁隆平、李嘉诚。

越南排在前三位的是成龙、孔子和李白。得分在3.53以上的共7名，得分在3.5到3.0有10名。3.0以下的有1名（邓小平）。

印尼排在前三位的是成龙、章子怡、姚明。得分在3.54以上的共16名，得分在3.5到3.0有2名，他们是邓小平（3.38）和毛泽东（3.36），处于中立和喜欢之间。

表12-22　四国受访者对中国名人美誉度（5级量表）

|  | 日本 | 韩国 | 越南 | 印尼 | 四国平均 | |
|---|---|---|---|---|---|---|
|  | 美誉度 | 美誉度 | 美誉度 | 美誉度 | 美誉度 | 排名 |
| 成龙 | 3.57 | 4.04 | 4.51 | 4.57 | 4.17 | 1 |
| 章子怡 | 3.48 | 3.5 | 3.82 | 4.14 | 3.74 | 2 |
| 孔子 | 3.44 | 3.41 | 4.15 | 3.70 | 3.68 | 3 |
| 老子 | 3.36 | 3.30 | 3.79 | 3.67 | 3.53 | 4 |
| 李白 | 3.36 | 3.13 | 4.06 | 3.55 | 3.53 | 4 |
| 罗贯中 | 3.13 | 3.07 | 3.77 | 3.54 | 3.38 | 6 |
| 张仲景 | 3.08 | 2.68 | 3.48 | 3.74 | 3.25 | 7 |
| 姚明 | 2.87 | 2.83 | 3.26 | 3.95 | 3.23 | 8 |
| 孙中山 | 2.96 | 2.60 | 3.58 | 3.56 | 3.18 | 9 |
| 宋祖英 | 3.0 | 2.61 | 3.18 | 3.86 | 3.16 | 10 |
| 郎朗 | 3.0 | 2.74 | 3.09 | 3.64 | 3.12 | 11 |
| 梅兰芳 | 3.0 | 2.79 | 3.10 | 3.55 | 3.11 | 12 |
| 莫言 | 2.93 | 2.66 | 3.29 | 3.54 | 3.11 | 12 |

续表

|  | 日本 | 韩国 | 越南 | 印尼 | 四国平均 | |
|---|---|---|---|---|---|---|
|  | 美誉度 | 美誉度 | 美誉度 | 美誉度 | 美誉度 | 排名 |
| 杨利伟 | 2.77 | 2.65 | 3.28 | 3.69 | 3.10 | 14 |
| 李嘉诚 | 2.71 | 2.53 | 3.32 | 3.56 | 3.03 | 15 |
| 袁隆平 | 2.82 | 2.46 | 3.11 | 3.55 | 2.99 | 16 |
| 邓小平 | 2.34 | 2.56 | 2.95 | 3.38 | 2.81 | 17 |
| 毛泽东 | 2.18 | 2.43 | 3.23 | 3.36 | 2.80 | 18 |
| 平均 | 3.0 | 2.9 | 3.5 | 3.7 |  |  |

### (三) 知名度与美誉度对比

相关数据见表12-23和12-24。

#### 1. 总体情况

四国平均，知名度和美誉度都列在前五名的有四位，排名依次为：成龙、孔子、章子怡、老子。成龙是四国受访者知名度和美誉度都最高的中国名人。章子怡在四国的知名度均超过66.9%，美誉度均在前四名之内。影视明星知名度和美誉度均高的特点十分突出。孔子和老子在日、韩、越知名度和美誉度分别位居第三和第四名之内，在印尼处于中间偏上的位置，说明中国的传统思想在四国有不小的影响力。

以知名度排名与美誉度排名之差正负4为标准，知名度与美誉度对比有高于、低于和持平三种情况：

（1）知名度高（低），美誉度也高（低）。成龙知名度高，美誉度也高。当代科学家袁隆平在四国的知名度低，美誉度也低，均列在末尾，这一特点十分突出。知名度与美誉度持平，四国平均这类情况占65%左右，但各国情况不同。韩国的比例最高，日本的最低。

（2）知名度高，美誉度低。当代政治家毛泽东、邓小平和孙中山在四国的知名度明显高于美誉度，美誉度排在末尾，这一特点十分突出。四国平均，知名度排名高于美誉度排名的第一到第三名是毛泽东、邓小平和孙中山，这种状况与在美国、德国、俄罗斯和印度的情况相同。应采取对策改变这种状况。

（3）知名度低，美誉度高。例如张仲景知名度排名很低，但美誉度排名较高。四国平均，知名度排名低于美誉度排名的前三名是张仲景、宋祖英和袁隆平。这种现象多出现在艺术家和科学家身上。

2. 各国情况

在日本，成龙的知名度和美誉度都排名第一。知名度排名与美誉度排名基本持平的有9位：袁隆平、杨利伟、李嘉诚、李白、莫言、梅兰芳、老子、孔子、姚明。知名度排名明显高于美誉度排名的有2个：毛泽东、邓小平，他们的美誉度排在最后两名，处于"听说过，但是对他没有感觉"与"听说过，但是不喜欢他"之间，倾向于"听说过，但是不喜欢他"。美誉度明显高于知名度的有5位：张仲景、宋祖英、罗贯中、章子怡、郎朗。

在韩国，成龙的知名度和美誉度都排名第一。知名度排名明显高于美誉度排名的有2个：毛泽东、邓小平的美誉度排在最后两名，处于"听说过，但是对他没有感觉"与"听说过，但是不喜欢他"之间。美誉度明显高于知名度的没有。其余的15人知名度排名与美誉度排名基本持平。

在越南，成龙的知名度和美誉度都排名第一。知名度排名明显高于美誉度排名的有2个：毛泽东的知名度排名第5、美誉度排名第13，处于"听说过，但是对他没有感觉"与"听说过，较喜欢他"之间，倾向中立；邓小平知名度排名第8、美誉度排名第18（倒数第一），持"听说过，但是对他没有感觉"的态度。美誉度明显高于知名度的有1位：张仲景。其余14人知名度排名与美誉度排名基本持平。

在印尼，成龙的知名度和美誉度都排名第一。知名度排名明显高于美誉度排名的有3位：老子、毛泽东和邓小平，毛泽东的知名度排名第5、美誉度排名第18（倒数第一），邓小平知名度排名第7、美誉度排名第17。均处于"听说过，但是对他没有感觉"与"听说过，较喜欢他"之间。美誉度明显高于知名度的有2位：张仲景、袁隆平。其余12人知名度排名与美誉度排名基本持平。

表 12-23　四国受访者对中国名人知名度（%）和美誉度（5 级量表）

| 中国名人 | 日本 | | 韩国 | | 越南 | | 印尼 | | 四国平均 | |
|---|---|---|---|---|---|---|---|---|---|---|
| | 知名度 | 美誉度 | 知名度 | 美誉度 | 知名度 | 美誉度 | 知名度 | 美誉度 | 知名度 | 美誉度 |
| 成龙 | 97.5 | 3.57 | 99.2 | 4.04 | 99.3 | 4.51 | 99.4 | 4.57 | 98.9 | 4.17 |
| 章子怡 | 66.9 | 3.48 | 96.4 | 3.5 | 95.5 | 3.82 | 88.6 | 4.14 | 86.9 | 3.74 |
| 姚明 | 38.9 | 2.87 | 77.1 | 2.83 | 75.7 | 3.26 | 86.3 | 3.95 | 69.5 | 3.23 |
| 莫言 | 32.6 | 2.93 | 41.9 | 2.66 | 69.7 | 3.29 | 70.2 | 3.54 | 53.6 | 3.11 |
| 郎朗 | 27.0 | 3.00 | 44.0 | 2.74 | 55.9 | 3.09 | 71.7 | 3.64 | 49.7 | 3.12 |
| 宋祖英 | 23.8 | 3.00 | 32.0 | 2.61 | 56.3 | 3.10 | 76.7 | 3.86 | 47.2 | 3.16 |
| 梅兰芳 | 34.4 | 3.00 | 57.8 | 2.79 | 58.4 | 3.10 | 72.0 | 3.55 | 55.7 | 3.11 |
| 李白 | 78.9 | 3.36 | 75.4 | 3.13 | 97.2 | 4.06 | 70.4 | 3.55 | 80.5 | 3.53 |
| 罗贯中 | 27.2 | 3.13 | 59.1 | 3.07 | 85.4 | 3.77 | 68.0 | 3.54 | 59.9 | 3.38 |
| 张仲景 | 25.3 | 3.08 | 41.4 | 2.68 | 64.1 | 3.48 | 70.0 | 3.74 | 50.2 | 3.25 |
| 袁隆平 | 17.4 | 2.82 | 25.8 | 2.46 | 53.8 | 3.11 | 66.6 | 3.55 | 40.9 | 2.99 |
| 杨利伟 | 19.2 | 2.77 | 40.9 | 2.65 | 66.5 | 3.28 | 72.1 | 3.69 | 49.7 | 3.10 |
| 孔子 | 88.2 | 3.44 | 97.7 | 3.41 | 98.2 | 4.15 | 74.4 | 3.70 | 89.6 | 3.68 |
| 老子 | 80.0 | 3.36 | 95.8 | 3.30 | 83.7 | 3.79 | 71.3 | 3.67 | 86.3 | 3.53 |
| 毛泽东 | 90.4 | 2.18 | 94.8 | 2.43 | 96.7 | 3.23 | 82.7 | 3.36 | 91.2 | 2.80 |
| 邓小平 | 79.1 | 2.34 | 89.1 | 2.56 | 90.3 | 2.95 | 77.4 | 3.38 | 84.0 | 2.81 |
| 孙中山 | 78.3 | 2.96 | 51.2 | 2.60 | 95.7 | 3.58 | 79.5 | 3.56 | 76.2 | 3.18 |
| 李嘉诚 | 20.3 | 2.71 | 34.9 | 2.53 | 64.3 | 3.32 | 70.7 | 3.56 | 47.5 | 3.03 |
| 平均 | 51.4 | 3.00 | 64.1 | 2.90 | 79.0 | 3.50 | 76.0 | 3.70 | | |

表 12-24　中国名人知名度排名和美誉度排名差距比较（差距=知名度-美誉度）

| 中国名人 | 日本 | | | 韩国 | | | 越南 | | | 印尼 | | | 四国平均 | |
|---|---|---|---|---|---|---|---|---|---|---|---|---|---|---|
| | 知名度 | 美誉度 | 差距 | 知名度 | 美誉度 | 差距 | 知名度 | 美誉度 | 差距 | 知名度 | 美誉度 | 差距 | 差距 | 排名 |
| 张仲景 | 14 | 7 | 7 | 14 | 10 | 4 | 14 | 8 | 6 | 17 | 5 | 12 | 7.3 | 1 |
| 宋祖英 | 15 | 8 | 7 | 17 | 13 | 4 | 16 | 14 | 2 | 8 | 4 | 4 | 4.3 | 2 |
| 袁隆平 | 18 | 14 | 4 | 18 | 17 | 1 | 18 | 15 | 3 | 19 | 13 | 6 | 4.0 | 3 |
| 罗贯中 | 12 | 6 | 6 | 9 | 6 | 3 | 9 | 6 | 3 | 18 | 16 | 2 | 3.5 | 4 |

续表

| 中国名人 | 日本 | | | 韩国 | | | 越南 | | | 印尼 | | | 四国平均 | |
|---|---|---|---|---|---|---|---|---|---|---|---|---|---|---|
| | 知名度 | 美誉度 | 差距 | 知名度 | 美誉度 | 差距 | 知名度 | 美誉度 | 差距 | 知名度 | 美誉度 | 差距 | 差距 | 排名 |
| 章子怡 | 8 | 2 | 6 | 3 | 2 | 1 | 7 | 4 | 3 | 3 | 2 | 1 | 2.8 | 5 |
| 杨利伟 | 17 | 15 | 2 | 15 | 12 | 3 | 12 | 11 | 1 | 10 | 7 | 3 | 2.8 | 5 |
| 郎朗 | 13 | 8 | 5 | 12 | 9 | 3 | 17 | 17 | 0 | 12 | 9 | 3 | 2.5 | 7 |
| 李嘉诚 | 16 | 16 | 0 | 16 | 16 | 0 | 13 | 9 | 4 | 14 | 11 | 3 | 2.3 | 8 |
| 李白 | 6 | 4 | 4 | 8 | 5 | 3 | 4 | 3 | 1 | 15 | 14 | 1 | 1.5 | 9 |
| 莫言 | 11 | 12 | −1 | 13 | 11 | 2 | 11 | 10 | 1 | 16 | 15 | 1 | −1.25 | 10 |
| 梅兰芳 | 10 | 8 | 2 | 10 | 8 | 2 | 15 | 16 | −1 | 11 | 12 | −1 | 0.5 | 11 |
| 老子 | 4 | 4 | 0 | 4 | 4 | 0 | 3 | 5 | −2 | 13 | 8 | 5 | 0.5 | 11 |
| 孔子 | 3 | 3 | 0 | 2 | 3 | −1 | 2 | 2 | 0 | 9 | 6 | 3 | 0.5 | 13 |
| 成龙 | 1 | 1 | 0 | 1 | 1 | 0 | 1 | 1 | 0 | 1 | 1 | 0 | 0.0 | 14 |
| 姚明 | 9 | 13 | −4 | 7 | 7 | 0 | 10 | 12 | −2 | 4 | 3 | 1 | −0.5 | 15 |
| 孙中山 | 7 | 11 | −4 | 11 | 14 | −3 | 6 | 7 | −1 | 6 | 10 | −4 | −2.5 | 16 |
| 邓小平 | 5 | 17 | −12 | 6 | 15 | −9 | 8 | 18 | −10 | 7 | 17 | −10 | −9.8 | 17 |
| 毛泽东 | 2 | 18 | −16 | 5 | 18 | −13 | 5 | 13 | −8 | 5 | 18 | −13 | −12.0 | 18 |

### （四）名人著作的阅读情况

相关数据见表12-25。

1. 总体情况

在列出的八种名人的著作中，《论语》在四国的知名度和阅读率均名列第一或第二。《三国演义》在日、韩、越的知名度和阅读率均名列前三名之内。总体上，八本著作在四国平均知名度由高至低为：越南（69.7%）、印尼（58.6%）、韩国（54.3%）、日本（40.7%）。八本著作在四国的平均阅读率由高至低为：越南（32.7%）、印尼（32.7%），韩国（22.1%），日本（9.5%）。见表12-26。

2. 各国情况

中国名人著作在日本受访者中的知名度良好，最高的是《论语》

（87.1%），阅读率也最高（29.4%）；知名度位居第二的是《道德经》，其阅读率与《三国演义》并列第二（14.5%）。

韩国受访者对《论语》几乎人人皆知，知名度高达96.2%，但阅读率位居第二（39.6%）；阅读率最高的是《三国演义》（48.3%），其知晓率排在第三（61.0%）；知名度位居第二的是《道德经》，其阅读率排在第三（30.5%）。

中国名人著作在越南受访者中知名度良好，知名度最高的是罗贯中的《三国演义》，其次是孔子的《论语》，即使排在最后一名的莫言的小说，也有55.4%的知晓率。《三国演义》的阅读率最高。

在印尼，中国名人著作中知名度最高的是孙中山的《三民主义》，其次是《论语》。《论语》的阅读率最高。受访者回答的知晓率和阅读率的准确性令人质疑，因为排在最后一名的《伤寒杂病论》也有52.7%的知晓率，这个比例过高，在中国也远达不到这个比例，何况是在印尼。

表12-25 中国名人著作的知名度与知道该书者的阅读率

单位：%

| 名人著作 | 日本 | | 韩国 | | 越南 | | 印尼 | | | |
|---|---|---|---|---|---|---|---|---|---|---|
| | 知晓 | 阅读 | 知晓 | 阅读 | 知晓 | 阅读 | 知晓 | 阅读 | 知晓 | 阅读 |
| 《论语》 | 87.1 | 29.4 | 96.2 | 39.6 | 78.3 | 41.0 | 64.6 | 45.8 | 81.6 | 39.0 |
| 《道德经》 | 63.0 | 14.5 | 87.3 | 30.5 | 75.5 | 33.0 | 59.2 | 34.0 | 71.3 | 28.0 |
| 《三国演义》 | 46.8 | 14.5 | 61.0 | 48.3 | 92.3 | 75.2 | 55.7 | 28.1 | 64.0 | 41.5 |
| 《三民主义》 | 37.0 | 5.8 | 41.6 | 13.0 | 78.2 | 36.9 | 64.9 | 40.7 | 55.4 | 24.1 |
| 《毛泽东选集》 | 32.2 | 3.8 | 43.6 | 13.5 | 63.1 | 19.7 | 57.7 | 30.2 | 49.2 | 16.8 |
| 《邓小平文选》 | 24.8 | 3.3 | 39.1 | 11.3 | 58.3 | 18.0 | 57.3 | 27.5 | 44.9 | 15.0 |
| 《蛙》 | 17.4 | 2.4 | 30.0 | 12.2 | 55.4 | 20.5 | 56.6 | 30.8 | 39.9 | 16.5 |
| 《伤寒杂病论》 | 17.1 | 2.4 | 35.8 | 9.1 | 56.1 | 17.5 | 52.7 | 24.8 | 40.4 | 13.5 |
| 平均 | 40.7 | 9.5 | 54.3 | 22.1 | 69.7 | 32.7 | 58.6 | 32.7 | 55.8 | 24.3 |

## 第三节 调查后的思考

### 一、采取措施提高公民素质，改进中国民众在海外形象

本章关于八国受访者对中国民众是否赞同中华核心价值观的调查显示，中国民众的文明素质不高。2013 年在日本、韩国、越南、印尼关于中国整体形象的调查中，喜欢中国的八个因素里，倒数第一是"公民素质"（22.7%），在被喜欢的五国中排名倒数第一，比五国的平均值 38.2% 低了 15.5%（见本书第 16 章）。尚没有形成中国是"礼仪之邦"的印象。这进一步印证了在一些国家民众的眼中，中国公民素质不高。在问卷调查后的访谈中，受访者普遍反映，现在中国是世界出国旅游大国，中国游客在海外形象不佳，表现在公共场所大声喧哗、乱丢垃圾、抢购商品、乱刻乱画、损害和顺走景区公共物件，违反当地的风俗习惯等不雅行为，给外国民众留下了不文明的印象，认为这就是中国文化。这些中国民众的负面形象经过当地媒体报道，放大影响了中国民众的负面形象。2014 年中国内地公民出境游突破 1 亿人次，他们是传递中华文化的使者，但众多文明程度不高的中国游客活生生地展现在外国民众的面前之后，他们很难对中国民众整体有好的想象，这无疑影响了外国受访者对中国民众的评价。一个国家的民众在海外的形象不好，很难在外国民众心目中产生文化软实力。针对目前中国人形象差的状况，中国相关部门宜采取相应措施，提高全民的文明素质。特别是对国际旅行社和出国旅游的人员采取相应的措施，改进旅行社的工作，提高出国旅游人员的文化自觉。在进行教育的同时，加大实施出境游客"黑名单"做法的力度，甚至可以考虑增加相关的立法。用多种有效方法改进中国出境游人员的文明素质，以期增进外国大众心目中的中国人良好形象。

### 二、充分利用影视等名人的作用

充分利用影视、体育和文艺界明星的知名度和美誉度，将其作为传播中国形象和中国文化的使者，在中国形象宣传等方面利用其明星效应。在访谈中，一位在华公司工作人员说："范冰冰曾经在日本的电视上或广告上出现

过,那个时候我们很惊讶,中国还有这么漂亮的明星呀!通过这些名人来进行宣传可能会更有效果。"一位多年从事中越文化交流工作的中国官员说:"把越南人喜欢的影视明星适时请到越南影响力会很大。"2002年赵薇两次去过越南。当2013年4月访谈一位在北京师范大学的越南留学生时问他:"一提到中国,首先想到什么?"回答是:"还珠格格,中国京剧,万里长城。"可见影视明星的宣传效果。中国宜有长期规划,有意地培养这方面人才,他们能在海外传递中华核心价值观,而不是西方的价值观。当前,应充分发挥成龙的作用。在两次调查中,成龙的知名度和美誉度均为第一,应采取相应措施,充分发挥他在传播中华文化的民间大使作用。

### 三、进一步通过孔子和老子传播中国核心价值观

孔子和老子作为中国传统文化的符号,目前在八国民众中的知名度和美誉度都较高。中国对外传播中应充分发挥其名人效应。世界上一些有识之士认为,包括儒家思想在内的中国优秀传统文化中蕴藏着解决当代人类面临的难题的重要启示,宜予以继承和发展。继承,是沿用其核心价值观基本概念;发展,是厘正缺失,吸收其他文明的有益成分,与时俱进。例如,对"孝"的发展,取消绝对服从的愚孝,提倡人格平等基础上的父慈子孝,敬老慈幼。取消建立在等级观念基础上的"绝对服从的愚孝"是厘正,人格平等是吸收了西方"平等"的价值理念,在这个基础上的具有新内涵的"孝",适应了21世纪发展的需要,是对"孝"这个中华核心价值观的继承和发展。因而,继承和发展孔子和老子思想的精华,向全球传播他们倡导的中华文化核心价值观是中国对外文化交流的一个重要方面。

### 四、改进关于中国政治领袖的对外宣传

缔造新中国的伟大领袖人物在海外知名度很高,但美誉度不高。在2011年对美国、德国、印度、俄罗斯的调研和2013年对日本、韩国、越南、印尼的调研中都存在这个问题。对于这一问题,中国高层应认真对待,采取切实可行的中长期的对策和措施,扭转这种局面。并非政治领导人都是知名度高、美誉度不高,例如美国的华盛顿和林肯。在对外宣传新中国的领袖时,不宜只强调政治内涵,可利用电影的形式,着力发掘和宣传他们身上

具有的共享性中华核心价值观的一面，提升政治人物的形象。例如，2015年12月屠呦呦在瑞典发表诺贝尔奖获奖感言时说："感谢完父亲，我想感谢中国的一位伟人——毛泽东。这位伟大的政治家、思想家、军事家、诗人十分重视民族文化遗产，他把中医摆在中国对世界的'三大贡献'之首，并且强调'中国医药学是一个伟大的宝库，应当努力发掘、加以提高'。"这就是一个很好的案例。此外，当今中国在任的党和国家领导人在出访外国的时候，可以找一个时间段，到电视台与观众互动，增加外国民众对中国特别是对中国政治家的了解，在国际上树立中国政治家的亲民形象，也有助于改变外国民众对中国政治家的偏见。

### 五、加大介绍中国科技精英的力度

科学技术人员对科学的贡献会造福全人类，可以得到全人类的尊敬。例如英国的牛顿、美国的富克兰林和爱迪生、法国的居里夫妇、瑞典的诺贝尔都是如此。两次调查结果显示，中国科技界名人在海外知名度低，中国应加大介绍中国科技精英的力度。例如，可以在全球推举出中华医药方面的代表人物，以丰富中国人的形象。具体来说，可以在张仲景、孙思邈、李时珍中选择一个，作为中华医药的代表。特别是在屠呦呦获得诺贝尔奖之后，中华医药更应有个人物作为中华医药的符号。

# 第十三章

# 对中国经济发展的看法

新时期中国文化国际影响力评估"既要见树木，又要见森林"，就是说不仅要评估受访者对中国文化的认知和态度，而且要评估其对中国改革开放以来的经济、政治、外交、中国整体国家形象的认知或态度。本章为八国民众对中国经济发展的看法。政治、外交、中国整体国家形象在后面各章中讨论。

## 第一节 美国、德国、俄罗斯、印度的看法

### 一、问卷设计

#### （一）设计思路

对改革开放以来中国发展道路的认知和评价同对中国的看法密切相关。中国沿着具有中国特色社会主义的和平发展道路，在经济和社会发展方面取得了世界瞩目的成就，GDP 在世界排名由 1978 年的第 15 位上升到 2010 年的第 2 位。外国民众对这一情况是否了解？如何评价？问卷（Ⅱ）调查了美国、德国、俄罗斯、印度受访者这方面的问题。

## （二）问卷内容

（Ⅱ）V8. 您对近三十年来中国的社会和经济发展了解吗？
1. 了解　　　2. 不了解

（Ⅱ）V8-1. 若了解，总体而言您对近三十年多来中国社会和经济发展道路如何评价？
1. 非常欣赏　　2. 较欣赏　　　3. 中立　　　4. 较不欣赏
5. 非常不欣赏

## 二、对三十年来中国经济发展的认知

### （一）各国情况

相关数据见表13-1。

在美国，了解中国发展的受访问者占36.8%，大多数人（63.2%）不了解中国的发展。从年龄段上看，16—30岁、31—45岁、46—60岁、61—75岁不了解的分别为：64.9%、62.6%、61.7%、50.0%。从重点人群上看，青年中的69.0%、精英中的52.7%不了解中国的发展。

在德国，了解中国发展的受访问者占42.1%，多数受访问者（57.9%）不了解中国的发展。16—30岁、31—45岁、46—60岁、61—75岁不了解的分别为：52.8%、64.9%、57.5%、47.6%。31—45岁不了解者最多。从重点人群上看，青年中的53.9%、精英中的42.9%不了解中国的发展。

在俄罗斯，了解中国发展的受访问者占55.1%，44.9%的受访问者不了解中国的发展。16—30岁、31—45岁、46—60岁、61—75岁不了解的分别为：53.6%、38.8%、27.8%、22.2%。不了解的情况在年龄段上呈递减趋势，年轻人多数不了解中国的发展变化。从重点人群上看，青年中的59.5%、精英中的30.1%不了解中国的发展。

在印度，了解中国发展的占60.1%，不了解的占39.9%。16—30岁、31—45岁、46—60岁、61—75岁不了解的分别为：53.9%、26.3%、29.1%、25.0%。16—30岁的不了解比例高出其他年龄段近1倍。青年中的57.8%、精英中的28.8%不了解中国的发展。

## （二）四国比较

60.1%的印度受访者了解中国的发展，高于其他三国，这很可能与受访者中40.4%的有硕士或博士学位有关。美国、俄罗斯、印度三国中16—30岁的人群不了解中国发展情况比例最高，俄罗斯尤其突出。四国平均，只有48.5%的受访者对近三十年来中国的社会和经济发展了解，51.5%的受访者不了解。

表13-1　四国受访者对近三十年来中国的社会和经济发展了解情况

单位：%

|  | 美国 | 德国 | 俄罗斯 | 印度 | 四国平均 |
|---|---|---|---|---|---|
| 了解 | 36.8 | 42.1 | 55.1 | 60.1 | 48.5 |
| 不了解 | 63.2 | 57.9 | 44.9 | 39.9 | 51.5 |

## 三、对三十年来中国经济发展的评价

首先看那些了解中国发展者回答"对近三十年来中国社会和经济的发展道路如何评价？"各选项（选项为：非常不欣赏、较不欣赏、中立、较欣赏、非常欣赏）的比例情况，去除回答不知道者，将回答"非常不欣赏"赋值为1，"非常欣赏"赋值为5，以此类推，计算出表态的受访者对改革开放三十多年来中国社会和经济发展评价的均值，均值越接近5，说明其评价越高。

### （一）各国情况

四国受访者对近三十年来中国社会和经济发展道路的评价见表13-2。

表13-2　若了解，四国受访者对近三十年来中国社会和经济发展道路的评价

单位：%

|  | 美国 | 德国 | 俄罗斯 | 印度 | 四国平均 |
|---|---|---|---|---|---|
| 非常不欣赏 | 1.8 | 0.8 | 0.2 | 0 | 0.7 |
| 较不欣赏 | 7.0 | 7.6 | 0.9 | 4.9 | 5.1 |
| 中立 | 33.8 | 31.4 | 21.2 | 36.3 | 30.7 |
| 欣赏 | 41.0 | 48.6 | 51.8 | 53.0 | 48.6 |
| 非常欣赏 | 16.4 | 11.6 | 26.0 | 5.9 | 15.0 |

美国受访者中非常欣赏的占 16.4%，欣赏的占 41.0%，两者相加为 57.4%。均值为 3.64，介于"较为欣赏"与"中立"之间，倾向较为欣赏。大多数受访者持欣赏态度。整体、青年、精英非常欣赏的分别占 16.4%、16.9%、11.4%，欣赏的分别占 41.0%、45.1%、47.7%，两者相加分别为 57.4%、62.0%、59.1%。均值分别为 3.64、3.71、3.65，均介于"较为欣赏"与"中立"之间，倾向较为欣赏。整体、青年、精英欣赏程度相差不大，排序先后为：青年、精英、整体。

德国受访者中非常欣赏的占 11.6%，欣赏的占 48.6%，两者相加为 60.2%。整体、青年、精英非常欣赏的分别占 11.6%、14.5%、9.6%，欣赏的分别占 48.6%、41.1%、51.9%，两者相加分别为 60.2%、55.6%、61.5%。平均值分别为 3.63、3.60、3.54，均介于"较为欣赏"与"中立"之间，在欣赏程度上，整体第一，青年其次，精英最后。

俄罗斯受访者中非常欣赏的占 26.0%，欣赏的占 51.8%，两者相加为 77.8%。整体、青年、精英非常欣赏的分别占 26.0%、13.3%、34.5%，欣赏的分别占 51.8%、53.3%、40.5%，两者相加分别为 71.8%、66.6%、75.0%。均值分别为 4.02、3.80、4.09，在欣赏程度上精英第一，整体其次，青年最后。前两者处于非常欣赏和欣赏之间，很倾向欣赏；青年介于"较为欣赏"与"中立"之间，倾向较为欣赏。

印度受访者中非常欣赏的占 5.9%，欣赏的占 53.0%，两者相加为 58.9%。非常不欣赏的为 0。整体、青年、精英非常欣赏的分别占 5.9%、8.5%、5.8%，欣赏的分别占 53.0%、33.8%、55.4%，两者相加分别为 58.9%、42.3%、61.2%。平均值分别为 3.60、3.42、3.64，均介于"较为欣赏"与"中立"之间，在欣赏程度上，精英最高，整体其次，青年最后。

### （二）四国比较

四国受访者不了解中国近三十年社会和经济发展道路的比例较大，美国为 63.2%，德国为 57.9%，俄罗斯为 44.9%，印度为 39.9%。了解的受访者中，多数人对中国的发展道路持欣赏的态度。以受访者欣赏（包括欣赏和非常欣赏）的比例的角度看，俄罗斯（77.8%）、德国（60.2%）、印度（58.9%）、美国（57.4%）都超过了半数。四国平均，欣赏（非常欣赏为15.0%，欣赏为 48.6%）中国的经济和社会发展道路者达 63.6%，中立的为 30.7%，不欣赏的仅为 5.8%（较不欣赏为 5.1%，很不欣赏为 0.7%）。

从受访者评价的均值来看,俄罗斯受访者的评价最高,均值为4.028,处于非常欣赏和欣赏之间,基本上是欣赏。美、德、印的均值分别为3.632、3.726、3.602,处于欣赏和中立之间,倾向于欣赏。四国的均值为3.747。折合成百分制,对中国社会和经济发展道路,俄罗斯打出了80.6分,德国打出了74.5分,美国打出了72.6分,印度打出了72.0分。四国平均打出了74.9分。总之,中国的社会和经济发展得到了四国多数了解情况者的普遍欣赏。

美国、俄罗斯、印度约六成青年不了解中国发展,均高于整体;德国青年为53.9%,低于整体。了解中国发展的青年受访者在欣赏程度上,美、德排在第二,俄和印排在倒数第一。

四国精英不了解的比例都低于整体10%。了解中国发展的精英受访者在欣赏程度上,俄罗斯和印度排名第一,美国排名第二,高于整体,德国排在最后。

## 第二节 日本、韩国、越南、印尼的看法

### 一、问卷修订

#### (一)设计思路

问卷(Ⅲ)在问卷(Ⅱ)的基础上进行了调整:首先将问题集中在调查受访者对中国经济发展的认知和态度上,而不是将社会和经济放在一起调查。其次在对中国经济发展的态度调查上,增加了一个问题:对中国经济发展前景是否乐观?从而进一步调查受访者对中国经济发展的道路是否认同。

#### (二)问卷内容

问卷设计了三个问题,一个问题涉及认知,另外两个问题涉及态度。

(Ⅲ)V36. 您了解近三十年来中国的经济发展吗?
非常不了解　　1　2　3　4　5　6　7　　非常了解

(Ⅲ)V36-1. 您认为近三十年来中国所走的经济发展道路如何?

　1. 非常不好　　2. 较不好　　　3. 中立　　　　4. 较好

5. 非常好　　88. 不知道

（Ⅲ）V36-2. 您觉得中国经济发展前景乐观吗？

1. 非常不乐观　2. 不乐观　　3. 中立　　　4. 乐观

5. 非常乐观　　88. 不知道

## 二、对近三十年来中国经济发展的认知

问卷（Ⅲ）就受访者对中国经济发展的认知情况（用7级量表，1为非常不了解，7为非常了解）进行了调查。在数据分析部分，首先展示受访者在回答"您了解近三十年来中国的经济发展吗？"时选择各选项的比例，然后将非常不了解赋值为1，非常了解赋值为7，以此类推，计算出受访者对近三十年来中国经济发展情况了解程度的均值，均值越高，说明对中国经济发展越了解。

### （一）各国情况

四国受访者对近三十年来中国经济发展的了解情况见表13-3。

日本1225名受访者中，选择不了解（包括选项1、2、3）的占51.3%，选择中立（选项4）的为21.7%，选择了解（包括选项5、6、7）的为27.0%。7级量表中，了解程度的均值为3.44。

韩国1038名受访者中，选择不了解（包括选项1、2、3）的占45.0%，选择中立（选项4）的为24.3%，选择了解（包括选项5、6、7）的为30.8%。7级量表中，了解程度的均值为3.70。

越南1023名受访者中，选择不了解（包括选项1、2、3）的占42.9%，选择中立（选项4）的为21.4%，选择了解（包括选项5、6、7）的为35.7%。7级量表中，了解程度的均值为3.73。

印尼1024名受访者中，选择不了解（包括选项1、2、3）的占25.6%，选择中立（选项4）的为20.5%，选择了解（包括选项5、6、7）的为53.9%。7级量表中，了解程度的均值为4.45。

表13-3 四国受访者对近三十年来中国经济发展的了解

单位:%

|  |  | 日本 | 韩国 | 越南 | 印尼 | 四国平均 |
|---|---|---|---|---|---|---|
| 非常不了解 | 1 | 14.0 | 11.0 | 13.5 | 8.8 | 11.8 |
|  | 2 | 16.6 | 11.9 | 11.8 | 6.1 | 11.6 |
|  | 3 | 20.7 | 22.1 | 17.6 | 10.7 | 17.8 |
|  | 4 | 21.7 | 24.3 | 21.4 | 20.5 | 22.0 |
|  | 5 | 17.6 | 19.7 | 21.4 | 25.8 | 21.1 |
|  | 6 | 6.2 | 8.1 | 9.6 | 16.4 | 10.1 |
| 非常了解 | 7 | 3.2 | 3.0 | 4.7 | 11.7 | 5.7 |

### (二) 四国比较

均值数据显示（表13-4），四国中认知度最高的是印尼（4.45），处于中立和有点了解之间；其次是越南（3.73）、韩国（3.70）；最低的是日本（3.44），整体处于不很了解和中立之间。四国的整体平均值为3.83，处于不很了解和中立之间，趋向中立。

三个重点人群比较，四国平均值显示：精英的认知度（4.42）明显高于青年（3.43），青年高于高中生（3.19）。各国都呈现精英的认知度明显高于青年、青年高于高中生的情况。最明显的是韩国，精英的认知度（4.34）明显高于青年（3.09）和高中生（2.73）。四国相比，印尼的精英对中国经济发展情况最了解（4.86），以下是越南（4.49）、韩国（4.34）、日本（3.99）。

表13-4 受访者对近三十年来中国经济发展了解的均值（7级量表）

|  | 日本 | 韩国 | 越南 | 印尼 | 四国平均 |
|---|---|---|---|---|---|
| 整体 | 3.44 | 3.70 | 3.73 | 4.45 | 3.83 |
| 高中生 | 3.00 | 2.73 | 3.28 | 3.73 | 3.19 |
| 青年 | 3.03 | 3.09 | 3.5 | 4.08 | 3.43 |
| 精英 | 3.99 | 4.34 | 4.49 | 4.86 | 4.42 |

## 三、对近三十年来中国经济发展的评价

问卷（Ⅲ）就受访者对中国经济发展的态度情况，用5级量表（1. 非常不好，2. 较不好，3. 中立，4. 较好，5. 非常好，88. 不知道）进行了调查。在数据分析部分，首先展示受访者在回答"您认为近三十年来中国所走的经济发展道路如何？"时选择各选项的比例，然后将非常不好赋值为1，非常好赋值为5，以此类推，计算出受访者对近三十年来中国经济发展情况评价的均值，均值越高，说明对中国经济发展道路的评价越高。

### （一）各国情况

四国受访者对近三十年来中国经济发展的评价见表13-5。

表13-5　四国受访者对近三十年来中国经济发展的评价

单位：%

|  | 非常不好 | 较不好 | 中立 | 较好 | 非常好 | 不知道 |
| --- | --- | --- | --- | --- | --- | --- |
| 日本 | 12.6 | 14.9 | 29.1 | 20.7 | 16.2 | 6.6 |
| 韩国 | 2.8 | 8.5 | 22.2 | 45.7 | 12.1 | 8.8 |
| 越南 | 3.2 | 5.8 | 19.6 | 39.5 | 27.0 | 4.9 |
| 印尼 | 0.6 | 0.5 | 7.1 | 46.1 | 41.4 | 4.3 |
| 四国平均 | 4.8 | 7.4 | 19.5 | 38.0 | 24.2 | 6.2 |

日本受访者中评价为好的占36.9%（包括非常好16.2%和较好20.7%），中立的为29.1%，不好的为27.5%（包括非常不好12.6%和较不好14.9%），不知道的为6.6%。去除回答不知道者，明确给出评价者的均值为3.14，介于"较好"与"中立"之间，基本倾向中立。重点人群中，整体、高中生、青年、精英评价的均值分别为3.14、2.78、3.05、3.40，均值由高到低排序为：精英、整体、青年、高中生。

韩国受访者中评价为好的占57.8%（包括非常好12.1%和较好45.7%），中立的为22.2%，不好的为11.3%（包括非常不好2.8%和较不好8.5%）。不知道的为8.8%。去除回答不知道者，明确给出评价者的均值为3.59，介于"较好"与"中立"之间，基本倾向较好。重点人群中，整

体、高中生、青年、精英评价的均值分别为3.59、3.18、3.58、3.73，均值由高到低排序为：精英、整体、青年、高中生。

越南受访者中评价为好的占66.5%（包括非常好27.0%和较好39.5%），中立的为19.6%，不好的为9.0%（包括非常不好3.2%和较不好5.8%），不知道为4.9%。去除回答不知道者，明确给出评价者的均值为3.83，介于"较好"与"中立"之间，倾向较好。重点人群中，整体、高中生、青年、精英评价的均值分别为3.83、3.61、3.77、4.08，均值由高到低排序为：精英、整体、青年、高中生。

印尼受访者中评价为好的占87.5%（包括非常好41.4%和较好46.1%），中立的为7.1%，不好的为1.1%（包括非常不好0.6%和较不好0.5%），不知道为4.3%。去除回答不知道者，明确给出评价者的均值为4.33，介于"较好"与"非常好"之间，倾向较好。重点人群中，整体、高中生、青年、精英评价的均值分别为4.33、4.19、4.27、4.47，均值由高到低排序为：精英、整体、青年、高中生。

（二）四国比较

对中国经济发展道路评价为好的比例，印尼为87.5%，以下依此为越南（66.5%）、韩国（57.8%）、日本（36.9%），四国平均为62.2%；对中国经济发展道路评价的均值，印尼整体评价均值得分最高（4.33），处于较好和非常好之间；日本得分最低（3.14），处于中立和较好之间，倾向中立。韩国（3.59）和越南（3.83）得分均处于中立和较好之间，越南倾向较好。对四国均值加以平均，为3.72，处于中立和较好之间，趋向较好。

对高中生、青年和精英三个重点人群加以比较，四国平均值显示：精英的评价（3.92）明显高于青年（3.67），青年高于高中生（3.44）。各国都呈现精英的评价明显高于青年、青年高于高中生的情况。四国相比，印尼的精英对中国经济发展评价最高（4.47），处于较好和非常好之间；以下是越南（4.08），评价为较好；韩国（3.73）评价趋向较好；日本（3.40）评价为中立和较好之间。见表13-6。

表 13-6 重点人群对近三十年来中国的经济发展评价的均值（5 级量表）

|   | 日本 | 韩国 | 越南 | 印尼 | 四国平均 |
|---|---|---|---|---|---|
| 整体 | 3.14 | 3.59 | 3.83 | 4.33 | 3.72 |
| 高中生 | 2.78 | 3.18 | 3.61 | 4.19 | 3.44 |
| 青年 | 3.05 | 3.58 | 3.77 | 4.27 | 3.67 |
| 精英 | 3.40 | 3.73 | 4.08 | 4.47 | 3.92 |

## 四、对中国经济发展前景的态度

问卷（Ⅲ）用 5 级量表（1. 非常不乐观，2. 不乐观，3. 中立，4. 乐观，5. 非常乐观，88. 不知道）对"您觉得中国经济发展前景乐观吗？"进行了调查。数据分析时，首先展示受访者在回答"您觉得中国经济发展前景乐观吗？"时选择各选项的比例，然后将非常不乐观赋值为 1，非常乐观赋值为 5，以此类推，计算出受访者对中国经济发展前景评价的均值，均值越高，说明对中国经济发展前景预期的越乐观。

### （一）各国情况

四国受访者对中国经济发展前景的预期情况见表 13-7。

表 13-7 四国受访者对中国经济发展前景的预期

单位:%

|   | 非常不乐观 | 不乐观 | 中立 | 乐观 | 非常乐观 | 不知道 |
|---|---|---|---|---|---|---|
| 日本 | 36.6 | 29.6 | 20.6 | 4.7 | 1.6 | 6.9 |
| 韩国 | 2.2 | 8.6 | 22.4 | 47.6 | 12.3 | 6.8 |
| 越南 | 4.9 | 7.1 | 22.5 | 37.0 | 24.1 | 4.3 |
| 印尼 | 0.3 | 0.3 | 5.6 | 50.8 | 38.3 | 4.8 |
| 四国平均 | 11.0 | 11.4 | 17.8 | 35.0 | 19.1 | 5.7 |

日本预期为乐观的占 6.3%（包括非常乐观 1.6% 和乐观 4.7%），中立的为 20.6%，不乐观的为 66.2%（包括非常不乐观 36.6% 和不乐观 29.6%），不知道为 6.9%。去除回答不知道者，明确给出预期者的均值为 1.98，在非常不乐观和不乐观之间，几乎为不乐观。重点人群中，整体、高

中生、青年、精英评价的均值分别为 1.98、1.94、2.06、2.08，由高到低排序为：精英、青年、整体、高中生。

韩国预期为乐观的占 59.9%（包括非常乐观 12.3% 和乐观 47.6%），中立的为 22.4%，不乐观的为 10.8%（包括非常不乐观 2.2% 和不乐观 8.6%），不知道为 6.8%。去除回答不知道者，明确给出预期者的均值为 3.62，在中立和乐观之间，倾向乐观。重点人群中，整体、高中生、青年、精英评价的均值分别为 3.62、3.52、3.52、3.76，由高到低排序为：精英第一，整体第二，青年和高中生并列第三。

越南预期为乐观的占 61.1%（包括非常乐观 24.1% 和乐观 37.0%），中立的为 22.5%，不乐观的为 12.0%（包括非常不乐观 4.9% 和不乐观 7.1%），不知道为 4.3%。去除回答不知道者，明确给出预期者的均值为 3.72，在中立和乐观之间，倾向乐观。重点人群中，整体、高中生、青年、精英评价的均值分别为 3.72、3.44、3.69、3.81，由高到低排序为：精英、整体、青年、高中生。

印尼预期为乐观的占 89.1%（包括非常乐观 38.3% 和乐观 50.8%），中立的为 5.6%，不乐观的为 0.6%（包括非常不乐观 0.3% 和不乐观 0.3%），不知道为 4.8%。去除回答不知道者，明确给出预期者的均值为 4.33，在乐观和很乐观之间，倾向乐观。重点人群中，整体、高中生、青年、精英评价的均值分别为 4.33、4.27、4.33、4.35，精英排名第一，整体和青年并列第二，高中生排在最后。

（二）四国比较

四国对中国经济发展前景预期乐观的比例从高到低排列为：印尼（89.1%）、越南（61.1%）、韩国（59.9%）、日本（6.3%），四国平均为 54.1%；对中国经济发展前景预期的均值，印尼整体评价均值得分最高（4.33），处于较乐观和非常乐观之间；韩国（3.62）和越南（3.72）得分处于中立和较乐观之间，越南更靠近较乐观；日本得分最低（1.98），为不乐观。四国整体平均值为 3.41，处于中立和较乐观之间。

对高中生、青年和精英三个重点人群加以比较，四国平均值显示：精英对中国经济发展前景的预期（3.50）略好于青年（3.40），青年好于高中生（3.29）。各国都呈现精英的预期明显好于青年、青年好于高中生的情况。

四国相比，印尼精英对中国经济发展前景的预期最好（4.35），态度为较乐观和非常乐观之间；以下是越南（3.81）和韩国（3.76），态度趋向较乐观；日本（2.08）态度为较不乐观。见表13-8。

表13-8 四国重点群体对中国经济发展前景预期的均值（5级量表）

|      | 日本 | 韩国 | 越南 | 印尼 | 四国平均 |
| --- | --- | --- | --- | --- | --- |
| 整体 | 1.98 | 3.62 | 3.72 | 4.33 | 3.41 |
| 高中生 | 1.94 | 3.52 | 3.44 | 4.27 | 3.29 |
| 青年 | 2.06 | 3.52 | 3.69 | 4.33 | 3.40 |
| 精英 | 2.08 | 3.76 | 3.81 | 4.35 | 3.50 |

### （三）对中国发展道路的综合评价

对受访者关于近三十年来中国所走的经济发展道路的态度的调查是对中国经济发展道路现状的评估，对受访者关于中国经济发展前景的调查是对中国经济发展道路前景的预期，现在好不等于将来好。两者的结合会更全面和准确地调查出受访者对中国经济发展道路的总体态度。下面对这两项调查结果进行综合，得出受访者对中国经济发展道路的态度。数据综合时，首先将受访者回答两个问题各性质相同选项的比例相加除以2，得出平均数。例如，日本受访者对中国经济发展道路评价为"非常好"的比例（16.2%）与对中国经济发展前景预期"非常乐观"的比例（1.6%）相加，得出很赞同的平均数为8.9%。四国各选项的平均数结果见表13-9。将回答"不知道"的受访者去除，求出明确表态的受访者对中国经济发展道路的态度，见表13-10。数据显示，日本赞同的比例（包括较赞同13.6%和很赞同9.5%）为23.1%；韩国赞同的比例（包括较赞同50.7%和很赞同13.2%）为63.9%；越南赞同的比例（包括较赞同40.1%和很赞同26.8%）为66.9%；印尼赞同的比例（包括较赞同50.8%和很赞同41.8%）为92.6%。四国平均，赞同的比例（包括较赞同38.8%和很赞同23.1%）为61.9%。

表 13-9　四国受访者对中国经济发展道路和前景预期比例平均数

单位:%

|  |  | 很不赞同<br>非常不好<br>非常不乐观 | 较不赞同<br>较不好<br>不乐观 | 中立<br>中立<br>中立 | 较赞同<br>较好<br>乐观 | 很赞同<br>非常好<br>非常乐观 | 不知道<br>不知道<br>不知道 |
|---|---|---|---|---|---|---|---|
| 日本 | 道路评价 | 12.6 | 14.9 | 29.1 | 20.7 | 16.2 | 6.6 |
|  | 前景预期 | 36.6 | 29.6 | 20.6 | 4.7 | 1.6 | 6.9 |
|  | 两项平均 | 24.6 | 22.3 | 24.9 | 12.7 | 8.9 | 6.8 |
| 韩国 | 道路评价 | 2.8 | 8.5 | 22.2 | 45.7 | 12.1 | 8.8 |
|  | 前景预期 | 2.2 | 8.6 | 22.4 | 47.6 | 12.3 | 6.8 |
|  | 两项平均 | 2.5 | 8.6 | 22.3 | 46.7 | 12.2 | 7.8 |
| 越南 | 道路评价 | 3.2 | 5.8 | 19.6 | 39.5 | 27.0 | 4.9 |
|  | 前景预期 | 4.9 | 7.1 | 22.5 | 37.0 | 24.1 | 4.3 |
|  | 两项平均 | 4.1 | 6.5 | 21.1 | 38.3 | 25.6 | 4.6 |
| 印尼 | 道路评价 | 0.6 | 0.5 | 7.1 | 46.1 | 41.4 | 4.3 |
|  | 前景预期 | 0.3 | 0.3 | 5.6 | 50.8 | 38.3 | 4.8 |
|  | 两项平均 | 0.5 | 0.4 | 6.4 | 48.5 | 39.9 | 4.6 |
| 四国平均 | 道路评价 | 4.8 | 7.4 | 19.5 | 38.0 | 24.2 | 6.2 |
|  | 前景预期 | 11.0 | 11.4 | 17.8 | 35.0 | 19.1 | 5.7 |
|  | 两项平均 | 7.9 | 9.4 | 18.7 | 36.5 | 21.7 | 6.0 |

表 13-10　四国明确表态者对中国经济发展道路和前景预期比例平均数

单位:%

|  |  | 很不赞同<br>非常不好<br>非常不乐观 | 较不赞同<br>较不好<br>不乐观 | 中立<br>中立<br>中立 | 较赞同<br>较好<br>乐观 | 很赞同<br>非常好<br>非常乐观 |
|---|---|---|---|---|---|---|
| 日本 | 两项平均 | 26.4 | 23.9 | 26.7 | 13.6 | 9.5 |
| 韩国 | 两项平均 | 2.7 | 9.3 | 24.2 | 50.7 | 13.2 |
| 越南 | 两项平均 | 4.3 | 6.8 | 22.1 | 40.1 | 26.8 |
| 印尼 | 两项平均 | 0.5 | 0.4 | 6.7 | 50.8 | 41.8 |
| 四国平均 | 两项平均 | 8.4 | 10.0 | 19.9 | 38.8 | 23.1 |

然后，在去除回答"不知道者"后，将明确表态者中"对发展道路评价的均值"和"对发展前景预期的均值"相加，除以2得出两项均值的平均值。回答很不赞同赋值为1，很赞同赋值为5，以此类推，计算出受访者对中国经济发展道路赞同的均值，均值越高，说明对中国经济发展道路越赞同。数据显示（表13-11），日本对中国经济发展道路赞同的均值为2.56，介于较不赞同和中立之间；韩国相应的均值为3.61，介于中立和较赞同之间，倾向较赞同；越南相应的均值为3.78，介于中立和较赞同之间，很倾向较赞同；印尼相应的均值为4.33，介于较赞同和赞同之间，倾向较赞同。四国平均，均值为3.57，介于中立和较赞同之间。将这些均值折合成百分制，对中国社会和经济发展道路，印尼打出了86.6分，越南打出了75.6分，韩国打出了72.2分，日本打出了51.2分。四国平均打出了71.4分。总之，中国的经济发展道路得到了印尼、越南和韩国多数了解情况者的普遍赞同。

表13-11　四国受访者对近三十年来中国经济发展道路评价的均值（5级量表）

|  | 日本 | 韩国 | 越南 | 印尼 | 四国平均 |
| --- | --- | --- | --- | --- | --- |
| 对发展道路评价的均值 | 3.14 | 3.59 | 3.83 | 4.33 | 3.72 |
| 对发展前景预期的均值 | 1.98 | 3.62 | 3.72 | 4.33 | 3.41 |
| 两项均值的平均值 | 2.56 | 3.61 | 3.78 | 4.33 | 3.57 |

## 第三节　调查后的思考

### 一、加大传播中国改革开放以来经济成就的力度

2011年对美国、德国、俄罗斯、印度的调查显示，四国平均只有48.5%的受访者对近三十年来中国的社会和经济发展有所了解，51.5%的受访者不了解。在了解中国社会和经济发展的受访者中，四国平均持欣赏态度的受访者达到63.6%（包括非常欣赏和欣赏），持中立态度的为30.7%，持不欣赏态度为5.8%（包括较不欣赏和很不欣赏）。从受访者评价的均值角度看，俄、德、美、印度的均值分别为4.028、3.726、3.632、3.602。四国

的均值为 3.747。折合成百分制，对中国社会和经济发展道路，俄罗斯打出了 80.6 分，德国打出了 74.5 分，美国打出了 72.6 分，印度打出了 72.0 分。四国平均打出了 74.9 分。

2013 年对日本、韩国、越南和印尼的调查中，受访者对中国经济发展的认知（用 7 级量表）数据横向比较显示：四国的整体平均值为 3.83，处于不很了解和中立之间，趋向中立。从赞成的比例看，赞同的比例（包括较赞同和很赞同）日本为 23.1%，韩国为 63.9%，越南为 66.9%，印尼为 92.6%。四国平均，赞同的比例（包括较赞同和很赞同）为 61.9%。四国赞同度的均值平均为 3.72。将这些均值折合成百分制，对中国社会和经济发展道路的赞同度，印尼打出了 86.6 分，越南打出了 75.6 分，韩国打出了 72.2 分，日本打出了 51.2 分。四国平均打出了 71.4 分。

八国的调查显示，只有约五成的受访者了解近三十年来中国的经济发展。了解中国经济发展的受访者中，除了日本外，其他七国大多数受访者对中国经济发展道路给予肯定。因而，中国的外宣中，宜加强对中国经济发展道路的宣传力度，使那些约占总人口 1/2 的不了解中国经济发展状况的人了解中国经济发展所取得的伟大成果。宣传中国经济的发展道路，了解中国经济发展的大多数人会对中国经济发展道路给予肯定，这无疑会增加中国的软实力。中国的经济发展状况对于受访者对中国文化的评价有一定的影响，这也无疑会增加中国文化的软实力。

2013 年对日本、韩国、越南和印尼的调查还显示：精英对中国经济发展的认知度和美誉度都明显高于青年，青年高于高中生。最明显的是韩国，精英的认知度（4.34）明显高于青年（3.09）和高中生（2.73）。在对中国经济发展的美誉度（5 级量表）上，精英（3.92）明显高于青年（3.67），青年高于高中生（3.44）。鉴于这种情况，建议加强对四国青少年关于中国近三十年来的经济成就内容的传播。

## 二、就中国对日的经济宣传进行研究，采取相应的对策

2013 年调查的三方面数据都显示日本受访者对中国经济的发展存在严重的误判。对中国经济发展的认知（用 7 级量表）数据显示：四国的整体平均值为 3.83，最低的是日本（3.44），处于不很了解和中立之间。用 5 级

量表测量了受访者对近三十年来中国所走的经济发展道路评价的数据显示，四国中日本打分最低（3.14），处于中立和较好之间，倾向中立。用5级量表测量对中国经济发展前景乐观程度的数据显示，四国整体平均值为3.41，处于中立和较乐观之间。日本打分最低（1.98），为不乐观；韩国（3.62）和越南（3.72）打分处于中立和较乐观之间，越南更靠近较乐观；印尼打分最高（4.33），处于较乐观和非常乐观之间。这一调查结果与美国皮尤调查中心2013年7月18日发表的调查结果相一致。皮尤调查中心民调的问题是"中国将取代美国成为世界主导性超级大国吗？"，有三个选项：将最终取代美国、已经取代美国、将永远取代不了美国。持中国将永远取代不了美国的观点，在被调查39个国家的均值为33%。超过半数受访者持中国将永远取代不了美国看法的国家只有4个：日本（72%）、菲律宾（74%）埃及（56%）和黎巴嫩（50%）。本课题的调查和皮尤调查中心的调查都显示，日本民众对中国经济的发展有误判，这可能对中日关系和日美关系带来一定的影响，因而需对日经济宣传进行研究，采取相应的对策。

环球舆情调研中心常务副主任戴元初对于日本民众对中国经济发展的误判的原因做出过解释。其所在的研究中心曾经做过一个不同国家民众对于中国形象和中国经济发展对其所在国家带来多少好处的态度与感知调查。"调查结果非常有趣。比如，美国人与日本人相比，美国人对中国发展给其国家带来的益处和可能带来的益处的判断要比日本人好；印度和日本相比，印度受访者的判断也要比日本好。我们在分析出现这种情况的原因时就有困惑：按照常理，中日之间无论是改革开放之后还是最近几年，相互间的贸易关系和经济发展的相互依存度都是相当高的，为什么给对方的民众带来的印象却有这样的差异？后来我们做某种推测性的估计是，可能因为日本民众和美国民众、印度民众所接触的媒体环境有很大的差异，在各自国家的媒体环境中，他们接触到的有关中国经济、文化对各自国家的影响和给他们带来的益处的报道和分析角度不同，这些受众基本的印象自然也就具有很大的差异。"他在另一项媒体监测的研究中也有间接的发现："在日本的媒体中，中国主动传播的信息相对来说被屏蔽掉的很多。在这种情况下，日本受众所能接触到的关于中国的'虚拟现实'都是由自己国家的媒体构造的，我们的信息在没有到达这些受众之前就已经损耗殆尽了。"① 他认为这还是个印象性的结论,需要更翔实的定量分析才能有更具说服力的结果。

本课题关于中国媒体海外传播情况(第十章)的调查数据,可以补充一些定量分析,印证戴先生的结论。2011年关于美国、德国、俄罗斯、印度、日本受访者了解中国的主要信息源是什么的调查中,美、印、日的情况见表13-12。数据显示:日本受访者通过本国媒体了解中国信息的比例为94.7%,位居第一,比三国的平均值82.7%高出12%。而通过其他10种渠道获得信息的比例都低于三国的平均值。因而可以得出结论,日本民众比美国、印尼民众更多地依赖本国媒体获取中国信息。2011年关于美国、德国、俄罗斯、印度、日本受访者过去一年里受访者接触过中国对外传媒的调查中,美、印、日的情况见表13-13。数据显示:在中国的五种对外媒体中,日本对每种媒体的接触率上都低于三国的平均值。三国接触五种中国对外媒体的平均值为25.0%,日本为5.8%,低于平均值19.2%。因而可以得出结论,日本民众比美、印民众更少地接触中国媒体。因此,日本民众和美国民众、印度民众所接触的媒体环境有很大的差异的结论成立。

表13-12 美、印、日受访者了解中国的主要信息源情况

单位:%

| 中国信息来自的媒体 | 美国 | 印度 | 日本 | 三国平均 | 日本与三国平均值之差 |
|---|---|---|---|---|---|
| 本国传媒 | 84.3 | 69.1 | 94.7 | 82.7 | 12.0 |
| 中国大陆传媒 | 6.9 | 14.6 | 8.8 | 10.1 | -1.3 |
| 中国台湾传媒 | 5.6 | 13.1 | 6.9 | 8.5 | -1.6 |
| 其他国家的媒体 | 12.1 | 22.2 | 14.4 | 16.2 | -1.8 |
| 国内的朋友(当地人) | 19.9 | 24.4 | 8.1 | 17.5 | -9.4 |
| 在当地的中国人 | 32.6 | 26.3 | 14.2 | 24.4 | -10.2 |
| 到中国旅游 | 6.5 | 15.9 | 3.6 | 8.7 | -5.1 |
| 中国商品 | 20.7 | 24.9 | 11.0 | 18.9 | -7.9 |

---

① 戴元初:《切实提高中国文化国际传播效果的若干环节》,载黄会林主编:《世界文化格局与中国文化机遇》,北京师范大学出版社2013年版,第133—134页。

续表

| 中国信息来自的媒体 | 美国 | 印度 | 日本 | 三国平均 | 日本与三国平均值之差 |
|---|---|---|---|---|---|
| 中国文艺团体在当地的演出 | 4.3 | 12.0 | 2.6 | 6.3 | -3.7 |
| 中餐馆 | 30.8 | 32.3 | 9.4 | 24.2 | -14.8 |
| 孔子学院 | 2.3 | 4.3 | 0.3 | 2.3 | -2.0 |

表13-13 过去一年里美、印、日受访者接触过中国对外传媒比例

单位:%

| 中国对外传媒 | 美国 | 印度 | 日本 | 三国平均 | 日本与三国平均值之差 |
|---|---|---|---|---|---|
| 中国出版的本国文图书 | 22.7 | 61.5 | 5.2 | 29.8 | -24.6 |
| 外文杂志（本国语） | 14.6 | 50.5 | 4.5 | 23.2 | -18.7 |
| 国际广播电台（本国语） | 9.9 | 42.1 | 2.9 | 18.3 | -15.4 |
| 央视中文频道 | 17.5 | 53.8 | 8.9 | 26.7 | -17.8 |
| 《人民日报（海外版）》 | 16.8 | 56.8 | 7.3 | 27.0 | -19.7 |
| 接触中国对外媒体平均值 | 16.3 | 52.9 | 5.8 | 25.0 | -19.2 |

当然，日本受访者对中国经济的发展存在严重的误判的原因中，媒体环境问题只是多种原因之一。在媒体环境因素背后可能还有其他原因，值得进一步探讨。但中国对日的信息传播远不如对美和对印的传播效果，无疑显示中国对日传播的不成功。对此宜进行研究，采取相应的对策，改变对日传播的方式方法，使日本受众乐于接触中国的媒体。

# 第十四章

# 对中国政治制度的印象

## 第一节 在美国、德国、俄罗斯、印度、日本的调查

### 一、问卷设计

**(一) 设计思路**

受访者对一国社会制度、政党制度和政治制度的认知和态度与对一国文化的评价有一定程度的相互影响,受访者对政治制度的评价与本人所持价值观有密切联系。外国民众对中国的社会制度是否了解?如何评价中国的政治制度?这是想要从受访者那里了解的信息。问卷(I)调查了美国、德国、俄罗斯、印度和日本的受访者对中国社会制度的认知和对中国政治制度的态度。

**(二) 问卷内容**

(I) V17. 您认为中国当今的社会制度是什么? (请选择一项)
1. 资本主义　　2. 社会主义　　3. 共产主义　　4. 封建主义
77. 其他　　　　88. 不知道

(I) V18. 当今中国的政党制度是什么? (请选择一项)
1. 两党制　　2. 多党制　　3. 一党制
4. 共产党领导的多党合作制　　77. 其他　　　88. 不知道

（I）V19. 您认为当今的中国政治制度促进还是制约了中国经济的发展？

1. 非常制约　　2. 制约　　3. 中立　　4. 促进

5. 非常促进　　88. 不知道

（美国、俄罗斯、印度、日本的问卷）

1. 制约　　2. 有一定制约　3. 不制约

4. 一点也不制约　5. 促进　　88. 不知道

（德国的问卷）

## 二、对中国社会制度的认知

相关数据见表14-1。

### （一）各国情况

在六个选项中，美国受访者对中国社会制度的认知，排在前三位的是：共产主义（39.2%）、不知道（29.0%）、社会主义（18.7%）。这反映出民众对中国社会制度的认识模糊不清。在美国的主流意识形态文化中，共产主义含有强烈的贬义，而在调查中受访者认为中国实行的是共产主义的比例遥遥领先，这是值得注意的问题。中国尚处于社会主义的初级阶段，是具有中国特色的社会主义制度。中国的自我定位与美国受访者的认知相距甚远。

在六个选项中，德国受访者对中国社会制度的认知，排在前三位的是：共产主义（43.9%）、不知道（22.5%）、社会主义（17.2%）。这个排序与美国的情况相同。这反映出德国民众对中国社会制度的认识模糊不清。与美国一样，当今德国的主流意识形态文化中，共产主义含有强烈的贬义，受访者认为中国实行的是共产主义的比例接近44%。中国对当前社会制度的自我定位与德国受访者的认知之间差距比美国还大。

在六个选项中，俄罗斯受访者对中国社会制度的认知排在前三位的是：共产主义（25.2%）、社会主义（25.1%）、不知道（17.3%）。这个排序与美、德的情况不同。受访者认为中国是共产主义和社会主义的比例几乎相同。这也许同俄罗斯在1991年苏联解体前是社会主义国家相关。但共产主义和社会主义还是有差别的。

在六个选项中，印度受访者对中国社会制度的认知，排在前三位的是：共产主义（38.4%）、社会主义（29.0%）、资本主义（13.9%）。印度作为中国的近邻、一个发展中国家，也把中国的社会制度误认为是共产主义，位居各选项之首，这反映出印度民众在对中国社会制度的认识上，对什么是社会主义、什么是共产主义模糊不清。

在六个选项中，日本受访者对中国社会制度的认知，排在前三位的是：共产主义（35.9%）、社会主义（23.3%）、资本主义（14.2%）。这个排序与印度相同。日本作为中国的近邻，国内媒体发达，与中国交流比较多，也把中国的社会制度误认为是共产主义，位居各选项之首。历史上日本对中国有较深入的了解，日本民众对当今中国社会制度认识模糊的原因值得探讨。

表 14-1　五国受访者对中国社会制度的认知

单位：%

| | 美国 | 德国 | 俄罗斯 | 印度 | 日本 | 五国平均 |
|---|---|---|---|---|---|---|
| 社会主义 | 18.7 | 17.2 | 25.1 | 29.0 | 23.3 | 22.7 |
| 共产主义 | 39.2 | 43.9 | 25.2 | 38.4 | 35.9 | 36.5 |
| 资本主义 | 9.7 | 9.9 | 13.4 | 13.9 | 14.2 | 12.2 |
| 封建主义 | 1.2 | 2.1 | 3.2 | 3.5 | 7.3 | 3.5 |
| 其他 | 2.2 | 4.5 | 15.8 | 4.0 | 5.9 | 6.5 |
| 不知道 | 29.0 | 22.5 | 17.3 | 11.3 | 13.4 | 18.7 |

（二）五国比较

调查显示，受访者对中国当今的社会制度认知不清。首先，回答"社会主义"的比例不高，在五国均未排在第一。其次，误认为中国现在实行的是"共产主义"的比例在五国都位居第一。最后，在美国和德国，回答"不知道"的比例位居第二。五国数据平均，回答"共产主义"的比例最高，占36.5%，其次为社会主义，占22.7%，前者高于后者13.8%。回答"不知道"的排在第三，为18.7%。

### 三、对中国政党制度的认知

相关数据见表14-2。

表14-2 五国受访者对中国政党制度的认知

单位:%

|  | 美国 | 德国 | 俄罗斯 | 印度 | 日本 | 平均 |
| --- | --- | --- | --- | --- | --- | --- |
| 共产党领导的多党合作制 | 22.5 | 13.0 | 14.5 | 18.0 | 19.9 | 17.6 |
| 多党制 | 5.8 | 4.5 | 10.7 | 21.9 | 1.8 | 8.9 |
| 两党制 | 2.8 | 3.0 | 3.7 | 19.9 | 4.0 | 6.7 |
| 一党制 | 27.9 | 43.4 | 40.4 | 20.9 | 53.9 | 37.3 |
| 其他 | 0.8 | 1.3 | 4.5 | 2.2 | 1.0 | 2.0 |
| 不知道 | 40.3 | 34.8 | 26.2 | 17.0 | 19.4 | 27.5 |

### (一) 各国情况

在六种选项中,美国受访者对中国政党制度的认知,排在前三位的是:不知道(40.3%)、一党制(27.9%)、共产党领导的多党合作制(22.5%)。这反映出美国民众对中国政党制度模糊不清。回答正确的不足1/4。

在六种选项中,德国受访者对中国政党制度的认知,排在前三位的是:一党制(43.4%)、不知道(34.8%)、共产党领导的多党合作制(13.0%)。这个排序与美国不同。

在六种选项中,俄罗斯受访者对中国政党制度的认知,排在前三位的是:一党制(40.4%)、不知道(26.2%)、共产党领导的多党合作制(14.5%)。这个排序与德国相同。回答正确的只占14.5%。

在六种选项中,印度受访者对中国政党制度的认知,除了"其他"以外的五个选项的比例十分接近。排在前三位的是:多党制(21.9%)、一党制(20.9%)、两党制(19.9%)。尽管这种情况与其他国家不同,但回答正确的排在第四位,占18.0%。

在六种选项中,日本受访者对中国政党制度的认知,排在前三位的是:一党制(53.9%)、共产党领导的多党合作制(19.9%)、不知道(19.4%)。日本作为中国的近邻,误认为中国实行"一党制"的比例最高,回答正确的只占19.9%。

## (二) 五国对比

调查显示,受访者对中国当今的政党制度认知不清。首先,五国受访者中选择正确答案(共产党领导的多党合作制)的比例均未能在六个选项中位居第一。其次,误认为中国实行的是"一党制"的比例在除美国外的其他四国都位居第一。最后,回答"不知道"的比例在美国位居第一,在德国和俄罗斯位居第二。五国数据平均,回答"一党制"的比例最高,为37.3%;其次为"不知道",为27.5%,"共产党领导的多党合作制"排在第三,为17.6%。

美、德、俄、印、日受访者对中国当今的政党制度认知的正确率分别为22.5%、13.0%、14.5%、18.0%、19.9%。五国受访者回答是"一党制"的分别占27.9%、43.4%、40.4%、20.9%、53.9%,在德、俄、日均居六种选项的榜首,五国平均为37.3%,超过五国回答是"共产党领导的多党合作制"的平均数(17.6%)达19.7%。回答"不知道"的,五国平均为27.5%,超过回答"共产党领导的多党合作制"的平均数9.9%。

## (三) 对社会制度的认知和对政党制度的认知的比较

对中国社会制度的认知和对中国政党制度的认知,都属于对中国基本政治情况的了解。将受访者对这两个问题回答正确的比例和不知道的比例加以对比,可以看出两个特点:第一,回答正确的比例都不高,都未超过30%,回答正确率最高的是印度受访者回答中国的社会制度是社会主义(29.0%),最低的是德国受访者回答中国的政党制度是共产党领导的多党合作制(13.0%)。第二,受访者认知中国政党制度的正确率低于认知中国社会制度的正确率。五国平均,对中国社会制度的正确回答率为22.7%,不知道的比例为18.7%;对中国政党制度的正确回答率17.6%。不知道的比例为27.5%。见表14-3。

表14-3 五国受访者对中国社会制度和政党制度认知的比较

单位:%

|  | 美国 | 德国 | 俄罗斯 | 印度 | 日本 | 五国平均 |
| --- | --- | --- | --- | --- | --- | --- |
| 正确回答社会制度的比例 | 18.7 | 17.2 | 25.1 | 29.0 | 23.3 | 22.7 |

续表

|  | 美国 | 德国 | 俄罗斯 | 印度 | 日本 | 五国平均 |
|---|---|---|---|---|---|---|
| 正确回答政党制度的比例 | 22.5 | 13.0 | 14.5 | 18.0 | 19.9 | 17.6 |
| 不知道社会制度的比例 | 29.0 | 22.5 | 17.3 | 11.3 | 13.4 | 18.7 |
| 不知道政党制度的比例 | 40.3 | 34.8 | 26.2 | 17.0 | 19.4 | 27.5 |

## 四、对中国政治制度的评价

问卷（I）用"您认为当今的中国政治制度促进还是制约了中国经济的发展？"这个问题，以六个选项（1. 非常制约，2. 制约，3. 中立，4. 促进，5. 非常促进，88. 不知道）对美、俄、印、日五国进行了调查，用类似的六个选项（1. 制约，2. 有一定制约，3. 不制约，4. 一点也不制约，5. 促进，88. 不知道）对德国进行了调查。在数据分析部分，首先，展示受访者选择各选项的比例。然后，将非常制约赋值1，非常促进赋值5，以此类推，去除回答不知道者，计算出明确表态受访者认为当今中国政治制度是促进还是制约了中国经济发展的均值，均值越高，说明受访者对当今中国政治制度促进了中国经济发展的观点越肯定。相关数据见表14-4和表14-5。

表14-4 美、俄、印、日对中国政治制度促进还是制约中国经济发展的态度

单位：%

|  | 很制约 | 制约 | 中立 | 促进 | 很促进 | 不知道 |
|---|---|---|---|---|---|---|
| 美国 | 8.0 | 24.2 | 20.1 | 17.9 | 8.6 | 21.3 |
| 俄罗斯 | 11.6 | 14.1 | 15.9 | 31.6 | 12.4 | 14.4 |
| 印度 | 10.5 | 12.4 | 29.2 | 25.0 | 15.5 | 7.4 |
| 日本 | 13.0 | 25.5 | 22.1 | 21.1 | 4.3 | 14.0 |
| 四国平均 | 10.8 | 19.1 | 21.8 | 23.9 | 10.2 | 14.3 |

表14-5 德国对中国政治制度促进还是制约中国经济发展的态度

单位：%

|  | 制约 | 有一定制约 | 不制约 | 一点也不制约 | 促进 | 不知道 |
|---|---|---|---|---|---|---|
| 德国 | 15.4 | 22.1 | 11.0 | 5.9 | 21.3 | 24.3 |

### (一) 各国情况

美国受访者中，持制约态度的占 32.2%（包括很制约 8.0% 和制约 24.2%）；持中立态度的为 20.1%，持促进态度的为 26.5%（包括很促进 8.6% 和促进 17.9%），回答不知道的为 21.3%。去除回答不知道者，明确表态者的均值为 2.93，在制约和中立之间，非常接近中立。

德国受访者中，持制约态度的占 37.5%（包括制约 15.4% 和有一定制约 22.1%），持不制约（相当于中立）态度的有 11.0%，持促进态度的为 27.2%（包括促进 21.3% 和一点也不制约 5.9%），回答不知道的为 24.3%。去除回答不知道者，明确表态者的均值为 2.94，在中立和促进之间，偏向中立。

俄罗斯受访者中，持制约态度的占 25.7%（包括很制约 11.6% 和制约 14.1%）；持中立态度的有 15.9%，持促进态度的为 44.0%（包括很促进 12.4% 和促进 31.6%），回答不知道的为 14.4%。去除回答不知道者，明确表态者的均值为 3.22，在中立和促进之间，偏向中立。

印度受访者中，持制约态度的占 22.9%（包括很制约 10.5% 和制约 12.4%），持中立态度的有 29.2%，持促进态度的为 40.5%（包括很促进 15.5% 和促进 25.0%），回答不知道的为 7.4%。去除回答不知道者，明确表态者的均值为 3.24，在中立和促进之间，偏向中立。

日本受访者中，持制约态度的占 38.5%（包括很制约 13.0% 和制约 25.5%），持中立态度的有 22.1%，持促进态度的为 25.4%（包括很促进 4.3% 和促进 21.1%），回答不知道的为 14.0%。去除回答不知道者，明确表态者的均值为 2.75，在制约和中立之间，偏向中立。

### (二) 五国比较

首先，从对中国政治制度是促进还是制约了中国经济发展的比例上看，持促进态度（包括促进和很促进）从高到低的国家为：俄罗斯（44.0%）、印度（40.5%）、德国（27.2%，为一点也不制约和促进之和）、美国（26.5%）、日本（25.4%）。持制约态度（包括制约和很制约）从高到低的国家为：日本（38.5%）、德国（37.5%，为制约和有一定制约之和）、美国（32.2%）、俄罗斯（25.7%）、印度（22.9%）。

其次，从对中国政治制度是促进还是制约了中国经济发展的均值上看，五国的均值由高到低为印度（3.24）、俄罗斯（3.22）、德国（2.94）、美国（2.93）、日本（2.75）。从比例和均值得分情况，五国可以分成三类：第一类为印度和俄罗斯，持促进态度的比例大于持制约态度的比例，均值超过中立值3。第二类为美国和德国，持促进态度的比例小于持制约态度的比例，均值基本接近中立值3；第三类是日本，持促进态度的比例小于持制约态度的比例，均值离中立值3较远。将五国均值得分折合成百分制，在印、俄、德、美、日分别为64.8分、64.4分、58.8分、58.6分、55.0分。五国平均，均值为3.02，折合成百分制为60.4分。

## 第二节 在日本、韩国、越南、印尼的调查

### 一、问卷修订

#### （一）设计思路

在2013年使用问卷（Ⅲ）对日本、韩国、越南和印尼调查时，基本沿用了2011年问卷（Ⅰ）设置的问题，但做了精简，将原来调查受访者对中国制度认知的两个问题减为一个问题，只调查了相对容易回答的对中国社会制度的认知，没有调查对中国政党制度的认知。四国民众对中国政治制度如何评价的问题没有改变。

#### （二）问卷内容

（Ⅲ）V44. 您认为中国当今的社会制度是什么？（请选择一项）

1. 资本主义　2. 社会主义　3. 共产主义　4. 封建主义
77. 其他　　　88. 不知道

（Ⅲ）V44-1. 您认为当今的中国政治制度促进还是制约了中国的经济发展？

制约　　1　2　3　4　5　　促进　　88. 不知道

### 二、对中国社会制度的认知

相关数据见表14-6。

### (一) 各国情况

在六种选项中,日本受访者对中国社会制度的认知,排在前三位的是:共产主义(44.0%)、社会主义(18.6%)、不知道(12.1%)。这反映出日本民众对中国社会制度认识不清。中国尚处于社会主义的初级阶段,是具有中国特色的社会主义制度,自我定位与日本受访者的认知相距甚远。

在六种选项中,韩国受访者对中国社会制度的认知,排在前三位的是:社会主义(42.1%)、共产主义(25.0%)、资本主义(16.1%)。其他选项的比例都比较小。这反映出韩国民众对中国社会制度的正确认知占主导地位。

越南受访者对中国社会制度的认知,排在前三位的是:社会主义(41.5%)、资本主义(17.5%)、共产主义(17.4%)。越南受访者对中国社会制度的认知和韩国的类似,这反映出越南民众对中国社会制度的正确认知占主导地位。这和越南也是社会主义国家且和中国接壤有关。

在六种选项中,印尼受访者对中国社会制度的认知,排在前三位的是:共产主义(36.8%)、社会主义(32.9%)、不知道(13.4%)。印尼作为一个发展中国家,也把中国的社会制度误认为是共产主义,位居各选项之首,这反映出印度民众对中国社会制度的认知不准确,特别是共产主义和社会主义的概念混淆。在印尼当前的意识形态文化中,共产主义含有强烈的贬义(是非法的),中国方面需要澄清自己的社会制度为社会主义初级阶段。

表 14-6 四国受访者对中国社会制度的认知

单位:%

|  | 日本 | 韩国 | 越南 | 印尼 | 四国平均 |
| --- | --- | --- | --- | --- | --- |
| 社会主义 | 18.6 | 42.1 | 41.5 | 32.9 | 33.8 |
| 共产主义 | 44.0 | 25.0 | 17.4 | 36.8 | 30.8 |
| 资本主义 | 9.6 | 16.1 | 17.5 | 12.0 | 13.8 |
| 封建主义 | 7.9 | 1.2 | 5.3 | 2.7 | 4.3 |
| 其他 | 7.8 | 3.4 | 6.4 | 2.2 | 5.0 |
| 不知道 | 12.1 | 12.3 | 11.9 | 13.4 | 12.4 |

## （二）四国比较

四国中认知正确率最高的是韩国（42.1%），其后是越南（41.5%）、印尼（32.9%），最低的是日本（18.6%）。认知度最差的是日本，不知道的占12.1%，有44.0%的受访者误认为中国实行的是共产主义制度。调查显示出两个特点：第一，日本和印尼受访者对中国当今的社会制度认知不清，误认为中国现在实行的是"共产主义"的比例在两国都位居第一。第二，四国都存在着社会主义和共产主义混淆不清的情况。四国数据平均，社会主义排在第一位，为33.8%，共产主义排在第二位，为30.8%，前者仅高出后者3.0%。

对受访者整体、高中生、青年和精英重点人群选择中国现行的是社会主义制度的比例加以比较（表14-7），四国平均值显示：精英的正确认知率（37.5%）略微高于青年（36.6%），青年高于高中生（28.7%）。但是，各国情况有差异。在韩国和印尼，精英的正确认知率高于青年。但在日本和越南则是青年均高于精英。在日本，精英的正确认知率为20.8%，低于青年（24.1%）。四国相比，精英中韩国对中国社会制度的正确认知率最高（59.5%），以下是越南（35.4%）、印尼（34.1%）、日本（20.8%）。

表14-7 四国各类人群选择中国是社会主义制度的比例

单位:%

|  | 日本 | 韩国 | 越南 | 印尼 | 四国平均 |
| --- | --- | --- | --- | --- | --- |
| 整体 | 18.6 | 42.1 | 41.5 | 32.9 | 33.8 |
| 高中生 | 8.8 | 38.2 | 44.2 | 23.7 | 28.7 |
| 青年 | 24.1 | 45.5 | 44.4 | 32.4 | 36.6 |
| 精英 | 20.8 | 59.5 | 35.4 | 34.1 | 37.5 |

## 三、对中国政治制度的评价

问卷（Ⅲ）通过"您认为当今的中国政治制度促进还是制约了中国经济的发展？"这个问题，用六个选项（1. 非常制约，2. 制约，3. 中立，4. 促进，5. 非常促进，88. 不知道）对日、韩、越、印尼四国进行了调查。在数据分析部分，首先，展示受访者在选择各选项的比例。然后，将非常制约赋值 1，非常促进赋值 5，以此类推，去除回答不知道者，计算出明确表态者认为当今中国政治制度是促进还是制约了中国经济的发展的均值，均值越高，说明受访者对当今中国政治制度促进了中国经济发展的观点越肯定。相关数据见表 14-8。

### （一）各国情况

日本受访者中，持制约态度的占 43.4%（包括很制约 20.7% 和制约 22.7%），持中立态度的有 20.9%，持促进态度的为 17.2%（包括很促进 4.2% 和促进 13.0%），回答不知道的为 18.5%。去除回答不知道者，明确表态者的均值为 2.48，在制约和中立之间。

韩国受访者中，持制约态度的占 23.6%（包括很制约 8.4% 和制约 15.2%），持中立态度的有 27.8%，持促进态度的为 39.7%（包括很促进 9.4% 和促进 30.3%），回答不知道的为 8.8%。去除回答不知道者，明确表态者的均值为 3.19，在中立和促进之间，偏向中立。

越南受访者中，持制约态度的占 16.1%（包括很制约 8.9% 和制约 7.2%），持中立态度占 24.6%，持促进态度为 45.7%（包括很促进 19.0% 和促进 26.7%），回答不知道为 13.6%。去除回答不知道者，明确表态者的均值为 3.49，在中立和促进之间。

印尼受访者中，持制约态度的占 2.8%（包括很制约 1.4% 和制约 1.4%），持中立态度的有 16.7%，持促进态度的为 71.4%（包括很促进 36.5% 和促进 34.9%），回答不知道的为 9.2%。去除回答不知道者，明确表态者的均值为 4.12，在促进和很促进之间，偏向促进。

### （二）四国比较

首先，从对中国政治制度是促进还是制约了中国经济发展的比例上看，持促进态度（包括促进和很促进）从高到低的国家为：印尼（71.4%）、越南（45.7%）、韩国（39.7%）、日本（17.2%）。持制约态度（包括制约和很制约）从高到低的国家为：日本（43.4%）、韩国（23.6%）、越南（16.1%）、印尼（2.8%）。四国平均，持促进态度的为 43.5%，持制约态度的为 21.5%。

表 14-8　四国对中国政治制度促进还是制约中国经济发展的态度

单位:%

|  | 很制约 | 制约 | 中立 | 促进 | 很促进 | 不知道 |
|---|---|---|---|---|---|---|
| 日本 | 20.7 | 22.7 | 20.9 | 13.0 | 4.2 | 18.5 |
| 韩国 | 8.4 | 15.2 | 27.8 | 30.3 | 9.4 | 8.8 |
| 越南 | 8.9 | 7.2 | 24.6 | 26.7 | 19.0 | 13.6 |
| 印尼 | 1.4 | 1.4 | 16.7 | 36.5 | 34.9 | 9.2 |
| 四国平均 | 9.9 | 11.6 | 22.5 | 26.6 | 16.9 | 12.5 |

其次,从对中国政治制度是促进还是制约了中国经济发展的均值上看,四国的均值由高到低为印尼(4.12)、越南(3.49)、韩国(3.19)、日本(2.48)。从比例和均值得分情况,四国可以分成四类:第一类为印尼,均值超过4;第二类为越南,态度为中立和促进之间;第三类是韩国,态度为中立;第四类为日本,态度为制约和中立之间。将四国均值得分折合成百分制,在印尼、越、韩、日分别为82.4分、69.8分、63.8分、49.6分。五国平均,均值为3.32,处于中立和促进之间,折合成百分制为66.4分。

将受访者整体、高中生、青年、精英对中国政治制度的评价的均值(表4-11)进行比较,从四国平均值来看,精英的评价的均值(3.43)高于整体(3.32),整体高于青年(3.22),青年高于高中生(3.09)。最明显的是越南,精英的评价(3.68)明显高于整体(3.49)、青年(3.39)和高中生(3.11)。四国相比,印尼的精英对中国政治制度评价最高,均值为4.19,所持的态度为中国政治制度较促进了中国的经济发展。以下是越南精英(3.68),在中立和较促进之间,趋向较促进。韩国精英(3.32)在中立和较促进之间,趋向中立。日本精英(2.54)的态度在较制约和中立之间。见表14-9。

表 14-9　四国各人群对中国政治制度的评价(5级量表)

|  | 日本 | 韩国 | 越南 | 印尼 | 四国平均值 |
|---|---|---|---|---|---|
| 整体 | 2.48 | 3.19 | 3.49 | 4.12 | 3.32 |
| 高中生 | 2.34 | 3.13 | 3.11 | 3.78 | 3.09 |
| 青年 | 2.40 | 3.07 | 3.39 | 4.01 | 3.22 |
| 精英 | 2.54 | 3.32 | 3.68 | 4.19 | 3.43 |

## 四、2011年和2013年对日本调查的对比

在2011年的问卷（Ⅰ）和2013年的问卷（Ⅲ）中，曾经用同样的问题"您认为中国当今的社会制度是什么？"调查过日本受访者的认知，用同样的问题"您认为当今的中国政治制度促进还是制约了中国的经济发展？"调查过日本受访者的态度。将两次调查结果进行对比，有助于对调查方法本身信度的认识，以及了解日本民众两年中的心态变化。

### （一）对中国社会制度的认知

受访者对中国社会制度的认知是一种知识，在两年中不应该有较大的变化。对两次数据进行对比，是检验SSI调查公司使用在线可访问样本库在日本调查的数据的信度。如果两组数据差别不大，可以认为两次数据的质量好，如果差距很大说明数据质量差。对2011年和2013年关于中国社会制度认知的比例对比见表14-10。2013年与2011年相比，各个选项的整体比例没有质的变化，数据差别最大的两项是选择共产主义和社会主义的变化，前者增加了8.1%，后者减少了4.7%。其余均未超过4.7%。如何解释选择共产主义的增加了8.1%和选择社会主义的减少了4.7%？如果日本受访者本身对社会主义和共产主义就区别不清，一个增加了8.1%，另一个减少了4.7%，两者一对冲，只有3.4%的变化，说明数据的质量还好；如果日本受访者本身对社会主义和共产主义的区别一清二楚，那么数据的质量就不是非常好。根据经验，前者的可能性大一些。

表14-10 2011年与2013年对中国社会制度认知的对比

单位:%

|  | 2011年 | 2013年 | 两年之差 |
| --- | --- | --- | --- |
| 社会主义 | 23.3 | 18.6 | -4.7 |
| 共产主义 | 35.9 | 44.0 | 8.1 |
| 资本主义 | 14.2 | 9.6 | -4.6 |
| 封建主义 | 7.3 | 7.9 | 0.6 |
| 其他 | 5.9 | 7.8 | 1.9 |
| 不知道 | 13.4 | 12.1 | 1.3 |

## (二) 对中国政治制度的评价

用问题"您认为当今的中国政治制度促进还是制约了中国的经济发展?"调查的是日本受访者的态度。态度在这里指的是对事情的看法,对事情的看法在两年中是可能发生重大变化的,"士别三日,当刮目相看"说的就是态度可以有很大的变化。美国皮尤公司关于世界各国民众的舆情调查显示,有时某国在1—2年内对某个问题的态度就发生很大的变化。将2013年和2011年的数据加以对比,可以看出日本民众的心态变化。

2013年和2011年的对比数据见表14-11。数据显示,2013年与2011年相比,选择"很制约"的比例上升为20.7%,增加了7.7%,而选择"制约""促进""很促进"的比例分别下降了2.8%、8.1%、0.1%,三者一共下降了11.0%。"中立"和"不知道"共上升了5.7%。这说明11.0%的受访者除了转投了"中立"和"不知道"的5.7%之外,还有5.3%的受访者转投了"很制约"。

2011年的均值得分为2.75,2013年的均值得分为2.48,下跌了0.27。折合成百分制,前者为55.0分,后者为49.6分,下跌了5.4分。

比例对比和均值对比都说明,自2011年以来,日本受访者对中国政治制度的负面看法在增大。这是什么原因造成的?值得研究。

表14-11 2011年与2013年日本对中国政治制度态度的比例对比

单位:%

|  | 很制约 | 制约 | 中立 | 促进 | 很促进 | 不知道 |
|---|---|---|---|---|---|---|
| 2011年 | 13.0 | 25.5 | 22.1 | 21.1 | 4.3 | 14.0 |
| 2013年 | 20.7 | 22.7 | 20.9 | 13.0 | 4.2 | 18.5 |
| 两年之差 | 7.7 | -2.8 | 1.2 | -8.1 | -0.1 | 4.5 |

# 第三节 调查后的思考

## 一、对外宣传中准确清晰地表述中国的社会制度

调查显示,八国对中国的社会制度、政治制度的认知模糊不清。这表现

在两个方面：一是对中国的社会制度不清楚。在2011年的调查中，美国、德国、俄罗斯、印度、日本五国受访问者对中国社会制度回答"不知道"的高居第三位（18.7%），对中国政党制度回答"不知道"的高居第二位（27.5%）。在2013年的调查中，日本、韩国、越南、印尼受访者对中国当今的社会制度是什么的整体正确认知率平均值为35.2%。

二是将社会主义与共产主义相混淆。在2011年调查中，认为中国实行的是"共产主义"五国平均数值为36.5%，比认为是"社会主义"的22.7%高出13.8%。在2013年的调查中，只有社会主义国家越南受访者回答"社会主义"的比例在六个选项中排在第一位，其余三国均将"共产主义"排在首位。日本有44.0%的受访者认为中国是共产主义，精英的正确认知率为20.8%，低于青年（24.1%）。很多受访者将中国的社会制度误认为是共产主义，这可能与中国执政党是共产党有关。

可见，目前八国民众对中国的政治制度和政党制度这一基本国情是不清楚的。因而，今后中国的对外宣传中，需要分清社会主义与共产主义之间的差异，以及共产党领导的多党合作制与一党专制的区别，准确清晰地向国外民众表述中国的社会制度和政党制度。

## 二、对外传播中应有制度自信

在态度方面，受访者在回答"中国政治制度促进还是制约了中国的经济发展"时，以百分制计算，八国由高到低为：印尼（82.4分）、越南（69.8分）、印度（64.8分）、俄罗斯（64.4分）、韩国（63.8分）、德国（58.8分）、美国（58.6分）、日本（2011年55.0分，2013年49.6分）。这说明，发展中国家及韩国的60%以上的受访者，德国和美国半数以上的受访者都持中国政治制度促进了中国的经济发展的态度。这说明，政治制度在促进中国经济发展方面得到了广泛的肯定。因而，今后的对外宣传中，在传播中国政治制度促进了中国经济发展方面应有信心。

# 第十五章

# 对中国外交的评价

## 第一节 在美国、德国、俄罗斯、印度、日本的调查

### 一、问卷设计

#### (一) 设计思路

受访者对中国外交政策的态度与对中国文化的态度之间有一定的相互影响,特别是双边关系的现状影响了受访者对中国文化在该国传播的态度。外国民众对中国的外交政策如何评价?对双边关系如何评价?在对中国外交的评价中,外国民众对"中国威胁论"的态度是个关键。中国的快速发展,特别是改革开放后中国经济的繁荣,让一些国家产生了忧虑甚至质疑,有些国家甚至一再宣扬"中国威胁"的论调。了解中国外交政策的软实力,对"中国威胁论"的态度是一个重要的参考问题。关于外国民众对"中国威胁论"的态度在问卷(I)中设计了两个问题:一个是对将来发展趋势的预测,一个是对近五年中国外交实践的评估。对双边关系在美国和印度设计了一个问题,只问及了对双边关系好坏的看法,在德国、俄罗斯和日本不仅问了对双边关系好坏的看法,而且用不同的方式问及对当今两国间利益关系的看法。

#### (二) 问卷内容

(I) V20. 您认为当今中国的快速经济发展是对世界和平的威

胁吗?

1. 根本没有威胁　2. 基本不是威胁　3. 中立
4. 部分威胁　　 5. 最大的威胁　　6. 不知道

（I）V21. 您认为近五年里中国是否正面地影响了世界的和平与发展?①

1. 很不同意　　2. 不同意　　3. 中立　　4. 同意
5. 很同意　　　6. 不知道

（I）V47. 您认为目前中国和贵国的关系如何?

1. 很不好　　2. 不好　　3. 不好不坏　　4. 较好
5. 很好　　　6. 不知道

（I）V50. 您认为当今中国对德国有正面影响吗?（德国问卷）

1. 很负面　　2. 负面　　3. 不正面也不负面
4. 正面　　　5. 非常正面　　6. 不知道

（I）V50. 您认为当今的中国对俄罗斯构成威胁吗?（俄罗斯问卷）

1. 非常有威胁　2. 有威胁　　3. 一般
4. 威胁不是特别大　　　5. 完全没有威胁　6. 不知道

（I）V50. 中国的发展对日本而言具有积极意义还是消极意义?（日本问卷）

1. 消极　　　2. 中立　　　3. 积极　　　4. 不知道

## 二、对"中国威胁"的态度

首先展示受访者回答"当今中国的快速经济发展是对世界和平的威胁吗?"的情况，见表15-1。然后，去除回答不知道者，将回答"最大的威胁"赋值为1，"根本没有威胁"赋值为5，以此类推，计算出均值，均值越低，说明受访者持"中国威胁论"的观点越多。

---

① 此问题与所列选项不匹配，在翻译成外文时，按此问题所表达的实际意思翻译为：您是否同意近五年里中国外交正面地影响了世界的和平与发展?

## (一) 各国情况

美国 1175 份样本中选择"根本没有威胁"的占 6.1%,选择"基本不是威胁"的占 21.5%,选择"中立"的占 28.2%,选择"部分威胁"的占 22.5%,"严重威胁"的占 6.7%,"不知道"的占 15.0%。

有 176 人选择"不知道";999 人明确表明态度,占样本总数的 85.02%。整体上,受访者对中国是世界和平威胁的评价的均值为 2.97,略低于中间值 3,说明受访者对这个问题持中立态度的占多数。

表 15-1 当今中国的快速经济发展是对世界和平的威胁吗?

单位:%

|      | 最大的威胁 | 部分威胁 | 中立 | 基本不是威胁 | 根本没威胁 | 不知道 |
|------|--------|--------|------|--------|--------|------|
| 美国   | 6.7    | 22.5   | 28.2 | 21.5   | 6.1    | 15.0 |
| 德国   | 8.5    | 23.3   | 34.9 | 15.3   | 4.0    | 14.1 |
| 俄罗斯  | 4.4    | 18.1   | 30.8 | 16.0   | 18.1   | 12.5 |
| 印度   | 7.5    | 17.2   | 35.1 | 22.3   | 11.3   | 6.5  |
| 日本   | 22.2   | 49.4   | 11.9 | 8.1    | 1.6    | 6.7  |
| 五国平均 | 9.9    | 26.1   | 28.2 | 16.6   | 8.2    | 11.0 |

德国 1908 份样本里选择"根本没有威胁"的有 76 人,占总样本量的 4.0%;选择"基本不是威胁"有 291 人,占总样本量的 15.3%;选择"中立"的有 665 人,占总样本量的 34.9%;选择"部分威胁"的有 445 人,占总样本量的 23.3%;选择"最大的威胁"的有 163 人,占总样本量的 8.5%。

有 268 人选择"不知道"选项,占样本总数的 14.1%。1604 人明确表明态度,占样本总数的 85.95%。受访者整体对中国是世界和平威胁的评价均值为 2.80,介于"中立"与"部分威胁"之间,更倾向于中立。

俄罗斯 1061 份样本中选择"根本没有威胁"的有 192 人,占总样本量的 18.1%;"基本不是威胁"有 170 人,占总样本量的 16.0%;"中立"有 327 人,占总样本量的 30.8%;"部分威胁"有 192 人,占总样本量的 18.1%;选择"最大的威胁"的有 47 人,占总样本量的 4.4%。

有 133 人选择"不知道",占样本总数的 12.5%。928 人明确表态,占样本总数的87.5%。受访者整体对中国是世界和平威胁的评价均值为3.29，介于"中立"与"基本不是威胁"之间，持中立态度的占多数。

印度1039份样本里选择"根本没有威胁"的有117人，占总样本量的11.3%；选择"基本不是威胁"有232人，占总样本量的22.3%；选择"中立"的有365人，占总样本量的35.1%；选择"部分威胁"的有179人，占总样本量的17.2%；选择"最大的威胁"的有78人，占总样本量的7.5%。

有68人选择"不知道"选项，占样本总数的6.5%。971人明确表明态度，占样本总数的93.5%。受访者整体对中国是世界和平威胁的评价均值为3.13，介于"中立"与"基本不是威胁"之间，持中立态度的占多数。

日本1038份样本里选择"根本没有威胁"的有17人，占总样本量的1.6%；选择"基本不是威胁"有84人，占总样本量的8.1%；选择"中立"的有124人，占总样本量的11.9%；选择"部分威胁"的有513人，占总样本量的49.4%；选择"最大的威胁"的有230人，占总样本量的22.2%。"部分威胁"比例与"最大的威胁"比例之和为71.6%。

有70人选择"不知道"，占样本总数的6.7%。968人明确表态，占样本总数的93.3%。整体上，受访者对中国是世界和平威胁的评价均值为2.11，对这个问题持"部分威胁"态度的占多数。

（二）五国比较

五国数据对比显示，认为构成"威胁的"（包括部分威胁和最大威胁）的比例由高到低分别为：日本（71.6%）、德国（31.8%）、美国（29.2%）、印度（24.7%）、俄罗斯（22.5%）。认为不构成"威胁的"（包括基本不是威胁和根本没有威胁）的比例由低到高分别为：日本（9.7%）、德国（19.3%）、美国（27.6%）、印度（33.6%）、俄罗斯（34.1%）。对这一问题回答"不知道"的比例分别为：日本（6.7%）、德国（14.1%）、美国（15.0%）、印度（6.5%）、俄罗斯（12.5%）。均值由低到高分别为：日本（2.11）、德国（2.80）、美国（2.97）、印度（3.13）、俄罗斯（3.29）。

### 三、对近五年中国外交实践的评价

首先展示五国受访者回答"近五年里中国是否正面地影响了世界和平

与发展?"的情况,见表15-2。然后,去除回答不知道者,将回答"很不同意"赋值1,"很同意"赋值5,以此类推,计算出均值,均值越高,表明受访者对中国和平外交实践越肯定。

表15-2 近五年里中国是否正面地影响了世界的和平与发展?

单位:%

|  | 很不同意 | 不同意 | 中立 | 同意 | 很同意 | 不知道 |
| --- | --- | --- | --- | --- | --- | --- |
| 美国 | 4.0 | 15.2 | 38.1 | 21.6 | 4.3 | 16.7 |
| 德国 | 2.5 | 14.9 | 36.8 | 22.6 | 9.1 | 14.0 |
| 俄罗斯 | 2.8 | 8.1 | 27.8 | 45.9 | 6.7 | 8.7 |
| 印度 | 6.5 | 13.1 | 30.6 | 34.7 | 10.0 | 5.0 |
| 日本 | 25.2 | 33.1 | 23.3 | 11.0 | 1.6 | 5.7 |
| 平均 | 8.2 | 16.9 | 31.3 | 27.2 | 6.4 | 10.0 |

(一)各国情况

美国受访者中选择"很同意"的占4.3%,选择"同意"的占21.6%,选择"中立"的占38.1%,选择"不同意"的占15.2%,"很不同意"的占4.0%。

有196人选择"不知道",占样本总数的16.7%。979人明确表态,占样本总数的83.3%。受访者对近五年中国外交实践评价的均值为3.08,略高于中间值3,持中立态度。

德国受访者中,2.5%选择"很不同意",14.9%选择"不同意",合并计算,有17.4%不同意中国对世界的和平与发展起到积极作用。22.6%选择"同意",9.1%选择"很同意",合并计算,有31.7%同意中国对世界和平与发展起到了积极作用。36.8%选择中立,比例最高。

有267人选择"不知道",占样本总数的14.0%。1641人明确表态,占样本总数的86.0%,受访者对近五年中国外交实践评价的均值为3.24,持中立态度。

俄罗斯受访者中,2.8%选择"很不同意",8.1%选择"不同意",合并计算,有10.9%不同意中国对世界和平与发展起到积极作用。45.9%选择"同意",6.7%选择"很同意",合并计算,有52.6%同意中国对世界和平与发展起到了积极作用,比例最高。

有92人选择"不知道",占样本总数的8.7%。969人明确表态,占样本总数的91.3%,受访者对近五年中国外交实践评价的均值为3.50,在中立和同意之间。

印度受访者中,6.5%选择"很不同意",13.1%选择"不同意",合并计算,有19.6%不同意中国对世界的和平与发展起到积极作用。34.7%选择"同意",10.0%选择"很同意",合并计算,有44.7%同意中国对世界和平与发展起到了积极作用,比例最高。

52人选择"不知道",占样本总数的5.0%。987人明确表态,占样本总数的95.0%,受访者对近五年中国外交实践评价的均值为3.30,在中立和同意之间。

日本受访者中,25.2%选择"很不同意",33.1%选择"不同意",合并计算,有58.3%不同意中国对世界和平与发展起到积极作用,比例最高。11.0%选择"同意",1.6%选择"很同意",合并计算,有12.6%同意中国对世界和平与发展起到了积极作用。

有59人选择"不知道"选项,占样本总数的5.7%。979人明确表态,占样本总数的94.3%,受访者对近五年中国外交实践评价的均值为2.26,在中立和不同意之间,趋向不同意。

## (二) 五国比较

数据对比显示,表示"不同意"(包括很不同意和不同意)的比例,五国分别为:日本(58.3%)、印度(19.6%)、美国(19.2%)、德国(17.4%)、俄罗斯(10.9%)。表示"同意"(包括同意和很同意)的比例,五国分别为:日本(12.6%)、美国(25.9%)、德国(31.7%)、印度(44.7%)、俄罗斯(52.6%)。回答"不知道"的比例,五国分别为:印度(5.0%)、日本(5.7%)、俄罗斯(8.7%)、德国(14.0%)、美国(16.7%)。

去除回答"不知道"的受访者,计算出五国的均值,由低到高为:日本(2.26)、美国(3.08)、德国(3.24)、印度(3.30)、俄罗斯(3.5)。

## (三) 结果对比

问题V20是对将来发展趋势的预测,问题V21是对近五年中国外交实践的评估,将五国均值计算平均分:前者为2.86,后者为3.08,高出前者0.22,这说明受访者对近五年中国外交实践的评估略好于对将来中国发展后"中国威胁"趋势的担忧。五国受访问者不同程度存在着中国快速发展会对世界和平造成威胁的担忧,尤其以日本受访者担忧的比例最高,担忧最甚。

## 四、对双边关系的态度

首先展示五国受访者回答"您认为目前中国和贵国的关系如何?"的情况,见表15-3。然后,去除回答"不知道"者,将回答"很不好"赋值1,"很好"赋值5,以此类推,计算出均值,均值越低,说明受访者认为两国关系越不好。

表15-3 目前中国和贵国的关系如何?

单位:%

|   | 很不好 | 不好 | 不好不坏 | 较好 | 很好 | 不知道 |
| --- | --- | --- | --- | --- | --- | --- |
| 美国 | 1.8 | 15.3 | 41.9 | 27.4 | 3.7 | 9.9 |
| 德国 | 1.1 | 5.4 | 38.9 | 40.7 | 5.1 | 8.8 |
| 俄罗斯 | 0.9 | 2.7 | 27.5 | 54.9 | 7.4 | 6.5 |
| 印度 | 3.9 | 10.3 | 36.6 | 30.4 | 10.8 | 8.1 |
| 日本 | 12.2 | 44.3 | 30.3 | 8.8 | 0.4 | 3.9 |
| 平均 | 4.0 | 15.6 | 35.0 | 32.4 | 5.5 | 7.4 |

### (一)各国情况

美国受访者选择不好的为17.1%(包括"很不好"的1.8%和"不好"的15.3%);选择好的为31.1%(包括"很好"的3.7%和"较好"的27.4%);选择"不好不坏"的占41.9%,比例最高。

选择"不知道"的占样本总数的9.9%。明确表态者占样本总数的90.1%。整体受访者对目前中美关系评价的均值为3.18,略高于中间值3。

德国受访者选择不好的为6.5%(包括"很不好"的1.1%和"不好"的5.4%);选择好的为45.8%(包括"很好"的5.1%和"较好"的40.7%),比例最高;选择"不好不坏"的占38.9%。

选择"不知道"者占样本总数的8.8%。明确表态者占样本总数的

91.2%。整体受访者对目前中德关系评价的均值为3.70,介于不好不坏和较好之间,接近较好。

德国问卷中还有一个问题:"您认为当今中国对德国有正面影响吗?"调查结果显示:1908份样本中,990人(51.9%)持中立态度,占比例最大;有441人(23.1%)认为当今的中国对德国有正面影响(包括"很正面"的2.9%和"正面"的20.2%),另外有244人(12.8%)认为有负面影响(包括"很负面"的2.4%和"负面"的10.4%)。12.2%的受访者选择了"不知道"。87.8%的受访者给出了明确回答,其态度的均值为3.12。总体而言,受访者普遍认为当今中国对德国的影响是中性的。

第一个问题涉及双边关系的现状,第二个问题涉及双边的利益关系。将调查结果放在一起分析显示,双边的利益关系与两国关系好坏相关。受访者普遍认为中国对德国的影响是中性的,目前中德关系接近较好。

俄罗斯受访者选择不好的为3.6%(包括"很不好"0.9%和"不好"2.7%);选择好的为62.3%(包括"很好"7.4%和"较好"54.9%),比例最高;选择"不好不坏"占27.5%。

有69人选择"不知道",占样本总数的6.5%。992人明确表态,占样本总数的93.5%。整体受访者对目前中俄关系评价的均值为3.79,接近较好。

俄罗斯问卷中还有一个问题:"您认为当今的中国对俄罗斯构成威胁吗?"调查结果显示:样本中26.6%的人对这个问题持中立态度,有45.3%的受访者认为当今的中国对俄罗斯没有威胁(包括"完全没有威胁"25.4%和"威胁不是特别大"19.9%),另外有13.1%的受访者认为有威胁(包括"非常有威胁"2.1%和"有威胁"11.0%)。15.0%的受访者选择了"不知道"。去除回答不知道者,85.0%的受访者做出了明确回答,其态度的均值为3.65。总体而言,受访者普遍认为中国对俄罗斯不构成威胁。

第一个问题涉及双边关系的现状,第二个问题涉及双边的利益关系。将调查结果放在一起分析显示,双边的利益关系与两国关系好坏相关。受访者普遍认为中国对俄罗斯不构成威胁,受访者对目前中俄关系评价为接近较好。

印度受访者选择不好的为14.2%(包括"很不好"3.9%和"不好"

10.3%）；选择好的为41.2%（包括"很好"10.8%和"较好"30.4%），比例最高；选择"不好不坏"的占36.6%。

有84人选择"不知道"，占样本总数的8.1%。955人明确表态，占样本总数的91.9%，对目前中印关系评价的均值为3.37，在不好不坏和较好之间，略偏向不好不坏。

1038位日本受访者中，选择不好的为56.5%（包括"很不好"12.2%和"不好"44.3%），比例最高；选择好的为9.2%（包括"很好"0.4%和"较好"8.8%）；选择"不好不坏"的占30.3%。

有41人选择"不知道"，占样本总数的3.9%。997人明确表态，占样本总数的96.1%，对目前中日关系评价的均值为2.38，介于"不好"与"不好不坏"之间，略偏向"不好"。

日本问卷中还有一个问题："中国的发展对日本而言具有积极意义还是消极意义？"有115位受访者（11.1%）选择"不知道"和拒绝回答。923位（88.9%）明确表态，其中30.7%的受访者认为中国的发展对日本而言具有消极意义，37.9%的受访者持中立态度，20.3%的受访者认为中国的发展对日本具有积极的意义。去除回答不知道者，受访者态度的均值为1.89，受访者普遍认为，中国的发展对日本不具有积极意义。

第一个问题涉及双边关系的现状，第二个问题涉及双边的利益关系。将调查结果放在一起分析显示，双边的利益关系与两国关系好坏相关。受访者普遍认为中国的发展对日本不具有积极意义，对目前中日关系评价介于"不好"与"不好不坏"之间，更接近"不好"。

### （二）五国比较

五国数据对比，表示两国关系不好（包括"很不好"和"不好"）的比例由高到低为：日本（56.5%）、美国（17.1%）、印度（14.2%）、德国（6.5%）、俄罗斯（3.6%）；表示好（包括"较好"和"很好"）的比例由高到低为：俄（62.3%）、德（45.8%）、印（41.2%）、美（31.1%）、日（9.2%）。选择"不知道"的比例由高到低为：美（9.9%）、德（8.8%）、印（8.1%）、俄（6.5%）、日（3.9%）

去除回答"不知道"的受访者，计算出明确表态受访者对两国关系态度的均值由低到高为：日（2.38）、美（3.18）、印（3.37）、德（3.70）、俄（3.79）。日本的均值介于"较不好"和"不好不坏"之间，美国和印度倾向"不好不坏"，德国和俄罗斯倾向于"较好"。

### （三）对中国外交的整体评价与对双边关系评价的对比

将五国受访者对"中国威胁论"的评价、对中国近五年外交实践的整体评价与对双边关系评价三者的均值加以对比（表15-4），显示出以下三个特点：

五国中，对两国关系评价的均值都高于对近五年中国外交实践评价的均值。高出最多的是德国，前者的均值（3.70）高于后者的均值（3.24）0.46。最低的是印度，只有0.07。五国平均，前者高出后者0.19。

五国中，对近五年中国外交实践评价的均值都高于对"中国威胁论"评价的均值。高出最多的是德国，前者（3.24）比后者（2.80）高0.44。最低的是美国，只有0.11。五国平均，前者（3.08）高出后者（2.86）0.22。

五国中，日本这三项均值的得分都低于其他四国。对"中国威胁论"评价的均值为2.12，低于五国平均值（2.86）0.74；对近五年中国外交实践评价的均值为2.26，低于五国平均值（3.08）0.82；对两国关系评价的均值为2.38，低于五国平均值（3.27）0.89。

总之，中国外交软实力系数（将对"中国威胁论"评价的均值、对近五年中国外交实践评价的均值、对两国关系评价的均值得分相加，然后除以3）显示：以5级量表计算，得分由高到低排列为：俄罗斯（3.50）、印度（3.27）、德国（3.25）、美国（3.08）、日本（2.25）。折合成百分制，中国外交软实力在五国的得分分别为：俄罗斯70分、印度65.4分、德国65分、美国61.6分、日本45分。

表15-4 五国的三项均值比较（5级量表）

|  | 美国 | 德国 | 俄罗斯 | 印度 | 日本 | 五国平均 |
| --- | --- | --- | --- | --- | --- | --- |
| 对"中国威胁论"评价的均值 | 2.97 | 2.80 | 3.29 | 3.13 | 2.12 | 2.86 |
| 对近五年中国外交实践评价的均值 | 3.08 | 3.24 | 3.50 | 3.30 | 2.26 | 3.08 |
| 对两国关系评价的均值 | 3.18 | 3.70 | 3.79 | 3.37 | 2.38 | 3.27 |
| 三项均值平均 | 3.08 | 3.25 | 3.50 | 3.27 | 2.25 | 3.07 |

## 第二节　在日本、韩国、越南、印尼的调查

### 一、问卷修订

#### (一) 设计思路

2013年使用问卷（Ⅲ）对日本、韩国、越南和印尼的调查，基本沿用了2011年问卷（Ⅰ）设置的问题。由于问卷（Ⅲ）主要是调查文化问题，因而做了精简，将民众对"中国威胁论"的态度的调查由两个问题减少为一个问题，只调查了受访者对近五年中国外交实践的评估，并对措辞进行了修改，同时对回答问题的选项只设置了很不同意、不同意、中立、同意、很同意五个选项，未设置"不知道"选项。双边关系中对四国都只设计了一个问题，只问及了对双边关系好坏的看法，未问及对当今两国间的利益关系的看法。

#### (二) 问卷内容

（Ⅲ）V38. 您是否同意近五年里中国外交正面地影响了世界的和平与发展？

1. 很不同意　　2. 不同意　　3. 中立　　4. 同意
5. 很同意

（Ⅲ）V42. 您认为目前中国与贵国关系如何？

1. 很不好　　2. 较不好　　3. 不好不坏　　4. 较好
5. 很好　　　88. 不知道

### 二、对近五年中国外交实践的评价

首先展示四国受访者回答问题V38的情况，见表15-5。然后，将"很不同意"赋值1，"很同意"赋值5，以此类推，计算出均值，均值越高，表明受访者对中国和平外交实践越肯定。

表 15-5 您是否同意近五年里中国外交正面地影响了世界的和平与发展?

单位:%

|  | 很不同意 | 不同意 | 中立 | 同意 | 很同意 |
|---|---|---|---|---|---|
| 日本 | 49.1 | 27.7 | 19.0 | 3.1 | 1.1 |
| 韩国 | 10.2 | 18.4 | 49.8 | 20.1 | 1.5 |
| 越南 | 16.7 | 19.8 | 34.0 | 24.9 | 4.5 |
| 印尼 | 0.6 | 2.1 | 36.9 | 52.7 | 7.7 |
| 平均 | 19.2 | 17.0 | 34.9 | 25.2 | 3.7 |

### (一) 各国情况

日本有76.8%的受访者不赞同（49.1%"很不同意"，27.7%"不同意"），4.2%的受访者赞同（1.1%"很同意"，3.1%"同意"），19%的受访者保持中立。均值为1.79，在很不同意和不同意之间，倾向于不同意。

韩国28.6%的受访者持不赞同（10.2%很不同意，18.4%不同意），21.6%的受访者赞同（1.5%很同意，20.1%同意），49.8%的受访者保持中立。均值为2.84，整体处于"中立"与"不同意"之间，倾向于中立。

越南受访者中36.5%不赞同（16.7%很不同意，19.8%不同意），29.4%赞同（4.5%很同意，24.9%同意），34.0%保持中立。均值为2.81，整体处于"中立"与"不同意"之间，倾向中立。

印尼受访者2.7%不赞同（0.6%很不同意，2.1%不同意），60.4%赞同（7.7%很同意，52.7%同意），36.9%保持中立。均值为3.65，整体处于中立与同意之间，倾向同意。

### (二) 四国比较

数据对比显示，表示不同意（包括很不同意和不同意）的比例，四国由高到低依次为：日本（76.8%）、越南（36.5%）、韩国（28.6%）、印尼（2.7%）。表示同意（包括同意和很同意）的比例，四国由低到高依次为：日本（4.2%）、韩国（21.6%）、越南（29.4%）、印尼（60.4%）。

四国均值对比显示：印尼整体评价最高（3.65），处于中立和同意之间，倾向同意；以下依次为韩国（2.84）和越南（2.81），得分接近，均处于不同意和中立之间，倾向中立；日本得分最低（1.79），处于很不同意和不同意之间，倾向不同意。四国整体平均值为2.77，处于不同意和中立之间，倾向中立。

高中生、青年、精英是本部分重点考察的对象，四国各群体的数据见表15-6。

日本高中生、青年、精英、整体都对中国外交影响持负面态度，各群体对比显示，精英对中国外交评价最低（1.74），青年最高（1.92）。

韩国高中生、青年、精英、整体对中国外交影响的态度都处于中立与不同意之间，倾向于中立。各群体对比显示，精英对中国外交评价最高（2.91），高中生最低（2.71）。

越南高中生、青年、精英、整体都对中国外交影响的态度都处于中立与不同意之间，倾向于中立。各群体对比和韩国的情况类似，精英对中国外交评价最高（2.96），高中生最低（2.66）。

印尼高中生、青年、精英、整体都对中国外交影响的态度都处于中立与同意之间，倾向于同意。各群体对比显示，精英对中国外交评价最高（3.73），高中生最低（3.54）。

四个国家的精英相比，韩国、越南、印尼的精英对中国外交的整体评价都最高，唯有日本最低。

表15-6 四国各群体对中国整体外交评价的均值（5级量表）

|  | 日本 | 韩国 | 越南 | 印尼 | 四国平均 |
| --- | --- | --- | --- | --- | --- |
| 整体 | 1.79 | 2.84 | 2.81 | 3.65 | 2.77 |
| 高中生 | 1.85 | 2.71 | 2.66 | 3.54 | 2.69 |
| 青年 | 1.92 | 2.73 | 2.74 | 3.57 | 2.74 |
| 精英 | 1.74 | 2.91 | 2.96 | 3.73 | 2.84 |

## 三、对双边关系的态度

首先展示四国受访者回答问题V42的情况，见表15-7。然后，将"很不好"赋值1，"很好"赋值5，以此类推，计算出均值，均值越低，说明受访者认为两国关系越不好。

表 15-7　目前中国和贵国的关系如何？

单位：%

| | 很不好 | 较不好 | 不好不坏 | 较好 | 很好 | 不知道 |
|---|---|---|---|---|---|---|
| 日本 | 56.0 | 33.9 | 6.1 | 1.1 | 0.7 | 2.2 |
| 韩国 | 3.2 | 17.2 | 44.5 | 24.7 | 4.9 | 5.5 |
| 越南 | 11.6 | 29.7 | 26.7 | 22.1 | 6.2 | 3.7 |
| 印尼 | 0.3 | 0.6 | 9.1 | 56.3 | 32.7 | 1.1 |
| 平均 | 17.8 | 20.4 | 21.6 | 26.1 | 11.1 | 3.1 |

### （一）各国情况

日本只有 1.8% 的受访者认为目前中日关系好（很好 0.7%，较好 1.1%），89.9% 的受访者认为目前中日关系不好（很不好 56.0%，较不好 33.9%），还有 6.1% 的受访者持中立态度，有 2.2% 的受访者不知道。均值为 1.53，处于很不好与较不好之间。

韩国受访者中 29.6% 认为目前中韩关系好（很好 4.9%，较好 24.7%），20.4% 认为目前中韩关系不好（很不好 3.2%，较不好 17.2%）。均值为 3.12，处于不好不坏和较好之间，倾向不好不坏。

越南有 28.3% 的受访者认为目前中越关系好（很好 6.2%，较好 22.1%），41.3% 认为目前中越关系不好（很不好 11.6%，较不好 29.7%）。均值为 2.81，处于"不好不坏"与"较不好"之间，倾向于不好不坏。

印尼有 89.0% 的受访者认为目前中国和印尼关系好（很好 32.7%，较好 56.3%），0.9% 的受访者认为目前中国和印尼关系不好（很不好 0.3%，较不好 0.6%）。均值为 4.22，整体处于较好到很好之间，倾向较好。

### （二）四国比较

四国数据对比显示，认为两国关系不好（包括很不好和较不好）的比例由高到低依次为：日本（89.9%）、越南（41.3%）、韩国（20.4%）、印尼（0.9%）；认为好（包括较好和很好）的比例由高到低依次为：印尼（89.0%）、韩国（29.6%）、越南（28.3%）、日本（1.8%）。回答"不知道"的比例由高到低依次为：韩（5.5%）、越（3.7%）、日（2.2%）、印尼（1.1%）

去除回答"不知道"者，计算出明确表态者对两国关系态度的均值：印尼整体评价得分最高（4.22），处于较好和很好之间，趋向较好；韩国（3.12）持不好不坏的态度；越南（2.81）处于较不好和不好不坏之间，倾向于不好不坏；日本得分最低（1.53），处于很不好和较不好之间。四国整体平均值为2.92，基本处于不好不坏的态度。

四国各群体的数据见表15-8。

日本高中生、青年、精英、整体都对双边关系持负面态度，精英对双边关系评价最低（1.44），高中生最高（1.71）。

韩国青年、精英、整体都对双边关系持不好不坏的态度，高中生持不好不坏与较不好之间态度，倾向于不好不坏。精英对双边关系评价最高（3.24），高中生最低（2.87）。

越南精英（2.94）对双边关系基本持不好不坏态度。整体、高中生、青年都处于不好不坏与较不好之间。精英对双边关系评价最高（2.94），高中生最低（2.53）。

印尼高中生、青年、精英、整体都对双边关系持较好的评价。精英对双边关系评价最高（4.33），高中生最低（4.13）。

四个国家的精英相比，韩国、越南、印尼的精英对双边关系的评价都最高，唯有日本最低。

表15-8　四国不同受访者对双方关系评价的均值（5级量表）

|      | 日本 | 韩国 | 越南 | 印尼 | 四国平均 |
| --- | --- | --- | --- | --- | --- |
| 整体 | 1.53 | 3.12 | 2.81 | 4.22 | 2.92 |
| 高中生 | 1.71 | 2.87 | 2.53 | 4.13 | 2.81 |
| 青年 | 1.63 | 3.02 | 2.72 | 4.17 | 2.89 |
| 精英 | 1.44 | 3.24 | 2.94 | 4.33 | 2.99 |

（三）对中国外交的整体评价与对双边关系评价的对比

将四国受访者对中国近五年外交实践的整体评价与对双边关系评价两者的均值加以对比（表15-9），显示出以下两个特点：

四国总体平均值显示，对双边关系的评价（2.92）高于对整体外交的评价（2.77）。印尼对双边关系的评价（4.22）高于对中国整体外交的评价

（3.65），韩国对双边关系的评价（3.12）也高于对中国整体外交的评价（2.84），越南对双边关系与中国整体外交的评价一致（都为2.81），日本对双边关系的评价（1.53）低于对整体外交的评价（1.79）。

四国中，日本在两项均值的得分都低于其他三国。对近五年中国外交实践评价的均值为1.79，低于四国平均值（2.77）0.98；对两国关系评价的均值为1.53，低于五国平均值（2.92）1.39。

总之，中国外交软实力系数（将对近五年中国外交实践评价的均值与对两国关系评价的均值得分相加，然后除以2）显示：以5级量表计算，得分由高到低的国家依次是印尼（3.94）、韩国（2.98）、越南（2.81）、日本（1.66）。折合成百分制，中国外交软实力得分在四国相应是：印尼78.8分、韩国59.6分、越南56.2分、日本33.2分。

表15-9　四国的两种均值比较（5级量表）

|  | 日本 | 韩国 | 越南 | 印尼 | 四国平均 |
|---|---|---|---|---|---|
| 对近五年中国外交实践评价的均值 | 1.79 | 2.84 | 2.81 | 3.65 | 2.77 |
| 对两国关系评价的均值 | 1.53 | 3.12 | 2.81 | 4.22 | 2.92 |
| 两项均值平均 | 1.66 | 2.98 | 2.81 | 3.94 | 2.85 |

四国的整体、高中生、青年、精英的均值相比较（表15-10），在对中国整体外交的评价上，精英（2.84）高于整体（2.77），整体高于青年（2.74），青年高于高中生（2.69），但差别不大。在对双边关系的评价上，也是精英（2.99）高于整体（2.92），整体高于青年（2.89），青年高于高中生（2.81），但差别不大。所有得分中，最低的是日本精英对中日关系的评价（1.44），最高的是印尼精英对中国与印尼关系的评价（4.33）。

表15-10　四国不同受访者对中国整体外交和双边关系的评价（5级量表）

|  | 日本 | | 韩国 | | 越南 | | 印尼 | | 四国平均值 | |
|---|---|---|---|---|---|---|---|---|---|---|
|  | 整体外交 | 双边关系 | 整体外交 | 双边关系 | 整体外交 | 双边关系 | 整体外交 | 双边关系 | 整体外交 | 双边关系 |
| 整体 | 1.79 | 1.53 | 2.84 | 3.12 | 2.81 | 2.81 | 3.65 | 4.22 | 2.77 | 2.92 |
| 高中生 | 1.85 | 1.71 | 2.71 | 2.87 | 2.66 | 2.53 | 3.54 | 4.13 | 2.69 | 2.81 |

续表

|  | 日本 | | 韩国 | | 越南 | | 印尼 | | 四国平均值 | |
| --- | --- | --- | --- | --- | --- | --- | --- | --- | --- | --- |
|  | 整体外交 | 双边关系 | 整体外交 | 双边关系 | 整体外交 | 双边关系 | 整体外交 | 双边关系 | 整体外交 | 双边关系 |
| 青年 | 1.92 | 1.63 | 2.73 | 3.02 | 2.74 | 2.72 | 3.57 | 4.17 | 2.74 | 2.89 |
| 精英 | 1.74 | 1.44 | 2.91 | 3.24 | 2.96 | 2.94 | 3.73 | 4.33 | 2.84 | 2.99 |
| 评价均值 | 1.66 | 2.98 | 2.81 | 3.94 | 2.85 | | | | | |

## 四、日本2011年调查与2013年调查的对比

2011年和2013年对日本的调查都有这两个问题："是否同意近五年里中国外交正面地影响了世界的和平与发展？""您认为目前中国与日本关系如何？"这期间，日本政府放弃了中日两国建交时搁置钓鱼岛主权争议的默契，2012年9月10日，日本政府正式以20.5亿日元（人民币1.66亿元）从粟原弘行手中将属于中国的领土钓鱼岛、南小岛、北小岛收购为国有，挑起了中日争端，遭到了中国政府和民众的强烈抗议，中日关系恶化。将2011年的调查和2013年的调查结果进行对照，可以看到这一事件对日本民众关于中国外交和中日关系看法的变化。对比显示，受访者对中国外交的正面评价大幅度下降（表15-11、表15-13）。2011年有61.9%受访者不同意（很不同意26.8%，不同意35.1%）近五年中国外交正面影响了世界的和平与发展，2013年增加到76.8%（很不同意49.1%，不同意27.7%），尤其是选择很不同意的，由26.8%增加到49.1%。均值由2.26下降到1.79。受访者对中日关系的评估也大幅度下降（表15-12、表15-13），认为中日关系不好（很不好和较不好）的比例由2011年的56.5%上升到89.9%，尤其是选择很不好的，由12.2%增加到56.0%。均值由2.38下降到1.53。对近五年中国外交实践评价的均值与对两国关系评价的均值的平均值由2011年的2.32下降到2013年的1.66，折合成百分制，从46.4分下降到33.2分。

表 15-11  2011 年与 2013 年日本受访者对中国外交评价对比

单位:%

|  | 很不同意 | 不同意 | 中立 | 同意 | 很同意 |
| --- | --- | --- | --- | --- | --- |
| 2011 年 | 26.8 | 35.1 | 24.7 | 11.6 | 1.7 |
| 2013 年 | 49.1 | 27.7 | 19.0 | 3.1 | 1.1 |
| 2013 与 2011 之差 | 22.3 | -7.4 | -5.7 | -8.5 | -0.6 |

注：2011 年的数值为排除不知道者的数据。

表 15-12  2011 年与 2013 年日本受访者对中日关系评价对比

单位:%

|  | 很不好 | 较不好 | 不好不坏 | 较好 | 很好 | 不知道 |
| --- | --- | --- | --- | --- | --- | --- |
| 2011 年 | 12.2 | 44.3 | 30.3 | 8.8 | 0.4 | 3.9 |
| 2013 年 | 56.0 | 33.9 | 6.1 | 1.1 | 0.7 | 2.2 |
| 2013 与 2011 之差 | 43.8 | -10.4 | -24.2 | -7.7 | 0.3 | -1.7 |

表 15-13  2011 年和 2013 年对日本两次调查的两种均值比较（5 级量表）

|  | 对近五年中国外交实践评价的均值 | 对两国关系评价的均值 | 两项均值平均 |
| --- | --- | --- | --- |
| 2011 年调查 | 2.26 | 2.38 | 2.32 |
| 2013 年调查 | 1.79 | 1.53 | 1.66 |
| 2013 与 2011 之差 | -0.47 | -0.85 | -0.66 |

## 第三节  调查后的思考

### 一、受访者对中国外交政策的态度与对中国文化的态度间的相关度值得研究

通过 2011 年和 2013 年的两次调查，了解到八国民众对中国的外交政策评价是不同的，对两国关系如何评价也不同。（表 15-14）对中国外交政策评价的均值和对两国关系评价的均值的平均数由高到低排序为：印尼、德国、俄罗斯、印度、美国、韩国、越南、日本。这个次序与调查前的主观想

象有较大的差别，这说明了进行社会调查了解各国民众对中国外交的看法的重要性。对日本的调查还了解到，这种评价可以在两年内发生很大的变化。这说明，了解各国民众对中国外交的看法，应根据形势变化和经过一段时间后有连续性的调查，以发现舆情的变化。外国民众对中国外交的评价和对"中国威胁论"的态度如何，是否影响或在多大程度上影响了他们对中华文化认知、态度和行为？通常经验表明，人们对一国外交政策的态度，特别是双边关系的现状，会对该国文化的认知和态度及该国文化在本国的传播产生影响。对日、韩、越、印尼问卷调查之后，在2014年调查采访中，一些受访者谈到中越、中日双方外交关系变化对文化交流的影响。一位中方受访者说，中越关系"不太好，2010年之后都跌至中越恢复建交以来的最低点了，南海问题发生以后，他们隔三岔五地就要举行反华游行……现在是很敏感的一个时期"。一位越南留学生说："两国高层表面上很好，实际上不是这样，但是他们没有说出来。南海问题，越南人就认为是中国人贪婪，所以他们对中国没有好感。越南是个很小的国家，而中国是个很大的国家，有很多资源，你已经很大了，有很多资源了，为什么还给我找麻烦呢？越南人和越南政府对中国没有好感，就是这个原因。"关于中日关系对文化交流的影响，一位日本驻中国某大学办事处的工作人员说："原来日本人喜欢中国文化，是因为我们更近，了解中国的历史比较长久。以后如果让中日关系变得更好的话，肯定有更多的人愿意学习汉语。原本对中国文化历史感兴趣的日本人很多，这三年中日关系稍微差一点，但是把眼光放远一点，对中国历史文化感兴趣的日本人还是很多的。"一位中国的大学教授说："学汉语及使用率低也是受中日关系影响，前两年我有些朋友在日本任教，他们就率领学生到中国来学汉语，这两年就有点受影响，我们和日本大学有交流，每年都派老师去讲汉语和中国文化，今年中日关系不好，日本学校都不接收了。"另一教授说："我们越来越强大，但日本人反而觉得中国是一种威胁。这样的话，它怎么可能接受你的东西呢？即使接受你的东西，也是研究你，要对付你，而不是喜欢你。"双边关系肯定影响彼此的文化交流。受访者对中国外交政策的态度与对中国文化的态度间的相关度如何？如果能用调查的数据对这种直觉的经验进行实证性的量化说明就好了。

表15-14 八国对近五年外交评价和两国关系评价均值（5级量表）

| | 印尼 | 德国 | 俄罗斯 | 印度 | 美国 | 韩国 | 越南 | 日本 | |
|---|---|---|---|---|---|---|---|---|---|
| | 2013 | 2011 | 2011 | 2011 | 2011 | 2013 | 2013 | 2011 | 2013 |
| 整个外交 | 3.65 | 3.50 | 3.24 | 3.30 | 3.08 | 2.84 | 2.81 | 2.26 | 1.79 |
| 两国关系 | 4.22 | 3.70 | 3.70 | 3.37 | 3.18 | 3.12 | 2.81 | 2.38 | 1.53 |
| 两项平均 | 3.94 | 3.60 | 3.47 | 3.34 | 3.13 | 2.98 | 2.81 | 2.32 | 1.66 |

## 二、在中日关系恶化的形势下如何开展文化交流值得研究

从表15-14中可以看出，2011年日本受访者对中日关系的评价在五国中就最低，到2013年进一步降低。2013年美国皮尤调查中心发布的民意调查显示，日本受访者对中国的好感度降至21世纪以来的最低点。其调查中有这样一个问题："请告诉我你对中国的感觉：很有好感、有些好感、有些恶感、很有恶感。"（Please tell me if you have a very favorable, some favorable, some unfavorable or very unfavorable opinion of China.）日本受访者持"很有好感"为0，持"有些好感"为5%，持"有些恶感"为45%，持"很有恶感"为48%、"不知道"为2%。2011年相应的数字为2%、32%、45%、16%、1%。目前中日关系恶化，日本民众对中国的好感度迅速下滑，如何在这种形势下开展文化交流、增强中华文化影响力值得深入研究以便采取切实可行的有效措施。

# 第 十 六 章

# 中国的整体国家形象

## 第一节 在美国、德国、俄罗斯、印度、日本的调查

前面从经济、政治、外交等方面分析了受访者对中国的认知和评价。然而，对中国的认识是个复杂的心理现象，以上的分析可能遗漏了一些影响中国整体形象的因素，为此课题组从宏观角度调查了受访者对中国的整体印象。

### 一、问卷设计

#### （一）对中国整体形象的评价

1. 设计思路

中国国际形象成为中国各界人士关注的热点问题。2006年，美国人乔舒亚·库珀·雷默（《时代》杂志前国际版编辑）提出："中国目前最重大的战略挑战都与其'国家形象'有关。""国家形象直接关系到一国在国际社会的'声誉资本'，而这种资本的缺乏会放大改革的风险。"因而，外国人眼中的中国形象成为我们在调查中关注的重要问题。如何评估外国民众眼中的中国形象？雷默在《淡色中国》一文中引用了2004—2006年BAV用可靠可信、令人愉悦、有领导力、充满活力、颇具魅力、坚定不移、不断发展、有创新力等维度，在18个国家的调查结果。问卷（Ⅱ）中，沿用了这八个维度（指标）来测量四国民众眼中的中国形象。理由之一是这八个维度是形容国家形象常用的维度；理由之二是便于将调查结果与BAV的调查结

果进行对比。在具体测量中，美国、俄罗斯、印度问卷使用了 11 级量表（0%—100%），德国问卷使用了 5 级量表。

2. 问卷内容

美国、俄罗斯、印度问卷：

(Ⅱ) V10-1—V10-8. 您如何评价中国？请用 0—10 的数字表明你的认同程度。0=0%，1=10%，2=20%，3=30%，4=40%，5=50%，6=60%，7=70%，8=80%，9=90%，10=100%。

V10-1. 中国可靠可信　0　1　2　3　4　5　6　7　8　9　10
V10-2. 中国令人愉悦　0　1　2　3　4　5　6　7　8　9　10
V10-3. 中国有领导力　0　1　2　3　4　5　6　7　8　9　10
V10-4. 中国充满活力　0　1　2　3　4　5　6　7　8　9　10
V10-5. 中国颇具魅力　0　1　2　3　4　5　6　7　8　9　10
V10-6. 中国坚定不移　0　1　2　3　4　5　6　7　8　9　10
V10-7. 中国不断发展　0　1　2　3　4　5　6　7　8　9　10
V10-8. 中国有创新力　0　1　2　3　4　5　6　7　8　9　10

德国问卷：

V10-1—V10-8. 您对以下表述的态度如何？

|  | 1 很不同意 | 2 不同意 | 3 中立 | 4 同意 | 5 很同意 |
| --- | --- | --- | --- | --- | --- |
| V10-1. 中国可靠可信 |  |  |  |  |  |
| V10-2. 中国令人愉悦 |  |  |  |  |  |
| V10-3. 中国有领导力 |  |  |  |  |  |
| V10-4. 中国充满活力 |  |  |  |  |  |
| V10-5. 中国颇具魅力 |  |  |  |  |  |
| V10-6. 中国坚定不移 |  |  |  |  |  |
| V10-7. 中国不断发展 |  |  |  |  |  |
| V10-8. 中国有创新力 |  |  |  |  |  |

## （二）中国在世界大国中的排名及喜欢中国的原因

1. 设计思路

首先，请受访者在中国、美国、德国、俄罗斯、印度、日本中，选出一个最喜欢的国家，根据常识，绝大多数受访者都会最喜欢自己的祖国，所以五国问卷的选项中都不包括本国。然后，请受访者在列出的政治民主、经济发达、社会稳定、文化灿烂、环境优美、公民素质高等八个选项中，选择他们喜欢该国的原因（可多选）。

2. 问卷内容

（I）V49. 在以下国家中，您最喜欢哪个国家？（选一项，五国问卷的选项中都不包括本国）

1. 俄罗斯　　2. 日本　　　3. 中国　　　4. 印度
5. 德国　　　6. 美国

（I）V49-1. 您最喜欢该国的原因是什么？（可多选）

1. 社会稳定　2. 环境优美　3. 灿烂文化　4. 政治民主
5. 经济发达　6. 外交和平　7. 公民素质高　8. 其他

## 二、对中国整体形象的评价

受访者对有关中国的八项评价从0到10之间打分，毫不赞成赋值0，中立赋值5，100%地赞成赋值10，以此类推，并计算出均值。在本部分，不仅分析了各国整体的态度，而且分析了青年和精英的态度。

### （一）各国情况

美国受访者整体对各项指标用0—10级的评价结果见表16-1。总体上各项指标的均值都超过中立值5。八项指标中均值折合成百分制（例如，均值为7.21，折合成百分制为72.1分），得分最高的前三个指标是中国不断发展（72.1分）、有领导力（66.9分）、有创新力（66.3分），得分最低的指标是中国颇具魅力（54.5分），平均为63.7分。八项指标中，整体、青年和精英的均值按高低顺序为：青年、整体、精英。

表 16-1　美国受访者对中国各项评价的赞同比例（%）及均值（11 级量表）

| | 0 | 1 | 2 | 3 | 4 | 5 | 6 | 7 | 8 | 9 | 10 | 6—10 之和 | 均值 |
|---|---|---|---|---|---|---|---|---|---|---|---|---|---|
| 可靠可信 | 4.1 | 2.6 | 2.7 | 4.1 | 5.4 | 23.7 | 12.1 | 12.7 | 11.5 | 7.5 | 13.6 | 57.4 | 6.17 |
| 令人愉悦 | 3.5 | 1.5 | 2.8 | 3.6 | 6.9 | 26.5 | 12.2 | 13.8 | 12.3 | 6.7 | 10.2 | 55.2 | 6.09 |
| 有领导力 | 2.9 | 0.9 | 2.0 | 2.8 | 5.4 | 19.0 | 11.7 | 14.6 | 14.0 | 11.9 | 14.8 | 67.0 | 6.69 |
| 充满活力 | 3.2 | 1.2 | 3.0 | 3.5 | 4.7 | 22.4 | 13.8 | 14.0 | 14.6 | 8.5 | 11.1 | 62.0 | 6.34 |
| 颇具魅力 | 5.3 | 3.1 | 5.6 | 7.7 | 9.9 | 20.7 | 12.5 | 12.1 | 9.3 | 5.0 | 8.8 | 47.7 | 5.45 |
| 坚定不移 | 2.7 | 1.5 | 2.0 | 3.4 | 5.6 | 22.3 | 13.0 | 13.8 | 14.5 | 10.0 | 11.1 | 62.4 | 6.41 |
| 不断发展 | 2.4 | 1.0 | 0.9 | 2.2 | 3.3 | 14.8 | 10.7 | 13.3 | 16.7 | 15.0 | 19.8 | 75.5 | 7.21 |
| 有创新力 | 3.0 | 2.4 | 2.3 | 2.7 | 5.1 | 17.8 | 13.5 | 15.6 | 10.4 | 15.4 | | 66.8 | 6.63 |

本次获得的数据与 2005 年 BAV 全球调查中美国的数据相比有很大差异，中国在美国受访者中的形象大为提升，见图 16-1。[①] 2011 年 1 月，上海交通大学发布了 2010 年 6—11 月进行的"美国人眼中的中国"大型实证调研结果，该调查采用数字随机拨号系统的电话访问形式，获得 810 份有效问卷。结果显示为"美国人对中国好感度上升"，调查者采用了"情感温度计"来评估美国民众对中国的总体看法，在 0 至 100 度之间，中国得分 47.97 度。[②] 本次调查结果高于上海交通大学的调查结果。

本次调查结果与以下同期三个调查的比较显示：本次报告的结果明显高于美国所进行两个调查的结果。2011 年春，美国皮尤公司对 1001 个样本进行面访式调查，在回答"你对中国是有好感还是无好感？"（Do you have a favorable or unfavorable view of China?）时，51% 的受访者对中国有好感。[③]

---

[①] 本次调查的数据与 BAV 数据（根据对《淡色中国》附图的目测）对照如下：可靠可信 61、7，令人愉悦 60、36.5，有领导力 66.2、43，充满活力 62.6、65，颇具魅力 53.9、39.5，坚定不移 63.4、40.5，不断发展 71.3、44.5，有创新力 65.6、17。

[②] 《美国人对中国好感度上升》，人民网，2011 年 1 月 31 日，http://theory.people.com.cn/GB/13854299.html，2015 年 12 月 21 日查阅。

[③] 其他年份有好感者的数值为：2005 年 43%、2006 年 52%、2007 年 42%、2008 年 39%、2009 年 50%、2010 年 49%。参见余万里：《关于中国国家形象的国际政治思考》，载韩方明主编：《中国人的国际新形象》，新华出版社 2012 年版，第 90—91 页，http://www.pewglobal.org/dtabase/? indicator = 24&survey = 13&response = Favorable&mode = chart。

2012年2月14日美国《华盛顿邮报》报道：美国广播公司和该报2月8—12日电话采访1009名成年人的民调结果显示：52%的人说他们不喜欢中国，37%的人喜欢中国，非常讨厌中国和非常喜欢中国的人的比例是3∶1。

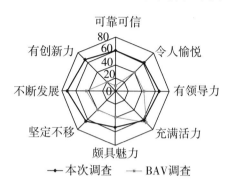

图16-1　美国本次调查数据与BAV数据对比图

本次调查的得分与《中国日报》美国公司于2011年底委托美国民调公司盖洛普开展的电话式调查结果大致相同。2011年11月30日至12月18日电话采访2007名普通民众的结果如下：在回答"请告诉我你对中国是有好感还是无好感？"（Please tell me whether you have a favorable or unfavorable opinion of China?）时，44%的人说他们不喜欢中国，12%的人中立，42%的人喜欢中国；2011年12月1日至23日电话采访250名舆论领袖的结果如下：40%的人说他们不喜欢中国，49%的人喜欢中国。普通民众中，42%有好感，44%无好感。在舆论领袖中，49%有好感，10%中立，40%无好感。①

德国八项指标使用5级量表调查，整体受访者的评价结果见表16-2。总体上对各项指标的得分的均值都超过中立值3。均值最高的前三个指标是中国颇具魅力（3.96）、不断发展（3.83）、有领导力（3.80），最低分是中国可信可靠（3.06），八项指标平均为3.49。整体、青年和精英的均值分别

---

① 调查访问的对象分为两类：一类是以随机抽样方式获得的遍布美国的2007名普通民众，另一类是盖洛普信任并推荐的250名舆论领袖（美国政府官员、智库领袖、媒体从业者、商界主管和大学教授）。对普通民众的调查于11月30日至12月18日进行，对舆论领袖的调查于12月1日至23日进行。两类人群的调查均以电话采访的方式进行。问卷的内容主要是询问美国民众对中国及中美关系的各方面的看法。

为：颇具魅力 3.96、3.87、4.21，不断发展 3.83、3.75、3.95，有领导力 3.80、3.74、3.86，有创新力 3.50、3.46、3.51，坚定不移 3.14、3.01、3.10，充满活力 3.51、3.37、3.54，令人愉悦 3.13、3.10、3.03，最低分是可信可靠 3.06、3.02、2.97，八项指标平均为 3.49、3.31、3.52。评价均值的高低顺序为：精英、整体、青年。

表16-2 德国受访者对中国各项评价的赞同比例及均值（11级量表）

单位:%

|  | 1. 很不同意 | 2. 不同意 | 3. 中立 | 4. 同意 | 5. 很同意 | 4—5之和 | 均值 |
|---|---|---|---|---|---|---|---|
| 可靠可信 | 7.1 | 14.7 | 50.4 | 20.1 | 7.7 | 27.8 | 3.06 |
| 令人愉悦 | 4.7 | 14.0 | 52.1 | 22.4 | 6.9 | 29.3 | 3.13 |
| 有领导力 | 2.4 | 3.0 | 27.2 | 46.5 | 20.9 | 67.4 | 3.80 |
| 充满活力 | 2.8 | 5.8 | 40.1 | 40.1 | 11.2 | 51.3 | 3.51 |
| 颇具魅力 | 3.3 | 3.9 | 18.8 | 40.8 | 33.1 | 73.9 | 3.96 |
| 坚定不移 | 4.6 | 14.9 | 51.1 | 20.7 | 8.7 | 29.4 | 3.14 |
| 不断发展 | 2.2 | 2.8 | 28.3 | 43.1 | 23.5 | 66.6 | 3.83 |
| 有创新力 | 3.4 | 6.4 | 41.0 | 35.1 | 14.1 | 49.2 | 3.50 |

将均值折合成百分制，八项指标得分分别为：颇具魅力 79.2 分、有领导力 76.0 分、不断发展 76.6 分、充满活力 70.2 分、有创新力 70.0 分、坚定不移 62.8 分、令人愉悦 62.6 分、可靠可信 61.2 分。本次获得的数据与 2005 年 BAV 全球调查的德国的数据相比有很大差异，中国在德受访者中的形象大为提升，见图 16-2。

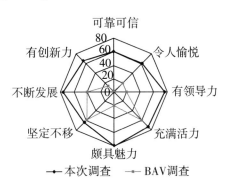

图16-2 德国本次调查数据与BAV数据对比图

俄罗斯受访者整体对各项指标用 0—10 级的评价结果见表 16-3。总体上各项指标的得分的均值都超过 6。将均值折合成百分制，得分最高的前三个指标是中国不断发展（82.9 分）、充满活力（78.0 分）、有创新力（75.4 分），最低分是中国可信可靠（59.9 分），八项指标平均为 70.8。整体、青年和精英的均值折合成百分制分别为：不断发展 82.9、78.9、85.4，有领导力 62.3、59.1、67.7，有创新力 75.4、71.8、78.4，坚定不移 67.5、64.3、72.3，充满活力 78.0、73.9、83.6，令人愉悦 67.8、63.4、73.1，颇具魅力 72.7、69.2、77.5，最低分是可靠可信 59.9、56.6、63.9，八项指标平均为 70.8 分、67.1 分、75.2 分。评价得分的高低顺序为：精英、整体、青年。

表 16-3 俄罗斯受访者对中国各项评价的赞同比例及均值（11 级量表）

单位：%

|  | 0 | 1 | 2 | 3 | 4 | 5 | 6 | 7 | 8 | 9 | 10 | 6—10 之和 | 均值 |
|---|---|---|---|---|---|---|---|---|---|---|---|---|---|
| 可靠可信 | 3.6 | 4.4 | 4.3 | 6.5 | 6.2 | 22.2 | 7.8 | 11.7 | 12.1 | 7.1 | 14.2 | 52.9 | 5.99 |
| 令人愉悦 | 3.0 | 2.4 | 3.7 | 4.1 | 5.9 | 15.6 | 7.2 | 11.4 | 11.6 | 13.1 | 22.0 | 65.3 | 6.78 |
| 有领导力 | 3.7 | 2.7 | 3.1 | 7.2 | 6.7 | 21.1 | 7.6 | 10.7 | 11.5 | 9.7 | 16.0 | 55.5 | 6.23 |
| 充满活力 | 1.8 | 1.4 | 1.2 | 2.2 | 4.1 | 9.9 | 5.7 | 8.8 | 13.5 | 14.5 | 37.0 | 79.5 | 7.80 |
| 颇具魅力 | 2.3 | 1.5 | 2.4 | 3.0 | 5.1 | 14.1 | 7.8 | 9.5 | 11.4 | 11.9 | 30.9 | 71.5 | 7.27 |
| 坚定不移 | 2.5 | 1.3 | 2.9 | 4.8 | 6.1 | 15.3 | 9.4 | 12.8 | 15.6 | 11.9 | 17.6 | 67.3 | 6.75 |
| 不断发展 | 1.4 | 0.8 | 1.0 | 1.5 | 2.9 | 7.7 | 4.0 | 7.1 | 11.1 | 15.8 | 46.6 | 84.6 | 8.29 |
| 有创新力 | 2.4 | 1.4 | 2.1 | 2.5 | 3.5 | 12.0 | 5.4 | 10.3 | 14.6 | 12.1 | 33.6 | 76 | 7.54 |

印度受访者整体对各项指标用 0—10 级的评价结果见表 16-4。总体上对各项指标的均值都超过 5。将均值折合成百分制，得分最高的前三个指标是中国不断发展（74.1 分）、有创新力（72.8 分）、有领导力（68.7 分），最低分是中国可信可靠（51.1 分）。这说明印度受访者注意到了中国经济和社会的发展，但是在公信力方面认同率较低。八项指标平均为 66.3 分。整体、青年和精英的均值折合成百分制分别为：不断发展 74.1、72.6、79.8，有创新力 72.8、72.1、78.6，有领导力 68.7、62.5、76.9，坚定不移 68.1、63.1、75.9，颇具魅力 66.4、61.0、74.6，充满活力 65.1、55.8、75.2，令

人愉悦64.2、57.5，73.3，最低分是可靠可信51.1、44.6、59.2，八项指标平均为66.3分、61.2分、74.2分。评价得分的高低顺序为：精英、整体、青年。

表16-4 印度受访者对中国各项评价的赞同比例

单位：%

|  | 0 | 1 | 2 | 3 | 4 | 5 | 6 | 7 | 8 | 9 | 10 | 6—10之和 | 均值 |
|---|---|---|---|---|---|---|---|---|---|---|---|---|---|
| 可靠可信 | 15.0 | 6.8 | 5.2 | 6.1 | 4.6 | 17.8 | 6.3 | 6.1 | 12.6 | 9.0 | 10.7 | 44.7 | 5.11 |
| 令人愉悦 | 2.2 | 4.7 | 5.2 | 4.1 | 5.4 | 11.7 | 12.8 | 12.5 | 14.4 | 14.6 | 12.4 | 66.7 | 6.42 |
| 有领导力 | 1.7 | 2.9 | 4.2 | 3.9 | 5.2 | 10.0 | 11.1 | 10.9 | 16.6 | 17.7 | 15.7 | 72 | 6.87 |
| 充满活力 | 1.9 | 3.5 | 4.1 | 5.3 | 6.3 | 13.9 | 12.0 | 10.9 | 13.8 | 13.7 | 14.8 | 65.2 | 6.51 |
| 颇具魅力 | 2.2 | 3.2 | 4.2 | 4.0 | 6.0 | 11.0 | 12.2 | 12.4 | 14.6 | 13.0 | 16.4 | 69.2 | 6.64 |
| 坚定不移 | 1.7 | 2.2 | 4.3 | 3.4 | 5.0 | 11.0 | 13.9 | 13.1 | 15.7 | 12.8 | 16.9 | 72.4 | 6.81 |
| 不断发展 | 0.8 | 2.3 | 2.6 | 3.1 | 3.3 | 5.4 | 13.4 | 12.4 | 15.8 | 18.0 | 22.8 | 82.4 | 7.41 |
| 有创新力 | 2.5 | 2.5 | 2.6 | 3.0 | 3.6 | 8.7 | 10.6 | 10.7 | 13.0 | 16.3 | 26.4 | 77 | 7.28 |

## （二）四国比较

四国数据（表16-5）对比显示出四个特点：

第一，中国形象是及格的，好于外国民调结果。在本次问卷调查的八项指标中，中国不断发展在四国都位居前三名，有创新力和有领导力在三国都位居前三名。折合成百分制，美国八项指标平均得分为63.0分，俄罗斯为70.8分，印度为66.3分，德国为69.8分。

本调查结果与《淡色中国》引用的2004—2006年BAV调查数据相比有很大提高。图16-3为《淡色中国》使用的BAV调查所得的18国的均值所描绘的中国人眼中与外国人眼中的中国形象图。图16-4为本次调查美、俄、德、印度四国八项指标的均值（67.5分）与《淡色中国》中使用的BAV调查所得的18国的均值（约31分）的对比图，差距很大。①

---

① 本次调查的数据与BAV数据（根据对《淡色中国》附图的目测）对照如下：可靠可信58.3、10，令人愉悦63.7、36，有领导力68.3、35，充满活力69、49，颇具魅力68.1、30，坚定不移65.5、50，不断发展76.2、28，有创新力71、10。

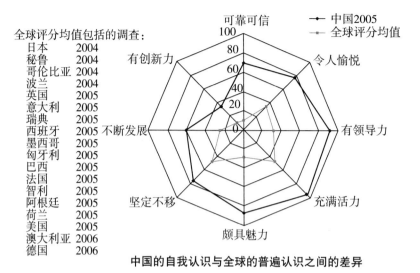

中国的自我认识与全球的普遍认识之间的差异

**图 16-3　2006 年 BAV 数据中国与世界对比图**

资料来源：BAV 全球调查结果：2004，2005，2006。

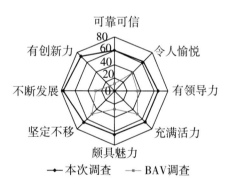

**图 16-4　本次四国调查数据与 BAV 世界数据对比图**

第二，中国可信可靠的形象不佳。在俄罗斯、印度、德国，八项指标中排在最后的都是可信可靠，均值上俄罗斯为 5.99、印度为 5.11、德国为 6.12（折合）；在美国，排在倒数第三（6.10）。四国平均为 5.83，在八项中倒数第一。（见表 16-5）

第三，八项指标均值综合在一起平均计算，俄罗斯受访者对中国的评价最高（7.08），以下是德国（6.98）、印度（6.63）、美国（6.32）。

第四，四国青年和精英对中国的评价不同。从青年对中国整体形象评价来看，美国青年高于整体和精英，俄罗斯、印度、德国的青年低于整体和精英。精英对中国整体形象评价，只有美国精英排名最后，低于青年和整体，俄罗斯、印度和德国的精英排名第一。

表 16-5　美国、俄罗斯、印度、德国对中国评价的均值（11 级量表）

| | 可靠可信 | 令人愉悦 | 坚定不移 | 颇具魅力 | 有领导力 | 充满活力 | 有创新力 | 不断发展 | 本国八项平均 |
|---|---|---|---|---|---|---|---|---|---|
| 美国 | 6.10 | 6.00 | 6.34 | 5.39 | 6.62 | 6.26 | 6.56 | 7.31 | 6.32 |
| 俄罗斯 | 5.99 | 6.78 | 6.75 | 7.27 | 6.23 | 7.80 | 7.54 | 8.29 | 7.08 |
| 印度 | 5.11 | 6.42 | 6.81 | 6.64 | 6.87 | 6.51 | 7.28 | 7.41 | 6.63 |
| 德国 | 6.12 | 6.26 | 6.28 | 7.92 | 7.60 | 7.02 | 7.00 | 7.66 | 6.98 |
| 四国平均 | 5.83 | 6.37 | 6.55 | 6.81 | 6.83 | 6.90 | 7.10 | 7.67 | 6.75 |

注：德国的数据由 5 级量表转化过来，数值准确性略有差异。

## 三、中国在世界大国中的排名及喜欢中国的原因

### （一）中国在世界主要国家中的排名

1. 各国情况

美国受访者最喜欢中国。相关数据见表 16-6。

表 16-6　美国受访者喜欢五国的情况

| 最喜欢的国家 | 样本比例 | 标准误 | 95% 置信区间 | | 均值变异系数 |
|---|---|---|---|---|---|
| | | | 下限 | 上限 | |
| 中国 | 30.21 | 1.34 | 27.58 | 32.84 | 1.52 |
| 德国 | 29.87 | 1.34 | 27.25 | 32.49 | 1.53 |
| 日本 | 28.09 | 1.31 | 25.51 | 30.66 | 1.60 |
| 印度 | 7.49 | 0.77 | 5.98 | 9.00 | 3.52 |
| 俄罗斯 | 4.34 | 0.59 | 3.17 | 5.51 | 4.70 |

德国受访者最喜欢美国。相关数据见表16-7。

表16-7 德国受访者喜欢五国的情况

| 最喜欢的国家 | 样本比例 | 标准误 | 95%置信区间 | |
| --- | --- | --- | --- | --- |
| | | | 下限 | 上限 |
| 美国 | 35.10 | 1.17 | 32.82 | 37.35 |
| 日本 | 24.66 | 1.05 | 22.60 | 26.74 |
| 中国 | 21.19 | 1.01 | 19.26 | 23.23 |
| 印度 | 11.16 | 0.77 | 9.68 | 12.73 |
| 俄罗斯 | 7.88 | 0.65 | 6.62 | 9.19 |

俄罗斯受访者最喜欢中国。相关数据见表16-8。

表16-8 俄罗斯受访者喜欢五国的情况

| 最喜欢的国家 | 频数 | 样本比例 | 标准误 | 95%置信区间 | |
| --- | --- | --- | --- | --- | --- |
| | | | | 下限 | 上限 |
| 中国 | 312 | 29.4 | 1.40 | 26.66 | 32.15 |
| 日本 | 275 | 25.9 | 1.35 | 23.28 | 28.56 |
| 德国 | 222 | 20.9 | 1.25 | 18.47 | 23.38 |
| 印度 | 134 | 12.6 | 1.02 | 10.63 | 14.63 |
| 美国 | 118 | 11.1 | 0.97 | 9.23 | 13.02 |

印度受访者最喜欢中国。相关数据见表16-9。

表16-9 印度受访者喜欢五国的情况

| 最喜欢的国家 | 样本比例 | 标准误 | 95%置信区间 | |
| --- | --- | --- | --- | --- |
| | | | 下限 | 上限 |
| 中国 | 32.92 | 1.46 | 30.05 | 35.78 |
| 美国 | 28.87 | 1.41 | 26.11 | 31.63 |
| 日本 | 19.92 | 1.24 | 17.49 | 22.36 |
| 德国 | 9.91 | 0.93 | 8.09 | 11.73 |
| 俄罗斯 | 8.37 | 0.86 | 6.69 | 10.06 |

日本受访者最喜欢美国。相关数据见表16-10。

表16-10 日本受访者喜欢五国的情况

| 最喜欢的国家 | 频数 | 样本比例 | 标准误 | 95%置信区间 | |
|---|---|---|---|---|---|
| | | | | 下限 | 上限 |
| 美国 | 508 | 48.9 | 1.6 | 45.8 | 51.9 |
| 德国 | 374 | 36 | 1.5 | 33.1 | 39 |
| 印度 | 97 | 9.3 | 0.9 | 7.5 | 11.1 |
| 中国 | 43 | 4.1 | 0.6 | 2.9 | 5.4 |
| 俄罗斯 | 16 | 1.5 | 0.4 | 0.9 | 2.3 |

2. 五国比较

五国受访者中，喜欢中国比例最高的是印度（32.9%）；其次是美国（30.2%）；第三是俄罗斯（29.4%），大约有1/3的受访者喜欢中国；德国排在第四（21.2%），约1/5的受访者喜欢中国；比例最低的是日本（4.1%），为1/25。五国平均有23.6%的受访者喜欢中国，大约占1/4。见表16-11。不包括本国受访者，其他四国受访者中，喜欢美国的国家先后是日本（48.9%）、德国（35.1%）、印度（28.87%）、俄罗斯（11.1%）。喜欢德国的国家先后是日本（36.0%）、美国（29.87%）、俄罗斯（20.9%）、印度（9.91%）。喜欢俄罗斯的国家先后是印度（8.37%）、德国（7.88%）、美国（4.34%）、日本（1.5%）。喜欢印度的国家先后是俄罗斯（12.6%）、德国（11.16%）、日本（9.3%）、美国（7.49%）。喜欢日本的国家先后是美国（28.09%）、俄罗斯（25.9%）、德国（24.66%）、印度（19.92%）。

表16-11 五国受访者喜欢各国的比例

单位：%

| | 中国 | 美国 | 德国 | 俄罗斯 | 印度 | 日本 |
|---|---|---|---|---|---|---|
| 美国受访者 | 30.2 | — | 29.9 | 4.3 | 7.5 | 28.1 |
| 德国受访者 | 21.2 | 35.1 | — | 7.89 | 11.1 | 24.7 |
| 俄罗斯受访者 | 29.4 | 11.1 | 20.9 | — | 12.6 | 25.9 |
| 印度受访者 | 32.9 | 28.9 | 9.9 | 8.4 | — | 19.9 |
| 日本受访者 | 4.1 | 48.9 | 36 | 1.5 | 9.3 | — |
| 五国平均 | 23.6 | 31.0 | 24.2 | 5.5 | 10.1 | 24.6 |

将五国受访者喜欢六国的比例加以平均,数据显示,六国中美国名列第一(30.99%);日、德、中基本差不多,日本略高一点,排名第二(24.64%),德国和中国分别为24.17%和23.56%;然后是印度(10.13%);最后是俄罗斯(5.52%)。

### (二) 喜欢中国的原因及中华文化国际竞争力

#### 1. 各国情况

在美国喜欢中国的原因中,文化因素在中国形象中的贡献率位居榜首。首选最喜欢中国的355名受访者中,有198人选择了"灿烂文化"是喜欢中国的原因,占喜欢中国者的55.8%,在八个选项中遥遥领先,比排在第二位的"公民素质高"的42.5%高出13.3%。见图16-5。

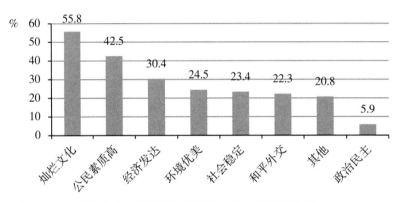

**图16-5 美国受访者喜欢中国的各原因比例**

与俄、印、德、日相比,中华文化在美竞争力位居第一。数据显示(表16-12),美国受访者由于喜欢文化而喜欢该国的比例,在八个因素中平均位居第一(48.2%),比位居第二的"公民素质高"(33.0%)高出15.0%。这说明文化因素是美国人喜欢一个国家的首要因素,"政治民主"的排名最靠后。

各国之间的百分比相比,中国的比例位居第二,仅低于日本(57.3%)1.5%。但是喜欢中华文化的人数为198人,比喜欢日本文化的(189人)多出9人。这印证了中华文化是中国对美影响力的各种资源中最有竞争力的资源。在与俄、印、德、日文化的横向竞争力方面,中华文化在美位居第一。

表 16-12　美国受访者喜欢各国的人数及喜欢该国的原因

| 喜欢的国家 | 喜欢该国的人数 | 喜欢该国原因（可多选）的比例　单位：% | | | | | | | |
|---|---|---|---|---|---|---|---|---|---|
| | | 社会稳定 | 环境优美 | 灿烂文化 | 政治民主 | 经济发达 | 和平外交 | 公民素质高 | 其他 |
| 中国 | 355 | 23.4 | 24.5 | 55.8（198人） | 5.9 | 30.4 | 22.3 | 42.5 | 20.8 |
| 德国 | 351 | 22.5 | 26.5 | 37.3（93人） | 19.1 | 28.5 | 22.8 | 29.6 | 45.3 |
| 俄罗斯 | 51 | 19.6 | 26.1 | 37.3（19人） | 3.9 | 9.8 | 9.8 | 23.5 | 43.1 |
| 印度 | 88 | 14.8 | 18.2 | 53.4（16人） | 18.2 | 10.2 | 22.7 | 21.6 | 34.1 |
| 日本 | 330 | 29.4 | 31.5 | 57.3（189人） | 21.2 | 37.9 | 37.3 | 47.6 | 17.9 |
| 五国平均 | 235 | 21.9 | 25.4 | 48.2（103人） | 13.7 | 23.4 | 23.0 | 33.0 | 32.2 |

在德国喜欢中国的原因中，文化因素在中国形象中的贡献率位居榜首。首选最喜欢中国的370名受访者中，有260人选择了"灿烂文化"是喜欢中国的原因，占喜欢中国者的70.2%，在八个选项中遥遥领先，比排在第二位的"环境优美"的34.8%高出35.4%。见图16-6。

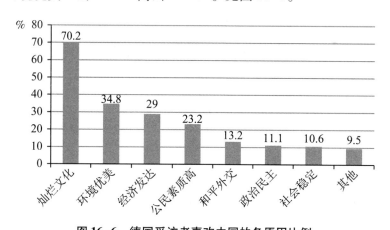

图 16-6　德国受访者喜欢中国的各原因比例

中华文化在德竞争力在五国中位居前列。数据显示（表16-13），德国受访者由于喜欢文化而喜欢该国的比例，在八个因素中平均位居第一（52.4%），比位居第二的"环境优美"（34.6%）高出17.8%。

各国之间的百分比相比，中国的比例位居第一（70.2%），高于第二的日本（62.3%）7.9%，虽然喜欢中华文化的人数为260人，比喜欢日本文化的（278人）少18人。这印证了中华文化是中国对德影响力的各种资源中最有竞争力的资源。在与俄、印、美、日文化的横向竞争力方面，中华文化的竞争对手是日本。

表16-13 德国受访者喜欢各国的人数及喜欢该国的原因

| 喜欢的国家 | 喜欢该国的人数 | 喜欢该国原因（可多选）的比例　单位：% | | | | | | | |
|---|---|---|---|---|---|---|---|---|---|
| | | 社会稳定 | 环境优美 | 灿烂文化 | 政治民主 | 经济发达 | 和平外交 | 公民素质高 | 其他 |
| 中国 | 370 | 10.6 | 34.8 | 70.2（260人） | 11.1 | 29.0 | 13.2 | 23.2 | 9.5 |
| 美国 | 717 | 12.1 | 30.1 | 17.4（125人） | 31.9 | 33.6 | 12.6 | 11.9 | 36.1 |
| 俄罗斯 | 150 | 8.7 | 36.7 | 52.0（78人） | 10.0 | 12.7 | 12.7 | 12.0 | 33.3 |
| 印度 | 216 | 2.8 | 37.5 | 60.2（130人） | 11.6 | 8.8 | 14.8 | 11.1 | 23.1 |
| 日本 | 446 | 20.4 | 34.1 | 62.3（278人） | 23.5 | 42.6 | 31.6 | 36.8 | 12.3 |
| 五国平均 | 380 | 10.9 | 34.6 | 52.4（174人） | 17.6 | 25.3 | 17.0 | 19.0 | 22.9 |

在俄罗斯喜欢中国的原因中，文化因素在中国形象中的贡献率位居榜首。首选最喜欢中国的312名受访者中，有237人选择了"灿烂文化"是喜欢中国的原因，占喜欢中国者的76.0%，在八个选项中遥遥领先，比排在第二位的"环境优美"的58.7%高出17.3%。见图16-7。

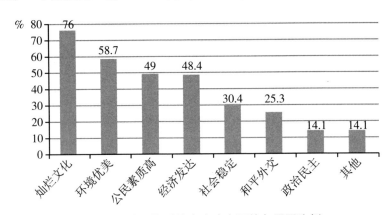

图16-7 俄罗斯受访者喜欢中国的各原因比例

中华文化在俄竞争力在五国中位居第一。数据显示（表16-14），俄罗斯受访者由于喜欢文化而喜欢该国的比例，在八个因素中平均位居第一

(57.0%),比位居第二的"经济发达"(44.1%)高出12.9%。

各国之间喜欢灿烂文化的百分比相比,中国的比例位居第二(76.0%),低于第一的印度(81.3%)5.3%。但是喜欢中国灿烂文化的人数为237人,比喜欢印度文化的(109人)多128人。这印证了中华文化是中国对俄影响力的各种资源中最有竞争力的资源。在与印、美、德、日文化的横向竞争力方面位居第一,中华文化的竞争对手是日本(74.9%),只比日本高出1.5%。

表16-14 俄罗斯受访者喜欢各国的人数及喜欢该国的原因

| 喜欢的国家 | 喜欢该国的人数 | 喜欢该国原因(可多选)的比例　　单位:% |||||||
|---|---|---|---|---|---|---|---|---|---|
| | | 社会稳定 | 环境优美 | 灿烂文化 | 政治民主 | 经济发达 | 和平外交 | 公民素质高 | 其他 |
| 中国 | 312 | 30.4 | 58.7 | 76.0(237人) | 14.1 | 48.4 | 25.3 | 49.0 | 14.1 |
| 美国 | 118 | 34.7 | 20.3 | 28.8(34人) | 22.9 | 51.7 | 12.7 | 25.4 | 31.4 |
| 德国 | 222 | 64.4 | 24.8 | 23.9(53人) | 26.1 | 58.6 | 20.3 | 53.6 | 16.7 |
| 印度 | 134 | 5.2 | 56.0 | 81.3(109人) | 4.5 | 5.2 | 14.9 | 17.9 | 18.7 |
| 日本 | 275 | 42.2 | 37.5 | 74.9(206人) | 9.5 | 56.4 | 20.0 | 62.9 | 15.6 |
| 五国平均 | 212 | 35.2 | 39.5 | 57.0(128人) | 15.4 | 44.1 | 18.6 | 41.8 | 19.3 |

在印度喜欢中国的原因中,文化因素在中国形象中的贡献率居中。首选最喜欢中国的342名受访者中,有133人选择了"灿烂文化"是喜欢中国的原因,占喜欢中国者的38.9%,在八个选项中位居第四。见图16-8。

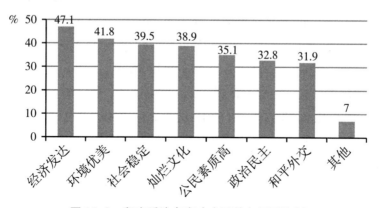

图16-8 印度受访者喜欢中国的各原因比例

中华文化在印竞争力在五国中位居第一。数据显示（见表16-15），印度受访者由于喜欢文化而喜欢该国的比例，在八个因素中平均位居第六（31.8%）。这说明文化因素不是印度人喜欢另一个国家的主要因素。

各国之间喜欢灿烂文化的百分比相比，虽然中国的比例位居第二（38.9%），比排在第一的日本（40.1%）低1.2%，但是喜欢中国灿烂文化的人数为133人，比喜欢日本文化的（83人）多50人。这印证了中华文化是中国对印影响力的各种资源中最有竞争力的资源。与美、德、俄、日文化的横向竞争力相比，中华文化竞争力位居第一，其竞争对手是日本文化。

表16-15 印度受访者喜欢各国的人数及喜欢该国的原因

| 喜欢的国家 | 喜欢该国的人数 | 喜欢该国原因（可多选）的比例　单位：% |||||||| 
|---|---|---|---|---|---|---|---|---|---|
| | | 社会稳定 | 环境优美 | 灿烂文化 | 政治民主 | 经济发达 | 和平外交 | 公民素质高 | 其他 |
| 中国 | 342 | 39.5 | 41.8 | 38.9（133人） | 32.8 | 47.1 | 32.9 | 35.1 | 7.0 |
| 美国 | 300 | 48.7 | 41.0 | 21.7（65人） | 23.3 | 52.3 | 25.7 | 49.3 | 15.7 |
| 德国 | 103 | 28.2 | 45.6 | 34.0（35人） | 34.0 | 45.6 | 25.2 | 37.9 | 9.7 |
| 俄罗斯 | 87 | 43.7 | 41.4 | 24.1（21人） | 23.0 | 35.6 | 40.2 | 27.6 | 10.3 |
| 日本 | 207 | 45.9 | 42.5 | 40.1（83人） | 30.4 | 55.6 | 39.1 | 43.5 | 8.7 |
| 五国平均 | 208 | 41.2 | 42.5 | 31.8（67人） | 28.7 | 47.2 | 32.6 | 38.7 | 10.3 |

在日本喜欢中国的原因中，文化因素在中国形象中的贡献率位居第一。首选最喜欢中国的43名受访者中，有23人选择了"灿烂文化"是喜欢中国的原因，占喜欢中国者的53.5%，在八个选项中位居第一，比排在第二位的"环境优美"的25.6%高出27.9%。见图16-9。

中华文化在日竞争力在五国里居后。数据显示（表16-16），日本受访者由于喜欢文化而喜欢该国的比例，在八个因素中平均位居第一（31.7%），比位居第二的"公民素质高"（25.7%）高出6.0%。这说明文化因素是日本人喜欢一个国家的首要因素。

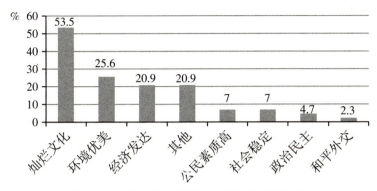

**图 16-9　日本受访者喜欢中国的各原因比例**

各国之间的百分比相比，虽然中国的比例位居第一（53.5%），但是喜欢中华文化的人数只有23人，在五国中倒数第二，比排名第一的德国（64人）少41人。这说明中华文化虽然是中国对日影响力的各种资源中最有竞争力的资源，但在与俄、印、美、德文化的横向竞争力方面居后，中华文化的竞争对手是美、德所代表的西方文化。

**表 16-16　日本受访者喜欢各国及喜欢该国原因**

| 喜欢的国家 | 喜欢该国的人数 | 喜欢该国原因（可多选）的比例　单位：% | | | | | | | |
|---|---|---|---|---|---|---|---|---|---|
| | | 社会稳定 | 环境优美 | 灿烂文化 | 政治民主 | 经济发达 | 和平外交 | 公民素质高 | 其他 |
| 中国 | 43 | 7.0 | 25.6 | 53.5（23人） | 4.7 | 20.9 | 2.3 | 7.0 | 20.9 |
| 美国 | 508 | 14.0 | 8.5 | 11.2（57人） | 42.1 | 29.7 | 8.3 | 13.2 | 28.3 |
| 德国 | 374 | 30.2 | 34.0 | 17.1（64人） | 27.3 | 23.5 | 13.9 | 50.3 | 22.2 |
| 俄罗斯 | 16 | 25.0 | 12.5 | 50.0（8人） | 6.3 | 0 | 6.3 | 18.8 | 18.8 |
| 印度 | 97 | 4.1 | 10.3 | 26.8（26人） | 12.4 | 19.5 | 18.6 | 39.2 | 22.7 |
| 五国平均 | 208 | 16.1 | 18.2 | 31.7（36人） | 18.6 | 18.7 | 9.9 | 25.7 | 22.6 |

**2．综合分析**

将五国受访者喜欢中国的人数和喜欢中国的原因的比例汇总，并求出平均值（表16-17）。数据显示，五国喜欢中国的原因依次为："灿烂文化"（58.9%）、"环境优美"（37.1%）、"经济发达"（35.2%）、"公民素质高"（31.4%）、"社会稳定"（22.2%）、"和平外交"（19.2%）、"其他"（14.5%）、"政治民主"（13.7%）。

表 16-17 五国受访者喜欢中国的人数及原因

| | 喜欢中国的人数 | 喜欢该国原因（可多选）的比例　单位：% | | | | | | | |
| --- | --- | --- | --- | --- | --- | --- | --- | --- | --- |
| | | 社会稳定 | 环境优美 | 灿烂文化 | 政治民主 | 经济发达 | 和平外交 | 公民素质高 | 其他 |
| 美国受访者 | 355 | 23.4 | 24.5 | 55.8（198人） | 5.9 | 30.4 | 22.3 | 42.5 | 20.8 |
| 德国受访者 | 370 | 10.6 | 34.8 | 70.2（260人） | 11.1 | 29.0 | 13.2 | 23.2 | 9.5 |
| 俄罗斯受访者 | 312 | 30.4 | 58.7 | 76.0（237人） | 14.1 | 48.4 | 25.3 | 49.0 | 14.1 |
| 印度受访者 | 342 | 39.5 | 41.8 | 38.9（133人） | 32.8 | 47.1 | 32.9 | 35.1 | 7.0 |
| 日本受访者 | 43 | 7.0 | 25.6 | 53.5（23人） | 4.7 | 20.9 | 2.3 | 7.0 | 20.9 |
| 五国平均 | 284 | 22.2 | 37.1 | 58.9（170人） | 13.7 | 35.2 | 19.2 | 31.4 | 14.5 |

将四国受访者喜欢美国的人数和喜欢美国的原因的比例汇总，并求出平均值（表16-18）。数据显示，四国喜欢美国的原因依次为："经济发达"（41.8%）、"政治民主"（30.1%）、"其他"（27.9%）、"社会稳定"（27.4%）、"环境优美"（25.0%）、"公民素质高"（25.0%）、"灿烂文化"（19.8%）、"和平外交"（14.8%）。可见，文化不是美国软实力的主要因素。

表 16-18 四国受访者喜欢美国的人数及原因

| | 喜欢美国的人数 | 喜欢该国原因（可多选）的比例　单位：% | | | | | | | |
| --- | --- | --- | --- | --- | --- | --- | --- | --- | --- |
| | | 社会稳定 | 环境优美 | 灿烂文化 | 政治民主 | 经济发达 | 和平外交 | 公民素质高 | 其他 |
| 德国受访者 | 717 | 12.1 | 30.1 | 17.4（125人） | 31.9 | 33.6 | 12.6 | 11.9 | 36.1 |
| 俄罗斯受访者 | 118 | 34.7 | 20.3 | 28.8（34人） | 22.9 | 51.7 | 12.7 | 25.4 | 31.4 |
| 印度 | 300 | 48.7 | 41.0 | 21.7（65人） | 23.3 | 52.3 | 25.7 | 49.3 | 15.7 |
| 日本受访者 | 508 | 14.0 | 8.5 | 11.2（57人） | 42.1 | 29.7 | 8.3 | 13.2 | 28.3 |
| 四国平均 | 411 | 27.4 | 25.0 | 19.8（70人） | 30.1 | 41.8 | 14.8 | 25.0 | 27.9 |

将四国受访者喜欢德国的人数和喜欢德国的原因的比例汇总，并求出四国平均值（表16-19）。数据显示，四国喜欢德国的原因中，"公民素质高"

的比例名列榜首,为42.9%。可见,文化也不是德国软实力的主要因素。

表16-19 四国受访者喜欢德国的人数及原因

| | 喜欢德国的人数 | 喜欢该国原因(可多选)的比例 单位:% | | | | | | |
|---|---|---|---|---|---|---|---|---|
| | | 社会稳定 | 环境优美 | 灿烂文化 | 政治民主 | 经济发达 | 和平外交 | 公民素质高 | 其他 |
| 美国受访者 | 351 | 22.5 | 26.5 | 37.3(93人) | 19.1 | 28.5 | 22.8 | 29.6 | 45.3 |
| 俄罗斯受访者 | 222 | 64.4 | 24.8 | 23.9(53人) | 26.1 | 58.6 | 20.3 | 53.6 | 16.7 |
| 印度受访者 | 103 | 28.2 | 45.6 | 34.0(35人) | 34.0 | 45.6 | 25.2 | 37.9 | 9.7 |
| 日本受访者 | 374 | 30.2 | 34.0 | 17.1(64人) | 27.3 | 23.5 | 13.9 | 50.3 | 22.2 |
| 四国平均 | 263 | 36.3 | 32.7 | 28.1(61人) | 26.6 | 39.1 | 20.6 | 42.9 | 23.5 |

将四国受访者喜欢俄罗斯的人数和喜欢俄罗斯的原因的比例汇总,并求出平均值(表16-20)。数据显示,四国喜欢俄罗斯的原因中,"灿烂文化"的比例名列榜首,为40.9%。可见,文化是俄罗斯软实力的主要因素。

表16-20 四国受访者喜欢俄罗斯的人数及原因

| | 喜欢俄罗斯的人数 | 喜欢该国原因(可多选)的比例 单位:% | | | | | | |
|---|---|---|---|---|---|---|---|---|
| | | 社会稳定 | 环境优美 | 灿烂文化 | 政治民主 | 经济发达 | 和平外交 | 公民素质高 | 其他 |
| 美国受访者 | 51 | 19.6 | 26.1 | 37.3(19人) | 3.9 | 9.8 | 9.8 | 23.5 | 43.1 |
| 德国受访者 | 150 | 8.7 | 36.7 | 52.0(78人) | 10.0 | 12.7 | 12.7 | 12.0 | 33.3 |
| 印度受访者 | 87 | 43.7 | 41.4 | 24.1(21人) | 23.0 | 35.6 | 40.2 | 27.6 | 10.3 |
| 日本受访者 | 16 | 25.0 | 12.5 | 50.0(8人) | 6.3 | 0 | 6.3 | 18.8 | 18.8 |
| 四国平均 | 76 | 24.3 | 29.2 | 40.9(32人) | 10.8 | 14.5 | 17.2 | 20.5 | 26.4 |

将四国受访者喜欢印度的人数和喜欢印度的原因的比例汇总,并求出平均值(表16-21)。数据显示,四国喜欢印度的原因中,"灿烂文化"的比例名列榜首,为55.4%。可见,文化是印度软实力的主要因素。

将四国受访者喜欢日本的人数和喜欢日本的原因的比例汇总,并求出平均值(表16-22)。数据显示,四国喜欢日本的原因中,"灿烂文化"的比例名列榜首，为58.7%。可见，文化是日本软实力的主要因素。

表16-21　四国受访者喜欢印度的人数及原因

| | 喜欢印度的人数 | 喜欢该国原因（可多选）的比例　单位：% | | | | | | | |
|---|---|---|---|---|---|---|---|---|---|
| | | 社会稳定 | 环境优美 | 灿烂文化 | 政治民主 | 经济发达 | 和平外交 | 公民素质高 | 其他 |
| 美国受访者 | 88 | 14.8 | 18.2 | 53.4（16人） | 18.2 | 10.2 | 22.7 | 21.6 | 34.1 |
| 德国受访者 | 216 | 2.8 | 37.5 | 60.2（130人） | 11.6 | 8.8 | 14.8 | 11.1 | 23.1 |
| 俄罗斯受访者 | 134 | 5.2 | 56.0 | 81.3（109人） | 4.5 | 5.2 | 14.9 | 17.9 | 18.7 |
| 日本受访者 | 97 | 4.1 | 10.3 | 26.8（26人） | 12.4 | 19.5 | 18.6 | 39.2 | 22.7 |
| 四国平均 | 134 | 6.7 | 30.5 | 55.4（70人） | 11.7 | 10.9 | 17.8 | 22.5 | 24.7 |

表16-22　四国受访者喜欢日本的人数及原因

| | 喜欢日本的人数 | 喜欢该国原因（可多选）的比例　单位：% | | | | | | | |
|---|---|---|---|---|---|---|---|---|---|
| | | 社会稳定 | 环境优美 | 灿烂文化 | 政治民主 | 经济发达 | 和平外交 | 公民素质高 | 其他 |
| 美国受访者 | 330 | 29.4 | 31.5 | 57.3（189人） | 21.2 | 37.9 | 37.3 | 47.6 | 17.9 |
| 德国受访者 | 446 | 20.4 | 34.1 | 62.3（278人） | 23.5 | 42.6 | 31.6 | 36.8 | 12.3 |
| 俄罗斯受访者 | 275 | 42.2 | 37.5 | 74.9（206人） | 9.5 | 56.4 | 20.0 | 62.9 | 15.6 |
| 印度受访者 | 207 | 45.9 | 42.5 | 40.1（83人） | 30.4 | 55.6 | 39.1 | 43.5 | 8.7 |
| 四国平均 | 315 | 34.5 | 36.4 | 58.7（189人） | 21.2 | 48.1 | 32.0 | 47.7 | 13.6 |

将五国受访者喜欢中国、美国、德国、俄罗斯、印度、日本的不同原因的比例计算出平均值，并加以对比。见表16-23。

从中国的视角看，数据显示出以下特点：第一，中国的"灿烂文化"在六国被喜爱的比例最高，为58.9%；第二，中华文化的竞争对手是日本文化（58.7%），前者只比后者高0.2；第三，中国的"环境优美"在六国中排名第一，比例为37.1%，比日本（36.4%）高出0.7%；第四，中国的"经济发达"的比例为35.2%，略高于平均比例31.6%，虽然低于美、德、日，但高于俄、印；第五，中国的短板是"政治民主"（13.7%），虽然高于俄罗斯和印度的比例，但比六国的平均值19.0%低了5.3%。其他原因中，"社会稳定""公民素质高""和平外交"略低于平均比例，但不明显。

从六国的整体视角看，将受访者喜欢各国的原因的平均值加以对比，数据显示出以下特点：第一，五国受访者喜欢一个国家的原因中，"灿烂文化"的比例为43.6%，名列榜首，且遥遥领先。第二，"环境优美"（31.8%）、"公民素质高"（31.7%）、"经济发达"（31.6%）排在第二到第四位，三者比例基本没有差别。第三，"政治民主"排名最后，为19.0%。可见，"灿烂文化""环境优美""经济发达""公民素质高"是一国软实力的主要因素。中国在"灿烂文化"和"环境优美"两个因素上名列第一，说明中国在这两方面具有优势，"灿烂文化"是历史形成的，构成"优美环境"的因素中自然因素占有很大成分，这是其他国家难以具备的，是中国的独特优势。本次调查中，中华文化对形成中国形象良好的贡献率在美、俄、德位居八个因素之首，在与美、俄、印、德文化的横向竞争力方面，中华文化在美、俄、印位居第一，就说明了这一点。"经济发达"和"公民素质"是可以在不长的时间内提升的，因而中国在这方面具有很大的提升空间。

表16-23 六国被喜欢的原因平均值的对比

| 喜欢的国家 | 喜欢该国的人数 | 喜欢该国原因的比例平均值 单位：% | | | | | | | |
|---|---|---|---|---|---|---|---|---|---|
| | | 社会稳定 | 环境优美 | 灿烂文化 | 政治民主 | 经济发达 | 和平外交 | 公民素质高 | 其他 |
| 中国 | 284 | 22.2 | 37.1 | 58.9（170人） | 13.7 | 35.2 | 19.2 | 31.4 | 14.5 |
| 美国 | 411 | 27.4 | 25.0 | 19.8（70人） | 30.1 | 41.8 | 14.8 | 25.0 | 27.9 |
| 德国 | 263 | 36.3 | 32.7 | 28.1（61人） | 26.6 | 39.1 | 20.6 | 42.9 | 23.5 |
| 俄罗斯 | 76 | 24.3 | 29.2 | 40.9（32人） | 10.8 | 14.5 | 17.2 | 20.5 | 26.4 |
| 印度 | 134 | 6.7 | 30.5 | 55.4（70人） | 11.7 | 10.9 | 17.8 | 22.5 | 24.7 |
| 日本 | 315 | 34.5 | 36.4 | 58.7（189人） | 21.2 | 48.1 | 32.0 | 47.7 | 13.6 |
| 六国平均 | 247 | 25.2 | 31.8 | 43.6（99人） | 19.0 | 31.6 | 20.3 | 31.7 | 21.8 |

## 第二节　在日本、韩国、越南、印尼的调查

### 一、问卷修订

2013年在对日本、韩国、越南、印尼的调查中，延续使用了2011年问卷（Ⅱ）中对中国形象整体评价的问题；修改了2011年问卷（Ⅰ）关于受访者心目中中国在各国的喜爱度排名问题；候选国由6个增加到14个，试图囊括代表世界各种文明的国家；喜爱该国的原因选项未变；增加了关于受访者对中国的亲近度的调查。

#### （一）受访者对中国整体形象的评价

1. 设计思路

依然使用2011年问卷（Ⅱ）中雷默在《淡色中国》中引用的2004—2006年BAV使用的八个维度（在印尼问卷中，增加了"中国富强"一个维度）。

2. 问卷内容

（Ⅲ）V37-1—V37-8. 下面有一些关于中国的说法，请用0—10的数字表明您对这些说法的认同程度。0=0%，1=10%，2=20%，3=30%，4=40%，5=50%，6=60%，7=70%，8=80%，9=90%，10=100%。

V37-1. 中国可靠可信　0　1　2　3　4　5　6　7　8　9　10
V37-2. 中国令人愉悦　0　1　2　3　4　5　6　7　8　9　10
V37-3. 中国有领导力　0　1　2　3　4　5　6　7　8　9　10
V37-4. 中国充满活力　0　1　2　3　4　5　6　7　8　9　10
V37-5. 中国颇具魅力　0　1　2　3　4　5　6　7　8　9　10
V37-6. 中国坚定不移　0　1　2　3　4　5　6　7　8　9　10
V37-7. 中国不断发展　0　1　2　3　4　5　6　7　8　9　10
V37-8. 中国有创新力　0　1　2　3　4　5　6　7　8　9　10
V37-9.（印尼）中国富强　0　1　2　3　4　5　6　7　8　9　10

### (二) 中国在世界大国中的排名及喜欢中国的原因

1. 设计思路

在 2011 年问卷（Ⅰ）的基础上，进行了略微修改：在测量中国在世界主要国家中的排名时，增加了候选国的数量。

2. 问卷内容

（Ⅲ）V41. 在以下各国中，您最喜欢哪个国家？（选一项，四国问卷的选项中不包括本国）

1. 巴西　　　2. 中国　　　3. 德国　　　4. 法国
5. 印度　　　6. 印尼　　　7. 日本　　　8. 韩国
9. 俄罗斯　　10. 沙特　　11. 南非　　　12. 英国
13. 美国　　　14. 越南　　77. 其他

（Ⅲ）V41-1. 您最喜欢该国的原因是什么？（可多选）

1. 社会稳定　　2. 环境优美　　3. 灿烂文化　　4. 政治民主
5. 经济发达　　6. 外交和平　　7. 公民素质高　77. 其他

### (三) 受访者对中国的亲近度

1. 设计思路

如何测量受访者对中国的亲近度？除了对中国是否喜欢的调查外，借鉴心理学中测量人与人的心理距离的思路，尝试用五种选择（到中国旅游、到中国做生意、到中国学习、到中国工作、移民到中国）测量个人对中国的亲近度。问卷用 5 级量表，请受访者对每个选择都说出自己的意愿。五种选择中，到中国旅游表示的是亲近度最低的意愿，移民到中国表示的是亲近度最高的意愿。与中国做生意、到中国学习、到中国工作处于中间程度的亲近意愿。5 级量表中，把"很不愿意"赋值为 1，"无所谓"赋值为 3，"很愿意"赋值为 5，以此类推，计算出受访者对给定行为的态度，平均值越高，说明意愿越强烈。

## 2. 问卷内容

(Ⅲ) V43. 就以下五种选择,您是否愿意:

|  | 1 很不愿意 | 2 不愿意 | 3 无所谓 | 4 愿意 | 5 很愿意 |
|---|---|---|---|---|---|
| 与中国做生意 |  |  |  |  |  |
| 到中国旅游 |  |  |  |  |  |
| 到中国学习 |  |  |  |  |  |
| 到中国工作 |  |  |  |  |  |
| 移民到中国 |  |  |  |  |  |

## 二、对中国整体形象的评价

受访者对有关中国的八项评价从 0 到 10 之间打分。将毫不赞成赋值 0,中立赋值 5,100% 地赞成赋值 10,以此类推,计算出均值。在本部分和以下部分中,分析了各国整体、高中生、青年和精英的态度。将年龄 15—18 岁者定义为高中生。将年龄 19—28 岁者定义为青年。

### (一) 各国情况

日本受访者整体对各项指标用 0—10 级评价的结果见表 16-24。以 5 为中立值,6-10 为赞同,整体受访者赞同中国"可信可靠"的为 5.1%(包括 6—10 各比例总和),八项指标中得分最低。得分最高的是"充满活力"(36.8%)。以均值计算,各项指标的均值得分都很低,没有 1 项超过 5。

对于重点群体的调查结果显示,精英、青年和高中生与整体呈现一致的特征,对比来说,精英相对在这八个方面的评价最高(3.48),高中生(2.95)和青年(2.94)对于这八个方面的评价都低于整体水平(3.14)。具体如表 16-25 所示。

表 16-24　日本受访者对中国各项评价的赞同比例(%)及均值(11 级量表)

|  | 0 | 1 | 2 | 3 | 4 | 5 | 6 | 7 | 8 | 9 | 10 | 6—10 总和 | 均值 |
|---|---|---|---|---|---|---|---|---|---|---|---|---|---|
| 可靠可信 | 35.4 | 13.1 | 15.0 | 14.5 | 6.1 | 10.8 | 2.3 | 1.4 | 0.6 | 0.1 | 0.7 | 5.1 | 2.01 |
| 令人愉悦 | 28.5 | 13.6 | 14.2 | 12.7 | 8.7 | 15.3 | 4.2 | 1.3 | 0.8 | 0.2 | 0.5 | 7 | 2.4 |

续表

|  | 0 | 1 | 2 | 3 | 4 | 5 | 6 | 7 | 8 | 9 | 10 | 6—10总和 | 均值 |
|---|---|---|---|---|---|---|---|---|---|---|---|---|---|
| 有领导力 | 27.1 | 9.4 | 13.7 | 11.7 | 8.2 | 16.7 | 5.3 | 4.4 | 1.8 | 0.8 | 0.8 | 13.1 | 2.81 |
| 充满活力 | 16.0 | 5.2 | 6.5 | 10.4 | 8.0 | 17.0 | 13.2 | 9.5 | 8.3 | 3.0 | 2.8 | 36.8 | 4.34 |
| 颇具魅力 | 25.4 | 9.7 | 10.6 | 10.4 | 8.2 | 18.8 | 7.4 | 4.7 | 2.5 | 0.7 | 1.6 | 16.9 | 3.09 |
| 坚定不移 | 20.4 | 7.3 | 9.3 | 9.1 | 8.1 | 20.4 | 7.5 | 7.4 | 5.2 | 1.9 | 3.4 | 25.4 | 3.77 |
| 不断发展 | 18.0 | 8.0 | 8.7 | 10.4 | 9.2 | 19.8 | 12.8 | 6.9 | 3.8 | 1.1 | 1.4 | 26 | 3.71 |
| 有创新力 | 23.7 | 9.6 | 11.3 | 11.2 | 9.9 | 20.4 | 7.4 | 3.5 | 1.9 | 0.6 | 0.6 | 14 | 3.02 |

表16-25　日本不同受访者对中国评价的均值对比（11级量表）

|  | 整体 | 高中生 | 青年 | 精英 |
|---|---|---|---|---|
| 充满活力 | 4.34 | 4.15 | 4.08 | 4.65 |
| 坚定不移 | 3.77 | 3.47 | 3.58 | 4.08 |
| 不断发展 | 3.71 | 3.41 | 3.32 | 4.01 |
| 颇具魅力 | 3.09 | 2.82 | 3.08 | 3.51 |
| 有创新力 | 3.02 | 2.94 | 2.87 | 3.26 |
| 有领导力 | 2.81 | 2.68 | 2.53 | 3.32 |
| 令人愉悦 | 2.40 | 2.15 | 2.24 | 2.71 |
| 可靠可信 | 2.01 | 1.97 | 1.82 | 2.31 |
| 八项平均 | 3.14 | 2.95 | 2.94 | 3.48 |

韩国受访者整体对各项指标用0—10级评价的结果见表16-26。以5为中立值，6—10为赞同，整体受访者赞同中国"令人愉悦"的为16.7%（包括6—10各比例总和），八项指标中得分最低。得分最高的是"不断发展"（52.1%）。受访者认为中国是不断发展的，但总体上印象不佳。以均值计算，各项指标的均值都很低，只有一项超过5。对比而言，整体人群得分高的是"不断发展"（均值5.37）。

各重点群体与整体呈现一致的特征，相对来说，精英在这八个方面的评价最高（4.65），以下依次为青年（3.91）、高中生（3.37）。青年和高中生对这八个方面的评价都低于整体水平（4.21）。具体到每一个评价指标，都是精英高于青年、青年高于高中生。如表16-27所示。

表 16-26　韩国受访者对中国各项评价的赞同比例（%）及均值（11 级量表）

| | 0 | 1 | 2 | 3 | 4 | 5 | 6 | 7 | 8 | 9 | 10 | 6—10总和 | 均值 |
|---|---|---|---|---|---|---|---|---|---|---|---|---|---|
| 可靠可信 | 15.7 | 7.0 | 10.9 | 13.8 | 13.4 | 19.7 | 10.1 | 5.3 | 2.8 | 0.7 | 0.6 | 19.5 | 3.54 |
| 令人愉悦 | 14.0 | 9.6 | 9.4 | 13.9 | 14.9 | 21.4 | 7.7 | 4.9 | 2.0 | 1.8 | 0.3 | 16.7 | 3.53 |
| 有领导力 | 12.2 | 6.0 | 8.4 | 10.9 | 11.9 | 19.6 | 13.3 | 9.2 | 5.8 | 2.0 | 0.8 | 31.1 | 4.17 |
| 充满活力 | 10.1 | 4.1 | 5.4 | 9.0 | 10.6 | 21.0 | 15.8 | 14.5 | 7.0 | 1.3 | 1.3 | 39.9 | 4.65 |
| 颇具魅力 | 11.9 | 6.4 | 8.4 | 9.6 | 12.8 | 22.4 | 12.8 | 9.9 | 4.0 | 1.2 | 0.6 | 28.5 | 4.1 |
| 坚定不移 | 10.9 | 6.9 | 6.1 | 9.4 | 13.8 | 22.1 | 13.6 | 9.5 | 4.8 | 1.8 | 1.5 | 30.7 | 4.29 |
| 不断发展 | 7.3 | 3.4 | 3.6 | 6.3 | 8.9 | 18.6 | 15.5 | 16.7 | 11.7 | 5.7 | 2.5 | 52.1 | 5.37 |
| 有创新力 | 13.6 | 8.6 | 6.6 | 10.0 | 11.9 | 22.1 | 11.1 | 8.9 | 4.4 | 1.5 | 1.3 | 27.2 | 4.01 |

表 16-27　韩国不同受访者对中国评价对比（11 级量表）

| 中国整体评价 | 整体 | 高中生 | 青年 | 精英 |
|---|---|---|---|---|
| 不断发展 | 5.37 | 4.69 | 5.36 | 5.53 |
| 充满活力 | 4.65 | 3.73 | 4.35 | 5.13 |
| 坚定不移 | 4.29 | 3.49 | 3.88 | 4.67 |
| 有领导力 | 4.17 | 3.18 | 3.72 | 4.74 |
| 颇具魅力 | 4.10 | 3.27 | 3.81 | 4.59 |
| 有创新力 | 4.01 | 3.06 | 3.67 | 4.49 |
| 可靠可信 | 3.54 | 2.78 | 3.29 | 4.04 |
| 令人愉悦 | 3.53 | 2.78 | 3.16 | 3.99 |
| 八项平均 | 4.21 | 3.37 | 3.91 | 4.65 |

越南受访者整体对各项指标用0—10级评价的结果见表16-28。以5为中立值，6—10为赞同，整体受访者赞同中国"可靠可信"的比例为19.6%（包括6—10各比例总和），在八项指标中得分最低。得分最高的是"不断发展"（62.1%）。以均值计算，各项指标的均值有5项超过5。但对于中国"可靠可信"（3.42，34.2分）、"令人愉悦"（3.51，35.1分）印象不佳。

重点群体与整体呈现一致的特征。精英相对在这八个方面的评价最高，均值为5.59，以下依次为青年（4.76）、高中生（4.42）。青年和高中生对这八个方面的评价都低于整体水平（4.87）。具体到每一个评价指标，都是精英高于青年、青年高于高中生。精英人群得分最低的指标是中国"令人愉悦"（3.99）和中国"可靠可信"（3.98）。见表16-29。

表16-28 越南受访者对中国各项评价的赞同比例（%）及均值（11级量表）

| | 0 | 1 | 2 | 3 | 4 | 5 | 6 | 7 | 8 | 9 | 10 | 6—10总和 | 均值 |
|---|---|---|---|---|---|---|---|---|---|---|---|---|---|
| 可靠可信 | 22.4 | 7.2 | 11.0 | 11.3 | 9.3 | 19.2 | 5.9 | 4.8 | 4.6 | 2.6 | 1.7 | 19.6 | 3.42 |
| 令人愉悦 | 18.8 | 9.9 | 10.7 | 12.4 | 9.5 | 16.3 | 8.6 | 5.1 | 5.3 | 2.0 | 1.6 | 22.6 | 3.51 |
| 有领导力 | 10.3 | 5.0 | 7.0 | 6.6 | 7.5 | 17.6 | 10.7 | 10.0 | 7.3 | 6.4 | | 46 | 5.12 |
| 充满活力 | 10.4 | 4.4 | 6.5 | 6.5 | 7.1 | 17.9 | 10.4 | 12.0 | 11.5 | 6.4 | 7.0 | 47.3 | 5.21 |
| 颇具魅力 | 10.4 | 4.8 | 8.0 | 6.3 | 5.9 | 15.3 | 10.6 | 10.7 | 11.4 | 8.5 | 8.8 | 49.9 | 5.31 |
| 坚定不移 | 14.9 | 6.9 | 6.4 | 8.1 | 6.8 | 19.7 | 8.6 | 8.5 | 9.3 | 5.1 | 5.7 | 37.2 | 4.58 |
| 不断发展 | 7.2 | 3.2 | 5.1 | 5.5 | 4.9 | 11.9 | 11.8 | 12.7 | 14.2 | 11.4 | 12.0 | 62.1 | 6.05 |
| 有创新力 | 9.7 | 4.4 | 5.7 | 5.5 | 4.7 | 12.7 | 10.0 | 11.9 | 11.1 | 11.3 | 13.0 | 57.3 | 5.79 |

表16-29 越南不同受访者对中国整体评价对比

| 中国整体评价 | 整体 | 高中生 | 青年 | 精英 |
|---|---|---|---|---|
| 不断发展 | 6.05 | 5.59 | 6.10 | 6.76 |
| 有创新力 | 5.79 | 5.29 | 5.68 | 6.44 |
| 颇具魅力 | 5.31 | 4.88 | 5.19 | 5.95 |
| 充满活力 | 5.21 | 4.59 | 5.07 | 6.10 |
| 有领导力 | 5.12 | 4.59 | 4.97 | 5.93 |
| 坚定不移 | 4.58 | 4.14 | 4.49 | 5.59 |
| 令人愉悦 | 3.51 | 3.22 | 3.33 | 3.99 |
| 可靠可信 | 3.42 | 3.07 | 3.27 | 3.98 |
| 八项平均 | 4.87 | 4.42 | 4.76 | 5.59 |

印尼受访者整体对各项指标用0—10级评价的结果见表16-30。以5为中立值，6—10为赞同，整体受访者对中国评价的各项赞同的比例都超过69.9%（包括6—10各比例总和）。得分最高的是"不断发展"（86.3%），最低的是"可靠可信"（69.9%）。对增加的一项"中国富强"赞同的达83.1%，九项指标中排名第三。以均值计算，各项指标的均值都在6以上。

印尼受访者对中国整体印象较好。中国"不断发展"(7.65)得分最高。均值最低的是中国"可靠可信"(6.46)。

各群体对这些关于中国的评价的认同趋势基本一致,都是对中国"不断发展"认同度最高,对中国"可靠可信"认同度最低。从整体上看,认同程度从高到低为:精英(7.42)、整体(7.10)、青年(6.83)、高中生(6.63)。见表16-31。

表16-30 印尼受访者对中国各项评价的赞同比例

单位:%

|  | 0 | 1 | 2 | 3 | 4 | 5 | 6 | 7 | 8 | 9 | 10 | 6—10总和 |
|---|---|---|---|---|---|---|---|---|---|---|---|---|
| 可靠可信 | 1.4 | 1.8 | 2.8 | 3.0 | 5.7 | 15.4 | 14.0 | 23.8 | 17.5 | 7.1 | 7.5 | 69.9 |
| 令人愉悦 | 0.9 | 1.4 | 1.5 | 3.3 | 4.8 | 11.8 | 16.3 | 22.0 | 22.1 | 8.0 | 8.0 | 76.4 |
| 有领导力 | 1.0 | 1.0 | 1.2 | 3.3 | 4.0 | 10.9 | 14.8 | 19.9 | 21.5 | 13.0 | 9.4 | 78.6 |
| 充满活力 | 1.1 | 0.9 | 0.8 | 2.5 | 3.1 | 10.5 | 13.9 | 20.1 | 23.6 | 13.2 | 10.3 | 81.1 |
| 颇具魅力 | 1.1 | 0.9 | 1.7 | 1.8 | 3.8 | 12.6 | 14.2 | 20.9 | 23.1 | 10.8 | 9.2 | 78.2 |
| 坚定不移 | 0.9 | 1.1 | 1.3 | 2.0 | 2.8 | 10.8 | 11.8 | 20.2 | 25.5 | 11.5 | 12.1 | 81.1 |
| 不断发展 | 0.8 | 0.5 | 0.7 | 1.6 | 1.8 | 8.4 | 8.3 | 17.7 | 23.9 | 19.6 | 16.8 | 86.3 |
| 有创新力 | 1.0 | 0.3 | 1.5 | 1.4 | 2.0 | 8.9 | 10.4 | 19.0 | 21.9 | 19.0 | 14.6 | 84.9 |
| 中国富强 | 1.0 | 0.3 | 0.5 | 1.6 | 3.2 | 10.4 | 8.2 | 18.4 | 23.8 | 18.8 | 13.9 | 83.1 |

表16-31 印尼不同受访者对中国整体评价对比(11级量表)

|  | 整体 | 高中生 | 青年 | 精英 |
|---|---|---|---|---|
| 中国不断发展 | 7.65 | 7.35 | 7.53 | 7.81 |
| 中国有创新力 | 7.48 | 7.00 | 7.34 | 7.64 |
| 中国富强 | 7.47 | 7.01 | 7.28 | 7.64 |
| 中国坚定不移 | 7.16 | 6.70 | 6.89 | 7.46 |
| 中国充满活力 | 7.10 | 6.55 | 6.66 | 7.54 |
| 中国有领导力 | 6.95 | 6.55 | 6.59 | 7.38 |
| 中国颇具魅力 | 6.93 | 6.47 | 6.59 | 7.32 |
| 中国令人愉悦 | 6.73 | 6.13 | 6.42 | 7.15 |
| 中国可靠可信 | 6.46 | 5.95 | 6.17 | 6.80 |
| 九项平均 | 7.10 | 6.63 | 6.83 | 7.42 |

## (二) 四国比较

四国数据（见表16-32）对比显示出以下特点：

第一，在周边国家日本、韩国、越南受访者的心目中，中国形象不及格。八项指标均值综合一起平均计算，11级量表计算均值，越南为4.87（转换成百分制为48.7分），韩国为4.21（百分制42.1分），日本为3.14（百分制31.4分）。

第二，中国在四国形象相差悬殊。八项指标均值综合一起平均计算，评价最高者是印尼（7.06），换算成百分制为70.6分，是日本（31.4分）的2.3倍，是韩国（42.1分）的1.7倍。

第三，中国"不断发展"和"充满活力"得分较高，"可信可靠"得分最低。四国受访者对八个中国形象判断均值的平均值中，得分最高的是"不断发展"（5.70）和"充满活力"（5.32），介于中立和较同意之间。均值倒数第一、第二的是"可靠可信"（3.86）和"令人愉悦"（4.04）。其余五项皆在5左右。

第四，四国各群体与整体呈现一致的特征，评价程度从高到低为：精英、整体、青年、高中生。这八个方面的评价的平均值从高到低排列，日本为精英（3.48）、整体（3.14）、高中生（2.95）和青年（2.94）；韩国为精英（4.65）、整体（4.21）、青年（3.91）、高中生（3.37）；越南为精英（5.59）、整体（4.87）、青年（4.76）、高中生（4.42）；印尼为精英（7.42）、整体（7.10）、青年（6.83）、高中生（6.63）。

表16-32 四国受访者对中国的整体印象（11级量表）

|      | 可靠可信 | 令人愉悦 | 坚定不移 | 颇具魅力 | 有领导力 | 充满活力 | 有创新力 | 不断发展 | 本国八项平均 |
|------|------|------|------|------|------|------|------|------|------|
| 日本 | 2.01 | 2.40 | 3.77 | 3.09 | 2.81 | 4.34 | 3.02 | 3.71 | 3.14 |
| 韩国 | 3.54 | 3.53 | 4.29 | 4.10 | 4.17 | 4.65 | 4.01 | 5.37 | 4.21 |
| 越南 | 3.42 | 3.51 | 4.58 | 5.31 | 5.12 | 5.21 | 5.79 | 6.05 | 4.87 |
| 印尼 | 6.46 | 6.73 | 7.16 | 6.93 | 6.95 | 7.10 | 7.48 | 7.65 | 7.06 |
| 四国平均 | 3.86 | 4.04 | 4.95 | 4.86 | 4.76 | 5.32 | 5.08 | 5.70 | |

## 三、中国在世界大国中的排名及喜欢中国的原因

### (一) 中国在世界主要国家中的排名

#### 1. 各国情况

日本受访者中选择最喜欢中国的比例为1.7%（21个受访者），中国排在第八位。重点群体比较，美国是各群体中选择比例最高的国家，尤其是精英的选择比例达35.1%。总体上来说，如果去掉"其他"选项，西欧发达国家排名比较靠前，选择喜欢中国的比例偏低，精英选择中国的比例最高，也只有2.4%。高中生为0。见表16-33。

表16-33　日本不同受访者最喜欢的国家

| 国家 | 整体 | | 高中生 | | 青年 | | 精英 | |
| --- | --- | --- | --- | --- | --- | --- | --- | --- |
| | % | 排名 | % | 排名 | % | 排名 | % | 排名 |
| 美国 | 23.9 | 1 | 26.5 | 1 | 22.3 | 2 | 35.1 | 1 |
| 其他 | 21.9 | 2 | 20.6 | 2 | 24.1 | 1 | 13.1 | 3 |
| 英国 | 15.3 | 3 | 11.8 | 4 | 20.1 | 3 | 16.7 | 2 |
| 德国 | 14.1 | 4 | 11.8 | 4 | 7.6 | 5 | 16.7 | 2 |
| 法国 | 12.9 | 5 | 17.6 | 3 | 15.2 | 4 | 11.3 | 4 |
| 韩国 | 2.7 | 6 | 2.9 | 6 | 2.7 | 6 | 1.2 | 6 |
| 越南 | 2.2 | 7 | 2.9 | 6 | 1.3 | 7 | 2.4 | 5 |
| 巴西 | 1.7 | 8 | 5.9 | 5 | 0.4 | 9 | 0 | 8 |
| 中国 | 1.7 | 8 | 0 | 7 | 1.3 | 7 | 2.4 | 5 |
| 印度 | 1.4 | 9 | 0 | 7 | 2.7 | 6 | 0.6 | 7 |
| 印度尼西亚 | 1.2 | 10 | 0 | 7 | 0.4 | 9 | 0.6 | 7 |
| 俄罗斯 | 0.6 | 11 | 0 | 7 | 0.9 | 8 | 0 | 8 |
| 沙特 | 0.2 | 12 | 0 | 7 | 0.9 | 8 | 0 | 8 |
| 南非 | 0.2 | 12 | 0 | 7 | 0 | 10 | 0 | 8 |

整体来看，在韩国，中国排在美国、欧洲国家和日本之后，位列第七，只有5.78%的受访者（60位）最喜欢中国。重点群体比较，美国在各受访者群体中均被列为最喜欢国家首选。西欧国家排名靠前。而高中生受访者将

日本排在了第三位，比例为13.7%（142人），而中国的比例为0。精英喜欢中国的比例为6.9%，高于其他群体，且高于喜欢日本的比例（4.3%）。见表16-34。

表16-34 韩国不同受访者最喜欢的国家

| 国家 | 整体 | | 高中生 | | 青年 | | 精英 | |
|---|---|---|---|---|---|---|---|---|
| | % | 排名 | % | 排名 | % | 排名 | % | 排名 |
| 美国 | 22.35 | 1 | 27.45 | 1 | 21.89 | 1 | 19.83 | 1 |
| 英国 | 15.51 | 2 | 17.65 | 2 | 19.90 | 2 | 15.52 | 4 |
| 德国 | 15.32 | 3 | 9.80 | 5 | 14.43 | 4 | 18.10 | 2 |
| 法国 | 15.13 | 4 | 9.80 | 6 | 14.93 | 3 | 16.38 | 3 |
| 其他 | 8.67 | 5 | 11.76 | 4 | 8.96 | 5 | 5.17 | 7 |
| 日本 | 7.23 | 6 | 13.73 | 3 | 8.46 | 6 | 4.31 | 8 |
| 中国 | 5.78 | 7 | 0 | 8 | 3.48 | 7 | 6.90 | 5 |
| 印度 | 2.79 | 8 | 0 | 8 | 1.49 | 10 | 6.03 | 6 |
| 越南 | 2.50 | 9 | 0 | 8 | 1.49 | 10 | 4.31 | 8 |
| 俄罗斯 | 2.12 | 10 | 9.80 | 7 | 1.99 | 8 | 1.72 | 10 |
| 巴西 | 1.45 | 11 | 0 | 8 | 1.99 | 8 | 0 | 12 |
| 南非 | 0.58 | 12 | 0 | 8 | 1.00 | 12 | 1.72 | 11 |
| 沙特 | 0.39 | 13 | 0 | 8 | 0 | 13 | 0 | 13 |
| 印度尼西亚 | 0.19 | 14 | 0 | 8 | 0 | 13 | 0 | 13 |

越南受访者中选择最喜欢中国的比例为12.02%（123位），排在日本（32.45%）、美国（13.29%）和韩国（12.41%）之后，位列第四。与日本差距比较大，与美国和韩国的差距不大。重点群体比较，在各受访者群体中，日本均被列为最喜欢的国家首选，精英、青年、高中生的比例十分接近。中国在三个重点分析人群中都被列为排名第三的最喜欢国家。精英喜欢中国的比例（15.9%）高于青年（12.3%）和高中生（10.6%）。见表16-35。

表16-35 越南不同受访者最喜欢的国家

| 国家 | 整体 | | 高中生 | | 青年 | | 精英 | |
|---|---|---|---|---|---|---|---|---|
| | % | 排名 | % | 排名 | % | 排名 | % | 排名 |
| 日本 | 32.45 | 1 | 31.7 | 1 | 31.5 | 1 | 32.9 | 1 |

续表

| 国家 | 整体 | | 高中生 | | 青年 | | 精英 | |
|---|---|---|---|---|---|---|---|---|
| | % | 排名 | % | 排名 | % | 排名 | % | 排名 |
| 美国 | 13.29 | 2 | 14.4 | 2 | 12.1 | 4 | 20.7 | 2 |
| 韩国 | 12.41 | 3 | 9.6 | 4 | 16.2 | 2 | 14.6 | 4 |
| 中国 | 12.02 | 4 | 10.6 | 3 | 12.3 | 3 | 15.9 | 3 |
| 法国 | 8.50 | 5 | 5.8 | 6 | 9.2 | 5 | 11 | 5 |
| 英国 | 6.55 | 6 | 9.6 | 4 | 5.1 | 6 | 2.4 | 6 |
| 俄罗斯 | 5.38 | 7 | 4.8 | 7 | 4.6 | 7 | 1.2 | 7 |
| 德国 | 2.35 | 8 | 2.9 | 10 | 3.1 | 8 | 0 | 8 |
| 其他 | 1.96 | 9 | 3.8 | 8 | 1 | 10 | 0 | 8 |
| 巴西 | 1.86 | 10 | 1.9 | 11 | 2.3 | 9 | 0 | 8 |
| 印度 | 1.76 | 11 | 3.8 | 8 | 1 | 10 | 0 | 8 |
| 南非 | 0.59 | 12 | 1 | 12 | 0.8 | 12 | 0 | 8 |
| 沙特 | 0.49 | 13 | 0 | 13 | 0.5 | 13 | 0 | 8 |
| 印尼 | 0.39 | 14 | 0 | 13 | 0.3 | 14 | 1.2 | 7 |

印尼受访者中选择日本的比例最高（33.2%），中国排在第二位（27.0%，276人），第三是韩国（9.7%）。重点群体比较，精英选择中国为最喜欢国家的比例（34.1%）最高，高于选择日本的比例（30.5%）。日本是高中生、青年最喜欢的国家，尤其是高中生，比例最高（48.4%），远高于喜欢中国的比例（11.8%）。见表16-36。

表16-36 印尼不同群体受访者最喜欢的国家

| 国家 | 整体 | | 高中生 | | 青年 | | 精英 | |
|---|---|---|---|---|---|---|---|---|
| | % | 排名 | % | 排名 | % | 排名 | % | 排名 |
| 日本 | 33.2 | 1 | 48.4 | 1 | 33.5 | 1 | 30.5 | 2 |
| 中国 | 27.0 | 2 | 11.8 | 2 | 26.3 | 2 | 34.1 | 1 |
| 韩国 | 9.7 | 3 | 10.8 | 3 | 10.0 | 3 | 10.5 | 3 |
| 沙特 | 7.3 | 4 | 4.3 | 7 | 7.8 | 4 | 6.4 | 4 |
| 美国 | 5.1 | 5 | 7.5 | 4 | 4.6 | 6 | 3.6 | 6 |

续表

| 国家 | 整体 | | 高中生 | | 青年 | | 精英 | |
|---|---|---|---|---|---|---|---|---|
| | % | 排名 | % | 排名 | % | 排名 | % | 排名 |
| 英国 | 3.8 | 6 | 4.3 | 7 | 5.3 | 5 | 4.5 | 5 |
| 德国 | 3.7 | 7 | 5.4 | 5 | 2.1 | 9 | 3.2 | 7 |
| 印度 | 3.0 | 8 | 0 | 11 | 3.2 | 7 | 2.3 | 8 |
| 法国 | 2.2 | 9 | 0 | 11 | 2.5 | 8 | 1.4 | 9 |
| 其他 | 2.1 | 10 | 5.4 | 5 | 1.1 | 12 | 0.9 | 12 |
| 巴西 | 1.2 | 11 | 1.1 | 9 | 1.8 | 10 | 0 | 13 |
| 俄罗斯 | 1.0 | 12 | 0 | 11 | 1.8 | 10 | 1.4 | 9 |
| 越南 | 0.7 | 13 | 1.1 | 9 | 0 | 13 | 1.4 | 9 |
| 南非 | 0 | 14 | 0 | 11 | 0 | 13 | 0 | 13 |

2. 四国比较

14 国被喜欢的平均值（日、韩、越、印尼为三国平均值，其他国家为四国平均值）相比，前五名是：日本（18.2%）、美国（16.2%）、中国（11.6%）、英国（10.3%）、法国（9.7%）。四个受访国比较，最喜欢中国的为印尼，有 27.0% 的受访者喜欢中国，以下依次是：越南（12.0%）、韩国（5.8%）、日本（1.7%）。值得注意的是，喜欢日本的比例在越南（32.5%）、印尼（33.2%）和韩国（7.2%）均高于中国（相应的比例为：12.0%、27.0%、5.8%）。见表 16-37。

表 16-37 四国受访者最喜欢的国家

| 国家 | 日本 | | 韩国 | | 越南 | | 印尼 | | 四国平均值 | |
|---|---|---|---|---|---|---|---|---|---|---|
| | % | 排名 | % | 排名 | % | 排名 | % | 排名 | % | 排名 |
| 日本 | — | — | 7.2 | 6 | 32.5 | 1 | 33.2 | 1 | 18.2 | 1 |
| 美国 | 23.9 | 1 | 22.4 | 1 | 13.3 | 2 | 5.1 | 5 | 16.2 | 2 |
| 中国 | 1.7 | 8 | 5.8 | 7 | 12.0 | 4 | 27.0 | 2 | 11.6 | 3 |
| 英国 | 15.3 | 3 | 15.5 | 2 | 6.6 | 6 | 3.8 | 6 | 10.3 | 4 |
| 法国 | 12.9 | 5 | 15.1 | 4 | 8.5 | 5 | 2.2 | 9 | 9.7 | 5 |
| 德国 | 14.1 | 4 | 15.3 | 3 | 2.4 | 8 | 3.7 | 7 | 8.9 | 6 |

续表

| 国家 | 日本 | | 韩国 | | 越南 | | 印尼 | | 四国平均值 | |
|---|---|---|---|---|---|---|---|---|---|---|
| | % | 排名 | % | 排名 | % | 排名 | % | 排名 | % | 排名 |
| 其他 | 21.9 | 2 | 8.7 | 5 | 2.0 | 9 | 2.1 | 10 | 8.7 | 7 |
| 韩国 | 2.7 | 6 | — | — | 12.4 | 3 | 9.7 | 3 | 6.2 | 8 |
| 俄罗斯 | 0.6 | 11 | 2.1 | 10 | 5.4 | 7 | 1.0 | 12 | 2.3 | 9 |
| 印度 | 1.4 | 9 | 2.8 | 8 | 1.8 | 11 | 3.0 | 8 | 2.2 | 10 |
| 沙特 | 0.2 | 12 | 0.4 | 13 | 0.5 | 13 | 7.3 | 4 | 2.1 | 11 |
| 巴西 | 1.7 | 8 | 1.5 | 11 | 1.9 | 10 | 1.2 | 11 | 1.6 | 12 |
| 越南 | 2.2 | 7 | 2.5 | 9 | — | — | 0.7 | 13 | 1.4 | 13 |
| 印尼 | 1.2 | 10 | 0.2 | 14 | 0.4 | 14 | — | — | 0.5 | 14 |
| 南非 | 0.2 | 12 | 0.6 | 12 | 0.6 | 12 | 0 | 14 | 0 | 15 |
| 总计 | 100% | — | 100% | — | 100% | — | 100% | — | 100% | — |

## （二）喜欢中国的原因及中华文化国际竞争力

与问卷（Ⅰ）一样，紧接着上一问题调查了受访者最喜欢该国的原因。请受访者在八个选项进行选择（可多选）。在分析原因时，14个国家中分析哪些国家呢？遴选的三条标准是：选择2011年调查过的中国、美国、德国、俄罗斯、印度、日本，以便进行对比；此次受访国中的韩国、越南、印尼；14国中被受访者喜欢排在前五名的国家。因而四个受访国分析的国家有所不同。

### 1. 各国情况

1.7%的日本受访者（21名）选择中国作为自己最喜欢的国家，喜欢中国的首要原因是中国的"灿烂文化"（52.4%），其次是"经济发达"（42.9%）。具体见图16-10。

中华文化在日本的竞争力在十国里居中。将日本受访者选择中、美、德、俄、印度、韩、越、印尼、英、法等十国作为最喜欢国家的原因进行了对比，基本情况见表16-38。有效样本在30份以上的美、德、韩、英、法五国的八个因素比例平均数显示，受访者由于喜欢文化而喜欢该国的比例，在八个因素中平均位居第五（25.4%），位于"公民素质高"（36.9%）、

"政治民主"（31.3%）、"社会稳定"（30.4）、"环境优美"（29.3%）之后。数据显示，公民素质高是日本受访者喜欢一个国家的主要因素。

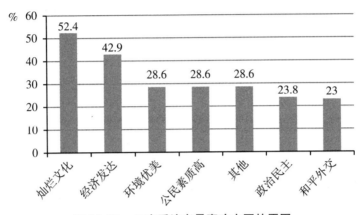

图16-10　日本受访者最喜欢中国的原因

各国之间的百分比相比，显示出两个特点：其一，喜欢中国的有21人，由于喜欢中华文化的比例位居第一（52.4%），喜欢中华文化的人数为11人，在十国中名列第四，这显示了中华文化是日本受访问者喜欢中国的首要因素。其二，喜欢中华文化的人比喜欢美国文化的61人少50人，比喜欢法国文化的80人少了69人。这说明中华文化虽然是中国对日影响力的各种资源中最有竞争力的资源，但在与其他国家文化的横向竞争力方面居中，中华文化的竞争对手是法国、美国所代表的西方文化。日本从明治维新之后实行的"脱亚入欧"战略的影响延续至今，由此可见一斑。

表16-38　日本受访者喜欢各国的人数及喜欢该国的原因

| 喜欢的国家 | 喜欢该国的人数 | 喜欢该国原因（可多选）的比例　　单位：% | | | | | | | |
|---|---|---|---|---|---|---|---|---|---|
| | | 社会稳定 | 环境优美 | 灿烂文化 | 政治民主 | 经济发达 | 和平外交 | 公民素质高 | 其他 |
| 中国 | 21 | 19.0 | 28.6 | 52.4（11） | 23.8 | 42.9 | 23.8 | 28.6 | 28.6 |
| 美国 | 293 | 31.7 | 8.2 | 20.8（61） | 54.3 | 42.3 | 11.6 | 24.6 | 11.6 |
| 德国 | 173 | 47.4 | 42.2 | 5.8（10） | 32.4 | 36.4 | 23.1 | 71.1 | 11.0 |
| 俄罗斯 | 7 | 0 | 28.6 | 28.6（2） | 0 | 0 | 0 | 14.3 | 28.6 |
| 印度 | 17 | 0 | 5.9 | 17.6（3） | 29.4 | 23.5 | 29.4 | 5.9 | 17.6 |

续表

| 喜欢的国家 | 喜欢该国的人数 | 喜欢该国原因（可多选）的比例　单位:% | | | | | | | |
|---|---|---|---|---|---|---|---|---|---|
| | | 社会稳定 | 环境优美 | 灿烂文化 | 政治民主 | 经济发达 | 和平外交 | 公民素质高 | 其他 |
| 韩国 | 33 | 18.2 | 21.2 | 30.3（10） | 9.1 | 12.1 | 9.1 | 18.2 | 27.3 |
| 越南 | 27 | 14.8 | 18.5 | 3.7（1） | 7.4 | 40.8 | 37.0 | 70.4 | 18.5 |
| 印尼 | 15 | 13.3 | 33.3 | 20.0（3） | 6.7 | 13.3 | 26.7 | 53.3 | 13.3 |
| 英国 | 187 | 29.4 | 26.7 | 19.3（36） | 36.4 | 11.8 | 17.1 | 39.6 | 17.6 |
| 法国 | 158 | 25.3 | 48.1 | 50.6（80） | 24.1 | 11.4 | 19.0 | 31.0 | 12.7 |
| 五国平均 | 169 | 30.4 | 29.3 | 25.4 | 31.3 | 22.8 | 16.0 | 36.9 | 16.0 |

注：五国平均指有效样本在30份以上的美、德、韩、英、法五国。

5.8%的韩国受访者（60位）选择中国作为自己最喜欢的国家，首要原因是中国的"灿烂文化"（70.0%），其次是"经济发达"（45.0%），第三是"环境优美"（36.7%）。选择比例最低的是"公民素质高"（5.0%）。具体见图16-11。

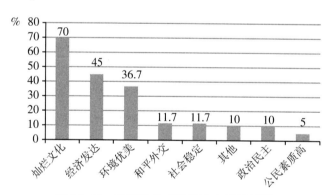

图16-11　韩国受访者最喜欢中国的原因

中华文化在韩国的竞争力在十国里排名第三。将韩国受访者选择中、美、德、俄、印度、日、越、印尼、英、法作为最喜欢的国家的原因进行了对比，基本情况见表16-39。有效样本在30份以上的中、美、德、日、英、法六国的八个因素比例平均数显示，受访者由于喜欢"灿烂文化"而喜欢该国的比例，在八个因素中平均位居第二（34.2%），位于"公民素质高"（39.1%）之后，"经济发达"（31.9%）、"环境优美"（31.9%）并列第三,"和平外交"倒数第一(11.2%)。

表16-39 韩国受访者喜欢各国的人数及喜欢该国的原因

| 喜欢的国家 | 喜欢该国的人数 | 喜欢该国原因(可多选)的比例 单位:% | | | | | | | |
|---|---|---|---|---|---|---|---|---|---|
| | | 社会稳定 | 环境优美 | 灿烂文化 | 政治民主 | 经济发达 | 和平外交 | 公民素质高 | 其他 |
| 中国 | 60 | 11.7 | 36.7 | 70.0(42) | 10.0 | 45.0 | 11.7 | 5.0 | 10.0 |
| 美国 | 232 | 29.7 | 20.7 | 16.8(39) | 45.7 | 50.0 | 15.1 | 39.7 | 3.9 |
| 德国 | 159 | 18.4 | 29.6 | 13.2(21) | 30.8 | 44.7 | 20.8 | 65.4 | 5.7 |
| 俄罗斯 | 22 | 27.3 | 50.0 | 31.8(7) | 13.6 | 18.2 | 9.1 | 18.2 | 40.9 |
| 印度 | 29 | 0 | 6.9 | 79.3(23) | 0 | 3.4 | 3.4 | 3.4 | 20.7 |
| 日本 | 75 | 30.7 | 28.0 | 16.0(12) | 4.0 | 17.3 | 1.3 | 48.0 | 33.3 |
| 越南 | 26 | 3.8 | 38.5 | 19.2(5) | 11.5 | 15.4 | 0 | 7.7 | 38.5 |
| 印尼 | 2 | 0 | 0 | 0 | 0 | 100 | 0 | 0 | 0 |
| 英国 | 161 | 26.1 | 28.6 | 37.9(61) | 23.6 | 19.9 | 6.8 | 40.4 | 8.7 |
| 法国 | 157 | 27.4 | 47.8 | 51.0(80) | 26.1 | 14.6 | 11.5 | 36.3 | 5.7 |
| 六国平均 | 141 | 29 | 31.9 | 34.2 | 23.4 | 31.9 | 11.2 | 39.1 | 11.2 |

注:六国平均指有效样本在30份以上的中、美、德、日、英、法六国。

各国之间的百分比相比,显示出三个特点:其一,由于中国"灿烂文化"而喜欢中国的比例位居第二(70.0%),和第一的印度(79.3%)只差9.3%。喜欢中华文化的人数为42人,在八国中名列第三,这显示了中华文化是韩国受访问者喜欢中国的首要因素。其二,喜欢中华文化的人比喜欢法国文化的80人少38人,这说明中华文化虽然是中国对韩影响力的各种资源中最有竞争力的资源,但与其他国家文化的横向竞争力相比,中华文化的竞争对手是法国所代表的西方文化,后者略占上风。其三,六国平均值中,"公民素质高"在八个因素中位居第一,而在韩国民众喜欢中国的因素中倒数第一,这说明中国人的公民素质在韩国人眼中不高。

69.9%的越南受访者(123位)选择中国作为自己最喜欢的国家首要原因是中国"经济发达",其次是中国的"灿烂文化"(54.5%),"社会环境"和"社会稳定"并列第三(41.5%),选择比例最低的是"和平外交"(21.1%)。具体见图16-12。

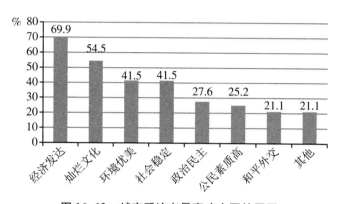

图16-12 越南受访者最喜欢中国的原因

中华文化在越竞争力在十国里排名第三。将越南受访者选择中、美、德、俄、印、日、越、印尼、英、法作为最喜欢的国家的原因进行了对比，基本情况见表16-40。有效样本在30份以上的中、美、俄、日、韩、英、法七国的八个因素比例平均数显示，受访者由于喜欢"灿烂文化"而喜欢该国的比例，在八个因素中平均位居第四（51.4%），位于"经济发达"（68.5%）、"环境优美"（61.0%）、"公民素质高"（53.8%）之后，"政治民主"倒数第一（40.7%）。

各国之间的百分比相比，显示出三个特点：其一，受访者因"灿烂文化"而喜欢中国的比例，在喜欢一国的人数超过30个的国家中，位居第四（54.5%），在法国（62.1%）、日本（58.1%）和韩国（56.7%）之后。喜欢中华文化的人数为67人，在十国中名列第三。这显示了中华文化并非受访问者喜欢中国的首要因素。其二，喜欢中华文化的人比排名第一的喜欢日本文化的193人少126人，比第二的韩国少5人。这说明中华文化虽然是中国对越影响力的各种资源中有竞争力的资源，但与其他国家文化的横向竞争力相比，中华文化的竞争对手是日本文化和韩国文化，日本有明显的优势，韩国与中国势均力敌。其三，七国平均值中"公民素质高"在八个因素中位居第三（53.8%），而在越南民众喜欢中国的各因素中倒数第一。这说明中国人的公民素质在越南人眼中远不如其他国家高。

表16-40 越南受访者喜欢的国家及喜欢该国原因

| 喜欢的国家 | 喜欢该国人数 | 喜欢该国原因（可多选）的比例 单位：% | | | | | | | |
|---|---|---|---|---|---|---|---|---|---|
| | | 社会稳定 | 环境优美 | 灿烂文化 | 政治民主 | 经济发达 | 和平外交 | 公民素质高 | 其他 |
| 中国 | 123 | 41.5 | 41.5 | 54.5（67） | 27.6 | 69.9 | 21.1 | 25.2 | 21.1 |
| 美国 | 136 | 45.6 | 57.4 | 47.8（65） | 61.0 | 89.0 | 31.6 | 68.4 | 13.2 |
| 德国 | 24 | 75.0 | 83.3 | 50.0（12） | 45.8 | 58.3 | 58.3 | 62.5 | 16.7 |
| 俄罗斯 | 55 | 41.8 | 50.9 | 40.0（22） | 52.7 | 56.4 | 70.9 | 47.3 | 21.8 |
| 印度 | 18 | 16.7 | 5.6 | 66.7（12） | 11.1 | 22.2 | 11.1 | 33.3 | 27.8 |
| 日本 | 332 | 56.3 | 68.1 | 58.1（193） | 36.1 | 72.3 | 40.4 | 74.1 | 16.8 |
| 韩国 | 127 | 42.5 | 70.1 | 56.7（72） | 20.6 | 61.4 | 38.6 | 44.1 | 22.0 |
| 印尼 | 4 | 0 | 25.0 | 100.0（4） | 75.0 | 75.0 | 25.0 | 25.0 | 25.0 |
| 法国 | 87 | 64.4 | 69.0 | 62.1（54） | 44.8 | 65.0 | 49.4 | 65.5 | 16.1 |
| 英国 | 67 | 50.7 | 70.1 | 40.3（27） | 41.8 | 65.7 | 47.8 | 52.2 | 14.9 |
| 七国平均 | 132 | 49.0 | 61.0 | 51.4 | 40.7 | 68.5 | 42.8 | 53.8 | 18.0 |

注：七国平均指有效样本在30份以上的中、美、俄、日、韩、英、法七国。

276位（27.0%）印尼受访者选择中国作为最喜欢的国家，选择中国作为自己最喜欢的国家的首要原因是中国"经济发达"（68.5%），其次是"灿烂文化"（66.7%），第三是"环境优美"（49.6%），选择比例最低的是"政治民主"（17.4%）。具体见图16-13。

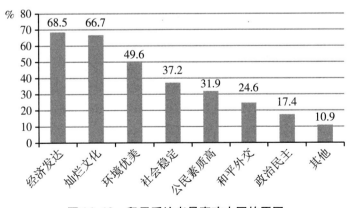

图16-13 印尼受访者最喜欢中国的原因

中华文化在印尼竞争力在十国里位居第一。将印尼受访者选择中、美、德、俄、印度、日、韩、越、沙特、英十国作为最喜欢国家的原因进行了对比，基本情况见表16-41。有效样本在30份以上的中、美、德、印、日、韩、沙特、英八国的八个因素比例平均数显示，印尼受访者由于喜欢"灿烂文化"而喜欢该国的比例，在八个因素中平均位居第三（42.9%），位于"经济发达"（60.1%）、环境优美"（48.4%）之后，"政治民主"倒数第一（21.7%）。

各国之间的百分比相比，显示出两个特点：其一，由于中国"灿烂文化"而喜欢中国的比例，在喜欢一国的人数超过30个的国家中，位居第二（66.7%），排在第一的印度（74.2%）之后，但是喜欢中华文化的人数为184人，在十国中名列第一，而印度只有23人。这显示了中华文化是受访问者喜欢中国的首要因素。其二，喜欢中华文化的人比排在第二的喜欢日本文化的148人多36人，比排在第三的喜欢韩国文化的59人多出125人。这说明中华文化不仅是中国对印尼影响力的各种资源中最有竞争力的资源，而且与其他国家文化的横向竞争力相比，中华文化竞争力名列第一，其竞争对手是日本文化和韩国文化。

表16-41　印尼受访者喜欢各国及喜欢该国原因

| 喜欢的国家 | 喜欢该国人数 | 喜欢该国原因（可多选）的比例　单位:% | | | | | | | |
| --- | --- | --- | --- | --- | --- | --- | --- | --- | --- |
| | | 社会稳定 | 环境优美 | 灿烂文化 | 政治民主 | 经济发达 | 和平外交 | 公民素质高 | 其他 |
| 中国 | 276 | 37.3 | 49.6 | 66.7（184） | 17.4 | 68.5 | 24.6 | 31.9 | 10.9 |
| 美国 | 52 | 30.8 | 38.5 | 30.8（16） | 50.0 | 78.8 | 30.8 | 32.7 | 23.1 |
| 德国 | 38 | 44.7 | 52.6 | 28.9（11） | 31.6 | 71.1 | 34.2 | 28.9 | 15.8 |
| 俄罗斯 | 10 | 0 | 40.0 | 20.0（2） | 0 | 20.0 | 10.0 | 10.0 | 50.0 |
| 印度 | 31 | 6.5 | 38.7 | 74.2（23） | 12.9 | 29.0 | 9.7 | 16.1 | 22.6 |
| 日本 | 340 | 35.9 | 52.4 | 43.5（148） | 17.6 | 79.4 | 22.4 | 37.6 | 11.8 |
| 韩国 | 99 | 19.2 | 62.6 | 59.6（59） | 18.2 | 61.6 | 17.2 | 26.3 | 22.2 |
| 越南 | 7 | 71.4 | 57.1 | 71.4（5） | 42.9 | 42.9 | 42.9 | 42.9 | 0 |
| 沙特 | 75 | 30.7 | 18.7 | 16.0（12） | 8.0 | 33.3 | 14.7 | 37.3 | 48.0 |
| 英国 | 39 | 51.3 | 74.4 | 23.1（9） | 17.9 | 59.0 | 23.1 | 43.6 | 12.8 |
| 八国平均 | | 32.1 | 48.4 | 42.9 | 21.7 | 60.1 | 22.1 | 31.8 | 20.9 |

## 2. 综合分析

将日、韩、越、印尼四国喜欢某一国的原因进行综合分析,分析的国家除中国外,还对四国喜欢某国的样本超过30份的美、英、日、韩进行分析。

日、韩、越、印尼四国选择最喜欢中国的受访者中,喜欢中国的原因是什么呢?四国的平均数据显示,排在前三位的原因是"灿烂文化"(60.9%)、"经济发达"(56.6%)、"环境优美"(39.1%)。在经济较发达的日本和韩国喜欢中国的首要原因是"灿烂文化";在经济欠发达的越南和印尼喜欢中国的首要原因是"经济发达"。排名倒数第一到第三的是"其他"(17.7%)、"政治民主"(19.7%)、"和平外交"(20.1%)。见表16-42。

表16-42 四国受访者喜欢中国的人数及原因

|  | 喜欢中国的人数 | 喜欢中国原因(可多选)的比例 单位:% | | | | | | | |
|---|---|---|---|---|---|---|---|---|---|
|  |  | 社会稳定 | 环境优美 | 灿烂文化 | 政治民主 | 经济发达 | 和平外交 | 公民素质高 | 其他 |
| 日本受访者 | 21 | 19.0 | 28.6 | 52.4(11) | 23.8 | 42.9 | 23.0 | 28.6 | 28.6 |
| 韩国受访者 | 60 | 11.7 | 36.7 | 70.0(42) | 10.0 | 45.0 | 11.7 | 5.0 | 10.0 |
| 越南受访者 | 123 | 41.5 | 41.5 | 54.5(67) | 27.6 | 69.9 | 21.1 | 25.2 | 21.1 |
| 印尼受访者 | 276 | 37.3 | 49.6 | 66.7(184) | 17.4 | 68.5 | 24.6 | 31.9 | 10.9 |
| 四国平均 | 120 | 27.4 | 39.1 | 60.9(76) | 19.7 | 56.6 | 20.1 | 22.7 | 17.7 |

将四国受访者喜欢美国的八个原因的比例汇总,求出四国平均值(表16-43)。数据显示,四国喜欢美国的原因中,"经济发达"的比例名列榜首,为65.0%。可见,文化不是美国软实力的主要因素。

表16-43 四国受访者喜欢美国及原因

|  | 喜欢美国的人数 | 喜欢该国原因(可多选)的比例 单位:% | | | | | | | |
|---|---|---|---|---|---|---|---|---|---|
|  |  | 社会稳定 | 环境优美 | 灿烂文化 | 政治民主 | 经济发达 | 和平外交 | 公民素质高 | 其他 |
| 日本受访者 | 293 | 31.7 | 8.2 | 20.8(61) | 54.3 | 42.3 | 11.6 | 24.6 | 11.6 |
| 韩国受访者 | 232 | 29.7 | 20.7 | 16.8(39) | 45.7 | 50.0 | 15.1 | 39.7 | 3.9 |
| 越南受访者 | 136 | 45.6 | 57.4 | 47.8(65) | 61.0 | 89.0 | 31.6 | 68.4 | 13.2 |

续表

| | 喜欢美国的人数 | 喜欢该国原因（可多选）的比例　单位：% | | | | | | | |
|---|---|---|---|---|---|---|---|---|---|
| | | 社会稳定 | 环境优美 | 灿烂文化 | 政治民主 | 经济发达 | 和平外交 | 公民素质高 | 其他 |
| 印尼受访者 | 52 | 30.8 | 38.5 | 30.8（16） | 50.0 | 78.8 | 30.8 | 32.7 | 23.1 |
| 四国平均 | 178 | 34.5 | 31.2 | 29.1（45） | 52.8 | 65.0 | 22.3 | 41.4 | 13.0 |

将四国受访者喜欢英国的八个原因的比例汇总，求出四国平均值（表16-44）。数据显示，四国喜欢英国的原因中，"环境优美"的比例名列榜首，为50.0%。"灿烂文化"排名第五。可见，文化不是英国软实力的主要因素。

表16-44　四国受访者喜欢英国的人数及原因

| | 喜欢英国的人数 | 喜欢该国原因（可多选）的比例　单位：% | | | | | | | |
|---|---|---|---|---|---|---|---|---|---|
| | | 社会稳定 | 环境优美 | 灿烂文化 | 政治民主 | 经济发达 | 和平外交 | 公民素质高 | 其他 |
| 日本受访者 | 187 | 29.4 | 26.7 | 19.3（36） | 36.4 | 11.8 | 17.1 | 39.6 | 17.6 |
| 韩国受访者 | 161 | 26.1 | 28.6 | 37.9（61） | 23.6 | 19.9 | 6.8 | 40.4 | 8.7 |
| 越南受访者 | 67 | 50.7 | 70.1 | 40.3（27） | 41.8 | 65.7 | 47.8 | 52.2 | 14.9 |
| 印尼受访者 | 39 | 51.3 | 74.4 | 23.1（9） | 17.9 | 59.0 | 23.1 | 43.6 | 12.8 |
| 四国平均 | 114 | 39.4 | 50.0 | 30.2（33） | 29.9 | 39.1 | 23.7 | 44.0 | 13.5 |

日本问卷中不包括本国，将韩、越、印尼三国受访者喜欢日本的八个原因的比例汇总，求出三国平均值（表16-45）。数据显示，三国喜欢日本的原因中，"经济发达"的比例名列榜首，为56.2%。由于韩国喜欢日本文化的比例低，致使三国平均数据，文化排名第五。可见，文化不是日本软实力的第一因素。

表16-45　三国受访者喜欢日本的人数及原因

| | 喜欢日本的人数 | 喜欢该国原因（可多选）的比例　单位：% | | | | | | | |
|---|---|---|---|---|---|---|---|---|---|
| | | 社会稳定 | 环境优美 | 灿烂文化 | 政治民主 | 经济发达 | 和平外交 | 公民素质高 | 其他 |
| 韩国受访者 | 75 | 30.7 | 28.0 | 16.0（12） | 4.0 | 17.3 | 1.3 | 48.0 | 33.3 |

续表

| | 喜欢日本的人数 | 喜欢该国原因（可多选）的比例　单位:% | | | | | | | |
| --- | --- | --- | --- | --- | --- | --- | --- | --- | --- |
| | | 社会稳定 | 环境优美 | 灿烂文化 | 政治民主 | 经济发达 | 和平外交 | 公民素质高 | 其他 |
| 越南受访者 | 332 | 56.3 | 68.1 | 58.1（193） | 36.1 | 72.3 | 40.4 | 74.1 | 16.8 |
| 印尼受访者 | 340 | 35.9 | 52.4 | 43.5（148） | 17.6 | 79.1 | 22.4 | 37.6 | 11.8 |
| 三国平均 | 249 | 41.0 | 49.5 | 39.2（118） | 19.2 | 56.2 | 21.4 | 53.2 | 20.6 |

韩国问卷中不包括本国，将日、越、印尼三国受访者喜欢韩国的八个原因的比例汇总，求出三国平均值（表16-46）。数据显示，三国喜欢韩国的原因中，"环境优美"的比例名列榜首，为51.3%。与排名第二、第三的"灿烂文化"48.9%、"经济发达"45.0%相差不多。

表16-46　三国受访者喜欢韩国的人数及原因

| | 喜欢韩国的人数 | 喜欢该国原因（可多选）的比例　单位:% | | | | | | | |
| --- | --- | --- | --- | --- | --- | --- | --- | --- | --- |
| | | 社会稳定 | 环境优美 | 灿烂文化 | 政治民主 | 经济发达 | 和平外交 | 公民素质高 | 其他 |
| 日本受访者 | 33 | 18.2 | 21.2 | 30.3（10） | 9.1 | 12.1 | 9.1 | 18.2 | 27.3 |
| 越南受访者 | 127 | 42.5 | 70.1 | 56.7（72） | 20.6 | 61.4 | 38.6 | 44.1 | 22.0 |
| 印尼受访者 | 99 | 19.2 | 62.6 | 59.6（59） | 18.2 | 61.6 | 17.2 | 26.3 | 22.2 |
| 三国平均 | 86 | 26.6 | 51.3 | 48.9（47） | 16.0 | 45.0 | 21.6 | 29.5 | 23.8 |

将四国受访者喜欢中、美、英、日、韩的不同原因的比例计算出平均值，并加以对比。见表16-47。

从中国的视角看，数据显示出以下特点：第一，在被喜爱的五国里，中华"灿烂文化"比例最高，为60.9%。第二，中华文化的竞争对手是日本文化（39.2%），虽然从比例上看中国比日本高出21.7%，但是从喜欢的人数上看，喜欢日本文化的有118人，比中国多出42人。第三，中国的"经济发达"在五国中排名第二，比例为56.6%，比日本（56.2%）高出0.4%。第四，中国的短板是"公民素质高"（22.7%），在五国中排名倒数第一，比五国的平均值38.2%低了15.5%。

从五国的视角看，数据显示出以下特点：第一，五国受访者喜欢一个国家的原因中，"经济发达"的比例52.4%名列榜首。第二，第二到第四名为"环境优美"44.2%、"灿烂文化"41.7%、"公民素质高"38.2%，三者比例基本没有差别。第三，"和平外交"排在最后，为21.8%。可见，"经济发达""环境优美""灿烂文化""公民素质高"是一国软实力的主要因素。中国在"灿烂文化"和"环境优美"两个因素上名列第一，说明中国在这两方面具有优势，"灿烂文化"是历史形成的，"优美环境"中自然因素占有很大成分，是中国的独特优势。中国的经济还会不断发展，这也将是中国的优势。本次调查中，中华文化对形成中国形象良好的贡献率在日、韩位居八个因素之首，在越、印尼位居第二。在与美、英、日、韩文化的横向竞争力相比方面，中华文化在美、英、韩位居第一，就说明了这一点。但是中华文化在越、印尼的吸引力略逊于日本文化。"经济发达"和"公民素质"是可以在不长的时间内加以提升的，因而中国在这方面具有很大的提升空间。

表16-47 五国被喜欢的原因平均值的对比

| 喜欢的国家 | 喜欢该国的人数平均值 | 喜欢该国原因的比例平均值　单位：% | | | | | | | |
|---|---|---|---|---|---|---|---|---|---|
| | | 社会稳定 | 环境优美 | 灿烂文化 | 政治民主 | 经济发达 | 和平外交 | 公民素质高 | 其他 |
| 中国 | 120 | 27.4 | 39.1 | 60.9（76） | 19.7 | 56.6 | 20.1 | 22.7 | 17.7 |
| 美国 | 178 | 34.5 | 31.2 | 29.1（45） | 52.8 | 65.0 | 22.3 | 41.4 | 13.0 |
| 英国 | 114 | 39.4 | 50.0 | 30.2（33） | 29.9 | 39.1 | 23.7 | 44.0 | 13.5 |
| 日本 | 249 | 41.0 | 49.5 | 39.2（118） | 19.2 | 56.2 | 21.4 | 53.2 | 20.6 |
| 韩国 | 86 | 26.6 | 51.3 | 48.9（47） | 16.0 | 45.0 | 21.6 | 29.5 | 23.8 |
| 五国平均 | 149 | 33.8 | 44.2 | 41.7（64） | 27.5 | 52.4 | 21.8 | 38.2 | 17.7 |

## 四、受访者对中国的亲近度

### （一）各国情况

整体来看，日本受访者不愿意与中国交往，各个选项的意愿都低于中间值3，除了"到中国旅游"的意愿的平均值为2.27外，其他四个选项都低于"不愿意"值2。所有群体与中国交往的愿意度都很低，都以"到中国旅游"为首选,"移民到中国"排在最后。对比而言,精英在这些交往方式上的意愿程度更高一些,高中生最低。把与中国交往的意愿的五种形式分别进行可靠性系数的计算,结果表明,该系数的值都在0.8以上,说明这五个选项的内部一致性很高,由此,把这五个选项的值加和求平均值,作为每个受访者对中国的亲近度(以下韩、越、印尼求亲近度的方法相同)。整体亲近度为1.73,精英对中国的亲近度(1.89)高于青年(1.72),青年高于高中生(1.56)。见表16-48。

表16-48 日本不同受访者愿意与中国交往的亲近度

| | 受访者群体 | | | | | | | |
|---|---|---|---|---|---|---|---|---|
| | 整体 | | 高中生 | | 青年 | | 精英 | |
| | 均值 | 排名 | 均值 | 排名 | 均值 | 排名 | 均值 | 排名 |
| 到中国旅游 | 2.27 | 1 | 1.82 | 1 | 2.17 | 1 | 2.52 | 1 |
| 与中国做生意 | 1.8 | 2 | 1.76 | 2 | 1.79 | 2 | 2.02 | 2 |
| 到中国工作 | 1.63 | 3 | 1.44 | 4 | 1.64 | 3 | 1.86 | 3 |
| 到中国学习 | 1.62 | 4 | 1.47 | 3 | 1.63 | 4 | 1.68 | 4 |
| 移民到中国 | 1.32 | 5 | 1.29 | 5 | 1.36 | 5 | 1.36 | 5 |
| 与中国的亲近度 | 1.73 | — | 1.56 | — | 1.72 | — | 1.89 | — |

整体来看,韩国受访者最愿意到中国旅游,"到中国旅游"的意愿程度的平均值为3.45,持无所谓和愿意之间的态度。"移民到中国"的平均值最低(2.08),持不愿意的态度。其他三个选择都在2.5到3.0之间。各群体都以"到中国旅游"为首选,"移民到中国"排在最后。对比而言,精英在这些交往方式上的意愿程度更高一些,高中生最低。精英选择"到中国学习"的更多一些。整体亲近度为2.78,精英对中国的亲近度(2.91)高于青年(2.66),青年高于高中生(2.55)。见表16-49。

整体来看,越南受访者最愿意到中国旅游,"到中国旅游"的意愿程度的平均值为3.64,持无所谓和比较愿意之间的态度。"移民到中国"的得分最低(2.12),持不愿意的态度。其他三个方面都在2.8到3.0之间,倾向于无所谓的态度。各群体都以"到中国旅游"为首选,"移民到中国"排在最后。对比而言,精英在这些交往方式上的意愿程度更高一些,高中生最低。

精英选择"到中国学习"的更多一些。整体亲近度为 2.88，精英对中国的亲近度（3.09）高于青年（2.88），青年高于高中生（2.75）。见表 16-50。

**表 16-49 韩国不同受访者愿意与中国交往的亲近度**

| | 受访者群体 | | | | | | | |
|---|---|---|---|---|---|---|---|---|
| | 整体 | | 高中生 | | 青年 | | 精英 | |
| | 均值 | 排名 | 均值 | 排名 | 均值 | 排名 | 均值 | 排名 |
| 到中国旅游 | 3.45 | 1 | 3.18 | 1 | 3.30 | 1 | 3.58 | 1 |
| 与中国做生意 | 2.86 | 2 | 2.69 | 2 | 2.89 | 2 | 2.93 | 3 |
| 到中国学习 | 2.84 | 3 | 2.51 | 3 | 2.73 | 3 | 3.00 | 2 |
| 到中国工作 | 2.67 | 4 | 2.43 | 4 | 2.46 | 4 | 2.89 | 4 |
| 移民到中国 | 2.08 | 5 | 1.92 | 5 | 1.93 | 5 | 2.17 | 5 |
| 与中国的亲近度 | 2.78 | — | 2.55 | — | 2.66 | — | 2.91 | — |

**表 16-50 越南不同受访者愿意与中国交往的亲近度**

| | 受访者群体 | | | | | | | |
|---|---|---|---|---|---|---|---|---|
| | 整体 | | 高中生 | | 青年 | | 精英 | |
| | 均值 | 排名 | 均值 | 排名 | 均值 | 排名 | 均值 | 排名 |
| 到中国旅游 | 3.64 | 1 | 3.48 | 1 | 3.62 | 1 | 4.01 | 1 |
| 与中国做生意 | 2.85 | 2 | 2.78 | 3 | 2.83 | 4 | 3.11 | 2 |
| 到中国学习 | 2.97 | 3 | 2.79 | 2 | 2.98 | 2 | 3.01 | 3 |
| 到中国工作 | 2.83 | 4 | 2.75 | 4 | 2.84 | 3 | 2.99 | 4 |
| 移民到中国 | 2.12 | 5 | 1.96 | 5 | 2.11 | 5 | 2.34 | 5 |
| 与中国的亲近度 | 2.88 | — | 2.75 | — | 2.88 | — | 3.09 | — |

整体来看，印尼受访者最愿意到中国旅游，"到中国旅游"的意愿程度的平均数为 4.16，持比较愿意的态度。"移民到中国"的得分最低（3.07），持无所谓的态度。其他三个方面都在 3.7 到 4.1 之间，倾向于比较愿意的态度。重点群体比较，精英和青年都以"到中国旅游"为首选，高中生以"到中国学习"为首选。三个群体都将"移民到中国"排在最后。对比而言，精英在这些交往方式上的意愿程度更高一些，高中生最低。精英选择

"到中国学习"的更多一些。整体亲近度为3.80,精英对中国的亲近度(3.87)高于青年(3.74),青年高于高中生(3.60)。见表16-51。

表16-51 印尼不同受访者愿意与中国交往的亲近度

| | 受访者群体 | | | | | | | |
|---|---|---|---|---|---|---|---|---|
| | 整体 | | 高中生 | | 青年 | | 精英 | |
| | 均值 | 排名 | 均值 | 排名 | 均值 | 排名 | 均值 | 排名 |
| 到中国旅游 | 4.16 | 1 | 3.88 | 2 | 4.14 | 1 | 4.24 | 1 |
| 与中国做生意 | 3.97 | 3 | 3.83 | 3 | 3.93 | 3 | 4.04 | 3 |
| 到中国学习 | 4.10 | 2 | 3.90 | 1 | 4.03 | 2 | 4.14 | 2 |
| 到中国工作 | 3.70 | 4 | 3.46 | 4 | 3.62 | 4 | 3.74 | 4 |
| 移民到中国 | 3.07 | 5 | 2.94 | 5 | 2.98 | 5 | 3.18 | 5 |
| 与中国的亲近度 | 3.80 | — | 3.60 | — | 3.74 | — | 3.87 | — |

### (二)综合比较

四国受访者选择各选项的情况见表16-52和图16-14。总体上,印尼与中国最亲近,日本与中国最疏远,韩国和越南各项指标基本重合,处于中间状况。愿意"移民到中国"的得分最能代表对中国的亲近程度,四国对比,日本对中国的得分最低(1.32),介于很不愿意和不愿意之间,倾向于很不愿意。印尼得分最高(3.07),介于无所谓和愿意之间,基本是无所谓。韩国(2.08)和越南(2.12)基本为不愿意。"到中国旅游"在五个选择中得分最高,四国平均为3.38。

五种选择比较,四国平均数从高到低依次为:到中国旅游(3.38)、到中国学习(2.88)、与中国做生意(2.87)、到中国工作(2.71)、移民到中国(2.15)。各国受访者愿意到中国旅游的均值都名列第一,但是各国均值名列第二的有差异,日本和韩国为"与中国做生意",越南和印尼则是"到中国学习"。

四国与中国的亲近度(五个指标均值的平均值)相比,印尼最高(3.80),其后是越南(2.88)、韩国(2.78),日本最低(1.73)。

表 16-52　四国受访者对中国的亲近度（5级量表）

| 与中国交往的形式 | 日本 | 排名 | 韩国 | 排名 | 越南 | 排名 | 印尼 | 排名 | 四国平均数 |
|---|---|---|---|---|---|---|---|---|---|
| 是否愿意到中国旅游 | 2.27 | 1 | 3.45 | 1 | 3.64 | 1 | 4.16 | 1 | 3.38 |
| 是否愿意到中国学习 | 1.62 | 4 | 2.84 | 3 | 2.97 | 2 | 4.10 | 2 | 2.88 |
| 是否愿意与中国做生意 | 1.80 | 2 | 2.86 | 2 | 2.85 | 3 | 3.97 | 3 | 2.87 |
| 是否愿意到中国工作 | 1.63 | 3 | 2.67 | 4 | 2.83 | 4 | 3.70 | 4 | 2.71 |
| 是否愿意移民到中国 | 1.32 | 5 | 2.08 | 5 | 2.12 | 5 | 3.07 | 5 | 2.15 |
| 与中国的亲近度 | 1.73 | — | 2.78 | — | 2.88 | — | 3.80 | — | 2.80 |

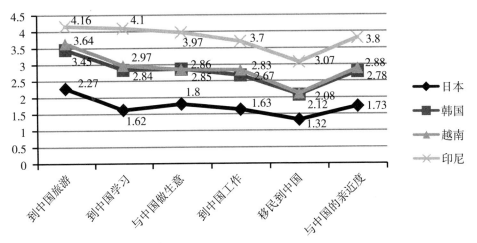

图 16-14　日、韩、越、印尼受访者愿意与中国交往的亲近度（均值）

## 五、四国关于中国形象的综述

将中国的整体形象、中国在各国中的排名和对中国的亲近度综合起来，四国情况如下：

日本对于中国国家形象整体评价很低，用11级量表测量，均值最高的是中国"充满活力"，仅为4.34，其次是"坚定不移"（3.77）和"不断发展"（3.71）。"可信可靠"最低，仅有2.01，"令人愉悦"倒数第二，为2.40。

仅有1.7%的受访者选择中国作为最喜欢的国家，14个选项中，与巴西并列第八，远排在美国等西方国家之后。这些最喜欢中国的受访者中，

52.4%的人认为中国灿烂的文化是其喜欢中国的首要原因。经济发达是排名第二的因素。

与中国的亲近度方面,其"到中国旅游"在五种选择中得分最高,5级量表中为2.27,处在不愿意和无所谓之间,倾向于不愿意。其他四种选择得分均在1—2之间,均处于很不愿意和不愿意之间,只是程度不同。对中国的亲近度为1.73。

韩国对于中国国家形象整体评价低,用11级量表测量,均值最高的是中国"不断发展"(5.37),是唯一超过5的指标,其次是"充满活力"(4.65)。"令人愉悦"得分最低(3.53),"可信可靠"倒数第二(3.54)。其余五项都在4.01和4.29之间。

仅有5.78%的受访者选择中国作为最喜欢的国家,14个选项中名列第七,远排在美国等西方国家之后,甚至低于日本。这些最喜欢中国的受访者中,70%的人认为中国灿烂的文化是其喜欢中国的首要原因。经济发达是排名第二的因素。

与中国的亲近度方面,5级量表中,"到中国旅游"在五种选择中均值最高(3.45),处在无所谓和愿意之间,倾向于愿意。其他四种选择得分均在2—3之间,处于不愿意和无所谓之间,只有"移民到中国"倾向于不愿意。对中国的亲近度为2.78。

越南对于中国国家形象整体评价中等偏低,用11级量表测量,均值最高的是中国"不断发展"(6.05),是唯一超过6的指标,其次是"有创新力"(5.79)。"可靠可信"倒数第一(3.42),"令人愉悦"倒数第二(3.51),其余四项都在5左右。

仅有12.0%的受访者选择中国作为最喜欢的国家,14个选项中名列第四,排在日本(32.5%)、美国(13.3%)、韩国(12.4%)之后。这些最喜欢中国的受访者中,70%的人认为中国经济发达是其喜欢中国的首要原因。"灿烂文化"(54.5%)是排名第二的因素。

与中国的亲近度方面,5级量表中,"到中国旅游"在五种选择中均值最高(3.64),处在愿意和很愿意之间,倾向于愿意。其他四种选择均值均在2—3之间,均处于不愿意和无所谓之间,只有"移民到中国"(2.12)倾向于不愿意。对中国的亲近度为2.88。

印尼对于中国国家形象整体评价较高,用11级量表测量,八项指标都超过了6.4分。均值最高的是中国"不断发展"(7.65),其次是"有创新力"(7.48),均值超过7的共五项。虽然"可靠可信"倒数第一,但均值为6.46,远远高于四国的均值的平均值3.86。

有27.0%的受访者选择中国作为最喜欢的国家,在14个选项中名列第二,排在日本(33.2%)之后。这些最喜欢中国的受访者中,68.5%的人认为中国"经济发达"是其喜欢中国的首要原因。"灿烂文化"(66.7%)排名第二。

与中国的亲近度较高,5级量表中,"到中国旅游""与中国人做生意""到中国工作""到中国学习"均值分别为4.16、4.1、3.97、3.70,态度是愿意。"移民到中国"(3.07)倾向于无所谓。对中国的亲近度为3.80。

## 第三节 调查后的思考

### 一、中国国家形象的"可靠可信"得分较低,需要改进

2011年对美、德、俄、印度、日五国的调查显示,"中国可信可靠"在俄、印、德得分在八个中国形象方面都排在最后,以百分制计算,俄罗斯59.9分、印度51.1分、德国61.1分。2013年在日、韩、越、印尼的调查中,最喜欢中国的为印尼,有27.0%的受访者喜欢中国,以下依次是越南(12.0%)、韩国(5.8%)、日本(1.7%)。中国在越南、韩国,尤其是日本的国家形象不佳。八项评价指标,以百分制计算,四国平均分中位居前两位的是"不断发展"(57.0分)和"充满活力"(53.2分),介于中立和较同意之间。得分倒数第一、第二的是"可靠可信"(38.6分)和"令人愉悦"(40.4分)。其余五项皆在50分左右。四国对八个中国形象的平均分从高到低为:印尼(70.6分)、越南(48.7分)、韩国(42.1分)、日本(31.4分),结合四国受访者对中国的亲近度(5级量表,印尼3.80、越南2.88、韩国2.78、日本1.73),值得注意的是:喜欢日本的比例在越南(32.5%)、印尼(33.2%)和韩国(7.2%)均高于中国(相应的比例为:12.0%、27.0%、5.8%)。要改善中国在四国的国家形象,宜从在使四国认

为中国可靠可信上多做工作。

## 二、在经济发展程度不同的国家分别发挥文化软实力和经济软实力

2011年的调查显示,中华文化形成中国形象良好的贡献率在美、俄、德位居八个因素之首,在印度居第二。2013年在日、韩、越、印尼的调查中,四国选择最喜欢中国的8种原因中,"灿烂文化"(60.9%)、"经济发达"(56.6%)、"环境优美"(39.1%)排名前三。在经济较发达的日本和韩国喜欢中国的第一原因是"灿烂文化";在经济欠发达的越南和印尼喜欢中国的第一原因是"经济发达"。

这与罗纳德·英格尔哈特的研究成果所显示的经济收益边际效应递减现象相吻合。以一个国家的人均国民生产总值约在6000—7000美元的水平(以1990年美元为基准)为界,在它之下,经济收益更引起民众的关注,在它之上,民众更注意生活方式和生活质量。[①] 喜欢中国的八个因素中,在美、德、俄、日、韩五国,"灿烂文化"都名列第一;而在印度、越南和印尼三个发展中国家,喜欢中国的八个因素中,"经济发达"则名列第一。因而,对外传播中,宜在经济发展程度高的国家发挥中华文化吸引力优势,在欠发达的国家发挥经济发达软实力优势。

无论在发达国家还是发展中国家,中华文化都具有优势。在与美、俄、印、德文化的横向竞争力方面,中华文化在美、俄、印位居第一,在德国只以0.6的差距位居第二。由此可见,中华文化在八国都有吸引力,加大中华文化走出去的力度,有助于提高中国在海外的软实力。

## 三、高中生、青年对中国国家形象的态度不乐观,应引起重视

2013年的调查结果显示,从整体上看,日、韩、越、印尼对中国整体形象的八个指标评价从高到低均为:精英、整体、青年、高中生。喜欢中国的情况四国从高到低排列均为:精英、整体、青年、高中生。与中国的亲近度四国也是从高到低排列均为:精英、整体、青年、高中生。这种情况在日

---

① 〔美〕罗纳德·英格尔哈特:《现代化与后现代化》,严挺译,社会科学文献出版社2013年版,第66页。

本和韩国尤其突出，日、韩两国高中生喜欢中国的比例为0。这种低评价在几年之后容易形成主流意见且不易改变。做高中生和青年的工作，也许不可能在这个年龄层立刻发生变化，但是慢慢地积累，会有改变的。而且，趁年轻的时候让高中生和青年多接触中国文化，和等他们成为社会精英之后再去做他们的工作，效果是不一样的。这应该是一个长期的、水滴石穿的工作，不能指望立刻见效。一位受访者说："高中生的工作是一定要做的，不管遇到多大的困难，不管他喜不喜欢，是一定要做的，但这里面有一个方法的问题，得找他们喜好的东西，找到一个切入点。"

青少年是对外传播的重要目标人群，是对外传播的重点培养对象。然而，尽管他们代表着世界未来的最大希望，但是他们的未来也是捉摸不定的，因而也是一个"最脆弱"甚至是充满危险的社会群体。而且，青少年时期一旦形成某种印象或偏见在成年以后就不易改变。谁拥有青年，谁就拥有未来。在中国对外传播问题上，上述国家青少年对中国的态度应引起足够注意，宜采取措施，改变这种状况。

### 四、找出中国排序低于日本的原因，采取不同的应对措施

对八国关于中国在世界大国中排名的调研中，美国、俄罗斯、印度喜欢中国的人数（三国分别为355、312、342人）多于喜欢日本的人数（三国分别为330、275、207人）。而德国、韩国、越南、印尼喜欢中国的人数少于喜欢日本的人数，四国喜欢中国与日本的人数与原因见表16-53。各国喜欢日本胜于中国的原因，有个性，也有共性。四国共性只有一项：认为日本公民素质高的比例都大于中国。最高的是韩国受访者因公民素质高喜欢日本占了48.0%，而中国相应的比例为5.0%，即使比例差距最小的印尼，日本（37.6%）比中国（31.9%）也高出5.7%。韩国受访者喜欢日本胜过中国的人数只有15人，日本受到青睐的原因是"公民素质高"（高出中国43.0%）、"社会稳定"（高出中国19.0%）和"其他"（高出中国23.3%）。越南受访者喜欢日本胜过中国的人数有209人，日本受到青睐的最主要原因是"公民素质高"（高出中国48.9%）、"环境优美"（高出中国26.6%）与"和平外交"（高出中国19.3%）。印尼受访者喜欢日本胜过中国的人数有64人，日本高于中国唯一的因素是"经济发达"（高于中国

10.6%）。德国喜欢日本胜过中国的人数有76人，日本受到青睐的原因是"和平外交"（高出中国18.4%）、"经济发达"和"公民素质高"（均高出中国13.6%）。

对韩、越、印尼的问卷调查后，就中国排名在三国低于日本的原因进行了访谈。关于越南受访者喜欢日本胜过中国的原因，一位在京的越南留学生说："大部分人没有去过日本，在他们的想象中，日本是个非常美丽、很发达的国家，日本服装很时尚，他们喜欢樱花。越南人了解中国文化，但是不一定喜欢中国文化。1979年中越战争后两国断交，越南做了很多宣传，就是说中国人想打压越南，慢慢地他们就不喜欢中国。我也知道日本打过越南，但是现在两国的关系虽然没那么亲密，也没有什么不好的。中国离越南很近，两国有边境，这个比较危险，从越南到日本很远，日本是个岛，对越南没什么关系的。"这个留学生的说法和问卷调查的结果基本吻合。被访谈的三位越南留学生都谈到了中越历史上的恩恩怨怨。中国某大学教授说："中越之间有交战的历史，中国被越南称为来自北方的威胁，这写进了教科书。对于越南来说，中国是影响越南安全最大的威胁。现实中，中越之间在领土上存在许多争端，再加上中国实力越来越强，因此一定会认为中国是一个威胁。决定他们对中国的认识的最重要的因素就是领土和主权的争端。"这应该是越南喜欢日本胜过中国的最重要的原因。

对印尼受访者喜欢日本胜于中国，采访的结果显示有以下几个原因：（1）日本人更遵纪守法。一位在京的印尼留学生说："从整体上来说，很难取舍，中日都有优缺点。在纪律、遵纪守法方面，我更偏向于日本；从历史的角度来看，中国比较有趣；从文化的整体的角度来说，我更喜欢日本。"（2）中国产品的形象不如日本。中国某大学的一位教授说："中国的产品和日本产品比，两者之间差很多，日本产品就是靠质量来打天下的，信誉比中国的好。"（3）到印尼的中国游客的不文明行为影响了中国形象。中国某大学的教授说："日本人在公开场合特别有礼貌，日本游客的素质也高……中国游客去印尼挺多的，有的时候累了，在印尼马路边或者哪儿，有个塑像什么的，就跑上面坐着去，这就不合适了。走的时候，地上垫的报纸什么的也不拿走。我觉得这非常重要，你别看都是小事情，人家可不这么看，会说中国人素质低。"（4）日本在印尼从事的经济援助和社会公益也为其赢得了好形象。一位从事过中国与印尼文化交流工作的公务员说:"日本人在那边社会公益活动做得也比咱们多,所以在方方面面都是好印象。"一位广播电台的记者说:"日本排序为什么靠前?因为日本战后在印尼投资特别多,而且每年派大量的志愿者去印尼教日语,都是免费的,这些劳工培训完了就直接到日本去从事相当的工作。所以印尼人对日本印象蛮好的,日本这方面做得挺好的。"(5)印尼宪法规定共产党为非法,这也会产生影响。一位从事中国和印尼文化交流工作的公务员说:"在苏哈托时代,动不动就以共产党要侵入了、中国文化要侵入了、作为维持统治的一种做法。这对共产主义在他们国家会有些影响。"中国某大学的教授说:"印尼还有一个最关键的规定没取消,国会曾经有不得在印尼传播马列主义思想的规定。说到底,印尼是一个反共的国家,这条是个根儿,只要这一条不取消,随时都可以拿这个做文章。"

关于韩国喜欢日本胜于中国的原因,采访的结果显示,中国公民的素质不高是原因之一,但意识形态差别是更主要的原因。韩国某大学的汉语教授(中国人)认为中国公民素质不高,相比之下,韩国人更喜欢日本,"中国有钱人那么多,中国观光客到韩国消费,我觉得韩国人的心态会很复杂。不仅是韩国,我觉得很多发达国家也是一样,既希望中国人来旅游,来花钱,可是又瞧不上你,感觉中国游客不文明、不礼貌,这种心态是非常复杂的。日本的文明程度就是高,日本人是很安静的,在餐厅里面中国人很吵,韩国人也很吵,中国人每次到韩国旅游都会说韩国真干净,比中国干净多了,可是再去日本就会发现,日本比韩国更干净,所以肯定喜欢日本。"这位受访者的说法和问卷调查中韩国人认为中国人素质远不如日本高相一致。韩国民众不是很喜欢中国可能有更深刻的原因。中国某学会副会长说:"到现在我都不认为普通的韩国人对中国有好感,为什么?从小接受的是反共教育,他怎么可能一瞬间,比如说建交22周年,他就对你有好感?其实韩国人现在心里还是因为经济上离不开中国,所以不得已,才觉得中国有用,中文有用。我认为不是所有的韩国人内心深处都接受中国、接受中国文化和中国的社会主义制度的。"韩国某大学中文系教授(韩国人)说:"中国的排序不靠前,原因有可能在于两国的政治理念不同。两国的政治理念、意识形态、体制不同,韩国人民的内心深处还保持着不相信中国的意识。在现实的意义上，两个国家的经济关系很密切，不过在某种意义上，中国是一个危险的国家，尤其是韩国现在的处境难以宽容地接受其他政治理念或意识形态。"

表16-53　四国喜欢中国与日本的人数与原因

| | | 喜欢人数 | 喜欢的原因之比例　单位% | | | | | | | |
|---|---|---|---|---|---|---|---|---|---|---|
| | | | 社会稳定 | 环境优美 | 灿烂文化 | 政治民主 | 经济发达 | 和平外交 | 公民素质高 | 其他 |
| 韩国受访者 | 喜欢日本 | 75 | 30.7 | 28.0 | 16.0 | 4.0 | 17.3 | 1.3 | 48.0 | 33.3 |
| | 喜欢中国 | 60 | 11.7 | 36.7 | 70.0 | 10.0 | 45.0 | 11.7 | 5.0 | 10.0 |
| 越南受访者 | 喜欢日本 | 332 | 56.3 | 68.1 | 58.1 | 36.1 | 72.3 | 40.4 | 74.1 | 16.8 |
| | 喜欢中国 | 123 | 41.5 | 41.5 | 54.5 | 27.6 | 69.9 | 21.1 | 25.2 | 21.1 |
| 印尼受访者 | 喜欢日本 | 340 | 35.9 | 52.4 | 43.5 | 17.6 | 79.1 | 22.4 | 37.6 | 11.8 |
| | 喜欢中国 | 276 | 37.3 | 49.6 | 66.7 | 17.4 | 68.5 | 24.6 | 31.9 | 10.9 |
| 德国受访者 | 喜欢日本 | 446 | 20.4 | 34.1 | 62.3 | 23.5 | 42.6 | 31.6 | 36.8 | 12.3 |
| | 喜欢中国 | 370 | 10.6 | 34.8 | 70.2 | 11.1 | 29.0 | 13.2 | 23.2 | 9.5 |

综上所述，中国排序低于日本的原因在各国既有共性又有个性，为提高中国在海外的整体国家形象，宜采取不同的应对措施，只有"对症下药"才能取得好的效果。

# 第 十 七 章

# 中华文化国际影响力

## 第一节 在美国、德国、俄罗斯、印度、日本的调查

### 一、问卷设计

前面不仅从文化的各个要素分析了受访者对中华文化的认知、态度和行为,也探讨了受访者对中国经济、政治、外交和国家形象的认知和评价,所有这些认知和评价都影响着受访者对中华文化的看法。然而,文化是复杂的社会现象,以上的分析可能遗漏了对中华文化国际影响力产生作用的其他因素。为此从宏观角度设计了两个问题,调查受访者对中华文化整体印象。

#### (一) 对中华文化整体评价

1. 设计思路

如何测量受访者对中华文化的整体印象?在阅读文献的过程中,没有找到可供参考的测量方法。在这种情况下,根据心理学刻板印象(stereotype)的理论和测量方法,试用几组意义相反的形容词来描述中华文化,请受访者选择其中自己认可的词,通过统计数据获得这些形容词的排序,得出受访者对中华文化的整体看法。

## 2. 问卷内容

(I) V6—V9. 您同意下列对中华文化的描述吗?

| | 1 很不同意 | 2 不同意 | 3 中立 | 4 同意 | 5 很同意 | 77 不知道 |
|---|---|---|---|---|---|---|
| V6. 中国是一个文化很多元的国家。 | | | | | | |
| V7. 中国具有悠久的历史。 | | | | | | |
| V8. 中华文化与众不同。 | | | | | | |
| V9. 中华文化很吸引人。 | | | | | | |

(II) V11. 总体来说,您喜欢用哪些形容词来形容中华文化?(美、俄、印问卷为20个词中任选,德国问卷为每对词中选一个。)

| 1. 有吸引力的 | 2. 没吸引力的 | 3. 包容的 | 4. 排外的 |
|---|---|---|---|
| 5. 有活力的 | 6. 衰落的 | 7. 灿烂的 | 8. 平淡无奇的 |
| 9. 多元的 | 10. 单一的 | 11. 注重物质/世俗的 | 12. 注重精神的 |
| 13. 爱好和平的 | 14. 侵略性的 | 15. 有价值的 | 16. 无价值的 |
| 17. 创新的 | 18. 守旧的 | 19. 和谐的 | 20. 不和谐的 |

### (二) 中华文化在世界主要文化中的排名

1. 设计思路

直截了当请受访者在列出的包括中华文化在内的多国文化中选出最喜欢的文化,可以直观地看到中华文化在受访者心目中的地位。在问卷(I)中,列出了中华文化、美国文化、德国文化、俄罗斯文化、印度文化、日本文化和其他文化等七个选项,受访者可多选。因为设想受访者会最喜欢自己祖国的文化,所以五国问卷的选项中都没有包括本国文化。所列国家名单在各国问卷中排序略有不同,俄罗斯问卷中不包括"其他"选项。

2. 问卷内容

（I）V48. 在以下各国文化中，您喜欢哪些国家的文化？（可多选）
1. 中华文化　　2. 美国文化　　3. 德国文化　　4. 日本文化
5. 俄罗斯文化　6. 印度文化　　7. 其他

## 二、对中华文化整体评价

### （一）问卷（I）

请五国受访者对"中国是一个文化很多元的国家（简称文化多元）、中国具有悠久的历史（简称历史悠久）、中华文化与众不同（简称与众不同）、中华文化很吸引人（简称很吸引人）"四个陈述从五种态度（很不同意、不同意、中立、同意、很同意）中做一选择。将回答"不知道"者排除，将"很不同意"赋值1，"很同意"赋值5，以此类推，计算出均值。均值越大，说明受访者认同度越高。

1. 各国情况

美国1175位受访者对四项指标用5级量表评价的比例和均值见表17-1。赞同（包括同意和很同意）的比例由高到低为：历史悠久（84.9%）、与众不同（82.8%）、很吸引人（64.1%）、文化多元（48.4%）；相应的均值为：4.51、4.43、3.92、3.50。

表17-1　美国受访者对中华文化四种评价的比例与均值

|  | 文化多元 | 历史悠久 | 与众不同 | 很吸引人 | 平均 |
| --- | --- | --- | --- | --- | --- |
| 很不同意（%） | 5.3 | 2.1 | 2.3 | 2.6 | 3.08 |
| 不同意（%） | 12.3 | 1.3 | 0.8 | 3.0 | 4.35 |
| 中立（%） | 25.5 | 6.6 | 8.5 | 24.7 | 16.33 |
| 同意（%） | 28.4 | 21.0 | 25.2 | 33.0 | 26.90 |
| 很同意（%） | 20.0 | 63.9 | 57.6 | 31.1 | 43.15 |
| 不知道（%） | 8.5 | 5.1 | 5.6 | 5.5 | 6.18 |
| 均值 | 3.5 | 4.51 | 4.43 | 3.92 | 4.09 |

德国1908位受访者对四项指标用5级量表评价的比例和均值见表17-2。赞同的比例由高到低为：历史悠久（81%）、与众不同（71.6%）、文化多元（70.3%）、很吸引人（57.6%）；相应的均值为：4.46、4.09、4、3.76。

表17-2 德国受访者对中华文化四种评价的比例与均值

|  | 文化多元 | 历史悠久 | 与众不同 | 很吸引人 | 平均 |
| --- | --- | --- | --- | --- | --- |
| 很不同意（%） | 4.7 | 2.5 | 2.5 | 3.1 | 3.20 |
| 不同意（%） | 3.8 | 3.1 | 3.1 | 4.9 | 3.73 |
| 中立（%） | 16.1 | 7.6 | 16.5 | 28.0 | 17.05 |
| 同意（%） | 32.8 | 15.7 | 32.8 | 32.8 | 28.53 |
| 很同意（%） | 37.5 | 65.3 | 38.8 | 24.8 | 41.60 |
| 不知道（%） | 5.2 | 5.8 | 6.3 | 6.3 | 5.90 |
| 均值 | 4 | 4.46 | 4.09 | 3.76 | 4.08 |

俄罗斯1061位受访者对四项指标用5级量表评价的比例和均值见表17-3。赞同的比例由高到低为：历史悠久（89.1%）、与众不同（86.9%）、文化多元（72.3%）、很吸引人（70.9%）；相应的均值为：4.51、4.35、4.02、3.96。

表17-3 俄罗斯受访者对中华文化四种评价的比例与均值

|  | 文化多元 | 历史悠久 | 与众不同 | 很吸引人 | 平均 |
| --- | --- | --- | --- | --- | --- |
| 很不同意（%） | 3.8 | 2.0 | 1.8 | 2.2 | 2.45 |
| 不同意（%） | 3.6 | 2.2 | 1.1 | 2.8 | 2.43 |
| 中立（%） | 16.1 | 4.4 | 6.9 | 19.1 | 11.63 |
| 同意（%） | 43.3 | 27.2 | 39.5 | 38.0 | 37.00 |
| 很同意（%） | 29.0 | 61.9 | 47.4 | 32.9 | 42.8 |
| 不知道（%） | 4.2 | 2.3 | 3.3 | 5.0 | 3.70 |
| 均值 | 3.96 | 4.51 | 4.35 | 4.02 | 4.21 |

印度1039位受访者对四项指标用5级量表评价的比例和均值见表17-4。赞同的比例由高到低为：历史悠久（74.4%）、很吸引人（66.0%）、与众

不同（63.0%）、文化多元（52.6%）；相应的均值为：4.01、3.91、3.87、3.49。

表17-4　印度受访者对中华文化四种评价的比例与均值

|  | 文化多元 | 历史悠久 | 与众不同 | 很吸引人 | 平均 |
|---|---|---|---|---|---|
| 很不同意（%） | 9.8 | 5.3 | 2.4 | 2.5 | 5.00 |
| 不同意（%） | 8.0 | 5.8 | 6.2 | 5.1 | 6.28 |
| 中立（%） | 21.6 | 10.9 | 20.7 | 17.7 | 17.73 |
| 同意（%） | 32.9 | 35.1 | 35.0 | 38.8 | 35.45 |
| 很同意（%） | 19.7 | 39.3 | 28.0 | 27.2 | 28.55 |
| 不知道（%） | 8.0 | 3.7 | 7.7 | 8.7 | 7.03 |
| 均值 | 3.49 | 4.01 | 3.87 | 3.91 | 3.82 |

日本1038位受访者对四项指标用5级量表评价的比例和均值见表17-5。赞同的比例由高到低为：历史悠久（79.6%）、与众不同（78.8%）、文化多元（56.7%）、很吸引人（33%）；相应的均值为：4.13、4.18、3.62、3.06。

表17-5　日本受访者对中华文化四种评价的比例与均值

|  | 文化多元 | 历史悠久 | 与众不同 | 很吸引人 | 平均 |
|---|---|---|---|---|---|
| 很不同意（%） | 4.3 | 2.3 | 1.3 | 10.8 | 4.68 |
| 不同意（%） | 8.1 | 2.3 | 2.3 | 12.3 | 6.25 |
| 中立（%） | 22.5 | 10.9 | 13.1 | 37.8 | 21.08 |
| 同意（%） | 40.2 | 40.5 | 44.4 | 26.8 | 37.98 |
| 很同意（%） | 16.5 | 39.1 | 34.4 | 6.2 | 24.05 |
| 不知道（%） | 8.4 | 4.9 | 4.4 | 6.2 | 5.98 |
| 均值 | 3.62 | 4.13 | 4.18 | 3.06 | 3.75 |

2. 五国比较

将五国的数据加以对比（表17-6），从国家的视角看，将一国四种评价均值的平均数相比较，俄罗斯得分最高（4.21），第二和第三的是美国（4.09）和德国（4.08），几乎不分上下，第四是印度（3.82），最后是日本

(3.75)。折合成百分制，五国分别为84.2、81.8、81.6、76.4、75.0。从四种评价的视角看，五国均值的平均数中"历史悠久"最高，为4.32，"与众不同"（4.11）、"很吸引人"（3.85）位居第二、第三，"文化多元"（3.68）排在最后。折合成百分制，分别为86.4、82.2、77.0、73.6。四项平均，均值为3.99，折合成百分制为79.8。

表17-6 五国受访者对中华文化四种评价的均值

|  | 美国 | 俄罗斯 | 德国 | 日本 | 印度 | 平均 |
| --- | --- | --- | --- | --- | --- | --- |
| 历史悠久 | 4.51 | 4.51 | 4.46 | 4.13 | 4.01 | 4.32 |
| 与众不同 | 4.43 | 3.96 | 4.09 | 4.18 | 3.87 | 4.11 |
| 很吸引人 | 3.92 | 4.02 | 3.76 | 3.62 | 3.91 | 3.85 |
| 文化多元 | 3.50 | 4.35 | 4.00 | 3.06 | 3.49 | 3.68 |
| 平均 | 4.09 | 4.21 | 4.08 | 3.75 | 3.82 | 3.99 |

### （二）问卷（Ⅱ）

问卷（Ⅱ）用10对形容词调查了美、德、俄、印四国受访者对中华文化的态度。下面是受访者整体、青年、精英选择这些词汇形容中华文化的比例情况。

1. 各国情况

美国受访者整体选择十对形容词的比例（表17-7）中，褒义词比例高于贬义词的有九对。比例最高的前五个形容词为："注重精神的"（54.3%）、"有吸引力的"（40.2%）、"创新的"（38.8%）、"爱好和平的"（37.2%）、"有价值的"（33.5%）。有一对词的贬义词比例高于褒义词："排外的"（18.1%）比"包容的"（13.7%）高出4.4%。

整体、青年、精英选择比例最高的五个形容词有所不同，整体选择比例最高的五个形容词的百分比及青年、精英相应的百分比分别为："注重精神的"（54.3%、59.0%、37.6%）、"有吸引力的"（40.2%、44.5%、35.5%）、"创新的"（38.8%、41.0%、26.9%）、"爱好和平的"（37.2%、46.3%、23.7%）、"有价值的"（33.5%、39.3%、18.3%）。青年选择"包容的"的比例（23.1%）略高于"排外的"（20.5%）。精英中有三对词的贬义词比例高于褒义词："排外的"（15.1%）高于"宽容的"（9.7%），"单一的"

（30.1%）高于"多元的"（19.4%），"守旧的"（36.6%）高于"创新的"（26.9%）。整体、青年和精英三者比较显示：青年选择各项褒义词百分比的平均数高于整体选择各项褒义词百分比的平均数，青年对中华文化印象更好。精英选择各项褒义词百分比的平均数低于整体选择各项褒义词百分比的平均数，精英对中华文化印象相对较差。

表17-7　美国受访者选择十对形容词的比例（可多选）

| 褒义 | % | 贬义 | % | 褒义 | % | 贬义 | % |
| --- | --- | --- | --- | --- | --- | --- | --- |
| 有吸引力的 | 40.2 | 没吸引力的 | 4.4 | 注重精神的 | 54.3 | 注重物质/世俗的 | 8.8 |
| 爱好和平的 | 37.2 | 侵略性的 | 14.5 | 有价值的 | 33.5 | 无价值的 | 2.3 |
| 和谐的 | 23.7 | 不和谐的 | 3.3 | 有活力的 | 19.0 | 衰落的 | 3.0 |
| 灿烂的 | 18.5 | 平淡无奇的 | 3.0 | 多元的 | 23.1 | 单一的 | 14.5 |
| 创新的 | 38.8 | 守旧的 | 26.7 | 包容的 | 13.7 | 排外的 | 18.1 |

十对形容词中，德国整体受访者选择褒义词的比例高于贬义词的有六对（表17-8）。排名前五位的为："有价值的"（87.5%）、"有活力的"（82.5%）、"有吸引力的"（80.8%）、"和谐的"（76.9%）、"爱好和平的"（71.8%）。有四对词的贬义词比例高于褒义词："排外的"（53.5%）高于"包容的"（45.5%），"注重物质/世俗的"（56.7%）高于"注重精神的"（43.4），"单一的"（50.2%）高于"多元的"（49.8%）、守旧的（54.8%）高于"创新的"（45.2%）。

整体选择比例最高的五个形容词的百分比及青年、精英相应的百分比分别为："有价值的"（87.5%、88.5%、80.2%）、"有活力的"（82.5%、80.7%、78.0%）、"有吸引力的"（80.8%、77.7%、80.2%）、"和谐的"（76.9%、75.5%、73.6%）、"爱好和平的"（71.8%、73.6%、62.6%）。这十对形容词，在青年中只有两对词的贬义词比例高于褒义词："注重物质/世俗的"（59.9%）高于"注重精神的"（40.1%），"守旧的"（50.6%）高于"创新的"（49.4%）。而"排外的"（48.0%）低于"包容的"（52.0%），"单一的"（45.7%）低于"多元的"（54.3%）。在精英中，四对词中贬义词高于褒义词且程度高于整体平均分："排外的"（64.8%）高于"包容"（35.2%），"单一的"（63.7%）高于"多元的"（36.3%），

"守旧的"(59.3%)高于"创新的"(40.7%),"注重物质/世俗的"(48.4%)高于"注重精神的"(51.6%)。整体、青年和精英三者比较显示:青年选择各项褒义词百分比的平均数略高于整体选择各项褒义词百分比的平均数;精英选择各项褒义词百分比的平均数低于整体选择各项褒义词百分比的平均数。

表17-8 德国受访者选择十对形容词的比例(可多选)

| 褒义 | % | 贬义 | % | 褒义 | % | 贬义 | % |
| --- | --- | --- | --- | --- | --- | --- | --- |
| 有吸引力的 | 80.8 | 没吸引力的 | 19.2 | 注重精神的 | 43.3 | 注重物质/世俗的 | 56.7 |
| 爱好和平的 | 71.8 | 侵略性的 | 28.2 | 有价值的 | 87.5 | 无价值的 | 12.5 |
| 和谐的 | 76.9 | 不和谐的 | 23.1 | 有活力的 | 82.5 | 衰落的 | 17.5 |
| 灿烂的 | 62.4 | 平淡无奇的 | 37.6 | 多元的 | 49.8 | 单一的 | 50.2 |
| 创新的 | 45.2 | 守旧的 | 54.8 | 包容的 | 46.5 | 排外的 | 53.5 |

俄罗斯受访者整体选择十对形容词的比例(表17-9)中,褒义词比例高于贬义词的有九对。比例最高的前五个形容词为:"注重精神的"(60.3%)、"有吸引力的"(59.1%)、"多元的"(56.7%)、"和谐的"(45.0%)、"有活力的"(42.2%)。只有一对词的贬义词比例高于褒义词:"排外的"(37.7%)比"包容的"(4.7%)高出33.0%。在"注重精神的"与"注重物质/世俗的"这对形容词中,受访者选择中华文化是"注重精神的"高于"物质的/世俗的"。

整体选择比例最高的五个形容词的百分比及青年、精英相应的百分比分别为:"注重精神的"(60.3%、60.1%、59.0%)、"有吸引力的"(59.1%、53.2%、60.2%)、"多元的"(56.7%、48.6%、60.2%)、"和谐的"(45.0%、43.2%、47.6%)、"有活力的"(42.2%、42.0%、41.6%)。只有一对词的贬义词比例高于褒义词:"排外的"(37.7%、34.8%、38.6%)高于"包容的"(4.7%、5.7%、4.8%)。整体、青年和精英三者比较显示:青年选择各项褒义词百分比的平均数低于整体选择各项褒义词百分比的平均数居多,青年对中华文化印象差一些。精英选择各项褒义词百分比的平均数与整体选择各项褒义词百分比的平均数持平,对中华文化印象与整体无差别。

表17-9 俄罗斯受访者选择十对形容词的比例（可多选）

| 褒义 | % | 贬义 | % | 褒义 | % | 贬义 | % |
| --- | --- | --- | --- | --- | --- | --- | --- |
| 有吸引力的 | 59.1 | 没吸引力的 | 1.7 | 注重精神的 | 60.3 | 注重物质/世俗的 | 1.0 |
| 爱好和平的 | 32.4 | 侵略性的 | 2.3 | 有价值的 | 23.9 | 无价值的 | 0.7 |
| 和谐的 | 45.0 | 不和谐的 | 1.3 | 有活力的 | 42.2 | 衰落的 | 1.4 |
| 灿烂的 | 32.4 | 平淡无奇的 | 1.7 | 多元的 | 56.7 | 单一的 | 4.4 |
| 创新的 | 18.2 | 守旧的 | 1.8 | 包容的 | 4.7 | 排外的 | 37.7 |

印度受访者整体选择十对形容词的比例（表17-10）中，褒义词比例高于贬义词的有九对。排名前五位为："有吸引力的"62.7%、"注重精神的"41.0%、"爱好和平的"38.8%、"有价值的"33.3%、"创新的"23.9%。有一对词的贬义词得分高于褒义词："排外的"（16.1%）比"包容的"（16.0%）略高。

整体选择比例最高的五个形容词的百分比及青年、精英相应的百分比分别为："有吸引力的"62.7%、70.0%、50.0%，"注重精神的"41.0%、45.0%、45.0%，"爱好和平的"38.8%、46.0%、43.0%、"有价值的"33.3%、40.0%、34.0%，"创新的"23.9%、33.0%、19.0%。精英也有一对词的贬义词得分高于褒义词："排外的"（18.0%）比"包容的"（16.0%）略高。而青年选择褒义的"包容的"（17.0%）的比例略高于贬义的"排外的"（14.0%）。青年和精英三者比较显示：青年选择各项褒义词百分比均高于整体在各项百分比，且十对词中褒义词的比例均高于贬义词的比例，青年对中华文化印象更好；精英选择各项褒义词的百分比与整体选择各项褒义词的百分比各有高低。

表17-10 印度受访者选择十对形容词的比例（可多选）

| 褒义 | % | 贬义 | % | 褒义 | % | 贬义 | % |
| --- | --- | --- | --- | --- | --- | --- | --- |
| 有吸引力的 | 62.7 | 没吸引力的 | 3.3 | 注重精神的 | 41.0 | 注重物质/世俗的 | 8.9 |
| 爱好和平的 | 38.8 | 侵略性的 | 8.2 | 有价值的 | 33.3 | 无价值的 | 1.7 |
| 和谐的 | 12.2 | 不和谐的 | 1.7 | 有活力的 | 10.8 | 衰落的 | 2.4 |
| 灿烂的 | 15.1 | 平淡无奇的 | 3.4 | 多元的 | 9.8 | 单一的 | 7.1 |
| 创新的 | 23.9 | 守旧的 | 9.6 | 包容的 | 16.0 | 排外的 | 16.1 |

## 2. 四国比较

将四国的数据比较显示：整体来看，中华文化有吸引力（表17-11）。四国受访者选择十对形容词的比例的平均值显示：十对形容词中，褒义词的比例高于贬义词的有九对。排在前五位的为："有吸引力的"（60.7%）、"注重精神的"（49.7%）、"爱好和平的"（45.1%）、"有价值的"（44.6%）、"和谐的"（39.5%）。中华文化"有吸引力"位居20个形容词之首，是唯一超过60%的形容词，文化的软实力的实质就是文化的吸引力，这是我们可以引以为荣的。四国受访者选择"有吸引力"的比例在从高到低排列为：德（80.8%）、印（62.7%）、俄（59.1%）、美（40.2%）。

有一对形容词的贬义词比例高于褒义词汇，即"排外的"（31.3%）比"包容的"（20.2%）高出11.1%，这应引起注意。

表17-11 四国受访者选择十对形容词的比例对比（可多选）

| 形容词 | 美国 | | 俄罗斯 | | 德国 | | 印度 | | 平均 | 排名 |
| --- | --- | --- | --- | --- | --- | --- | --- | --- | --- | --- |
| | % | 排名 | % | 排名 | % | 排名 | % | 排名 | % | |
| 有吸引力的 | 40.2 | 2 | 59.1 | 2 | 80.8 | 3 | 62.7 | 1 | 60.7 | 1 |
| 没吸引力的 | 4.4 | 16 | 1.7 | 16 | 19.2 | 18 | 3.3 | 17 | 7.15 | 19 |
| 注重精神的 | 54.3 | 1 | 60.3 | 1 | 43.3 | 14 | 41.0 | 2 | 49.7 | 2 |
| 注重物质/世俗的 | 8.8 | 15 | 1.0 | 19 | 56.7 | 7 | 8.9 | 13 | 18.9 | 14 |
| 爱好和平的 | 37.2 | 4 | 32.4 | 7 | 71.8 | 5 | 38.8 | 3 | 45.1 | 3 |
| 侵略性的 | 14.5 | 13 | 2.3 | 13 | 28.2 | 16 | 8.2 | 14 | 13.3 | 15 |
| 有价值的 | 33.5 | 5 | 23.9 | 9 | 87.5 | 1 | 33.3 | 4 | 44.6 | 4 |
| 无价值的 | 2.3 | 20 | 0.7 | 20 | 12.5 | 20 | 1.7 | 19 | 4.3 | 20 |
| 和谐的 | 23.7 | 7 | 45.0 | 4 | 76.9 | 4 | 12.2 | 9 | 39.5 | 5 |
| 不和谐的 | 3.3 | 17 | 1.3 | 18 | 23.1 | 17 | 1.7 | 20 | 7.4 | 18 |
| 有活力的 | 19.0 | 9 | 42.2 | 5 | 82.5 | 2 | 10.8 | 10 | 38.6 | 6 |
| 衰落的 | 3.0 | 18 | 1.4 | 17 | 17.5 | 19 | 2.4 | 18 | 6.1 | 19 |
| 灿烂的 | 18.5 | 10 | 32.4 | 8 | 62.4 | 6 | 15.1 | 7 | 32.1 | 7 |
| 平淡无奇的 | 3.0 | 19 | 1.7 | 15 | 37.6 | 15 | 3.4 | 16 | 11.4 | 15 |

续表

| 形容词 | 美国 | | 俄罗斯 | | 德国 | | 印度 | | 平均 | 排名 |
|---|---|---|---|---|---|---|---|---|---|---|
| | % | 排名 | % | 排名 | % | 排名 | % | 排名 | % | |
| 多元的 | 23.1 | 8 | 56.7 | 3 | 49.8 | 11 | 9.8 | 11 | 34.9 | 8 |
| 单一的 | 14.5 | 14 | 4.4 | 12 | 50.2 | 10 | 7.1 | 15 | 19.1 | 13 |
| 创新的 | 38.8 | 3 | 18.2 | 10 | 45.2 | 13 | 23.9 | 5 | 31.5 | 9 |
| 守旧的 | 26.7 | 6 | 1.8 | 14 | 54.8 | 8 | 9.6 | 12 | 23.2 | 11 |
| 包容的 | 13.7 | 15 | 4.7 | 11 | 46.5 | 12 | 16.0 | 7 | 20.2 | 12 |
| 排外的 | 18.1 | 11 | 37.7 | 6 | 53.5 | 9 | 16.1 | 6 | 31.3 | 10 |

四国青年和精英的数据比较显示：对中华文化的整体印象，美国、印度青年好于整体和精英，俄罗斯的青年好于整体和精英，德国青年大体与整体持平；俄罗斯和印度的精英基本与整体持平，美国和德国的精英对中华文化的整体印象整体差一些。

### 三、中华文化在世界主要文化中的排名

本部分用两种方法进行分析。第一，根据受访者选择喜欢某国文化比例的高低进行排名，看中华文化在世界主要文化中的排名。第二，将受访者喜欢中华文化的比例与喜欢中国的比例加以对比。前一章调查了受访者喜欢中国在喜欢世界主要国家中的排名。中华文化与中国这两个概念既有联系也有区别，中国包括政治、经济、社会、外交、军事、文化等，中华文化是中国整体形象中的一部分。因而，对比受访者喜欢中国和喜欢中华文化的排名，有助于进一步理解中华文化在受访者心中的地位。喜欢一国文化的比例与喜欢一国的比例之差越大，说明越喜欢该国的文化。需要说明的是，由于问卷中国家的问题只允许受访者选一个选项且选项中不包括本国，而问卷中一国文化的问题允许受访者多选，且选项中包括本国文化，所以喜欢一国和喜欢一国文化的数据的可比性存在不足，对比的数据仅供参考。

## （一）各国概况

美国 1181 名受访者中，喜欢中华文化者占总人数的 58.64%，在六个选项中位居首位，比第二名日本的 46.47% 高出 12.17%（图 17-1）。排除问卷中的华裔美国人，受访者中喜欢中华文化的占 57.4%，依然位居首位。

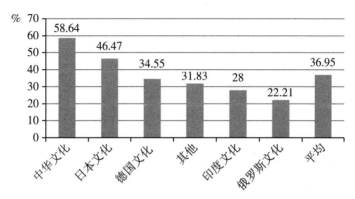

**图 17-1　美国受访者喜欢各国文化的比例**

数据显示（表 17-12），受访者喜欢中华文化的比例（58.64%）比喜欢中国的比例（30.21%）高出 28.43%，两者差值之大，在被调查的五国中名列榜首，说明受访者喜欢中华文化远胜于喜欢中国。

**表 17-12　美国受访者喜欢一国文化的比例与喜欢一国的比例对比**

单位：%

|  | 中国 | 德国 | 俄罗斯 | 印度 | 日本 |
| --- | --- | --- | --- | --- | --- |
| 喜欢文化 | 58.64 | 34.55 | 22.21 | 28.0 | 46.47 |
| 喜欢国家 | 30.21 | 29.87 | 4.34 | 7.49 | 28.09 |
| 喜欢文化与喜欢国家之差 | 28.43 | 4.68 | 17.87 | 20.51 | 18.39 |

德国 1908 名受访者中 19.22% 喜欢中华文化，排名第四，与第三的日本相差很小。比位于首位的美国文化低 4.31%。最不喜欢的文化是俄罗斯文化（6.01%）。见图 17-2。

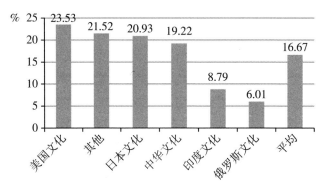

图 17-2 德国受访者喜欢各国文化的比例

数据显示（表 17-13），受访者喜欢中华文化的比例（19.22%）与喜欢中国的比例（21.19%）差值为-1.97%，在五国中名列第二，说明受访者喜欢中国略胜于喜欢中华文化。喜欢美国文化与喜欢美国的差值为-11.57，说明受访者更喜欢美国而不是美国文化。

表 17-13 德国受访者喜欢一国文化的比例与喜欢一国的比例对比

单位：%

|  | 中国 | 美国 | 俄罗斯 | 印度 | 日本 |
| --- | --- | --- | --- | --- | --- |
| 喜欢文化 | 19.22 | 23.53 | 6.01 | 8.79 | 20.93 |
| 喜欢国家 | 21.19 | 35.10 | 7.88 | 11.16 | 24.66 |
| 喜欢文化与喜欢国家之差 | -1.97 | -11.57 | -1.87 | -2.37 | -3.73 |

俄罗斯 1061 名受访者中 54.5% 喜欢中华文化，位居首位，比第二名日本的 53.7% 高出 0.8%。最不喜欢的文化是美国文化（12.4%）。见图 17-3。

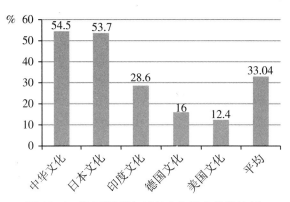

图 17-3 俄罗斯受访者喜欢各国文化的比例

数据显示（表17-14），受访者喜欢中华文化的比例（54.5%）比喜欢中国的比例（29.4%）高出25.1%，两者差值在五国中名列第二，说明受访者喜欢中华文化远胜于喜欢中国。

表17-14 俄罗斯受访者喜欢一国文化的比例与喜欢一国的比例对比

单位：%

|  | 中国 | 美国 | 德国 | 印度 | 日本 |
|---|---|---|---|---|---|
| 喜欢文化 | 54.5 | 12.4 | 16.0 | 28.6 | 53.7 |
| 喜欢国家 | 29.4 | 11.1 | 20.9 | 12.6 | 25.9 |
| 喜欢文化与喜欢国家之差 | 25.1 | 1.3 | -4.9 | 16.0 | 27.8 |

印度1039位受访者中，52.84%喜欢中华文化，位居首位且遥遥领先，比第二名美国的36.96%高出15.88%，比第三名日本的31.95%高出20.89%。见图17-4。

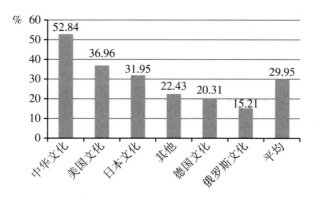

图17-4 印度受访者喜欢各国文化的比例

数据显示（表17-15），受访者喜欢中华文化的比例（52.84%）比喜欢中国的比例（32.92%）高出29.92%，两者差值之大，在五国中名列榜首，说明受访者喜欢中华文化远胜于喜欢中国。

表17-15 印度受访者喜欢一国文化的比例与喜欢一国的比例对比

单位：%

|  | 中国 | 美国 | 德国 | 俄罗斯 | 日本 |
|---|---|---|---|---|---|
| 喜欢文化 | 52.84 | 36.94 | 20.31 | 15.21 | 31.95 |
| 喜欢国家 | 32.92 | 28.87 | 9.91 | 8.37 | 19.92 |
| 喜欢文化与喜欢国家之差 | 29.92 | 8.07 | 10.40 | 6.84 | 22.03 |

日本1038名日本受访者中,喜欢中华文化者占总人数的9.2%,位居倒数第二位,比第一名美国的41.7%低了32.5%。喜欢其他文化的占了37.4%,很可能是指英法等西方文化。见图17-5。

数据显示(表17-16),受访者喜欢中华文化的比例(9.2%)比喜欢中国的比例(4.1%)高出5.1%,两者差值在五国中名列榜首,说明受访者喜欢中华文化胜于喜欢中国。喜欢德国文化与喜欢德国的差值最小(-9.5%),说明受访者喜欢德国胜过喜欢德国文化。

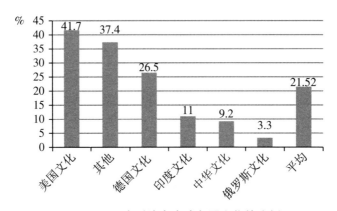

图17-5　日本受访者喜欢各国文化的比例

表17-16　日本受访者喜欢一国文化的比例与喜欢一国的比例对比

单位:%

|  | 中国 | 美国 | 德国 | 俄罗斯 | 印度 |
| --- | --- | --- | --- | --- | --- |
| 喜欢文化 | 9.2 | 41.7 | 26.5 | 3.3 | 11.0 |
| 喜欢国家 | 4.1 | 48.9 | 36.0 | 1.5 | 9.3 |
| 喜欢文化与喜欢国家之差 | 5.1 | -7.2 | -9.5 | 1.8 | 1.7 |

### (二) 五国对比

五国数据比较显示(表17-17):

最喜欢中华文化的是美国(58.64%),最喜欢日本文化的是俄罗斯(53.7%),最喜欢美国文化的是日本(41.7%),最喜欢德国文化的是美国(34.55%),最喜欢印度文化的是俄罗斯(28.6%),最喜欢俄罗斯文化的是美国(22.21%),最喜欢其他文化的国家是日本(37.4%)。最不喜欢中华文化的是日本（9.2%），最不喜欢日本文化的是德国（20.93%），最不喜欢美国文化的是俄罗斯（12.4%）最不喜欢德国文化的是俄罗斯（16.0%），最不喜欢印度文化的是德国（8.79%），最不喜欢俄罗斯文化的是日本（3.3%）。

将五国喜欢同一国文化的比例加在一起，求出平均数进行比较，中华文化最受各国喜欢，平均值为38.88%，之后是日本文化（38.26%）、美国文化（28.65%）、其他（28.30%）、德国文化（24.34%）、印度文化（19.1%）和俄罗斯文化（11.68%）。喜欢中华文化的比例与喜欢日本文化的比例相差0.62%。

表17-17 五国喜欢不同文化的比例

单位:%

|  | 美国 | 德国 | 俄罗斯 | 印度 | 日本 | 五国喜欢一国文化的平均数 |
|---|---|---|---|---|---|---|
| 中华文化 | 58.64 | 19.22 | 54.5 | 52.84 | 9.2 | 38.88 |
| 日本文化 | 46.47 | 20.93 | 53.7 | 31.95 | — | 38.26 |
| 美国文化 | — | 23.53 | 12.4 | 36.96 | 41.7 | 28.65 |
| 其他 | 31.83 | 21.52 | — | 22.43 | 37.4 | 28.30 |
| 德国文化 | 34.55 | — | 16 | 20.31 | 26.5 | 24.34 |
| 印度文化 | 28 | 8.79 | 28.6 | — | 11 | 19.10 |
| 俄罗斯文化 | 22.21 | 6.01 | — | 15.21 | 3.3 | 11.68 |
| 一国喜欢外国文化的平均数 | 36.95 | 16.67 | 33.04 | 29.95 | 21.52 |  |

受访者喜欢中华文化的比例与喜欢中国的比例之差的五国平均数与受访者喜欢其他四国文化的比例与喜欢四国的比例之差的平均数对比显示（表17-18）：喜欢中华文化的比例与喜欢中国的比例之差的平均数为17.32%，在六国相应的平均数中最大，说明受访者喜欢中华文化胜于喜欢中国；平均数最小的是美国（-2.35%），说明受访者喜欢美国略胜过喜欢美国文化。

表 17-18　五国受访者喜欢一国文化的比例与喜欢一国的比例之差对比

单位:%

|  | 中国之差 | 美国之差 | 德国之差 | 俄罗斯之差 | 印度之差 | 日本之差 |
|---|---|---|---|---|---|---|
| 美国受访者 | 28.43 | — | 4.68 | 17.87 | 20.51 | 18.39 |
| 德国受访者 | -1.97 | -11.57 | — | -1.87 | -2.37 | -3.73 |
| 俄罗斯受访者 | 25.1 | 1.3 | -4.9 | — | 16.0 | 27.8 |
| 印度受访者 | 29.92 | 8.07 | 10.40 | 6.84 | — | 22.03 |
| 日本受访者 | 5.1 | -7.2 | -9.5 | 1.8 | 1.7 | — |
| 平均值 | 17.32 | -2.35 | 0.17 | 6.16 | 8.96 | 16.12 |

# 第二节　在日本、韩国、越南、印尼的调查

2013年使用问卷（Ⅲ）对日本、韩国、越南和印尼的调查中，继续调查受访者对中华文化整体评价以及中华文化在世界主要文化中的排名。

## 一、问卷修订

### （一）对中华文化的整体看法

1. 设计思路

为了网上问卷调查回答方便，本次调查没有使用问卷（Ⅱ）中用十对形容词调查的方式，问卷（Ⅲ）使用了九个形容中华文化的褒义词（删除了"注重物质/世俗的"和"注重精神的"的调查内容），请受访者以不同意和同意5级量表的回答方式进行调查。

2. 问卷内容

（Ⅲ）V39. 总体来说，您如何评价中华文化？

|  | 1 很不同意 | 2 不太同意 | 3 中立 | 4 较同意 | 5 很同意 |
|---|---|---|---|---|---|
| 中华文化具有吸引力 |  |  |  |  |  |
| 中华文化具有包容性 |  |  |  |  |  |
| 中华文化具有活力 |  |  |  |  |  |

续表

|  | 1 很不同意 | 2 不太同意 | 3 中立 | 4 较同意 | 5 很同意 |
|---|---|---|---|---|---|
| 中华文化是灿烂的 |  |  |  |  |  |
| 中华文化具有多元性 |  |  |  |  |  |
| 中华文化是爱好和平的 |  |  |  |  |  |
| 中华文化是有价值的 |  |  |  |  |  |
| 中华文化具有创新性 |  |  |  |  |  |
| 中华文化具有和谐性 |  |  |  |  |  |

**（二）中华文化在世界主要文化中的排名**

1. 设计思路

在问卷（Ⅰ）的基础上，问卷（Ⅲ）做了两个改动：一是增加了更多的国家文化供受访者选择，这次列出的国家文化包括被调查的日本文化、韩国文化、越南文化、印尼文化，联合国 5 个常任理事国即中国、美国、俄罗斯、英国、法国的文化，以及印度文化、南非文化、巴西文化、德国文化、沙特文化、其他文化等共 15 个选项，代表了世界最主要的文化。受访者最多可以从中选出喜欢的 5 种文化。二是在受访国问卷中，受访国文化也作为选项之一。根据常识，受访者会最喜欢自己的祖国，但有一些人不一定最喜欢本国文化，例如历史上，曾经在亚洲国家出现过全盘西化的思潮，所以日、韩、越、印尼的问卷中都包括本国文化，供受访者挑选。

2. 问卷内容

（Ⅲ）V40. 在以下各国文化中，您喜欢哪些国家的文化？（最多可选 5 个）

1. 巴西　　　　2. 中国　　　　3. 德国　　　　4. 法国
5. 印度　　　　6. 印度尼西亚　7. 日本　　　　8. 韩国
9. 俄罗斯　　　10. 沙特　　　 11. 南非　　　 12. 英国
13. 美国　　　 14. 越南　　　 77. 其他

## 二、对中华文化的整体看法

### (一) 各国情况

用5级量表,请受访者对九个评价中华文化的形容词打分,从而可以得到给各形容词打分的比例。然后,把"很不同意"赋值1,"很同意"赋值5,以此类推,计算出受访者对中华文化评价的均值,均值越高,说明评价越高。为行文简练,将评价中华文化的各形容分别简称为"有吸引力的""包容的""有活力的""灿烂的""多元的""爱好和平的""有价值的""创新的""和谐的"。

日本1225位受访者对九项对中华文化的评价,用5级量表评价的比例和均值见表17-19。赞同的(包括同意和很同意)比例由高到低排名前三位的是:"有活力的"(34.4%)、"多元的"(34.2%)、"有吸引力的"(30.9%),排名倒数第一的是"爱好和平的"(5.1%)。这四项的均值分别为2.9、2.84、2.76、2.02。

表17-19 日本受访者对中华文化九种评价的比例(%)和均值(5级量表)

| 评价维度 | 1<br>很不同意 | 2<br>不太同意 | 3<br>中立 | 4<br>较同意 | 5<br>很同意 | 4与5<br>之和 | 均值 |
|---|---|---|---|---|---|---|---|
| 有吸引力的 | 22.1 | 17.9 | 29.1 | 24.0 | 6.9 | 30.9 | 2.76 |
| 包容性的 | 32.5 | 28.2 | 31.5 | 6.3 | 1.5 | 7.8 | 2.16 |
| 有活力的 | 18.9 | 14.7 | 31.9 | 26.4 | 8.0 | 34.4 | 2.9 |
| 灿烂的 | 20.5 | 19.0 | 36.7 | 19.9 | 3.9 | 23.8 | 2.68 |
| 多元的 | 20.5 | 15.3 | 30.0 | 28.2 | 6.0 | 34.2 | 2.84 |
| 爱好和平的 | 38.0 | 27.5 | 29.3 | 4.2 | 0.9 | 5.1 | 2.02 |
| 有价值的 | 23.0 | 16.1 | 36.6 | 19.8 | 4.6 | 24.4 | 2.67 |
| 创新性的 | 25.4 | 21.8 | 36.8 | 13.1 | 2.9 | 16 | 2.46 |
| 和谐的 | 31.9 | 23.4 | 37.5 | 5.6 | 1.6 | 7.2 | 2.22 |
| 九种评价的平均数 | 25.9 | 20.4 | 33.3 | 16.4 | 4.0 | 20.4 | 2.52 |

重点群体的比较见表17-20。高中生对"爱好和平的"评价的均值为1.94，在所有维度和所有群体中得分最低，九项评价均值加以平均，高中生最低（2.44），其次是青年（2.48）。

表17-20　日本不同受访者对中华文化的评价（5级量表均值）

| 评价维度 | 整体 | 高中生 | 青年 | 精英 |
| --- | --- | --- | --- | --- |
| 有吸引力的 | 2.76 | 2.62 | 2.69 | 2.86 |
| 包容的 | 2.16 | 2.06 | 2.07 | 2.23 |
| 有活力的 | 2.90 | 2.97 | 2.86 | 2.89 |
| 灿烂的 | 2.68 | 2.47 | 2.65 | 2.75 |
| 多元的 | 2.84 | 2.62 | 2.75 | 2.94 |
| 爱好和平的 | 2.02 | 1.94 | 2.02 | 2.11 |
| 有价值的 | 2.67 | 2.71 | 2.57 | 2.80 |
| 创新的 | 2.46 | 2.44 | 2.50 | 2.52 |
| 和谐的 | 2.22 | 2.15 | 2.17 | 2.29 |
| 九项平均值 | 2.52 | 2.44 | 2.48 | 2.60 |

韩国1038位受访者对九项用5级量表评价的比例和均值见表17-21。赞同的比例由高到低排名前三位的是"灿烂的"（40.7%）、"有活力的"（37.5%）、"有价值的"（35.7%），排名倒数第一的是"爱好和平的"（9.6%）。这四项的均值分别为3.16、3.11、3.08、2.49。

表17-21　韩国受访者对中华文化九种评价的比例（%）和均值（5级量表）

| 评价维度 | 1<br>很不同意 | 2<br>不太同意 | 3<br>中立 | 4<br>较同意 | 5<br>很同意 | 4与5<br>之和 | 均值 |
| --- | --- | --- | --- | --- | --- | --- | --- |
| 有吸引力的 | 10.6 | 15.2 | 43.2 | 28.6 | 2.4 | 31 | 2.97 |
| 包容的 | 13.4 | 24.0 | 45.5 | 15.7 | 1.4 | 17.1 | 2.68 |
| 有活力的 | 9.3 | 10.6 | 42.6 | 34.5 | 3.0 | 37.5 | 3.11 |
| 灿烂的 | 8.6 | 13.2 | 37.6 | 34.5 | 6.2 | 40.7 | 3.16 |
| 多元的 | 10.1 | 17.6 | 42.4 | 26.3 | 3.6 | 29.9 | 2.96 |
| 爱好和平的 | 16.1 | 29.1 | 45.3 | 8.4 | 1.2 | 9.6 | 2.49 |

续表

| 评价维度 | 1 很不同意 | 2 不太同意 | 3 中立 | 4 较同意 | 5 很同意 | 4与5之和 | 均值 |
| --- | --- | --- | --- | --- | --- | --- | --- |
| 有价值的 | 9.7 | 11.8 | 42.9 | 31.8 | 3.9 | 35.7 | 3.08 |
| 创新的 | 13.7 | 21.8 | 42.1 | 20.2 | 2.2 | 22.4 | 2.76 |
| 和谐的 | 12.9 | 22.5 | 47.7 | 15.1 | 1.7 | 16.8 | 2.70 |
| 九种评价的平均数 | 11.6 | 18.4 | 43.3 | 23.9 | 2.8 | 25.1 | 2.88 |

重点群体的比较见表17-22。高中生对中华文化评价最低，没有一项超过中立值3。均值最低的是高中生给"爱好和平的"的分值（2.35）。精英对九项的评价都高于整体、青年，青年九项的均值都高于高中生。

表17-22 韩国不同受访者对中华文化的评价（5级量表均值）

| 评价维度 | 整体 | 高中 | 青年 | 精英 |
| --- | --- | --- | --- | --- |
| 灿烂的 | 3.16 | 2.75 | 3.03 | 3.22 |
| 有活力的 | 3.11 | 2.92 | 3.07 | 3.26 |
| 有价值的 | 3.08 | 2.71 | 2.95 | 3.29 |
| 有吸引力的 | 2.97 | 2.75 | 2.86 | 3.23 |
| 多元的 | 2.96 | 2.67 | 2.82 | 3.17 |
| 创新的 | 2.76 | 2.45 | 2.62 | 2.92 |
| 和谐的 | 2.70 | 2.41 | 2.64 | 2.85 |
| 包容的 | 2.68 | 2.47 | 2.51 | 2.90 |
| 爱好和平的 | 2.49 | 2.35 | 2.39 | 2.57 |
| 九项平均值 | 2.88 | 2.61 | 2.77 | 3.05 |

越南1023位受访者对九项用5级量表评价的比例和均值见表17-23。赞同的比例由高到低排名前三位的是"有吸引力的"（53.5%）、"创新的"（51.5%）、"有活力的"（50.1%），排名倒数第一的是"爱好和平的"（16.5%）。这四项的均值分别为3.43、3.39、3.36、2.50。

表 17-23  越南受访者对中华文化九种评价的比例（%）和均值（5级量表）

| 评价维度 | 1 很不同意 | 2 不太同意 | 3 中立 | 4 较同意 | 5 很同意 | 4与5之和 | 均值 |
|---|---|---|---|---|---|---|---|
| 有吸引力的 | 8.2 | 6.9 | 31.4 | 40.2 | 13.3 | 53.5 | 3.43 |
| 包容的 | 8.8 | 13.7 | 39.9 | 31.0 | 6.6 | 37.6 | 3.13 |
| 有活力的 | 7.4 | 9.3 | 33.2 | 40.3 | 9.8 | 50.1 | 3.36 |
| 灿烂的 | 8.2 | 11.2 | 43.5 | 28.4 | 8.6 | 37 | 3.18 |
| 多元的 | 9.8 | 12.7 | 44.1 | 24.7 | 8.7 | 33.4 | 3.10 |
| 爱好和平的 | 24.1 | 23.1 | 36.3 | 11.8 | 4.7 | 16.5 | 2.50 |
| 有价值的 | 8.7 | 9.6 | 39.1 | 33.4 | 9.2 | 42.6 | 3.25 |
| 创新的 | 8.3 | 9.5 | 30.7 | 37.7 | 13.8 | 51.5 | 3.39 |
| 和谐的 | 10.1 | 13.5 | 41.5 | 28.3 | 6.5 | 34.8 | 3.08 |
| 九种评价的平均数 | 10.4 | 12.7 | 37.7 | 30.6 | 9.0 | 39.7 | 3.16 |

重点群体的比较见表17-24，精英和青年各项得分均超过3，精英人群的评价高于整体水平。高中生的评价低于整体、青年、精英，在"包容的""多元的""爱好和平的""和谐的"四方面的评价均低于中间值3，评价偏向负面，九项中得分最低的是"爱好和平的"，均值为2.39。

表 17-24  越南不同受访者对中华文化的评价（5级量表均值）

| 评价维度 | 整体 | 高中 | 青年 | 精英 |
|---|---|---|---|---|
| 灿烂的 | 3.18 | 3.00 | 3.15 | 3.41 |
| 有活力的 | 3.36 | 3.19 | 3.33 | 3.50 |
| 有价值的 | 3.25 | 3.04 | 3.26 | 3.46 |
| 有吸引力的 | 3.43 | 3.12 | 3.44 | 3.56 |
| 多元的 | 3.10 | 2.95 | 3.11 | 3.34 |
| 创新的 | 3.39 | 3.27 | 3.38 | 3.66 |
| 和谐的 | 3.08 | 2.83 | 3.04 | 3.22 |
| 包容的 | 3.13 | 2.85 | 3.10 | 3.28 |
| 爱好和平的 | 2.50 | 2.39 | 2.47 | 2.59 |
| 九项平均值 | 3.16 | 2.96 | 3.14 | 3.34 |

印尼1023位受访者对九项用5级量表评价的比例和均值如表17-25。赞同的比例由高到低排名前三位的是"有吸引力的"（68.2%）、"多元的"（68.2%）、"创新的"（67.1%），排名倒数第一的是"包容的"（48.9%）。这四项的均值分别是3.73、3.82、3.81、3.46。

表17-25　印尼受访者对中华文化九种评价的比例（%）和均值（5级量表）

| 评价维度 | 1 很不同意 | 2 不太同意 | 3 中立 | 4 较同意 | 5 很同意 | 4与5之和 | 均值 |
| --- | --- | --- | --- | --- | --- | --- | --- |
| 有吸引力的 | 1.1 | 7.3 | 23.4 | 54.1 | 14.1 | 68.2 | 3.73 |
| 包容的 | 1.1 | 10.0 | 40.1 | 39.5 | 9.4 | 48.9 | 3.46 |
| 有活力的 | 0.8 | 7.9 | 30.4 | 46.2 | 14.7 | 60.9 | 3.66 |
| 灿烂的 | 1.0 | 7.8 | 31.3 | 44.4 | 15.5 | 59.9 | 3.66 |
| 多元的 | 0.8 | 6.6 | 24.4 | 46.5 | 21.7 | 68.2 | 3.82 |
| 爱好和平的 | 1.1 | 9.1 | 30.6 | 42.4 | 16.9 | 59.3 | 3.65 |
| 有价值的 | 1.3 | 8.5 | 31.1 | 42.0 | 17.2 | 59.2 | 3.65 |
| 创新的 | 1.0 | 6.8 | 25.1 | 44.7 | 22.4 | 67.1 | 3.81 |
| 和谐的 | 1.3 | 6.8 | 29.7 | 45.7 | 16.5 | 62.2 | 3.69 |
| 九种评价的平均数 | 1.1 | 7.9 | 29.6 | 45.1 | 16.5 | 61.5 | 3.68 |

各重点群体对中华文化的评价的整体趋势一样，对中华文化的评价从高到低是精英、整体、青年、高中生。精英、青年、高中生的九项评价均值都超过3.5，青年和高中生的评价低于整体水平，精英的评价高于整体平均水平。精英对"创新的"赞同度最高（3.80）。各个群体都对"包容的"赞同度最低，九项中评价最低的是高中生对"包容的"的均值（3.29）。具体情况见表17-26。

表17-26　印尼不同受访者对中华文化的评价（5级量表均值）

| 评价维度 | 整体 | 高中 | 青年 | 精英 |
| --- | --- | --- | --- | --- |
| 灿烂的 | 3.66 | 3.52 | 3.55 | 3.70 |
| 有活力的 | 3.66 | 3.48 | 3.52 | 3.70 |
| 有价值的 | 3.65 | 3.39 | 3.59 | 3.70 |

续表

| 评价维度 | 整体 | 高中 | 青年 | 精英 |
|---|---|---|---|---|
| 有吸引力的 | 3.73 | 3.53 | 3.63 | 3.79 |
| 多元的 | 3.82 | 3.63 | 3.82 | 3.77 |
| 创新的 | 3.81 | 3.63 | 3.72 | 3.80 |
| 和谐的 | 3.69 | 3.67 | 3.62 | 3.73 |
| 包容的 | 3.46 | 3.29 | 3.31 | 3.55 |
| 爱好和平的 | 3.65 | 3.58 | 3.64 | 3.68 |
| 九项平均值 | 3.68 | 3.52 | 3.60 | 3.71 |

### (二) 四国比较

将四国的数据加以对比（表17-27），从国家的视角看，以一国九种评价均值的平均数相比较，得分最高的国家是印尼（3.68），所有对中华文化褒义的评价都介于中立和比较同意之间，倾向于比较同意；以下排名依次是越南（3.16），介于中立和比较同意之间，倾向于中立；韩国（2.88）介于比较不同意和中立之间，倾向于中立；日本最低（2.52），介于较不同意和中立之间。

从九种评价的视角看，四国受访者对九个形容词打分均值的平均值中，得分前两位的是"有活力的"（3.26）和"有吸引力的"（3.22），介于中立和较同意之间，倾向于中立。得分倒数第一、第二的是"爱好和平的"（2.67）、"包容的"（2.86），介于较不同意和中立之间，倾向于中立。

表17-27 四国受访者对中华文化九种评价的均值（5级量表）

| 评价维度 | 日本 | 韩国 | 越南 | 印尼 | 四国平均值 | 排名 |
|---|---|---|---|---|---|---|
| 有活力的 | 2.90 | 3.11 | 3.36 | 3.66 | 3.26 | 1 |
| 有吸引力的 | 2.76 | 2.97 | 3.43 | 3.73 | 3.22 | 2 |
| 多元的 | 2.84 | 2.96 | 3.10 | 3.82 | 3.18 | 3 |
| 灿烂的 | 2.68 | 3.16 | 3.18 | 3.66 | 3.17 | 4 |
| 有价值的 | 2.67 | 3.08 | 3.25 | 3.65 | 3.16 | 5 |
| 创新的 | 2.46 | 2.76 | 3.39 | 3.81 | 3.11 | 6 |

续表

| 评价维度 | 日本 | 韩国 | 越南 | 印尼 | 四国平均值 | 排名 |
|---|---|---|---|---|---|---|
| 和谐的 | 2.22 | 2.70 | 3.08 | 3.69 | 2.92 | 7 |
| 包容的 | 2.16 | 2.68 | 3.13 | 3.46 | 2.86 | 8 |
| 爱好和平的 | 2.02 | 2.49 | 2.50 | 3.65 | 2.67 | 9 |
| 本国平均值 | 2.52 | 2.88 | 3.16 | 3.68 | | |

## 三、中华文化在世界主要文化中的排名

与本章第一节使用的方法相同：第一，根据受访者喜欢某国文化比例的高低进行排名；第二，将受访者喜欢中华文化的比例与喜欢中国的比例加以对比。

1. 各国概况

日本受访者中喜欢中华文化者占8.2%，在所喜欢的文化排序中，整体、青年将中华文化排在第七，精英排在第六，高中生排在第十。见表17-28。

表17-28 日本不同受访者最喜欢的国家文化

| 国家 | 整体 | | 高中生 | | 青年 | | 精英 | |
|---|---|---|---|---|---|---|---|---|
| | % | 排名 | % | 排名 | % | 排名 | % | 排名 |
| 日本 | 80.3 | 1 | 76.5 | 1 | 82.1 | 1 | 79.8 | 1 |
| 英国 | 38.7 | 2 | 38.2 | 2 | 38.4 | 2 | 39.3 | 3 |
| 法国 | 38.0 | 3 | 35.3 | 3 | 35.7 | 3 | 41.7 | 2 |
| 德国 | 32.1 | 4 | 32.4 | 4 | 31.3 | 4 | 38.7 | 4 |
| 美国 | 30.4 | 5 | 29.4 | 5 | 30.8 | 5 | 38.1 | 5 |
| 其他 | 11.1 | 6 | 14.7 | 6 | 11.2 | 6 | 5.4 | 10 |
| 中国 | 8.2 | 7 | 2.9 | 10 | 8.9 | 7 | 7.7 | 6 |
| 印度 | 7.3 | 8 | 2.9 | 10 | 6.3 | 9 | 6.0 | 9 |
| 巴西 | 6.8 | 9 | 2.9 | 10 | 7.1 | 8 | 5.4 | 10 |
| 越南 | 6.0 | 10 | 2.9 | 10 | 4.5 | 12 | 7.7 | 6 |
| 印度尼西亚 | 5.0 | 11 | 5.9 | 9 | 3.1 | 13 | 6.5 | 8 |

续表

| 国家 | 整体 | | 高中生 | | 青年 | | 精英 | |
|---|---|---|---|---|---|---|---|---|
| | % | 排名 | % | 排名 | % | 排名 | % | 排名 |
| 韩国 | 4.7 | 12 | 8.8 | 7 | 5.4 | 10 | 4.8 | 12 |
| 俄罗斯 | 3.8 | 13 | 8.8 | 7 | 4.9 | 11 | 3.0 | 13 |
| 沙特 | 1.1 | 14 | 2.9 | 10 | 0.4 | 15 | 1.2 | 14 |
| 南非 | 0.6 | 15 | 0 | 15 | 1.8 | 14 | 0.6 | 15 |

日本受访者喜欢中华文化的比例（8.2%）比喜欢中国的比例（1.7%）高出6.5%，差值在14个国家中与美国并列第四。排名前三名是法（25.1%）、英（23.4%）、德（18.0%），说明受访者更喜欢西欧文化。见表17-29。

表17-29 日本受访者喜欢一国文化的比例与喜欢一国的比例对比

| | 喜欢文化（%） | 喜欢国家（%） | 喜欢文化与喜欢国家之差（%） | 排名 |
|---|---|---|---|---|
| 英国 | 38.7 | 15.3 | 23.4 | 2 |
| 法国 | 38.0 | 12.9 | 25.1 | 1 |
| 德国 | 32.1 | 14.1 | 18.0 | 3 |
| 美国 | 30.4 | 23.9 | 6.5 | 4 |
| 其他 | 11.1 | 21.9 | -10.8 | 14 |
| 中国 | 8.2 | 1.7 | 6.5 | 4 |
| 印度 | 7.3 | 1.4 | 5.9 | 6 |
| 巴西 | 6.8 | 1.7 | 5.1 | 7 |
| 越南 | 6.0 | 2.2 | 3.8 | 8 |
| 印度尼西亚 | 5.0 | 1.2 | 3.8 | 8 |
| 韩国 | 4.7 | 2.7 | 2.0 | 11 |
| 俄罗斯 | 3.8 | 0.6 | 3.2 | 10 |
| 沙特 | 1.1 | 0.2 | 0.9 | 12 |
| 南非 | 0.6 | 0.2 | 0.4 | 13 |

韩国受访者中喜欢中华文化者占21.6%，排在韩（56.1%）、法（46.6%）、英（46.6%）、美（41.0%）、德（38.6%）之后，与日本并列第六。值得注意的是，精英喜欢中华文化（30.2%）高于日本文化（19.8%），而高中生喜欢日本文化（25.5%）高于中华文化（15.7%），青年也是喜欢日本文化（22.9%）高于喜欢中华文化（11.9%）。见表17-30。

表17-30　韩国不同受访者最喜欢的国家文化

| 国家 | 整体 | | 高中生 | | 青年 | | 精英 | |
|---|---|---|---|---|---|---|---|---|
| | % | 排名 | % | 排名 | % | 排名 | % | 排名 |
| 法国 | 46.6 | 2 | 37.3 | 4 | 43.3 | 3 | 53.5 | 2 |
| 英国 | 46.6 | 3 | 49.0 | 2 | 41.3 | 4 | 51.7 | 3 |
| 美国 | 41.0 | 4 | 39.2 | 3 | 44.8 | 2 | 36.2 | 5 |
| 韩国 | 56.1 | 1 | 52.9 | 1 | 70.4 | 1 | 54.3 | 1 |
| 德国 | 38.6 | 5 | 31.4 | 5 | 37.8 | 5 | 46.6 | 4 |
| 中国 | 21.6 | 6 | 15.7 | 7 | 11.9 | 8 | 30.2 | 6 |
| 日本 | 21.6 | 6 | 25.5 | 6 | 22.9 | 6 | 19.8 | 7 |
| 俄罗斯 | 11.8 | 8 | 11.8 | 9 | 15.4 | 7 | 12.9 | 9 |
| 印度 | 11.5 | 9 | 5.9 | 10 | 7.5 | 11 | 18.1 | 8 |
| 巴西 | 9.1 | 10 | 3.9 | 11 | 9.5 | 10 | 7.8 | 11 |
| 其他 | 9.0 | 11 | 13.7 | 8 | 10.0 | 9 | 6.0 | 12 |
| 越南 | 6.7 | 12 | 0.0 | 13 | 4.5 | 12 | 8.6 | 10 |
| 南非 | 3.7 | 13 | 2.0 | 12 | 4.0 | 13 | 1.7 | 14 |
| 印度尼西亚 | 2.5 | 14 | 0.0 | 14 | 2.0 | 14 | 0.9 | 15 |
| 沙特 | 2.2 | 15 | 0.0 | 15 | 1.0 | 15 | 4.3 | 13 |

韩国受访者喜欢中华文化的比例（21.6%）比喜欢中国的比例（5.8%）高出15.8%，差值在14个国家中名列第五。排名前四名是英（31.5%）、法（31.1%）、德（23.3%）、美（18.6%），说明受访者更喜欢欧美文化。见表17-31。

表 17-31 韩国受访者喜欢一国文化的比例与喜欢一国的比例对比

|  | 喜欢文化% | 喜欢国家% | 喜欢文化与喜欢国家之差% | 排名 |
|---|---|---|---|---|
| 英国 | 46.6 | 15.1 | 31.5 | 1 |
| 法国 | 46.6 | 15.5 | 31.1 | 2 |
| 德国 | 38.6 | 15.3 | 23.3 | 3 |
| 美国 | 41.0 | 22.4 | 18.6 | 4 |
| 其他 | 9.0 | 8.7 | 0.3 | 14 |
| 中国 | 21.6 | 5.8 | 15.8 | 5 |
| 印度 | 11.5 | 2.8 | 8.7 | 8 |
| 巴西 | 9.1 | 1.5 | 7.6 | 9 |
| 越南 | 6.7 | 2.5 | 4.2 | 10 |
| 印尼 | 2.5 | 0.2 | 2.3 | 12 |
| 日本 | 21.6 | 7.2 | 14.4 | 6 |
| 俄罗斯 | 11.8 | 2.1 | 9.7 | 7 |
| 沙特 | 2.2 | 0.4 | 1.8 | 13 |
| 南非 | 3.7 | 0.6 | 3.1 | 11 |

越南受访者中喜欢中华文化者占 41.5%，排在越（76.3%）、日（70.3%）、韩（46.8%）之后。各群体喜欢中华文化的比例上有差异，高中生（26.0%）远低于精英（50.0%）、青年（40.5%）和整体（41.5%）。值得注意的是精英喜欢日本文化（70.7%）高于喜欢中华文化（50.0%）20.7%，高中生喜欢日本文化（62.5%）高于喜欢中华文化（26.0%）36.5%，青年喜欢日本文化（69.5%）高于喜欢中华文化（40.5%）29.0%。见表 17-32。

表 17-32 越南不同受访者最喜欢的国家文化

| 国家 | 整体 | | 高中生 | | 青年 | | 精英 | |
|---|---|---|---|---|---|---|---|---|
| | % | 排名 | % | 排名 | % | 排名 | % | 排名 |
| 越南 | 76.34 | 1 | 75.0 | 1 | 77.4 | 1 | 72.0 | 1 |
| 日本 | 70.28 | 2 | 62.5 | 2 | 69.5 | 2 | 70.7 | 2 |
| 韩国 | 46.82 | 3 | 37.5 | 3 | 48.5 | 3 | 48.8 | 4 |

续表

| 国家 | 整体 | | 高中生 | | 青年 | | 精英 | |
|---|---|---|---|---|---|---|---|---|
| | % | 排名 | % | 排名 | % | 排名 | % | 排名 |
| 中国 | 41.45 | 4 | 26.0 | 7 | 40.5 | 4 | 50.0 | 3 |
| 法国 | 36.75 | 5 | 32.7 | 5 | 34.6 | 6 | 46.3 | 5 |
| 美国 | 35.48 | 6 | 36.5 | 4 | 35.4 | 5 | 42.7 | 6 |
| 英国 | 29.72 | 7 | 30.8 | 6 | 34.1 | 7 | 37.8 | 7 |
| 印度 | 18.38 | 8 | 14.4 | 8 | 19.0 | 8 | 22.0 | 8 |
| 俄罗斯 | 16.23 | 9 | 12.5 | 9 | 15.4 | 9 | 13.4 | 9 |
| 德国 | 11.14 | 10 | 5.8 | 12 | 11.8 | 10 | 9.8 | 10 |
| 巴西 | 9.29 | 11 | 10.6 | 10 | 10.0 | 11 | 4.9 | 11 |
| 其他 | 3.81 | 12 | 7.7 | 11 | 2.1 | 12 | 3.7 | 12 |
| 印尼 | 1.76 | 13 | 1.9 | 13 | 1.5 | 13 | 0 | 13 |
| 南非 | 0.78 | 14 | 0 | 14 | 1 | 14 | 0 | 13 |
| 沙特 | 0.39 | 15 | 0 | 14 | 0.3 | 15 | 0 | 13 |

韩国受访者喜欢中华文化的比例（41.45%）比喜欢中国的比例（12.02%）高出29.43%，差值在14个国家中名列第三。排名前两名是日本（37.83%）、韩国（34.41%）。见表17-33。

表17-33 越南受访者喜欢一国文化的比例与喜欢一国的比例对比

| | 喜欢文化（%） | 喜欢国家（%） | 喜欢文化与喜欢国家之差（%） | 排名 |
|---|---|---|---|---|
| 英国 | 29.72 | 6.55 | 23.17 | 5 |
| 法国 | 36.75 | 8.50 | 28.25 | 4 |
| 德国 | 11.14 | 2.35 | 8.79 | 9 |
| 美国 | 35.48 | 13.29 | 22.19 | 6 |
| 其他 | 3.81 | 1.96 | 1.85 | 11 |
| 中国 | 41.45 | 12.02 | 29.43 | 3 |
| 印度 | 18.38 | 1.76 | 16.62 | 7 |
| 巴西 | 9.29 | 1.86 | 7.43 | 10 |
| 韩国 | 46.82 | 12.41 | 34.41 | 2 |

续表

| | 喜欢文化（%） | 喜欢国家（%） | 喜欢文化与喜欢国家之差（%） | 排名 |
|---|---|---|---|---|
| 印尼 | 1.76 | 0.39 | 1.37 | 12 |
| 日本 | 70.28 | 32.45 | 37.83 | 1 |
| 俄罗斯 | 16.23 | 5.38 | 10.85 | 8 |
| 沙特 | 0.39 | 0.49 | -0.10 | 14 |
| 南非 | 0.78 | 0.59 | 0.19 | 13 |

印尼受访者喜欢中华文化者占60.4%，排在印尼（86.8%）、日本（66.0%）之后，高中生、青年、精英都将喜欢中华文化排第三位，但高中生的比例（39.8%）明显低于精英（62.7%）、青年（60.9%）、整体（60.4%）。值得注意的是，精英喜欢日本文化（65.0%）高于喜欢中华文化（62.7%）2.3%，高中生喜欢日本文化（59.1%）高于喜欢中华文化（39.8%）达19.3%，青年喜欢日本文化（68.3%）高于喜欢中华文化（60.9%）7.4%。见表17-34。

表17-34　印尼不同受访者喜欢的国家文化

| 国家 | 整体 | | 高中生 | | 青年 | | 精英 | |
|---|---|---|---|---|---|---|---|---|
| | % | 排名 | % | 排名 | % | 排名 | % | 排名 |
| 印尼 | 86.8 | 1 | 82.8 | 1 | 87.5 | 1 | 90.0 | 1 |
| 日本 | 66.0 | 2 | 59.1 | 2 | 68.3 | 2 | 65.0 | 2 |
| 中国 | 60.4 | 3 | 39.8 | 3 | 60.9 | 3 | 62.7 | 3 |
| 韩国 | 37.8 | 4 | 32.3 | 4 | 40.2 | 4 | 35.0 | 4 |
| 沙特 | 23.1 | 5 | 29.0 | 5 | 27.0 | 5 | 17.3 | 5 |
| 英国 | 18.0 | 6 | 21.5 | 6 | 24.6 | 6 | 17.3 | 5 |
| 法国 | 14.7 | 7 | 11.8 | 8 | 15.7 | 7 | 14.5 | 8 |
| 印度 | 13.5 | 8 | 17.2 | 7 | 15.3 | 8 | 15.5 | 7 |
| 美国 | 13.5 | 8 | 6.5 | 12 | 12.1 | 9 | 9.5 | 10 |
| 德国 | 10.8 | 10 | 7.5 | 10 | 12.1 | 9 | 11.8 | 9 |
| 巴西 | 4.6 | 11 | 7.5 | 10 | 4.6 | 11 | 3.6 | 11 |

| 国家 | 整体 | | 高中生 | | 青年 | | 精英 | |
|---|---|---|---|---|---|---|---|---|
| | % | 排名 | % | 排名 | % | 排名 | % | 排名 |
| 其他 | 3.5 | 12 | 9.7 | 9 | 3.2 | 12 | 1.8 | 14 |
| 越南 | 2.2 | 13 | 1.1 | 14 | 1.8 | 13 | 3.2 | 12 |
| 俄罗斯 | 2.1 | 14 | 2.2 | 13 | 1.4 | 14 | 2.7 | 13 |
| 南非 | 0.5 | 15 | 1.1 | 14 | 0.7 | 15 | 0.5 | 15 |

印尼受访者喜欢中华文化的比例（60.35%）比喜欢中国的比例（26.95%）高出33.39%，差值在14个国家中名列第一。排名第二、第三的是日本（32.82%）、韩国（28.12%）。排名第四的是沙特（15.82%）。英（23.17%）、法（28.25%）、美（22.19%）分别排名第五到第七。这说明受访者喜欢东亚文化胜过喜欢欧美文化。见表17-35。

表17-35 印尼受访者喜欢一国文化的比例与喜欢一国的比例对比

| | 喜欢文化（%） | 喜欢国家（%） | 喜欢文化与喜欢国家之差（%） | 排名 |
|---|---|---|---|---|
| 英国 | 17.97 | 3.81 | 14.14 | 5 |
| 法国 | 14.75 | 2.25 | 12.50 | 6 |
| 德国 | 10.84 | 3.71 | 7.13 | 8 |
| 美国 | 13.48 | 5.08 | 8.40 | 7 |
| 其他 | 3.52 | 2.51 | 1.01 | 13 |
| 中国 | 60.35 | 26.95 | 33.39 | 1 |
| 印度 | 13.48 | 3.03 | 10.45 | 9 |
| 巴西 | 4.59 | 1.17 | 3.42 | 10 |
| 韩国 | 37.79 | 9.67 | 28.12 | 3 |
| 越南 | 2.25 | 0.68 | 1.57 | 11 |
| 日本 | 66.02 | 33.20 | 32.82 | 2 |
| 俄罗斯 | 2.05 | 0.98 | 1.07 | 12 |
| 沙特 | 23.14 | 7.32 | 15.82 | 4 |
| 南非 | 0.49 | 0 | 0.49 | 14 |

## (二) 四国比较

将四国的数据比较显示（见表17-36）：

(1) 最喜欢的文化。四国受访者都把本国的文化作为最喜欢的文化，但程度有差异：比例从高到低为印尼（86.8%）、日（80.3%）、越（76.3%）、韩（56.1%）。

(2) 最喜欢中华文化的国家。四国相比较，受访者最喜欢中华文化的为印尼（60.4%），以下依次是越（41.5%）、韩（21.6%）、日（8.2%）。

(3) 喜欢中华文化的排名。在四国受访者眼中，中华文化在世界主要文化的15个选项中排名第四。受访者最多可以选出5种喜欢的文化，15个选项的四国平均值排在前五位的是：日本文化（52.6%）、法国文化（34.0%）、英国文化（33.3%）、中华文化（32.9%）、美国文化（30.1%）。（日本去掉自己的得分，为三个国家的平均分。）

(4) 最喜欢日、韩、越、印尼文化的国家。韩、越、印尼中最喜欢日本文化的是越南（70.3%）；日、越、印尼中最喜欢韩国文化的是越南（46.8%）；日、韩、印尼中最喜欢越南文化的是韩国（6.7%）；日、韩、越中最喜欢印尼文化的是日本（5.0%）。

表17-36 四国喜欢不同文化的比例

|  | 日本 % | 排名 | 韩国 % | 排名 | 越南 % | 排名 | 印尼 % | 排名 | 四国平均数 % | 排名 |
|---|---|---|---|---|---|---|---|---|---|---|
| 日本文化 | 80.3 | 1 | 21.6 | 6 | 70.3 | 2 | 66.0 | 2 | 52.6 | 1 |
| 法国文化 | 38.0 | 3 | 46.6 | 2 | 36.8 | 5 | 14.7 | 7 | 34.0 | 2 |
| 英国文化 | 38.7 | 2 | 46.6 | 2 | 29.7 | 7 | 18.0 | 6 | 33.3 | 3 |
| 中华文化 | 8.2 | 7 | 21.6 | 6 | 41.5 | 4 | 60.4 | 3 | 32.9 | 4 |
| 美国文化 | 30.4 | 5 | 41.0 | 4 | 35.5 | 6 | 13.5 | 8 | 30.1 | 5 |
| 韩国文化 | 4.7 | 12 | 56.1 | 1 | 46.8 | 3 | 37.8 | 4 | 29.8 | 6 |
| 德国文化 | 32.1 | 4 | 38.6 | 5 | 11.1 | 10 | 10.8 | 10 | 23.2 | 7 |
| 印度文化 | 7.3 | 8 | 11.5 | 9 | 18.4 | 8 | 13.5 | 8 | 12.7 | 8 |
| 俄罗斯文化 | 3.8 | 13 | 11.8 | 8 | 16.2 | 9 | 2.1 | 14 | 8.5 | 9 |
| 巴西文化 | 6.8 | 9 | 9.06 | 10 | 9.3 | 11 | 4.6 | 11 | 7.4 | 10 |

续表

|  | 日本 | | 韩国 | | 越南 | | 印尼 | | 四国平均数 | |
|---|---|---|---|---|---|---|---|---|---|---|
|  | % | 排名 | % | 排名 | % | 排名 | % | 排名 | % | 排名 |
| 其他文化 | 11.1 | 6 | 9.0 | 11 | 3.8 | 12 | 3.5 | 12 | 6.9 | 11 |
| 沙特文化 | 1.1 | 14 | 2.2 | 15 | 0.4 | 15 | 23.1 | 5 | 6.7 | 12 |
| 越南文化 | 6.0 | 10 | 6.7 | 12 | 76.3 | 1 | 2.2 | 13 | 5.0 | 13 |
| 印尼文化 | 5.0 | 11 | 2.5 | 14 | 1.8 | 13 | 86.8 | 1 | 3.1 | 14 |
| 南非文化 | 0.6 | 15 | 3.7 | 13 | 0.8 | 14 | 0.5 | 15 | 1.4 | 15 |

（5）四国受访者喜欢中华文化的比例与喜欢中国的比例对比。将四国受访者喜欢中国、英国、法国等非受访国文化的比例与喜欢各国的比例之差的平均数与四国受访者喜欢其他三个受访国文化的比例与喜欢三个受访国的比例之差的平均数放在一起对比显示：喜欢中华文化的比例与喜欢中国的比例之差的四国平均数为21.28%，在14国相应平均数中排名第五，在日、法、英、韩之后，在美、德之前。这说明受访者喜欢中华文化胜于喜欢中国，但喜欢一国文化胜过该国的程度低于日、法、英、韩，但高于美、德。见表17-37。

表17-37 四国受访者喜欢一国文化的比例与喜欢一国的比例之差对比

|  | 日本<br>(%) | 韩国<br>(%) | 越南<br>(%) | 印尼<br>(%) | 四国平均<br>(%) | 排名 |
|---|---|---|---|---|---|---|
| 英国之差 | 23.4 | 31.5 | 23.17 | 14.14 | 23.05 | 3 |
| 法国之差 | 25.1 | 31.1 | 28.25 | 12.50 | 24.24 | 2 |
| 德国之差 | 18.0 | 23.3 | 8.79 | 7.13 | 14.31 | 6 |
| 美国之差 | 6.5 | 18.6 | 22.19 | 8.40 | 13.92 | 7 |
| 其他之差 | -10.8 | 0.3 | 1.85 | 1.01 | -1.91 | 15 |
| 中国之差 | 6.5 | 15.8 | 29.43 | 33.39 | 21.28 | 5 |
| 印度之差 | 5.9 | 8.7 | 16.62 | 10.45 | 10.42 | 8 |
| 巴西之差 | 5.1 | 7.6 | 7.43 | 3.42 | 5.89 | 10 |
| 日本之差 | — | 14.4 | 37.83 | 32.82 | 28.35 | 1 |
| 越南之差 | 3.8 | 4.2 | — | 1.57 | 3.19 | 12 |

续表

| | 日本(%) | 韩国(%) | 越南(%) | 印尼(%) | 四国平均(%) | 排名 |
|---|---|---|---|---|---|---|
| 印尼之差 | 3.8 | 2.3 | 1.37 | — | 2.49 | 13 |
| 韩国之差 | 2.0 | — | 34.41 | 28.12 | 21.51 | 4 |
| 俄罗斯之差 | 3.2 | 9.7 | 10.85 | 1.07 | 6.21 | 9 |
| 沙特之差 | 0.9 | 1.8 | -0.1 | 15.82 | 4.61 | 11 |
| 南非之差 | 0.4 | 3.1 | 0.19 | 0.49 | 1.045 | 14 |

（6）与美、德、俄、印喜欢中华文化的比例与喜欢中国的比例之差对比。将2011年美、德、俄、印喜欢中、美、德、俄、印、日文化的比例与喜欢各国的比例之差的平均数与2013年日、韩、越、印尼喜欢中、美、德、俄、印、日文化的比例与喜欢各国的比例之差的平均数放在一起对比显示：美、德、俄、印喜欢中华文化的比例与喜欢中国的比例之差的四国平均数为20.37%，在六国相应的平均数中排名第一。日、韩、越、印尼喜欢中华文化的比例与喜欢中国的比例之差的四国平均数为21.28%，在六国相应的平均数中排名第二，在日本（28.35%）之后，在美、德、俄、印之前。这说明受访者喜欢中华文化胜于喜欢中华，但喜欢一国文化胜于该国的程度低于日本，但高过美、德、俄、印。见表17-38、图17-6。

表17-38　美、德、俄、印度与日、韩、越、印尼喜欢一国文化同喜欢该国比例之差对比

| | | 中国之差 | 美国之差 | 德国之差 | 俄罗斯之差 | 印度之差 | 日本之差 |
|---|---|---|---|---|---|---|---|
| 2011年受访国 | 美国 | 28.43 | — | 4.68 | 17.87 | 20.51 | 18.39 |
| | 德国 | -1.97 | -11.57 | — | -1.87 | -2.37 | -3.73 |
| | 俄罗斯 | 25.10 | 1.30 | -4.90 | — | 16.00 | 27.80 |
| | 印度 | 29.92 | 8.07 | 10.40 | 6.84 | — | 22.03 |
| | 四国平均 | 20.37 | -0.73 | 3.39 | 7.61 | 11.38 | 16.12 |
| | 排名 | 1 | 6 | 5 | 4 | 3 | 2 |

续表

|  |  | 中国之差 | 美国之差 | 德国之差 | 俄罗斯之差 | 印度之差 | 日本之差 |
|---|---|---|---|---|---|---|---|
| 2013年受访国 | 日本 | 6.50 | 6.50 | 18.00 | 3.20 | 5.90 | — |
|  | 韩国 | 15.80 | 18.60 | 23.30 | 9.70 | 8.70 | 14.40 |
|  | 越南 | 29.43 | 22.19 | 8.79 | 10.85 | 16.62 | 37.83 |
|  | 印尼 | 33.39 | 8.40 | 7.13 | 1.07 | 10.45 | 32.82 |
|  | 四国平均 | 21.28 | 13.92 | 14.31 | 6.21 | 10.42 | 28.35 |
|  | 排名 | 2 | 4 | 3 | 6 | 5 | 1 |

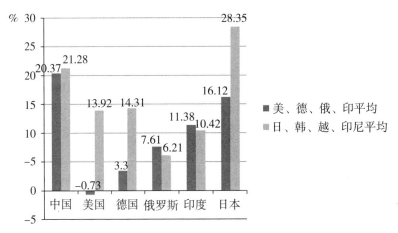

图17-6 喜欢一国文化同喜欢该国比例差的美、德、俄、印度平均数与日、韩、越、印尼平均数对比

## 第三节 创建中华文化影响力指数

创建中华文化影响力指数是本次课题研究的重点和难点。中国要开创中华文化国际影响力不断增强的新局面，需要清晰知道中华文化国际影响力（简称"影响力"）是否在不断增强，需要对当今和今后影响力现状进行评估，获得影响力指数，经过对比才有可能知道所做的工作是否使影响力得到了增强。正如GDP可以衡量各国经济状况，综合发展指数（CDI）可以综合、全面地反映中国地区发展的状况，影响力指数可以衡量中华文化在世界各国的影响力状况。笔者指导的硕士研究生倪天歌和博士研究生刘澜对这个

问题进行了探讨。他们利用2013年对日本、韩国、越南和印尼的调查数据，展开了中华文化影响力指数的研究。下面根据论文完成时间的先后，先介绍倪天歌的计算方法（计算方法一），然后介绍刘澜的计算方法（计算方法二）。

## 一、计算方法一[①]

在回顾国内外以往研究的基础上，利用2013对日本、韩国、越南、印尼四国的调查得到的数据，用主客观相结合的修改后的"二次分类选典法"，改建了中华文化影响力评估的指标体系，利用"极差值"的方法对原始数据做无量纲化的处理，利用基于单个指标对比强度和指标之间冲突性的客观性的指标赋权方法（CRITIC法）对筛选后的指标逐层进行权重的确定，最后应用线性加权求和的模型对指标进行合成，从而创建了对外传播中的中华文化影响力指数的方法。

### （一）建立的中华文化影响力指数的方法

对中华文化影响力在日、韩、越、印尼四国的大小进行综合评估，可以分为以下几步：建立中华文化影响力的指标体系，对原始数量进行无量纲化的处理，确定指标的权重，对各个指标逐层合成。

1. 建立中华文化影响力指标体系

首先确定指标体系建立的四个原则，即指标体系的全面性、指标之间的独立性、单个指标的代表性、单个指标的区分能力。依照此四个原则，采用主观和客观相结合"二次分类选典法"的指标筛选方法，并对该方法进行了能动的修改。具体可分为两大步骤：

第一步，指标的初选。初选注重指标体系的全面性。具体的做法是：（1）界定概念；（2）概念的操作化；（3）指标的初选。尽量全面地选取所有涉及中华文化影响力的指标和测量点。

第二步，指标的筛选。二次筛选注重指标的独立性、代表性和区分度。

---

[①] 详见倪天歌：《对外传播中的中国文化影响力指数研究——基于2013年对日、韩、越、印尼的"中国文化印象"问卷调查》，北京大学硕士学位论文，2014年6月。

具体的方式是：（1）指标分类。初选的指标可归结为中华文化物化形式（中华文化符号、中华文化产品、中华文化品牌、中式生活方式）、中华文化的精神内核（中国传统价值观、中国社会主义核心价值观、中国思维方式、中国的思想观念）、中华文化的传播渠道（中国人、企业、文化活动、中国媒介）、中国的国家发展状况（中国经济发展、中国政治制度、中华文化发展、中国外交状况、中国国家形象）4 个一级指标、17 个二级指标、36 个三级指标。（2）聚类分析。在 36 个三级指标下，如有任意指标下的测量点超过 5 个，则对该指标下的所有测量点进行聚类分析。（3）指标的挑选。按照代表性和区分度的原则，以子类内各个指标的复相关系数和标准差为标准挑选指标。

2. 数据的无量纲化处理

本研究中的数据是对海外受众对中华文化影响力在认知（知道与否）、态度（喜爱程度或感兴趣程度）和行为（有无行为、行为频率、行为次数）三个维度上的测量，因此，数据均为"效益型"（"越大越好"型）指标。依据数据的类型，选用"极差值"的无量纲化方法进行数据的预处理。

3. 指标权重的确定

本研究将中华文化影响力分为四级指标体系（第四级即为测量点），属于多层次指标体系。在权重的确定方面，通过回顾现有的主客观权重的确定方法，选择了基于指标间的冲突性和单个指标对比强度的 CRITIC 法。

4. 指数的合成

中华文化影响力指数的合成分为两个层次：

第一个层次：将问卷调查得来的数据，以受访者个体为分析单位，日、韩、越、印尼的所有被调查者为研究对象，依据 CRITIC 方法的变异性和冲突性（即非相关性）原理，确定相应因素的权重，分别制定出中华文化符号影响力指数、中华文化产品影响力指数、中华文化品牌影响力指数、中国生活方式影响力指数、中国价值观影响力指数、中国思维方式影响力指数、中国思想观念的影响力指数、中国人影响力指标、中国企业影响力指数、中华文化活动的影响力指数、中国媒介影响力指数、中国经济社会发展影响力指数、中国国家形象影响力指数。

第二个层次：首先，根据上一层次得出的13个指数公式，分别算出日、韩、越、印尼四国在这13个指数上的得分；其次，以国家为分析单位，以日、韩、越、印尼四国为研究对象，根据CRITIC方法的变异性和冲突性（即非相关性）原理，确定中华文化的物化形式影响力、中华文化的精神内核影响力、中华文化的传播渠道影响力、中国整体发展状况影响力因素的权重；最后，将上述四项指数合成，得到中华文化影响力指数，并以此来评价中华文化影响力对日、韩、越、印尼四国的影响力。

### （二）四国的中华文化影响力的指数评估

#### 1. 对中华文化各要素的影响力的综合评估

首先通过对各个测量点的赋权得到日、韩、越、印尼四国在13个中华文化要素上的得分，即中华文化符号影响力指数、中华文化产品影响力指数、中华文化品牌影响力指数、中国生活方式影响力指数、中国价值观影响力指数、中国思维方式影响力指数、中国思想观念的影响力指数、中国人影响力指标、中国企业影响力指数、中华文化活动的影响力指数、中国媒介影响力指数、中国经济社会发展影响力指数、中国国家形象影响力指数。通过分析，可得到以下结论：

第一，将中华文化各要素在四国的影响力大小的平均得分作比较，可得结论如下：（1）整体来看，中国价值观和中国思维方式的影响力明显高于其他文化要素，而中国媒介和中华文化活动的影响力最小；（2）在中华文化物化形式影响力的4个二级指标中，中华文化符号影响力的平均得分最高，其次是中国生活方式影响力、中华文化品牌影响力、中华文化产品影响力；（3）在中华文化的精神内核影响力的3个二级指标中，中国价值观影响力的平均得分最高，达到73.19分（百分制），中国思维方式影响力次之，中国思想观念（信仰）影响力平均得分最小；（4）在中华文化传播渠道影响力的4个二级指标中，中国人的影响力最大，中国企业和中华文化活动次之，中国媒介的影响力最小；（5）在中国整体发展状况影响力的2个二级指标中，中国经济社会发展影响力平均得分为50.79，国家整体形象影响力的平均得分为45.51。

第二，将日、韩、越、印尼四国在中华文化各要素的影响力大小上作比较，可得到以下结论：（1）整体来看，印尼和越南在中华文化的各个要素上的影响力普遍高于韩国和日本；（2）越南与印尼的得分相比较，在中国生活方式的影响力、中国思想观念（信仰）影响力上得分明显低于越南，在中华文化符号的影响力、中国媒介影响力、中华文化活动影响力上得分略微低于越南，其余各项的得分均高于越南；（3）韩国与日本的得分相比较，日本除了在中国价值观影响力、中国思维方式影响力和中华文化活动影响力上的得分高于韩国以外，在其余各项上的得分均低于韩国。

第三，对一些异常值进行分析，可得到如下结论：（1）日本在各项上的得分虽然普遍低于其他三个国家，但在中华文化活动影响力上的得分在四个国家中排名第一。为探寻原因，笔者查阅相关计算的原始数据后发现，日本在测量点"V21 中华文化交流活动的参与度"（问卷的原始问题是：您参加过中国与贵国之间的文化交流活动吗？选项为：没有/参加过）上大幅度高于其他三国。（2）在中国思想观念（信仰）影响力指数上，韩国和越南得分较为接近，分别为58.75分和58.22分，高于日本和印尼的49.39分和48.01分（百分制）。（3）在中国媒介影响力指数上，韩国和日本的受影响程度极低，尤其是日本的得分仅为2.62分（百分制）。

2. 对中华文化四大方面的影响力的综合评估

将上述13个二级指标利用CRITIC法赋权并再次进行合成，可得到四大一级指标的指数，即中华文化的物化形式的影响力指数、中华文化的精神内核的影响力指数、中华文化的传播渠道的影响力指数、中国整体发展状况的影响力指数。

通过分析，可得到的结论如下：

（1）印尼和越南受中华文化的影响较深，而韩国与日本受中华文化的影响较浅。

（2）在中华文化的四大要素（文化的物化形式、文化的精神内核、文化的传播渠道、国家整体发展状况）的影响上，印尼始终排名第一，即受中华文化的影响程度最深，越南始终排名第二，受中华文化的影响程度仅次于印尼。

（3）在中华文化的物化形式影响力和中国国家发展状况影响力方面，韩国受中华文化影响程度高于日本，而在中华文化精神内核影响力和中华文化传播渠道影响力方面，日本受中华文化影响的程度则高于韩国。

(4) 在中华文化四大要素的影响力比较上，中华文化精神内核对日、韩、越、印尼四国的影响力最大，以下依次分别是中华文化物化形式的影响力、中国整体发展状况的影响力和中国传播渠道的影响力。

(5) 在中华文化对四国影响力的离散度方面，中国整体的发展状况对日、韩、越、印尼四国的影响程度差异最大，而中华文化精神内核对四国的影响程度差异最小。

3. 对中华文化影响力的综合评估

将中华文化的物化形式的影响力指数、中华文化的精神内核的影响力指数、中华文化的传播渠道的影响力指数、中国整体发展状况的影响力指数再次利用CRITIC方法进行赋权，并以线性加权求和的方法合成，得出的日本、韩国、越南、印尼的中华文化影响力指数分别为：34.09分，44.41分、53.22分，62.11分（百分制）。见表17-39。四国的中华文化影响力大小排名为：在印尼>在越南>在韩国>在日本。

表17-39　四国的中华文化影响力指数及排名汇总表

| 国家 | 文化物化形式影响力 | | 文化精神内核影响力 | | 文化传播渠道影响力 | | 国家发展状况影响力 | | 中华文化影响力 | |
|---|---|---|---|---|---|---|---|---|---|---|
| | 指数 | 排名 | 指数 | 排名 | 指数 | 排名 | 指数 | 排名 | 指数 | 排名 |
| 日本 | 0.3584 | 4 | 0.6062 | 3 | 0.2804 | 3 | 0.2717 | 4 | 0.3409 | 4 |
| 韩国 | 0.4843 | 3 | 0.5904 | 4 | 0.2415 | 4 | 0.4617 | 3 | 0.4441 | 3 |
| 越南 | 0.6052 | 2 | 0.7301 | 2 | 0.3867 | 2 | 0.4921 | 2 | 0.5322 | 2 |
| 印尼 | 0.6090 | 1 | 0.7333 | 1 | 0.4335 | 1 | 0.6700 | 1 | 0.6211 | 1 |

### （三）中华文化影响力指数研究的意义

笔者以统计学和管理学中的综合评估的方法对日、韩、越、印尼四国的中华文化影响力指数进行的研究，具有开创性的意义，填补了中华文化影响力的综合评估的空白，具有以下意义：

1. 提供了一套综合评价中华文化影响力大小的方法

首先对中华文化影响力的概念进行厘定和操作化，进而对根据研究需要和可得到的数据，采用"指标初选—聚类分析—复相关系数挑选—标准差挑选"的方法制定出中华文化影响力的指标体系,继而对原始数据进行无量纲化的处理,以 CRITIC 的方法分三次逐层确定指标的权重,并进行线性的合成(先以被调查者个人为分析单位,确定各测量点的权重;然后将分析单位从"人"转化为"国家",再次进行权重确定与合成,从而得到中华文化物化形式影响力指数、中华文化精神内核影响力指数、中华文化传播渠道影响力指数和国家整体发展状况影响力指数;最后,再对以上四大指标进行合成,得到中华文化影响力指数)。

2. 评价了中华文化在日、韩、越、印尼影响力的大小

本研究不仅得出在日、韩、越、印尼四国的中华文化影响力的得分和排名,而且还得出了四国在中华文化的物化形式的影响力(文化符号、文化产品、文化品牌、生活方式)、中华文化的精神内核的影响力(价值观、思维方式、思想观念)、中华文化的传播渠道的影响力(中国人、企业、对外文化交流活动、中国媒体)、中国整体发展状况的影响力(经济发展、政治制度、文化发展、外交关系)上的得分和排名。将以上各项得分和排名进行分析,得出了不少有益的启示,丰富了中华文化影响力在日、韩、越、印尼的传播研究。

3. 提供了一套制定中华文化影响力指数的方法

在效度和适用方面,由于本研究是基于 2013 年针对日、韩、越、印尼四国的问卷调查所设计的变量和指标,以及来源于四国的数据,因此所建立的中华文化影响力指数只对与日、韩、越、印尼四国文化相似的亚太国家具有较强的外在效度。对中国在其他国家的文化影响力研究,则创造性地提供了一套制定中华文化影响力指数的方法。未来如能得到多国的数据,可以形成通用的对外传播中的中华文化影响力指数公式。

(四)存在的不足

本研究也存在着一些不足和可以进一步深入研究之处。

首先,本研究是在得到数据之后,在可得到的数据范围内建立指标体系,并进行相关计算,依照现有数据及其形式进行能动性的处理。今后,若条件允许,应先按照"提出研究问题—概念界定—概念操作化—建立指标体系—收集相应数据—数据处理和分析"的步骤来进行中华文化影响力的综合评估。

其次，本研究建立的中华文化影响力指数是基于日本、韩国、越南、印尼四国的 4310 个样本的受众调查，审慎地讲，应该称为"中华文化对海外受众的影响力指数"。

再次，本研究建立的中华文化影响力指数是基于 2013 年针对日、韩、越、印尼四国的问卷调查所设计的变量和指标，以及来源于四国的数据，因此只对与日、韩、越、印尼四国文化相似的亚太国家具有较强的外在效度。未来如能得到多国的数据，可综合起来形成通用的对外传播中的中华文化影响力指数。

最后，本研究属于静态的共时性研究，只是对日本、韩国、越南、印尼四国在 2013 年的中华文化影响力大小的研究。今后，如果能连续地测量，可以进一步研究中华文化影响力在此四国的动态变化情况。

## 二、计算方法二[①]

文化影响力并非一个有特定学术含义的概念，因此首先需要对其作学术上的界定。本研究认为，一国对另一国的文化的国际影响力与学术界有所研究的一国对另一国的文化软实力是等同的概念，因此本研究建立的"中华文化影响力指数"（China's Cultural Influence Index，以下简称为 CCII）是在文化软实力研究的学术脉络下展开。

本研究遵循以下六个主要研究步骤。

第一步：建立理论框架。首先建立文化软实力（文化影响力）的理论框架，从传播的视角考察文化软实力，并建立文化软实力的动态模型。

第二步，确定指标体系。以理论框架为指导，中华文化影响力指数的各个层次的子指标，并以 2013 年在日本、韩国、越南、印尼进行的"中华文化印象调查"为数据来源，确定各个最低层次的指标的计算方式。

第三步，检验指标体系。通过因子分析、变量聚类分析和内部信度分析三种多元统计方法，检验指标体系的效度和信度。

第四步，计算指数。在这一步将计算出每个受访者的中华文化影响力指数得分（每个国家的受访者的平均得分即为该国在国家层面的中华文化影

---

[①] 本部分由刘澜撰写，笔者进行了删减。详细内容可参考刘澜：《中国文化软实力有多大》，机械工业出版社 2015 年版。

响力指数得分)。首先,对不同量纲的各个指标进行无量纲化;其次,确定各个指标的权重;然后,合成得出总指数和各个子指数;最后,检验对总指数可能存在影响的不确定性因素。

第五步,发现重要指标。首先,通过路径分析,发现对总指数影响最大的指标;然后,通过回归分析、双因素相关分析和典型相关分析对那些最重要的一级指标——中华文化吸引力影响最大的指标进行了探索。

第六步,研究影响因素。通过方差分析和回归分析,对国别、年龄、教育、收入等七个重要的人口因素对中华文化影响力指数的影响进行了深入分析。

### (一)建立理论框架

文化软实力要起作用,单有文化资源是不行的,对受众产生吸引力的文化资源才能真正变成软实力,而对受众产生吸引力的第一步是注意:只有受众注意到的文化资源,受众才可能进一步产生好感。

因此,本研究建立了从传播角度评估文化软实力的理论模型(见图17-7)。

如果从传播主体A的角度评估文化资源力,是考察A拥有的文化资源的丰富性;如果从传播受众B的角度考察传播主体A的文化资源力,则是B感受到的A的文化资源的丰富性。

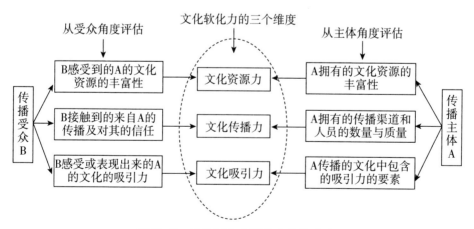

图17-7 从传播角度评估文化软实力

如果从传播主体 A 的角度评估文化传播力，是考察 A 拥有的传播渠道和人员的数量与质量等；如果从传播受众 B 的角度考察传播主体 A 的文化资源力，则是 B 接触到的来自 A 的传播及对其的信任。

如果从传播主体 A 的角度评估文化吸引力，是考察 A 传播的文化中包含的吸引力的要素；如果从传播受众 B 的角度考察传播主体 A 的文化吸引力，则是 B 感受到的或表现出的 A 的文化对其的吸引力。

综上，本研究将从三个维度评估中华文化软实力（即中华文化影响力）：中华文化资源力、中华文化传播力和中华文化吸引力。本研究将从受众角度对这三个维度进行评估，因此中华文化资源力评估的是外国受众感受到的中华文化资源的丰富性，中华文化传播力评估的是外国受众接触到的来自中国的传播及对其的信任，中华文化吸引力评估的是外国受众感受及表现出的中华文化对其的吸引力。

### （二）确定指标体系

在上一步确定了中华文化影响力指数的 3 个一级子指标：中华文化资源力、中华文化传播力和中华文化吸引力。这一步以 2013 年在日本、韩国、越南、印尼四国进行的《中华文化印象调查》作为数据来源，确定更低层次的二级指标和三级指标。

在确定指标时，遵循了四个主要原则：第一，相关性。也就是说，选取的指标有表面效度（face validity）。第二，全面性。选取的指标要尽可能覆盖评价的内容，这是为了保证指标体系的内容效度（content validity）。第三，单一指标的准确性。第四，整个指标体系及每个子体系的可靠性。可靠性就是信度（reliability）。在下一步将对整个指标体系及其子体系的内部信度（internal reliability）进行检验，检验结果也是取舍指标的一个考虑。

最终建立了中华文化影响力指数体系，包括 3 个一级指标、10 个二级指标和 42 个三级指标。见表 17-40。

表 17-40 中华文化影响力指数综合评价多指标体系

| 一级指标 | 二级指标 | 三级指标 | 数据来源* | 计算方式 | 取值 |
|---|---|---|---|---|---|
| A 中华文化资源力 | A 中华文化资源力 | A1 文化符号资源力 | V2 | 加总 | 0—28 |
| | | A2 名人资源力 | V10 | 加总 | 0—18 |
| | | A3 名著资源力 | V11 | 加总 | 0—3 |
| B 中华文化传播力 | B1 大众传播力 | B11 对中国传统大众媒体的使用 | V25—V28 | 加总* | 0—4 |
| | | B12 对中国传统大众媒体的信任 | V31（除V31-3） | 均值* | 1—5 |
| | | B13 对中国网络媒体的使用 | V29 | 加总* | 0—10 |
| | | B14 对中国网络媒体的信任 | V31-3 | 原值 | 1—5 |
| | B2 人际传播力 | B21 中国朋友的数量 | V17 | 重新分段 | 0—3 |
| | | B22 了解中国信息的人际传播渠道 | V24 | 加总 | 0—3 |
| | | B23 到过中国的次数 | V19, V19-1 | 重新分段 | 0—3 |
| | B3 商业传播力 | B31 知道的中国企业数量 | V32 | 加总 | 0—12 |
| | | B32 对中国企业的印象 | V33 | 原值* | 1—5 |
| | | B33 使用中国产品的频率 | V34 | 原值 | 1—4 |
| | | B34 对中国制造的评价 | V35 | 均值* | 1—5 |
| | | B35 看过中国商品广告的次数 | V34-1 | 重新分段 | 0—3 |
| | | B36 对中国商品广告的喜欢程度 | V34-1 | 原值 | 1—5 |
| | B4 文化产品传播力 | B41 接触到的中华文化产品/服务的种类 | V6-1 | 加总 | 0—19 |
| | | B42 购买过的中华文化产品种类 | V6-2 | 加总* | 0—9 |
| | | B43 对中华文化产品/服务感兴趣的程度 | V6 | 均值 | 1—5 |
| | | B44 购买中华文化产品的意愿 | V6-4 | 原值 | 0—10 |
| | B5 文化活动传播力 | B51 了解中国信息的文化活动渠道 | V24 | 加总 | 0—3 |
| | | B52 参加过的中华文化活动种类 | V21—V23 | 加总 | 0—3 |

续表

| 一级指标 | 二级指标 | 三级指标 | 数据来源* | 计算方式 | 取值 |
|---|---|---|---|---|---|
| C 中华文化吸引力 | C1 文化符号吸引力 | C11 对汉字的态度 | V2-26 | 原值** | 1—5 |
| | | C12 学习汉语的行动 | V5 | 原值 | 1—3 |
| | | C13 对中餐的态度 | V7 | 原值 | 1—5 |
| | | C14 吃中餐的次数 | V7-1 | 重新分段 | 0—7 |
| | | C15 对中国武术的态度 | V9 | 原值* | 1—5 |
| | | C16 练中国武术的次数 | V9-2 | 重新分段 | 0—2 |
| | | C17 对中医药的态度 | V8 | 原值* | 1—5 |
| | | C18 使用中医药的次数 | V8-1 | 重新分段 | 0—2 |
| | C2 文化名人吸引力 | C21 对孔子的态度 | V10-1 | 原值** | 1—5 |
| | | C22 对老子的态度 | V10-2 | 原值** | 1—5 |
| | | C23 对成龙的态度 | V10-11 | 原值** | 1—5 |
| | | C24 对章子怡的态度 | V10-10 | 原值** | 1—5 |
| | | C25 对毛泽东的态度 | V10-6 | 原值** | 1—5 |
| | | C26 对邓小平的态度 | V10-7 | 原值** | 1—5 |
| | C3 价值观与思维方式吸引力 | C31 对中国传统价值观的认同 | V12（除V12-12, V12-13） | 均值 | 0—10 |
| | | C32 对中国思维方式的认同 | V12-12, V12-13 | 均值 | 0—10 |
| | C4 文化总体吸引力 | C33 认为中国人对中国传统价值观的认同 | V16（除V16-12, V16-13） | 均值 | 0—10 |
| | | C34 认为中国人对中国思维方式的认同 | V16-12, V16-13 | 均值 | 0—10 |
| | | C41 总体评价中华文化 | V39 | 均值 | 1—5 |
| | | C42 比较评价中华文化 | V40 | 重新计算 | 0—100% |

## （三）检验指标体系

这一步通过因子分析、变量聚类分析和内部信度分析三种多元统计分析方法，对中华文化影响力指数的指标体系的合理性进行了探索。表17-41总结了已有的主要发现。

表17-41 三种多元分析方法的主要发现

| 分析方法 | 与本研究理论框架相符的发现 | 与本研究理论框架不太相符的发现 |
|---|---|---|
| 因子分析 | 发现"中华文化资源力因子"；发现"文化名人吸引力"因子 | 第一个公共因子为态度因子，主要包含对传播渠道的态度和对中华文化的总体态度，解释方差最大；发现"共享价值观和思维方式因子"；发现"中餐因子" |
| 变量聚类分析 | "中华文化资源力"为单独一组；"文化名人吸引力"在一组或基本在一组 | "中餐因子"为单独一组；"共享价值观和思维方式因子"为单独一组 |
| 内部信度分析 | 总指标、各一级指标和绝大多数二级指标内部信度高 | 删除C14（吃中餐的次数）可提高内部信度 |

综合三种多元分析方法的发现，笔者认为本研究建立的"中华文化影响力指数"的指标体系是较为成熟的，可以在此基础上继续进行。尽管多元统计分析的结果有与本研究的指标体系不一致的地方，甚至可以提供具体的修改意见，比如删除C14这个指标，但是笔者认为，这些探索性统计分析的结果并没有改变本模型的理论假设。

**（四）计算指数**

这一步包括四个部分：无量纲化、确定权重、合成指数、不确定性分析（此部分略去）。

1. 无量纲化

无量纲化（normalization）又称标准化，是消除变量在量纲上的差异，使得不同计算单位的变量可以互相比较。本指标体系中的42个指标的量纲不同，因此首先需要进行无量纲化处理。经过比较之后，选取的是极小值-极大值法（又称极差法）将原数据转变为0至1之间的数据。极小值-极大值法的转换公式是：$X'_i = \dfrac{X_i - X_{min}}{X_{max} - X_{min}}$，其中$X_i$是第$i$个样本点在变量（三级指标）$X$ 上的原值，$X_{min}$ 是变量 $X$ 的极小值，$X_{max}$ 是变量 $X$ 的极大值，$X'_i$ 是 $X_i$ 无量纲化后的值。无量纲化之后，可以把指标体系中的每个三级指标都视为最低分为 0、最高分为 100%（或 100 分）的变量，每个样本点在该指标上的无量纲化后的取值即为该样本点在该指标上的得分。这样不但消除了量纲的差异，而且便于对得分的理解和解释——该得分为占满分的比例。

表 17-42 报告了对指标体系中 42 个三级指标按极小值-极大值法进行无量纲化后的各个国家的均值和标准差。

**表 17-42　对 42 个指标无量纲化后的结果**

| | 印尼<br>（N=1024） | 越南<br>（N=1023） | 日本<br>（N=1225） | 韩国<br>（N=1038） | 四国<br>（N=4310） |
|---|---|---|---|---|---|
| A1 文化符号资源力 | 86.36<br>(22.34) | 91.97<br>(11.24) | 84.51<br>(16.69) | 86.13<br>(17.01) | 87.11<br>(17.47) |
| A2 名人资源力 | 76.00<br>(32.57) | 78.61<br>(23.16) | 51.40<br>(25.85) | 64.14<br>(25.02) | 66.77<br>(29.01) |
| A3 名著资源力 | 59.80<br>(43.06) | 82.01<br>(29.38) | 65.63<br>(33.67) | 81.47<br>(25.53) | 71.95<br>(34.87) |
| B11 对中国传统大众媒体的使用 | 37.60<br>(33.12) | 39.78<br>(29.23) | 2.51<br>(11.62) | 15.94<br>(22.44) | 22.93<br>(29.52) |
| B12 对中国传统大众媒体的信任 | 71.36<br>(17.89) | 52.93<br>(24.68) | 19.64<br>(21.80) | 42.65<br>(25.21) | 45.37<br>(29.54) |
| B13 对中国网络媒体的使用 | 44.00<br>(41.75) | 30.53<br>(37.39) | 4.12<br>(14.78) | 11.80<br>(26.82) | 21.71<br>(35.05) |
| B14 对中国网络媒体的信任 | 72.22<br>(20.10) | 44.23<br>(29.94) | 25.16<br>(26.51) | 44.92<br>(29.30) | 45.63<br>(31.66) |
| B21 中国朋友的数量 | 74.58<br>(37.88) | 44.25<br>(38.64) | 17.44<br>(31.10) | 21.71<br>(33.05) | 38.41<br>(41.76) |
| B22 了解中国信息的人际传播渠道 | 29.00<br>(30.06) | 23.66<br>(30.52) | 5.85<br>(16.92) | 9.22<br>(18.79) | 16.39<br>(26.38) |
| B23 到过中国的次数 | 20.12<br>(35.17) | 16.91<br>(30.71) | 16.00<br>(30.81) | 18.91<br>(31.48) | 17.90<br>(32.07) |
| B31 知道的中国企业数量 | 30.79<br>(15.84) | 20.85<br>(16.35) | 20.51<br>(17.15) | 12.19<br>(14.53) | 21.03<br>(17.29) |

续表

| | 印尼<br>(N=1024) | 越南<br>(N=1023) | 日本<br>(N=1225) | 韩国<br>(N=1038) | 四国<br>(N=4310) |
|---|---|---|---|---|---|
| B32 对中国企业的印象 | 71.58<br>(18.84) | 61.75<br>(21.08) | 28.31<br>(22.17) | 43.55<br>(19.16) | 50.20<br>(26.55) |
| B33 使用中国产品的频率 | 65.95<br>(27.72) | 68.30<br>(27.46) | 47.43<br>(30.08) | 63.26<br>(29.91) | 60.60<br>(30.09) |
| B34 对中国制造的评价 | 68.15<br>(16.67) | 51.03<br>(21.97) | 28.73<br>(19.31) | 34.52<br>(18.81) | 44.78<br>(24.68) |
| B35 看过中国商品广告的次数 | 70.15<br>(31.61) | 59.11<br>(37.44) | 24.82<br>(36.17) | 23.19<br>(32.76) | 43.33<br>(40.31) |
| B36 对中国商品广告的喜欢程度 | 64.36<br>(16.92) | 48.00<br>(21.55) | 37.14<br>(20.81) | 40.32<br>(20.10) | 46.95<br>(22.55) |
| B41 接触到的中华文化产品/服务的种类 | 30.86<br>(20.49) | 37.81<br>(20.45) | 13.57<br>(11.40) | 24.23<br>(18.02) | 26.00<br>(19.94) |
| B42 购买过的中国文化产品种类 | 63.22<br>(34.60) | 58.17<br>(31.50) | 11.85<br>(23.33) | 24.30<br>(32.07) | 38.05<br>(37.54) |
| B43 对中国文化产品/服务感兴趣的程度 | 68.78<br>(15.03) | 61.93<br>(17.49) | 36.34<br>(21.28) | 47.62<br>(18.84) | 52.84<br>(22.45) |
| B44 购买中国文化产品的意愿 | 60.62<br>(24.33) | 53.73<br>(27.34) | 26.11<br>(24.05) | 39.33<br>(24.18) | 44.05<br>(28.41) |
| B51 了解中国信息的文化活动渠道 | 17.35<br>(25.65) | 9.35<br>(20.45) | 1.09<br>(8.45) | 3.02<br>(11.22) | 7.38<br>(18.61) |
| B52 参加过的中国文化活动种类 | 35.03<br>(35.97) | 32.13<br>(37.94) | 37.17<br>(15.15) | 14.96<br>(27.83) | 30.12<br>(31.24) |
| C11 对汉字的态度 | 67.07<br>(20.22) | 57.17<br>(26,87) | 61.62<br>(22.11) | 48.85<br>(24.86) | 58.78<br>(24.47) |
| C12 学习汉语的行动 | 60.94<br>(28.27) | 52.98<br>(33.45) | 24.98<br>(36.61) | 54.24<br>(35.56) | 47.22<br>(36.68) |
| C13 对中餐的态度 | 75.61<br>(23.01) | 70.53<br>(25.15) | 84.55<br>(22.88) | 66.23<br>(22.24) | 74.69<br>(24.34) |
| C14 吃中餐的次数 | 39.61<br>(23.22) | 25.37<br>(20.42) | 64.63<br>(29.42) | 60.53<br>(31.41) | 48.38<br>(31.06) |

续表

| | 印尼<br>(N=1024) | 越南<br>(N=1023) | 日本<br>(N=1225) | 韩国<br>(N=1038) | 四国<br>(N=4310) |
|---|---|---|---|---|---|
| C15 对中国武术的态度 | 79.79<br>(19.12) | 77.81<br>(25.05) | 51.80<br>(27.71) | 51.06<br>(25.84) | 64.44<br>(28.31) |
| C16 练中国武术的次数 | 38.62<br>(43.99) | 25.42<br>(37.33) | 1.84<br>(12.73) | 6.41<br>(20.83) | 17.27<br>(34.07) |
| C17 对中医药的态度 | 78.27<br>(17.73) | 75.22<br>(21.03) | 67.98<br>(25.76) | 56.70<br>(22.87) | 69.43<br>(23.66) |
| C18 使用中医药的次数 | 34.96<br>(40.08) | 31.57<br>(37.54) | 13.02<br>(29.63) | 9.63<br>(25.39) | 21.82<br>(35.24) |
| C21 对孔子的态度 | 67.94<br>(18.70) | 78.57<br>(23.22) | 59.94<br>(21.27) | 60.06<br>(23.71) | 66.29<br>(23.06) |
| C22 对老子的态度 | 67.46<br>(18.62) | 69.41<br>(23.95) | 57.50<br>(20.00) | 57.21<br>(22.90) | 62.62<br>(22.12) |
| C23 对成龙的态度 | 89.15<br>(16.56) | 87.66<br>(19.67) | 64.32<br>(27.98) | 75.92<br>(22.52) | 78.55<br>(24.64) |
| C24 对章子怡的态度 | 77.74<br>(19.91) | 70.20<br>(24.75) | 57.98<br>(23.67) | 62.12<br>(25.24) | 66.57<br>(24.71) |
| C25 对毛泽东的态度 | 61.38<br>(23.05) | 56.15<br>(29.96) | 32.27<br>(25.58) | 36.40<br>(23.22) | 45.85<br>(28.48) |
| C26 对邓小平的态度 | 62.24<br>(21.07) | 50.41<br>(27.84) | 37.98<br>(25.48) | 40.05<br>(22.82) | 47.19<br>(26.30) |
| C31 对中国传统价值观的认同 | 85.51<br>(16.47) | 82.18<br>(21.13) | 69.63<br>(20.79) | 67.94<br>(20.01) | 75.98<br>(21.14) |
| C32 对中国思维方式的认同 | 85.10<br>(17.55) | 78.37<br>(23.10) | 66.81<br>(22.01) | 63.25<br>(22.24) | 73.04<br>(23.06) |
| C33 认为中国人对中国传统价值观的认同 | 81.90<br>(17.14) | 69.54<br>(26.54) | 40.46<br>(24.90) | 51.24<br>(23.40) | 59.80<br>(28.41) |
| C34 认为中国人对中国思维方式的认同 | 81.93<br>(18.56) | 70.22<br>(27.46) | 38.76<br>(26.98) | 50.32<br>(24.87) | 59.27<br>(30.09) |
| C41 总体评价中国文化 | 67.02<br>(18.45) | 53.93<br>(21.65) | 38.06<br>(23.10) | 46.99<br>(19.48) | 50.86<br>(23.44) |
| C42 比较评价中华文化 | 15.27<br>(15.22) | 9.45<br>(12.64) | 2.07<br>(7.80) | 5.18<br>(10.68) | 7.71<br>(12.75) |

## 2. 确定权重

确定权重（weighting）是建立综合评价指数的关键步骤。确定权重时，既要遵循模型的理论框架，又要尊重数据的分布性质。[1]

本研究最后决定采用因子分析定权法来确定权重，主要原因有两个：第一，在检验指标体系时进行的因子分析结果，在较大的程度上支持了指数模型中的指标分组，可以认为采用因子分析方法与模型的理论假设相符。第二，这种方法给予解释的总方差更大的指标以更高的权重，也就是说，数据变异性越大的指标，其权重越高。这样的确定权重的方法对于研究目的来说是合理的：因为本研究的目的之一是为政策制定者提供参考，而最需要政策制定者关注的指标，正是那些得分差异很大的指标。得分都很高的指标，已经不需要也不太可能提升；得分都很低的指标，说明有可能很难提升。而得分高低差异很大的指标，有两个原因值得政策制定者特别关注：（1）这样的指标比得分都很低的指标有更大的提升的可能性。对于得分低的受访者和国家来说，有向得分高的受访者和国家看齐的可能。（2）在提升这样的指标的时候，需要制定更有针对性的政策。

具体的计算过程在这里略去，最终计算的结果得出的42个三级指标的权重见表17-43。

表17-43 中华文化影响力指数三级指标的权重

| 三级指标 | 权重 |
| --- | --- |
| A1 文化符号资源力 | 0.03 |
| A2 名人资源力 | 0.03 |
| A3 名著资源力 | 0.03 |
| B11 对中国传统大众媒体的使用 | 0.02 |
| B12 对中国传统大众媒体的信任 | 0.03 |
| B13 对中国网络媒体的使用 | 0.02 |
| B14 对中国网络媒体的信任 | 0.03 |

---

[1] OECD, *Handbook on Constructing Composite Indicators: Methodology and User Guide*, Paris: OECD, 2008: 21.

续表

| 三级指标 | 权重 |
| --- | --- |
| B21 中国朋友的数量 | 0.02 |
| B22 了解中国信息的人际传播渠道 | 0.03 |
| B23 到过中国的次数 | 0.01 |
| B31 知道的中国企业数量 | 0.02 |
| B32 对中国企业的印象 | 0.03 |
| B33 使用中国产品的频率 | 0.01 |
| B34 对中国制造的评价 | 0.04 |
| B35 看过中国商品广告的次数 | 0.02 |
| B36 对中国商品广告的喜欢程度 | 0.03 |
| B41 接触到的中国文化产品/服务的种类 | 0.03 |
| B42 购买过的中国文化产品种类 | 0.02 |
| B43 对中国文化产品/服务感兴趣的程度 | 0.03 |
| B44 购买中国文化产品的意愿 | 0.03 |
| B51 了解中国信息的文化活动渠道 | 0.02 |
| B52 参加过的中国文化活动种类 | 0.03 |
| C11 对汉字的态度 | 0.01 |
| C12 学习汉语的行动 | 0.01 |
| C13 对中餐的态度 | 0.03 |
| C14 吃中餐的次数 | 0.03 |
| C15 对中国武术的态度 | 0.02 |
| C16 练中国武术的次数 | 0.02 |
| C17 对中医药的态度 | 0.02 |
| C18 使用中医药的次数 | 0.02 |
| C21 对孔子的态度 | 0.03 |
| C22 对老子的态度 | 0.03 |
| C23 对成龙的态度 | 0.02 |
| C24 对章子怡的态度 | 0.02 |
| C25 对毛泽东的态度 | 0.02 |

续表

| 三级指标 | 权重 |
| --- | --- |
| C26 对邓小平的态度 | 0.02 |
| C31 对中国传统价值观的认同 | 0.03 |
| C32 对中国思维方式的认同 | 0.03 |
| C33 认为中国人对中国传统价值观的认同 | 0.03 |
| C34 认为中国人对中国思维方式的认同 | 0.03 |
| C41 总体评价中华文化 | 0.03 |
| C42 比较评价中华文化 | 0.02 |

（因为四舍五入的原因，权重总和为1.03）

3. 合成指数

在对各指标值无量纲化并确定各指标权重之后，就可以把各指标值合成为一个综合指数。

邱东介绍了加法合成、乘法合成、混合合成和代换法共四种方式，并分析了它们不同特点。① 本研究决定采取加法合成的方式，除了该方法计算最为简单之外，主要是因为这种方法突出了较大评价值且权数较大者的作用，其方法原则属于主因素突出型，因此更符合本研究的目的。因此，对于每位受访者，可以按下面的公式合成其在中华文化影响力指数的总指标上的得分：$CCII = \sum_{q=1}^{42} w_q X_q$。其中 $X_q$ 代表受访者在第 $q$ 个三级指标上的值，$w_q$ 代表该指标的权重。与之类似，可以计算出每位受访者在各个二级指标和一级指标上的得分。为了便于理解和比较，本研究均将其转化为百分制。

表17-44报告的是受访者在中华文化影响力指数的总指标和各个一级指标上按国别得分的情况。

---

① 邱东：《多指标综合评价方法的系统分析》，中国统计出版社1991年版，第52页。

表 17-44　合成后的中华文化影响力指数及各一级指标得分

| 指标 | | 印尼<br>(N=1024) | 越南<br>(N=1023) | 日本<br>(N=1225) | 韩国<br>(N=1038) | 四国<br>(N=4310) |
|---|---|---|---|---|---|---|
| 总指标 | 中华文化影响力指数 | 61.85<br>(12.73) | 55.26<br>(13.91) | 38.27<br>(10.85) | 42.93<br>(12.40) | 49.03<br>(15.65) |
| 一级指标 | A 中华文化资源力 | 74.05<br>(28.42) | 84.20<br>(16.95) | 67.18<br>(20.53) | 77.24<br>(18.52) | 75.28<br>(22.38) |
| | B 中华文化传播力 | 54.16<br>(15.16) | 43.87<br>(16.90) | 21.93<br>(11.67) | 29.04<br>(14.06) | 36.51<br>(19.22) |
| | C 中华文化吸引力 | 67.22<br>(11.34) | 61.11<br>(13.77) | 49.07<br>(12.56) | 50.24<br>(13.10) | 56.52<br>(14.80) |

注：已将满分从 100% 转换为 100 分，即已将得分乘以 100。

可以看到，在总指标中华文化影响力指数上，四国受访者均值为 49.03 分，仅接近满分的一半。印尼和越南两国受访者的均值高于四国均值，分别为 61.85 和 55.26，韩国和日本则低于四国均值，分别为 42.92 和 38.27。在 3 个一级指标中，除在中华文化资源力上是越南高于印尼外，在中华文化传播力和中华文化吸引力上均跟中华文化影响力指数一样，呈现印尼第一、越南第二、韩国第三、日本第四的趋势。在 3 个一级指标之间比较，可以发现四国受访者的得分都是中华文化资源力最高、中华文化吸引力次之、中华文化传播力最低。

（五）发现重要指标

在 3 个一级指标中，本研究的理论假设是中华文化吸引力是更重要的指标，中华文化传播力次之，中华文化资源力最不重要。这一步研究的是，在实证的意义上，在 42 个三级指标和 10 个二级指标中，哪些指标是更重要的指标？

这里所说的"重要"有两个方面的含义：第一，指对中华文化影响力指数的影响更大，可以称为"驱动总指数的指标"。第二，不再认为影响整个指数是最重要的，而认为影响指数中的中华文化吸引力，尤其是其中的价值观与思维方式吸引力和文化总体吸引力是更重要的，因为在组成中华文化影响力指数的众多指标中，这些指标最接近文化软实力传播的整个过程的结果。第二个含义上的重要指标可以称为"驱动吸引力的指标"。

这一步通过路径分析（具体方法略）研究第一个含义上的重要指标，通过回归分析、相关分析、典型相关分析（具体方法略）研究第二个含义上的重要指标。有意思的是，这两种含义上的重要指标其实殊途同归，基本指向了同样的一些指标。下面对重要的三级指标、不重要的三级指标和二级指标的重要性分别加以总结。

1. 重要的三级指标

路径分析发现，以下这些指标是第一个含义上的重要的三级指标：对中国制造的评价（B34）；对中华文化产品/服务感兴趣的程度（B43）；对中国传统大众媒体的信任（B12）；对中国企业的印象（B32）；总体评价中华文化（C41）；认为中国人对中国传统价值观的认同（C33）；购买中华文化产品的意愿（B44）；认为中国人对中国思维方式的认同（C34）；对中国商品广告的喜欢程度（B36）；对中国网络媒体的信任（B14）；购买过的中国文化产品种类（B42）。

回归分析则发现，B43、B44、B34、B32、B36、B12 是第二个含义上的重要的三级指标。可以看到，这 6 个指标也在上面的第一个含义的重要指标之列。而前面出现、这里没有的 5 个指标中的 3 个，即 C41、C33、C34，是在研究第二个含义上的重要指标时，首先已经假定其重要的指标。

因此，可以在这里得出结论：在理论上，首先认定 C31、C32、C33、C34、C41、C42 是 6 个重要的三级指标。定量研究发现：在这 6 个指标中，C33、C34、C41 更为重要，对中华文化影响力指数有更大的影响；在这 6 个指标之外，B12、B32、B34、B36、B43、B44 这 6 个指标最为重要，对整个指数和指数中的中华文化吸引力部分有最大的影响。

2. 不重要的三级指标

路径分析发现，以下 8 个三级指标在"驱动总指数的指标"中最不重要，按不重要程度排名（即最不重要排在前面）为：对中医药的态度（C17）；到过中国的次数（B23）；吃中餐的次数（C14）；对中餐的态度（C13）；练中国武术的次数（C16）；对中国网络媒体的使用（B13）；参加过的中国文化活动种类（B52）；对汉字的态度（C11）。

回归分析发现,在"驱动吸引力的指标"中,最不重要的3个三级指标是(按不重要程度排名):到过中国的次数(B23);文化符号吸引力(A1);练中国武术的次数(C16)。

合并两个结果可以得出的明确结论为:到过中国的次数(B23)为最不重要的三级指标。它在两个意义上均不重要,对总指数的影响最小,对中华文化吸引力的影响也最小。

3. 重要和不重要的二级指标

在第一种含义的重要性上,路径分析发现,商业传播力和文化产品传播力是最重要的二级指标,文化活动传播力是最不重要的二级指标。

在第二种含义的重要性上,回归分析和典型相关分析同样发现,商业传播力和文化产品传播力是最重要的二级指标,文化活动传播力是最不重要的二级指标。

因此可以得出结论:在理论上的假设是文化总体吸引力和价值观与思维方式吸引力是最重要的二级指标。定量分析的结果是商业传播力和文化产品传播力是最重要的二级指标,它们不仅对中华文化影响力指数影响最大,而且对其中的中华文化吸引力影响最大。文化活动传播力则最不重要,不仅对中华文化影响力指数影响最小,而且对其中的中华文化吸引力影响最小。另外,人际传播力的影响小于大众传播力。

### (六) 研究影响因素

这一步探讨国别、年龄、教育、收入、职业、性别、婚姻这七个主要的人口变量对中华文化影响力指数的影响。首先进行统计描述,并主要用单因素方差分析进行显著性检验;最后,综合考虑国别、年龄、教育、收入、职业、性别、婚姻的影响,并用多元回归分析归纳出这七个人口变量同时影响中华文化影响力指数的公式。

因为这七个人口变量是相关的,只有用多元回归分析对它们的影响进行综合分析,才能得到更准确的结果。最终得出的中华文化影响力指数与各人口变量的关系式如下:

$CCII = 29.515 + 24.006 Indonesia + 18.636 Vietnam + 5.293 Korea + 1.743 Income + 0.510 Education + 1.469 Office + 1.061 Married + 0.391 Age$

表 17-45 和表 17-46 报告了得出该公式的回归分析的主要结果。

表 17-45 模型摘要

| R | R 平方 | 调整后 R 平方 | 估计的标准误 | Durbin-Watson |
|---|---|---|---|---|
| 0.641 | 0.411 | 0.410 | 12.02629 | 2.013 |

从表 17-45 可以看到，该公式的解释力（判定系数，即 R 平方）为 41.1%，已经高于社会科学中的大多数模型（一般在 30%）。

表 17-46 模型系数

| | 非标准化系数 | | 标准化系数 | t | P | 共线性统计量 | |
|---|---|---|---|---|---|---|---|
| | B | 标准误 | Beta | | | 容忍度 | VIF |
| 常量 | 29.515 | 0.835 | | 35.356 | 0.000 | | |
| 印尼 | 24.006 | 0.533 | 0.653 | 45.009 | 0.000 | 0.651 | 1.536 |
| 越南 | 18.636 | 0.538 | 0.507 | 34.654 | 0.000 | 0.641 | 1.560 |
| 韩国 | 5.293 | 0.513 | 0.145 | 10.327 | 0.000 | 0.699 | 1.431 |
| 收入 | 1.743 | 0.180 | 0.140 | 9.658 | 0.000 | 0.651 | 1.535 |
| 教育 | 0.510 | 0.227 | 0.028 | 2.251 | 0.024 | 0.876 | 1.141 |
| 办公室职业 | 1.469 | 0.445 | 0.046 | 3.303 | 0.001 | 0.719 | 1.390 |
| 已婚 | 1.061 | 0.434 | 0.034 | 2.445 | 0.015 | 0.715 | 1.399 |
| 年龄 | 0.391 | 0.153 | 0.036 | 2.564 | 0.010 | 0.686 | 1.457 |

从表 17-46 可以看到，该公式的各个系数也在统计上是显著的。该公式也不存在共线性问题（如表 17-46 的相关统计量所示）或者残差自相关问题（如表 17-45 中的 Durbin-Watson 统计量所示）。残差也基本呈正态分布。

该公式可以认为是目前为止最好地表示了中华文化影响力指数与各人口变量关系的公式。这个公式可以这样解读：

（1）在综合考虑各因素后，性别对中华文化影响力指数得分没有影响；

（2）比较表 17-46 中的标准化回归系数，可以发现国别因素对中华文化影响力指数的影响最大，其次为收入，教育、职业、婚姻和年龄的影响明显低于国别和收入；

（3）在其他条件相同的情况下，印尼受访者比日本受访者的得分要高出 24.006 分（三个国别虚拟变量中不包括日本，因此都是在与日本比较）；

（4）在其他条件相同的情况下，越南受访者比日本受访者的得分要高出 18.636 分（也就是在其他条件相同的情况下，印尼受访者比越南受访者要高出 5.370 分）；

（5）在其他条件相同的情况下，韩国受访者比日本受访者的得分要高出 5.293 分；

（6）在其他条件相同的情况下，收入每提高一个档次，得分将增加 1.743 分；

（7）在其他条件相同的情况下，教育每提高一个档次，得分将增加 0.510 分；

（8）在其他条件相同的情况下，从事办公室职业的将比从事其他职业的高出 1.469 分；

（9）在其他条件相同的情况下，已婚者比婚姻状况为未婚及其他的人要高出 1.061 分；

（10）在其他条件相同的情况下，年龄每增加一档，得分将增加 0.391 分。

## 第四节　调查后的思考

### 一、关于形容中华文化调查方法的思考

根据心理学中刻板印象（定型观念）理论，尝试用不同方法调查受访者心目中对中华文化的整体印象。在描述中华文化方面，一种方法是使用形容中华文化的十对形容词（每对包括一正一反两个形容词），请受访者从中挑选；另一种方法是使用九个形容中华文化的褒义词，请受访者在不同意与同意之间的五级量表中表明自己的态度。两种方法哪种更好？这些形容词是否全面？都值得进一步思考。在调查中华文化在世界各国文化的排名时，也使用了不同的方法，哪种方法更好？值得进一步思考。

## 二、对外传播中遴选最佳高度概括中华文化的形容词

世人常用"光辉灿烂"形容中华文化。2011 年对美、德、俄、印、日的调查中,十对形容中华文化的褒义词里,"灿烂的"在五国受访者中被选率为 32.1%,排在第七,与排在前面的"有吸引力的"(60.7%)、"爱好和平的"(45.1%)、"有价值的"(44.6%)、"和谐的"(39.5%)、"有活力的"(38.6%)有一定差距。在 2013 年对日、韩、越、印尼的调查中,四国受访者对形容中华文化的九个形容词打分均值的平均值中,排在前两位的是中华文化是"有活力的"(3.26 分)和"有吸引力的"(3.22),比"多元的"(3.18)、"灿烂的"(3.17)、"有价值的"(3.16)略高,介于中立和较同意之间,倾向于中立。

在对外传播中,以"富有吸引力"或"富有魅力"的文化(英文均翻译为 attractive culture)来定位中华文化比用"光辉灿烂"好。在 2011 年对五国调查中,中华文化是"有吸引力的"位居 20 个形容词之首,是唯一超过 60% 的形容词汇。在 2013 年对四国的调查中,"有吸引力的"名列第二。文化软实力的实质就是文化的吸引力,中国人不仅要引以为荣,还要充分利用"有吸引力的"这个词来塑造中华文化形象。有吸引力可以包括很多东西,例如历史的、现代的、充满活力的等等。在英文中 attractive 的两种含义是"使人愉快,特别是通过美丽或魅力使人愉快"(pleasing to the eye or mind especially through beauty or charm)和"有激发兴趣的能力"(having power to arouse interest),都是从信息接收者的角度形容自己的美好感受。中华文化的确是光辉灿烂,但对外传播中,从传播学看,光辉灿烂是传播者的自我定位,有吸引力是从受众的角度来考虑问题,有吸引力比光辉灿烂更容易被外国受众接受。

## 三、加大中华文化是"包容的""爱好和平的"的传播力度

2011 年对美、德、俄、印、日的调查中,在本国文化之外,美、俄、印三国受访者都最喜欢中华文化,中华文化的喜爱度在五国平均数中名列第一。但是,在十对形容词中(每对包括一正一反两个形容词),有一对词贬义"排外的"(31.3%)比褒义"包容的"(20.2%)高出 11.1%,这应引

起足够的注意。对这些国家的文化交流，应加强中华文化包容性的内容，进一步增加中华文化的吸引力。

2013年对日、韩、越、印尼的调查中，中华文化在15国里综合排名第四。四国受访者认为哪些不足使中华文化未能成为他们最喜欢的呢？本次调查使用九个词汇——灿烂的、有活力的、有价值的、有吸引力的、多元的、创新的、和谐的、包容的、爱好和平的，来描述中华文化，请受访者用5级量表表示自己的程度。四国受访者对九个词打分均值的平均值中，倒数第一、第二是"爱好和平的"（2.67）和"包容的"（2.86），介于较不同意和中立之间，倾向于中立。每个国家给"爱好和平的"和"包容的"打分的均值基本都是最少的两项，具体情况为：日本（2.02、2.16）、韩国（2.49、2.68）、越南（2.50、3.13）、印尼（3.65、3.46）。这应引起足够的注意。"中国威胁论"已经影响到四国民众，成为他们心头上的乌云。今后的对外传播中，要针对消除四国民众中的"中国威胁论"开展工作，在对外文化传播中，要注意重点传播中华文化"爱好和平"和"包容的"价值观，有效配合宣传中国外交上的"和平共处五项原则""以邻为善、以邻为伴"的周边外交方针和"睦邻、安邻、富邻"的周边外交政策，改变四国民众心中的中国强而必霸的负面形象。

### 四、加强与美、德精英和与俄、日、韩、越、印尼青年的信息交流

精英有更多的话语权，对一国的舆论有较大的影响，青年是国家的未来，二者对中华文化的态度，应该得到充分的关注。2011年对美、德、俄、印青年和精英的调查数据（十对一正一反形容词的选择）比较显示：对中华文化的整体印象，美国和印度的青年高于整体和精英，俄罗斯的青年低于整体和精英，德国的青年大体与整体平均分持平。俄罗斯和印度的精英得分基本与整体平均分持平，美国和德国的精英得分低于整体平均分。针对美国和德国的精英对中华文化评价低的情况，应加强对他们的交流。

2013年对日、韩、越、印尼的调查（用九个词汇请受访者用5级量表表示自己同意的程度）显示，九项评价的平均值相比，四国的精英打分均高于青年，青年均高于高中生。青年和高中生均低于整体。见表17-47。这与第十六章中关于中国整体国家形象的调查结果相同。

表 17-47　不同群体对中华文化九项评价的平均值（5 级量表）

|   | 整体 | 高中 | 青年 | 精英 |
| --- | --- | --- | --- | --- |
| 日本 | 3.13 | 2.85 | 3.10 | 3.28 |
| 韩国 | 2.50 | 2.39 | 2.47 | 2.59 |
| 越南 | 3.16 | 2.96 | 3.14 | 3.34 |
| 印尼 | 3.68 | 3.52 | 3.60 | 3.71 |

在问卷调查后的采访中，针对为什么高中生群体对中国的看法比较负面的问题访谈了相关学者和专家。他们认为主要是与受本国媒体影响和崇尚西方文化有关。关于日本高中生出现的这一现象，中国某大学研究中日关系的两位教授认为："受媒体的影响，再说他们从文化情感上来说更偏向于西方，老一辈的人虽然从政治上不喜欢中国，但是从文化上对中国有情感，现在年轻人政治上不喜欢，文化上也没有情感，所以就离得越来越远了。""精英是比较了解中国，他知道你处在这么一个发展阶段，你需要做些什么，一般的年轻人就是看表面现象，就是看报纸的一种宣传。"一位从事中日文化交流的公务员认为："高中生容易受媒体的影响，而且更容易受网络媒体的影响。"研究越南问题的一位教授说，越南"高中生群体这一代比较推崇西方的主流思想，受西方自由、民主、商业文化等市场经济体制下形成的消费文化的影响大"。面对这种情况，中国应针对这些国家青年加强中华文化交流，采取他们容易接受的方式方法，增进对他们对中国文化的了解。

**五、中华文化国际影响力指数计算对问卷设计的启示**

倪天歌和刘澜在中华文化影响力指数的计算过程中，删除了一些他们认为与指数计算关系不大的调查项目，删掉这些项目，会使将来在日、韩、越、印尼调查问卷中设置的问题更精炼。这些被删除的调查项目是否也可以在其他国家的调查中删除？需要进一步通过实践去检验，如果它们也与指数关系不大的话，也可以删除。经过多国的验证和精炼的过程，一个更好的《中华文化印象调查》的问卷就会形成。通过一份精当的调查问卷获得的数据，会使中华文化国际影响力指数的计算更标准化、更简单、更准确，增加了各国之间中华文化影响力的可比性。

## 六、对中华文化复兴充满自信

这三次调查使用多种方法测量了受访者对中华文化的态度。2011年对美、德、俄、印、日的调查中,形容中华文化的十对形容词(每对包括一正一反两个形容词)中,其中九对正面词得分高于负面词。得分最高的前五个形容词为:"有吸引力的"(60.7%,此为五国得分的算术平均分,下同)、"注重精神的"(49.7%)、"爱好和平的"(45.1%)、"有价值的"(44.6%)"和谐的"(39.5%)。在与美、德、俄、印、日的横向对比中,中华文化在五国受访者中受喜欢的比例平均名列第一。2013年对日、韩、越、印尼的调查中,以5级量表测量,中华文化是"有活力的""有吸引力的""多元的""灿烂的""有价值的"的得分都超过了中间值3。中华文化在与15国文化的横向对比中,中华文化在四国受访者受喜欢的比例平均名列第四,超过了美国文化。三次问卷调查都验证了中华文化影响力在八国总体上名列前茅,中国应对中华文化复兴有充分的自信,进一步扩展中华文化国际影响力的前景灿烂辉煌。

# 结　语

本书旨在展示当下美国、德国、俄罗斯、印度、日本、韩国、越南、印尼八国民众如何看待中华文化，尝试从国际跨文化传播学的视角调查研究中华文化在八国的影响力。

## 一、已做的工作和不足

本书试图从理论和实践两方面解决中华文化国际影响力问题。

### （一）在理论上，进行了系统的创建

笔者从国际跨文化传播学的视角对中华文化国际影响力进行了多方面理论探索：在文化构成方面，根据国际跨文化传播的语境，提出了文化要素的"珍珠链模型"；在文化国际影响力方面，提出文化国际影响力是文化软实力的一个组成部分，"文化软实力"是个动态的传播过程，由"文化资源力"（基础变量）→"文化传播力"（传导变量）→"文化影响力"（结果变量）构成；在国际跨文化传播模式上，以拉斯韦尔"五W"传播模式为基础，提出了描述文化软实力跨国传播过程的"八何模式"，对中华文化国际影响力的测量是对如何解码和有何影响的测量；在中华文化国际影响力方面，提出了跨文化对外传播中共享价值观理论，中华文化影响力的核心是中华文化核心价值观在各国的共享性，具有中华特色的价值观若能有助于解决当今世界面临的主要问题，那无疑将是对人类文明发展的贡献，因而调查中华核心价值观在各国的共享性是调查的重点。

## （二）在实践上，完成了评估的全部流程

在上述理论的基础上，构建了中华文化国际影响力评估体系，据此设计了《中华文化印象调查》问卷；2011年和2013年通过国际抽样调查公司利用在线可访问样本库的调查方法，使用《中华文化印象调查问卷》以物化形式、精神内核、传播渠道、国家的发展状况4个一级指标（包括13个二级指标），对中华文化在八国的影响力进行了三次问卷调查；获取了信度和效度都较好的数据。对调查获取的数据，用统计分析软件SPSS进行定量的对比分析，依中华文化的物化形式，中华文化的精神内核，中华文化的传播渠道，我国经济、政治、外交和整体形象，中华文化国际影响力的顺序，进行了数据分析；在数据分析的基础上，撰写了调查报告，呈现数据分析结果和对调查结果的思考。调查结果显示，中华文化在八国民众中具有很大的吸引力，这是我们为之自豪的一个结果，足以将我们科研中付出辛劳所产生的疲倦一扫而光。

## （三）在前沿上，探讨了计算中华文化国际影响力指数的方法

在理论上创建了中华文化国际影响力的评估体系，设计出了《中华文化印象调查问卷》，在实践上完成了评估的全部流程后，课题组继续前进，在获取计算中华文化国际影响力指数的方法上进行了大胆尝试。找到计算中华文化国际影响力指数的方法，就获得了清晰判断中华文化国际影响力是否增强的关键性量化指标，这是中华文化国际影响力学术研究的前沿。中华文化国际影响力指数不仅可以纵向评价中华文化在一国影响力的消长情况，而且可以横向对比中华文化在世界各国的影响力状况。笔者指导的研究生不畏艰难，以日本、韩国、越南和印尼的调查数据为研究对象，用不同的方法对中华文化国际影响力指数计算方法进行了开创性的探讨。研究结果说明，中华文化国际影响力评估是可以进行量化研究的，是可以将数学运用到评估之中的，获得科学和准确的评估是可能的。

## （四）存在的不足

对中华文化国际影响力的研究，无论是在理论上，还是在实践上，课题组所做的工作还处于探索阶段，尽管从理论上和实践上摸索出一整套体系，但我们深知它仍有不完善的地方。例如，在中华核心价值观方面，在国际跨

文化传播的语境下，哪些可以作为中华核心价值观？对入选的中华核心价值观，如何进行简明扼要的概念解释，以利于问卷调查？如何准确等值地翻译成外文？都需要深入探讨。本次研究的方法也有不足，对八国的对比中，2011年进行的五国对比是基于问卷调查数据的定量分析；2013年进行的四国对比在问卷调查外，还使用了访谈方法。尽管如此，本课题在研究方法上依然有待改进。对于八国比较中的意外发现，理想的研究应该运用更多样的调查研究的方法。比如通过文本分析，探讨外国主流媒体和新兴社会媒体是如何看待中华文化的。在定量分析之外，应该配合相应的定性的分析方法，如利用深度访谈、焦点小组研讨等访谈方法，了解分析外国的汉学家是如何看待中华文化的。运用多种方法的研究成果会更科学、严谨。对于本书中研究的不足，衷心祈望各领域的方家不吝赐教斧正。

## 二、对今后研究工作的建议

中华文化国际影响力调查研究是一项长期性和战略性课题，需要从深度和广度上持续不断地加以积累和稳步推进。继续加强研究的深度和力度，在不断扩大调查范围的同时，完善和深化评估问卷的设计，优化中国文化影响力指数的计算方法，改进对重点人员访谈方法，加强对评估结果的深入分析。为进一步推进中华文化国际影响力的深度研究，笔者认为今后宜重点做好以下几项工作：

### （一）建立高层平台，增强跨学科跨部门的合作，完善评估体系

文化影响力评估体系和调查问卷中涉及的问题显示，文化影响力的调研工作，涉及国际传播学、跨文化传播学、国际关系学、文化学、哲学、社会学、语言学、心理学、统计学等多个学科；从社会实践的角度来看，我国对外文化交流的实践不仅涉及文化部，还涉及新闻出版、广播电视、旅游等相关部委的工作。因此，完成好对中华文化影响力的评估，只靠大学的课题组闭门研究，难以形成更好的研究成果。今后应该有一个好的研究平台，能协调人文、社科各个学科领域的知名学者，协调文化部以外相关部委、机构、专家、专业人士和工作人员参与到课题中来，集中各方面的智慧，形成合力，将文化影响力评估体系和文化影响力指数的研究引向深入，使课题有广阔的影响性和专业性。

### (二) 优化国际文化影响力指数计算方法

2011年对美、德、俄、印、日的调查研究中,没有计算中华文化国际影响力指数,这是个遗憾。在 2013 年对日、韩、越、印尼调查数据的基础上,课题组提出了中华文化国际影响力指数的两种计算方法。这两种方法都是初创,尚有不完善的地方,都需要汇集国内相关领域的专家进行论证和完善。在后续研究中,可以召开高端学术会议,就完善评估体系和文化影响力指数计算方法,请学者专家评头论足,使建构文化影响力指数的理论、问卷设计、计算方法更加科学。

### (三) 从横向扩大中国文化影响力的调查范围

对美、德、俄、印度、日、韩、越、印尼的调查结果在一些方面出乎调查者的意外:当今中国文化的影响力在印尼高于日、韩、越这些曾经是汉字文化圈的国家;20 世纪初日本曾将朝鲜亡国,现在又有独岛(日本称竹岛)的领土争议和慰安妇等历史问题,而韩国受访者喜欢日本的比例超过中国,特别是高中生喜欢日本(13.7%)高于喜欢中国(0%)。四国受访者对中华核心价值观的认同率要高于他们眼里中国人的认同率;"中国威胁论"在日、韩、越已经扩散到民众中,而不仅是一些右派国际关系学者的学术观点。这些都是课题组成员未能预料到的调查结果。调查显示,我们对一些国家的主观想象和该国民意的实际情况有很大的差距,只有进行大样本的科学的实际调查研究,对外文化交流和传播才能有针对性,达到良好的效果。因而,相关部门宜有计划地扩大在国外做科学民意调查研究的范围,理想的是将世界主要国家都调查一遍,摸清民意,将中国对外文化交流和对外传播的政策策略建立在对海外民意的深入调研的基础之上。

### (四) 从纵向积累时间序列数据,开展动态研究

本次评估主要针对中华文化国际影响力在八国获取的数据进行研究。作为课题深化和延续,宜将和国内学术研究机构合作,坚持有计划地长期收集文化影响力的数据,以便既可进行横向的国别比较,又可进行纵向的年度比较。时间序列数据是测量跨时间变化的唯一可靠手段。在建立影响力数据库的基础上,在文化影响力之外,探索对外文化传播的文化资源力(基础变量)和文化传播力(传导变量)的评估工作,为建立结合文化资源力(基

础变量)、文化传播力（传导变量）、文化影响力（结果变量）三种变量的对外文化软实力综合数据库做准备，以便尽快建立更完备的中国对外文化软实力综合评估体系，为中国对外文化政策的制定和实施提供决策参考。

### （五）建立中国对外传播文化软实力数据库

中国的对外传播需要对传播对象国的受众有深入、全面和持久的了解。一次大规模的调查固然可以带来许多认知和洞见，但要做到真正提升中国对外传播效果，需要长期的数据积累，使历年《中华文化印象问卷调查》数据与相关数据库相结合，形成能全面科学反映中华文化国际影响力的专门数据库。利用大数据和云计算来研究中华文化国际影响力，使中国的对外传播研究和工作建立在有完善科学调查的基础上。同时，这类调查应该规律性地做下去，因为完整、连续的数据库才有重大的价值。同时，间隔要长短合适以利对比，发现问题。

### （六）进一步挖掘现有数据资源，进行深入分析研究

我们现有的数据还有进一步研究的潜力。由于篇幅限制，在本书中基本上只进行了描述性的统计分析。今后，一方面，可以利用调查中获得的数据，将文化影响力与受访者的年龄、性别、收入、民族、党派、宗教信仰、地区、两国关系进行相关分析；另一方面，可以结合国际组织公布的数据，例如国家人均GDP、人口寿命、宗教信仰、人均电脑拥有率、国家公民上网率、人均手机拥有率、两国贸易额等，利用这些数据进行与中华文化海外影响力的相关分析。进行深入的研究，可能不仅能说明中华文化影响力在海外是什么，还能回答为什么。

# 附录一

## 中华文化印象调查[①]

### 前　言

欢迎您参与本项由中国北京大学新闻与传播学院跨文化交流与管理研究中心主持的调查。本调查旨在了解您对中国文化的印象。如果您接受此项调查，请填写问卷中关于您对中国文化的认知、态度以及对中国信息的获取渠道的问题。完成本问卷大约需要15—20分钟。

此项调查不会给您的生活带来任何风险，对问卷填写者没有直接补偿。

此项调查无法为受访者个人提供帮助，但研究结果可能有助于调查者理解中国与贵国的文化差异。

此项研究的目的在于推动中国与贵国文化的平等对话，促进彼此间的相互理解和跨文化交流。

对于您填写的信息，我们将严格保密，不予披露（除非受法律要求）。您的姓名将不会在研究者提交或发表的研究结果中以任何形式出现。

选择参与调查、填写并交回问卷，意味着您已知情并同意研究者将您的数据用于上述的研究目的。

如果您对该调查有任何质疑，请联系中国北京大学新闻与传播学院关世杰教授。

---

① 2013年12月对日本、韩国、越南、印尼调查的问卷，以问卷中文稿为例。

电话：86-10-62767896，邮箱：guansj@pku.edu.cn

中国北京大学新闻与传播学院<br>2013 年 6 月 20 日

版权所有©2013 中国北京大学新闻与传播学院

  版权归中国北京大学新闻与传播学院所有。除非获得中国北京大学新闻与传播学院关世杰教授的书面许可，该调查不得以任何的形式或方式被复制和试用，包括复印、录音和其他任何信息存储和检索系统。

## 一、配比项（自变量）

V1-1. 您的年龄多大？

  下拉菜单题型：年龄从 15—75 岁

V1-2. 您的性别？

  1. 女性      2. 男性

V1-3. 去年您家庭的税前年收入是多少？

  略。

V1-4. 您的民族？

  略。

V1-5. 您现在住在哪个地区？（选一项）

  略。

## 二、问卷主体

V2. 以下都是中国文化符号，您知道吗？若知道，喜欢它们吗？

  没听说过：0

  听说过，我对它：1. 很不喜欢；2. 较不喜欢；3. 中立；4. 较喜欢；5. 很喜欢

| 中国文化符号 | 0 没听说过 | 听说过 ||||| 
|---|---|---|---|---|---|---|
| | | 1. 很不喜欢 | 2. 较不喜欢 | 3. 中立 | 4. 较喜欢 | 5. 很喜欢 |
| 长城 | | | | | | |
| 北京故宫 | | | | | | |
| 唐装/旗袍 | | | | | | |
| 儒家思想 | | | | | | |
| 道教 | | | | | | |
| 春节 | | | | | | |
| 端午节 | | | | | | |
| 清明节 | | | | | | |
| 北京大学 | | | | | | |
| 清华大学 | | | | | | |
| 大熊猫 | | | | | | |
| ☯ | | | | | | |

续表

| 中国文化符号 | 0 没听说过 | 听说过 | | | | |
|---|---|---|---|---|---|---|
| | | 1. 很不喜欢 | 2. 较不喜欢 | 3. 中立 | 4. 较喜欢 | 5. 很喜欢 |
| 兵马俑 | | | | | | |
| 鸟巢（国家体育场） | | | | | | |
| 中国烹饪 | | | | | | |
| 中华医药 | | | | | | |
| 中国丝绸 | | | | | | |
| 青花瓷 | | | | | | |
| 中国功夫 | | | | | | |
| 诗词 | | | | | | |
| 中国画 | | | | | | |
| 民歌《茉莉花》 | | | | | | |
| 京剧 | | | | | | |
| 中国园林 | | | | | | |
| 风水 | | | | | | |
| 汉字 | | | | | | |
| 书法 | | | | | | |

V3. 您参加过春节活动吗？

 1. 没有    2. 参加过

V4. 龙在贵国的寓意是什么？

 邪恶 1 2 3 4 5 6 7 吉祥 88 不知道

V4-1. 您喜欢龙吗？

| 1. 很不喜欢 | 2. 较不喜欢 | 3. 中立 | 4. 较喜欢 | 5. 很喜欢 |
|---|---|---|---|---|

V5. 您学习过汉语吗？

 1. 没学过，不想学 2. 没学过，但将来想学 3. 学过

V5-1. 若学习过，你使用汉语的情况是：

 1. 不使用    2. 偶尔使用    3. 经常使用

V6. 您对以下中国文化产品和服务感兴趣的程度如何？（很不感兴趣 1 2 3 4 5 很感兴趣）

|  | 1. 很不感兴趣 | 2. 较不感兴趣 | 3. 中立 | 4. 较感兴趣 | 5. 很感兴趣 |
|---|---|---|---|---|---|
| 绘画作品 |  |  |  |  |  |
| 书法作品 |  |  |  |  |  |
| 手工艺品 |  |  |  |  |  |
| 文化展览 |  |  |  |  |  |
| 文化演出 |  |  |  |  |  |
| 图书 |  |  |  |  |  |
| 期刊 |  |  |  |  |  |
| 电视剧 |  |  |  |  |  |
| 电影 |  |  |  |  |  |
| 动漫 |  |  |  |  |  |
| 音像制品 |  |  |  |  |  |
| 纪录片 |  |  |  |  |  |
| 电子游戏 |  |  |  |  |  |
| 文化旅游 |  |  |  |  |  |
| 中华医药 |  |  |  |  |  |
| 中华餐饮 |  |  |  |  |  |
| 广告 |  |  |  |  |  |
| 时尚设计产品 |  |  |  |  |  |

V6-1. 在您的生活中可以接触到哪些中国文化产品或服务？（可多选）

| 1. 绘画 | 2. 书法 | 3. 手工艺品 | 4. 文化展览 |
|---|---|---|---|
| 5. 文化演出 | 6. 图书 | 7. 期刊 | 8. 电视剧 |
| 9. 电影 | 10. 动漫 | 11. 音像制品 | 12. 纪录片 |
| 13. 电子游戏 | 14. 文化旅游 | 15. 中华医药 | 16. 中华餐饮 |
| 17. 广告 | 18. 时尚设计产品 | 77. 其他文化产品 |  |

V6-2. 您购买过以下中国文化产品吗？若没购买过请填写"0"，若购买过，买过几件？
（下拉菜单 1—15）

1. 图书（本） 0 1 2 3 4 5 6 7 8 9 10 11 12 13 14 15及以上
2. 期刊（册） 0 1 2 3 4 5 6 7 8 9 10 11 12 13 14 15及以上

3. 电影音像制品 DVD（张）

     0 1 2 3 4 5 6 7 8 9 10 11 12 13 14 15 及以上

4. 音乐制品 VCD（张）

     0 1 2 3 4 5 6 7 8 9 10 11 12 13 14 15 及以上

5. 电视剧音像制品 DVD（张）

     0 1 2 3 4 5 6 7 8 9 10 11 12 13 14 15 及以上

6. 工艺美术品（件）

     0 1 2 3 4 5 6 7 8 9 10 11 12 13 14 15 及以上

7. 动漫游戏产品（件）

     0 1 2 3 4 5 6 7 8 9 10 11 12 13 14 15 及以上

8. 中国原创玩具（例如，风筝、空竹等）（件）

     0 1 2 3 4 5 6 7 8 9 10 11 12 13 14 15 及以上

9. 中国字画（幅）

     0 1 2 3 4 5 6 7 8 9 10 11 12 13 14 15 及以上

V6-3. 若购买过，您通过哪种渠道？

 1. 在本国商场    2. 到中国旅游或旅行    3. 网上购买

V6-4. 您购买中国文化产品的意愿如何？

 没有  0 1 2 3 4 5 6 7 8 9 10 非常强烈

V6-5. 您知道以下中国文化产品的品牌吗？若知道，喜欢吗？

 不知道：0

 知道，我对它：1. 很不喜欢；2. 较不喜欢；3. 中立；4. 较喜欢；5. 很喜欢

| 中国文化产品品牌 | 0 没听说过 | 听说过 | | | | |
|---|---|---|---|---|---|---|
| | | 1. 很不喜欢 | 2. 较不喜欢 | 3. 中立 | 4. 较喜欢 | 5. 很喜欢 |
| 孔子学院 | | | | | | |
| 同仁堂 | | | | | | |
| 中国文化年/月/周 | | | | | | |
| 茅台酒 | | | | | | |
| 全聚德烤鸭 | | | | | | |
| 综艺舞台剧《少林雄风》 | | | | | | |
| 故宫博物院 | | | | | | |
| 京剧 | | | | | | |

续表

| 中国文化产品品牌 | 0 没听说过 | 听说过 | | | | |
|---|---|---|---|---|---|---|
| | | 1. 很不喜欢 | 2. 较不喜欢 | 3. 中立 | 4. 较喜欢 | 5. 很喜欢 |
| 欢乐春节* | | | | | | |
| 中国文化中心（韩、日） | | | | | | |
| 原生态歌舞集《云南映象》 | | | | | | |

＊印尼问卷中为"四海同春"。

V7. 您喜欢中餐吗？
   1. 很不喜欢    2. 较不喜欢    3. 中立    4. 较喜欢
   5. 很喜欢

V7-1. 在过去一年中，您吃过几次中餐？（下拉菜单：0—30、31次及以上）（日本和韩国问卷为在过去一年中每个月）

V8. 您认为中医药能治疗疾病吗？
   1. 根本不能    2. 较不能    3. 中立    4. 较能
   5. 很能    88. 不知道

V8-1. 在过去一年中，您看过几次中医或用过几次中药或针灸？（下拉菜单：0—30）

V9. 您喜欢中国武术吗？
   1. 非常不喜欢    2. 不喜欢    3. 中立    4. 喜欢
   5. 非常喜欢    88. 不知道

V9-1. 您赞成中国武术列为奥运会的比赛项目吗？
   1. 非常不赞成    2. 不赞成    3. 中立    4. 赞成
   5. 非常赞成    88. 不知道

V9-2. 在过去一年中，您练习过几次中国功夫？（下拉菜单：0—30）

V9-3. 中国在体育方面表现出色吗？
   1. 非常差    2. 不出色    3. 中立    4. 出色
   5. 非常出色    88. 不知道

V10-1—V10-18. 以下的人都是中国名人，您听说过他们吗？若听说过，喜欢他们吗？
   0. 没听说过
   若听说过：1. 很不喜欢；2. 较不喜欢；3. 无所谓；4. 较喜欢，5. 很喜欢

V10-1.
古代哲学家孔子
0 1 2 3 4 5

V10-2.
古代哲学家老子
0 1 2 3 4 5

V10-3.
古代医学家张仲景
0 1 2 3 4 5

V10-4.
古代诗人李白
0 1 2 3 4 5

V10-5.
文学家罗贯中
0 1 2 3 4 5

V10-6.
政治家毛泽东
0 1 2 3 4 5

V10-7.
政治家邓小平
0 1 2 3 4 5

V10-8.
政治家孙中山
0 1 2 3 4 5

V10-9.
京剧艺术家梅兰芳
0 1 2 3 4 5

V10-10.
影星章子怡
0 1 2 3 4 5

V10-11.
影星成龙
0 1 2 3 4 5

V10-12.
文学家莫言
0 1 2 3 4 5

V10-13.
歌唱家宋祖英
0 1 2 3 4 5

V10-14.
钢琴家郎朗
0 1 2 3 4 5

V10-15.
篮球球星姚明
0 1 2 3 4 5

V10-16.
水稻专家袁隆平
0 1 2 3 4 5

V10-17. 航天员杨利伟　　　V10-18. 企业家李嘉诚　　　V10-19. 羽毛球明星林丹（印尼问卷特有）
0 1 2 3 4 5　　　　　　0 1 2 3 4 5　　　　　　0 1 2 3 4 5

V10-21. 您听说过下列中国名人的著作吗？若听说过，您读过吗？

孔子的《论语》　　　　　　1. 没听说过，2. 听说过。若听说过，1. 读过　2. 没读过
老子的《道德经》　　　　　　1. 没听说过，2. 听说过。若听说过，1. 读过　2. 没读过
张仲景的《伤寒杂病论》　　　1. 没听说过，2. 听说过。若听说过，1. 读过　2. 没读过
罗贯中的《三国演义》　　　　1. 没听说过，2. 听说过。若听说过，1. 读过　2. 没读过
莫言的小说，如《蛙》　　　　1. 没听说过，2. 听说过。若听说过，1. 读过　2. 没读过
毛泽东的著作，如《毛泽东选集》
　　　　　　　　　　　　　　1. 没听说过，2. 听说过。若听说过，1. 读过　2. 没读过
邓小平的著作，如《邓小平文选》
　　　　　　　　　　　　　　1. 没听说过，2. 听说过。若听说过，1. 读过　2. 没读过
孙中山的著作，如《三民主义》
　　　　　　　　　　　　　　1. 没听说过，2. 听说过。若听说过，1. 读过　2. 没读过

V11. 您是否赞同下列价值观和思维方式？

| 价值观 | 非常不赞同　　　　　　　非常赞同 |
|---|---|
| 1. 仁：人与人之间相互友爱、同情、互助。 | ←0 1 2 3 4 5 6 7 8 9 10→ |
| 2. 恕：己所不欲，勿施于人。 | ←0 1 2 3 4 5 6 7 8 9 10→ |
| 3. 孝：尊敬和善待父母。 | ←0 1 2 3 4 5 6 7 8 9 10→ |
| 4. 礼：有礼貌、尊敬他人。 | ←0 1 2 3 4 5 6 7 8 9 10→ |
| 5. 义：公正、合乎公益。 | ←0 1 2 3 4 5 6 7 8 9 10→ |
| 6. 和而不同：尊重彼此的差异，和睦相处。 | ←0 1 2 3 4 5 6 7 8 9 10→ |
| 7. 天人合一：尊崇自然，人与自然和谐。 | ←0 1 2 3 4 5 6 7 8 9 10→ |
| 8. 共同富裕：消除经济上两极分化，走向共同富裕。 | ←0 1 2 3 4 5 6 7 8 9 10→ |
| 9. 和谐世界：国与国之间和平共处、彼此尊重、共同发展。 | ←0 1 2 3 4 5 6 7 8 9 10→ |

续表

| 价值观 | 非常不赞同　　　　　　　非常赞同 |
|---|---|
| 10. 以人为本：尊重人民、依靠人民、为了人民 | ←0　1　2　3　4　5　6　7　8　9　10→ |
| 11. 集体主义：在集体和个人关系中，当个人利益与集体利益发生冲突时，在兼顾二者的同时，个人应服从集体。 | ←0　1　2　3　4　5　6　7　8　9　10→ |
| 12. 辩证思维：以全面的、联系的、发展变化的观点，而不是非此即彼的观点看待事物 | ←0　1　2　3　4　5　6　7　8　9　10→ |
| 13. 综合思维：认知方式上，以综合性倾向对事物的整体做出反应，而不仅仅是对细节做理性的分析。 | ←0　1　2　3　4　5　6　7　8　9　10→ |
| 14. 人类责任：个人不仅具有权利，而且也需要对社会和他人负担责任。 | ←0　1　2　3　4　5　6　7　8　9　10→ |

V12—V14. 你是否认为在国家、社会和公民三个层次上应当倡导以下价值观？

| 分类 | 内容 | 非常不赞成　　　　　　　非常赞成 |
|---|---|---|
| 国家 | V12-1. 富强 | ←0　1　2　3　4　5　6　7　8　9　10→ |
|  | V12-2. 民主 | ←0　1　2　3　4　5　6　7　8　9　10→ |
|  | V12-3. 文明 | ←0　1　2　3　4　5　6　7　8　9　10→ |
|  | V12-4. 和谐 | ←0　1　2　3　4　5　6　7　8　9　10→ |
| 社会 | V13-1. 自由 | ←0　1　2　3　4　5　6　7　8　9　10→ |
|  | V13-2. 平等 | ←0　1　2　3　4　5　6　7　8　9　10→ |
|  | V13-3. 公正 | ←0　1　2　3　4　5　6　7　8　9　10→ |
|  | V13-4. 法治 | ←0　1　2　3　4　5　6　7　8　9　10→ |
| 公民 | V14-1. 爱国 | ←0　1　2　3　4　5　6　7　8　9　10→ |
|  | V14-2. 敬业 | ←0　1　2　3　4　5　6　7　8　9　10→ |
|  | V14-3. 诚信 | ←0　1　2　3　4　5　6　7　8　9　10→ |
|  | V14-4. 友善 | ←0　1　2　3　4　5　6　7　8　9　10→ |

V15. 根据您的整体印象，中国人赞同以下价值观和思维方式吗？

| 价值观 | 非常不赞同　　　　　　　非常赞同 |
|---|---|
| 1. 仁：人与人之间相互友爱、同情、互助。 | ←0　1　2　3　4　5　6　7　8　9　10→ |
| 2. 恕：己所不欲，勿施于人。 | ←0　1　2　3　4　5　6　7　8　9　10→ |
| 3. 孝：尊敬和善待父母。 | ←0　1　2　3　4　5　6　7　8　9　10→ |
| 4. 礼：有礼貌、尊敬他人。 | ←0　1　2　3　4　5　6　7　8　9　10→ |

续表

| 价值观 | 非常不赞同　　　　　　非常赞同 |
|---|---|
| 5. 义：公正、合乎公益。 | ←0 1 2 3 4 5 6 7 8 9 10→ |
| 6. 和而不同：尊重彼此的差异，和睦相处。 | ←0 1 2 3 4 5 6 7 8 9 10→ |
| 7. 天人合一：尊崇自然，人与自然和谐。 | ←0 1 2 3 4 5 6 7 8 9 10→ |
| 8. 共同富裕：消除经济上两极分化，走向共同富裕。 | ←0 1 2 3 4 5 6 7 8 9 10→ |
| 9. 和谐世界：国与国之间和平共处、彼此尊重、共同发展。 | ←0 1 2 3 4 5 6 7 8 9 10→ |
| 10. 以人为本：尊重人民、依靠人民、为了人民 | ←0 1 2 3 4 5 6 7 8 9 10→ |
| 11. 集体主义：在集体和个人关系中，当个人利益与集体利益发生冲突时，在兼顾二者的同时，个人应服从集体。 | ←0 1 2 3 4 5 6 7 8 9 10→ |
| 12. 辩证思维：以全面的、联系的、发展变化的观点，而不是非此即彼的观点看待事物 | ←0 1 2 3 4 5 6 7 8 9 10→ |
| 13. 综合思维：认知方式上，以综合性倾向对事物的整体做出反应，而不仅仅是对细节做理性的分析。 | ←0 1 2 3 4 5 6 7 8 9 10→ |
| 14. 人类责任：个人不仅具有权利，而且也需要对社会和他人负担责任。 | ←0 1 2 3 4 5 6 7 8 9 10→ |

V16. 您有几位中国朋友或熟人？
　　（下拉菜单：0—30，30 以上）

V17. 就以下七种选择，您是否愿意让中国人：
　　1. 同您的子女结婚。　　　　　　　1 是　　　2 否
　　2. 作为您亲密的朋友。　　　　　　1 是　　　2 否
　　3. 做您的邻居。　　　　　　　　　1 是　　　2 否
　　4. 与您在同一行业共事。　　　　　1 是　　　2 否
　　5. 生活在您的国家。　　　　　　　1 是　　　2 否
　　6. 只能作为访问者停留在您的国家。　1 是　　　2 否
　　7. 被驱逐出境。　　　　　　　　　1 是　　　2 否

V18. 您是否到过中国？如果到过，最近一次是哪一年？
　　1. 没有　　　　　去过，最近一次是：＿＿＿＿＿年。

V18-1. 截至去年年底，您去过几次中国？（下拉菜单：1—10，10 次以上）

V19. 您听说过中国在贵国举办的文化交流项目（如中国文化年/月/周或文化展或文艺演出）吗？
　　1. 没听说过　　　　2. 听说过

V19-1. 如果听说过,您通过哪个渠道得知这个信息?(可多选)
  1. 本国报纸      2. 本国杂志      3. 本国广播      4. 本国电视
  5. 本国的网络    6. 手机          7. 本国户外广告
  8. 与本国人人际交流    9. 中国大使馆/领事馆    10. 孔子学院
  11. 中国传统外文媒体   12. 中国的外文网站      13. 与中国人交流
  14. 中国文化中心       77. 其他

V19-2. 如果听说过,您喜欢这种活动吗?
  1. 很不喜欢    2. 较不喜欢    3. 无所谓    4. 较喜欢    5. 很喜欢

V20. 您参加过中国与贵国之间的文化交流活动吗?
  1. 参加过              2. 没参加过

V21-1. 在过去一年中,您观看过以中国文化为主题的展览吗?
  1. 没看过              2. 看过

V21-2. 若看过,展览的主题是什么?(可多选)

V21-3. 若看过,您喜欢吗?

| V21-2. 参观过的主题 | V21-3. 您喜欢吗? | | | | |
|---|---|---|---|---|---|
| | 1 很不喜欢 | 2 较不喜欢 | 3 中立 | 4 较喜欢 | 5 很喜欢 |
| 1. 考古与文物 | | | | | |
| 2. 宗教 | | | | | |
| 3. 工艺 | | | | | |
| 4. 民间文化 | | | | | |
| 5. 电影 | | | | | |
| 6. 戏曲 | | | | | |
| 7. 音乐 | | | | | |
| 8. 舞蹈 | | | | | |
| 9. 绘画 | | | | | |
| 10. 出版 | | | | | |
| 11. 中华医药 | | | | | |
| 12. 美食 | | | | | |
| 13. 旅游 | | | | | |
| 14. 留学 | | | | | |

V22. 在过去一年中,您在剧场中看过来自中国的艺术家的演出吗?
  1. 没看过              2. 看过

V22-1. 若没看过,原因是什么?(可多选)
  1. 没有获得演出信息    2. 没时间

3. 对中国不感兴趣　　　　　　4. 对演出主题不感兴趣
5. 听说演出的内容不吸引人　　6. 听说翻译的质量差
7. 推介方式难以接受　　　　　8. 价格高
9. 以前看过，印象不好　　　　77. 其他

V22-2. 如果看过，演出是什么类型？（可多选）
V22-3. 您喜欢吗？

| V22-2. 演出类型 | V22-3. 您喜欢吗？ | | | | |
|---|---|---|---|---|---|
| | 1. 很不喜欢 | 2. 较不喜欢 | 3. 中立 | 4. 较喜欢 | 5. 很喜欢 |
| 1. 流行音乐 | | | | | |
| 2. 古典音乐 | | | | | |
| 3. 民间音乐 | | | | | |
| 4. 舞蹈/舞剧 | | | | | |
| 5. 京剧 | | | | | |
| 6. 话剧 | | | | | |
| 7. 歌剧 | | | | | |
| 8. 其他戏曲 | | | | | |
| 9. 杂技 | | | | | |
| 10. 武术 | | | | | |

V23. 您主要是通过哪种渠道了解中国信息的？（可多选）

| 1. 本国传媒 | 2. 中国大陆传媒 | 3. 中国台湾传媒 | 4. 其他国家的媒体 |
|---|---|---|---|
| 5. 国内的朋友（本国人） | 6. 在本国的中国人 | 7. 到中国旅游 | 8. 中国商品 |
| 9. 中国文艺团体在本国的演出 | 10. 中餐馆 | 11. 孔子学院 | 12. 中国文化中心 |
| 77. 其他 | | | |

V24-V27. 过去一年中，您使用过下列中国的媒体吗？使用过几次？您喜欢这些媒体上的内容吗？

| | | 1. 很不喜欢 | 2. 较不喜欢 | 3. 中立 | 4. 较喜欢 | 5. 很喜欢 |
|---|---|---|---|---|---|---|
| V24. 中国出版的图书 | __本 | | | | | |
| V25. 中国生产的电影 | __部 | | | | | |
| V26. 中国的电视台的节目 | __次 | | | | | |
| V27. 中国国际广播电台的节目 | __次 | | | | | |

V28. 在过去一年里,您通过百度中文网站接触过中国文化吗?

| 名称 | 0次 1次 2次 3次 4次 5次 6次 7次 8次 9次及以上 |
|---|---|
| 百度 http://www.baidu.com/ | |

V29-1—V29-11. 过去一年里,您接触过哪些下列关于中国文化的网站?

| 网站 | 0次 1次 2次 3次 4次 5次 6次 7次 8次 9次及以上 |
|---|---|
| V29-1. 中国网 http://china.org.cn/ | |
| V29-2. 新华网 http://english.news.cn/ | |
| V29-3. 人民网 http://english.peopledaily.com.cn/ | |
| V29-4. 中国文化产业网 http://www.cnci.gov.cn | |
| V29-5. 中国文化网 http://www.chinaculture.org | |
| V29-6. 中国日报网 www.chinadaily.com.cn | |
| V29-7. 中国网络电视台英语频道 http://english.cntv.cn | |
| V29-8. 网络孔子学院 http://www.chinese.cn/ | |
| V29-9. CRI 国际在线. http://japanese.cri.cn/(日本) http://korean.cri.cn/(韩国) http://vietnamese.cri.cn/(越南) http://indonesian.cri.cn/(印尼) | |
| V29-10. CCTV 大富(日本) http://www.cctvdf.com/j/ 中国文化院(韩国) http://www.cccseoul.org/main/main.php 北部湾之声越南语(越南) http://www.bbrtv.com/vietnamese | |

续表

| 媒体名称及网站名 | 0次 1次 2次 3次 4次 5次 6次 7次 8次 9次及以上 |
|---|---|
| V29-11.<br>东方卫视 ch. 781（日本）<br>http：//www. stv-japan. jp/<br>北京旅游局（韩国）<br>http：//www. visitbeijing. or. kr/ | |
| V29-12.<br>新民晚报网站（日本）<br>http：//xmwb. news365. com. cn/ | |

V29-20. 您经常通过哪个网站了解中国的信息？（开放性问题）

V30-1—V30-6. 您对下面各类大众传媒的信任程度如何？

| 内容 | 很不信任 | 不太信任 | 信任 | 很信任 | 不知道 |
|---|---|---|---|---|---|
| V30-1. 新闻出版业 | 1 | 2 | 3 | 4 | 88 |
| V30-2. 电视台 | 1 | 2 | 3 | 4 | 88 |
| V30-3. 互联网 | 1 | 2 | 3 | 4 | 88 |
| V30-4. 政府媒体 | 1 | 2 | 3 | 4 | 88 |
| V30-5. 公共媒体 | 1 | 2 | 3 | 4 | 88 |
| V30-6. 商业媒体 | 1 | 2 | 3 | 4 | 88 |

V31-1—V31-6. 您对下面这些中国大众传媒的信任程度如何？

| 内容 | 很不信任 | 不太信任 | 信任 | 很信任 | 不知道 |
|---|---|---|---|---|---|
| V31-1. 新闻出版业 | 1 | 2 | 3 | 4 | 88 |
| V31-2. 电视台 | 1 | 2 | 3 | 4 | 88 |
| V31-3. 互联网 | 1 | 2 | 3 | 4 | 88 |
| V31-4. 政府媒体 | 1 | 2 | 3 | 4 | 88 |
| V31-5. 公共媒体 | 1 | 2 | 3 | 4 | 88 |
| V31-6. 商业媒体 | 1 | 2 | 3 | 4 | 88 |

V32. 以下是中国在贵国的企业，您知道它们吗？（可多选）

　　1. 海尔　　　2. 联想　　　3. 华为　　　4. 百度　　　5. 新浪

6. 中兴　　　　7. 中国银行　　　8. 福田　　　　9. 中国国际航空公司

10. 小肥羊　　　11. 腾讯　　　12. 中石化

13. 春秋航空（日本）　　中国东方航空（韩国）　　美的（越南、印尼）

14. 中国电器集团（日本）　　中国南方航空（韩国）　　力帆（越南、印尼）

15. 苏宁电器（日本）　　中国厦门航空（韩国）　　中国南方航空（越南、印尼）

16. 中国宁波韵升股份公司（日本）　　优酷网（韩国）

17. 土豆网（韩国）　　　　　18. 淘宝网（韩国）　　　　77. 其他

88. 以上都不知道

V33. 您对中国企业的总体印象如何？

　　1. 很不好　　2. 不好　　3. 不好不坏　　4. 较好　　5. 很好

　　88. 不知道

V34. 您在日常生活中使用过中国制造的产品吗？

　　1. 从未使用　　2. 很少使用　　3. 经常使用

V34-1. 您在过去一年中看过几次中国产品广告？喜欢吗？

　　0-15 次（下拉菜单）

　　1. 很不喜欢　　2. 较不喜欢　　3. 中立　　4. 较喜欢　　5. 很喜欢

V35-1—V35-9. 您如何评价中国制造的产品？

　　1. 很不同意　　2. 较不同意　　3. 中立　　4. 较同意　　5. 很同意

　　88. 不知道

　　V35-1. 质量好　　　　　　1　2　3　4　5　88

　　V35-2. 有创新　　　　　　1　2　3　4　5　88

　　V35-3. 保护资源　　　　　1　2　3　4　5　88

　　V35-4. 价格合理　　　　　1　2　3　4　5　88

　　V35-5. 有吸引力　　　　　1　2　3　4　5　88

　　V35-6. 售后服务好　　　　1　2　3　4　5　88

　　V35-7. 享有盛誉　　　　　1　2　3　4　5　88

　　V35-8. 具有中国风格　　　1　2　3　4　5　88

V35-9. 您在意中国产品具有中国风格吗？

　　根本不在意　　1　2　3　4　5　非常在意　　88. 不知道

V36. 您了解近三十年来中国的经济发展吗？

　　非常不了解　　1　2　3　4　5　6　7　非常了解

V36-1. 您认为近三十年来中国所走的经济发展道路如何？

　　1. 非常不好　　2. 较不好　　3. 中立　　4. 较好　　5. 非常好

　　88. 不知道

V36-2. 您觉得中国经济发展前景乐观吗?
　　1. 非常不乐观　　2. 不乐观　　3. 中立　　4. 乐观　　5. 非常乐观
　　88. 不知道

V37-1—V37-8. 下面有一些关于中国的说法,请用0—10的数字表明您对这些说法的认同程度。

| 评价内容 | 0=0%, 1=10%, 2=20%, 3=30%, 4=40%, 5=50%, 6=60%, 7=70%, 8=80%, 9=90%, 10=100% |
|---|---|
| V37-1. 中国可靠可信 | 0　1　2　3　4　5　6　7　8　9　10 |
| V37-2. 中国令人愉悦 | 0　1　2　3　4　5　6　7　8　9　10 |
| V37-3. 中国有领导力 | 0　1　2　3　4　5　6　7　8　9　10 |
| V37-4. 中国充满活力 | 0　1　2　3　4　5　6　7　8　9　10 |
| V37-5. 中国颇具魅力 | 0　1　2　3　4　5　6　7　8　9　10 |
| V37-6. 中国坚定不移 | 0　1　2　3　4　5　6　7　8　9　10 |
| V37-7. 中国不断发展 | 0　1　2　3　4　5　6　7　8　9　10 |
| V37-8. 中国有创新力 | 0　1　2　3　4　5　6　7　8　9　10 |

V38. 您是否同意近五年里中国外交正面地影响了世界的和平与发展?
　　1. 很不同意　　2. 不同意　　3. 中立　　4. 同意　　5. 很同意

V39. 总体来说,您如何评价中华文化?

| | 1 很不同意 | 2 不太同意 | 3 中立 | 4 较同意 | 5 很同意 |
|---|---|---|---|---|---|
| 中华文化具有吸引力 | | | | | |
| 中华文化具有包容性 | | | | | |
| 中华文化具有活力 | | | | | |
| 中华文化是灿烂的 | | | | | |
| 中华文化具有多元性 | | | | | |
| 中华文化是爱好和平的 | | | | | |
| 中华文化是有价值的 | | | | | |
| 中华文化具有创新性 | | | | | |
| 中华文化具有和谐性 | | | | | |

V40. 在以下各国文化中,您喜欢哪些国家的文化?(可选五个)
　　1. 巴西　　　　2. 中国　　　3. 德国　　　4. 法国　　　5. 印度
　　6. 印度尼西亚　7. 日本　　　8. 韩国　　　9. 俄罗斯　　10. 沙特
　　11. 南非　　　12. 英国　　 13. 美国　　 14. 越南　　 77. 其他

V41. 在以下各国中,您最喜欢哪个国家?(选一项)
　　1. 巴西　　　2. 中国　　　3. 德国　　　4. 法国　　　5. 印度
　　6. 印度尼西亚　7. 日本　　　8. 韩国　　　9. 俄罗斯　　10. 沙特
　　11. 南非　　　12. 英国　　13. 美国　　　14. 越南　　　77. 其他

V41-1. 您最喜欢该国的原因是什么?(可多选)
　　1. 社会稳定　2. 环境优美　3. 灿烂文化　4. 政治民主　5. 经济发达
　　6. 外交和平　7. 公民素质高　77. 其他

V42. 您认为目前中与贵国关系如何?
　　1. 很不好　　2. 较不好　　3. 不好不坏　4. 较好　　　5. 很好
　　88. 不知道

V43. 就以下五种选择,您是否愿意:
　　1. 与中国做生意　　1 很不愿意　2 不愿意　3 无所谓　4 愿意　5 很愿意
　　2. 到中国旅游　　　1 很不愿意　2 不愿意　3 无所谓　4 愿意　5 很愿意
　　3. 到中国学习　　　1 很不愿意　2 不愿意　3 无所谓　4 愿意　5 很愿意
　　4. 到中国工作　　　1 很不愿意　2 不愿意　3 无所谓　4 愿意　5 很愿意
　　5. 移民到中国　　　1 很不愿意　2 不愿意　3 无所谓　4 愿意　5 很愿意

V44. 您认为中国当今的社会制度是什么?(请选择一项)
　　1. 资本主义　2. 社会主义　3. 共产主义　4. 封建主义　5. 其他
　　88. 不知道

V44-1. 您认为当今的中国政治制度促进还是制约了中国的经济发展?
　　制约　　1　　2　　3　　4　　5　促进　　88. 不知道

V45. 您的受教育程度是什么?
　　略。

V46. 您的职业是什么?
　　略。

V47. 您的宗教信仰是什么?
　　略。

V48. 您的婚姻状况?
　　略。

V49. 去年您个人的税前年收入是多少?
　　略。

V50. 您更赞成以下哪个党派的主张?(选一项)
　　略。

问卷到此结束,谢谢!

# 附录二

# 受访者人口统计特征

三次问卷调查的数据均由美国 SSI 公司负责调查提供。课题组对获取问卷的 SPSS 格式原始数据进行了逻辑检验,清理了有严重逻辑问题的样本。

## 一、2011 年 11 月在美国、德国、俄罗斯、印度、日本的调查

### (一) 美国

获得受访者填写的 1217 份问卷。经过逻辑检验,清理了有严重逻辑问题的样本 42 份,获得有效样本 1175 份,样本有效率 96.5%。有效问卷中受访者的人口统计特征如下:

**1. 年龄**

18—14 岁、25—34 岁、35—44 岁和 45—54 岁年龄段的样本分布差别不大,在 20% 左右;55 岁以上的比例较小,仅占不到 7%。由表 18-1 可以看出,美国样本中以中、青年人群为主。

表 18-1 受访者年龄段分布

| 年龄 | 18—24 | 25—34 | 35—44 | 45—54 | 55—64 | 65 以上 |
|---|---|---|---|---|---|---|
| 百分比 | 19.83% | 24.77% | 23.91% | 24.94% | 4.34% | 2.21% |

**2. 性别**

性别是了解样本基本情况必不可少的部分,也是最重要的人口学变量之一。受访者中,女性占 52%,男性占 48%。女性偏多一些,但整体上男女比例较均衡。

**3. 个人收入**

收入水平是非常重要的社会经济变量,对于分析调查样本的基本状况有重要的参考价值。但是,收入也是社会调查中较难准确测量的变量之一。

前一年个人税前年收入在 10,000—39,999 美元和 40,000—79,999 美元的受访者在整体样本中所占的比例最大，分别为 36.51% 和 34.47%，其次是多于 80,000 美元的样本（14.98%）。没有收入和少于 10,000 美元的样本最少，不到 10%。

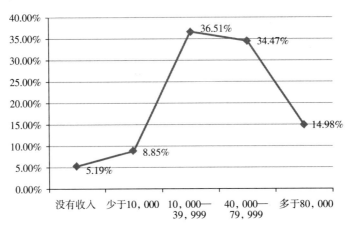

图 18-1　受访者个人税前年收入分布　单位：美元

**4. 家庭收入**

前一年税前年收入在 23,001—46,000 美元之间的受访者占的比例最大（31.06%），其次是 0—23,000 美元（21.53%）和 46,001—69,000 美元（20.85%）。税前年收入在 115,000 以上的占的比例很小（8.77%）。由图 18-2 可以看出，受访者主要来自中、低收入家庭。

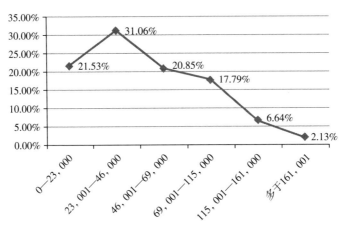

图 18-2　受访者家庭税前年收入分布　单位：美元

**5. 受教育程度**

大学毕业的受访者所占比例最大（25.87%），其次是大学肄业（20.77%），再次是小学毕业（15.23%）、中专类中学毕业（10.13%）。可以看出，整体样本中，上过大学的受访者占的比例较大。见图18-3。

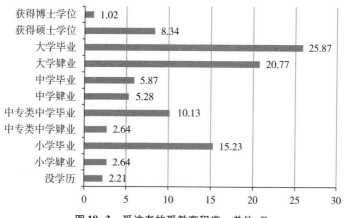

图18-3 受访者的受教育程度 单位：%

**6. 职业**

现实社会生活中，职业既是个人为了取得经济收入作为生活资料的来源的劳动，也是一个集合了个人教育水平、经济状况等的综合指标，从事什么工作能够反映出人们生活的环境；同时，职业的存在和职业活动构成了人类社会的存在和社会活动，为社会的存在和发展奠定物质基础。

受访者中，雇主/经理占的比重较大（14.47%），专业技术人员、会计、教师、律师等（12.68%）和大学生（10.98%）也占有相当比例。样本中没有农民，并且在"其他"职业选项中，填写"在家工作"的受访者比例较大。见图18-4。

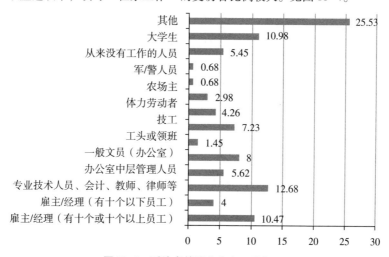

图18-4 受访者的职业分布 单位：%

### 7. 居住区域

样本中，来自东北部和南部的受访者较多，分别占 31.23% 和 30.55%，其次是中西部（25.79%），西部的最少（12.42%）。见图 18-5。

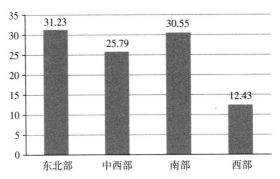

图 18-5　受访者居住区域分布　　单位：%

### 8. 民族/种族

样本中，七成以上的受访者是白人（72.34%），其次是黑人（10.13%），西班牙裔美国人和华裔美国人各约占 6%，其他亚裔美国人和别的族裔占的比例非常少。见图 18-6。

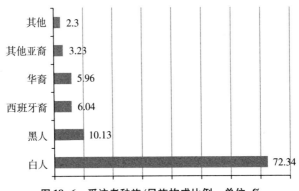

图 18-6　受访者种族/民族构成比例　　单位：%

### 9. 政治倾向

样本中，接近四成以上的受访者为民主党（37.45%），排在第二位的是无党派人士（31.74%），共和党约占四分之一（25.11%），其他为 5.70%。

### 10. 宗教信仰

受访者的宗教信仰情况：信仰罗马天主教和信仰新教的人各约占五分之一（20.94% 和 20.77%）；不信教的受访者比例也较大（22.72%）；接近 30% 的受访者信仰所列教派之外的宗教；样本中其他宗教的信仰比例都很低，各占约 1% 左右。

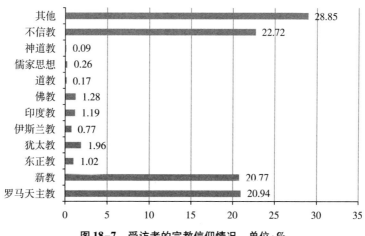

**图 18-7 受访者的宗教信仰情况　单位:%**

## (二) 德国

获得受访者填写的 1952 份问卷,经过逻辑检验,清理了有严重逻辑问题的样本 44 份,获得有效样本 1908 份,样本有效率 97.7%。有效问卷中受访者的人口统计特征如下:

**1. 年龄**

样本基本上涵盖了德国 18 岁以上的各个年龄段的人群。其中,18—24 岁的人群占 21.38%;25—34 岁的青年人群占 29.51%;35—54 岁的中年人占 37.37%;55 岁以上的中老年人占 11.74%。符合以青年人和中年人为主的调研目的,因为中青年人较老年人在经济、政治上享有更多的发言权。见表 18-2。

**表 18-2　年龄段分布**

| 年龄 | 18—24 | 25—34 | 35—44 | 45—54 | 55—64 | 65 以上 |
| --- | --- | --- | --- | --- | --- | --- |
| 官方统计 | 6.1% | 14.1% | 8.8% | 14.1% | 16.8% | 27% |
| 本次样本 | 21.38% | 29.51% | 25.21% | 12.16% | 8.07% | 3.67% |

**2. 性别**

受访表中,女性占 47.7%,男性占 52.3%。与德国社会实际的男女性别比例有一定差异。官方统计德国人口中女性占 51.7%,男性占 48.3%。

**3. 家庭收入**

受访者的家庭税前一年收入在 10,000—39,999 欧元的人最多,占 47.9%;收入低于 10,000 欧元者和收入 40,000—79,999 欧元者占相同的比例,为 19.55%;家庭税前年收入在 80,000 欧元以上的高收入群体的比例最低,仅占 4.4%。从家庭税前年收入来看,德国受访者以中等收入的群体为主,其次为低收入者,再次是高收入者。见图18-8。

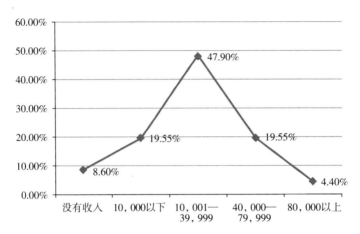

图18-8 受访者家庭税前年收入分布 单位:欧元

**4. 受教育程度**

大部分受访者为中学学历。中专类中学毕业的比例最高,占34.43%;中学毕业其次,占20.75%;受访者中拥有小学以下学历和高专学历的较少。见图18-9。

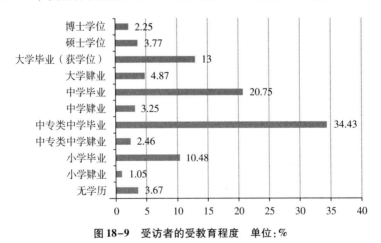

图18-9 受访者的受教育程度 单位:%

**5. 职业状况**

有18.24%的受访者从事一般文员工作,共有348人,比例最高;技工、大学生的比例也均超过10%;其余部分受访者为办公室管理人员、熟练工、雇主经理、专业技术人员等;还有极少部分是工头领班、体力劳动者、农民、无职人员。样本基本涵盖了德国社会的各行各业。见图18-10。

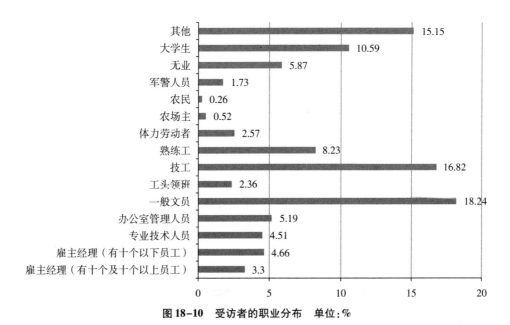

图 18-10　受访者的职业分布　单位:%

**6. 居住区域**

受调查的民众居住区域用三部分划分。接近一半的受访者来自德国中部地区（46.5%），其次是南部（27.9%），北部最少（25.5%）。

**7. 民族/种族**

在受访者中，86.9%是欧洲裔，占绝大多数；其余的种族所占比例较少，都5%以下。见图 18-11。

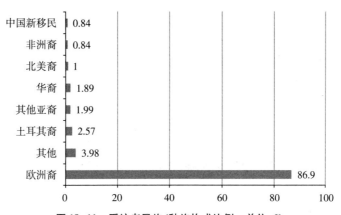

图 18-11　受访者民族/种族构成比例　单位:%

### 8. 政治倾向

在受访者中,支持社民党和基民盟的分别为24.37%和23.37%;其次为"其他",占19.86%。见图18-12。

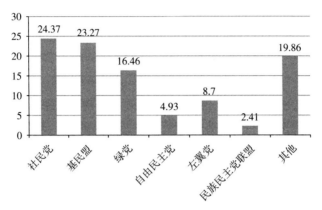

图18-12 受访者赞成不同党派主张的情况　单位:%

### 9. 宗教信仰

由图18-13可以看出,样本中无信仰的人占比例最大(39.73%),其次是信仰罗马天主教(24.63%)和新教(19.23%),信东正教、伊斯兰教、佛教和犹太教的均在5%以下,信神道教、道教、印度教和儒家思想的人数不到1%。

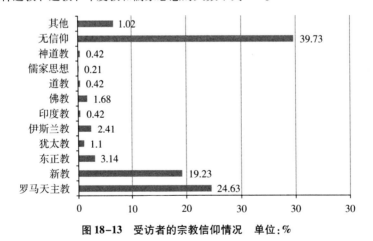

图18-13 受访者的宗教信仰情况　单位:%

## (三) 俄罗斯

获得受访者填写的1089份问卷,清理了有严重逻辑问题的样本28份,获得有效样本1061份,样本有效率97.4%。有效问卷中受访者的人口统计特征如下:

**1. 年龄**

本次问卷基本上涵盖了俄罗斯 18 岁以上的各个年龄段的人群。其中，18—24 岁的人群占 7.54%；25—34 岁的青年人群占 57.68%；35—54 岁的中年人占 30.07%；55 岁以上的中老年人占 4.71%。调查人群以中、青年为主。见表 18-3。

表 18-3 年龄段分布

| 年龄 | 18—24 | 25—34 | 35—44 | 45—54 | 55—64 | 65 以上 |
| --- | --- | --- | --- | --- | --- | --- |
| 官方统计 | (19—24) 8.9% | 15.2% | 13.7% | 15.9% | 9.9% | 13.7% |
| 本次样本 | 7.54% | 57.68% | 21.30% | 8.77% | 3.86% | 0.85% |

**2. 性别**

受访者中，女性占 50.24%，男性占 49.76%，男女比例近乎为 1∶1。

**3. 个人收入**

以美元计算前一年的税前收入，有 6.2% 的受访者没有收入，26.7% 少于 5000 美元，43.5% 在 5000—20,000 美元之间，17.5% 在 20,000—80,000 美元之间，在 80,000 美元以上的占 6%。样本中大部分收入集中在 5000—20,000 美元之间。见图 18-14。

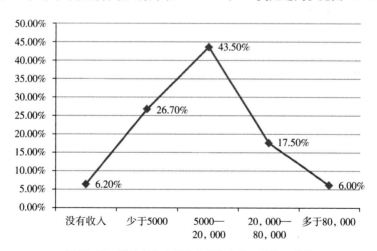

图 18-14 受访者个人税前年收入分布　单位：美元

**4. 受教育程度**

在此次的调查样本中，学历从小学肄业到获得博士学位 10 个类别。大部分受访者具有大学及以上学历，大学本科、硕士与博士学历分别占 37.4%、15%、4.1%，三者共占到了样本总量的一半以上。见图 18-15。

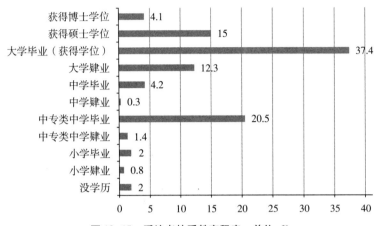

图 18-15 受访者的受教育程度　单位:%

### 5. 职业状况

受访者中,23.6%从事专业技术工作,雇主/经理占11.9%,10.9%为办公室中层管理人员,近一成的受访者从来没有工作过。其他职业的受访者比例都没有超过10%,且分布比较均衡。见图18-16。

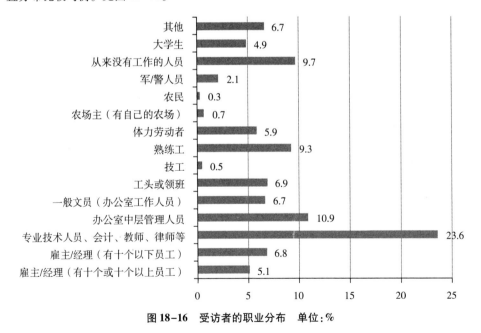

图 18-16 受访者的职业分布　单位:%

### 6. 政治倾向

在被问到更赞成哪个党派的主张时,43.9%的受访者表示哪个政党都不支持,

28.5%支持统一俄罗斯党，12.5%支持自由民主党，支持俄罗斯共产党、公正俄罗斯党的占5.3%和7.4%。如图18-17所示。

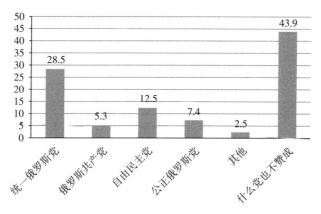

**图18-17　受访者赞成不同党派主张的情况　单位:%**

**7. 宗教信仰**

由图18-18可以看出，13.10%的受访者表示没有任何宗教信仰，信仰基督教的为44.96%，其次是东正教，占31.57%，有1.7%的受访者信仰佛教。

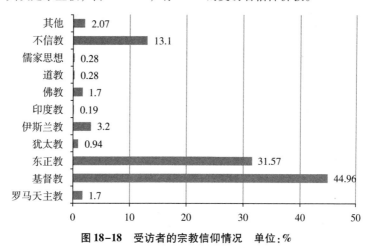

**图18-18　受访者的宗教信仰情况　单位:%**

**8. 居住区域**

将居住区域分为四个，21.21%的受访者来自莫斯科地区，8.29%来自圣彼得堡区，10.18%来自远东地区（官方统计占总人口的4.55%），60.32%来自其他地区。

## (四) 印度

获得受访者填写的1064份问卷，清理了有严重逻辑问题的样本25份，获得有效样本1039份，样本有效率97.7%。有效问卷中受访者的人口统计特征如下：

### 1. 年龄

24岁及以下的人群占比超过四成，25—34岁人群的比例为1/4强。年轻人群的比例大于中老年人群。见表18-4。

表18-4 受访者年龄段分布

| 年龄 | 18—24 | 25—34 | 35—44 | 45—54 | 55—64 | 65以上 |
| --- | --- | --- | --- | --- | --- | --- |
| 百分比 | 41.77% | 26.28% | 18.67% | 6.64% | 5.68% | 0.96% |

### 2. 性别

受访者中，女性占30.32%，男性占69.68%，男性样本偏多。

### 3. 收入水平

按照印度的收入水平，个人税前年收入在100,000—399,999卢比的属于中等收入，400,000卢比以上的属于高收入。由此来看，本调查中低收入或无收入人群比例为43.21%，中等收入人群占26.08%，高收入人群占30.7%。见图18-19。

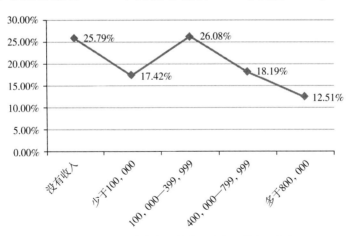

图18-19 受访者个人税前收入分布 单位：卢比

### 4. 受教育程度

大学以下学历的比例为31.76%，大学毕业的占39.65%，硕士及以上的占28.58%。

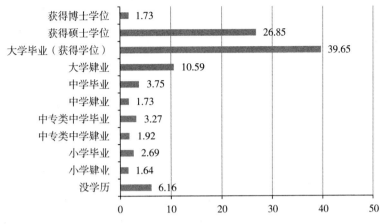

图 18-20 受访者的受教育程度 单位:%

### 5. 职业状况

样本职业分布最集中的三类是：大学生，雇主/经理（有十个或十个以上员工），专业技术人员、会计、教师、律师等，比例均在 20% 左右。其余职业类别人数比例均在 10% 以下。这说明印度受访者中处于社会中高层次的人较多。见图 18-21。

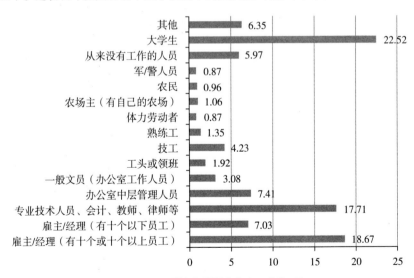

图 18-21 受访者的职业分布 单位:%

### 6. 民族/种族

印度斯坦人占一半以上，泰鲁固人超过 10%，泰米尔人接近 10%，其余种族人数比例较少，都在 5% 以下。见图 18-22。

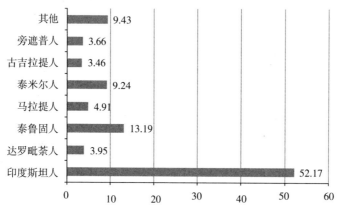

图 18-22　受访者种族/民族构成比例　单位：%

#### 7. 政治倾向

在被问到更赞成哪个党派的主张时，三成以上的受访者选择了人民党，20.6% 的受访者选择了国大党，16.65% 的人是无党派人士，这三类政治态度占比明显高于其他几类。其余党派的支持者比例均在 5% 以下。详见图 18-23。

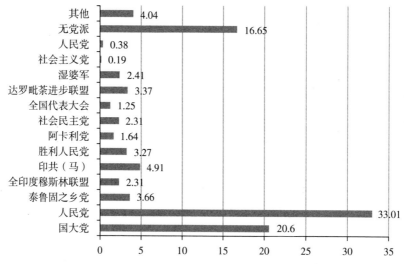

图 18-23　受访者赞成不同党派主张的情况　单位：%

#### 8. 宗教信仰

受访者信仰最多的宗教是印度教，占 75.65%；其次为伊斯兰教，占 7.03%；再次为锡克教，仅有 3.95%。其余宗教的信众较少，不信教的人数比例不到 2%。见图 18-24。

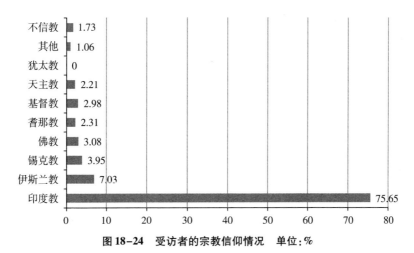

图 18-24　受访者的宗教信仰情况　单位：%

### (五) 日本

获得日本受访者填写的 1045 份问卷，对原始数据进行了逻辑清洗后，最后获得有效样本 1038 份，样本有效率 97.7%。有效问卷中受访者的人口统计特征如下：

**1. 年龄**

样本基本上涵盖了日本 18 岁以上的各个年龄段的人群。其中，18—24 岁的人群占 6.7%；25—34 岁的青年人群占 20.4%；35—54 岁的中年人占 66.2%；55 岁以上的中老年人占 6.7%，官方统计为 43.8%。虽然符合我们以青年人和中年人为主的调研目的，因为中青年人较老年人在经济、政治上享有更多的发言权，但是对老年人的观点代表不足。见表 18-5。

表 18-5　年龄段分布

| 年龄 | 18—24 | 25—34 | 35—44 | 45—54 | 55—64 | 65 以上 |
|---|---|---|---|---|---|---|
| 官方统计 | 6.1% | 14.1% | 8.8% | 14.1% | 16.8% | ·· 27% |
| 本次样本 | 6.7% | 20.4% | 33.6% | 32.6% | 5.6% | 1.1% |

**2. 性别**

女性占被调查人总数的 30%，男性占 70%。日本问卷的男女比例要求为 7∶3，这一性别比例是基于我们对日本社会男性和女性社会政治地位的差异所做出的样本配比。虽然与日本社会实际的男女性别比例差异较大（官方统计，女性占 51.7%，男性占 48.3%），但却能够更为准确地反映日本在社会、经济和政治等问题上的声音和立场。

**3. 个人收入**

在调查样本中，以税前收入计算，受访者中 11.4% 的人前一年没有收入，20.3% 少于 200 万日元，34.7% 在 200 万—500 万日元之间，28.6% 在 500 万—1000 万日元之间，在1000万以上的占5%。大部分样本的收入集中在200万—1000万日元之间，占到了样本总量的63.3%。见图18-25。

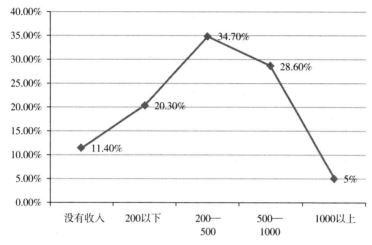

图18-25　受访者个人税前年收入分布　单位：万日元

**4. 受教育程度**

在此次调查中，最高学历细分为中学校、高校、高专、专门学校、短大、大学、硕士、博士等，大部分受访者具有大学及以上学历，大学本科、硕士与博士学历分别占调查样本总量的44%、3.8%、1.3%，三者共占到了调查样本总量的一半，受访者中拥有中学校和高专学历的较少，分别仅占1.8%和1.3%，高中（高校）学历的占28%，11.8%为专门学校毕业。见图18-26。

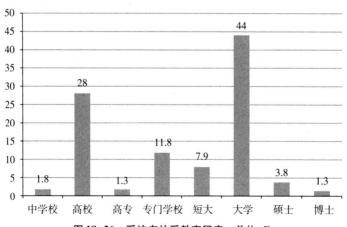

图18-26　受访者的受教育程度　单位：%

### 5. 职业

25.9%的受访者从事一般文员工作，18.5%的受访者为雇主/经理和办公室中层管理人员，18.9%为公务员、技术人员和大学生，14.5%的受访者为家庭主妇，其余部分受访者为自由职业者、体力劳动者等。日本行业划分具有特殊性，样本基本涵盖了日本社会的各行各业。见表18-6。

表18-6　受访者的职业分布

| 职业 | 频数 | 百分比 |
| --- | --- | --- |
| 雇主/经理（有十个或十个以上员工） | 16 | 1.5% |
| 雇主/经理（有十个以下员工） | 63 | 6.1% |
| 会计、教师、律师等专业技术人员 | 22 | 2.1% |
| 企业办公室中层管理人员 | 113 | 10.9% |
| 一般文员（办公室工作人员） | 269 | 25.9% |
| 医生、护士 | 13 | 1.3% |
| 技术人员 | 102 | 9.8% |
| 公务员 | 48 | 4.6% |
| 体力劳动者 | 50 | 4.8% |
| 家庭主妇 | 151 | 14.5% |
| 农民 | 4 | 0.4% |
| 警察 | 1 | 0.1% |
| 从来没有工作过 | 30 | 2.9% |
| 大学生 | 47 | 4.5% |
| 其他 | 27 | 2.6% |
| 自由职业者 | 7 | 0.7% |
| 服务业工作者 | 7 | 0.7% |
| 个体自营业者 | 14 | 1.3% |
| 行政人员 | 2 | 0.2% |
| 无职人员 | 33 | 3.2% |
| 寺院人员 | 1 | 0.1% |
| 兼职者 | 14 | 0.4% |
| 音乐工作者 | 4 | 0.2% |

#### 6. 政治倾向

在被问及更赞成哪个党派的主张时，69.4%的受访者表示哪个政党都不支持，13.1%支持日本自民党，10.9%支持日本民主党，支持日本公明党和共产党的分别为2.3%和2.7%。见图18-27。

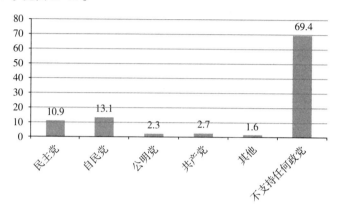

图18-27 受访者赞成不同党派主张的情况　单位:%

#### 7. 宗教信仰

在所列的五种选项中，69.6%的受访者表示他们没有任何宗教信仰，23.1%信仰佛教，2.7%信仰基督教，3.5%信仰神道教，1.2%选择了其他。

## 二、2011年12月在美国、德国、俄罗斯、印度的调查

### (一) 美国

回收问卷1196份，对这些问卷的原始数据进行了逻辑清洗后，最后获得有效问卷1047份，合格率为87.5%。有效问卷中受访者的人口统计特征如下:

#### 1. 年龄

超过60%的受访者为20—39岁的青壮年人，其中30—39岁的受访者超过三成（31.5%），20—29岁的受访者接近三成（29.1%）。20岁以下的青年占一成略多（10.5%）。40岁以上的中老年人占1/4略多（28.8%）的比重。受访者的多数（超过60%）集中在20—39岁的年龄段。

#### 2. 性别

受访者男、女比例基本相当，男性占49.8%，女性占50.2%。

#### 3. 家庭收入

以美元为单位计算家庭税前年收入，超过两成的受访者在50,000—74,999之间，比例最高。少于35,000的受访者占2/5，其中低于10,000美元的占约1/10。高于100,000美元的占约1/10。具体见图18-28。从家庭收入看，受访者以中等收入为主体，包含一定比例的高收入者和低收入者。

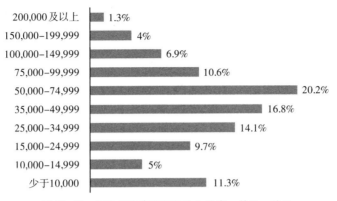

图 18-28　受访者家庭税前年收入分布　单位：美元

### 4. 种族/民族

受访者中白种人所占的比重最大，超过了七成。其次为非洲裔美国人、西班牙裔美国人。包括华裔美国人在内的亚裔美国人所占的比重为 7.4%。见图 18-29。

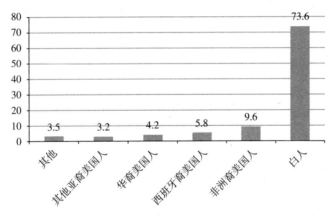

图 18-29　受访者种族/民族构成比例　单位:%

### 5. 居住区域

本次将居住区域划分为四个大区，受访者中约 37% 居住在南部地区，居住在中西部和西部地区的受访者各占 22%，东北部地区的受访者占 19%。

### 6. 受教育程度

读过大学的受访者（含肄业、在读、毕业、硕士及博士）占了将近六成的比例。具体来说，大学毕业（含在读）的受访者比重最大（28.7%），其次是大学肄业的（19.39%）。需要注意的是，受访者中小学毕业学历的也占了较大的比例（15%）。见图 18-30。

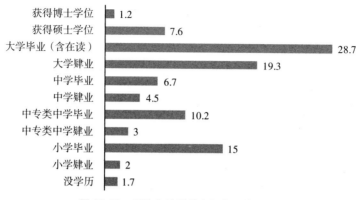

图 18-30 受访者的受教育程度  单位:%

**7. 职业**

就职业而言，目前失业者占了最大的比例（27.6%）；其后依次为专业技术人员、会计、教师、律师等（13.6%），雇主/经理（有十个或十个以上员工）（9.6%），大学生（9.6%）；其他各类职业所占的比例均比较小。样本中失业者比例过大。具体见图18-31。

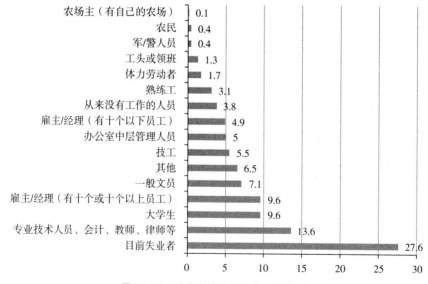

图 18-31 受访者的职业分布  单位:%

## （二）德国

从调查公司获得问卷1115份，对这些问卷的原始数据进行了逻辑清洗后，最后获得有效问卷939份，合格率为84.2%。有效问卷中受访者的人口统计特征如下：

### 1. 年龄

受调查者的年龄分成四段：以 20—29 岁（28.4%）和 30—39 岁（29.%）的为主，40 岁以上的受访者占 27.6%，20 岁以下的青少年占 14.1%。

### 2. 性别

受访者的男、女比例基本相当，分别为 49% 和 51%。

### 3. 家庭收入

受访者的家庭税前年收入在 10,000—39,999 欧元的人最多（48.4%），低于 10,000 欧元的占一定比例（31.0%），40,000 欧元以上的高收入群体的比例最低，占 20.5%。从家庭税前年收入来看，受访者以中等收入的群体为主，其次为低收入者，再次是高收入者。见图 18-32。

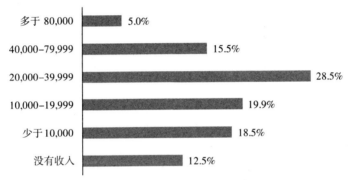

**图 18-32 受访者家庭税前年收入分布　单位：欧元**

### 4. 种族/民族

受访者中，约 3/5 以上是德国裔，其余的种族所占比例较少（5% 左右）并且分布较平均。详见图 18-33。

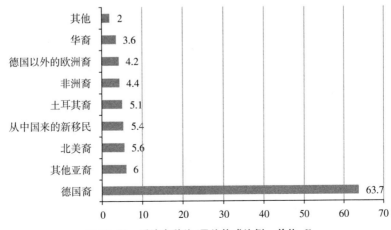

**图 18-33 受访者种族/民族构成比例　单位：%**

### 5. 居住区域

将受访者划分为三个区域，分布如下：来自中部地区的占45.47%，南部地区占27.9%，北部地区占26.62%。

### 6. 受教育程度

约1/3的受访者是中专类中学毕业（34.61%），其次为中学毕业（占23.96%），再次为大学毕业（含在读）。从受教育程度的高低来看，受访者以中专和中学学历人群为主。详见图18-34。

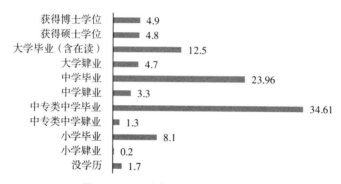

图18-34 受访者学历分布 单位:%

### 7. 职业

受访者中一般文员（办公室工作人员）、大学生、技工所占的比例较高（均超过了10%），农场主和农民所占的比例最小，分别为0.32%和0.64%。详见图18-35。

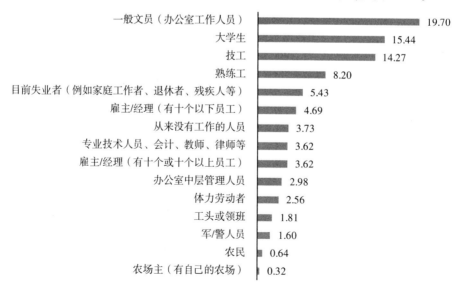

图18-35 受访者职业分布 单位%

## (三）俄罗斯

获得问卷1153份，对这些问卷的原始数据进行了逻辑清洗后，最后获得有效问卷1035份，合格率为89.8%。有效问卷中受访者的人口统计特征如下：

**1. 年龄**

四个年龄段中，超过60%的受访者为20—39岁之间的青壮年人，其中20—29岁的受访者超过三成（31.3%），30—39岁的受访者也超过三成（31.5%）。20岁以下的青年占一成略多（12.3%）。40岁以上的占约1/4（24.9%）。

**2. 性别**

受访者男、女比例基本相当，男性占49%，女性占51%。

**3. 个人收入**

以美元为单位计算前一年税前个人收入，39.4%的受访者个人年收入在5000—20,000美元之间，比例最高；少于5000美元的占25.4%；有9.7%的无收入；年收入20,000—80,000美元的占到18.9%；高于80,000美元的占6.6%。从收入看，受访者以中等收入为主体，并包含一定的高收入者和低收入者。

**4. 居住区域**

将受访者划分为四个区域，受访者有24%居住在莫斯科地区，11%居住在圣彼得堡地区，4%居住在远东地区，61%居住在以上三个地区之外的其他地区。

**5. 受教育程度**

从教育程度看，读过大学的受访者（含肄业、在读、毕业、硕士及博士）接近七成，占绝大多数。具体来说，大学毕业（含在读）的比例为35.7%，硕士或博士为16.1%，大学肄业占15%，中学或中专毕业占26.1%。具体分布见图18-36。

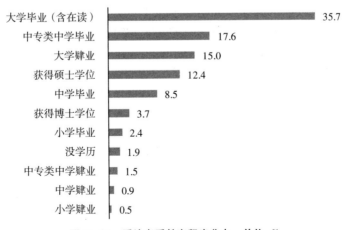

**图18-36　受访者受教育程度分布　单位:%**

### 6. 职业

受访者为雇主和管理层（将相关选项合并为一类后）的人数最多，超过两成（21.1%）；其次为专业技术人员、会计、教师、律师等，也超过两成（20.4%）；排在第三位的为大学生，超过一成（12.9%）。失业者（0.6%）和农民（0.6%）人数最少。详见图18-37。

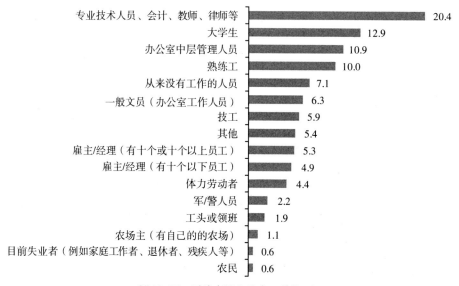

图18-37 受访者职业分布 单位：%

### （四）印度

课题组收到调查公司在印度全国完成的问卷1175份，经过严格逻辑清洗，最终获得有效样本1023份，有效率为87%。有效问卷中受访者的人口统计特征如下：

#### 1. 年龄

四个年龄段中，20岁以下占14.1%，20—29岁占30.0%，30—39岁占30.8%，40岁以上占25.1%。20—39岁的样本在本次调查中占60.8%，中青年占多数；20岁以下的青少年和40岁及以上的样本较少，总共不到样本总量的一半。

#### 2. 性别

男女比例接近1∶1，男性占51%，女性占49%。

#### 3. 收入

以卢比计算前一年家庭税前年收入的情况见图18-38。按照印度国内收入总体水平，家庭税前年收入在400,000卢比以上的即算高收入。受访者中，低收入（低于100,000卢比）的约占20%，中等收入（100,000—399,999卢比）的约占27%，高等收入的约占53%。因此，调查样本中高等收入人群占半数以上。

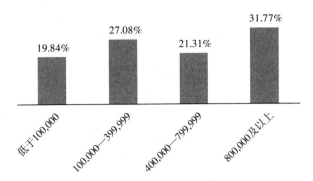

**图 18-38　受访者家庭税前年收入分布　单位：卢比**

**4. 受教育程度**

大学毕业（含在读）和大学肄业所占比例最高（42.23%），获硕士、博士学位的基本与其相当（40.37%），大学以下学历的最少，所占比例不到 1/5（17.40%）。详见图 18-39。

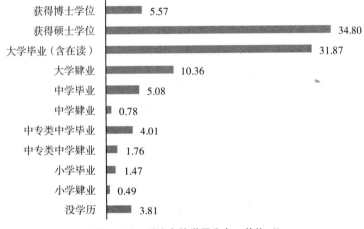

**图 18-39　受访者的学历分布　单位：%**

**5. 职业**

在所有样本的职业中，人数最多的三种职业是：有十个或十个以上员工的雇主或经理，专业技术人员、会计、教师、律师等，大学生。这三类人群共占总样本的一半以上（58.07%）。总体而言，职业属于社会中上层的样本较多，职业的专业要求较高或者说更偏向脑力劳动的样本多于职业偏向体力劳动的样本。详见图 18-40。

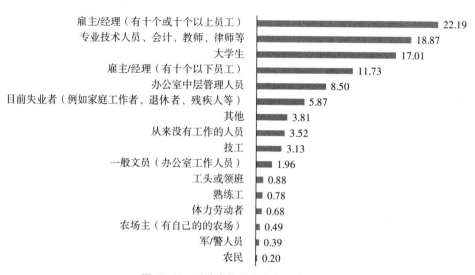

图 18-40 受访者的职业分布 单位:%

## 三、2013 年 12 月在日本、韩国、越南、印尼的调查

### (一) 日本

本次调查在日本全国共完成问卷 1497 份,经过严格复核,最终获得有效样本 1225 份,有效完成率为 81.8%。有效问卷中受访者人口统计特征如下:

#### 1. 年龄

超过 50% 的受访者为 19—44 岁之间的青壮年人,其中 19—24 岁占 7.4%,25—34 岁占 22.2%,35—44 岁占 23.8%,45—54 岁占 27%。15—18 岁的高中生占 2.8%,55 岁以上的老年人占 16.8%。见表 18-7。样本平均年龄 41.6 岁,最小 15 岁,最大 75 岁。中位数落在 41,众数为 42。表 18-8 和表 18-9 的数据对比显示,本次调查对象基本可以反映日本中坚力量的情况。

表 18-7 受访者年龄段分布

| 年龄 | 15—18 | 19—24 | 25—34 | 35—44 | 45—54 | 55 以上 |
|---|---|---|---|---|---|---|
| 百分比 | 2.80% | 7.40% | 22.20% | 23.80% | 27% | 16.80% |

表 18-8 受访者年龄数据分布

| 均值 | 中位数 | 众数 | 最小年龄 | 最大年龄 | 值域 |
|---|---|---|---|---|---|
| 41.6 | 41 | 42 | 15 | 75 | 60 |

表 18-9　2013 年 11 月日本官方人口统计年龄分布

| 年龄 | 0—14 | 15—19 | 20—24 | 25—34 | 35—44 | 45—54 | 55 以上 |
|---|---|---|---|---|---|---|---|
| 百分比 | 12.87% | 4.76% | 4.87% | 11.37% | 14.70% | 12.69% | 38.75% |

**2. 性别**

受访者中男性占 60.2%，女性占 39.8%，比例为 6∶4，这符合日本目前社会话语权情况。

**3. 个人收入**

以日元为单位（1 万日元相当于 612 元人民币，2014 年 4 月 27 口汇率），受访者中个人 2012 年税前年收入的分布情况比较均衡，100 万日元以下的低收入群体占 16%，100 万—299 万日元的中低收入群体占 16.7%，300 万—599 万日元的中高收入群体占 34.7%，还有 32.6% 年收入在 600 万日元以上的高收入群体。具体情况见图 18-41。

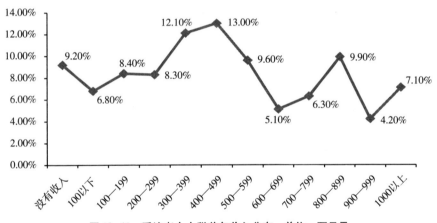

图 18-41　受访者个人税前年收入分布　单位：万日元

**4. 家庭收入**

以日元为单位，比例最高的受访者群体是家庭年收入在 400 万到 499 万之间。总体来说，400 万日元以下的低收入受访者占 22.9%，400 万日元至 799 万中低收入受访者占 42.4%，800 万日元以上的高收入受访者占 34.5%，基本反映日本社会主流情况。具体分布如图 18-42、表 18-10。本次调查从家庭收入看，受访者以中等收入为主体，并包含一定的高收入和低收入者，通过与官方数据对比可以看出，本次调查的收入稍偏高。

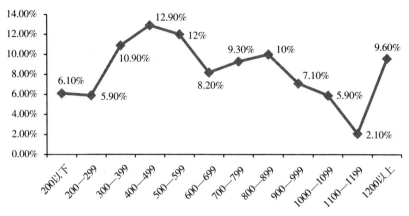

图 18-42　受访者家庭税前年收入　单位：万日元

表 18-10　日本受访者家庭年收入分布

| 收入分段 | 家庭年收入（万元） | 百分比 | 2012 年日本公布的家庭收入比例 |
| --- | --- | --- | --- |
| 低收入 | 200 以下 | 6.1% | 19.9% |
|  | 200—299 | 5.9% | 12.4% |
|  | 300—399 | 10.9% | 13.4% |
| 中等收入 | 400—499 | 12.9% | 11.6% |
|  | 500—599 | 12.0% | 9.1% |
|  | 600—699 | 8.2% | 7.0% |
|  | 700—799 | 9.3% | 6.2% |
| 高收入 | 800—899 | 10.0% | 4.8% |
|  | 900—999 | 7.1% | 4.0% |
|  | 1000—1099 | 5.9% | 2.9% |
|  | 1100—1199 | 2.1% | 2.0% |
|  | 1200 以上 | 9.6% | 6.7% |

**5. 居住区域**

受访者中有 44.2% 居住在关东，17.8% 居住在关西地区，九州、中部地区、东北地区等均有分布。总体与日本目前人口自然分布状况基本相符。见表 18-11。

表 18-11 受访者地区分布数据与 2011 官方数据对比

| 地区划分 | 本次调查 | 2012 年官方数据 |
| --- | --- | --- |
| 关东地区 | 44.2% | 33.6% |
| 关西地区 | 17.8% | 17.8% |
| 北海道 | 3.4% | 4.3% |
| 东北地区 | 5.8% | 7.1% |
| 中部地区 | 12.4% | 16.9% |
| 中国地方 | 4.9% | 5.9% |
| 四国地方 | 1.8% | 3.1% |
| 九州 | 9.3% | 10.3% |
| 冲绳 | 0.4% | 1.1% |

**6. 受教育程度**

大学毕业（含在读）的受访者比重最大，占 37.4%；其次是拥有硕士学位的受访者（17.2%）；中学毕业学历的也占了一定的比例（6.4%）。与 2010 年日本官方公布的人口学历比例对比来看，本次调查高学历的人群比重偏大，这也更有助于反映当今日本主流思想。见表 18-12。

表 18-12 受访者受教育程度分布数据与 2010 年官方数据对比

| 本次调查 | | 2010 年官方数据 | |
| --- | --- | --- | --- |
| 中学 | 6.4% | 中小学 | 18.8% |
| 高中 | 16.7% | 高中毕业 | 48.5% |
| 专门学校 | 9.9% | 短大及高专等 | 14.8% |
| 高专 | 0.9% | | |
| 短大 | 8.2% | | |
| 大学 | 37.4% | 大学及以上 | 19.9% |
| 硕士 | 17.2% | | |
| 博士 | 3.3% | | |

**7. 职业**

受访者职业分布中，一般文员（办公室工作人员）所占的比例最大（24.2%）；其后依次为家庭主妇（13.3%），其他（11.7%），办公室中层管理人员（11.1%），技工（8.2%），雇主（有十个及以下员工）（6.6%），专业技术人员、会计、教师、律师等

(6.3%)。其他各类职业所占的比例均比较小。具体分布如图18-43所示。

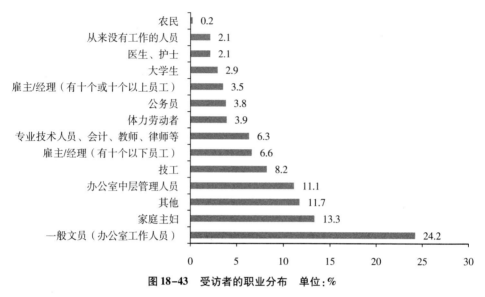

图18-43 受访者的职业分布　单位:%

**8. 婚姻状况**

在受访者中，已婚人士占54%，未婚人士37.5%，已婚分居（0.7%）、丧偶（0.9%）、离异（6.7%）、未婚同居（0.5%）几种情况共占8.6%。

**9. 政治倾向**

在受访者中，无党派人士的比例（62.8%）最大，其次是自民党（21.6%），其他一些党派所占的比例都比较小。见图18-44。

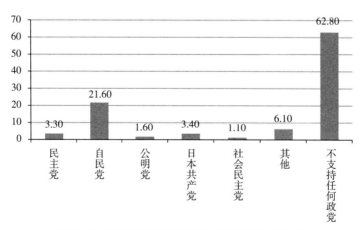

图18-44 受访者赞成不同党派主张的情况　单位:%

## (二) 韩国

从调查公司收到在韩国全国完成的问卷1423份,课题组经过严格清洗,最终获得有效样本1038份,有效率为73%。有效问卷中受访者人口统计特征如下:

### 1. 年龄

超过60%的受访者为19—44岁的青壮年,其中19—24岁占12%,25—34岁占26%,35—44岁占26%,45—54岁占13%。15—18岁的青少年占5%,55岁以上的老年人占19%。样本平均年龄39岁,最小的16岁,最大的75岁。中位数落在39,众数为40。见表18-13、18-14、18-15,基本可以反映韩国中坚力量的情况。

表18-13 受访者年龄段分布

| 年龄 | 15—18 | 19—24 | 25—34 | 35—44 | 45—54 | 55以上 |
|---|---|---|---|---|---|---|
| 百分比 | 4.91% | 12.04% | 25.72% | 25.53% | 12.52% | 19.27% |

表18-14 受访者年龄数据分布

| 均值 | 中位数 | 众数 | 最小年龄 | 最大年龄 | 值域 |
|---|---|---|---|---|---|
| 39 | 39 | 40 | 16 | 75 | 59 |

表18-15 2012年韩国人口统计年龄分布

| 年龄 | 0—9 | 10—19 | 20—29 | 30—39 | 40—49 | 50—59 | 60—69 | 70—79 | 80—89 | 90—99 | ≥100 |
|---|---|---|---|---|---|---|---|---|---|---|---|
| 百分比 | 9.2% | 12.7% | 13.0% | 16.0% | 17.3% | 15.3% | 8.5% | 5.8% | 1.9% | 0.3% | 0 |

### 2. 性别

受访者男、女比例分别为59.06%和40.94%,这符合韩国目前社会话语权情况。

### 3. 个人收入

以韩元为单位,1万韩元相当于人民币59元(2014年4月5日中国人民银行外汇牌价),受访者中个人2012年税前年收入的分布情况比较均衡,100万韩元以下的低收入群体占9.63%,100万—300万韩元的中低收入群体占32.08%,300万—500万韩元的中高收入群体占群体占25.24%,还有15.32%年收入在500万韩元以上的高收入群体。具体情况见图18-45。

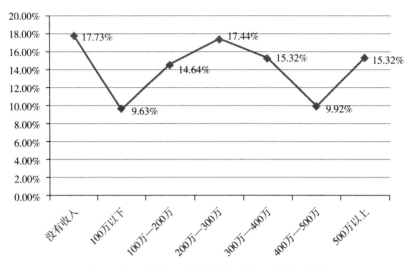

图 18-45　受访者个人的税前年收入　单位：韩元

**4. 家庭收入**

以韩元为单位，比例最高的受访者群体年收入在 300 万到 400 万之间。总体来说，低收入受访者占 11.56%，中低收入受访者占 15.61%，中高收入受访者占 48.55%，高收入受访者占 24.28%，基本反映韩国社会主流情况。具体分布见表 18-16、图 18-46。从家庭收入看，受访者以中等收入为主体，并包含一定的高收入者和低收入者。

表 18-16　受访者家庭年收入分布

| 收入分段 | 家庭年收入 | 百分比 | 百分比 | 2001 年官方数据 |
| --- | --- | --- | --- | --- |
| 低收入 | 没有收入 | 6.84% | 11.56% | 22.7% |
| | 100 万以下 | 4.72% | | |
| 中低收入 | 100 万—200 万 | 8.67% | 15.61% | 50.5% |
| | 200 万—300 万 | 6.94% | | |
| 中高收入 | 300 万—400 万 | 24.18% | 48.55% | 14.7% |
| | 400 万—500 万 | 13.49% | | |
| | 500 万—600 万 | 10.89% | | |
| 高收入 | 600 万—700 万 | 8.96% | 24.28% | 12.0% |
| | 700 万以上 | 15.32% | | |

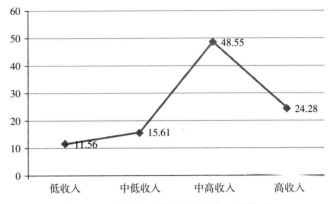

图 18-46　受访者家庭年收入分布　单位:%

**5. 居住区域**

受访者中约 50% 居住在包含首尔特别市、仁川市和京畿道构成的首尔首都圈，其他地区也均有分布。总体与韩国目前人口自然分布状况相符。具体情况见表 18-17。

表 18-17　受访者地区分布数据与 2011 年官方数据对比

| 地区划分 | 本次调查 | 2011 年官方数据 |
| --- | --- | --- |
| 首尔首都圈（首尔特别市、仁川、京畿道） | 49.42% | 49.3% |
| 釜山广域市 | 6.65% | 7.0% |
| 大邱广域市 | 5.49% | 5.0% |
| 光州广域市 | 3.66% | 3.0% |
| 大田广域市 | 3.37% | 3.1% |
| 蔚山广域市 | 2.22% | 2.2% |
| 江原道 | 3.66% | 3.0% |
| 忠清北道 | 2.89% | 3.1% |
| 忠清南道 | 2.89% | 4.2% |
| 全罗北道 | 3.66% | 3.6% |
| 全罗南道 | 3.95% | 3.6% |
| 庆尚北道 | 4.72% | 5.3% |
| 庆尚南道 | 5.68% | 6.5% |
| 济州道 | 1.73% | 1.1% |

### 6. 受教育程度

大学在学/毕业、硕士及博士，占了近七成的比例。具体来说，大学生的受访者比重最大，占了近四成；其次是拥有硕士学位的受访者群体；中小学学历的也占了一定的比例（10.4%）。总的来说，受过高等教育的人群比重最大，这也更有助于反映当今韩国主流思想。见表 18-18。

表 18-18　受访者受教育程度数据分布与 2010 年官方数据对比

| 本次调查 | | 2010 年官方数据 | |
| --- | --- | --- | --- |
| 小学毕业 | 1.25% | 初中以下 | 20% |
| 中学在学/毕业 | 9.15% | | |
| 高中在学/毕业 | 9.63% | 高中毕业 | 40% |
| 大专在学/毕业 | 10.50% | 高等教育以上 | 40% |
| 大学在学/毕业 | 39.98% | | |
| 硕士 | 21.77% | | |
| 博士 | 7.03% | | |
| 其他 | 0.67% | | |

### 7. 职业

公司职员占了最大的比例（38.1%），其后依次为学生（15.7%）、个体商户（9.06%）、家庭主妇（7.61%）、其他（7.42%）、专业职员（教授、律师、医生）（6.74%），其余各类职业所占的比例均比较小。具体分布如图 18-47。

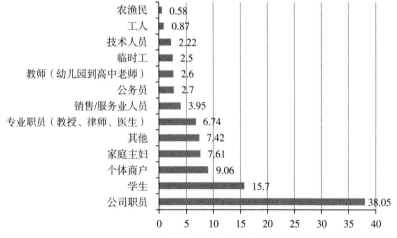

图 18-47　受访者职业分布　单位：%

**8. 婚姻状况**

在受访者中，已婚人士占50.39%，未婚人士47.3%。已婚分居（0.1%）、丧偶（0.67%）、离异（1.25%）、未婚同居（0.29%）几种情况共占2.31%。

**9. 政治倾向**

在受访者中，无党派人士的比重（59.25%）最大，其次是支持新国家党的（19.94%），再次是支持民主统合党的（14.9%）。见图18-48。

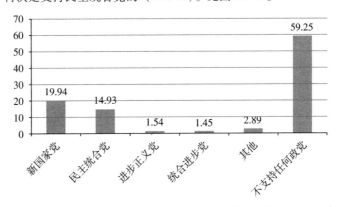

图18-48 受访者赞成不同党派主张的情况 单位：%

## （三）越南

本次调查在越南全国共完成问卷1096份，经过严格复核，最终获得有效样本1023份，有效完成率为93.34%。有效问卷中受访者人口统计特征如下：

**1. 年龄**

超过55%的受访者为19—34岁的青壮年人，其中19—24岁的受访者比例最高，占28.64%；25—34岁的受访者比例次之，占27.57%；55岁及以上的受访者比例最低，占8.31%。见图16-1。样本平均年龄32岁，最小的15岁，最大的68岁，中位数落在29，众数为19，见表18-19、表18-20。

表18-19 受访者年龄段分布

| 年龄 | 15—18 | 19—24 | 25—34 | 35—44 | 45—54 | 55以上 |
|---|---|---|---|---|---|---|
| 百分比 | 10.17% | 28.64% | 27.57% | 15.44% | 9.87% | 8.31% |

表18-20 受访者年龄数据分布

| 均值 | 中位数 | 众数 | 最小年龄 | 最大年龄 | 值域 |
|---|---|---|---|---|---|
| 32 | 29 | 19 | 15 | 68 | 53 |

**2. 性别**

受访者男、女比例接近6∶4，男性占59.61%，女性占40.39%。

### 3. 个人收入

以越南盾为单位，1000万越南盾约等于2941元人民币（2014年4月10日实时汇率）。受访者中个人2012年税前年收入分布趋向于低收入群体，3000万越南盾以下的低收入群体占31.38%，3000万—12,000万越南盾的中低收入群体占37.34%，12,000万到36,000万越南盾的中高收入群体占11.63%，还有1.66%个人年收入在36,000万越南盾以上的高收入群体。具体情况见图18-49。

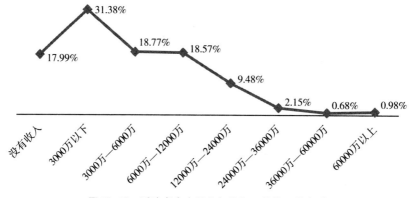

图18-49 受访者个人税前年收入 单位：越南盾

### 4. 家庭收入

以越南盾为单位，有近三成的受访者家庭税前年收入在9000万—18,000万之间，比例最高。家庭税前年收入少于9000万越南盾的受访者占41.35%，其中没有收入的受访者占受访者总人数的6.74%。家庭年收入高于180,000万越南盾的占受访者总人数的2.15%。具体分布见表18-21。从家庭收入看，受访者以中等和低收入者为主体，高收入者比例较少。

表18-21 受访者家庭税前年收入

| 收入分段 | 家庭年收入 | 百分比 | 合计百分比 |
| --- | --- | --- | --- |
| 低收入 | 没有收入 | 6.74% | 41.35% |
|  | 3600万—5400万 | 14.96% |  |
|  | 5400万—9000万 | 19.65% |  |
| 中等收入 | 9000万—18,000万 | 27.86% | 52.00% |
|  | 18,000万—36,000万 | 17.40% |  |
|  | 36,000万—54,000万 | 6.74% |  |
| 高收入 | 54,000万—90,000万 | 2.64% | 6.65% |
|  | 90,000万—180,000万 | 1.86% |  |
|  | 180,000万以上 | 2.15% |  |

## 5. 居住区域

受访者中80%以上居住在城市，其中，近四成的受访者居住在南部城市，比例最高；其次，超过三成的受访者居住在北部城市；南部农村的受访者比例最小（4.4%）。见图18-50。

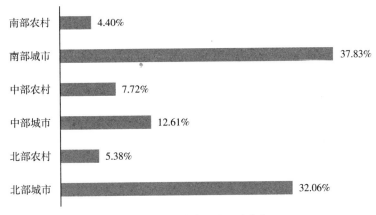

图 18-50　受访者居住区域分布

## 6. 受教育程度

读过大学的受访者（含在学、毕业、大专、硕士及博士）超过七成。大学毕业（含在学）的受访者比重最大（39.1%），其次是硕士学历的受访者（16.42%）。高中及以下学历的受访者仅占23.1%。见图18-51。

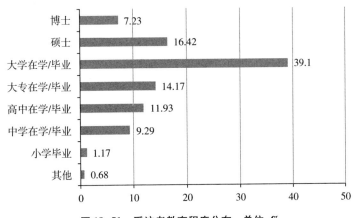

图 18-51　受访者教育程度分布　单位:%

#### 7. 职业

学生占了最大的比例（26.49%），其后依次为私企职员（26.30%）、公务员（9.09%）、专业职员（教师、律师、医生等）（7.92%），工人、农民、退休、家庭主妇所占比例均比较小。具体分布如图18-52。

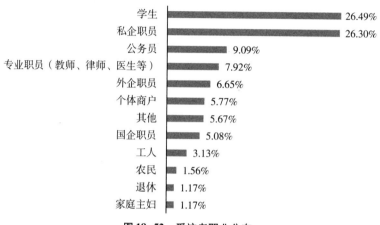

图18-52 受访者职业分布

#### 8. 婚姻状况

未婚人士占57.9%，已婚人士占38.9%。已婚分居（0.4%）、丧偶（0.5%）、离异（1.2%）、未婚同居（1.2%）几种情况共占3.3%。

#### 9. 民族

受访者中京族人所占的比重最大，占92.77%。华人或华侨所占比重为4.30%，其他占2.93%。

### （四）印尼

本次调查在印尼全国共完成问卷1398份，经过严格复核，最终获得有效样本1024份，有效完成率为73.25%。有效问卷中受访者人口统计特征如下：

#### 1. 年龄

超过60%的受访者年龄集中在19—44岁（65.63%），其中25—34岁的受访者占比最大（28.52%），其次是35—44岁的受访者（20.80%）。18岁及以下的受访者占比近一成（9.08%），55岁及以上的受访者占比一成略多（11.52%）。见表18-22、表18-23、表18-24。

表18-22 受访者年龄段分布

| 年龄 | 15—18 | 19—24 | 25—34 | 35—44 | 45—54 | 55及以上 |
| --- | --- | --- | --- | --- | --- | --- |
| 百分比 | 9.08% | 16.31% | 28.52% | 20.80% | 13.77% | 11.52% |

表 18-23 受访者年龄数据分布

| 均值 | 中位数 | 众数 | 最小年龄 | 最大年龄 | 值域 |
| --- | --- | --- | --- | --- | --- |
| 40 | 34 | 19 | 15 | 74 | 59 |

表 18-24 2012 年印尼人口统计的年龄分布

| 年龄 | 0—14 | 15—24 | 25—54 | 55—64 | 65 及以上 |
| --- | --- | --- | --- | --- | --- |
| 百分比 | 26.2% | 17.1% | 42.3% | 6.5% | 6.4% |

**2. 性别**

受访者男女比例约为 6∶4，男性占 58.89%，女性占 41.11%，符合印尼社会话语权情况。

**3. 个人收入**

以印尼盾为单位，1000 万印尼盾相当于人民币 5443.47 元（2014 年 4 月 12 日汇率），受访者个人税前年收入分布比较均衡。没有收入的占 6.64%，个人税前年收入 1000 万盾以下的低收入群体占 13.28%，1000 万—5000 万盾的中低收入群体占 41.70%，5000 万—1 亿盾的中高收入群体占 25.88%，1 亿盾以上的高收入群体占 12.50%。见表 18-25。

表 18-25 受访者个人税前年收入分布

| 收入分段 | 个人税前年收入 | 百分比 | 百分比 |
| --- | --- | --- | --- |
| 没有收入 | 0 | 6.6% | 6.6% |
| 低收入 | 1000 万以下 | 13.28% | 13.28% |
| 中低收入 | 1000 万—2000 万 | 8.50% | 41.70% |
| | 2000 万—3000 万 | 11.72% | |
| | 3000 万—5000 万 | 21.48% | |
| 中高收入 | 5000 万—1 亿 | 25.88% | 25.88% |
| 高收入 | 1 亿以上 | 12.50% | 12.50% |

**4. 家庭收入**

以印尼盾为单位，有超过三成的受访者家庭税前年收入在 5000 万—1 亿盾之间（31.15%），比例最高。家庭税前年收入少于 3000 万盾的受访者占比超过 1/4（26.66%），家庭税前年收入在 1 亿—5 亿盾的受访者占比超过 1/5（20.12%）。具体分布见表 15-26。

表 18-26 受访者家庭税前年收入分布

| 收入分段 | 家庭税前年收入 | 百分比 | 百分比 |
|---|---|---|---|
| 低收入 | 3000 万以下 | 26.66% | 26.66% |
| 中低收入 | 3000 万—5000 万 | 19.73% | 19.73% |
| 中高收入 | 5000 万—1 亿 | 31.15% | 31.15% |
| 高收入 | 1 亿—5 亿 | 20.12% | 22.46% |
| | 5 亿以上 | 2.34% | |

**5. 居住区域**

受访者中居住在雅加达地区的比例最大,接近 23%,东爪哇地区和西爪哇地区各约占 20%,三地的受访者共占 63%。中爪哇地区的受访者占比也超过了一成,其他地区多有分布但占比较小。具体见表 18-27。

表 18-27 受访者居住区域分布

| 地区 | 百分比 | 地区 | 百分比 | 地区 | 百分比 |
|---|---|---|---|---|---|
| 雅加达 | 22.95% | 西苏门答腊 | 1.17% | 西苏拉威西 | 0.29% |
| 东爪哇 | 20.12% | 南苏拉威西 | 1.17% | 中加里曼丹 | 0.29% |
| 西爪哇 | 19.63% | 东加里曼丹 | 1.17% | 明古鲁省 | 0.29% |
| 中爪哇 | 13.48% | 廖岛省 | 1.07% | 北苏拉威西 | 0.2% |
| 万丹 | 4.39% | 楠榜 | 0.88% | 中苏拉威西 | 0.2% |
| 日惹 | 2.93% | 西加里曼丹 | 0.88% | 巴布亚 | 0.2% |
| 峇里 | 1.95% | 南加里曼丹 | 0.78% | 东努沙登加拉 | 0.1% |
| 南苏门答腊 | 1.86% | 西努沙登加拉 | 0.49% | 哥伦打洛 | 0.1% |
| 北苏门答腊 | 1.37% | 亚齐特别行政区 | 0.39% | | |
| 廖内省峇里 | 1.27% | 占碑 | 0.39% | | |

**6. 受教育程度**

从受教育程度来看,受过高等教育的受访者(含大专、大学在学、毕业、硕士及博士)占了七成以上(72.76%)。具体来说,大学在学/毕业的受访者比例最大(39.36%),近四成;取得硕士学历的受访者占比达到 16.21%;高中生在学/毕业的受访者比例也达 16.89%。见图 18-53。

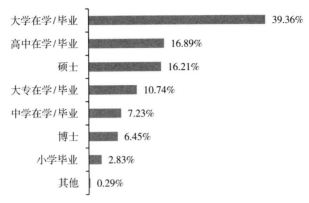

图 18-56 受访者受教育程度分布

### 7. 职业

公司职员（一般的公司上班族）占了最大的比例（33.01%），其后依次为个体商户（自己开店的）（20.61%）、专业职员（教授、律师、医生）（9.57%）、学生（8.79%），其他各类职业所占的比例均比较小。具体分布见图18-54。

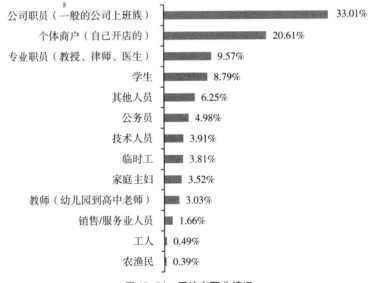

图 18-54 受访者职业情况

### 8. 婚姻状况

受访者中66.11%已婚，30.96%未婚。已婚分居（0.59%）、丧偶（1.37%）、离异（0.49%）、未婚同居（0.49%）几种情况共占2.84%。

### 9. 政治倾向

受访者中超过四成（41.5%）表示不支持任何政党，占比最大。支持率排前三位的政党是：民主斗争党（20.02%）、民主党（12.3%）、专业集团党（9.96%）。还有16.22%的受访者表示支持一些小党和其他政党。见图18-55。

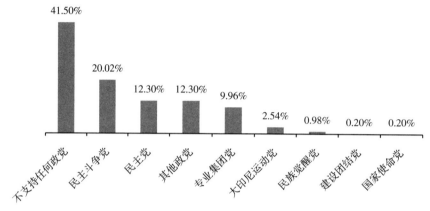

图18-55 受访者赞成不同学派主张的情况

### 10. 民族

受访者中爪哇族所占的比例最大，超过一半（57.71%）。华族所占比例为13.48%。详见图18-56。

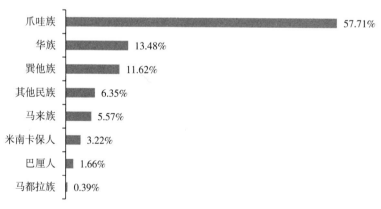

图18-56 受访者民族情况

### 11. 宗教信仰

76.56%的受访者信仰伊斯兰教，9.67%信仰新教，7.62%信仰天主教，3.42%信仰佛教，信仰其他宗教的受访者人数较少，仅3名受访者不信教，详见图18-57。

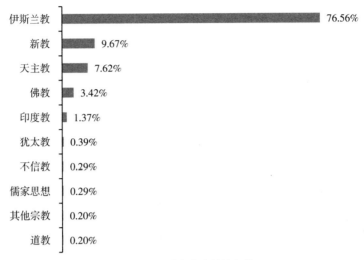

图 18-57 受访者的宗教信仰情况

# 参 考 文 献

## 中文文献

蔡武：《提高中国文化软实力的着力点》，《求是》2012年第2期。
陈文力主编：《中国文化对外传播战略研究》，九州出版社2012年版。
陈奕平：《和谐与共赢：海外侨胞与中国软实力》，暨南大学出版社2012年版。
程曼丽：《对外传播及其效果研究》，北京大学出版社2011年版。
董秀丽：《美国外交的文化阐释》，知识产权出版社2007年版。
高占祥：《文化力》，北京大学出版社2007年版。
关世杰：《跨文化交流学——提高涉外交流能力的学问》，北京大学出版社1995年版。
关世杰：《国际传播学》，北京大学出版社2004年版。
关世杰主编：《思维方式差异与中美新闻实务》，中国社会科学出版社2011年版。
关世杰：《中国文化软实力：在美国的现状和思考》，《国外社会科学》2012年第5期。
郭树勇主编：《战略与探索》，世界知识出版社2008年版。
郭树勇：《中国软实力战略》，时事出版社2012年版。
郭小聪：《守夜人与夜莺——国际关系领域的文化思考》，北京大学出版社2014年版。
胡锦涛：《坚定不移走中国特色社会主义文化发展道路 努力建设社会主义文化强国》，《求是》2012年第1期。
胡文涛：《美国文化外交及其在中国的运用》，世界知识出版社2008年版。
胡文臻：《企业文化软实力新论》，社会科学文献出版社2013年版。
胡晓明：《国家形象》，人民出版社2011年版。
花建：《全球化背景下的强国之道：文化软实力》，上海人民出版社2013年版。
黄会林主编：《世界文化格局与中国文化机遇》，北京师范大学出版社2013年版。
贾春增、邓瑞全：《承传与辐射——中华文化在海外的传播和影响》，开明出版社2000年版。
贾海涛：《试析文化软实力的概念和理论框架》，《岭南学刊》2008年第2期。

贾海涛:《文化软实力的构成及测评公式》,《学术研究》2011 年第 3 期。
贾磊磊:《流行文化软肋拖累中国软实力》,《人民论坛》2012 年第 18 期。
姜飞:《传播与文化》,中国传媒大学出版社 2011 年版。
姜加林、于运全主编:《构建现代国际传播体系——"全国第一届对外传播理论研讨会"论文选》,外文出版社 2011 年版。姜加林、于运全主编:《世界新格局与中国国际传播——"第二届全国对外传播理论研讨会"论文集》,外文出版社 2012 年版。
柯惠新、陈旭辉、李海春等:《中国对外传播效果评估的指标体系及实施方法》,《对外传播》2009 年第 11 期。
李玮:《俄国"熊"眼中的中国"龙"——基于中国文化软实力调查数据的分析》,《国外社会科学》2012 年第 5 期。
李希光:《软力量与全球传播》,清华大学出版社 2005 年版。
李希光:《软实力要素》,法律出版社 2010 年版。
李希光:《软实力与中国梦》,法律出版社 2011 年版。
李义虎:《国际格局论》,北京出版社 2004 年版。
李宇:《中国电视国际化与对外传播》,中国传媒大学出版社 2010 年版。
李智:《文化外交:一种传播学的解读》,北京大学出版社 2005 年版。
联合国教科文组织编:《世界文化报告 1998》,关世杰译,北京大学出版社 2000 年版。
联合国教科文组织编:《世界文化报告 2000》,关世杰译,北京大学出版社 2002 年版。
梁守德等主编:《变革中的国际体系与中国责任》,世界知识出版社 2011 年版。
梁云祥、王秀丽:《从日本社会调查看中国的软实力及其对中日关系的影响》,《国外社会科学》2012 年第 5 期。
林丹、洪晓楠:《中国文化软实力综合评价体系研究》,《大连理工大学学报(社会科学版)》2010 年第 4 期。
刘继南、何辉:《中国形象——中国国家形象的国际传播现状与对策》,中国传媒大学出版社 2006 年版。
刘建飞、秦治来:《"非极化"的挑战:世界格局走势及其对大国关系的影响》,国家行政学院出版社 2013 年版。
刘述先:《全球伦理与宗教对话》,河北人民出版社 2006 年版。
罗能生、谢里:《国家文化软实力评估指标体系与模型构建》,《求索》2010 年第 9 期。
骆郁廷:《文化软实力:基于中国实践的话语创新》,《中国社会科学》2013 年第 1 期.
门洪华主编:《中国软实力方略》,浙江人民出版社 2007 年版。
南振中:《中华文化国际传播中的共鸣效应》,《观察与思考》,2012 年第 5 期。
彭伟步:《信息时代政府形象传播》,社会科学文献出版社 2005 年版。
彭新良:《文化外交与中国的软实力:一种全球化的视角》,外语教学与研究出版社 2008 年版。

秦亚青主编:《文化与国际社会:建构主义国际关系理论研究》,世界知识出版社 2006 年版。

秦亚青主编:《世界政治与全球治理——国际关系研究文集》,世界知识出版社 2014 年版。

尚会鹏、余忠剑:《"龙"对"象"的魅力——印度民众对中国软实力的认知》,《国外社会科学》2012 年第 5 期。

申险峰:《外交的文化阐释·日本卷》,知识产权出版社 2012 年版。

沈壮海:《文化软实力及其价值之轴》,中华书局 2013 年版。

涂成林、史啸虎等:《国家软实力与文化安全研究:以广州为例》,中央编译出版社 2009 年版。

田智辉:《新媒体环境下的国际传播》,中国传媒大学出版社 2010 年版。

汤一介、乐黛云:《在平等交流中求同存异,在理解对话中追求创新》,《中国人民大学学报》2012 年第 3 期。

唐代兴:《文化软实力战略研究》,人民出版社 2008 年版。

唐润华、刘滢:《媒体国际传播能力评估体系的核心指标》,《对外传播》2011 年第 11 期。

唐彦林:《美国对中国软实力的评估及对中国软实力建设的启示》,《当代世界与社会主义》2009 年第 6 期。

童世骏:《文化软实力》,重庆出版社 2008 年版。

万俊人:《寻求普世伦理》,商务印书馆 2001 年版。

王超逸、马树林编著:《最卓越的企业文化故事——软实力与企业文化力》,中国经济出版社 2009 年版。

王沪宁:《作为国家实力的文化:软权力》,《复旦学报(社会科学版)》1993 年第 3 期。

王瑾:《美国学者关于中国文化软实力研究》,《当代世界与社会主义》2011 年第 6 期。

王京滨:《中日软实力实证分析——对大阪产业大学大学生问卷调查结果的考证》,《世界经济与政治》2007 年第 7 期。

王丽雅:《中国文化符号在海外传播现状初探》,《国际新闻界》2013 年第 5 期。

王桂兰:《文化软实力的维度》,河南人民出版社 2010 年版。

王思齐:《国家软实力的模式建构——从传播视角进行的战略思考》,浙江大学出版社 2013 年版。

王晓德:《梦想与现实:威尔逊"理想主义"外交研究》,中国社会科学院 1995 年版。

王晓德:《美国文化与外交》,世界知识出版社 2000 年版。

王昇虹:《跨文化大统一场论分析》,香港社会科学出版社有限公司 2009 年版。

王昇虹、龙新蔚、江晓川:《中国文化软实力在德国的认知及接受度分析》,《国外社会科学》2012 年第 5 期。

汪安佑：《国家软实力论》，中国社会科学出版社2010年版。
吴飞、黄超：《软实力传播的类型学分析》，《新闻大学》2013年第1期。
文化部外联局编：《联合国教科文组织保护世界文化公约选编》，法律出版社2006年版。
吴桂韩：《中共十七大以来国家文化软实力研究述评》，《中共党史研究》2012年第6期。
吴旭：《为世界打造"中国梦"：如何扭转中国的软实力逆差》，新华出版社2009年版。
吴瑛：《中国文化对外传播效果研究——对5国16所孔子学院的调查》，《浙江社会科学》2012年第4期。
吴瑛：《孔子学院与中国文化的国际传播》，浙江大学出版社2013年版。
肖东发、张文彦：《出版创新与中国文化软实力》，中国社会科学出版社2011年版。
肖欢：《国家软实力研究理论、历史与实践》，军事谊文出版社2010年版。
邢悦：《文化如何影响对外政策：以美国为个案的研究》，北京大学出版社2011年版。
阎学通、阎梁：《国际关系分析》，北京大学出版社2008年版。
杨淳伟：《中国"文化软实力"研究现状综述》，《中国文化研究》2011年第2期。
杨国枢主编：《中国人的价值观——社会科学观点》，中国人民大学出版社2013年版。
杨令书、刘东昌：《国家软实力概论》，中国金融出版社2012年版。
杨新洪：《关于文化软实力量化指标评价问题研究》，《统计研究》2008年第9期。
叶朗：《中国文化如何影响世界》，《前线》2012年第2期。
尹斌：《软实力外交：欧盟的中东政策》，光明日报出版社2010年版。
喻国明、焦中栋：《中国传媒软实力发展报告：传媒软实力的构建与评测方法》，同心出版社2009年版。
于歌：《美国的本质》，当代中国出版社2006年版。
俞新天：《掌握国际关系密钥：文化、软实力与中国对外战略》，上海人民出版社2010年版。
乐黛云：《涅槃与再生——在多元重构中复兴》，中央编译出版社2015年版。
张岱年：《文化与价值》，新华出版社2004年版。
张岱年：《中国古典哲学概念范畴要论》，中国社会科学出版社1989年版。
张国祚：《中国文化软实力研究报告（2010）》，社会科学文献出版社2011年版。
张国祚：《中国文化软实力研究要论选》，社会科学文献出版社2011年版。
张维为：《中国震撼：一个"文明型国家"的崛起》，上海人民出版社2010年版。
张祥：《文化软实力与国际谈判》，社会科学文献出版社2013年版。
赵刚、肖欢：《国家软实力——超越经济和军事的第三种力量》，新世界出版社2010年版。
郑彪：《中国软实力：决定中国命运的两种思路》，中央编译出版社2010年版。
郑新立：《文化建设与国家软实力》，外语教学与研究出版社2010年版。
中国科学院中国现代化研究中心：《中国现代化报告2009——文化现代化研究》，北京大学出版社2009年版。

钟新、黄超：《软实力的三种评估框架及其方法》，《湖南师范大学社会科学学报》2013年第3期。

周宁：《跨文化研究：以中国形象为方法》，商务印书馆2011年版。

朱春阳：《中国"文化逆差"几个反思》，《人民论坛》2012年第21期。

〔美〕戴维·迈尔斯：《社会心理学》，侯玉波等译，人民邮电出版社2008年版。

〔英〕弗朗西丝·斯托纳·桑德斯：《文化冷战与中央情报局》，曹大鹏译，国际文化出版公司2002年版。

〔加〕弗雷泽：《软实力：美国电影、流行乐、电视和快餐的全球统治》，刘满贵等译，新华出版社2006年版。

〔荷〕吉尔特·霍夫斯泰德、格特·扬·霍夫斯泰德：《文化与组织：心理软件的力量》（第二版），李原等译，中国人民大学出版社2010年版。

〔美〕嘉戴尔斯：《全球媒体时代的软实力之争——伊拉克战争之后的美国形象》，何明智译，中信出版社2010年版。

〔瑞士〕孔汉思：《世界伦理手册》，廖恒译，生活·读书·新知三联书店2012年版。

〔美〕罗伯特·基欧汉、小约瑟夫·奈：《权力与相互依赖》（第3版），门洪华译，北京大学出版社2002年版。

〔美〕罗纳德·英格尔哈特：《现代化与后现代化：43个国家的文化、经济与政治变迁》，严挺译，社会科学文献出版社2013年版。

〔美〕罗纳德·英格尔哈特：《发达工业社会的文化转型》，张秀琴译，社会科学文献出版社2013年版。

〔美〕米德：《美国外交政策及其如何影响了世界》，曹化银译，辽宁教育出版社2003年版。

〔美〕迈克尔·巴尔：《中国软实力：谁在害怕中国》，石竹芳译，中信出版社2013年版。

〔英〕西蒙·安浩：《铸造国家、城市和地区的品牌：竞争优势识别系统》，葛岩、卢嘉杰、何俊涛译，上海交通大学出版社2010年版。

〔美〕亚历山大·温特：《国际政治的社会理论》，秦亚青译，上海人民出版社2000年版。

〔美〕约瑟夫·奈：《软实力——世界政坛成功之道》，吴晓辉、钱程译，东方出版社2005年版。

〔美〕约瑟夫·奈：《硬权力与软权力》，门洪华译，北京大学出版社2005年版。

〔美〕约瑟夫·奈：《美国注定领导世界？——美国权力性质的变迁》，刘华译，中国人民大学出版社2012年版。

〔美〕詹姆斯·W·凯瑞：《作为文化的传播》，丁未译，华夏出版社2005年版。

〔美〕赵志裕、康萤仪：《文化社会心理学》，刘爽译，中国人民大学出版社 2011 年版。

## 英文文献

Blanchard, J. F., and F. Lu, "Thinking Hard about Soft Power: A Review and Critique of the Literature on China and Soft Power", *Asian Perspective*, 2012 (36): 565-589.

Bourdieu, Pierre, *Distinction: A Social Critique of the Judgement of Taste*, London: Routledge and Kegan Paul, 1979/1984.

Cho, Y. N., and Jeong J. H., "China's Soft Power: Discussions, Resources, and Prospects", *Asian Survey*, 2008, 48 (3): 453-472.

Chong, Alan, *Foreign Policy in Global Information Space: Actualizing Soft Power*, Palgrave Macmillan, 2007.

Thussu, Daya Kishan, *International Communication: Continuity and Change*, ARNOLD, 2002.

Ding, S., *Soft Power and the Rise of China: An Assessment of China's Soft Power in its Modernization Process*, Graduate School-Newark Rutgers, The State University of New Jersey, 2006.

Ding, Sheng, *The Dragon's Hidden Wings: How China Rises with Its Soft Power*, Lexington Books, 2008.

Van de Vijver, Fons J. R., and K. Leung, *Methods and Data Analysis for Cross-cultural Research*, Thousand Oaks, CA: SAGE Publications, 1997.

Gill, B., and Y. Huang, "Sources and Limits of Chinese 'Soft Power'", *Survival*, 2006, 48 (2): 17-36.

Glaser, B. S., and M. E. Murphy, *Soft Power with Chinese Characteristics: The Ongoing Debate* [R/OL], Center for Strategic & International Studies, 2009-03-10. http://csis.org/publication/soft-power-chinese-characteristics.

Hofstede, G., and M. H. Bond, "Hofstede's Culture Dimensions: An Independent Validation Using Rokeach's Value Survey", *Journal of Cross-cultural Psychology* (1984), 15, 417-433.

Ilgen, Thomas, *Hard Power, Soft Power, and the Future of Transatlantic Relations*, Ashgate Publishing, 2006.

Kang, David, *China Rising: Peace, Power and Order in East Asia*. Columbia University Press, 2006.

Katz, E., "The Two-Step Flow of Communication: An Up-To-Date Report on an Hypothesis", *The Public Opinion Quarterly*, 1957, 21 (1): 61-78.

Katzenstein, Peter, and Takashi Shiraishi, eds., *Network Power: Japan and Asia*, Cornell University Press, 1997.

Keohane, Rebert O., and Joseph S. Nye, "Power and Interdependence in the Information

Age", *Foreign Affairs*, 77 (5): 81-94.

Kulich, Steve J., *Value Frameworks at the Theoretical Crossroads of Culture*, 上海外语教育出版社 2012 年影印版。

Kurlantzick, Joshua, *Charm Offensive: How China's Soft Power Is Transforming the World.*, Yale University Press, 2008.

Kvale, Steinar, *InterViews: An Introduction to Qualitative Research Interviewing*, Sage Publishing, 1996.

Lee, S. J, and J. Melissen, *Public, Diplomacy and Soft Power in East Asia*, New York: Palgrave MacMillan, 2011.

Lennon, Alexander, ed., *The Battle for Hearts and Minds: Using Soft Power to Undermine Terrorist Networks*, The MIT Press, 2003.

Li, M., "China Debates Soft Power", *Chinese Journal of International Politics*, 2008 (2): 287-308.

Melissen, Jan, Donna Lee and Paul Sharp, eds., *The New Public Diplomacy: Soft Powers in International Relations*, Palgrave Macmillan, 2007.

Nossel, S., "Smart Power", *Foreign Affairs*, 2004, 83 (2): 131-142.

Nye, Joseph S., Jr., *The Powers to Lead*, Oxford University Press, 2008.

Nye, Joseph S., Jr., *The Future of Power*, Public Affairs, 2011.

Mattern, J. B., "Why 'Soft Power' Isn't So Soft: Representational Force and the Sociolinguistic Construction of Attraction in World Politics", *Journal of International Studies*, 2005, 33 (3): 583-612.

McClory, J., *The New Persuaders III: A 2012 Global Ranking of Soft Power* [R/OL], London: Institute for Government, 2013-09-06, http://www.instituteforgovernment.org.uk.

OECD, *Handbook on Constructing Composite Indicators: Methodology and User Guide*, Paris: OECD, 2008.

Pemberton, H. E., "The Curve of Culture Diffusion Rate", *Sociological Review*, 1936, 1 (4): 547-556.

Reeves, J., *Culture and International Relations*, Abingdon, Oxfordshire: Routledge, 2004.

Shambaugh, David, ed., *Power Shift: China and Asia's New Dynamics*, University of California Press, 2006.

Vuving, Alexander, *How Soft Power Works*, Toronto: American Political Science Association Annual Meeting, September, 3, 2009.

Wang, H., and Lu Y.-C., "The Conception of Soft Power and its Policy Implications: A Comparative Study of China and Taiwan", *Journal of Contemporary China*, 2008, 17 (56): 425-447.

Wang, J., *Soft Power in China: Public Diplomacy through Communication*, New York: Palgrave MacMillan, 2011.

Wang, Y., "Public Policy and the Rise of Chinese Soft Power", *Annals of the American Academy of Political and Social Science*, March 2008, 616: 257-273.

Whitney, C., and D. Shambaugh, *Soft Power in Asia: Results of A 2008 Multinational Survey of Public Opinion* [R/OL], Chicago: The Chicago Council on Global Affairs, 2009, http://www.thechicagocouncil.org.

Wilson, E. J., "Hard Power, Soft Power, Smart Power", *Annals of the American Academy of Political and Social Science*, 2008: 110-124.

# 索 引

（以汉语拼音为序）

## B

"八何模式" 84，87，142，143，145，716
《保护和促进文化表现形式多样性公约》 26，91
博厄斯 31
博加德斯量表 152，493，509，522

## C

CRITIC 法 689，690，692
葱头模型 56—58

## D

达尔文 30
调查数据的效度 177，178
调查数据的信度 170—172
杜维明 89，93，144
对外文化工作部际联席会议 58，95，182
《多种声音，一个世界：交流与社会，今天与明天》 22

## E

恩格斯 113，114，125
二次分类选典法 689

## F

《法语使用法》（杜邦法） 21
非物质文化遗产 23，98

## G

共同价值观 107，109—112，115，116，159，339
共享价值观 2，107—120，160，297—299，302，308，321，331，332，338—342，500，503，700，716
共享美德 110，112，115
共享性中华价值观 107，116，339
归化 99，292—294，343
国际互联网 6—8，10，16，101，137
国际跨文化传播 2，43，76，81—85，87，88，100，102—104，109，125，138，142，145，386，387，492，

716，717
国家形象 13，40，41，82，138—141，146，154，168，182，186，340，388，450，545，598，599，601，646—649，653，654，690，691，713

## H

汉字字体统一 243，244
亨廷顿 13，14，62，79，157
霍尔，爱德华 57
霍尔，斯图亚特 85，86
霍夫兰 448，451
霍夫斯泰德 56，58，65—67，116，118，287，288，295，302，500

## I

IfG-Monocle 软权力指数 130—132，134

## J

基辛格 36
己所不欲，勿施于人 54，92—94，100，106，114，117，122，279，281，282，285，296，310，342—344，368，377，494，522
季羡林 68
建构主义 12，14，15，87，88
教育符号 59，60，164，188，201，225，241
结构性访谈的定性调查 169
金律 91—94，111，281，282，344

## K

孔汉思 93，111，291

跨国传播 6—9，57，82，159，343，716
跨文化交流学 56，57，66—68，82，107—110，339，451

## L

拉斯韦尔 82，83，716
蓝海调查 493，513
雷默 598，620
"历史终结论" 18，121
联合国教科文组织 11，16，17，19—24，26，28，29，45，47，48，50，51，55，56，60，61，74，90，98，112，132
《联合国宪章》 27，112，116，280

## M

马克思 53，98，114，117，125
马克思列宁主义 106，117，278
马礼逊 98，99，280—282
马斯洛 105
曼德拉 20，69
美国百人会 174，175
民意调查类评估 126，141
摩根索 54，88

## P

潘基文 123，124
评估指标 126，128，130—136，138，141—143
普世价值 92，108—110，112—114

## Q

巧权力 79，80，88
权重 134—136，689—691，694，696，

700，703—706

全球信息高速公路　19，20

## R

人类命运共同体　42，123，343，344，347

软权力　2，12，13，15，32，46，76—80，88—91，125—128，130—133，138，139，142，490

## S

生活符号　59，60，75，98，188，200，224

施瓦茨　67，291

世界格局　3，4，15，32，34—36，76，120，123，157

世界价值观调查　66，115，118—120，174，279，339

《世界人权宣言》　25，26，110

《世界文化多样性宣言》　22—24，26，34，47，51，54，57，74，91，94，143

世界文化格局　2，3，6，11，16，21，448，487，489，560

世界文化政策数据库　48，51

世界信息和传播新秩序　22，29

思维方式　57，58，67，68，74，75，91，100，102，104，106，114，123，132，145，146，152，160，167，182，186，239，241，310，345，349—352，354，357—359，364—366，386，493，494，507，508，522，529，530，690—692，694，

699，700，703，706—709

## T

泰勒　44—46

提高国家文化软实力　39—42，80，133，135

提高中华文化国际影响力　39

## W

网络媒介　74，153，164

韦伯　55

韦努蒂　99，292，293

文化产业化　6，11，12，16

文化传播力　81，125，137—139，141—143，697，707，716，719，720

文化的物化形式　57—59，146，691—694，717

文化帝国主义　22，23，30，82，90

文化多元性　10，18，22—24

文化涵化　9

文化进化论　30，31

文化精神内核　146，692—694

文化团体　58，68—70，74，75，104，111，145，146，152，164，182，186，386，453，454，483

文化相对论　30，31

文化要素　2，15，16，48，55，57，58，60，64，74，75，105，106，129，134，145，146，508，691，716

文化资源力　81，125，127，141—143，696—698，700，707，716，719

"文明冲突论"　13，14，157

五W传播模式　83

## X

习近平　42,90,91,94,122,343
席勒　90
象征性符号　59,60,188,200,224,227
信息传播新技术　6

## Y

阎学通　3,31,77,79,130
颜色革命　18
一超多强　4,15,32,157
艺术符号　59,60,98,188,225
异化　99,292—294,343
英格尔哈特　66,105,115,118—120,174,649
影响力的测量方法表　155
乐黛云　68,89,90,286,293,340

## Z

在线可访问样本库　157,161,162,165,168,170,175,176,179,295,303,305,306,575,717
哲学思想符号　59,60,225
"珍珠链模型"　2,55,74,75,104,127,129,145,716
政治领袖的对外宣传　543
中国和平复兴　31
中国经济影响力　153
中国社会主义核心价值观　149,150,167,168,322,331,690
中国外交影响力　154
"中国威胁论"　41,78,85,123,160,239,344,578,579,587,588,596,713,719
中国文化形象　182
中国政治影响力　153
中华核心价值观　67,118,149,167,168,176,180,239,277—281,285,286,288—293,295,297—301,303—306,309—313,315—322,340—343,347,385,446,493,497,499,521,525,526,533,542—544,716—719
中华文化国际影响力　40,42,43,51,67,81,143,145,147—154,156,654,655,688,714—720
中华文化国际影响力评估体系　2,143—145,147,156,157,163,182,186,716
中华文化影响力指数　155,688—691,693—698,700,704,706—710,714
中华文化在世界主要文化中的排名　655,664,670,671,678
中华文化走出去　37,42,649
中美国际跨文化传播的异同　87
忠恕　92—94,282,344
资源统计类评估　130
综合国力　3,4,34,39,40,77,79,158
综合现有统计数据类评估　133

图书在版编目(CIP)数据

中华文化国际影响力调查研究/关世杰著.—北京:北京大学出版社,2016.3
(国家哲学社会科学成果文库)
ISBN 978-7-301-26978-7

Ⅰ.①中… Ⅱ.①关… Ⅲ.①中华文化—文化研究 Ⅳ.①K203

中国版本图书馆 CIP 数据核字(2016)第 043591 号

| | |
|---|---|
| 书　　　名 | 中华文化国际影响力调查研究<br>Zhonghua Wenhua Guoji Yingxiangli Diaocha Yanjiu |
| 著作责任者 | 关世杰　著 |
| 责 任 编 辑 | 徐少燕 |
| 标 准 书 号 | ISBN 978-7-301-26978-7 |
| 出 版 发 行 | 北京大学出版社 |
| 地　　　址 | 北京市海淀区成府路 205 号　100871 |
| 网　　　址 | http://www.pup.cn　　新浪微博:@北京大学出版社 |
| 电 子 信 箱 | ss@pup.pku.edu.cn |
| 电　　　话 | 邮购部 62752015　发行部 62750672　编辑部 62765016 |
| 印 　刷　 者 | 北京中科印刷有限公司 |
| 经 销 者 | 新华书店 |
| | 730 毫米×980 毫米　16 开本　51 印张　806 千字<br>2016 年 3 月第 1 版　2016 年 3 月第 1 次印刷 |
| 定　　　价 | 139.00 元 |

未经许可,不得以任何方式复制或抄袭本书之部分或全部内容。
**版权所有,侵权必究**
举报电话: 010-62752024　电子信箱: fd@pup.pku.edu.cn
图书如有印装质量问题,请与出版部联系,电话: 010-62756370